国家民委《民族
中国少数民族社会历

U0577105

四川彝族
历史调查资料
档案资料选编

四川省编辑组　编

《中国少数民族社会历史调查资料丛刊》修订编辑委员会

民族出版社

图书在版编目（CIP）数据

四川彝族历史调查资料、档案资料选编/《中国少数民族社会历史调查资料丛刊》修订编辑
委员会编．—修订本．—北京：民族出版社，2009.6（2019.1 重印）

（国家民委民族问题五种丛书．中国少数民族社会历史调查资料丛刊）
ISBN 978 – 7 – 105 – 08835 – 5

Ⅰ．四… Ⅱ．中… Ⅲ．彝族—民族历史—社会调查—中国 Ⅳ．K281.7

中国版本图书馆 CIP 数据核字（2009）第 096576 号

民族出版社出版发行

http://www.mzcbs.com

北京市和平里北街 14 号 邮编 100013

北京龙跃印务有限公司印刷

各地新华书店经销

2009 年 6 月第 1 版 2019 年 1 月北京第 2 次印刷

开本：787 毫米×1092 毫米 1/16 印张：23.5 字数：662 千字

印数：2001—2500 册 定价：70.00 元

ISBN 978 – 7 – 105 – 08835 – 5/K·1721（汉 878）

国家民委《民族问题五种丛书》
总修订编辑委员会

国家民委《民族问题五种丛书》
修订再版总序

　　国家民委《民族问题五种丛书》，包括《中国少数民族》、《中国少数民族简史丛书》、《中国少数民族自治地方概况丛书》、《中国少数民族语言简志丛书》、《中国少数民族社会历史调查资料丛刊》，记录了中国55个少数民族从起源至21世纪初的历史发展进程，涵盖政治、经济、文化、社会等方方面面的内容，荟萃了大量原始的、鲜活的、极其珍贵的资料，是一部关于中国民族问题的大型综合性丛书，是中国民族问题研究的重大项目和重大出版工程。

　　新中国成立后，党和政府高度重视民族问题和民族工作。少数民族地区的社会改革和社会主义建设逐步展开。为了摸清少数民族的社会历史状况，抢救行将消失的宝贵的历史文化资料，1953年，全国人大民族委员会和中央民族事务委员会组织进行全国性的民族识别调查，1956年又开始少数民族语言、少数民族社会历史调查。在三次大规模的系统调查的基础上，中央民委从1958年开始组织编写《中国少数民族简史》、《中国少数民族语言简志》、《中国少数民族自治地方概况》三种丛书。"文化大革命"期间，中央民委机构撤销，此项工作被迫中断。1978年国家恢复民族工作机构，中央民族事务委员会改为国家民族事务委员会。1979年，国家民委决定继续组织编写以上三种丛书，并增加编写《中国少数民族》和《中国少数民族社会历史调查资料丛刊》两种丛书，定名为《民族问题五种丛书》。《民族问题五种丛书》的编辑出版列入了全国哲学社会科学"六五"规划的重点科研项目。

　　《民族问题五种丛书》共计402本，一亿多字，该项目自1958年启动至1991年基本完成，历时30多年，涉及全国19个省、市、自治区及中央有关单位400多个编写组，1760多人参与，分别由全国30多家出版社出版。纵观历史，像这样全面系统地调查研究、编辑出版介绍各个少数民族的丛书在中国前所未有；横看世界，像这样由政府部门组织为国内各少数民族著书立说实属罕见。

　　盛世修史、修志，这是中国的传统。由于《民族问题五种丛书》编辑出版时间长，涉及地区广，出版单位分散以及受当时环境条件局限，难免存在一些不足：一是体例版本不统一；二是有些解释不准确；三是新中国成立以来特别是实行改革开放以来，少数民族和民族地区所发生的变化和取得的成就没有得到充分的反映。为适应民族工作发展和民族问题研究的需要，为满足广大读者的需求，国家民委决定从 2005 年开始对《民族问题五种丛书》进行修订再版。

这次修订再版的总体原则是"基本保持原貌，统一体例、版本，增加新内容"，统一由民族出版社出版发行。其中：

《中国少数民族》的修订，旨在原版的基础上，适当调整结构，更新有关数据和资料，吸收最新研究成果；增加各少数民族在改革开放以来各方面的发展成就。

《中国少数民族简史丛书》的修订，本着"适当修订、适量续修"的原则，对有明显错误的内容、观点、表述进行更正，对新中国成立以来特别是改革开放以来各少数民族的发展史实予以补充。

《中国少数民族自治地方概况丛书》的修订，力求更加全面系统地反映各民族自治地方的历史、地理、经济、文化、社会的基本情况和实行民族区域自治的历程、成就和经验，新编 1987 年以后成立的 16 个民族自治地方的概况。

《中国少数民族语言简志丛书》的修订，旨在改错，增补新的研究成果，增写《满族语言简志》，并合订为 6 卷本。

《中国少数民族社会历史调查资料丛刊》的修订，主要是尊重史实，修正错误，增加注释。

《民族问题五种丛书》的修订再版工作，得到了中央有关部门和各有关地方的高度重视及社会各界的广泛支持。中国社会科学院、中央民族大学、中央党校、中南民族大学、西南民族大学、西北民族大学、黑龙江社会科学院、黑龙江大学、黑龙江民研所、云南社会科学院、贵州大学、云南大学、四川大学、新疆大学、新疆师范大学、内蒙古大学、哈尔滨学院、吉林民研所、广西民族大学、广西艺术学院、广西博物馆、广西民研所、甘肃省委党校、凉山大学、中国教育部语工委、云南语工委等单位的民族学、社会学、人类学、语言学的专家学者以及长期在民族地区工作的同志共 1000 余人积极参与了修订工作，各有关省、自治区、直辖市的各级民族工作部门做了大量的组织协调工作。谨此，表示诚挚的谢意。

我们相信，经过大家的共同努力，修订再版的《民族问题五种丛书》，将以更全面、更完整、更科学的面貌呈现在广大读者面前。

李 德 洙

2007 年 8 月

出版说明

　　《中国少数民族社会历史调查资料丛刊》，是国家民委民族问题五种丛书编辑委员会主持编辑的《民族问题五种丛书》之一。

　　本《丛刊》的资料搜集和编辑整理工作，是在党和政府的领导下，各有关地区和单位集体进行的。早在解放初期，国务院民族事务委员会和各有关少数民族地区，为了开展民族工作，就曾组织民族研究方面的学者和民族工作者，对当地少数民族的社会历史情况进行过调查。一九五六年，全国人大民族委员会和国务院民族事务委员会，遵照党中央指示，进一步组织了若干调查组，对各少数民族的社会和历史进行了大规模的调查研究。一九五八年，在国务院民族事务委员会和中国科学院哲学社会科学学部的领导下，中国科学院民族研究所、中央民族学院和各少数民族地区的有关单位，在编写《少数民族简史》、《少数民族简志》、《民族自治地方概况》三套丛书的过程中，又做了必要的调查。现将历次调查的少数民族社会历史资料，由各有关单位分别加以整理，编辑出版，这对我国少数民族社会历史的科学研究工作，具有重要的参考价值。

　　需要说明的是，这些社会历史调查资料，大多是五十年代和六十年代初期的材料，由于当时条件的限制，不准确和不全面之处在所难免，希望读者指正。

国家民委民族问题五种丛书编辑委员会

《社会历史调查资料丛刊》编辑组

修订再版说明

　　《中国少数民族社会历史调查资料丛刊》是国家民委《民族问题五种丛书》之五，内容包括了20世纪50年代中央访问团收集的资料，全国人大民委、中央民委等组织民族社会历史调查以及民族识别等工作所搜集到的资料，20世纪80年代以后由各省、自治区陆续分别出版，全套社会历史调查资料丛刊共有84种145本。这些资料集中记录了我国少数民族社会历史的基本情况，是民族研究和民族工作中的重要参考资料，受到了各方面的欢迎和好评。

　　《中国少数民族社会历史调查资料丛刊》问世以来，民族自治地方社会和文化发展取得了长足进步，各方面情况有了不少变化，为了进一步发挥这些历史调查资料的作用，促进各民族"共同团结奋斗，共同繁荣发展"，国家民委决定修订、再版《中国少数民族社会历史调查资料丛刊》，并将其列为国家民委重点科研项目。

　　本次修订再版，在尊重史实，基本保持原貌，统一体例、版式的总原则下，主要是订正错误，并以修订注释的形式增补新的人口数据和地方行政隶属的变化情况。另外，原书中统计数据存在的问题较多，但因无资料可查核，部分只能保持原貌，仅供参考。《崩龙族社会历史调查》、《新疆牧区社会历史调查》不再单独出版。新增《吉林省朝鲜族社会历史调查》、《土家族社会历史调查》、《四川木里藏族自治县藏族纳西族社会历史调查》、《广东海南少数民族社会历史调查资料汇编》4本。修订本合计为86种147本。

　　《中国少数民族社会历史调查资料丛刊》的修订再版工作，得到有关省、自治区、直辖市领导的重视和关心，得到了中央民族大学、云南大学、广东民族研究所等有关部门的大力支持。我们对关心、支持修订再版工作的各级领导、有关部门、专家学者以及所有热心参与此项工作的同志，表示诚挚的谢意！

《中国少数民族社会历史调查资料丛刊》修订编辑委员会

2007 年 12 月

目　　录

1

第一部分　土司资料选编

一、土司由来及其统治

（一）土司、土目及其与黑彝等的关系①

1. 土司来源

安学成的祖先原来住在武汉，汉族。元朝时，封在贵州毕节。明朝时，封为贵州镇雄蛮部府土司（叫水西土司）。当时，云南贵州边境有三大土司，除安家外，还有威宁杨昌府和昭通乌蒙府两大土司。

明朝末年，战争四起，安学成的前十六代祖先安岗被封为元帅，带兵百万，被吴三桂战败后，长子阿之立阿吅（汉名安获洁）领百余人逃进凉山，入赘沙马家。

沙马家在明朝时封为最大的土目（相当于千户侯），有的传说是土司。当时有一个名叫沙马日博拉吅的人当土目（或土司）。他只有一个女儿，名叫莫吃树阿亚，招安岗的大儿子上门，于是安家（指安岗家族，下同）得以顺利进入凉山。入赘后，安家改姓沙马（现在安登俊、安登银、安学成等都姓沙马，汉姓安）。沙马家也是外来汉人进入凉山的。

据说安家在进入凉山以前，凉山早已有土司制度。清朝初年，曾经改土归流，引起凉山乱过一次。后来在乾隆三十年（1765 年），御封凉山四大土司：

（1）四川凉山宣抚司——即原来沙马家土司。由安家继承。土司印现在安登俊手里。

（2）阿都正长官司——即岭家土司。印在岭邦正手里。

（3）阿都副长官司——即都家土司。都家绝嗣后，由安家继承。印现在安学成手里。

（4）凉山安抚司——杨家土司。印在杨代蒂手里。

以上四家中，杨家是武官，其余是文官。安家从清朝以来，一直世袭沙马家土司，后来又继承了都家土司。都家土司的来源，安学成说一点也不清楚，只知都家原来管辖的地区有普格县、布拖县和金阳县的部分地区，土司衙门设在西洛区。因都家人口不旺，和安家早有婚姻关系。在安家第九代（末末乌乌）时（从安岗算起，下同），都家绝嗣，由末末乌乌的侄儿阿左阿甲继承都家土司。这时，末末乌乌继承沙马家土司。从此，安家成为两家土司的继承人。从末末乌乌起，至解放前为止，沙马家土司传了七代；从阿左阿甲起，都家土司也

---

① 此材料是根据前全国人民代表大会民族委员会调查组在 1956 年 7 月、1961 年 10 月 21 日访问安学成等人的记录整理而成。

传了七代。

安家的家谱（以安学成的直系血亲排列）共有十七代：①安岗——②阿之立阿咀——③阿咀普母——④普母略苏——⑤略苏哈日——⑥哈日巴磨——⑦巴磨阿之——⑧阿之末末——⑨末末乌乌——⑩乌乌咀咀——⑪咀咀阿木杰——⑫阿木杰咀咀——⑬咀咀日呷——⑭日呷阿达——⑮阿达戈戈——⑯戈戈陆且（安树海）——⑰陆且阿哈（安学成）。

安登俊和安学成是同一家族。安家第十二代的子孙阿木杰咀咀和阿木杰日直是两大房，安登俊属于后一房，从阿木杰日直的儿子日直蒙哥起，一直当沙马家土司。日直蒙哥死后，没有儿子，土司职位传给他兄弟的儿子木呷拉拉，木呷拉拉再传给儿子拉拉咀何，再传给咀何木截（即安登俊）。安学成属于阿木杰咀咀一房，阿木杰咀咀的儿子、孙子和重孙没有当土司，到了安学成的叔父安树德的时候，都家又绝嗣，由安树德继承都家土司，安树德被杀掉后，由安学成当土司。

都家土司由阿左阿甲一直传下来：阿左阿甲——阿甲咀古——咀古陆祖——陆祖朗呷——朗呷咀果——咀果阿果（安树德）——阿果咀哈（安学成）。

安学成有三个名字：安学成是他的汉名，陆且阿哈是安家的名字，阿果咀哈是都家的名字。

除都家和安家两大土司外，凉山还有杨家土司和岭家土司。杨家原来是贵州威宁杨昌府土司，当吴三桂打败安家后，接着打杨家，打了三年。杨家被打败后，逃至四川，与安家同时封为土司，管辖雷、马、屏、峨等地区，衙门设在雷波、峨边交界地区。杨家也是汉人。

岭家是凉山最早的土司，势力范围最大，管辖地区有昭觉县、普雄县、喜德县、越西县、甘洛县、宁南县、冕宁县，以及石棉县、汉源县部分地区。衙门在昭觉的三湾河，现在还有残迹（挂土可旗帜的旗杆基石）。

2. 关于土目

土司势力大，不仅大量占有广大奴隶群众的人身，而且还统治着部分土目和黑彝。他对广大劳动人民的统治剥削也就是通过土目和黑彝来进行。然而，土目和黑彝就不可能统治土司或通过这个阶梯来进行剥削压迫。土目也有统治个别黑彝的，如民主改革前的金阳县阿来、海来两家和甘洛县的岭光电等。其次，黑彝除统治剥削他所属百姓外，也有黑彝统治黑彝的。如民主改革前，甘洛县的拉哈苏子，宁南县棋罗沟的卢阿英就统治着个别黑彝。这些黑彝之所以被同等级的黑彝所统治，往往是因势力小，或破产死亡而发生的。

凉山历史上真正由皇帝封印当土司的只有四家：即原住美姑县林美甲谷区的罗罗、宣慰司利利土司（这户土司死绝后由沈子土司即岭邦正继承）；原住昭觉县古里拉达区日哈乡的沙马宣抚司的沙马土司（现住雷波县瓦岗区大坪子）；原住美姑县哈古以打区以后迁往雷波县的河西邛部宣抚司的阿卓土司（即杨代蒂土司），这户土司原有军权，势力也不小；另外还有住越西县，以后迁往甘洛县田坝的河东长官司沈子土司（即岭邦正土司）。除这四户土司外，清朝末年，清皇帝又封普格县阿都家为河西副长官司。从此以后，土目中也有用钱买印自封土司的。如原住美姑县哈古以打区的海来土目就是清末时在清官手里买万户印当土司的。目前这些土司中只有沈子、阿卓、沙马还有人在，利利和阿都土司死绝后，分别由沈子、沙马土司继承。

凉山原有四十余户土目，其中原正式封为土目的又分土目和"毕摩"两种：即原属阿卓土司的有原住雷波、现迁往永善会溪的土目哈拉、呷哈毕摩。另外还有住金阳县的海来和住雷波县瓦岗区的阿卓（即杨忠宪、杨忠权弟兄）；原属利利土司一支的有住昭觉和普格的尔恩土目、罗乌毕摩。另外还有住昭觉的阿硕，冕宁的比耳；原属于沙马土司的有住金阳县的妈海土目、体可（即安登银），住昭觉县古尼拉达的金脚毕摩，以及哈古、火妥、窝苦；属于沈子土司的有住越西大寨的普我土目，甘洛田坝的斯补毕摩（即岭光电）；原属于阿都土司的有金阳和昭觉的阿来土目、和倮我毕摩。

原住美姑县的有利利土司、阿卓土司和买印当土司的海来土目。利利土司不仅占有美姑县的大部地区和整个昭觉县，而且还统治西昌、冕宁等部分地区。据说，利利土司由美姑县林美甲谷迁住昭觉三湾河后，对被统治的黑彝也比较严厉，曾把黑彝阿一虫品丢进了牢房，于是 8 宜家黑彝阿一虫品就在牢房里写信通知自己的亲戚家门，议定日期共反利利土司，当利利土司牵着猎狗在今介放沟区的七里坝狩猎时，8 宜家一举打进了土司衙门，抄了土司的全部财产。利利土司知道这消息之后就在树上吊颈自杀，死后黑彝洛木金次还砍下了土司带着金膀圈的手，将圈子取下后，剩下的手就投掷在三湾河。为此，洛木金次的家门还觉得洛木金次这种行为太残忍，于是开除了洛木金次的家籍，以后来往土司路过三湾河时，都不喝三湾河的水。

利利土司死后，利利家被赶到西昌的安宁场（彝名叫尔觉呷拖）并同沈子土司在西昌东街设临时办事处性质的衙门。到此，利利土司已绝，转由沈子土司（岭邦正的长辈）继承，时约在民国初年。

另外，原居住在美姑县哈古以打的阿卓土司和掌有万户印的海来土目也都遭到了同样的命运。阿卓土司是由于无故杀死一个恩扎家黑彝，惹起阿侯、恩扎两支黑彝的不满，于是两支黑彝联合而起，首先将阿卓土司撵到现今的巴普区鸡尾，以后被迫迁往雷波。至于掌握万户印的海来土目的被赶，也是由于海来家对黑彝的统治剥削较严，无故杀死恩扎家一名井窝补车的黑彝。于是，土目统治下的黑彝一触即发，甚至在山羊的角上也点燃了火把，以作疑兵，一个晚上就包围了土目的住宅，海来土目只好要求谈判。但黑彝提出，要海来土目搞出一条用木灰结成九派长的绳子，才能罢兵谈判。海来土目无法，只好交出所有财产，搬到金阳县的甘古乡定居（现住该县桃子坪乡）。

其次，原居住在昭觉县古尼拉达区日哈乡的沙马土司也同样，由于弟兄之间争印夺位，互相残杀，助长了黑彝的势力，加之对黑彝的统治也比较严厉，也就被所属黑彝阿陆、马家篡夺了土司的权利和财产，赶走沙马土司于雷波县瓦岗区定居。只有普格县阿都土司对黑彝的统治剥削较其他土司为轻，才免于被赶走。但阿都日哈土司被国民党李家钰谋杀后，由沙马土司安树德继承，因国民党斥令其清查掳掠汉人娃子的主犯，惹起该地黑彝的恐惧不满，被博什、古底两支黑彝及部分官百姓（土司直接统治的曲诺）杀死。

历史上，大部分土司和个别掌万户印的土目之所以被黑彝驱除，主要是土司、土目对黑彝的统治剥削惹起黑彝的不满以及黑彝想夺取土司的地位而代之，也由于土司、土目在婚姻上限制比较严格，加上内部的互相残杀，瘟疫流行，人口逐渐减少，至使黑彝撵走土司、土目得逞。也鉴于这种情况，腹心地区之所以大多数土目还保留下来，相对地说：一方面是土目对黑彝的剥削较微，事实上，在凉山土目统治着黑彝的情况就少，他们几乎在地位上是同一等级。另一方面，土目与黑彝通婚，构成了土目和黑彝之间的亲戚关系，从姻亲上结成了统治者的内部联盟，所以腹心地区的多数土目才免于被驱逐，依然保存下来。

3. 土司的统治和土司、黑彝、国民党之间的关系

都家土司占有的土地，以普格县最多，布拖县只有布拖坝子大部分土地，其他 4 个区没有。在土司兴旺的时代，普格、布拖区共可收官租8800多石，其中布拖区64 石（每石300

多斤）。

土司衙门设有：管家，管理土司内外事务；管事，管理征收官租；看房，管理粮食、银两的支出；大队长，带一连武装，保卫土司；调解纠纷者一人至数人。

土司所管辖的各县，也设有小衙门，由他的妻子在各县主持事务。安学成有 3 个妻子，分别住在布拖、普格和金阳 3 县。小衙门内，有小当家、小管事、小看房和调解纠纷的人员。这些官员差不多都是土司的亲属，全是白彝和土目。在区乡，土司难于管辖的地方，利用黑彝头人当"管家"。

土司之下设有土目，土目协助土司办事，在土司衰败的时代，脱离土司，有的与土司争夺权势。都家土司有九个土目，杨家有三个，安家有四个，冷家有十个。权势较大的土目，可以与土司通婚。凉山共有九大土目是与土司有婚姻关系的。这九家土目就是阿里家（都家的土目）、马赫家和捏脚家（安家的土目）、阿硕家（在昭觉三湾河和其他各地，1000 多户）、尔列家（汉姓李家，在昭觉的滥坝、拖木沟一带）、比糯家（在冕宁县）、普贺家（在越西，汉姓彭家）、拾补家（在越西的田坝）等都是冷家土司的土目。土目大都是汉人。

过去还有千户侯，都家土司下面有捏勒、烈觉和贺枯 3 家当过千户侯。

在清代，土司除对白彝进行统治外，对黑彝和土目也直接进行统治。都家土司直接统治的黑彝有 8 大家支，各个家支在土司婚丧大事时，都分工伺候：拔差家打仗；阿俄家修路、筑坟，以上两家在普格西洛区。结纽家捡石头、抬大树；子尔家修房屋，以上两家在普格县。莫什家（在普格、布拖两县）接亲、葬人，吉迪家敬酒；比朱家传令；比补家专讲奉承土司的话，以上 3 家在布拖县。这八家黑彝每年向土司交纳 8 匹贡马，另有都家土司的九大头目每年要交 9 匹，共 17 匹。土司每三年从中选择 8 匹上贡。此外，黑彝头人每年给土司送些银子、酒和猪头。

在清末，土司和黑彝的冲突越来越多，土司日渐衰败，黑彝势力日渐强大，并且把土司赶到凉山边境。据说安家土司衙门原来在古尼拉达，因阿陆马家想争夺土司的土地和百姓，挑起了战争。土司动员金阳全部白彝和土目，与阿陆马家打了 29 年，年年没有停火。土司打不过，边打边退，安学成的祖父也被打死了，只好退到金阳（金阳和汉区接近）。昭觉的竹核区原来是冷家土司的，冷家在清末将这个区陪嫁女儿给都家，但是不久就被阿陆马家占去了。昭觉的特口甲谷和美姑的孟坡拉达两个区，原来是安家土司和都家土司的，也被孟坡家和马家占去了。

到了国民党时代，黑彝争占土司地盘的气焰更高。1936 年都家土司被国民党杀掉后，土司威望低落，整个瓦岗被黑彝占去。以前土司在瓦岗收官租最多，从此以后就收不到了。

冷家和杨家土司同样地被迫向边缘地区迁移。冷家土司衙门原来在三湾河，以后搬到西昌，最后搬到越西（彝汉杂居区）。杨家原来在雷波峨边交界地区（彝区），后来搬到雷波县城（汉人较多）。他们的势力范围日渐缩小。

土司、黑彝、国民党之间的利害关系是很复杂的。有时互相利用，有时互相冲突。国民党利用土司统治黑彝，也利用土司和黑彝的矛盾，削弱土司的势力。土司也利用国民党和边区汉族统治阶级打过黑彝，也利用黑彝反对过国民党。黑彝虽然对土司制度不满，对国民党更有仇恨，也和土司一起打过国民党。下面是几个这方面的例子：

（1）1936 年冷家土司的大土目惹尼瓦打（黑彝家支）在国民党李家钰部队当参谋，受邓秀廷和李家钰的唆使，打算霸占都家土司的土地和土司印。土司便号召黑彝起来反对，李家钰支持惹尼瓦打，派一团军队进来，更加引起土司所统治的八大黑彝家支的不满，联合起来打败了李家钰的部队，打死三四百人，俘虏100多人，缴获枪支六百多支。这件事激怒了邓秀廷，于是将都帝成杀死，并派部队占领普格县。八大黑彝再次联合反抗，分四路进攻，把普格县城四条街子（汉人街子）烧光抢光。惹尼瓦打害怕，又请邓秀廷亲自带兵支援。1937年邓秀廷领兵刚到小兴厂（两洛区附近），八大黑彝又分别开会，联合抵抗，并请安树德（安学成的叔父）当土司，指挥作战。小兴厂的吉迪家杀牛10条，招待布拖县去的吉迪家，喝血酒，钻牛皮，首先起来反抗，其余各家支也纷纷响应。邓秀廷见来势很凶，黑夜化装逃走。后来各家支联合请大"笔摩"（阿宁咪约）念经咒骂邓秀廷和惹尼瓦打，咒后不久，惹尼瓦打的儿子死了，邓秀廷不久也死掉，又有冷邦正土司不断从中调解，才停止战斗。这次纠纷经过二三年才告结束。结果土司被杀掉了，国民党也被赶跑了，但是普格的黑彝家支（弄目家等）又起来反对土司，不准土司进来，从此，土司失掉了这块地方。

（2）都帝成被杀掉后，安树德继承土司，这时土司势力衰落到了极点，黑彝中不少人想打土司的主意（掠夺土司的产业）。在1945年黑彝奴隶主吉迪打打等三人喝血酒，收买土司的随身人员尚烈火娃子，杀了土司和他的老婆等11人，卖掉60多人，抢走长短枪80多支，机枪3挺，银子10 000多两，鸦片3大锅以及其他财产。

安树德死后，安学成去云南搬兵，请来龙云的外甥龙白驹，带1000多人，步枪九百多支，轻重机枪五挺，小钢炮两门。安学成也带领金阳1000多人，来打吉迪家。刚到金阳那瓦地方时，就遭到阻击，阿里家和亚补家（黑彝家支）和其他家支的黑彝埋伏1000多人，打垮了龙百驹的部队，打死200多人，活捉数10人。阿里家和亚补家要打龙白驹的原因，是因为龙家以前霸占了阿里家、亚补家的地方，亚补家曾经抢过龙家的佃户当娃子，并且在1942年打过冤家，早已结了冤仇。

这次失败后，安学成无力复仇，布拖县的黑彝也怕土司再搬兵攻打，于是又请安学成继承土司。

（3）安家迁到金阳后，常靠金阳边境的汉族地主、恶霸和国民党官兵来压服黑彝的反抗。云南汉区的田家、何家、曾家、魏家、李家、鲁家以及龙云家等土豪劣绅，都与安家、都家土司有联系。他们曾经帮助安家土司打过阿陆马家两次，又帮助都家和安登文打过五次（因安登文杀了安树劳——安树德土司的姐姐），还帮助都家和赫家打过一次，他们帮助安家或都家内部打冤家，并不是好意的。他们乘机掠夺土司的土地财物。金沙江边的双龙坝、德古、德沙等土质肥沃的地方，是被龙云的第三个儿子（叫龙三公子）侵占去了。土司和龙家打了不少的仗，在1950年曾经和龙云的第五个儿子龙顺真打过一仗，打死了龙顺真和官兵数百人，活捉副司令龙生舟、大队长徐元明、副团长郑立。参加战斗的官百姓和黑彝家支很多。

（4）土司勾结国民党打彝人，是最引起彝人不满的。彝人因此把土司当作汉人（统治阶级）一样看待。据说凉山四大土司搬清兵或国民党兵打过彝人多次。岭家搬西昌的国民党兵来打彝人，安家都家搬云南的国民党兵来打彝人，杨家土司也经常搬汉区反动统治阶级来打彝人。杨代蒂土司的父亲就是国民党的团长，和雷马屏峨边境的反动头子罗统领很好，30年前，罗统领带领官兵1000多人，打过彝族。安学成说"罗讲武，杨讲文"。即是罗统领用武力从外面进攻彝区，杨土司从内部统治彝族，官官相护，以保持和扩大他们的势力范围。

（5）尽管土司和彝人有深刻的矛盾，但是这个矛盾远不如彝人和国民党的矛盾那样深刻、尖锐。国民党利用彝人屠杀彝人和直接屠杀彝人的手段是很毒辣的。特别是邓秀廷的部队屠杀彝人最多。1937 年孙子文（副司令，邓秀廷是正司令）、罗大英（黑彝，团长）进军西洛区，屠杀彝人 600 多户。1945 年又屠杀 700 多户。西洛区 1000 多户彝人经这两次差不多被杀光抢光。土司的这块好地方也就从此失掉了。罗大英被国民党利用，杀人之多，难以计算。今年民主改革后，从他的家里解放出来的女奴隶（从西洛区抢去的）就有 40 余人。

（6）土司与土司，土司与土目之间，也常争夺权势。土司安登俊和土司安学成在五代以前同一祖先，自从分别即位安家土司和都家土司之后，两家就成了大冤家。在 1952 年还打过一次冤家。这是因为安登俊和安聚土（大黑彝家支）要侵占安学成的产业，并杀了安学成手下的白彝 2 人，于是安学成在普格、布拖两县召集了白彝 700 多人去打安登俊，因人民政府调解，方才罢休。

（7）土司、土目被杀掉的，据安学成知道的有：

土司安树德，被吉迪家黑彝杀掉。

土司都帝成，被国民党杀掉。

土司安登文，被黑彝安八耳杀掉。

土目窝左什达，被阿陆马家黑彝杀掉。

土目铁哥哈达，被阿里家黑彝杀掉。

土目安登银的叔父，被于补家黑彝杀掉。

土目沙登尼达，被阿陆马家杀掉。

土司呷多沙沙，被来来家黑彝杀掉。

土目咀尼家，被罗大英、惹尼瓦打杀掉四十多人。

土司安树德的姐姐（安树劳），被安登文杀掉。

以上都是在清代以后被杀掉的，从这里可以看出土司的势力衰落的一般情况。

4. 都家土司与所辖黑彝家支间的纠纷①

都家土司共辖有 10 个黑彝家支，分布在布拖、普格全县及金阳部分地区。

这 10 支黑彝家支中有 8 支是直辖的，即：吉迪家、磨石家、比补家、结牛家、比租家、扒差家、则尔家、阿乌家。另有 2 支：甲勃家、金爱家原属都家土司下的土目金恩家所辖，金恩家绝嗣以后，乃划给都家土司直辖。

都家土司除辖有以上 10 支黑彝家支外，还辖有 9 支土目：阿力家、铁鸠家、聂哦家、节涅家、阿涅家、金恩家、安吉家、切撒家、日失家。以上除阿力家外，其余各家均已绝后（只是土目这支绝后，但黑彝的家支仍存在）。

都家土司所属的各支黑彝对土司均有固定的义务。

（1）土司家结婚时，吉迪家司酒（即负责招待客人，分配饮酒事宜）；比补家做媒人，负责宣布男女双方结亲经过；比租家则负责全部事务工作；磨石家则负责去女家接新娘。

（2）土司家中死人，磨石家负责抬烧死人，结牛家负责用石块将火葬场砌成圆圈（死男用 9 块石，死女用 7 块石）。

（3）土司家有婚丧之事时，阿乌家负责修筑道路，以利交通。

（4）土司家中修房时，则尔家负责把房屋正梁架上去，其他修建工作不管。

（5）土司家与敌人打仗时，扒差家负责带兵作战，当先锋队。

---

① 此材料为 1956 年 12 月 30 日安学成所谈。

（6）过年时，都家土司所属黑彝要送半个猪头和酒一坛给土司（撒马土司之黑彝则以猪肠代替猪头），土司只将猪耳朵留下，猪头肉仍退还给黑彝，另外并奉还二升米给每个黑彝，以酬谢他所献的礼物。酒则分给大家饮用。1953年时，都家土司共收到1367个猪耳朵。

（7）官租：黑彝租土司的土地，每年纳1/10的收获物，即所谓"见十抽一"。至于黑彝自有的土地则不交官租。以后土司再将自己官租总收入的1/10给管事人。

土司婚丧时，黑彝各支都没有摊银送礼的事，只是负担一些劳役工作（见第1~3条）。婚丧事过后，土司还常送给一点衣物给帮忙工作的黑彝。

在清代时，每支黑彝在过年时要合资送土司1匹好马作为献纳，而土司每3年要献纳2次好马给封建王朝的皇帝，所以土司每3年可以赚1次好马为己用。但这种献纳马的规定，到清末就已取消了。

土司之间的冤家纠纷：

这个冤家纠纷是起于瓦岗沙马土司安良成及其弟安登俊与金阳都家土司（即我家）之间。从1934年开始，直到1948年才结束，前后达15年之久，双方共死了400多人（瓦岗土司一方死了280多人，我方死了近200多人，包括彝、汉两族的人，因在打冤家时，有些所属的汉人也参加了）。此外，双方还卖掉抢来的娃子100多个。

这个冤家纠纷从1934年开始。缘因金阳都家土司家中无男人主事，我父早亡，么叔安树德年幼，我年纪更小，当时家中由我的大姑嘎朵木阿牛主事。阿牛非常精明能干，她与云南龙姑太（龙云之妹）感情很好。阿牛本来已与雷波杨土司（杨代蒂之父）订婚，还未过门，杨土司就死了，所以阿牛当时还留在娘家，1934年时阿牛已32岁。

瓦岗沙马土司安良成弟兄想霸占我家的家业，但又怕阿牛的精明，所以在1934年，他们买通了我家的娃子把阿牛杀死，阿牛被砍了29刀，手足都被砍卓，九天后才死去。当时撒马土司还扬言要杀安树德和我，以斩草除根。当时安树德乃逃往云南龙姑太处求保护，我母则带我逃跑，行至半途，为金阳马海家（土目）抢去，我母绝食29天后死去。我时年7岁。我在马海家住了五年。我家的家业都被安良成弟兄霸占了。直至1938年，么叔安树德在龙姑太二侄龙顺祖的支援下才又打回金阳。次年，我才又返回金阳家中，但因当时沙马土司还强占了我家两处地方，形势还混乱，为了安全起见，么叔又把我送到三姑父岭邦正（甘洛田坝下土司）处寄养，我在岭家又住了5年。

1945年，么叔安树德被布拖县黑彝吉狄家刺杀，以后我接替了么叔的土司职位，继续与沙马土司家打冤家，直至1948年经过双方白彝家支的头人从中说和，才解决了这次纠纷。原安良成、安登俊家的白彝头人阿库石扑与我家的白彝头人曲比阿吉是亲戚，二人互相商量好，分头与各自的主子谈话调解冤家，经过反复调解，最后我两家和解，互相请吃酒，算是解决。冤家和解后，我送给阿库石扑一支德国枪作为酬劳，安登俊送给曲比阿吉一件披毡作为酬劳。

由于么叔安树德被吉迪家杀害，我家欲复仇打冤家，前后两次都未成功。这两次情况如下：

（1）1947年我的三姑母从甘洛下田坝岭家率领2000人来布拖欲与吉迪家打冤家为么叔报仇，但是行至中途，有2个女呷西被阿侯家抢去，2个男子被阿侯家打死（因二女呷西走至中途，体弱掉队，三姑母令2男子随后伴送她们）。于是造成岭家与阿侯家打起冤家来，反而不能与吉迪家打冤家。岭家与阿侯家的冤家打了1年多。

（2）1948 年我与云南龙伯起共带了近 2000 千人（龙家 1000 多人，我家 700 多人）前往布拖找吉迪家复仇。因我等弹药留在金阳，龙伯起带人先启程，路经金阳拉洼（四区），遭到当地土目阿利家和黑彝阿尼家、甲普家的伏击。因这些家支过去与龙家有仇，这次听信谣言，以为我们出兵是要来打他们。这次龙伯起所带的兵都是从贵州威宁和云南昭通来的，对金阳地区道路不熟，遭受伏击，大败而逃，损失很大。除死伤一些外，被俘卖的就有 100 多人。龙伯起退回金阳后，我们又重整旗鼓，养精蓄锐、准备复仇，后因凉山解放，冤家关系也就解除了。

（二）白彝和"官百姓"

1. 白彝之源及地位①

白彝是土司带进来的官兵，年代久了，子孙繁衍成为白彝。又认为白彝中一部分是土司带进来的，在金阳叫白彝，在布拖叫官百姓；一部分是黑彝从汉区买来或抢来的汉人，受黑彝统治，不受土司直接统治。

就彝话的词意来看，金阳叫白彝为"疙姐"，"疙"是上等人或官家的意思。"姐"是娃子的意思。"疙姐"就是官家的娃子（或百姓）。金阳又叫"曲和"，"曲"是上等的意思，"和"是人，"曲和"是官家的人。在布拖，称官百姓为"疙和"，"疙"是官家，"和"是人。称白彝为"曲诺"，诺是"黑"的意思，"曲诺"是黑彝统治下的较有地位的人，大概是劳动者这一阶层，是白彝等级中的上等人。称安家娃子为"蒙呷"，"呷"是陪嫁的意思，"蒙"是母亲的意思，"蒙呷"是跟着母亲陪嫁来的意思，这大概是指安家娃子的女儿要跟随黑彝奴隶主的女子出嫁而言。白彝中最下等的是锅庄娃子，彝话叫"呷西呷罗"，"呷西"是同住的意思，"呷罗"是在脚下的意思，"呷西呷罗"是住在主人脚旁的意思，汉话译成"锅庄娃子"。这三部分人都叫白彝，也是从汉区来的。彝话叫土司刀"呷摩"，"呷"是判断或调解的意思，"摩"是纠纷的意思，"呷摩"即是调解纠纷的官吏。又有叫土司为"尼喂"，"尼"是受皇上封给的意思，"喂"是人，"尼喂"是受封的官吏，即是土司。称黑彝为"诺和"，即黑骨头的人，译成"黑彝"。总之，土司、官百姓或白彝，都是外来的，真正的彝族是黑彝。

凉山白彝家支在 1000 支以上，其中很多是四大土司带进来的官兵和汉人发展成为白彝家支的。据说跟随安获结（安岗的长子）进来的有四大文官武将：

（1）阿苦阿殊，文官兼武将，是现在金阳县阿苦家（也叫苦家）的祖先。阿苦家自称官百姓，有 1000 多户，连娃子在内约 3000 户。

（2）七济姐呷，武将，是现在金阳七济家的祖先。七济家又分为陈家、苏家、共有 1000 多户，连娃子约 2000 户。

（3）峨磨呷古，文官，是峨磨家的祖先。普格县、金阳县、昭觉县、布拖县、美姑县都有峨磨家支。在古尼拉达的叫尼古家、阿丕家；在布拖的叫安家；在西洛区（普格县）的叫阿峨家、尼彼家；在金阳的叫阿捏家。这一家子孙很多，有 3000 多户，连娃子共有 4000 户。

（4）屈彼阿米，武将，是现在屈彼家的祖先。汉姓白家，散居布拖县、普格县各地。在布拖的叫阿里支，普格叫衣母支，共有 1000 多户，连娃子共 2000 多户。

---

① 此系安学成所谈资料。

除以上4个文官武将已形成大家支外，还有土司身边的其他官兵随员，许多也已形成家支。安学成知道的有：

捨衣家：其祖先过去是土司的文官，负责调解纠纷。现有200多户，连娃子共有300户左右。

糯布家：汉姓花家，其祖先是土司的巫师。这一家现在当"笔摩"（巫师）的很多，散居金阳各地，有200多户，连娃子共300多户。

务路彼家：汉姓芦家，其祖先原来是一名战士。这一家在金阳罗乌乡，只有几十户，当"笔摩"。

沙马峨被家：汉姓熊家，其祖先原来是武官，在瓦岗米古区有1000多户，连娃子共约2000户。

影之家：汉姓黄家，其祖先原来是土司的战士。在金阳有1000多户（包括娃子在内）。

尼窝家：汉姓张家，其祖先原来是土司的战士。在金阳有1000多户（包括娃子在内）。

也拉家：其祖先原来是战士。在瓦岗马几哈呷乡有1000多户。

亚补家：其祖先原来是战士。在金阳有1000多户。

弟西家：汉姓鲁家，其祖先原来是战士。在金阳有几十家。

在布拖县有19个官百姓家支：①阿比家；②儒倮家；③勒枯家；④阿苦家；⑤各力家；⑥安峨磨家；⑦安阿担家；⑧安拔差家；⑨喇嘛六姑家；⑩夹播家；⑪赫家；⑫欺沙阿子家；⑬欺沙略福家；⑭欺沙吉利家；⑮欺沙截鳖家；⑯阿峨家；⑰赧尼家；⑱衣比家；⑲喇嘛家。这些家支的祖先都是跟随土司进入凉山的。

都家土司的官百姓有100多家支，主要分布在金阳。据说金阳有20 000多户官百姓（包括官百姓的娃子在内），布拖19个家支有1000多户，普格有700多户。冷家土司的官百姓更多。

2. 白彝（官百姓）与土司、黑彝的关系

安学成笼统地把白彝都看作是官百姓，认为土司和他们不但是同时从汉区进来的汉人，而且相互间的关系是"土司为白彝，白彝靠土司"。土司在，黑彝不敢压迫白彝；白彝帮土司打仗，帮土司做事，土司才能在彝区站得住脚。至于土司对白彝的剥削是很轻的：种土司的地，只需交纳10%的官租；买卖土地时，要经土司盖印，10个银子的地价，交1两银子；过年时每户送半个猪头。

又说土司相信白彝，帮土司办事的人几乎都是白彝，凉山4大土司都是这样。土司打仗也是依靠白彝，同黑彝打仗时，完全依靠白彝；同国民党打仗时，依靠白彝，团结黑彝。如在1936年，都帝成土司被国民党杀掉后，都帝成的妻子召集白彝10 000多人，然后召集8大黑彝家支去报仇。第二次去报仇时，由土司杀牛，白彝出酒，招待黑彝，联合黑彝力量。

在1952年，安登俊土司和安聚土（大黑彝）要争夺安学成的家财，安学成便召集白彝700多人去打冤家。那时普格的官百姓每3户去1人，布拖每2户去1人，拖觉区每4户去1人。

在清朝末年，土司与阿陆马家（阿陆家和马家两大黑彝家支，是亲戚）打了29年的冤家，完全是依靠金阳的白彝和土目去打的，没有一个黑彝参加。

白彝在土司兴旺的时代（清代），社会地位较高。曲诺（按：指黑彝的百姓）和白彝（指官百姓）不通婚，后来虽然通婚，但须给官百姓多送婚礼（马1匹）。那时，白彝（实际上指官百姓，下同）不受黑彝的统治，不给黑彝"纳贡"、"送礼"。

到了土司衰弱的时代（国民党时代），土司势力范围缩小，不少土司被黑彝或国民党杀掉，威望很小，无力统治白彝；白彝家支小，居住分散，没有力量反抗黑彝。因此，白彝转为受黑彝统治，每户白彝要向主子每年交半个猪头；在主子婚丧时，要送牛羊和银子；白彝要请黑彝当保头，给保头"纳贡"、"送礼"，才能来往黑彝统治的地区，保护生命财产不受侵犯。越是有钱的人家，请的保头越多，受保头的剥削越多。布拖县拖觉区乌衣乡一户官百姓安坐达（安俄磨家），他有5户安家娃子，财产较多，是奴隶主成分，他请的吉迪家和比补家（都是大黑彝家支）的保头有29户之多。布拖特木里乡官百姓阿里家的安哈哈（半奴隶主）也请了10多户黑彝头人当保头。官百姓果立阿错（半奴隶主）请了12户保头。凡是奴隶主或半奴隶主成分的官百姓，一般的请了10多户保头，他们要向保头每年送猪头和酒，保头婚丧时，要送礼。

金阳县的白彝（金阳称官百姓为白彝）很少受黑彝统治的。金阳县土司势力较强，白彝家支较多，有的白彝家支有二三千户，黑彝家支少，管不住他们，他们只给土司纳贡送礼。

3. 白彝和官百姓的来源及地位①

（1）来源

结烈家的来源：结烈家的祖先叫宁孟，是从东方咀子铺窝（小地名）地方来的，这地方大概在云南。从宁孟起，传了13代：①宁孟——②时喜——③费乌——④阿哥——⑤乳西——⑥犁地——⑦杰母——⑧尼咀——⑨杰之——⑩月咪——⑪甲里——⑫何土——⑬挖西。（注：都是父子连名，为简便起见，不写父名，下同）前四代祖先的情况失传，只知第五代（乳西）居住在三湾河，是路西土目（冷家土司的土目）的百姓（娃子）。

有人说，结烈家的祖先叫路西，是安家娃子。路西的祖先失传。传说结烈家是从东方汉区来的，是汉人。从路西以下传了13代：①路西——②勒杰——③勒绝——④吁吁——⑤赧过——⑥怒捏——⑦热尼——⑧提西——⑨客哩——⑩哈克——⑪罗季——⑫罗杰——⑬西嘿。

欺沙家是官百姓，它的来源，据欺沙乌打谈，祖先叫俄磨，是汉人，八九岁看羊子被人抓进来卖给欺沙家当娃子。本来不姓欺沙，欺沙是一个黑彝家支，欺沙家有一个祖先叫"牒"，他有3个儿子，大的叫阿尔，即是都家土司的祖先；第二个叫欺沙，是欺沙家的祖先；小的叫捏索，是莫什家（大黑彝家支）的祖先。欺沙家从汉区抓来的娃子是很多的，当俄磨被抓进凉山两三代后，欺沙家的人死光了，娃子由都家土司和莫什家"吃绝业"平分。人们叫这些娃子为欺沙，欺沙就成了很多原来在欺沙家但不同血族的娃子的姓氏，后来子孙繁衍，形成了欺沙略福、欺沙吉利、欺沙阿子几个官百姓家支。

布拖县欺沙家有四五百户。属于都家土司统治的有150多户，属于莫什家的150多户，属于比补家和吉迪家（大黑彝家支）的200多户。原来欺沙家不属于比补家和吉迪家统治的，因土司近20、30年来，势力衰弱，土司的欺沙家百姓变成吉迪、比补家的娃子。例如欺沙略福家在布拖县有150多户（金阳还有50多户，普格30多户），大部分在衣某区，自都帝成土司死后，被衣某的比补家、拖觉的莫什家、布拖的吉迪家瓜分了。

从欺沙乌打的祖先俄磨起，传了15代：①俄磨——②捏勒——③捏福——④捏疙——⑤阿婆波——⑥乌济——⑦立子——⑧欺打——⑨尔撒——⑩阿咀——⑪述捏——⑫拿卜——⑬乌打——⑭咀撮——⑮撮切。

---

① 此材料是1956年白彝群众所谈的。

10

苏呷家的祖先叫时尼，不知从哪里来的。只知道他的孙子烈克是在冷家土司家当娃子。从时尼起，传了13代。

尼何家的祖先叫底咀，原来姓张，是汉区来的。因做生意被比米家抓进来当娃子，传了11代。

姑咀家是官百姓，祖先原来是阿烈家土目的娃子，帮土司打耳环等首饰，所以人们叫做咀姑家（咀姑是耳环的意思）。也有叫他们为阿烈家的。其实既不姓咀姑，也不姓阿烈。传了12代。

阿苦家，是官百姓，祖先叫尼补，在沙马土司家当百姓。尼补以上的祖先原来在金阳县，是汉人。从尼补起，传了12代：①尼补——②阿尼——③结日——④结拉——⑤苏结——⑥结咀——⑦宜曲——⑧宜卜——⑨沙都——⑩赤河——⑪咀何——⑫咀合。

白彝是从汉区来的，都是汉人。他们来凉山一般的有了10代至15代（黑彝一般的有30代以上）。有的来得早，有的来得迟，来得早的形成了几百户的白彝家支。布拖县有100多白彝家支，人口约60 000，占全县人口的绝大部分。全县70 000多人中，只有黑彝4000多人。白彝内部有一部分是黑彝奴隶主的奴隶、半奴隶，大部分是劳动者，小部分是奴隶主或半奴隶主。布拖县黑彝奴隶主有2600多人，白彝奴隶主也有2600多人。按照社会等级来说，彝族社会分为黑彝和白彝两种，彝话叫黑彝为"和捏"（小裤脚话）、大裤脚话叫"诺和"，"捏""诺"都是黑色的意思，"和"是人的意思；叫白彝为"姐"，是娃子的意思；也有叫"曲和"的，"曲"是白色的意思。为什么用黑、白二字表示不同的社会等级，座谈会上讨论不出结果。白彝又分为"曲诺"（小裤脚称"曲捏"）、安家娃子和锅庄娃子三个等级："曲诺"（大裤脚话）、"曲捏"的"曲"是白的意思，"诺""捏"是黑的意思，也有说"曲"是有地位、有钱的意思，"曲诺"、"曲捏"是黑彝统治下的有地位的人，或是不黑不白的中间阶层，这种说法还弄不清楚；安家娃子叫"孟汁咀"（小裤脚话），"孟"是女人，"汁"是同黑彝在一起的意思，"咀"是儿子，"孟汁咀"大概是结了婚的奴隶，还和主人住在一起，译成汉话叫安家娃子；锅庄娃子叫"呷式呷洛""呷式"是住在一起，"呷洛"是在脚旁或锅庄旁，"呷式呷洛"是住在主人的身边或锅庄边的意思，译成汉话叫锅庄娃子。此外，还有一种把曲诺当作白彝，安家娃子和锅庄娃子不叫作白彝的说法。这样，白彝就成为一种中间阶层了。

官百姓叫"疙姐"或"疙和"是官家娃子的意思。官百姓也是从汉区来的，是否跟随土司进入凉山的，不敢肯定。他们早在十几代以前，就已是土司或土目的百姓（或娃子），有长久的统治与被统治的关系，这点是肯定的。

被土司直接统治的是官百姓，被黑彝直接统治的是白彝，这两部分人的称呼是不相同的。并不是所有的白彝都叫官百姓。官百姓的人口也没有安学成所谈的那样多。布拖县官百姓只有17个家支，大约1000多户，4000多人，比白彝要少得多。官百姓中也有奴隶主、劳动者和奴隶、半奴隶各个阶层，其中劳动者占绝大多数。布拖县欺沙略福家支有150户，其中奴隶主和半奴隶主成分的有24户。

官百姓大多住在土司所在地附近，布拖县17个官百姓家支，有13个家支住在布拖区（土司住在布拖区特木里乡）：

①阿比家——布拖区

②咀古家——布拖、拖觉两区

③各力家——布拖区

④俄磨家——布拖区

⑤阿捏家——布拖区

⑥拔差家——布拖区

⑦喇嘛家——布拖区

⑧夹播家——布拖区

⑨欺沙阿子

⑩欺沙略福 ——布拖、拖觉、衣某、交际河等区

⑪欺沙吉利

⑫赧尼家——布拖、拖觉两区

⑬子如家——拖觉区

⑭济家——拖觉区

⑮衣比家——布拖区

⑯裁蹩家——布拖区

⑰雨尔家——布拖区

（2）官百姓与土司、黑彝的关系

官百姓历来就是土司的娃子，他们租种土司的地（极少数官百姓不种土司的地），交纳占农产品10%的官租。遇土司婚丧大事时，每户要送一坛酒，二三两银子（穷苦的不交），半个猪头。过年时，土司附近的官百姓要送酒和猪头。土司把他们当作娃子一样使用。有些官百姓住在土司附近，好像安家娃子，土司的女儿出嫁时，他们的女儿要陪嫁去伺候她。布拖的裁蹩、赧尼、雨尔、济家等官百姓家支，住在土司周围，随时听从土司使唤。有一些官百姓在土司家里服劳役，好像锅庄娃子。安学成家里最多的时候有一百多人背水、看马、收粮食、背枪、伺候土司抽大烟、吃饭以及招待客人、调解纠纷等等。土司不买卖或掠夺奴隶，也用不着买奴隶，全靠官百姓服役。土司没有大量的武装，打仗也是靠官百姓去打。另一方面，官百姓是外来的汉人，本身没有足够的力量反抗黑彝奴隶主的统治，他们在冤家械斗连年不断的社会里，也只好依赖土司的保护才能生存下来。这种土司为了维护自己的统治，直接统治官百姓，官百姓为了维系自己的生存，不得不忍受土司的剥削，依附土司的关系是从很早就建立起来了。

在土司兴旺的时代，官百姓有点社会地位。据说在清朝的时候，官百姓一般不与白彝通婚；白彝怕官百姓，也不敢与他们通婚，后来虽然通婚，但要多给官百姓送礼。打冤家也不能打官百姓。黑彝不敢管他们。官百姓欺沙乌打说他在20多岁时（他现在有60多岁），无论到金阳或普格，只要说自己是土司的官百姓，什么人都不敢欺侮他。同时，土司有事就先召集官百姓头人开会，然后才召集黑彝头人，白彝是不能参加土司召开的会议的。显然，官百姓的地位高于白彝。但是，不是所有的官百姓社会地位都高。就以通婚问题来说，官百姓内部的中间阶层不与安家娃子或锅庄娃子（官百姓下降的）通婚，奴隶主更不用说了。后来当官百姓与白彝可以通婚的时候，也只限于同阶级间通婚，白彝的奴隶主是不愿与官百姓的奴隶、半奴隶通婚的。

在土司衰落的时代，官百姓的地位跟着衰落。特别是近二三十年来，大批的官百姓转变为受黑彝奴隶主统治。部分官百姓一方面要给土司纳贡送礼，不能完全脱离过去的统治与被统治的关系；一方面又要给黑彝奴隶主送礼，有了新的统治与被统治的关系。大部分官百姓看到土司衰落，就不给他送礼，完全投靠黑彝奴隶主阶级。他们要对黑彝主子交纳比土司更

多的贡物：黑彝主子的长子结婚时，送一斗粮食酿的酒，银子一二两；长女出嫁时，送同样的礼物；过年时，送半个猪头和少许银子以及酒等；主子家里死人时，送一斗粮食的酒，一二两银子，（在官百姓死人时主子"还礼"，只还一斗粮食的酒）；打冤家也要被迫参加，要出枪，打死了人要出钱。此外，还要负担一些无偿劳役。至于有钱的官百姓（奴隶主或劳动者成分），要请黑彝头人当"保头"，才能保住自己的生命财产。保头一般的请十个左右。对每一个保头也要纳贡送礼，所送礼物与上述大致相同。

咱古阿哈（官百姓，劳动者成分）说，在他三代以前，属于都家土司管。他住在拖觉区，离土司远，每隔二三年给土司送猪头和银子。但是后来属于黑彝奴隶主莫什拉且拉哩管，每年要给他送猪头、酒和银子。

欺沙乌打说自己的祖祖辈辈都属都家土司管。到他两三岁时（即50多年前），土司势力开始衰弱，土司不管，黑彝也不管。到了30多岁时（大约34年以前）就属于黑彝统治。他有点土地和娃子（半奴隶主），请了8个保头以保护生命财产的安全：

①拖觉区比补家比补阿烈普日；
②衣某区比补家比补阿古衣且；
③拖觉区比补家日捏捏河；
④拖觉区莫什家莫什沙且；
⑤拖觉区莫什家莫什阿左搭什；
⑥拖觉区莫什家莫什阿杰支土；
⑦拖觉区热烈家热烈沙也；
⑧拖觉区结博家结博日且。

以上8人都是黑彝大家支的头人。欺沙乌打每年要轮流送给两家两个半边猪头，各1斤酒。这8家有婚丧大事时，要送羊子或几两银子。他说保头多，婚丧也多，所受的剥削很多。就他临时想起来的有：

①1955年，莫什阿杰支土的儿子订婚，送银子8两。
②1955年，莫什阿左搭什死了，送银子8两。
③10年前，莫什沙且结婚，送银子1两。
④1951年，莫什沙且妻病，送羊1只。
⑤1954年，莫什沙且妻死，送银1两。
⑥5年以前，热烈沙也的妻子病了，借去2只羊，没有还。
⑦5年以前，热烈沙也的岳母死了，要欺沙乌送出1头牛，欺沙乌打不肯，说"你死了，我才出牛，你丈母娘死了要我出牛，没有这个规矩"。热烈沙也见他不肯出，抢走2只羊子。
⑧7年以前，结博日且的母亲和弟弟死了，送粮食50斤。
⑨13年前，比补日捏河河的母亲死了，欺沙家8户（连欺沙乌打在内，这8户是欺沙略福家支的近亲，下同）搭伙送1头牛。
⑩10年前、6年前、5年前，比补阿古衣且的兄弟、儿子和哥哥的儿子死了，八户送3头牛。
⑪13年前，比补阿烈普日父亲、母亲和叔父死了，八户送3头牛。
⑫10多年前，八户送给莫什阿杰支土5头牛，表示"进贡"。
⑬10多年前，八户向比补阿左搭什"纳贡"4头牛。

以上只是保头婚丧大事时所送的礼物（只有 2 次是纳贡），还有每年过年时送的礼物和打冤家时出的"赔命"钱，想不起来。他说受黑彝的剥削重，受土司的剥削轻。他这一辈子 60 多年中，只给土司 1 个猪头，1 条猪和 3 两银子，但是给黑彝送的实在算不清。所以黑彝对官百姓的统治要比土司的统治残酷的多。

白彝大多数受黑彝主子直接统治，尤其安家娃子和锅庄娃子受苦最深。就是曲诺也受主子各种剥削：当主子的长子结婚时，送 1 斗粮食的酒，银子一、二两；长女出嫁时，富裕的人家要送 1 只羊子，贫穷的送 1 个小猪或 1 只鸡；主子家死人时，送 1 斗粮食的酒，两家或三家送 1 头牛，送多少银子不定；主子过年时送一两斤酒，半个猪头。此外，主子打冤家时要出枪出人，打死人后，要负担"赔命金"。至于种主子的地，要交 30%（坏地）到 50% 以上（好地）的地租。有时还要为主子服些无偿劳役。这些剥削都胜过土司对官百姓的剥削。

白彝不直接受土司统治，不给土司纳贡送礼。

土司和黑彝（指奴隶主阶级，下同）都是统治者。但是土司对劳动人民的压迫和剥削没有黑彝那样残酷、露骨。这是因为土司的经济力量薄弱，土司的土地只有布拖区的一小部分（约占 1/3，其余大部分是黑彝奴隶主的），种他的地的大部分是官百姓，这部分直接受土司统治，但为数很少。土司没有直接的武装（身边只一连人）。因此，在土司衰弱的时代，不敢对黑彝白彝进行粗暴的压迫。种土司的地交官租轻。但是黑彝对白彝、官百姓的统治比较野蛮，特别是锅庄、安家娃子所受痛苦最深。种黑彝的地，要交 30% ~ 50% 的地租，特别是打冤家，对劳动人民的生命财产损失很大。所以座谈会上一致反映在解放前"宁愿土司统治，不愿黑彝奴隶主统治"。并且认为土司过去还能起维持社会治安的作用。有了土司，杀人、抢劫及各种纠纷可以得到制止或调解，打冤家也少些。特别是官百姓，在土司有势力的时候，他们不受黑彝的统治。所以当土司安树德被杀掉后，这部分人要求有土司。就是黑彝中不少人也认为有土司在可以调解冤家。因此，在土司势力衰弱的时候，土司在彝区也不是完全没有统治威望的。

二、沙马土司统治地区概况

（一）沙马土司简史

沙马土司为凉山四大土司之一。沙马土司及其官百姓（格节）的祖先原居住于贵州威宁和云南昭通一带。明末清初，吴三桂带兵进剿云南彝民，当地彝人分作三路纷纷逃进凉山，谋求生路：第一路由窝子谷过江，第二路由鲁家谷过江，第三路由巴克谷过江。沙马（土司）家和另一些黑彝、自彝家支从第三路过江，定居在古尼拉达和沙马甲谷两地。在当时，沙马家的威望和势力最大，清朝统治者为"以彝治彝"，分封沙马家为"沙马都督府"，并赐金印一颗（金印为沙马家世代相传，安登俊自杀以后，不知去向，据说是藏在百草坡大岩洞内），为凉山四大土司之首。在 100 多年以前，沙马土司绝嗣，无儿继承土司职位，当时白彝家支（格节）要求自己有个官家，因此将沙马家同一支房额都家额惹里呀乙过继给沙马家（当时额多家住古尼拉达的额都而谷，沙马土司官府在古尼拉达的且莫），沙马土司除在古尼拉达有官房外，还在米姑和金阳"相岭"、瓦岗大坪子建有官房，分给各兄弟管辖这些地带。

在距今约六七十年前，古尼拉达、沙马甲谷地区黑彝家支（阿陆家、马家、阿侯家、苏呷家）的势力日渐增大，不服沙马土司管辖，侵占沙马土司及其百姓的土地。在安登俊的祖父那代（四五十年前），为争夺土地发生纠纷，阿陆马家不承认额多家为他们的官家，说他们真正的官家死了，黑彝要自己管自己。阿陆马家在冤家械斗中获胜，打死沙马土司的百姓48人，沙马土司及其百姓、娃子被迫退出古尼拉达。从此沙马土司与阿陆马家的冤仇越结越深，阿陆马家经常来米姑、马耳红等地骚扰，1954年阿陆马家还来雷池打死熊家7个百姓和娃子。

沙马土司从古尼拉达来到米姑，撵走米姑原住的黑彝家支（瓦沙洛家、阿土洛家等）及部分汉人，初住在雷池，以后迁到阿里米，同时在大坪子建立官房。

沙马土司势力的进一步衰落是在安登银被打死以后。安登银在世时，瓦岗地区的黑彝家支表面上服从沙马土司管辖，属于沙马土司管辖的地区：东至金沙江左岸。南至金阳一带，西北包括昭觉、美姑的边境。具体的地名有，布区列姆、依比博写、沙什沙洛、拉姆阿觉、罗布切呷、沙马马陀、阿吉波各、谢也洛各、耳吉切木、脚拉蹄克、阿支母曲、里克的普、沙马米姑、马耳红、夷车、恩阿罗等地。

在土司制下，凡土司统治区的土地均归土司所有，不论白彝或黑彝家支，凡耕种土地，均须给土司上交"随租"（即随土地上租），租额由土司统一规定：2斗种子地交租1斗5升（包谷），鸦片抽10%（即十抽一）。过年过节，各地黑彝同样必须为土司送酒、香肠和鸡，帮土司打冤家。随着黑彝家支势力的壮大，特别是沙马土司家安登银因拐骗云南永善蒲学官家一个嫂嫂出走，被蒲学官家管事萧国富打死以后，各地黑彝不再服从土司的统治，不按土司规定上粮、上烟，有些黑彝甚至完全不交，与沙马土司公开对抗。在临解放前几年，在沙马土司统治区的黑彝只有西谷溪沙马家、巴姑阿土家、马耳红徐家三家在给沙马土司上租（数量也随各家自愿）。对于不服管辖的黑彝家支，如安曲土、安八呀等，沙马土司由于力不从心，也无可奈何。

沙马土司统治的中心地区（雷池、阿里米、葫芦寨堡），没有黑彝家支，这里的白彝直接受沙马土司管辖，而不与黑彝发生隶属关系，这是沙马土司统治地区的一个极为显著的特点。沙马"格节"（在黑彝地区为曲诺）的家支是随同沙马土司家支一道从云南进入凉山住居古尼拉达一带，为沙马土司的"官百姓"。100多年以前，土司分派一些百姓家支去金阳和米姑住居，在狮子山公安底（地名）分路，一路从狮子山越百草坡随额多家（沙马家支房）去金阳（主要白彝家支有林子家、阿莫家），另一路翻过狮子山前来米姑，主要的白彝家支有熊家（沙马窝别）、苏家（苏木只）。最先来到米姑住居的是苏家，已传17代人。苏家初来时，米姑一带还是满山老林，只有雷池脚下和葫芦寨上有一些土地被开垦，住有几家彝人（在调查中，有些老年人说这几家是黑彝，名叫阿尼家、把哈牛家、马窝吃家、阿土家、窝西家、则日家，是否属实，目前尚不能肯定）。传说苏家用欺诈手段骗取这块土地，首先提出愿与这几家当娃子，当其不敢收留时，又力争要买"立布高"（现邮局右边一块大石）。而后在大石上面加上泥土和水种植稻米，到稻米成熟时，以收稻子为借口，将苏家全部人员引来米姑，说是买的土地，而不仅是"立布高"，用武力将原住彝人赶走。并说雷池所有土地，皆属其苏家所有。白彝家支中，以苏家势力最大，其主要支房有阿里、拉克、莫西、罗肥、屠日、陆牛、挖吃等家，其中尤以屠日家势力最大，沙马土司有重大事情，均需找苏屠日相商。

在沙马土司统治的中心地区，第二个主要的白彝家支是熊家（苏家本与沙马家为同一家支，以后才变成土司的百姓）。熊家家支多出大毕摩，原住古尼拉达，100多年前准备迁到其他地方居住，派两个毕摩先生去云南屋吉寻找同一家支，路过洛呷吉（现葫芦乡一村寨），为苏家请去咒鬼（即咒"立布高"，苏家说那块大石是鬼）。事成之后，苏家送给熊家文字沟一带地方，接着熊家各个支房也都相继从古尼拉达、麻吉哈打迁来，开垦荒地，定居生产，并与苏家结成世世代代的亲家。熊家居住在米姑已 13 代。

从古尼拉达迁来此地的白彝家支除苏家、熊家而外，在雷池、阿里米、葫芦寨堡三地还有穆家、杨家、屋吉家等白彝家支。

沙马土司来米姑以后，否认各个家支的土地所有权，宣布凉山土地皆为土司所有，只分给各个白彝家支一些自耕地，各家支依据土地大小交纳"随租"（租额最初曾有规定，2 斗种子地，交纳粮食 1 斗 5 升，上交 10% 的大烟）；土司家娶妻嫁女时，土司直接向各个家支摊派，分成"也目""也足""也撒"三等缴纳。"也目"负担最多：过年过节时，沙马格节要向土司送猪头、香肠，送酒；在打冤家时，由土司向各家支分配人数，各家支自备枪弹、粮食；若赔偿人命，命金由各家支负担。沙马土司对沙马格节所享有的上述权利，只有在沙马土司统治势力强盛之时才能实现，随着土司力量的日渐衰落，沙马格节也往往恃其力量而不履行对沙马土司的义务，土司为了依靠白彝家支而与周围的黑彝对抗，也不敢对白彝沙马格节采取过分的行动。

沙马土司除了与古尼拉达的阿陆、马家是长达三代的冤家外，并与金阳沙马额多家（同一家支）是冤家。大约在 1932 年左右，金阳额多黑木日家绝嗣，照彝族习惯，这份绝业本该其同房兄弟额多阿土占有，但沙马土司安登银仗其势力要求霸占这份财产，双方发生械斗，战争一直延续有七八年之久。在战争初期，安登银请云南龙土司援助，两路人马共有一万以上，打败额多阿土家，霸占了额多木日家的绝业，但自安登银死后，这份绝业又转归额多家之手。

沙马土司与雷波杨土司为亲家关系，安登俊的女人杨录秀是雷波杨土司之女。在 10 多年前，杨家势力衰落，杨宗宪土司便随其姐来到米姑雷池乡居住。

沙马土司是其统治区域内最大的奴隶主，享有各种特权，各等级的人在不同程度上都要受到土司在经济上的剥削和政治上的约束，沙马土司直接占有"尔补"90 余户（其中锅庄 17 人，安家 70 余户）。据了解，沙马土司每年要向其百姓和娃子勒取大烟 8000 两、粮食 300 石左右。沙马土司视奴隶群众如牛马一般，他们对奴隶群众有生杀予夺之权。如 10 年以前，当安登银被萧国富打死以后，安土司的母亲借口她的佃客王浩土（汉族）与萧相好，有过来往，竟将王浩土母子三人在大坪子活活打死。

（二）沙马土司统治地区的社会经济结构和阶级关系

1. 等级和等级间的人身隶属关系

雷池、阿里米、葫芦三乡（沙马土司统治的中心地区）的等级及等级关系如下：

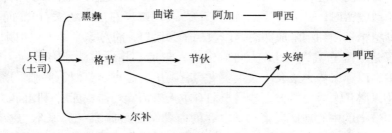

（注：沙马土司统治的中心地区无黑彝。）

"只目"（土司）：是本地区最高的统治者。各等级的人在不同程度上都要受到土司在经济上的剥削和政治上的约束，作土司的百姓或娃子。土司职位为世袭。依靠剥削其所属之百姓、娃子的地租、贡赋和无偿劳役为生。

"格节"：为土司的"官百姓"，是土司地区特有的一个阶层。他们一方面要受土司管辖，为土司交纳"随租"：大烟及其他贡赋（收入的1/10），抽调人枪帮土司打冤家。另一方面他们又可以占有节伙、夹纳、呷西的人身，依靠剥削其所属娃子的无偿劳役、地租和各种贡赋为生。格节对生产资料完全有所有权，土地虽名义为土司所有，但实际已为格节所占有，而且还可自由买卖。这个阶层内部在生产资料占有上存在着很大的差别，实力大者如葫芦乡苏要日家，民主改革以前占有锅庄娃子（呷西）30人，安家娃子（如夹纳）53户，每年共收取大烟1000两、粮食30 000斤左右。有些格节占有娃子及土地很少，自己参加主要劳动。格节有人身自由，他们对土司服从调配而不服劳役，土司不能出卖或杀害格节。格节在土司统治的中心地区所占比重很大，雷池乡共399户，其中格节就有128户，占全乡总户数之32%。

"尔补"：是直接为土司服役的娃子，地位低于格节，格节不与其开亲，也不受格节的管辖。尔补皆居住于土司的周围，土司给他们一块"耕食地"，不上租粮，只给土司服各种劳役，过年、节或土司婚丧大事时，要为土司背柴、送酒。尔补也可租佃土司的土地进行耕种，缴押金并上租（一般都是分租）。尔补的子女要被土司抽调去作"梅香"（陪嫁丫头）或呷西。尔补的人身为土司占有，不能随意离开土司周围，逃跑者捉回后要受毒刑拷打甚至出卖。尔补的最初来源是格节，为土司服役而来，一般都原与格节有家支关系。但后为格节所轻视，逐渐与格节脱离了家支关系。

在土司家里的呷西也属尔补这个范围，他们有单身的，居住在土司家里，也有配婚后住在土司周围，终年为土司劳动，毫无人身自由。土司家内呷西的来源主要有二：从尔补子女中抽调的；从外地逃跑到土司地区的娃子被土司收留的。

"节伙"：为格节的娃子，他们的人身严格地隶属其主子，不能随意更换。节伙的祖先多系汉人，进入凉山很早，代代做格节的娃子。加纳和呷西进入凉山较迟。节伙配婚成家以后，主人一般给其一块"耕食地"耕种，节伙每年要为主子从事无偿劳役60～80天左右，劳动时间一般不固定，随主人使唤。在这个地区也有节伙自己购买土地或租种主人土地的，仍照一般手续安押、上租，不领种土地的仍然要向主子服役。

节伙对于其主子格节还有各种义务：第一，过年过节时，节伙要给格节送猪头及酒。格节家娶亲或死人时，节伙要按规定出银子，送猪、羊。第二，节伙绝嗣，全部家业和妇女归主人。如节伙死后留有年幼子女而同家支亲戚愿帮助抚养者，格节可准其抚养。第三，节伙的子女要被格节抽作呷西或陪嫁丫头（第一个子女不抽，习惯上是抽第二个以下的子女）。第四，节伙不能随便离开主子，逃跑者被其主子捉回以后要受毒打甚至出卖。若逃跑者抓回后有其家支或亲戚讲请，可以不卖，但如下次再跑，则由担保人负责向主子赔偿其身价。第五，主子打冤家节伙要出枪、出人；赔偿命金时，节伙必须分担。

格节与节伙不通婚。节伙不能升为格节。

"夹纳"：为节伙的娃子，格节也可直接占有夹纳，以户为单位分别隶属其主子，没有家支。他们多是南锅庄娃子（呷西）配婚成家以后与主人分居分食而来。主子一般给其一块"耕食地"，或自己开垦生荒地，种植粮食维持生活。也有少数夹纳佃耕土地为生，对其主子的义务与节伙对格节的义务大致相同。但夹纳可以与节伙通婚，通婚以后，夹纳便由于开亲的血缘关系而上升为节伙。

"呷西"：是彝族社会最受压迫的人，等级最低，可以被上述各个等级所占有，随意被主子买卖和屠杀，毫无人身自由，终年无休止的为主人劳动。呷西大多数系单身，住在主子家里，少数配婚的呷西仍住居在主子周围，终年在主子家做活、吃饭，他们子女的亲权完全归主子所有。

2. 各个等级对生产资料的占有与阶级分化

在沙马土司统治的中心地区，各个等级对生产资料（主要是土地）的占有是极不平衡的。以雷池乡为例：

瓦岗雷池乡各等级占有生产资料统计表

1955 年 3 月昭通分工委材料

| 等级 | 户数 | 占西有呷数 | 占有土地面积 | | 牛 | 犁铧 | 锄头 | 镰刀 | 备注 |
			水田	旱地					
只目	1	7	45	26	0.5		4	5	系沙马土司家的亲戚杨宗宪土司，由雷波迁来依沙马家者。
格节	128	133	246.5	2666.5	108	86	522	309	
尔补	30	1		15.9	13.5	4	63	30	
节伙	174	27	61	684	120.5	114	560	326	
夹纳	67	2	6	72.8	36.5	18	144	72	
呷西	170（人）								其中已配婚的呷西 4 户，12 人，其余 158 为单身呷西。

从上表可以看出，各等级占有的土地和生产资料是非常不平衡的，呷西一无所有，占有土地和生产资料最多的是格节，占有全乡耕地面积 72% 以上，占有娃子数 78% 以上。

但在格节这个等级内部，阶级分化也相当显著。在 128 户格节中，已有 30 户甚为贫困，在民主改革时被划分为奴隶（就其经济贫困而言），占 24%；有 47 户划分为半奴隶，占 37%。真正有较大经济实力的格节户数（即奴隶主与劳动者阶级）只占格节总户数 39% 左右。

在沙马土司统治地区的阶级构成情况，以阿里米和葫芦寨堡两乡（现合并为米姑乡）为例：

米姑乡各阶层户数人口统计表

1958 年 10 月乡材料

| 地区 | 奴隶 | | 劳动者 | | 下降成分的劳动者 | | 奴隶主 | | 总计 | |
	户数	人数	户数	人数	户数	人数	户数	人数	户数	人数
阿里米	264	897	79	287	13	52	21	93	377	1 329
葫芦	304	913	53	213	26	116	8	33	391	1 275
合计	568	1 810	132	500	39	168	29	126	768	2 604

从上表可以看出：奴隶群众（主要是呷西、夹纳、尔补 3 个等级构成）占米姑乡总户

数的 73.9% ，而奴隶主（主要是部分有势力的格节阶层）只占全乡总户数的 3% 。

在奴隶制度统治的黑暗岁月里，隶奴群众反抗统治阶级的斗争连续不断地发生。仅在马耳红就曾出现过整个夹纳阶层集体反抗格节统治的斗争；在葫芦乡苏老肥家的节伙（打瓦火家）曾公开武装反抗苏家残杀百姓的暴行，结果苏老肥家被迫赔偿命金。至于用逃跑和消极怠工手段反抗其主子压迫的事情更是极为普遍。

3. 土地经营方式和高利贷剥削：

沙马土司统治地区土地经营方式大致有以下三种类型：

（1）自耕地。主要是劳动人民在自己占有的土地上用自己的劳动进行耕作。

（2）娃子耕作地。主要是奴隶主阶级在自营地中使用呷西耕种或利用其他所属娃子的无偿劳役耕种。

（3）出租地。主要亦为奴隶主阶级出租土地，用以剥削承佃者的剩余劳动产物。当地租佃土地时，承租人一般要事先缴纳一定的押金，地租一般为分租的形式。

在上述三种类型中，以出租地在数量上所占比重为大，因为土地大多集中于少数格节之手，如苏老肥家占有土地共 70 余块（亩数不详），其中使用锅庄耕种只有 1 块，其余绝大多数出租给其他无地少地的格节、节伙或汉人（与苏家为保头关系）耕种，收取地租。惟本地统治等级究竟以娃子剥削为主或地租剥削为主尚待进一步的调查。

在地租及买卖土地上，沙马土司统治还存在以下几个特点：

（1）开垦生荒地，两年不上租，期满后主人可以收回。也可由开垦者加租加押，继续耕种；

（2）节伙租种格节土地时，除交一定的押金外，每年先交一定数量的地租，然后再平分。

其他在高利贷剥削上，本地有 3 种形式：

（1）"杂布"，即利滚利的意思，借粮食 1 斗，每年利息 5 升；

（2）"也补"，借大烟 1 两，年利 1 两；

（3）"曲发"，借 1 锭银子，1 年 1 石苞谷的利息。借债人到期不能偿还者，债权人可以霸占其家财产，甚至抽拉子女作呷西。

（三）社会生产力概况及其他

本区和黑彝统治区一样，社会生产以农业为主，生产力水平极为低下。铁制农具已经普遍使用，但制作简陋，不能深耕深挖，犁地深度只在 5 寸左右。

耕种制度上，苞谷 1 年 1 季，洋芋与荞子间种，1 年 2 季，无休耕地。种地时两犁 1 耙，冬季有翻土习惯。

农作物有苞谷、洋芋、荞子、水稻、豆子、圆根等。1 升苞谷种常年要收一二石，洋芋 1 斗种可收 1 石左右。

畜牧业只作为农业的副业，无专门的畜牧业。手工业尚未从农业中分离出来，本地有个别铁匠和木匠，只负责加工，不制造商品。以铁匠为例，凡需加工铁制器具时，自出燃料、原料，由铁匠打造，按件付给报酬（1 把斧头 1 斗苞谷，1 把锄头半斗苞谷）。

解放以前，米姑一带种植鸦片非常普遍，几乎每家每户都种，出售鸦片成为当地居民的一项重要收入，阿里米有一年一度的烟会，汉商在此出售盐巴、布匹和日用百货，收购鸦片，形成临时性的初级市场。交换时通常是以以物易物的形式为主，也有以白银作货币的。

正由于烟会和鸦片种植，汉人来此频繁。因此，米姑一带的彝胞在生产上、生活习惯上受汉族影响很深，在某些方面较黑彝地区进步：

（1）使用床铺；

（2）煮饭用灶；

（3）人畜分居，猪不放牧；

（4）部分彝胞有洗脸、洗衣的习惯；

（5）会种稻谷，以苞谷当主食。

据一些汉人锅庄反映，当地彝人对汉族的生产技术还相当尊崇，不如黑彝统治地区那样歧视汉人。

在风俗习惯上，基本上与黑彝统治地区相同，无特殊的差异。

（四）沙马沙烈支的衰落及其统治区的特点

1. 沙马沙烈支的衰落

沙马土司为凉山四大土司之一。传说沙马土司原在乌撒（今贵州威宁）受封（朝代不详），在贵州居住11代。清朝初年，由窝锣滩过河，初迁古尼拉达，后为阿陆马家（黑彝）逐出，转到米姑和大坪子居住。清康熙年间加封为"威镇凉山都督府沙马宣抚司"，赐以金印一颗（印下为青铜，印柄上有一小截为黄金）。沙马土司在极盛之时，管辖的地区有大坪子、相岭、锅巴寨、米姑、瓦岗、马其哈呷、古尼拉达、角来体骨、铁都拉达、阿却莫的、赫克蓝朴、赫克罗角、阿直直屈等地，直到昭觉。所辖黑彝家支有阿土、沙马、朴恩、马家、阿陆、马家（古尼拉达）罗额、比补、接保、额峨、莫所、今杠、杂以、黑海等，以及白彝陈、黄、苦、白四大百姓和黑彝所辖之白彝家支。沙马土司每年向皇朝上贡8匹马，由昭觉转西昌送到北京。后来土司势力逐渐衰落，各地黑彝纷纷起来反抗，不服管辖，霸占土司的土地和百姓，或拒不交租交税，各自为政，土司制度就逐渐走向崩溃和瓦解。

沙烈支近几十年的兴衰情况是和沙烈木只（安登文）分不开的。据安登俊说：沙马沙烈房祖传特点是单传和夭折，从维己、母己、拉拉到日火，这几代都是单传，而且是父死子尚年幼。在当时，土司势力已经大为衰落。日火是安登俊、安登文的父亲，日火死时，安登俊才10岁，安登文8岁，母亲带上弟兄两个在百姓家居住（主要是住在苏家）。安登文14岁时，即到云南永善浦学官家（土司，与安家世代姻亲），并向浦家借得80人和一批枪支、金钱，带兵过江攻打各黑彝家支。首先向园堡山阿土家、马家进兵，一举获胜，阿土家、马家投降。接着他又调阿土家、马家的兵力攻打安柯呷都家（安学成），争夺呷都依合的绝业，战败呷都家。随着又领兵攻打夷车、马尔红徐家，获胜后又调徐家兵力攻打古尼拉达，攻打西谷溪安悦刚和瓦岗的安八耳、安曲土，所战之处，只有安八耳、安悦刚未被征服。安登文15岁时在大坪子修建衙门，各地黑彝又重新归附在土司之下。沙马土司势力随着安登文的兴起而转为强盛了。

安登文兴起以后，不仅南部黑白彝要受其管辖，云南地区的一些土司和地主亦对他很重视。永善大井坝上木乡汉族地主朴家愿把女儿许配给安登文，安表示同意。朴家年年供给安登文的枪弹和粮食，其中有一次即送安23箱子弹、几十石粮。后来安登文反口，说"我们彝族岂能和汉人通婚"。龙云之子龙三公子（黑彝）也要把妹妹嫁给安登文，安当初也表示同意，骗了龙家不少枪弹粮食，后来亦同样反口，说"土司不能和黑彝通婚"。

云南浦学官（土司）的寡嫂转房给浦学官家，但被安登文强奸，后听说有孕，就用武力抢过江来，因此与浦家结成冤家。

1942 年贵州杨继忠土司带安登文去重庆拜见过蒋介石和于佑任。安登文在重庆大为吹嘘凉山的情况，并宣称组织大小凉山的彝胞上前线攻打日本，甚得蒋介石赞赏，临走时发给630 套军服，3 箱银子，命其在凉山成立军队。安登文回来后在黄坪组织过军队敲诈勒索压迫人民，但并未上前线。

1945 年云南浦家龙家和瓦岗安八耳家共同买通永善地霸肖国富（彝族，彝名阿合），趁与安登文喝血酒时出其不意用枪打死安登文和小玲生的母亲。

自安登文死后，沙马土司势力又大为衰落。

安登俊和安登文比较起来，则显得软弱无能，一生中除曾到过昭觉和云南黄坪外，就没有再去外地。安登俊不大管理政事，如在解放以前，国民党曾在大坪子召集沙马家支全体成员大会，要安登俊在会上讲话，他推给安登文，说"我虽是大哥，但是什么也不懂"，结果让安登文发了言。

安登文死后，土司势力大为减弱。岩脚安曲土甚至夺去大坪子 80 石租子。当时云南浦家、龙家也想夺取大坪子，有次派国民党军队 80 人围攻大坪子（1943 年左右），安登俊和百姓困守了一天，后相岭陈家派兵来支援，才将国民党队伍打散。

1944 年安登俊由米姑去大坪子，途中遭到米姑苏家白彝阿莫山图枪击，因而感到众叛亲离，灰心丧气，有 11 年未回过米姑，直到 1953 年才去米姑居住。

沙马土司家支世系表

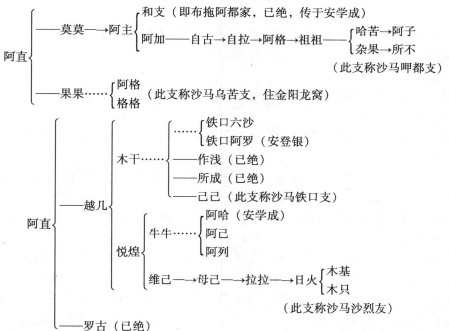

（以上材料是根据杨忠宪妻（沙马家女）口述的材料整理而成，有些地方记不清故用……表示。）

2. 沙马土司所辖地区的特点

沙马土司的主要势力是在米姑。米姑位于凉山南部，四周环山，为一倾斜盆地，东南有拔海4000公尺的白草坡，东至上下乌初，西至沙马孟获山为界，越过峨母阿足家地区之李苦及木再翻狮子山即到古尼拉达，东面以牛儿坡为界，与瓦岗地区（即今呷哈洛区）相连，北以扭古阿罗沟与夷车、马耳红相对。

沙马土司所辖之中心地区（雷池坝子、阿里米、葫芦寨堡）有以下几个主要的特点：

（1）白彝（沙马格节）不受黑彝管辖及头人制度的存在。这里的等级主要有土司（只目）、格节、节伙、夹纳、呷西和尔补。在雷池、阿里米、和葫芦寨堡一带，没有黑彝家支存在。

土司管辖地区较大，土司本身人数很少，为了便于管理各地百姓交租纳赋、派兵、调解纠纷等事，土司在自己最亲信的百姓中挑选一些人管理各个地区的事务，这种人叫做"头人"，代代世袭（如苏阿合、苏以铁、苏拉达等）。后来有些世袭的头人能力不强，在百姓中又出现了一些能言善道、善于战斗的人，他们虽没享有世袭头人的权利，但由于他们的能力、势力、威信与世袭头人相等甚至超过世袭头人，因此土司不得不以头人看待他们（如苏老肥、苏什且等）。

百姓（格节）除每年向土司缴纳"山价"（大烟）和过年送猪头外，与土司没有严格的人身隶属关系，经济上可以自由的发展。这里的少数格节在经济实力上甚至超过土司（如苏老肥家），他们可以过着比黑彝统治区内的曲诺较为富裕的生活，而已经没落的沙马土司也只有依靠这些白彝百姓才能壮大自己的家支力量，制服周围的黑彝家支或免遭他们的侵袭。

米姑区发生重大事情，土司都须找头人商量才能决定。有些事情，土司的意见遭到大多数头人的反对，也要缓办或不办。

（2）"耕食地"制度的存在。自从土司受封以后，所辖地区的土地所有权全归土司。土司把部分土地分给百姓头人使用（所有权仍归土司），这样使其头人忠诚的为土司服务，替土司收取租赋、派差等。但随着土司势力的衰弱，某些委托头人管理的土地也归头人占有。例如雷池坝子苏阿合的土地之所以很多，就因为他是沙马呷都房的世袭头人，呷都在雷池的土地都为阿合家占有了。

在沙马土司周围居住的"尔补"（直接为土司服役的娃子）都领有分给的"耕食地"，不上租子，每年给土司服各种无偿劳役。

（3）在租佃关系上，由于米姑接近汉区（云南），受到汉族的一些影响，一般都是对分制。其形式有以下几种：

①无押对分。这种形式在米姑最为普遍，在瓦渣沟，汉人租种苏老肥的稻田，到收谷时苏老肥的儿子亲自到佃户家监督收打，按所收的粮食对分，各得一半。彝族内部也一样。

②有押对分。这种形式不太普遍。如何和租佃苏立撒土地，先交了押银1锭，然后对分粮食。不种时，押金又退还承租人。

③开荒不上租。期限不大统一，有最初一年不上租，也有最初三年不上租，如徐家梁子汉人蒋大支开了徐贯清的一块荒地，三年内不上租；罗格阿及杨不批开了头人熊阿哈一块土地，第一年不上租，第二年按下种量的多少上交，第三年双方议定租额。

④三七分制四六分制。这种形式多由于土质不好，主人得三或四成，佃户得七或六成。

⑤租佃土地种植大烟时，佃户首先交押银2锭至3锭（如能收100两大烟的土地），谓之押头，佃户只能种一季，所收之大烟由双方对分，押金不退。

（4）在衣、食、住、行方面，由于过去米姑盛产大烟，物产丰富，因此较其他黑彝地区要富裕些。表现在：

衣——妇女一般穿着长袍长裙，大头帕。男人上身一般穿有衣服，不赤膊。衣服上有花纹，并缝有百花领，披的"擦耳瓦"一般都是染色软毡。

食——土司、头人和比较富裕的黑彝能经常吃到大米。一般以苞谷为主食，吃其他杂粮（荞子）较其他地区少。

住——人畜分居，有做饭的灶头，睡觉用床，少数富裕者还有被盖和脸盆。

行——用骑马代替步行的人较多。

三、金阳县土司统治地区概况

（一）下乌初乡社会经济结构与阶级关系[①]

下乌初乡位于金阳县的东北，靠近拔海4000公尺以上的白草坡。南北相距50华里，东西约40华里。群众都居住于高山和二半山上。高山如吉打梁子、果来阿目、黑、曲、布西布脚、古曲黑低等村，海拔约3000公尺以上，冬季气候严寒，气温平均在摄氏0°以下，夏季气温仅在摄氏15°左右，常有阴雨和云雾。农作物以洋芋、荞子、燕麦为主，圆根和油茶子次之。二半山如二坪子、木对窝、格句鲁瓦拖、安普等村，气候较为温和，可种植苞谷、豆类、大小麦等作物。东西两面山上森林密布，木材以松、杉为主，野兽常出没其间，彝胞在这里猎取的野兽皮、肉、熊胆、麝香等都是一笔可观的副业收入。此外，药材如贝母、天麻、大黄、秦艽等，出产亦很丰富。这里的居民除主要从事农业生产外，还兼营畜牧、挖药等。

全乡共有居民442户，1677人，其中男830人，女847人。全乡共有18个村寨、营盘（计：黑底、罗吉、黑曲、马很家、教脚、红莫洛、尔且瓦呷、布西布脚、吉打、果米阿木、四日不希、木对窝、二坪子、阿力老保、格句如、瓦拖、花家老林、安普。）

全乡均属土司沙马铁口支管辖。沙马铁口支分3个分支，本乡2支，管辖的百姓有苦家、陈家、石以家。

全乡的土地、荒山、森林、河流均归土司所私有；土司仰赖其传统权威及霸占的这些自然资源，向其所属百姓、娃子征收税租、贡赋。

解放以前，本地冤家械斗相当严重。本乡两家土司是冤家，与邻近四周都是冤家（如与上乌初瓦拖撒文，西瓜浦苦家、古尼拉达阿陆马家、德溪乡白家）。冤家不仅限于此姓与彼姓此支与彼支，而且兄弟、父子之间都有。出门就是冤家，形成分崩离析的局面，人民生命财产朝不保夕，生活极端贫困，冤家械斗使生产力的发展受到极大的限制和破坏。

---

① 　此材料来源于1955年5月金阳县工委调查报告。

1. 等级制度及其关系

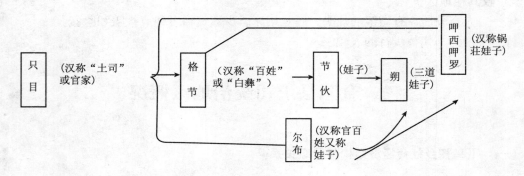

下乌初乡各等级户数人口表

等级		只目	格节	节伙	尔布	朔	呷西呷罗	合计
户数	户	2	170	139	37	94	—	442
	%	0.4%	38.5%	31.4%	8.4%	21.2%		
人口	人	11	549	504	144	409	60	1677
	%	0.7%	32.7%	30%	8.6%	24.3%	3.6%	

"土目"依其传统权威，为彝族社会的统治者。土司家中有刑具，处罚所辖百姓、娃子直至死刑。土司家里有"木苦苏夷"、"呷西呷罗"为其直接服务。"木苦苏夷"又分两种，一种可代表土司对外处理问题或协商事情、传人集会等；另一种（汉语称"管事"）替他征收租税贡赋等。"呷西呷罗"是土司家中的杂役人员，专司砍柴、煮饭、护送、随从等。

在经济上，土司利用霸占的土地、荒山、森林等自然资源迫使其所属百姓、娃子缴纳贡赋租税，如每年征收百姓、娃子所获鸦片的 1/10，百姓每个家支上贡羊或鸡一只。农民所开荒地第一年征收出产的 1/3，以后议定。

土司又利用其传统权威向其所辖群众进行超经济的剥削：

（1）"摊派"。丧、婚要摊派白银、羊、牛、酒等；

（2）"拜年礼"。过年时百姓带酒、肉给土司拜年；

（3）"搓相"。有病时强拉群众的牛羊敬菩萨；

（4）"赔命金"。冤家械斗打死了人，赔入的归土司享有，赔出的由百姓与娃子负担；

（5）"割马草"。群众轮流割草饲养土司的马匹；

（6）对所属百姓、娃子的绝业可以部分甚至全部占有。

土司之间为了掠夺财产、争取霸权，也互相进行械斗（如铁口撒罗与瓦拖撒撒、铁口撒罗叔兄之间）。由于实力的不均，各个土司所统辖地区的大小、财产之多寡相差甚大。百姓为了摆脱土司的统治，曾经组织暴动反抗土司（本乡苦家，石以家曾经于 1942 年联合反抗安土司），土司传统权威已逐渐丧失作用，如陈足日经过械斗后就不给土司缴租纳赋，百姓中势力较大的，也不大理睬土司。

"格节"为土司所管辖，经济上能够独立，有人身、迁徙自由，除年节和土司家有婚、丧时上一定的贡赋外，不服劳役。绝大部分的"格节"皆自食其力，极少数的占有奴隶，个别家支头人不参加劳动，并进行放债收利及收地租等剥削。

"节伙"是隶属于只目、"格节"等级的，没有人身、婚姻、迁徙等自由，分居后主子送一块土地，自耕自吃，作为耕食地。每年要给主子服劳役，农忙时必须先把主子家里的活做完才能干自己的，给主子服劳役除吃饭外无任何报酬。主子婚丧等事要承担费用，"节伙"所生之女其中一个要跟随主子之女出嫁，如主子无姑娘则作罢，但所得嫁礼必须给主子一部或全部。绝业为主子占有，弟兄家内无继承权，不与主子分居分食的称"呷西呷罗"。

"尔布"隶属于只目，本为"格节"，因贫穷土司给一个丫头配婚者。分居后给一块土地自食其力，有婚姻自由但无迁徙自由。所生女完全随土司女出嫁，如土司无女，其身价1/2给土司。每年给土司劳动九个工。土司婚丧，要承担所摊派的银子、牛、羊。绝业归土司占有。

"蜀"隶属于"节伙"、尔布。意思为汉人，由于等级低下，其名称有卑贱的含义。大部分系俘虏来的，也有当作商品买来的。一部分分居，一部分依附其主子，在政治上无任何自由。

"呷西呷罗"可以为只目、格节、节伙、尔布所占有。在只目家中的"呷西"有"节伙""蜀"等，因此"呷西"不能代表一个等级，而是在他主子隶属下没有分居的奴隶的通称。他们仅仅被当成能够说话的劳动工具。

综上所述，占全乡总人口0.7%的只目，其统治势力日趋没落，占总人口32.7%的"格节"当中有少数利用家长制残余及冤家械斗进行掠夺财产借以扩大实力，已经爬上统治者的舞台，节伙蜀等级，由于等级制度这条鸿沟的阻隔，其内部分化不够显著。

2. 阶级分化情况

只目安登银不参加劳动，有单身娃子5人，有家的娃子37户，以其娃子耕种的土地有1000升（包谷计算，下种量），常年产量5455斤。收租的土地面积有3296.5升，收租12 730斤。有马3匹、耕牛半条、非耕牛2条、羊85只、猪7只。农具有挖锄2件，板锄2件。从以上情况看来，虽然生产资料中的耕畜、农具不多，但"节伙"给其劳动时均自带工具。

只目安撒罗，五口人都不参加劳动，有单身娃子10人，有家的娃子25户，娃子耕作地面积有882升，常年产量为28 475斤，收租28 900斤。有耕牛1条、非耕牛2条、马3匹、羊14只、犁2件、挖锄2件、板锄1件、钉耙1件、镰刀1件。

"格节"陈施达，家中4人，有单身娃子3人，有家的娃子3户，本人参加劳动，自己占有土地186升，年产5407.5斤。有耕牛2条、非耕牛1条、马2匹、羊15只。农具有犁1件、挖锄3件、钉耙1件、镰刀4件。

"尔布"阿日助易，家中6人，有单身娃子2人，有家的娃子8户，参加劳动，自己占有土地20升，年产6375斤，租入"劳役"土地220升，年产17 000斤，放债20两，年利可得粮食340斤。

"格节"花日和，家中5人，占有有家娃子2户，租入土地41升，年产3740斤，上租255斤。有非耕牛2条、马1匹、羊10只、猪2只。农具有挖锄2件、板锄1件、镰刀3件。

"节伙"赖赖尼曲，家中2人，租入"劳役"土地2升，年产255斤，租入土地8升，年产467.5斤，上租297.5斤，有挖、板锄各1件，生活贫困。

关于各等级生产资料占有情况见以下诸表：

（金阳县下乌初乡各等级、阶级占有生产资料统计表插在30页之后。）

下乌初乡各等级、阶级占有轮歇地统计表

阶层		轮歇地占有						
		二年	三年	四年	五年	六年	七年	总计
只目	地主		1 840					1 840
	小计		1 840					1 840
格 节	地主		140	420	290	150		1 000
	富农		80		60	840		980
	中农	60 升	150			170		380
	贫农		6		50			56
	小计	60 升	376	420	400	1 160		2 416
节 伙	富农							
	中农		20		1 385	2 330		3 735
	贫农				110	1 763	30	1 903
	小计		20		1 495	4 093	30	5 638
尔布	富农		1 480					1 480
	中农		742		410			1 152
	贫农		70		90			160
	小计		2 292		500			2 792
蜀	中农		340	40	60			440
	贫农		270				40	310
	小计		610	40	60		40	750
呷西	奴隶							
	小计							
合计	地主		1 980	420	290	150		2 840
	富农		1 560		60	840		2 460
	中农	60 升	1 252	40	1 855	2 500		5 707
	贫农		346		250	1 763	70	2 429
	奴隶							
	小计	60 升	5 138	460	2 455	5 253	70	13 436

注：单位面积以包谷升（据初步测量，两升包谷种的面积约合一市亩。）

金阳县下乌初乡民主改革前后各阶层占有土地情况统计表

数量 成分 项目			奴隶	半奴隶	劳动者	奴隶主	总计
户数			257	133	95	35	520
人口			833	458	360	155	1 806
改	自 耕	面积	904.55	510.6	638.1	515.4	2 568.65
		产量	188 422	88 190	118 437	108 707	503 756
	出 租	面积	13.2	3	76.5	908.6	1 001.3
		产量	985	2 079	3 315	66 603	72 982

续表

数量\成分\项目		奴隶	半奴隶	劳动者	奴隶主	总计
改革前	佃入 面积	350.2	92.24	588	27.7	1 058.14
	佃入 产量	34 487	26 219	13 520	1 381	75 607
	合计 面积	9 178	543.6	714.6	1 424	11 860.2
	合计 产量	189 407	90 269	121 752	1 775 310	2 176 738
	占总数的%	25.4%	15.1%	19.35%	40.15%	100%
	每人平均数	1.1升	1.19升	1.99升	9.2升	13.48升
改革后	土地面积	898.8	703.1	1 444.7	197	3 243.6
	产量	215 621	85 212	16 554	32 916	350 303
备注	1. 面积以下种量升（10斤）为单位，产量以斤为单位。 2. 合计内不包括佃入土地，耕食地未计入佃耕土地内。 3. 此材料系民主改革以后统计，故在户口上和土地面积上和前一张表的资料均有出入。 4. 占总数%及每人平均数均指面积而言。					

几种剥削形式：

租佃关系：

下乌初乡土地租佃情况表

阶级		地主	富农	中农	贫农	合计
佃入劳役地租	面积		600	3 116.5	1 128.2	4 844.7
	产量		18 265	109 727.5	35 657.5	16 365.0
实物地租	出租 面积	3 351.5	69	162		3 582.5
	出租 租额	43 466	2 126.5	3 329		48 921.5
	佃 面积		458.5	3 951.5	2 200.8	6 610.8
	佃 产量		23 454	104 137.5	65 292.5	192 884
	佃 租率		11.5%	8.7%	25.3%	
	耕 租额		2 825.5	9 134.5	16 587.5	28 547.5

单位面积：以包谷升 产量：以包谷市斤 租入外乡土地：未计入

从上表看出，中农佃入劳役地3116.5升，占中农总耕地面积的35%，而贫农佃入劳役地1128.2升，占贫农总耕地面积的27%强。如果从贫农这一阶层占有土地总面积中除去租入劳役地而剩下的3004升，仅占全乡总耕地面积的13%，但总人口却占全乡总人口的51.5%。

实物地租绝大部分是议租，对分者很少，地主所占50%以上的土地是进行地租剥削的，并按有押金。

较好的常耕地对分者占多数，例如开垦土司占有的荒地，第一年抽收成的1/3给土司上租，第二年则议租或对分。我们问群众如胡十则，加火曲呷："你们没有土地耕种，为什么不去开荒呢?"他们回答:"我们开荒,第一年就要上租,第二年就分给人家一半,我们生产出的粮食还不够他的哩!"从上面的问答说明地租剥削的沉重,农民们为了不饿肚子去开荒地,但生产的成果仍然为土地占有者所得,他们仍然一无所得。

从租率来看,实物地租较低。但必须说明的,这些土地大部分处在偏僻地区,土质瘦薄,除去成本和地租外,所剩也寥寥无几了。

债务关系

	阶层	地主	富农	中农	贫农	合计
借入	金额	10 两	205 两	1 389 两	2 486 两	4 090 两
	利息	170 斤	2 123 斤	13 110.5 斤	30 361 斤	45 764.5 斤
贷出	金额	40 两	200 两	515 两	70 两	825 两
	利息	509 斤	2 894 斤	5 961 斤	1 067 斤	10 440 斤

金额以白银两为单位　利息以包谷市斤为单位

3. 群众生活及生产问题

(1) 各阶层的生活水平

"地主"5 户 31 人,每年总收入(收租、剥削娃子)计106 553.5斤,除去口粮16 740斤,(每人每年口粮以 540 斤计)还余89 813.5斤。

"富农"33 户,177 人,总收入123 282斤,除上租2825.5斤,实收120 456.5斤,除口粮63 180斤,盈余57 276.5斤。

"中农"178 户,608 人,总收粮408 919.5斤,除去上租14 747.5斤,实收394 172斤,除口粮327 240斤,盈余66 932斤。

"贫农"236 户,863 人,总收粮198 757.5斤,上租16 587.5斤,实收182 270斤,每年共吃口粮466 020斤,欠缺口粮283 850斤。

全乡每年农业总收入为837 512.5斤,全乡有1677人,应吃口粮905 580斤,总缺欠68 067.5斤,加上鸦片的收入,基本上可以自给自足。副业如背板子到云南去卖、挖药、打猎、驮运粮食等收入可供油盐及一部分穿衣的消费。

(2) 阻碍生产发展的原因

①残酷的剥削。由于全部土地、森林、荒山等所有天然资财被一小撮统治剥削者霸为己有,娃子无有土地耕种,但为了要生活下去,迫不得已去开荒生产。如农民底日则古说:"以前这里是荒山老林,现在我们开出来要我们上租,我们不在这里住了,搬到其他地方去!"但搬到什么地方去呢? 各地都为他们霸占,沉重的残酷的剥削,使农民无力也没有兴趣去改进生产技术,长期处于"广种薄收"、"刀耕火种"的原始状态。

②家长制家族残余的存在。统治者巧妙的利用它向农民征收贡赋山价、派劳役、强拉群众牲畜、吃绝业、婚丧派款、"过年礼"、"赔命金"等,而这些与传统又具有不可变移的法律力量,使娃子经常在饥饿和死亡的边缘上挣扎。

③冤家械斗。使人民的生命财产朝不保夕,离自己住居较偏远的地区就不敢去耕种,致使荒芜了大量土地,同时也使外地先进的生产技术不易传入。

④种植鸦片。本乡娃子大量种植与吸食鸦片,二半山种植冬烟,高山种植春烟,所有较好的常耕地都普遍用来种植鸦片,这样不但减少了粮食的种植面积,而且也伤害了彝族人民

的身心健康。

（二）马日脚乡社会经济结构与阶级关系①

马日脚乡为彝族聚居地区，位于二半山上。东面与彝汉杂居乡德盛相连，隔金沙江与云南相对，西南面是桃坪乡、天台乡，北面是老寨子乡。南北相距约 60 华里，东西约 20 华里。

本地在距今 30 多年以前为彝族土司龙姓所管辖，以后龙家绝嗣，转归亲戚马海土目。现在的马海土目，原住古尼拉达，为黑彝阿陆马家驱逐而迁到此地。

1. 等级结构与等级关系

在马日脚地区，存在着以下几个等级，即："只目"（土目）、"诺"（黑彝）、"格节"（白彝、百姓）、"曲诺"、"节伙"、"麻衣则"、"呷西呷罗"等。

马日脚与下乌初不同之点就在于这里既有土目、格节，也有黑彝和曲诺。

本地区各等级的户数人口比例如下表：

本地区各等级的户数人口统计表

等级		只目	诺	格节	曲诺	节伙	麻衣则	呷西	合计
户数		6	3	267	4	156	5		441
人口	男	7	9	591	11	329	7	27	981
	女	5	3	565	5	324	9	38	949
占总户数比例		1.36	0.68	60.54	0.907	35.37	1.133		100
占总人口比例		0.62	0.62	59.98	0.83	33.83	0.83	3.36	100

从上表可以看出，马日脚乡共有 7 个等级。只目汉话称作土目（或土司），是彝族的最上层，其他各等级在其所辖地区内均须服从管辖，只目按习惯法行使法权，家中有铁链、木枷等刑具处罚娃子。诺、格节等种植鸦片时要将收成的 2/10 上交给只目，称为"出价"。只目有婚、丧等事，可以向所属的娃子摊派银子（多者多出，少者少出，没有者服劳役）；过年时，百姓要给他送猪头、香肠、酒及粮食。在只目统辖地区，土地、荒山、森林的所有权皆归土司，但由于马海土目的百姓娃子都是从古尼拉达迁来，他们的土也是自己出钱向龙姓买的，加上马海土目势力不大，所以百姓要是自种自吃，便不给只目缴纳地租。"只目"的职位是世袭的，本等级的人不参加任何劳动，不与其他等级通婚，个别的可以与黑彝的姑娘结婚，但只目的姑娘不能嫁给黑彝。

"诺"，汉人称为黑彝，按过去的传统，黑彝本应受只目管辖，后来由于黑彝家势力不断地壮大，便逐渐不服从土司的管辖，各据一方。黑彝一般都不参加劳动，以剥削娃子为生。除土司、土目外不与其他等级通婚。

"曲诺"，乃黑彝的娃子。属白彝。人身不完全自由，其政治地位与经济情况与格节等级大致相同。曲诺有婚权和对子女的亲权，本身可以直接占有娃子。

"格节"，汉人称为百姓，又称白彝，直接受土目管辖而不与黑彝发生隶属关系。有人身自由，经济上可以独立。但土目有婚、丧之事或过年时，格节要给土司送银、送酒、肉

---

① 此材料来源于金阳县工委调查报告。

等。种植鸦片要缴纳"山价"。格节等级中除少数大头人不参加劳动外，一般都亲自参加劳动。

"节伙"，汉语称作娃子，为格节的娃子，也有少数隶属于土目。节伙没有人身自由，主子可以随便买卖，甚至屠杀。在经济上要依附于主子。所生的子女除第二个女儿可以嫁给同等级的男方，嫁礼归父母外，其余子女都要归主子占有，男孩则作为主子的儿子的娃子，女子则作主子姑娘的陪嫁丫头，如果主子没有女，则节伙出嫁女儿的嫁礼归主子所有，仅给其父母一个银子或一件小布。主子绝嗣，节伙则属主子家业的继承人管辖。节伙在每年农忙季节要替主子劳动，把主子的活路做完后才能耕种自己向主子领取的一小块瘠薄的耕食地。

"麻衣则"又叫"布尔砸补"，是住在土目周围、直接为他们服劳役的人。布尔砸补本为格节，因为贫穷而与土目的丫头配婚，降为土目的娃子。没有人身自由，所生子女也要被土目抽去作丫头。

"呷西呷罗"即锅庄娃子，有单身的，也有少数由主子给配婚的。毫无人身自由，主子仅仅把他们当作一笔财产，当作会说话的生产工具，可以随便打骂、出卖或屠杀。他们是奴隶社会最低下、最卑贱、最受压迫的一个等级。

从各等级的户数和人口比例上看，以格节、节伙两个等级所占的比重最大，格节在总人口中的比重为59.98%，节伙为33.83%。

土目虽是本地区的最高统治者，似由于实力不大，因而对格节等的统治非常薄弱。在马海土目中，也有个别支房势力较大，如马海说说一支就有58户百姓和娃子，都要给他上租，并常加押金。例如他的百姓白果果（格节）租马海说说的地10亩，常年收2160斤包谷，每年上租176斤，原上8两银子的押头，以后又加押七次，押金共达137两银子和2只牛、14只羊，而且退地不退押。1954年春，马海说说又向其娃子普遍地加了押，其小有8户因无法缴纳押金而被停止耕种。

黑彝在马日脚所占的比例很小，属他管辖的曲诺户数也很少，不居主要地位。

这里的格节等级中，大部分不占有娃子，自耕自食。占有娃子的仅占格节总数的35.2%。

根据上述材料的分析，将马日脚乡解放以前的等级关系制成如下表式：

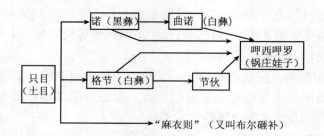

2. 生产资料的占有情况及各种剥削方式

各个等级在政治上存在着隶属关系，在经济上则表现为对生产资料占有极大的不均衡，根据普查材料，综合如下：

金阳县马日脚乡民主改革以前各等级占有土地情况表

1955.2

项目	等级	只目	格节	诺	曲诺	节伙	麻衣则	合计
户口	户数	6	267	3	4	156	5	441
	人数	12	1 156	12	16	653	16	1 930
自有地(自耕或娃子耕作)	土地面积	205.5	1 340	16	2	228.8	17.4	1 809.7
	产量	18 234	272 468	5 058	592	44 934	2 876	
占有地(有使用权无使用权)	土地面积		310		1.5	258.5		570
	产量		71 727		752	39 140		
租入地	土地面积		876		8	239	19.5	1 142.5
	产量		152 139		1 728	32 371	2 464	
	自得部分		106 497		1 008	28 149	2 208	
出租地	土地面积							
	产量							
	收租量	27 775						
合计	土地面积							35 222
	%							
	总收入	46 009	450 692	5 058	2 352	112 223	5 084	
	每人平均							
备考	这张统计表的资料残缺不全,有租入地的面积,而无出租地的面积(显然在少数富裕格节阶层中也一定有出租的),同时对租额统计中有问题,照本表资料计算,地租额太低。因此只能作一般参考之用。							

面积单位:亩。产量以包谷计,以斤为单位。

从以上的统计表中可以看出,按农业常年收获量计算,只目等级中每年平均收入粮食有3834斤,诺每人每年平均收入421斤,格节每人每年平均收入429斤,节伙每人每年平均171.5斤,曲诺每人每年平均收137斤,布尔砸补(麻衣则)每人每年平均收入316.5斤。若按每人每年食粮的消费量360斤计算,那么只目要剩余九倍多,诺和格节够吃,麻衣则稍少一些,而曲诺和节伙每年要缺粮6~8个月。他们之所以如此贫困,一方面是由于整个社会的生产力水平都很低下,另一方面也由于占有的生产资料很少,并且受着只目、诺和格节中的少数富裕者的剥削所致。

除了农业收入外,在格节中有些人也经营些小生意,贩卖鸦片、煮酒等。在节伙、曲诺中主要是搞运输、背柴卖,背砖、背瓦、背石灰、背板子到云南大井坝汉族地区去卖,挣得一些补充的收入以维持生活。编麻布、搓毛线等仅供自己穿衣用,很少出卖。

解放以前,本地的耕畜、农具也是相当缺乏,且质量低劣,在占有上也是不均衡的。

马日脚乡民主改革以前各等级对牲畜农具占有情况

1955

项目	等级	只目	诺	格节	曲诺	节伙	麻衣则	合计
牲畜	耕牛	7.5		130		31.25	0.25	168.75
	非耕牛	6	2	115		22.5		145.75
	马	8		66		13		87
	羊	20		1 049		155		1 224
	猪	13	5	442	2	163	9	634
农具	犁头	5	1	148		40.5	1	195.5
	锄头	16	7	856	9	376	9	1 173
	镰刀	7	4	499	7	224	11	752

统治阶级对被统治阶级进行剥削的方式主要有以下四种：

（1）依靠特权进行的剥削

①过年时百姓、娃子要给主子送猪头，送香肠和酒；

②过年前娃子要给主子砍一背柴；

③遇主子婚丧事务时要出银子、送牛、羊、酒等礼物；主子有权占有百姓、娃子的绝业；

④分担主子打冤家失败后的"赔命金"；

⑤主子有病需送菩萨时，可以拉所辖的百姓、娃子的牛、羊来杀而不出钱；

⑥主子到百姓或娃子家中，百姓和娃子均要杀牛、羊、打酒招待，至少也要杀只鸡；

⑦送新——格节、节秋等收了水果、粮食、鸦片时，首先要送给只目尝新；

⑧"山价"——凡百姓、娃子收获的鸦片要抽2/10送给只目。

以上八条，只目对所辖的百姓和娃子都享有这些特权，而诺、格节对所辖的娃子只享有前四条特权。

（2）实物地租剥削

土地的佃租关系可以在同等级之间发生，格节可以向格节租佃土地来耕种，但多数是主子与自己的百姓或娃子发生土地的租佃关系。

据统计，全乡的出租地共1142.5亩，占全乡耕地面积总数2386亩的48%左右（耕食地未计算在出租地内）。地租形式以"有押对分"和"无押对分"两种为主，"三七""四六"制的分配仅在个别户中出现。

（3）劳役剥削

在马日脚也有"耕食地"（或称劳役地）出现。主子分给自己的娃子一块土地，娃子有使用权，无出卖权，不给主子交租，但每年需给主子服劳役（时间长短不定，凡是主子家有事或农忙时，娃子就要去为主子做活）。

（4）高利贷剥削

除了土地或重大财产在借贷时有契约外，一般都只凭信用或人证。利息一般是50%（年利）。较大的债务以土地或娃子作抵押品，如以娃子为押，则娃子归债主使用，不再计取利息；如以土地为押，债务上就把押地上种出的粮食每年平分给债主，也不再另外计取利息。借债时，债务人要先杀只羊或猪招待债主和中间人，在还债时，则要债主招待一次。

3. 本地旧有的习惯法与一般风俗

马日脚和凉山其他彝族地区一样，解放前没有统一的政权组织和法律制度，许多重大的事件和日常纠纷均根据传统的习惯进行处理。

（1）财产所有权

凡是某一土司或土目管辖的范围中，土地、荒山、森林、河流均归其所有，娃子要开垦荒地或采伐树木时，必须要向土司缴纳一定的赋税或山价，否则土司有权不准开伐。

土司（或土目）分给娃子的耕食地，百姓和娃子只有使用权而无占有权，不能随便出卖。

只目、格节、诺所有的财产，其子孙有继承权，习惯上是把长子、次子等一一分居，分配给他们一份财产，父母死后现有财产则全部由最小的一个儿子（么儿）继承。如本家无儿，直系亲属的侄子有继承权；如果家门子孙也没有，则财产归亲戚继承。

曲诺、节伙、尔补的财产，父母死后，若有儿子则归儿子继承。无子则绝业归主子占有。

（2）冤家纠纷、偷、抢及娃子逃跑的处理

在冤家械斗中，若有人出面调解，败者要向胜者赔偿对方在械斗中损失的财物和死亡者的"命金"。如果双方不服调解，则可能造成世世代代的冤家。

在打冤家中捉到的俘虏，可以任意进行拷打、出卖或处死（黑彝出卖者很少，多由本家支出钱取回）。

娃子偷、抢主人的东西，捉到以后要受严刑拷打（如上枷板、拴链子、吊打等），如果有家门出面担保和赔礼，将偷、抢去的东西退还，保证今后不再重犯，则可释放；如果无人担保，则主子可以将其出卖或处死。

娃子逃跑被捉回后仍按上述原则处理。

（3）婚姻制度

实行同等级、不同家支的婚姻。订婚是彝族中结婚的必经手续，婚姻形式多由媒人说合，父母包办；娃子则多由主子配婚。结婚时男方要花聘礼银子，聘礼的多少各等级不一样，要取决于男方的家庭财产情况。

早婚相当普遍，彝族男女多在十七八岁以下就结婚。结婚以后，女方居住娘家，直到新妇怀孕，才长期住在夫家。

结婚以后，如果夫妇不和睦，男方不要女方，而女方家支又无势力，则男的可以把女方赶出，女的或者回娘家，或者另修一间小房自食其力。如果女方家支有势力，提出抗议，男方要赔女方1套衣服、1个银子和1匹马。经调解后，男女双方均可另自结婚。

如果在婚后女方不愿跟男方，则要把她父母所得的全部聘礼退出，并打牛、杀羊向男方赔礼。

结婚以后，男方死了，女方要转嫁给丈夫的兄弟或父亲、叔叔。

这里的彝族和其他地方一样，不敬菩萨，而是敬奉祖先的灵魂，父母死后，一定要举行一次祭祀——送灵，他们认为一个人死后还要去投生。祭祀的仪式有三种：

①送灵

②"恩甲"（找魂）

③"行木布"（赶鬼、咒鬼、咒人）

执行这些仪式的人有两种，一种是"毕摩"，一种是"苏尼"。毕摩能识老彝文，他专司送灵、看命、喊魂、赶鬼等（给土司送灵一定要请黑彝毕摩）。苏尼信奉的是"资曲阿撒"神，即别人的魂灵投到了他身上所显示的神灵，他能代替这个魂灵说话、做事，苏尼只能喊魂、咒鬼、送鬼，但不能送灵。

另外，还有两种神，一种叫"瓦撒"，即富裕神，这个神到哪家，哪家就要富裕；另一种叫"木巴"，把他敬奉得好，他可以使你家富裕，把别人的东西搞来送给你家，否则会弄得你家破人亡。

其他风俗习惯大致也与其他地区相同：

①人死后实行火葬；

②亲戚朋友之间发生纠纷打死人后，这个人死的地方叫"五打普"，死者就在当地火葬，并且这块地就不能再耕种（冤家械斗中打死的人不这样）。

金阳县马日脚乡民主改革前后各阶层占有土地情况统计表

<table>
<tr><th colspan="2" rowspan="2">项目</th><th>成分
数量</th><th>奴隶</th><th>半奴隶</th><th>劳动者</th><th>奴隶主</th><th>其他民族</th><th>总计</th></tr>
<tr><th></th><th></th><th></th><th></th><th></th><th></th></tr>
<tr><td colspan="3">户数</td><td>189</td><td>141</td><td>142</td><td>45</td><td>2</td><td>519</td></tr>
<tr><td colspan="3">人口</td><td>768</td><td>527</td><td>616</td><td>204</td><td>8</td><td>2 123</td></tr>
<tr><td rowspan="10">改革前</td><td rowspan="2">自耕</td><td>面积</td><td>328</td><td>199</td><td>392</td><td>368</td><td></td><td>1 287</td></tr>
<tr><td>产量</td><td></td><td></td><td></td><td></td><td></td><td></td></tr>
<tr><td rowspan="2">出租</td><td>面积</td><td>1</td><td>10</td><td>26</td><td>393</td><td></td><td>430</td></tr>
<tr><td>产量</td><td></td><td></td><td></td><td></td><td></td><td></td></tr>
<tr><td rowspan="2">佃入</td><td>面积</td><td>96</td><td>121</td><td>194</td><td>14</td><td>3</td><td>428</td></tr>
<tr><td>产量</td><td></td><td></td><td></td><td></td><td></td><td></td></tr>
<tr><td rowspan="2">合计</td><td>面积</td><td>329</td><td>209</td><td>418</td><td>761</td><td>1 717</td><td></td></tr>
<tr><td>产量</td><td></td><td></td><td></td><td></td><td></td><td></td></tr>
<tr><td colspan="2">占总数的%</td><td>19%</td><td>12%</td><td>24%</td><td>44%</td><td></td><td></td></tr>
<tr><td colspan="2">每人平均数</td><td>0.43</td><td>0.4</td><td>0.64</td><td>3.37</td><td></td><td></td></tr>
<tr><td rowspan="3">改革后</td><td colspan="2">土地面积</td><td>584</td><td>362</td><td>569</td><td>144</td><td>4</td><td>1 663</td></tr>
<tr><td rowspan="2">每人平均</td><td>产量</td><td></td><td></td><td></td><td></td><td></td><td></td></tr>
<tr><td>面积</td><td>0.76</td><td>0.69</td><td>0.92</td><td>0.7</td><td></td><td></td></tr>
<tr><td></td><td></td><td>产量</td><td></td><td></td><td></td><td></td><td></td><td></td></tr>
<tr><td colspan="2">备考</td><td colspan="7">1. 面积以下种量升（10斤）为单位；
2. 合计内不包括佃入土地，耕食地未计入佃耕土地内。</td></tr>
</table>

（三）老寨乡、下里乡、南瓦乡社会经济结构与阶级关系[①]

1. 老寨乡情况

（1）一般情况

老寨乡为马黑土目管辖地区，北离金阳县城汉人居住地区有 40 华里，有一块不大的坝子地。农业生产以苞谷、洋芋与荞子为主。苞谷升种可收 1 石，洋芋 1 背可收 15 背，荞子斗种可收 3 石左右。等级分划可分为四级，即土目—曲伙（格节）—麻邀—呷西。麻邀数目较曲伙为多。

（2）等级关系

此处等级关系的特点是，马黑土目的控制力较强，曲伙须得为土目从事无偿劳动，而麻邀也不被允许再买麻邀。因此，在这里，没有上等麻邀与下等麻邀之区别。

①麻邀对曲伙的负担

无偿劳役：很重。麻邀的地位实际上等于呷西，主子家里的一切家务活都要麻邀去担任。但是曲伙只能对自己亲自买来的麻邀的子女，才能抽去当呷西；如不是亲自买来的，则不把他们的子女抽到自己家中来，而要他们经常到主子家里来劳动。

曲伙娶媳时，麻邀应送一坛酒，各户麻邀并联合招待主子的亲家客人酒饭一顿。

麻邀自己出聘金娶媳时，曲伙如以猪或羊 1 头送与麻邀，则日后所生的第二个儿子或女儿要给予主子当呷西；如主子不送此礼物，对 1 般麻邀没有抽呷西的规矩。

麻邀女儿出嫁时，应送主子家 2 头羊或 2 条猪，也可以银子一个或五两折合计算。

曲伙家死人时，每户麻邀应出馍馍 5 个到 10 个（每个须重 1 斤）。

主子家留下耕牛 1 条，平日不耕地，到主子死时宰杀。

过年时，麻邀每户必须送与主子酒一坛，如能养猪的麻邀，增加送猪头半边。此外，每户麻邀应给主子家送烧柴 6 背，主子可回赠猪肉五六斤，如麻邀所送之柴不满 6 背，则主子不给回赠。

赔命价：曲伙主子与别的支头发生了命案，麻邀应负担赔命价的责任，按财富级别规定：

耶莫：5 个银子

耶都：1 个银子

耶沙：5 两银子

曲伙主子生病，如用了麻邀家的羊子，事后应该归还，曲伙对麻邀也没有杂布达的规定。

②老寨乡曲伙剥削麻邀的实例

在老寨乡，曲伙对麻邀的剥削是非常残酷的，麻邀斤八乌达诉述了他的曲伙主子斤八错错（民主改革中划为奴隶主）残酷剥削他们的经过。

1956 年初，斤八乌达在自己住宅附近主子的土地上打了一个 4 升种子的园子，预备种上小春，他把园子周围的土墙打好，地也犁好，并且圈上羊肥，按照当地彝族的规矩，经过麻邀这样加工的土地，日后可与主子伙种，收成一半给主子，一半给自己，但是主子家不肯，叫他的儿子来吩咐斤八乌达说："这块地大部分应归主子，只能留下一小块给你。"斤

_____

[①]　此材料来源于 1957 年 5 月 20 日凉山州人委访问记录。

八乌达听了，非常生气，不想种了。这个时候，他的儿子正好脸上生了疔疮，病得很厉害；同时主子家又正要修盖房子，逼着他家割 400 背草送去。他的妻子被这许多事情骇住了，一时想不开，一天早上在自己家里的牛圈里吊死了。

在平常，他们全家一年四季都要到主子家去劳动，必须先把主子家的活做完，才能做自己的。主子家的柴都由麻邀砍了送去，除过年送的六背柴外，每个成年男女另外还要各砍 10 背柴。女的还要砍送 10 背"脚经草"（积肥用的）。主子家的石磨也要由麻邀来推。斤八乌达说：他们家里人每天晚上都要到主子家中去推磨，要推 4 斗到 5 斗粮食，并且推过以后还要筛了才能回家睡觉。

在主子斤八错错的周围住了 10 家像斤八乌达这样的麻邀。他们为主子家所干的活基本上相同，他们的实际地位与呷西相差不远。

（3）租佃关系

在民主改革中划成奴隶主的土地，有十之八九是自营，只有 1/10 左右才出租，而这些出租的土地又绝大部分是活租。

曲伙主子对麻邀的剥削还采取了这样的形式：一方面，在麻邀住宅的附近拨给他一块土地，约可收 1 两石粮食，并允许他们在荒山上开荒，约可收五六石粮食，这些地都不交租；但是另一方面，麻邀要为主子耕种一块熟地，所收粮食全部归主子，其中有另一部分地则须按对分制交与主子一半收成，自得一半。

在老寨乡，没有用货币代替实物交租的情形。

（4）其他

在老寨乡，麻邀对曲伙主子上面的土目没有直接的负担。

曲伙对土目的负担与下里乡基本上相同。

2. 下里乡情况

（1）一般情况

此处为沙玛土司管辖地区，北距金阳县约为 100 华里，南离汉区大坪子有 25 华里，有一块不大的坝子，其余为山地，以农业为主。主要农作物有包谷与洋芋两种，平均产量：包谷 1 斗 5 升种可收 50 背，约合干包谷 10 石左右。洋芋 1 背可收 10 背。等经分化按当地习惯，可以分为五级，这便是：

土司—曲伙（格节）—节伙（上等麻邀）—下等麻邀—呷西。其中，曲伙的总数要比上等与下等麻邀的总和多。

（2）等级关系

这里等级关系的特点，首先在于存在着上等麻邀。

在曲伙下面，当地的上等麻邀有 6 个家支：忌多、忌业、母左、么纳、阿街、阿资。

上等麻邀是由麻邀变成的。他们来彝区的年代较久，一般约在五六代到十代左右。已经发展成了家支，他们可以互相开亲，一般不与麻邀开亲，但是他们的地位也不如曲伙，不能与曲伙开亲。正如黑彝下面的曲伙不能与土司下面的官百姓相比一样。上等麻邀的地位也不如土司下面的尔补，彼此不能开亲。

除上等麻邀外，还有下等麻邀。这种麻邀一般都是卖到此区不过两三代的没有家支的人（主要是汉人）的后裔，他们不能与上等麻邀开亲，社会地位更加低下，下等麻邀的主子可以是曲伙或上等麻邀。

上等麻邀的主子是曲伙，也只能是曲伙。上等麻邀之所以取得今天的地位，不仅已经发展成为独立的家支，而且已经经过一定的赎身手续，即按一人两个银子的价格给了曲伙主子，他们对主子的无偿劳役已大为减轻，不给主子从事农业生产，只每年砍柴 3 至 5 背给主子，此外过年时给主子磨面，打冤家时担负劳动等，并且也有一定的行动自由，不像过去那样受着主子的严格约束。但是不能理解为上等麻邀已经经过完全的赎身手续，这就是他并没有上升到曲伙的地位，他的主子仍然是曲伙，并且他也不像黑彝下面的曲伙一样已经交出全部的身价。节伙女儿出嫁时须给主子 1 个银子。

在曲伙及上等麻邀下面的下等麻邀也可通过赎身取得上等麻邀的地位，条件是自己的主子较穷，急需钱用，一般在这种情况下的上升只需每人 3 个银子。但是，如果主子不需钱用，则下等麻邀要想变成上等麻邀也很困难，必须按照主子提出的要求，交出很多的赎身费，才有可能获得上升，赎身以后，并需以高价与贫穷的上等麻邀的女儿开亲，才可以加入上等麻邀的家支。

在上等麻邀下面的下等麻邀，也可通过逃奔的途径上升，即投奔到曲伙主子那里，也可提升为上等麻邀。

上等麻邀对主子的负担：

无偿劳役：每户每年 6 天。即挖地 3 天、耕地 3 天。

打冤家赔命价：

耶莫：每户 5 两银子。

耶都：每户 2 两 5 至 3 两。

耶沙：每户 1 两至 2 两。

过年：1 坛酒，2 边猪头。

主子家娶媳及嫁女：没有派款的规矩，但有互相帮助的做法，如主子家娶媳，上等麻邀中有钱的人须联合起来招待女方来人一顿酒饭，反之亦同。

主子生病、做帛等，均无派款规矩。但有互相赠送做法。

下等麻邀对主子的负担：

无偿劳役：很重。不管自己的主子是曲伙或上等麻邀，首先必须给主子干完活，然后才能干自己的活。

过年：一罐酒与半边猪头，但主子往往以一定的酒肉回赠。

赔命价：视财富级别而定，与上等麻邀的负担相同。

曲伙对土司的负担：

无偿劳役：没有。如曲伙给土司担负无偿劳役，则曲伙家支瞧不起这家人，不与他开亲。

其他曲伙对土司的负担与关于金阳沙玛家土司材料相同。

曲伙对自己下面的麻邀没有杂布达，一般也不能买卖和屠杀上等麻邀与下等麻邀。

但是，土司对自己的曲伙有买卖的权利，如果曲伙的家支力量较弱，土司可以把此曲伙全家支出卖。在安登义这里（即下里乡）虽无实例，但在金阳县河克尔托的街托阿托土司（沙玛家），在 17 年以前，和额列土司打冤家，把额列土司打败后，曾把额列下面的曲伙卖了 30 余户。

等级地位的下降：曲伙不能下降为麻邀，但上等麻邀可以下降为下等麻邀。上等麻邀的子女一般不被主子抽去当呷西，但如与主子的丫头配婚，则所生子女须全部被抽到主子家去当呷西，即降为下等麻邀。

不是全部下等麻邀的子女都要抽去当呷西，凡来此地后三代以上的麻邀，他们的子女不被抽去当呷西，用彝话说，这叫做"琐此日尼"，意思是三代以后就等于变成了自己的家门。但这个规矩也不是严格的，也有些人把满了三代的下等麻邀的子女抽去当呷西。

虽然满三代以上的下等麻邀的子女有不抽作呷西的规矩，并不意味着麻邀对主子的无偿劳役有多少的减轻，因为虽然子女不被抽去当呷西，但主子家中的生产与非生产性质的无偿劳役仍是不能少的。

（3）租佃关系

租佃以活租为主，定租很少。活租看土地好坏，规定应分多少，如果是很好的土地，可将收获物分成三股，一股归承租人，两股归出租人。

在下里乡，也有临时出卖短工的人，这种人包括曲伙、下等麻邀与节伙三种成分。

3. 南瓦乡情况

（1）一般情况

南瓦乡全部为山地，南距金阳县城约有七八十华里，农产以荞子、洋芋、燕麦为主。荞子斗种最好的可收1石5斗，中平的收七八斗，不好的只收三四斗。洋芋最好的1背可收10背，中平的只收七八背。燕麦一斗可收七八斗。

南瓦乡为土目阿黎日塞统治地区，约有人口500户。等级分化为：土目—黑彝—曲伙—阿加—麻邀—呷西。

黑彝在南瓦乡有7个家支，这就是尼不、阿海、喜那、奇厄、阿列吉么、阿列比、底等。7个家支的黑彝总数只有375户，并且这375户也不只分布在南瓦一地，一个黑彝家支的人数不多是一个特点，例如最大的底家只有100户人，最小的阿列吉么家只有20户。正是由于家支小的特点，在过去（20年以前），7个家支曾经共同吃过血酒，联合起来共同对付其他家支的压迫。

南瓦乡的曲伙有16个支头。

（2）等级关系

阿加对主子的负担

曲伙对黑彝主子的负担没有显著的特点，但是阿加对黑彝主子的负担却有比较显著的特点。

无偿劳役：负担很重。一年四季都得为主子劳动。

黑彝主子家中死人：阿加每户要负担20个粑粑，并且还有其他派款，不管其能否负担，都得要出。

抽子女：阿加的子女全部要被抽，富有的阿加可以给主子十几到20个银子（每人），免除子女被抽，但日后如仍嫁与阿加，则其所生子女仍被抽，只有其女婿也已赎身的情况下，子女则可免于被抽。如阿加自己娶老婆，则女儿上升为曲诺，儿子仍得当呷西。

主子家娶媳：每户阿加应送三坛酒，每坛约合老秤两斤，和1个几层的大荞粑。几户阿加合伙送主子1条牛或1只猪。

已有家的阿加结婚时，主子应送1个到两个银子，如系主子家中的呷西配婚，则应出黑彝主子负担酒、肉、饭。

主子嫁女：阿加没有负担。

阿加女儿交由主子作陪嫁丫头，日后由主子择配而收到聘金时，应给一个银子与其亲生父母，称为"父母的钱"，父母回赠女婿一条裤子。如由主子配婚而未收聘礼时，则没有

"父母的钱"。

打冤家赔命价：黑彝打冤家时，阿加要出枪出人。

黑彝杀了人，全家支及其娃子来赔命价，其比例是：

肇事黑彝出 1 个银子。

黑彝每户出 5 两银子。

阿加每户出 1 两银子。

"杂布达"：如以 1 石放杂布达，到本利满 10 石时，则承借阿加必须将本利还给主子，主子送其一件披毡，以示酬劳。在过年时，主子在接受娃子的礼物后，要还赠"杂布达"娃子半边猪头和几小块肉。

只是少数富有的娃子主子才给他"杂布达"，在南瓦乡只有两三家娃子有"杂布达"的。

杂布达利息的计算法，基本上同于一般高利贷，即借 1 石给 5 斗。

主子生病：可到阿加娃子家中借羊子，但事后一般归还，不还而拖欠的情况也有。

一般没有主子强借东西不还的事情，只是对少数不愿听主子话的娃子才有此规矩。

斯瓦乡等级关系的一个主要特点是，除阿加子女全部被抽外，曲伙的第二个子女也应抽到黑彝主子家中当呷西。这个乡的等级划分是：黑彝 68 户，曲伙约 100 户，阿加 74 户，麻邀 36 户，呷西数字不详。

（3）头人及会议制度

德古：本乡过去有黑彝德古 4 人，官百姓德古 1 人，现在只剩下黑白彝德古各 1 人，其余 3 个黑彝德古已死。

苏依：人数很多。

木刻：是相当于主持人的意思，凡黑彝或土司下面的白彝头人，都可以做木刻。木刻一定是苏依，但苏依不一定是木刻。木刻除为土司黑彝工作外，也为本身家支工作。

会议有五种：

第一种总称为"蒙格以达"，"蒙格"是开大会的意思，"以达"是助词。参加者有黑彝家支全体男子，及白彝与麻邀中的苏依。

又分两种：

第一为家门中有人被杀。

第二为家门中有妇女被拐逃。

开会决定打冤家，或请毕摩念咒。

此外，黑彝妇女的丫头被拐逃，则由黑彝妇女参加，用钱赎回或打鸡打狗进行诅咒。

第二种总称为"吉尔吉特"，是商讨事情的意思。由一些头人或有代表性的人参加。不管任何纠纷事件都可召开"青尔吉特"解决，在开"蒙格"以前，也要先开"吉尔吉特"。

第三种为"卖兹勒兹"，"卖兹"是订公约的意思，"勒兹"为助词，包括两种：

一为商量以后发生事情，应该如何处理。如订公约，儿子发生的事情不能怪父亲，父亲发生的事情不能怪儿子。

二为商量好了，如果哪个家支来侵犯本家支，则全家支所有的人都要参加打冤家，可通过吃血酒的办法订好公约。

第四种为"那兹爪兹"。"那"是疾病，"兹"是防止，"爪兹"是助词。主要是为了防止疾病，又可分为两种：

一是对人来说的，为了防止传染病的流行，大家参加（不管主子、娃子、男女老少）请"毕摩"来咒，以后鬼就不敢来了。

二是对庄稼的，这是在三月间开的，为了防止庄稼上面有虫害，也是宰了牲口，请"毕摩"来赶鬼。

第五种为"布达夷"。"布达"是大家凑的意思，"夷"是断口嘴的意思。这是在发生窃案以后，有关的人买了鸡狗来咒，谁偷了像鸡狗一样地死。

四、盐源县左所土司地区概况

（一）左所土司的由来

盐源县是个民族杂居区，相传此地最早的土著系西番族，元初蒙族迁来，以后是汉族，最后是彝族（约在七八十年前）。约二三十年前又迁来少数的藏族和苗族。左所土司是蒙族，解放时土司是喇宝成，蒙古名字是当吉策勒。

相传盐源的蒙族是随元世祖忽必烈从伊克昭盟入川，以后定居西昌一带。元朝封蒙族及当地民族首领为"五所、四司、三码头"。在清康熙四十九年时投清，重定封号。

五所是：

①左所抚彝司——土千户，是时为喇马塔上司，蒙族。

②右所抚彝司——土千户，是时为巴阿土司，蒙族。

③中所抚彝司——土千户，是时为喇栽土司，蒙族。

④前所抚彝司——土百户，是时为阿土司，蒙族。

⑤后所抚彝司——土百户，是时为白土司，蒙族。

四司是：

①木里宣慰司——土万户，为当地最高土司，西番族。

②瓜别安抚司——土千户，是时为吉古塔土司，蒙族。

③古柏树巡城兵马司——土千户，是时为浪官土司，蒙族。

④马拉长官司——土百户，他鲁族。

三码头是：

①比之鹿码头——系他鲁族，原属左所土司，清末独立发展，对外自称比之鹿（地名）土司，汉姓为郭，以后又改姓"诸葛"，又自称是汉族。

②鲁马鲁曹码头——西番族，属古柏树土司。

③另一码头不详——属瓜别土司。

五所、四司、三码头数百年来盛衰不同，其中瓜别、中所二土司以及鲁马鲁曹和另一码头均已死绝，马拉长官司也只有二人。

过去五所、四司、三码头均属盐源县辖（解放后新立盐边县，一部分划入），而木里土司则为五所、四司、三码头的总代表，遇事出面与汉官交涉。各土司内部如有争官夺印的纠纷时，则通过木里土司出面调解证明。

左所位于盐源西南角，当地称为"拉他底"，面积很大，东、西约四天马程（平均每天80里），南北约三天马程，均为山地。

左所有彝、汉、蒙、西番、藏、苗6个民族。据西昌专署材料：左所全区人口19 015人，其中以彝族人口最多，共7732人，其次为蒙族，共4794人，再次为西番族共1850人。另据喇宝成说：尚有藏族和苗族各十余户。六族大都聚居。一般说来：彝族住山上，蒙族，藏族、苗族多聚居于泸沽湖边的元海乡，均属平坝地区。汉族主要居住在长白乡永宁河和盐源河边的平坝地区，西番住在二半山，上与彝族接近，下与蒙、汉族接近。当地有句俗话（蒙语）："二半山，西番；山脚底，蒙族。"

清中叶以前，在盐源和云南浪速、宁浪、永宁的蒙族共有4000多户（均在土司辖区）。自清朝光、宣以后，盐源平坝地区的蒙族长期与汉族通婚，生活杂处，因而逐渐改服汉装，说汉话，有的同化于汉族，已不承认自己是蒙族的就有三四百户。据喇宝成说：仅左所九个村就有180余户蒙族变为汉族。

现在盐源全境约有蒙族2000户左右（每户在10人以上）。

左所的蒙族自称"蒙古纳则尔"，据传"纳则尔"是蒙族中的一支。西番和苗族称蒙族为"纳则尔"，彝族称蒙族为"博顾"（"蒙古"的转音）。藏族称蒙族为"索补"，汉人过去称蒙族为"莫索"（俗称）或"蒙古达子"（客气称呼——这与北方称蒙古达子为俗称恰恰相反，不知何故）。

蒙族称彝族为"乌朱朱"（"乌"意为"头"，"朱朱"意为"髻"，乌朱朱即头上挽髻之意），称藏族为"乌仔"，称汉人为"哈"（即"汉"的转音）或"科铺"（"科"意为脚，"铺"意为白色，即白色的脚，因汉人均穿鞋袜，脚白净），称西番为"播"或"科那"（"科"意为脚，"那"意为黑色，即黑色的脚，因西番赤足不穿鞋袜），称苗族为"巴宇"。

盐源蒙族的语言经过数百年来的变化，现在与内蒙方言已大不相同。据喇宝成说：盐源蒙古语数百年来大量吸收了汉语、彝语和西番语，尤其是吸收汉语最多，在生活日用品上差不多都直接采用了汉语（如茶壶、茶杯、桌子等）。在文字方面，盐源蒙族没有留传下蒙文，过去是在宗教庆典上用藏文，在政治文书用汉文。

（二）左所土司地区的生产情况

蒙族以半农半牧经济为主。一般说来，主要劳动力还是放在牧畜上。在泸沽湖东面海门桥地方有一片8里多长、2里多宽的草坪，专为放牧地。这片草坪每年从旧历六月至次年正月为湖水所漫盖，不能放牧。从旧历二月至五月，则是一片好牧场。各村都组织起来到这片草坪上去放牧，年青人和幼童都参加放牧，老年人和妇女则留在家中从事农业劳动。

农作物方面，左所是山地，水田很少。主要作物为苞谷和洋芋，其次是荞子、燕麦。产量方面，苞谷一般可收20倍，洋芋约70～80倍，荞子和燕麦的产量还少于苞谷的产量。此外，还种有一些圆根和白瓜，圆根的产量相当于洋芋。

各家普遍养猪，主要是为了留猪膘肉，每年祭祖、做道场、送礼物等都需用猪膘肉。

据说：左所蒙族最初是以农业经济为主，以后因人口渐多，土地不够分配，才有人逐渐向畜牧业方面发展。在农业方面，蒙族最初只知种荞子和燕麦，以后才传进苞谷、洋芋。历史很短，只不过四五十年，闻系从盐源县城汉区传进来的。

（三）等级关系

左所地区的等级区分为：土司、头人、百姓、家丁。

1. 土司

蒙语称土司为"撕匹"，土司妻为"函苦"，土司兄弟为"阿匹"土司姊妹为"阿若莫莫"，土司子为"斯匹租"，土司女为"函苦租"。

左所土司是喇宝成，蒙古名字是当吉策勒。在面型上还具有一些蒙族的特征（如宽颧骨、细长眼等）。喇共有三兄弟，长为土司，次为喇嘛，任左所大寺——边仔雍章力大寺的堪布，三弟早在解放前病故（因国民党政府派夫修乐西公路，由喇之弟率领人工前往，途中病故）。

土司职位系由子世袭，土司无子，则可由弟世袭，例由木里土司出面保荐给县省汉官批准。土司职位不能传给女儿。如土司无子亦无弟，则由土司之妻"函苦"，承袭，但"函苦"不能称正式土司而称为"办妇理"。此时"办妇理"可以召土司的堂房兄弟上门以求传代。上门的亲房只是上门而已，但不能称为土司，而仍由"函苦"执行土司职务。上门的亲房与"函苦"所生的儿子长大后可以世袭土司职位。土司在世时，土司的印信亦都由"函苦"掌管。

土司配偶亦多选自土司，如无适当对象，也可以从总管、头人之女中选择。过去左所土司经常与云南各蒙族土司以及盐源古柏树土司互相通婚。喇宝成本人在选择婚姻配偶上有些特别的地方。按土司的婚姻过去是民族内婚和等级内婚。而喇宝成共有三妻，长妻为云南宁浪阿土司之女（蒙族），次妻为汉族，系刘文辉的秘书肖某之女，三妻为前所土司的蒙族百姓之女，所以喇已破坏了民族内婚和等级内婚的传统惯例。据说喇之长妻终日念经、吸鸦片不理家事，故喇乃娶次妻。当时刘文辉很有势力，肖秘书之女系中学生，人很精明能干，肖愿将女嫁给喇，亦希图在土司地区享福养老终其天年。喇娶三妻，因三妻年轻，可随身服侍。喇之百姓称其长妻、次妻均为"函苦"，称其三妻为"阿苦"。因三妻是百姓出身，而次妻系"汉官"之女故亦尊称为"函苦"。闻喇娶肖氏女时，百姓提出肖女必须穿蒙族服装，改说蒙族，后均照办。

按照过去惯例，在过年前后土司要举行封印和开印的仪式，封印是在腊月十八，土司要穿龙袍顶戴，鸣炮，祭三牲，拜北（土司向北方行三跪九叩礼，因皇帝在北方）、拜印（向印信行三跪九叩礼）。土司拜了以后，头人继续拜。拜完以后，土司坐堂验印、封印。在整个封印仪式中均由李姓头人喊话（喊话是用汉话），如"禀请大人出公门"、"禀请大人拜北"、"禀请大人拜印"、"禀请大人公座"、"禀赞印"、"禀验印"。封印时以红纸上书"封印大吉、禄位高升"，以后即将印供在衙门的神龛上。封印仪式中所祭的三牲就归李姓头人享用。

腊月十八封印以后，土司即不再办事，至次年正月初八再开印办事。开印仪式与封印仪式上一样，只是喊话不同而已，如喊"禀用印"、"上印大吉"等。开印时也以红纸上书"开印大吉、禄位高升"。

喇宝成自28岁时接任土司后，只举行过两年封印和开印的仪式，以后就自动取消了。

左所土司与盐源其他土司的关系：盐源的五所、四司、三码头过去均以木里土司为总代表。过去各土司过年时都要给木里土司拜年，送九色礼物（银、布、茶、盐、哈达、猪膘、糖、食、果品），叩三个头。盐源各土司也互相拜年，但木里土司则不给其他土司拜年。木里土司收各土司礼物后，要回赠每人一钱金子。各土司除过年时给木里土司送九色礼物以外，平时并无其他负担。

2. 头人

尊称为"阿匹"。主要都是土司的亲房人。

（1）头人的类别

头人有大、中、小之分。大头人只有一个，称为"总管"，一般是土司之弟或有才干的亲房充任，由土司指派，但须与众头人协商决定。总管如不称职时，土司有权更换，但须与头人和百姓商讨后决定。总管权力很大，一切事情都要通过总管，有些事情总管可以作决定，不必通过土司。如遇土司软弱无能，总管更可以独揽大权。平时有俗语云："土司是全权，总管是半权"，可见总管的地位。总管有助手一人，称为"小总管"（蒙音为"租过即"——"租过"为"总管"之转音，"即"为"小"），经常在外面跑差、做联系工作。在总管出差时，则由小总管来代理大总管的职务，此时就可与土司多接近。小总管的地位相当于中头人。

中头人的人数不固定，采取值班制，每年分三班：春级班（包括春季和部分夏季）、中级班（包括夏、秋）、冬级班（包括部分秋季和冬季），每班至少有二个中头人。中头人轮流值班，由土司和总管负责排定。中头人的分工是一个是内管家，专门负责土司的经济事务，如收租、派教等；另一个是专门负责调解百姓纠纷、说案、断案等。一般说来，中头人处理事务请示土司都要通过大头人总管，只在遇有特殊紧急重大事务时，中头人才能直接与土司商谈。中头人都是从小头人中间选拔出来的，只有当大头人死后或被免职以后，中头人才有机会升为大头人，但这也只是一个机会而已。中头人无固定数目，有才干的小头人随时都可以提升为中头人。值班的中头人即食住于土司衙门中，换班后，仍返家从事劳动生产。

在土司衙门中有外面请来的汉人"师爷"一人，其地位相当于中头人，专门负责办理土司的来往文件信函等笔墨工作。

小头人共有80余个，除了喇土司远房的喇姓人都是小头人以外，还有李、杨、周三姓小头人。小头人分散在各地住，每村都有数个小头人。遇有土司牧租、派款、派差等事，由中头人与小头人联系，再由小头人与百姓中的"总伙头"洽商执行。每村小头人中有一人称为"管人"的，负责管理村中事务，直接对上面负责，三年一换。此外各村小头人中选出一个"修柏"，专门在土司衙门中管理监狱及刑罚之事，也是三年一换。

在日常生活中，中小头人的地位并无分别，只有在办事时才有所分工。

（2）上下关系

土司按照各家头人的人口数目，拨给一定数目的土地，头人对土司不上粮。

头人家中死绝，则由土司吃绝业。

过年时，每家头人都要给土司送礼，一般是一个猪腿和一块猪膘肉（约10斤）。总管送给土司的礼物要多一些，除上述二种礼物外，还有一坛酒。土司也要还礼，宴请头人吃饭，并回赠点心、糖、盐、茶、银子等。过年时中、小头人也要给总管送礼，礼物是猪肉或点心。

土司家中遇有红白喜事时，不派头人负担，但头人要送礼。同样，头人家中办红白喜事时，也请土司参加，土司也送礼。

总管和值班中头人均住在土司衙门中，伙食由土司供给，出差时还可从土司处领取一些粮食和茶、盐。小头人有时出差，也可领取给养。

总管家中使用四户家丁，系由土司拨给；中小头人都没有家丁。

头人即使犯了错误也不会被降为百姓或家丁。

（3）头人的收益

大、中、小头人利用其职权获有不同程度的收益：

①总管和中头人主要靠调解百姓纠纷断案来进行剥削。最常见的是在断案前，当事人双方都向头人送贿赂。

②被判处"无理"的一方，需交罚款，罚款的数目视案情大小由头人决定。一般是头人规定的多，当事人要求减少。罚款的分配比率是：土司分10两，总管分5两，中小头人分2.5两。

③被判处"无理"的一方除要交出罚款给土司、头人外，还要给"胜讼"的一方赔款。赔款的数目也是由头人从中说合。"胜讼"一方得到赔款后要交"案费"1两（无论案情大小）给土司衙门作为公杂费，由司管经济事务的中头人收存。

被判处"无理"的一方如交不出罚款和赔款，则要被关押在土司的监狱中，用不同重量的铁链锁住。关押的时间长短视案情大小而定，被关押时间，伙食自理。

也有因交不出款而被打屁股板的（如做盗贼，放火的人），杀人抵命，处死刑是迫令服鸦片或毒药。如杀人是出于无意或者是"有理"的一方，则可赔命价代替偿命。最高的命价是333.33两一个人。

④土司在地方上收租，都是由当地小头人负责。土司每收租10石，小头人可以收1石"刮斗"，这个额外的负担是由当地百姓分摊。

⑤土司有事向下派款时，总管、中头人、小头人总是层层多派，各级头人从中渔利贪污。

3. 百姓和佃客

（1）百姓，伙头、佃客

百姓称为"则卡"，与土司是世代的统属关系。土司的百姓只有蒙族和西番族，至于汉族，彝族、藏族、苗族的居民与土司的关系则是主佃关系。

西番百姓原是左所的土著居民，元初被忽必烈征服而投诚的。蒙族百姓则是原来蒙古兵的后裔，其他各族佃户是以后土司招来种地的。

西番百姓共有四支，总共约300户，1850人。这四支是：吉石吉牙支（人数最多）、日阿布出格支、郭日支（姓曹）、伯觉支（人数最少，只有30余户）。西番百姓的地位与蒙族百姓的地位完全平等。

左所土司共辖有36个村庄，其中只有7个村庄为蒙族聚居，其他20村均为西番族聚居。

百姓自称是"皇善"（即皇帝）的子民。当地有句俗语："两只脚是皇善的人，四只脚是皇善的牲畜；两只脚给皇善上粮，四只脚给皇善驮运。"

百姓中有大小伙头。36个百姓村庄，每个村庄各有大小伙头一人。大伙头是世袭的（和土司一样），蒙语称为"子汝入阿灭"（世传伙头之意）。小伙头称为"卡力"，由村中各家百姓轮流担任，1~3年一换，视各村自己规定。

大伙头的职责是讼案的公证人，土司下派各项事务至各村时，首先通过大伙头。大伙头也享有一定特权：他的土地不必上粮，该村各家百姓在开新酒坛时，第一碗酒要敬给大伙头，各家百姓宰杀牲畜时，也要敬给大伙头一块肉。

小伙头的职责是跑路找人、催粮、收粮。负责为土司收粮的当地小头人——"管人"

即支使小伙头作具体工作。每年应上的粮收齐后，当地"管人"要赏给小伙头一些粮食或钱，作为酬劳。小伙头到各家百姓家中办事时，百姓要招待吃饭。

村中百姓若有纠纷事件，如能由大小伙头出面调解解决，即可不去找总管或土司。如大小伙头不能解决，则通过他们将双方当事人送往土司、总管处求最后裁决。在村中进行调解时，双方所用的伙食等费称为"口案"。先由大小伙头将钱垫出，调解后，输理一方要赔出"口案"钱，一般要比实际花费的多出若干。

百姓不能上升为头人，也不能下降为家丁。少数百姓有与头人或家丁通婚的，所生子女同其父的地位。

百姓不能变为佃客，佃客也不能变为百姓。

百姓不得自由迁出土司地界，土司也不得勉强百姓迁出。在土司地界内，百姓可自由迁移，而佃户则可自由迁出土司地界之外。

（2）百姓、佃客的负担

百姓对于土司、头人的负担花样繁多，仅就喇宝成记忆所及，就有以下十余种：

①门户银——每年每户交1两银（伙头免征）给土司。

②秋粮（"马收入阿"）——每年土司要交县府秋粮77石7斗7升，土司以此数字分摊到各村百姓，此时各村由伙头协商视各户经济情况分派。实际上小头人和伙头一般都要多征收一些，但为数不大。

③冬粮（"上条银"）——每年土司要交县府条银33两3钱3分，土司以此数字分摊到各村百姓，每村尚不到1两，因数字不大；故由每户轮流负担。

上述秋粮和冬粮同时交出，时间在冬季。

④贡仓银——全左所地区每年交10两银，由各村轮流负担。

⑤马粮、牛粮、羊粮、鸡粮、鸡蛋粮、鱼粮——土司长子至九岁时就开始穿裤子，这时每村要献马一匹，称为上马粮。土司次子、幼子则不能得到马粮，因长子才承袭土司职位。土司长女九岁时开始穿裙子，每村要献牛一头，称为上牛粮。此时每个伙头也要各送一只羊，算作赶礼。土司出外巡视，每至一村，则全村杀一牛招待土司，如系总管到村则杀一只羊招待，管人到村则杀一只鸡招待，"跟班茶房"（土司的心腹家丁）到村则以鱼肉或煮鸡蛋招待。

⑥换板粮——土司衙门和寺院的房屋每年要调换木板若干，多者需1000多块，少者数百块，每年由各村轮流负担。

⑦草粮——土司、头人至各村办事时，所骑乘的牲口由各村备草料喂饲。

⑧夫马差——伪县府、土司、头人派下的夫马差，各村分担，村村相送接应，夫马伙食自理，是一种无偿劳役。这种夫马差每年并无固定时间，随叫随到，每村各户轮流承担。

⑨"阿姑"（田间无偿劳役）——蒙族百姓聚居的各村，每村每年负责包种土司官地一块，官地面积大小视各村劳动力多少而有所不同。官地的种子和肥料由土司自出，百姓只"包干"全部劳动过程，从犁地直到收割入仓，全部负责。劳动时土司不供伙食，只是每天给一升粮食。这种无偿劳役只有蒙族百姓负担，西番百姓免役。

⑩土司或"函苦"死亡，每村要送1头牛。举行丧书时，土司家人则杀牛招待百姓。同时，每村各送旗幡1个（需6方布），清汕或酥油1斤作为祭奠。但这只是一般规定的数额，有些百姓还常常额外送礼，如银、茶、布等。

⑪土司家中办红事（结婚）每村要送牛1头。

⑫豆粮——土司家中所吃的豆花，由曹家九个村庄供给豆粮，每次每户分担豆子数升。

⑬麦粮——作为土司家中的马料。由西番族百姓伯觉支 30 余户分担，每年数次，每次每户出数升燕麦。

⑭"苦刻伯洪"——百姓时常入山行猎，枪弹由百姓自出，猎犬由土司供给，猎获之物，兽皮、兽头归土司，兽肉归百姓（但土司也要分一部分肉）。几种贵重猎品均属土司，但猎手可得到一些奖励。如鹿茸归土司，但猎手可得银 3 两；麝香归土司，但猎手可得 1 两，豹皮也是 1 两。

至于汉、彝、藏、苗各族佃客的负担则与蒙族、西番族的百姓有所不同。佃客的负担项目较少，但从总量来说（包括地租），佃客的负担要比百姓重。佃客的负担如下：

①"夏呈——伙口"——"夏呈"是佃客每个保甲在腊月过年以前送给土司 30 斤重的猪一头。"伙口"是每个保甲在过年时送给土司若干米花、苞谷花和麻糖。

②每交 1 石租给土司，另加 1 斗"刮斗"给小头人。

③土司家中若有红白喜事，佃客自由送礼。

④伪县府派款、派差时，佃客要与百姓同样负担。

⑤佃客向土司、头人租地时要付出相当数量的"押银"。

⑥彝族佃客因住居高山，广种薄收，交租很少，所以他们每年还须向土司交"草场羊子"，每 100 只羊抽 1 只羊。

从总的负担量来看，百姓较佃客轻。因为各村百姓都按村分到一定的土地山林，百姓除承担上述的负担外，不再交地租——"应租"，而佃客除承担上述负担外，还须交纳"应租"。此外，百姓的许多负担是按村负担，各户轮流，不一定每年都有全部负担，而佃客交应租以及其他负担则是按户来计算的。

4. 家丁

（1）与土司的关系

家丁，当地称为"苦恨"，都是蒙族，也是世辈代代相传为家丁，他们只在内部通婚。

左所土司共有家丁 80 余户，900 多人，名义上都属于土司，但遇有头人需家丁做事时，土司可分配给一部分，临时帮忙。另外，土司拨给总管四户家丁，这四户家丁只给总管家中做事。百姓不能占有家丁。

家丁大都住在土司衙门附近，均各自有家，有少数家丁住家距土司较远，但也不超过半天路程。家丁也可以从土司处领到一部分土地，称为"火其地"（意即吃稀饭的地），不必向土司交租上粮。有些家丁还向百姓租地，但一般家丁多是从事牲畜业来发展。土司不能屠杀和出卖家丁，但家丁也无迁移自由。家丁不能上升为百姓，但是土司所喜爱的家丁可以提升为"跟班茶房"，专门侍奉土司生活起居，是土司的心腹人，他们受人尊重的程度甚至超过百姓。

遇有家丁与百姓发生矛盾时，土司经常要袒护家丁，因认为家丁是自己的人，更近一层。

土司女儿外嫁，一般要抽 4 个家丁（2 男 2 女）陪嫁。被抽去的家丁都是土司女儿所喜欢的人。土司要送给陪嫁家丁的父母两套衣服，同时允许这四家可以免除对土司的劳役负担。

（2）家丁的负担

家丁的负担主要是劳役，其中主要是集中在家内劳动。

经常在土司衙门中服役的约有 16 人，他们的分工是：

背柴——每天 3 人，每人定额 3 背

背水——每天 2 人

放牲畜——每天 1 人

做饭——每天 1 人

看小孩的丫头——每天 2 人

奶妈——每天 1 人

喂猪——每天 2 人

家丁喇嘛（专管土司佛堂）——每天 1 人

"跟班茶房"——每天 3 人

上述的劳役，每月分二班，每班 15 天，由各户家丁轮流承担，轮流服役的安排均由中头人内管家负责。各户家丁都是固定的应差，如某户专管背水或砍柴，只要每天他把固定的应差作完，就可以回家。服役期间可以在土司衙门中吃饭。

除了上述的轮流应差外，还有两项特殊的劳役，每户家丁都要承担：

①土司割麻纺线，每户出一人（女子居多）至土司衙门，每年工作约十余日，工作期间由土司供饭食。

②采集火草（作麻布的原料），每年六月每户家丁派出 1 人来工作半个月。

除了这些固定劳役外，土司家中遇有红白喜事，则这些家丁就得随喊随到来帮忙。

经济负担不多，只有一种"鸡粮"，就是土司每年要作四次道场，需杀 4 只鸡，即由各户家丁轮流负担。

5. 等级关系的一些差异

吃绝业：头人的绝业归土司，而百姓、家丁的绝业则归死者的家门。吃了家门绝业的人就要承担死者对土司等的经济负担（劳役负担可以免除），但门户银子仍然只出一份。

打冤家：遇有土司对外打冤家时，一般说来，头人、百姓、佃客、家丁都应该出"门户兵"，每户规定出一个兵，自兵自粮。由于家丁要负担土司家中的经常劳役，他们有时可以不出兵。

使用长工：头人需劳动力时，土司可拨部分家丁临时帮助，但除总管外，头人、百姓都不能占有家丁。在他们中间也不能买娃子使用。头人、百姓以至富裕的家丁如需要劳动力时，则可雇佣长工。但雇长工的只是少数人，而且主要是西番族百姓为多，因他们人口少，缺乏劳动力。作长工的以蒙族为多，长工的工作是：农业劳动、放牲畜以及家务劳动。一般工资每年 10 个银元左右，另加两套衣服。

（四）土地关系

1. 地权

左所全境土地均属土司所有，称为"郭勒"地（即土司土地）。约 2/3 给头人、百姓和家丁耕种，约 1/3 留为土司自有地，绝大部分租给汉族佃客，这些都是好地。

土司"郭勒"地详细分配的情况如下：

①分给头人的"郭勒"地，每户可得到 3～4 架牛地，不收租。如头人不够生活时，土司还可将部分佃给汉人的地租转给头人。也有极少数头人向有余地的百姓租佃部分土地，照样向百姓交租。头人所领到的"郭勒"地，即由自己家人经营，劳力不够时彼此换工，有

时土司也拨给一部分家丁来帮忙。

②按村户将部分土地分给百姓耕种，不交租，但百姓必须承担规定的经济和劳役负担。分给各村的山林则属于全村公有，本村百姓可以随便前往伐木砍柴，但他村的人则在排斥之列。如外人欲来本村山林伐木砍柴者，需交本村一定的代价如茶、盐、肉、银子等，称为山价。各村均有一定界址，不得逾越。有些百姓常因互争界址而发生冤家械斗之事。

③在六个蒙族百姓的聚居村，都各有一块土司的包干地，每块面积约 7 ~ 8 架牛地，由六村蒙族百姓包种包收，作为给土司的无偿劳役。这些土地都是好地，但百姓因自己得不到好处，劳动的热情不高，所以每年六村百姓种包干地时，土司的儿女随带小头人和家丁常去监督百姓劳动。

④土司分出部分"郭勒"地给各户家丁耕种，称为"火其地"，不交租。每户家丁可以分到 2 ~ 3 架牛地。

⑤公共草场属于土司所有，但头人、百姓、佃客、家丁均可前往放牧。如放牧者为佃客，则规定每 10 羊抽 1 羊（许多地方实际上是 100 羊抽 1 羊——喇宝成的说法）。但头人、百姓、家丁则不抽羊。

⑥出租给佃客的土司自有地。

百姓按村包种包收的土地，只有土司可以享受这种特权，总管和中小头人都没有这种特权。

按村户分给各村百姓的土地，大家都平等，伙头也不得多分土地。全村公有的山林可以自由开荒，开荒以后，土地使用权即为开荒者所有。

全境土地，任何人都不得买卖（包括土司在内），但是在头人、百姓、家丁内部或之间可以互相押当土地。土司和佃客均不能参加押当土地。押当土地无一定限期，当地者何时有钱就可以赎回。在押当土地双方互立契约中都要明文规定："双方不准死顶盗当"。

2. 租佃关系

土司自有的土地，以汉族佃客租种的最多。据喇宝成说：清末时，土司尚拥有汉族佃户1100余户。民国以后，有些土地被县府征用。同时因为邻近彝人抓娃子的事情愈加厉害，汉族佃客逃亡者多，所以到喇宝成承袭土司位时（约 20 年前），他只有四五十户汉族佃客了，土司原有耕地荒芜了很多。

也有许多佃客租百姓的土地。有些百姓占地很宽，可以自由招佃。古直伙头本人就有20 多户佃客。此外，也出现了二地主，有些早来的佃客承租了大批土地，又佃给后来的佃户，而自己成为二地主。

汉人租地要配礼物——如一坛酒、糖、肉、鸡、茶食等，送给业主表示敬意。并请人立契约二份，主佃各存一份。契约用汉字写，说明土地四至、押金、租额、主佃人名、中人和代笔人。契约中不说明租期长短，因业主从不夺佃，而佃客不想租地时，可以自由退佃。

汉人租地要交一定数目的押金，如押金重则交租轻，反之，如押金轻则交租重。佃客退佃时，业主要退回押金。

以定租形式的居多，租额一般是产量的30%。

另有一种伙种的形式，称为"打清升"分二类：

（1）一家人少地多，则可与人伙种。自己出地出种子，对方出劳动力，收成后双方对分。

（2）一家出地，一家出种子和劳动力，收成时，前者得1/3，后者得2/3。

这种"打清升"的形式相当普遍。土司、头人、百姓、佃客、家丁均可自由结合。

关于土司每年的租粮收入，据喇宝成云：名义上每年应收310多石，但实际上只能收到130多石。他说：土司的财政权都掌握在总管和中头人内管家手中，土司本人不了解情况，所以真正的收入数字，他也不清楚。

附：借贷关系

在左所的头人、百姓、家丁之间有互相放粮食高利贷的情况，称为"哈租"（"哈"意为粮食、"租"意为借）。利率为：今年借1斗，明年还2斗，再一年就要还4斗、再一年还8斗，以此类推。土司本人不放"哈租"。但土司之女常将自己私房粮食放"哈租"，利率稍轻。头年放1斗，次年还1.5斗。

（五）民族关系

1. 蒙、汉关系

蒙汉关系是主佃关系，因多年杂处，汉文化对蒙古族影响很大，双方相处很好。土司等保护他们从事劳动，而土司与外人打冤家时，汉人也出兵支援。

2. 蒙、彝关系

左所的黑彝共有4个支头，其中比路支、沙租支（均姓胡）是从罗洪家分出的，人数较多。沙租支是长房，又分出3房；比路支是2房，又分出6房。再2支是吉果支和尔歪支（均姓米），他们中间又分为大米家和小米家。除此4支黑彝支头以外，还有极少数的拉则支（小于家），处于左所与云南交界之处。

土司与黑彝的关系也是主佃关系，但与汉族佃客相比较又不相同。土司与黑彝在表面上很客气，年青的黑彝见到土司还要叩头，年老的黑彝不叩头，但至少要将头帕取下来以表示恭敬。黑彝见到土司总要送点小礼物，土司办红白喜事时，黑彝各支头要送1头牛或1只羊以及1坛酒，土司也得同样杀1牛或1羊回敬。土司所属百姓见到黑彝时要起立，但不叩头。黑彝的地位相当于土司下的头人，地位要高于百姓。

土司与黑彝表面上虽然客气，但过去经常打冤家，据说黑彝初来左所时，本来与土司关系很好，双方相安无事，但后来黑彝渐渐抢掠土司所属的百姓和汉佃，致使土司起来与之对抗。据喇宝成说：他从18岁起就与彝族打冤家，初步估计曾先后打死过彝族500余人（其中包括黑彝数10人）。而喇所属的西番百姓的村庄，因距彝族住区较近，被抢烧过六七次之多。蒙古族百姓的村庄虽在山下，但大部分也曾被抢烧过3次左右。土司所属的百姓和佃客近二三十年被彝族掠走的约有数百人之多，其中汉佃最多，西番次之，蒙古族较少。这些百姓和佃客被掠走后就卖进凉山或云南。在多次打冤家中，土司的亲房（叔父和堂兄弟）被彝族打死的也有七八人。土司对于彝族没有什么办法，无力驱逐他们出境，只求打冤家后双方和解共处，因彝族人多势强，想以武力驱逐出境是不可能的。

喇土司过去与其他土司打冤家时，所统属的兵丁只有蒙、西番和汉族，而不征调彝族当兵，认为他们不可靠、不是一条心。如喇土司过去与木里土司打仗时，左所的彝族就是帮助木里土司来打喇土司，使得左所土司及其所属百姓、汉佃等与彝族之间经常处于紧张状态。

3. 蒙、西番关系

蒙古族和西番的关系是左所土司所属百姓的内部关系，他们同是左所土司的百姓，地位完全平等，一般说来，关系是好的。但是双方之间有时也有一些矛盾，具体表现在三方面：

（1）蒙古族村与西番村相邻界的地方时常为争界址争土地而引起矛盾。

（2）西番百姓认为蒙古族中有几户家中有蛊，如果西番族中有人突然生病或致死，常认为是这些蒙古族蛊户放蛊所致，常引起打冤家。

（3）男女关系问题：西番之俗，在办红白喜事之夜晚，主人家的女子应该陪来贺喜、吊丧的客人睡觉，但只能同睡而不得发生性关系；一旦因发生性关系而致使女子怀孕，则主人家必与来客打冤家。蒙古族客人常有因此事与西番族起冲突。如发生这类矛盾，即由当地头人和伙头出面调解。

蒙古族与西番打冤家时并不真正动枪，有理的一方常是执木棒打到对方家中去。理屈的一方原则上是不还手的，只是暂时躲避他处。有理的一方只是在对方家中打破一些家具，抢走一些牲畜、布匹等物即返回。以后经过说理调停，理屈一方要赔款认罪，抢去的布匹物品等还要退还，但牲畜则常被杀吃。

（六）婚姻和宗教

1. 婚姻

蒙古族实行等级内婚制和民族内婚制，但在解放前已有少数蒙古族与西番族通婚。

有嫂弟婚制，但夫兄不能收继弟妇。

土司之女要嫁到婆家去住，但蒙古族百姓之女则经常"坐家"，招人上门入赘的占多数。故左所蒙古族有句俗话：

"斯匹（土司）租（子）之（长）起（爱），

则卡（百姓）莫（女）之（长）起（爱）。"

译意为：土司爱长子，百姓爱女儿。因土司职位要传给长子，而百姓家中则多由女儿掌权持家。有子者多送去寺院当喇嘛或到别人家中入赘上门。

婚姻比较自由，百姓的子女在共同劳动换工中，因熟识进而恋爱，以后互相交换自己的饰物，如手镯、戒指、腰带、汗衣等。二人同意结婚时，男子即请自己的母亲到女方直接去商谈，双方同意后，男子即入赘上门，不交彩礼，不办酒宴客，不拜堂。但如果男家欲将女子娶到男家时，则要花费很多钱；要出彩礼，要请媒人，要请酒宴客。这种人家大多只有独子。

也有少数人家是子、媳和女、婿同留家中的。持家、掌权均属女子，故女子在家庭中很受重视。

子女均随父姓（但实际上蒙族并不重视姓氏），但父母的财产则传给女儿。

未生子女以前，双方离婚较易，上门的男子离开女家，再找其他对象入赘上门。已生子女，则很少离婚，如果离婚，子女随母亲居住的占多数。

有一夫多妻之俗。

2. 宗教

左所蒙古族信仰喇嘛教中的红教派，还有钵本教存在。左所共有 5 个小寺，1 个大寺，大寺名"边仔（伟大）雍章（永久）力（寺）"。全区共有喇嘛 400 余人。其中除西番族五六人，藏族二人以外，余均为蒙古族。喇嘛在当地称为"扎巴"，扎巴不能结婚，如欲结婚，必须还俗。

全区只有喇嘛而无活佛。喇嘛很少住在寺院中，平时均住家中，只在庙会时才返寺院。小喇嘛平时住在家中，帮助家人劳动生产，成年的喇嘛大多居住村中为村人念经作法事，而很少参加劳动生产。有的彝族村庄也请蒙古族喇嘛前往作法事。

左所蒙古族均笃信喇嘛教，家家户户均设有经堂。有子者均送给寺院学作喇嘛。喇嘛的地位很高，当地头人和百姓等见了喇嘛都要叩头。

全区的喇嘛首领为大寺的堪布，实际上也是由土司控制的，世代传袭的规定是：土司的长子承继土司职位，次子则承袭大寺堪布的职位（土司次子要去当喇嘛）。如土司只有独子，则只承袭土司位，而大寺堪布则由喇嘛中推选。

钵教的巫师称为黑钵伯，可以结婚。在蒙族中有二三个头人是黑钵伯，而西番中就有二三十个黑钵伯。他们主要是作巫术、念佛咒。

除了喇嘛和黑钵伯以外，还有一种巫师叫作"达巴"，全区只有八九个人，他们专管作帛、祭祖、占卦。达巴均由师传，一般都是由家丁充当，平日在家中劳动，有事时才出去。

在土司衙门中的经堂则专有一名家丁喇嘛负责管理。

后记：此篇材料所称蒙古族系当地一般称谓，而自称为"摩梭"。

第二部分 家支资料选编

一、家支产生的传说

（一）曲诺家支

传说在很久很久以前，最初是没有土司、黑彝、白彝之分的。后来，慢慢的哥哥就当了一家之主，弟弟事事听从哥哥的指派，逐渐地就形成了统治者和被统治者，所以彝族中流行着"哥哥是土司（黑彝），弟弟是百姓"的谚语。

曲诺、阿加的来源，一部分是彝族，一部分是汉族。曲诺在彝族中一般的谱系有 15 代左右；阿加一般多在 14 代以下。

三道娃子：土司、黑彝将汉家抢来卖去而成为三道娃子，比曲诺、阿加产生的晚。在没有三道娃子时，黑彝奴隶主对曲诺、阿加压迫更深些，尤其对阿加的压迫深，背柴、背水、修房子等，一切活都要阿加干。三道娃子在彝族中最久的长达 10 代。（按：三道娃子即呷西。）

还有说白彝是由其他民族人，尤其是汉人和黑彝生下来的。所谓"曲诺"，就是半白半黑的意思，也就是一半是黑彝一半不是黑彝的意思。还有一种说法是白彝和土司都不是真正的彝人，土司是从其他地方来的，白彝是土司受封时给土司管的其他一种人。黑彝所属的曲诺，很多是从土司下面强占来的。如：白彝沙马家、麻黑家、海列家、莫色家、依火家、阿说家等，原来都是土司下面的百姓，土司势力垮了后，都变成了黑彝所属的曲诺。另外一种说法，白彝是彝族从汉区抢来或买来的汉人，年久彝化日深，慢慢地变成了彝人，逐渐转化而来的。在凉山所谓"有家支的白彝"和"没家支的白彝"的意思，就是说从汉区或邻近地区抢来或买来的汉人或其他民族人，进入彝区不久，或只有几代人仍知其为汉人根根以及其他民族人，即或有谱系也不长，屈指可数，这样的人统称为"没有家支的白彝。"所谓"有家支的白彝"，就是指这样两部分：一部分是黑彝中分出来的；一部分是虽由汉人变来的，但年代已久，有自己系统的家谱，和其他白彝有开亲及其他方面的平等权的。

从黑彝中分出来的白彝很多。如：

结克家：是从黑彝阿尔家分出来的，至今已有 14 代。

勒耳家：据说和阿说家（黑彝）是一家人，分出来后已有 16 代，到现在还说是家门人。

窝其曲比家：是从黑彝窝其家分出来的。

结吾和结火家：是从黑彝结蒂（吉狄）家分出来的。

阿地家：据说是黑彝瓦渣家分出来的。

说提家：祖先是阿侯黑彝。据说尼子有三个儿子，尼子阿居的后裔是现今的阿侯黑彝；尼子自曲是比补黑彝，而尼子说提，是白彝说提家的祖先。这支曲诺至今已16代。

据传说，真正的白彝，在古侯、曲涅时就分开了。相传在米则时，他生了7个儿子，5个儿子是黑彝，2个儿子变成了白彝。其中诺普和色普两人的后裔，分布在云南各地，今已汉化，很多人都不会说彝语。另外有3个儿子，至今还是黑彝，会说彝话。如阿居的后代，即阿侯家，分布在美姑、普雄一带；自居的后代，即比补家，分布在云南北部和布拖一带；甫什的后代，即恩扎家，分布在美姑、牛牛坝、连渣洛一带。而阿火家和说铁家，从米则分支出来以后，都变成了曲诺。阿火家分布在呷洛尔日一带，说铁家分布在冕宁沙坝一带。这两个白彝家支，据说在距今15～17代左右，才从黑彝家支分出来，独立为白家彝支。

曲诺家支由黑彝家支分化出来，是由于：

①黑彝和白彝妇女的私生子，如莫洛家，即果基家祖先阿博和所属娃子欧姆莫洛所生出来的木古分衍而来。

②黑彝被开除家支变为曲诺，如黑彝依什家，因和白彝私自通婚，被开除家支后，迁往甘洛变为曲诺。

又如沙马土司祖先"雅古署布"娶妻时，新娘子因禁食的时间太长，在路上饿死了。这时，送嫁人很为难，又怕沙马家，怎么办呢？在没有办法中想出了一个冒名顶替的办法，从陪嫁丫头中选了一个做新娘，蜂拥着送去了。后来，她生了一个儿子。有一次，她和陪嫁丫头吵架，丫头说："你又不是我的主娘子，为什么来骂我？"这句话被署布听见，觉得这句话中有含意，于是进行追问，这个丫头说出了真情。因之，沙马家就不要这母子两人，并派人将此母子送到一个很远的地方。后来将这个新生儿取名"马恩"（即"不是"的意思），马恩就是现在沙马曲比、沙马切结、沙马孙兹等三支白彝的祖先。这些白彝家支，当盘根骨追述家谱时，都以"雅古署布"开始。

曲诺沙马家是美姑境内的主要白彝家支之一，其来源有如下这样一个传说：

阿都土司的女儿嫁给沙马家。婚日，阿都家宾礼相送，曲伙七及家的女儿背柴，曲伏敖母家的女儿背锅，曲伙阿库家的女儿背灰铲，曲伙敖吉家女儿背裙，阿都家黑彝有一个叫什衣的，也骑马相送。至沙马家，主人对黑彝什衣招待不周，将其置于下位，什衣不悦，因问主人道："黑彝贵，曲伙贵？"主人道："曲伙是土司的百姓，贵于黑彝。"什衣见主人对曲伙比对自己尊重，因求作百姓，并要求要陪嫁女七及为妻，主人应允。从此该黑彝以沙马为姓，以什衣为名。此即曲诺沙马家先祖的来历，至今已传了19代。沙马家后分三支，吉协家为其中的一支。其谱系：即则哈什衣——侯侯——安特——安则——阿巴——年米——尔普——及系——加巴——阿车——阻缺——年输——阿阻——要聂——苦乔——年那——背古——十哈。

曲诺莫洛家是普雄地区有名白彝家支之一，全家支约有6000余人，分布于普雄、昭觉、布拖、美姑、洪溪、越西芬县境，分别隶属于瓦渣、吉狄、果基等黑彝之下。

莫洛家的始祖和果基家（黑彝）始祖，都是阿博。阿博和黑彝女子婚生之子孙，分衍为今日果基家各支；阿博和所属娃子欧姆莫洛私生的木古，即今日莫洛家木古支的先祖。凡是莫洛家木古支人，都不给果基家黑彝主子劳动，黑彝主子不能杀木古支人，不能打木古支人，不能骂木古支人，不能抽木古支人子女当呷西。据说这是阿博留下的不杀、不打、不骂、不服劳役、不抽子女的老规矩。时至今日，都是如此。但木古支人都有杂布和其他一些摊派，每户都有主子所放的一石粮的杂布达，每年出利息5斗；至老的一代人死了，得向主子缴纳本利15石，算是结束了前一代的债务关系；然后，再另放一石粮于其子，利息如前。若系绝裔，则其全部财产归由主子处理，彝话称"给基兹"，即吃根根的意思。谚语称"日布普阿纠"，即有儿不当儿的意思。就是说曲诺虽系黑彝所生，但并不当作儿子看待。绝业还是主子的。此外，曲诺还有一些经济负担，如果基家死了人，奠洛家木古支人要送一头牛（十几户或几户伙送）、1斗米；娶妻，要送1头猪，1坛酒；嫁女，每户要送1头猪（多是小猪），或1只羊；作帛，送1只猪，1坛酒，1斗粮；赔命金，各户依经济状况摊派一两锭或数两银子。

曲诺家支莫洛曲木家和吉木吉俄家，在4代以前，家支势力相当强大。在这两支中虽有贫富之分，然无曲诺、阿加之别。只有个别的穷的没饭吃，或父母死无人抚养的小孩，到主子家去吃饭这些人由主子给找老婆配婚，才变为阿加。近一两代不同了，掠进来的汉人多了，主子给配婚的人就多了，阿加也显然的增多了。

曲诺家支也有从阿加赎身而形成的。

马黑家原为阿加，后赎身为曲诺。马黑家原为马黑土司的百姓（曲诺），来阿侯家已八九代。据说是自己逃来的，初到时为阿侯家的曲诺，后逐渐沦为阿加。到距今22年（1935年）时，主子阿侯木铁的堂兄阿侯拉铁母子，因患麻风病将绝，拟卖马黑家几户人来享受一番。阿侯木铁的父亲阿古兹古和叔父阿侯罗木子不允出卖阿加，只允赎身，以赎身费满足其母子的要求。于是马黑比折、马黑陆沽、马黑曲哈、马黑曲都弟兄四户，共出银子13锭，赎身为血诺。（据说，当时1锭银子抵解放前夕10锭）这一笔赎身费，在当时只有马黑家有能力付出，其余6户阿加还没有这个经济力量。当马黑比折赎身为曲诺时已63岁。马黑家赎身后，获得了婚权、亲权，减轻了劳役负担，不再给主子挖粪，不背圈草，不薅洋芋，不拔萝卜、不砍竹子。

马黑家赎身后，至民主改革时已由4户发展到7户。如下表：

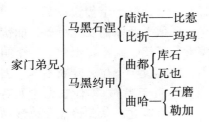

在此7户中，民主改革时有2户是奴隶主，4户是劳动者，1户为奴隶。其情况如下：

姓名	阶级成分	住地
马黑陆沽	奴隶主	挖曲曲乡力觉村
马黑玛玛	奴隶主	上普雄依诺乡
马黑比惹	劳动者	上普雄依诺乡
马黑石磨	劳动者	上普雄竹阿觉乡
马黑勒加	劳动者	上普雄竹阿觉乡
瓦也	劳动者	上普雄瓦里觉乡
库石	奴隶	上普雄瓦里觉乡

（二）阿加家支

阿加布尔家支。布尔家有 19 代的谱系历史，即①乌布——②乌麻——③阿呷——④狄亚——⑤阿兹——⑥阿来——⑦克则——⑧欧夫——⑨路吉——⑩乌巴——⑪古兹——⑫布尔——⑬克比——⑭来超——⑮尤初——⑯各拉——⑰聂达——⑱乌呷——⑲沙兹——⑳阿基。

在布尔以前，布尔家是勿雷家（黑彝）的阿加。在布尔时期，阿侯家和勿雷家打冤家，勿雷家战败被赶出中普雄，迁往下普雄一带。布尔家人有一部分被带往下普雄，仍是勿雷家的阿加。没有随主子迁走的就变成阿侯家的瓦加。因其比较富裕，附近的人有的把他们当作"曲诺"。但对主子说来仍是阿加，照例抽子女，服劳役。

阿加克齐家支。克齐家原住牛牛坝，是勿雷家的阿加，随主子迁徙，经申果庄，迁至中普雄。在七八代以前，因勿雷家和阿侯家打冤家，勿雷家败退迁往下普雄一带，有的随主子迁往下普雄，仍是勿雷家的阿加。未迁走的成为阿侯家的阿加。

克齐家在中普雄的 80 余户，全系阿加。只有一户因特殊情况变成了名义上的曲诺。克齐杰达说：在我祖父克齐维合时，祖父的姐姐嫁给阿侯家的阿加阿路克甫，嫁过去后阿路克甫尚欠不少聘银未付清，也不想给，我祖父不让，阿路克甫就和妻子吵架，逼使她上吊自尽。我祖父就领着人到阿路家去打冤家，阿路克甫吓跑了，请他的主子阿侯维拉尔突给保护房子，以为有主子在克齐家不敢把房子给烧了。我祖父没管那一套，当其主子出面来阻当时，连主子本人也被打死。从而引起阿侯家的干涉，我祖父见势不妙，就空身逃到了越西。但阿侯家不依，非给赔命金不可。我祖父的主子出面作主，把我祖父的土地、房子和所有财产卖了，家门人帮助了些，主子也给填了一些，给阿侯家赔了命价。我祖父在越西病死了，我父亲住越西，主子喊回来，我们不回来，主子答应不再当阿加，回来当曲诺，我们才转回来。所以，克齐家只有我们这一户人是曲诺，其余都是阿加。

吉古家，据说其远祖父是黑彝阿侯，祖母是汉人丫头（即呷西）。吉古即私生子。今吉古家即由吉古繁衍发展而形成的。

其他阿加家支还有杰觉、木出等家。

杰觉家原属杰觉土司的百姓，通称曲诺，原姓曲木，随土目姓姐觉。杰觉（或称姐觉）土目住于瓦岗、美姑、雷波交界处，在十代前被阿侯、阿陆、马黑黑彝家支联合战败，杰觉（曲木）家才从杰觉土目处逃来申果庄，成为阿侯家的阿加。自杰觉别拉逃来阿侯家，至杰觉勒托之子已 11 代。

阿侯木铁所属阿加沙马石遗，原姓石遗，随姓沙马，原为沙马土司的曲诺逃来申果庄阿侯家降为阿加，至今已 12 代。

景古家（16 户），原属补约土目的百姓，是曲诺。补约土目原住昭觉海来八呷之南，因怕黑彝迁往会理一带，所属曲诺未被带走，转属阿侯木铁家即降为阿加，已 9 代。

木出家（34 户）原为海乃土司的呷西，作海乃土司的马夫（彝语"木出"）故名木出，后来就姓木出。呷西木出是海乃土司与其女呷西的私生子。

在十二三代前，海乃土司、沙马土司等住美姑一带。有一次海乃土司和甘家黑彝头人在一起烤火，讽刺黑彝，甘家黑彝怒而联合阿侯、阿陆、马家等黑彝，把海乃、沙马等土司打跑。此后，木出家的祖先就转为阿侯家的阿加。

二、美姑地区的家支迁徙

（一）利利土司统治时期

距今约 700 年前，美姑这一地区是被利利土司统治着①，土司衙门设在利美夹谷的利美呷②上。当时整个夹谷，还有东部和东南山区的许多村落，都是利利土司的直接领有的土地。直到今日，村落名称之前仍冠有"利美"（即表示利利土司所属土地）的字眼。③

关于利利土司有许多传说。如"美姑"名称的来源相传利利土司和当时建衙西昌的勒格阿什土司常相战争，一次勒格阿什的军队已经到美姑河畔，利利土司听了阿素牢藉和阿素师子的计策，把隔河的敌军打垮了。敌人千人渡河，能够回去的还没有 100 人，尸首随美姑河水漂流而下。夷语称尸首为"墓"，过河为"姑"，"莫姑"便是尸首过河的意思。"利美莫姑"的名称即由此而来。现在的美姑河和美姑④的名称，又是由"利美莫姑"之名引译而来的。

利土司管辖的领域，东到龙头山，西到安宁河，西北到大渡河以北的尔知鄂夫家地方（富林附近），西南到列里可（布拖县属）。中间的几条大河，如安宁河、呷洛河、大渡河、昭觉河、美姑河等都是利利土司管辖范围。直到现在，民间还流传着几句谚语："地上有树，是利利家的树；地上有水，是利利家的水；地上有人，是利利家的人。"大致是反映元代至元年间"罗罗宣慰司"疆域的广大范围。

利利土司的特点，在于他统治范围内有许多土司和土目。谚语说："利利管百姓，阿都管黑彝，沙马管官奴。"从此可以看到利利土司与其他土司确有不同之处。相传利利土司鼎盛之时，境内土司、土目、黑彝、白彝都对他有租税、贡赋和劳役。如：

海列家、磨石家推磨。

阿侯家作嗒酒。

素呷家制毡衣。

恩扎家邀牛牧羊。

舍坡家住在衙门周围，供差遣。

---

① 利利土司的系谱，从尔普普能到现在的宜可阿波，共计 48 代。但哪一代开始作土司，哪一位开始在利美夹谷建衙门，现在都不可考了。九口村阿尔呷呷说：利利土司沙委从利美夹谷迁回昭觉以西的好姑。但此人名在系谱上找不到。我们只知道利利土司在利美夹谷时，与阿素牢藉的关系很密，据说勒歌阿什的兵就是由阿素牢藉运用法力把他们打退的。因此，我们可以设想，利利土司在利美央谷，应当与阿素牢藉同时或较早。阿素牢藉的系谱，在凉山中是人人皆知的，多者 26 代，少者 23 代。由此我们可以推定利利土司在利美夹谷在 700 年前，约在元代的至正年间。元史上所说的"罗罗宣慰司"，就是指利利土司。

② 利美呷，在今美姑县城的西南只半里路程。"呷"为汉语"官"之转，即指"官衙"。

③ 利美莫姑，利美包姑，利美瓦乌，利美涅则等。由"利美"的字眼，可以断定此地为利利土司的辖地。"利美"系"利利美地"之简称，即利利土司的地方。

④ "利美莫姑"与"利马美姑"最易混淆。利美莫姑在美姑县城的南边，为美姑县得名之由来。利马美姑（亦作米姑）指瓦岗城城所在地。"美姑"或"米姑"言其地形如人之肋骨，肋骨中最长的一骨为"米姑"。地形如肋骨，故以命名。瓦岗原意为"崖上的路"，此系小地名。

甘家笔母作帛送鬼。

乌抛家每年进贡十条牛、十套弓箭。

马家普它支七兄弟剪羊毛。

马家阿可支负责撑矮屋内的柱。

马家兹合支负责撑高屋内的柱。

阿尔家调解纠纷。

姐觉土目每年贡 5 匹马。

阿着土司贡 7 匹马。

摩些土司贡 10 匹马。

海列土司贡 12 匹。

阿都土司贡 10 匹马。

……

利利土司收到的贡赋，自己用一部分，另一部分转贡给元代的统治阶级。

土司、土目和黑彝，因不堪利利土司的剥削，联合反对，利利土司沙委被驱逐出美姑，迁到昭觉以西的好姑（三湾河）建立衙门。

自利利土司迁出美姑以后，阿尔家和马家就迁到利美夹谷及其附近地方。

（二）马家的迁徙和分布地区

马家是孤纻（按：即古侯）世系的一族，阿尔家是"曲聂"（按：即曲涅）的一族。古时候，孤纻、曲聂二族从云南大井坝渡金沙江，到达利美莫姑后，据彝文《招魂经》和《指路经》所记载：

"左边是曲聂路，右边是孤纻路，曲聂孤纻走两路。"

换言之，到达美姑河的利美莫姑后，孤纻向东行，曲涅向西行。二族从此分道扬镳。

孤纻中的马家，最早居于金河旁边的葛砥尔诺，后来东迁马穆脚谷，后来又东迁到雷波的自由树①居住不到几代，由于汉族军队的攻击，所以又自东向西转移了。相传马家从雷波西迁的祖先有两个著名人物：一个是阿瑶咢普，另一个是人砥阿井，距今约十七八代。

阿瑶咢普初迁于举阿勒芜②的山上，生了七个儿子，以后分别迁往各地：

长子：名阿和，迁居到列侯夹谷，在举阿勒芜的西北方。马达给便是他的后裔。从阿和到达给已有 10 代了。

次子：名阿轲。第一、二代仍居举阿勒芜，第三代阿什沙宜南迁到利美夹谷的阿布列。

三子：名补陀。补陀初迁至切哈，以后又分衍发展到美姑河西岸的穆兹列芜。

四子：名姑惹。姑惹仍居举阿勒芜。

五子：名惹和。迁居思谋瑶。

六子：名脑都。迁居美姑县竹核地区。

七子：名惹乌。迁居木抛拉打的宜播阿曲。

---

① 关于马家在雷波的事，从目前情况和汉文史志也可以得到证明。目前雷波县的黄螂还有马家的黑彝，但汉化很深了。此系马家留在雷波者。雷波厅志称：明代万历年间，雷波土司杨九波娶马氏女为妻，此时马家似仍在雷波。杨氏土司在万历十七年被平一次，此或系马家西迁的缘由。

② 举阿勒芜，简称勒芜，在今利美夹谷的北边它阶瓦歌山的山上。

以上七子，分衍发展成为七支，即阿和支，阿轲支，补陀支，姑惹支，惹和支，脑都支，惹乌支。其中脑都支绝裔，其余六支对了解凉山的历史说来都有重要意义，特别是马家各支对沙马土司的战争，以及对阿尔家的战争，都承担过重要的角色。

阿瑶咢普所分出来的阿轲支和补陀支，聚居在利美夹谷的北部，那里有他们的村堡、土地和奴隶。自越它阶瓦歌山而北，美姑河以西，到处分布着他们的家门。因此，阿轲支和补陀支在利美夹谷有很大势力。

人砥阿开自雷波迁出后，最初迁到举阿勒芜，传了两三代以后，分为两支：一是比坡支，分布在举阿勒芜，列侯、穆兹波芜、比尔拉打、竹核等处；另一支是比呷支，分布在自威、脑尼立脚（美姑县自威乡）和斯瓦甲（松甲乡）等地。举阿勒芜、列侯、穆兹波芜等都在利美夹谷的外围。自威脑尼立脚、斯瓦甲等紧接在利美夹谷的东部。因此，比坡、比呷二支在利美夹谷、竹核有许多土地和佃户，不时与本区的黑彝发生战争。

此外，从雷波迁来的还有马家普惹支，他们虽然是阿瑶咢普和人砥阿开的后裔，再上朔几代，他们同是鄂子比菲的后人。普惹支最初迁到举阿勒芜的竹枯和烧沟，后来有部分人户就迁到利美夹谷的利美瓦乌来了。至今他们的近族仍然分布在竹枯和烧沟。远族就是上述各地阿瑶咢普和人砥阿开的后裔。这样，就使马家在利美夹谷的势力更为雄厚了。

总之，马家各支黑彝有如上述。但分布在利美夹谷的只有阿轲支的两家：一家是马五家，一家是马五家的弟弟马给哈。这两户人家都住在阿八列村。阿轲支因阿轲有五个儿子，其中有四个儿子都到竹核各地居住，只幼子阿什留居在祖业所在地勒芜。阿什生四子。那时，马家和阿尔家已攻下了沙马土司的许多地方，所以，阿什四个儿子中有三个迁到新占领的沙马土司的地方去了，只有阿什沙耶搬到利美夹谷。由阿什沙耶到马五家弟兄已有七代人。

阿和支世居列侯夹谷。阿和的第 3 代后人沙姑既咢从列侯迁到八列，即今写九波的祖源。从既咢到九波是六代。

补陀支迁入切哈的年代不明。但在 11 年前，利美夹谷的切哈和瓦罗有四户马家黑彝：马哈皆、马右达、马瓦都、马尔哈，他们都是奴隶主，在村落中是统治者。据说距今 20 年前，瓦罗的马家与自威的马家械斗，马哈皆等四家失败，住宅被焚毁，他们四家偕同所属娃子逃至今瓦岗县的补西列脑。因此，目前的切哈和瓦罗地方，成为没有黑彝的村落。

普惹支在今瓦乌居住的只有两家，马拉阶和其子马少吉。他们的土地，有一部分是购自阿尔家的。他们所属的曲诺和阿加，系祖先从竹枯、烧沟迁来时带来的。

马家全家支开会会址在美姑大桥。各支开会的会址，有的在竹核西面的举摩，有的在竹核甲波，有的在葛今之威。

马家各支作帛时，送灵牌时均送往利美夹谷北边补祖尔库山山麓。由此可见，马家各支可能都是从这一带分散出来的。

总之，利美夹谷的马家势力，占有了瓦乌、瓦罗、阿八列、切哈四个村落。尽管上述各村落的曲伙、瓦加并非直接隶属于马家黑彝，但都在马家势力范围之内。实际上，马家和阿尔家平分了利美夹谷，北部属于马家，南部属于阿尔家，阿尔家人认为，在古时马家的势力是超过阿尔家的，但近几十年来，利美夹谷的土地很多被阿尔家买过来了，两家的势力，在利美夹谷中已趋于均衡。

值得注意的是，在凉山地区内马家黑彝都是家门，彼此都还没有开亲，马家内部也较为团结，故是凉山彝族社会中有名的黑彝家支之一。

（三）阿尔家的来历

自曲尼曲布而下，二十六代至季弥乌阿，二十七代至乌阿阿尔，此为阿尔家名称所由来的始祖。

自阿尔以后，四传到阿素牢藉，这位阿尔家的笔母在当时和后世都是远近闻名的。他虽然是云游凉山各地，但其家支则分布在凉山中心车子河流域各地。

阿尔家向美姑河以东发展，是从阿素牢藉的第四代后裔阿兹宜尔的两个儿子，宜尔车子和宜尔季坡开始的。据说宜尔生三子：长子宜尔百兹，初住侯布列陀。后来，又有一部分子孙迁往龙头山下面。次子宜尔车子，车子生四子，衍为补支、磨石、尼曲、吴奇四家。三子季坡，后裔衍为长房幼房两支：长房称比轲家，发展为三家支：1. 瓦库家，住美姑县的瓦库尔苦乡；2. 舍目家，住龙头山下的索诺斯举；3. 废吉家，住诸古宜打和做右列芜。幼房一个家支，即砥窝家，住在利夹谷和利美夹谷以东地区的几个村落。阿尔家向外发展的过程中，车子及其子孙占据了美姑河东侧的北部；季坡及其子孙占据了美姑河东侧的南部。美姑河东侧北部地区，原为阿苏家的土地，后来被车子子孙的 4 个支，即补支、磨石、尼曲、吴奇四支占据殆尽了。阿苏家只好向东方转移。宜尔季坡子孙在美姑河东侧南部各地，一支发展到瓦库尔苦，一支发展到龙头山下，一支发展到利美夹谷。从宜尔季坡到现在已有 21 代。自季坡以下，他的第四代后裔窝孤砥窝就降生于利美夹谷，可见阿尔家到利美夹谷已有十七、八代的历史了。

阿尔家砥窝支的大本营在利美夹谷东部的歌地阿摩、罗维夹谷（九口）、利美包枯和利美摩枯一带。砥窝的十一代后裔阿奠生四子，分为四房：阿奠濂尼是一房，今日的阿尔呷呷、阿尔机机、阿尔非基、阿尔拉曲、阿尔陆的、阿尔底兹等都是他的子孙。此房最大，大部分住歌地阿摩。阿尊濂季是又一房，住罗维夹谷，阿尔拉铁今无后裔，维古为又一房其后人维史，一家七口人，今住九口。其余人中在攻占沙马土司地区后，均迁往拉木阿觉。阿奠濂区是另一房，住罗维夹谷，阿尔格帖是其后人。以上四房所属曲伙、瓦加，主要分布在歌地阿摩、罗维、沙马开、塔西普等地。住在包枯和莫姑的，是又一个支头了，但都是窝孤砥窝的后裔。

阿尔家砥窝支会议的场所，开小会在利美包枯；开大会在阿举包枯，距今美姑县城东南 10 里。

阿尔家黑彝死后作帛，把灵牌都送在利美夹谷东边松瓦甲村西北的谢罗莫山上。由此可见，砥窝支到美姑夹谷最初是占据这一山头的。

总之，利美夹谷的阿尔家势力，占据了歌地打摩、罗维夹谷（九口）、沙马开、塔西普、利美包枯、利美莫枯等地。他的家支分布在夹谷的北边，东边和南边。北边的瓦库支和废吉支对于砥窝支的患难是绝对支持的。东方龙头山麓的阿尔家各支与利美砥窝，世为攻守同盟，互相支援，已有 200 余年的历史了。更重要的是，百余年来攻下姐觉土目和沙马土司以后，阿尔家各支黑彝把攻下的土地作为他们的殖民场所。这样一来，阿尔家在美姑河南北两岸，以及瓦岗县的沙马土司原有的实力，就远远地超过了美姑河以东的原有实力了。他们靠着这些实力，才在利美夹谷能够和马家维持着互相均衡的局面。

（四）阿尔、马家联合攻打沙马土司和姐觉土目

阿尔家和马家的关系，是由友好同盟的关系开始的。

在距今六百几十年的时候，马家的远祖拖拉娥阿借聚阿素牢藉之女牢藉茜茜为妻。当时，马家住歌砥尔诺，阿尔家住葛葛卜聂。相传此为阿尔家和马家相互友好的开始。

据说，当时凉山黑彝贵族凭借着元代统治阶级势力，在凉山建立土司政权的有：在利美夹谷的有利利土司，在沙马马陀有沙马土司，在西昌有勒格阿什土司，在西呷山有阿着土司，在觉拉普陀有阿都土司。

利利土司统治着利美夹谷以西，安宁河、大渡河流域的彝族。在土司的下面，补瑶土目住在思木补瑶一带；磨些土目住在利美竹核一带；葛哈土目住在连渣洛一带。这些土目以外，还有一些其他土目，也都归利利土司管辖。

属于沙马土司下面的，以姐觉土目为最著名。姐觉土目原住于西昌予乌，后经普雄、连渣洛，来到姐觉陀罗当土目，归沙马土司所管辖。

沙马土司和利利土司一样，均为曲涅的后裔。介弥哦哦的儿子为哦哦阿执，哦哦阿执的儿子为阿执沙马，阿执沙马即沙马土司之祖。沙马土司居于马陀，统治着马陀以南、姐觉土目地面和瓦岗以西的黑彝和白彝。

当沙马土司建衙于马陀以后，阿尔家和马家的黑彝不断向美姑河的东西两面发展。马家尊普和阿开迁到举阿勒芜以后，先攻思木补瑶家，又攻利美竹核的利利磨些土目，这些土目都战败了，土地被马家的子孙所占领。阿尔家的砥窝和比轲兄弟初到利美夹谷以东以北各地时，是向沙马土司称臣纳献的。土司的要求很多，所属臣民无法供给，于是在阿执沙马的第四代承继者宜播拉惹在位时，各家支臣民发生叛乱，于是沙马土司就离开马陀，迁到美姑河南岸的拉穆阿觉去了。

当时，马家已占领了思木补瑶和利美竹核，而沙马土司又放弃马陀，所以利利土司沙委不得不自动离开利美夹谷，迁到昭觉以西的好姑也打。

从此，阿尔家和马家就分割了利美夹谷和夹谷以东的几个村落。

沙马土司退出马陀以后，马陀及其附近的土地被马家和阿尔家的别支占有了。马陀初由沙马家百姓木抛家所分，木抛家迁走，把土地让给马家。沙罗和自威，原由补瑶家所有，补瑶被迫远走盐源、盐边，把土地也卖给马家。此外，官诺维口被补支家所占，宜诺拉打被磨石家所占。

距今10代约前300年时①，阿尔马家联合起来向姐觉土目进攻。当时姐觉土目尔歌为人残狠，杀人害人，年有数起。初与竹核马家战争，以后利美夹谷的阿尔家也参了战，联合攻下姐觉陀罗。姐觉土目南到龙头山下牛红拉达，此地险要，阿尔马家不能攻下。

赶走姐觉土目之后，阿尔马家分割了所遗留下来的土地。阿尔家占有瓦机机、尼克瓦陀、亥马、姐觉尔且、姐觉陀罗、姐觉洗口、民利脚、沙诺宜脚、沙诺不谷脚等地。马家占领的有利口瓦姑、木罗觉、沙诺斯补、沙诺尼利觉等地②。

迁于拉穆河阿觉的沙马拉惹土司，因性情恣戾不久被其臣民所杀。臣民中有阿比帕赤者，以土司无嗣，到云南昭通义兹拉介诸阿者土司一子名阿者年直来此，承继了沙马土司的职位。年直至今安学成共12代，约300多年。此事在明代的后期。

前四五代，沙马的阿者家与阿尔马家相安无事。沙马土司的后裔安学成说：明代后期到

---

① 姐觉土目尔歌以下的系谱是：尔歌民歌，民歌何普，何普何假，何假沙楚，沙楚比拉，比拉古基，古基尼波，尼波娘娘，娘娘士介，共9代。尔歌时住陀罗，被击败后，始退牛红达拉和阿举波惹。

② 这些地方都是沙马马陀与美姑之间，自姐觉土目退居东南一隅后，阿尔马家便分占其地。

清代乾隆年间，阿尔马家尚服从土司调动，缴纳贡物。但在六代以前，土司和阿尔马家黑彝的关系，便进入战争状态中了。

原来沙马土司的子孙日多，分为四支：阿者穆穆的子孙世居格都觉马，称为格都支；阿者姑姑的子孙世居尔世窝枯，称为窝枯支；阿者维几的子孙世居觉拉提轲，称为提轲家。其余还有阿者维沙一支，已绝。家支既多，各支之间因争承袭，争夺百姓，时而发生内讧。阿者穆穆的第四代后裔阿木季一代，因争夺印信，拉拢阿尔家比轲和砥窝两支的黑彝，认他们为家门，认马家各支黑彝为亲戚；认乌抛家黑彝为甥，以压倒他的家门阿祖木列，驱逐他们到乌住哈姑，这样就分裂了土司各家门之间的力量。到阿木季之孙惹那，因反抗清朝官府，清兵驻扎牯尼拉打三年，土目兵力瓦解，惹那在山林中自缢。官兵去后，惹那的第四子牛牛阿呷二世、阿甲阿莫三世、阿莫珠珠四世、珠珠阿闸五世，在此五世之中，没有一世不和阿尔马家进行战争的。

当牛牛在世之时，与同族异支弟比义发生冲突。二人初调内属百姓参战，百姓不从。于是牛牛外调阿尔马家兵力，比义外调沙马，阿吐、播些各黑彝兵力，相互展开争战。牛牛引阿尔马家黑彝把比义家的官舍和民屋烧了，沙马土司的家门动了公愤，号召境内的白彝出而应战，结果杀死阿尔家瓦库支的黑彝2名。从此，阿尔家和马家就联合出兵。

阿尔家瓦库支初联合本家的砥富支和住在列侯的马家阿和支出兵，阿和支的黑彝阿车乞达被打死了，于是马家住在列侯勒惹和竹核的阿轲支、阿和支、惹乌支都来参战，后来阿尔家的海日支也参了战。

沙马土司的衙门在马陀退下来以后，最初是在美姑河南岸的拉木阿觉建立衙门。河北的阿尔家联合进攻，土司不能抵抗，于是一支人马退到拉穆阿觉，一支人马退在觉尔提轲，一支人马又退至尔世窝苦。于是，阿尔家各支占领了拉穆阿觉，包民和及诸八且呷。

停了一段时期，阿尔家与马家相约，阿尔家出兵攻尔世窝苦，马家进攻马觉哈呷、阿土热谷。沙马家兵力分散，节节败退。所以，阿尔、马家在瓦岗县（沙马米姑）西北会师，共同打下了姑尼拉打。最后沙马土司及其家门分别退到马觉火呷、格多觉马、姑曲拉打（露曲）等地。

距今约五六十年前，阿尔马家又联合进攻沙马土司所在地的格多堡。那时，沙马家掌印的土司是一位未嫁的女子名珠珠阿闸。她亲自指挥在堡内抵抗。阿尔家马家的兵马很多，围攻七日，水泄不通，城内粮食和饮水都没有了，情况十分紧急。阿闸的族弟格都理摩到云南永善普土司那里去请兵，普土司借兵数十人，和自己的残余部众300余人，突破重围，才救出被围的阿闸土司。

关于阿尔马家进攻沙马土司的年代，一般估计是在100年前左右。沙马土司和阿尔家人都说在距今五六代之时。战争的第一阶段在拉木阿觉，第二阶段在尔世窝苦和阿土热谷，第三阶段在姑尼拉打，最后的一役在格都觉马。沙马土司战败，土司及其所属的黑彝白彝在各处辗转迁徙，迁到今日的金阳县阿和地方的为多。

当沙马土司盛时，南有沙马漠河山之固，北有美姑河之险。谚语说："伸头抵山崖，伸足抵河边"。自以为凭着山河之险和森林、悬崖之屏障可以抵住阿尔马家的进攻，但是阿尔马家的兵马如潮般的南下，终于把昭觉县的西部、瓦岗县西北部的沙马土司地方全部据为己有了。

马家各支占据的地方：有布罗觉姑、阿土热谷、马觉火呷、阿土乌开、布西列脑、阿觉莫诸、尼海且坡、溏土阿尼穆、溏土姑尔举、格都觉马、格都尔歌、格都且脚。

阿尔家各支占据的地方有：拉穆阿觉、诺卜且呷、包尼和、罗且曲磨、瓦几且磨、尔世窝库。

占领土地，主要是看这些土地是哪一家打下来的。有不同家支出兵，共同打下一块土地时，要看双方兵力损失情况如何，特别是看哪一家黑彝在此战役中死亡，然后按着比例分割所得的土地。例如尔世窝库和牯牛拉打，就是被阿尔马家分割的。

但分割土地哪能绝对公允，而且加以其他原因，所以阿尔马家在结束了对沙马土司的战争之后，彼此又进行了两次年代相当长久而且规模比较大的争夺土地战争。

打退了沙马土司，阿尔马家不仅分割了土地，并且掠夺了他们的百姓，主要是白彝（曲诺和有家支的阿加）。

沙马家的白彝，一种是沙马家原来有的，一种是阿者家由云南带来的。这两种白彝，都有被阿尔马家掠夺去的。例如：曲比家，一称沙马家，是沙马土司原有的曲诺，在八代以前，此家随土司跑到曲列提轲去了，阿尔马家来攻，曲比阶颇被马家所掳，曲比宜宜被阿尔家所骗，这两家白彝目下仍是阿尔马家的著名白彝家支，至今在利美夹谷以东，有沙乌开和金子开的村落。又如金子家，原来也是沙马土司的曲诺，在三代以前，原主人死亡，流落在外，被苏呷家所卖，投到自威的马家。又如马觉家，原住马觉哈呷，他们和马觉家黑彝都是沙马土司的百姓，土司败走后，被马家拉去，作了勒乌家的白彝，前一代又被阿尔家所诱来到利美夹谷。又如马海家，原来住曲拉提轲，是沙马土司的百姓，在九代以前，阿尔马家攻下曲拉提轲，马海什普被阿尔家掳到包枯，作了阿尔家的曲伙。罗婺永也是沙马家的百姓，现居竹枯，今为马家的曲伙。以上都是沙马家原有的白彝。

当沙马土司从云南昭通楚雄迁来时，也带了许多白彝。至今沙马地方还流传着这样说法：“阿苦除灰来，秋吉背柴来，乌介端洗脚水来，世耶牵黄马来，李穆抱鸡来，敌普保卫来，粤木空手来。”上述六家白彝，其中被阿尔家掳去的就有四家。阿苦家、乌介家大部分成了竹核马家的曲伙。秋吉家在利美瓦乌，也是马家的曲伙。世耶家在各地阿尔家和马家都有。粤穆家原是云南乌蒙土司的世仆，主人亡后，投靠阿者家，阿者年宜把他们带到沙家家地方。此族被马家掳去后，分为阿批和既姑二家支，在各地马家为曲伙。

总括来说，沙马土司的百姓，被阿尔马家掠去的很多，特别是马家，在他们所属曲伙中的比重中占一半以上。

阿尔家的土地和奴隶，就是经过这次对沙马土司的战争突然增加起来的。美姑九口乡歌地阿摩一位阿尔家的奴隶主告诉我们说：“对沙马土司的战争，是阿尔马家解决土地和奴隶问题的主要关键。设使没有这次胜利，阿尔马家的黑彝就会饿死了。”这话对奴隶主来说，是千真万确的。奴隶主离开掠夺战争，就无法取得奴隶，更无法取得生活资料所由出的土地。奴隶，包括白彝在内，在过去的人口死亡率是非常惊人的。以我们在利美夹谷所了解的情况来说，目前所有的白彝、阿家、呷西，没有一家能超过11代以上的历史，而阿尔马家原有的“世臣”、“世仆”，真如凤毛麟角，十不存一，且已转徙到新开辟的地方去了。因此，目前阿尔马家年代很久的白彝，是近300年内从沙马家掠夺来的百姓。其余阿加和呷西，都是近几十年从汉区所掠夺或购买的“汉娃”罢了。由此情况，不堪设想，假使没有300年来对沙马土司的战争，阿尔马家就没有奴隶，没有土地，说奴隶主全部会饿死，那当然是不可能的。

（五）阿尔家瓦库支和马家孤惹支的械斗

马家的蓴普孤惹，生四个儿子，衍为四房，原来都住在举阿勒惹。

当马家中的瓦库支、舍摩支、废吉支、砥窝支对沙马土司进行战斗时，马家的孤惹支不曾出兵，原因是与沙马土司有旧交，而且当沙马百姓流亡各地时，他们还把收容到的百姓送到沙马家地方。沙马土司对于孤惹家非常感谢，因而战败退却时，有意地让三个地方给孤惹支，作为报酬。这三个地方，都在姑尼拉打，名称是阿举磨诸、罗呷瓦、补谢列脑。

阿尔家的瓦库支首先出来干涉，理由是攻打姑尼拉打的功劳，阿尔瓦库支出力最大，人数死亡也最多，而马家孤惹支未参加战争，坐享其成，于理不合。孤惹支的理由是，上述三个地方是自己出钱买的，绝对不能再让与阿尔家。于是双方由争执而发生战争。

在姑尼拉打进行战争的，是孤惹支的马古尔率领 28 户黑彝与瓦库家的阿尔哈日率领的 47 户黑彝，相互鏖战，一直进行了 20 多年。

正当姑尼拉打酣战之际，利美夹谷北边勒芜孤惹支沙布窝朱和瓦库尔苦的瓦库支牛什阿波，也发生了战争。战争的导火线是：孤惹支马家 40 多只羊在勒芜基坡上放牧，瓦库支的人看到后就把羊群邀到瓦库尔苦去，并声言：不分姑尼拉打的地，就不还羊。马家一黑彝前往追羊，路上被瓦库家打死。又一件事是，瓦库支嫁女于列侯的比呷马家，在婚宴上阿尔古改和马木呷口角，马木呷把古改打死了。从此，双方出兵激战。此二事皆发生于 28 年前，一共战了 25 年，1954 年始停止。发生的导火线虽然是为了羊群和人命，但实际是为了争夺土地。

此次战争，最初尚是小战，后来就逐渐地扩大了。按规模来说，姑尼拉打的战争是激烈的。马家在械斗中死了 4 个黑彝，阿尔家死了 8 个黑彝，其他白彝娃子死亡者还未计算在内。瓦库尔苦的战斗，规模比较小，仅马家死了 1 个黑彝。

阿尔马家的其他支看到这两支的冤家打得不停，于是联合起来设法调解这场纠纷。解决的办法，即重新划分原来悬而未决的土地问题。

关于罗瓦呷一片土地，孤惹家马五七和马谢拉代表本支群众吃了血酒，说这片土地是马家出了银子的，死也不能让出。其余两个地方的土地，大家同意平分，但这些土地已被马家占领了，且已种上了庄稼，马家自愿付出全部土地代价的一半，折合银子 900 两，交与瓦库家。这样一来，马家得地，河尔家得银，战争才告结束。

这次战争的平息，昭觉人民政府从中尽力斡旋，对于阿尔马家进行了深刻的民族团结教育，所以，25 年的民族纠纷才得以顺利地解决。

（六）阿尔家砥窝支和马家补陀支的五年械斗

前六七十年时，阿尔家和马家共同打下了沙马土司一重镇，即尔过窝苦。由于在此战役中阿尔家的砥窝支（住利美九口）和马家的补陀支（住穆兹列乌）各死黑彝 1 人，于是平分土地为二，给了死了人的两家。但土地荒芜起来，没有耕种。

在距今 43 年左右时间，穆兹列乌补陀支乌祖格遣一娃子到霍波赶场，返来经过马陀时被木抛家把人和东西都抢劫了。利美九口的阿尔木干对木抛家和马家都是亲戚，故出面调解，把马家的人和东西都放还了，但条件是马家出马 1 匹和衣 1 件，赠与木抛家为礼。马家把人和东西都接收了，但不送礼物。木干的母亲阿罗是马家的女儿，马格祖是她的族兄。她看到马格祖撒赖，所以亲自到穆兹列乌坐索。祖格性格粗暴，用石杵把阿罗打死，叫人把她挂在梁上，说她是自缢而死。

阿尔木干弟兄三人前往复仇，把祖格的房子烧了，但木干的幼弟又被祖格打死，前后阿尔家黑彝死了八人，伤一人，白彝死了一人，马家只死黑彝二人。阿尔家向马家索赔命价，马家拒绝。

阿尔家砥窝支看到马家不还命价，所以把尔什窝苦分给马家一半地方占去。这时曾有双方家门出面调停，阿尔家付出一些银两，但马家并不服气。

狗年（1950 年）的春天，穆兹列窝的马老介被阿尔家打伤，马家倡议，伤腿一条，应赔 1/4 的命价。阿尔家不理，于是双方发生械斗。

自阿尔家占领了尔世窝苦全部土地后，穆兹列窝的马家宣言：一定要占领河对岸的利美夹谷。马家黑彝曾开会集议，说明打下利美夹谷之后，那几块地归那几户占有，都分派妥当了。以此，各家奋勇当先，率领曲伙、阿家去和九口的阿尔家打仗。马家的另一支——惹和支，因为利益相同，出兵渡河，与阿尔家阿尔玛玛所领导的黑彝交战，未分胜负，只邀了一头牛返还。阿尔家并不甘心，也渡河把马家的牲口邀来。互相混战的结果，阿尔家死黑彝二人，白彝二人。马家也死黑彝二人，白彝二人。

第二次战争是在狗年的秋天，正值割稻之时。马家渡河集中于瓦罗，声言要割阿尔家的庄稼。阿尔家人马集中在利美九口，谋出兵抵抗。双方在夹谷中相遇，展开战斗。结果：阿尔家死黑彝二人，马家死黑彝三人，白彝一人。

从此以后，马家经常出兵袭击利美夹谷，阿尔家坐以应战，实力损失较少。当时，阿尔家的百姓认为，马家对待百姓残酷一些，所以都努力帮助主子打仗抵御，使利美夹谷不曾陷落。

此役从狗年起，到虎年（1954）止，整整打了 5 年。假如再连 43 年前的马祖格案计算，阿尔马家这两支已经有 50 多年的战争史了。

计在此役中伤亡人数，阿尔家死黑彝 4 人，白彝以下 21 人。马家死黑彝 16 人，白彝以下 16 人。黑彝每人赔命价 380 两；曲伙每人赔命价 180 两；麻邀每人赔命价 110 两，除互相抵消外，阿尔家共出价 5000 两。

这一战役的停止，与解放后昭觉人民政府干部努力说服有很大关系。阿尔家付出命价的银两，政府设法代垫。到了后来，黑彝每家只出 4 两，曲伙每家 10 两（有的多到 20 两），麻邀、呷西每家摊派 1、3、5 两不等，这场战役才告结束。

经过这两场大战役，首先使阿尔家和马家支系的大部分人口和经济上遭受严重的损失。参加瓦库尔苦与举阿勒芜之战的，所有瓦库支和孤惹支全部 300 家的人力和物力都动员了，打的结果是姑尼拉打土地荒芜了几十年，从勒芜到瓦库尔苦数十里之间，不见人烟。这是第一场战争的惨果。利美九口与穆兹列乌之战，参加者有马家补陀支 200 多家（包括惹和支人户），阿尔家砥窝支 200 多家，因为战场主要在利美夹谷，所以在五年内夹谷的水田旱地，除了东北部外，其他全部荒废，房屋全部倒塌，住房尽都迁徙。双方奴隶主和曲伙死亡人数，超过上次战争死亡人数的一倍。这是第二次战争的惨果。而且，无论哪一次战争，黑白彝为了参战而购买枪支的缘故，就要大量出卖土地；在战后，为了赔偿地价和命价，也得出卖土地。因此，阿尔马家的土地，在攻下姐觉土目和沙马土司时虽然增加了，但是进行了这两次战争后又减少了。土地增加时，阿尔马家便尽向外面迁移；土地出卖后，外乡（外家支或本家支）黑白彝就向利美夹谷迁移，或者建立外乡地主与本地佃客的租佃关系。这样，多年的战争就改变了利美夹谷原有的土地关系乃至等级关系。

（七）阿尔家与阿侯素呷等家支的关系

在彝族的旧社会里，跟其他阶级社会一样，各家支之间的关系，是相互影响，相互克制，在相互矛盾中得到统一的。20 代约 600 年以前，原来住牧在美姑河西北部车子尔陀、车子宜渚、车子尔哈的阿尔家向美姑河以东迁徙时，阿侯、素呷家趁势就把阿尔家所空出来的地方，如穆尼车子、罗姑也达、车子尔哈等地占据了。从此以后，阿尔家在东方根据地趁势稳固，残留在河西的阿尔家，只有庆吉一支了，他们分住在祖姑宜达和奠姑列芜等地。阿尔家别支留在美姑河以西的，只有八千罗、尼区瓦陀等地，他们和三沙宜打、巴普的阿尔家别支相互联系起来。阿侯素呷家是两个强的家支。他们占据的方式，有的是出银买来的，有的是通过婚姻关系阿尔家赠与的，但也有很多是以武力掠夺的。现在车子尔陀、车子尔哈、车子宜渚、车美砥铺已经没有阿尔家的子孙，而被苏呷家占有了。

在阿尔家和阿尔别支的西方，遭遇了势力强大的阿侯素呷家，这就使他们不能向西方发展。阿尔别支的补支、磨石、尼区、吴奇四家首先驱逐了原来住在美姑河东的阿素家，还有阿卓家的一部分地方。他们第二步是向阿卓土司（杨土司）所属的雷波各地发展。在清代末叶，阿卓土司被恩扎家驱了，这就给阿尔别支各家准备了向雷波发展的有利条件。直到现在，在雷波的黄茅埂以东，阿尔家通过买卖或掠夺的方式，占据了许多土地。

阿尔家到美姑河以东，可能较迟一两代，东方的土地大部已被阿尔别支占领了，他们只能在龙头山下和利利土司所遗的山地上打主意，所以他们占领了利美九口和北方的瓦库尔苦。利美九口的"九口"，意为"老鹰的巢"。附近的歌地阿摩，意为歌地大山。相传古代此地老熊甚多，为利利土司的猎地。此外，还有阿举区，意为狐狸洞；斯瓦甲，意为樱桃树所生地；塔西补，意为多松衍生之地。总之，这一区域在古代是一森林野兽之区。占据利美夹谷是以后的事了。瓦库尔苦，"瓦库"系指阿尔家的瓦库支占有此地，"尔苦"言其地为乱石所聚。相传此地古代崖上有海，海旁有蛇，此蛇被尼居家猎夫射死，故海水崩流而下，水过乱石堆积，从而得名"尔苦"。从命名和这一故事的反映，也可以看到此地古代为一贫瘠之区。他们的生活不能维持，生产不能发达，是很明显的。而他们的西北有阿侯、素呷家的威胁，西南有马家各支的盘据，北边又有家门阿尔别支各家，这些客观形势就迫使他们不得不与马家联合，向南方的姐觉土目和沙马土司地区扩张。

当阿尔马家战胜了姐觉土目、沙马土司，从而占据了土目和土司的广大地区。正当他们分别移民垦殖之时，阿侯素呷二家已处心积虑出兵南下，夺取早年马家的各个根据地了。

阿侯素呷家从 1923 年到 1929 年，五年之间一共出兵七次，大规模的战争有三次。

第一次是 1923 年（鼠年），阿侯素呷家联合出兵进攻竹核，被阿尔马家联合打退。

第二次是 1926 年，阿侯素呷联合攻打思穆补瑶，又被阿尔马家联合打退。

第三次是 1929 年，阿侯素呷联合出兵进攻尔举阿者和竹核阿补坡，阿尔马家正出兵抵抗，中途因甘相营军阀——凉山彝族的共同敌人邓秀廷出兵攻打昭觉，阿侯、素呷、阿尔、马四家和议，吃血酒为盟，共御敌人，始不相攻击。

据阿尔家人说：阿侯、素呷家战略诡谲，兵队所过之地，常把铁钉或木刺弃田中，使马家农民不能在那里耕种。从这件事看，也可以说明阿侯、素呷家所欲得到的是马家的土地。

界于阿尔马家之间，自木抛拉打以南是木抛家。木抛家在这里的历史比阿尔家悠久。在利美夹谷东北马陀一带，原来也是木抛家的地方。但自阿尔马家侵入以来，把两地木抛的土地联系割断了，因而马陀木抛家的土地主动卖与马家，自己迁到家门集中的所在地。阿尔马家出兵，曾经误伤木抛家一人，后来惹起木抛家对阿尔马家之战。结果，木抛家死黑彝八人，阿尔马家仅死黑彝三人。此案尚未解决，即告解放。

葛合、自威原是补瑶家所居。他们和思木补瑶家是家门。自马家惹乌支占据思木补瑶以后，补瑶家因寡不敌众迁走了。马家比呷支初在自威的山上名沙诸达且居住，山下是补瑶家，两家虽然互婚，但补瑶家势力孤单，无法住下，所以在数十年前迁到盐源盐边的山上。

最后，略述阿尔马家攻下沙马土司后，对于金阳县"阿和穆地"的彝族发生了什么影响。

沙马土司安家和阿和地方豪库土司本来世为婚姻，相互友好的。二百几十年前，豪库土司绝裔，由沙马木鸡土司的第二个儿子前往承袭。

但自阿尔马家攻打沙马土司后，沙马土司与豪库土司就不和平了。原因是沙马地面的人民特别是黑彝看到阿尔马家的扩张，他们就向阿和地方抢夺土地，结果引起了一场战争。但不久就告平息了。此事发生于阿尔马家攻打姑尼拉打的时间。

自姑尼拉打在前53年被攻下后，沙马土司及其家门都慌了，纷纷向豪库土司要求借给土地收留流亡百姓，从事垦殖。豪库土司召集会议，所属黑彝阿和家、亥家、海尔家群起反对。理由是自顾不暇，无法收留。沙马土司不满，于是在1932年双方开始战争。

此战争一直继续了六年，双方皆有伤亡，沙马土司以战败之余很难打胜豪库土司。1938年沙马土司派人到云南龙云家去请兵，龙云第二子龙纯祖带兵一营前来，终于把豪库土司平定。于是，沙马地面的黑白彝才到阿和地方种植。

三、普雄一带的家支迁徙

（一）普雄彭伙土司和黑彝的迁徙概述

传说，彭伙土司原住美姑昌木迭木地方。普雄当时是个森林区，其百姓二人赶狗前来打猎，望到山下森林中有块空地，顺手从口袋内摸出一些谷种撒在地上，第二年来时，看到谷子长得很好，土司知悉遂来普雄。

普雄的名称，即以彭伙（另译普雄）土司（可能系土目）得名。普雄河谷，彝称"彭伙拉打"或"坡乌拉打"，原是彭伙土司辖地。越西柏香营大桥以东属彭伙土司，以西属申吉土司（即岭家）。彭伙土司在此约两代，原由云南迁来。

彭伙土司原属古侯系。传说古侯、曲涅两支由云南迁入凉山时，一支由左方，一支由右方前进。彝语有"古侯维古，曲涅依古"，即古侯从右走，曲涅从左走之意。

彭伙土司未来前，普雄地区是老林。彭伙土司迁来后，此地成为彭伙土司的辖区。彭伙土司被驱逐出普雄，最初为八且家。前次调查材料了解勿雷家打走土司是最后一段。当时土司已被赶到罗木拉打，最后又被勿雷家赶出下普雄。八宜家住昭觉，进攻土司主要目的是为死者复仇，因此未占土司所辖地区。

彭伙土司被逐出普雄，原因昭觉的八宜家的人被土司娃子打死，又不肯赔命价，8宜家遂河东、河西两路进攻，把土司赶到下普雄的罗木拉打，只有彭伙土司家族的一户，因与八且是亲戚，得以留住原地。后来，住在上普雄的果基家势力渐大，借口找这一个的麻烦，强迫送给这一户一件毡衣，令其迁往下普雄去。

土司被赶走后，所辖曲诺约千户（曲诺占百姓中绝大多数）除大部迁投越西申吉土司外，其余人户中有 2/3 随土司迁去，1/3 留住原地。计留下的有保木家、阿陆家、杰呷家（均曲诺）三家，共约 70 余人，现在繁衍至百余户左右。此外，保木家另有三人留下，现已繁衍成百人左右。以现在人户计，留下的和迁走的少数相差不多。现在彭伙家尚有 50 人左右（只计男性），住越西县境。阿加亦全部随土司迁走，约 400 人左右。

彭伙土司被打走了，八宜家得胜，但未要求土司赔命价，可能也打死彭伙土司一些人。彝语有"杀人放火，人赶走就算了"。八宜家赶走土司的年代不详，但凉山黑彝侵夺土司的统治权，据说多是在 11 代左右。

彭伙土司被赶走后，上中普雄由依诺、诺巫、拉普三家分据。后来，这三家又被果基家、勿雷家赶走。果基、勿雷原住牛牛坝一带，家支较这三家强大。

阿侯家、果基家赶走勿雷家，是想占有勿雷家土地。阿侯家赶走勿雷家，约在 45 年前，占据了普雄河以东地区。果基家则在河西打勿雷家，占据了普雄河以西地方。阿侯、果基家打勿雷家，各自进行，并未协商。勿雷家被赶走了，所属曲诺、阿加约 1500 余户，有 9/10 随之迁走，有 1/10 留下变为阿侯、果基家的娃子。布尔、克齐原属勿雷与阿侯家合有，勿雷家占有 10 余户，后来全归属阿侯家。当阿侯家打勿雷家时，布尔、克齐家有七八十人参与了反对勿雷家主子的斗争，勿雷家被赶走时，布尔、克齐家人很少有人跟着迁走的。布尔、克齐原为阿加，留下来的有些人升为曲诺转属阿侯家。

果基家未赶走勿雷家前，欺压勿雷家，他们的黑白彝到来必须招待，把勿雷家黑彝置于曲诺地位。又限制勿雷家放牧，强拉其牲畜。勿雷家所属曲诺因受果基家欺压，才跟主子迁往下普雄，只留下七户白彝（曲诺）属库则家、杰蔡家、沙马家。阿侯家对勿雷娃子，是采取拉拢的手段。勿雷家同阿侯家打冤家的是勿雷吉俄支（分四个小支：吉俄阿和、吉俄拉则、吉俄阿各及因病绝裔的吉俄克牛支）。

阿侯家和果基家也打过冤家，最大的两次，一次是在 60 年前，果基家全家和阿侯家安朱拉马支打冤家，果基家获胜。另一次是在十几年前，阿侯家安朱和吉俄支又打败了果基家（全家支），夺占果基家 20 多块地（其余土地，因有亲戚关系，未全占）。

（二）阿侯家的迁徙

阿侯家原住洪溪，土地贫瘠，在 11 代以前，有人到美姑阿陆八呷一带打猎，撒下荞种，看长得好，就迁往美姑，以后又陆续发展到普雄。现在还有 2 支人住洪溪（按：洪溪今属美姑县，为一个区）。

阿侯家原住哈古一达，逐渐向西迁徙，迁往普雄、甘洛一带。故有"住在东方，迁往西方"之谚。

阿侯家自普古以后分支，3 子各成 1 支。

（1）阿孜支：势力最大，下分尔兹、结诺两小支，主要分布在甘洛一带，共有 1700 余人（以男性计算人口，下同）。

（2）阿支支：主要有补吉、洪车两大支，共有 420 户。

（3）甲孜支：势力最小，共 300 来户。

阿侯家的迁徙，最先是阿孜支的结诺、尔兹两小支向西迁徙，直接迁徙到下普雄和甘洛一带。

继之，阿支支的布（补）吉、洪车两支向西迁徙，经过渣洛到普雄拉达（即坡乌拉打），即上普雄、普雄河谷，亦称彭伙拉打。

甲孜支也随之西迁，阿孜拉则（咱）支迁到直普拉打，阿孜比尔支一些人迁到直普拉打的火足门私，一些仍住依吉拉打。阿孜依出多住依吉拉达。一些迁到中普雄和下普雄一带。阿则阿厄支仍住依吉拉打（即日基拉打，在今洪溪）。甲孜支大部分仍住在祖居的地方，但人口不旺盛。

西迁的年代：甲孜支是从阿则一代开始西迁，到阿侯哈给已有 13 代。阿支支是布吉时西迁的，到阿侯罗木子已有 10 代。阿孜是本人西迁的，到阿侯拉拉子已有 13 代。

阿侯家西迁时都打胜仗，其原因：

（1）人多，在雷波一带阿侯家人更多；

（2）内部团结；

（3）阿侯家与亲家联合对外。

阿侯家内部团结。阿孜支较早离开祖居地方，迁往凉山区，所以这一支内部冤家较多。如阿孜尔兹支的尔夫与尔古支，林格与洛古二支，都互相有过械斗。在高山区的阿支支，甲孜支的人数较少，也不是没有矛盾，但内部矛盾的发展不那么尖锐。就大支来说，阿居拉马与阿居侯俄二支曾打过冤家，后来调解，互相杀牛赔礼，在二支的团结大会上宣誓：这两支永久团结，团结起来的力量什么都不能抵挡，可以把老鹰吼到天上，把豹子吼进老林，羊马安全，人无痛苦。

阿侯家对外打仗时，与海乃、莫色、苏呷等家支联合，先后战败过恩扎家、果基家、竹核马家、昭觉的 8 宜家等家支。海乃、莫色的人户少，和阿侯家开亲，依靠阿侯家势力。苏呷家势力较大，与阿侯家也是开亲关系。这三家和阿侯家互相开亲，内部一有了摩擦，就马上进行调解，这是祖辈传下来的老规矩。

阿侯家西迁，主要是为了找土地，一直向外扩张。但西迁的不限于阿侯家，勿雷家也是由上普雄西迁到中普雄，又迁至下普雄。他们在前边走，阿侯家在后面节节进逼，拣他们留下的土地。有些是阿侯家打走的，有的是形势所迫"自动"迁走的，有的和阿侯家还有开亲关系，把土地卖给阿侯家人迁走的。

（三）阿侯家吉黑支的迁徙

阿侯家吉黑支迁来普雄已 10 代人了，原住日基拉打，因人口多了才分到这来的。普雄原是彭伙土司的管区，现在的彭伙拉打即以前彭伙土司的居住地。这里的地不好，山林多，土司就搬到越西去了。

吉黑支在吉黑以前有 9 代，自吉黑分支以后，至今有 11 代，总计有 21 代。吉黑是当时分支的头人，率领本支人自洪溪的日基拉达起程，转迁至普雄定居，至今有 10 代人。迁到普雄后，到第 12 代阿支时，又分成 4 个小支，阿支之子萨固，萨固有三子，又再分为三个小分支。至今吉黑这一支人已散居到 130 余户。（按：彝族以长子计算家支谱系的代数，以男子计算家支成员的人数，女的一般不计算在内。）目前，聚居在普雄维色曲的有 22 户，其余分布在普雄其他各地。

吉黑支谱系：①米也——②米给——③什都——④颇决——⑤阿究——⑥侯木——⑦甫固——⑧阿兹——⑨尔日——⑩吉黑——⑪黑日——⑫阿支——⑬萨固——⑭吉敖——⑮日黑——⑯楚非——⑰忽祖——⑱忽尼——⑲尔古——⑳折尼——㉑达日。

自阿支时又分为：

阿支
- 萨固至达日为一支，至今有 60 余户，分布于瓦吉木乡一带。
- 依格为一支，依格—克侯—居及—畏拉—尔错—木黑—布哈—木哥。
  分布在曲苦地一带，有 10 余户。
- 苏布为一支，苏布—尔佳—阿布—依活—达耶—尔达—忽日。
  分布在曲苦地一带，有 10 余户。
- 甫日为一支，甫日—阿秋—尔打—忽尼—阿火—布七。
  分布在维色曲一带，有 22 户。

萨固生三子，即吉敖、干支、依里。其支系：

萨固
- 吉敖—日里—楚非—忽祖—忽尼—尔固—折尼—达日。
  主要分布在瓦吉木乡一带。
- 干支—尔加—忽各—知日—依助—阿梯—木吉。
  分布在下普雄茨洛瓦那一带，有 30 余户。
- 依里—吉俄—吉忽—差加—忽日—甫木。
  分布在下普雄海沙拉达，有 11 户。

从吉黑支的历史迁徙看，其迁徙路线即洪溪日基拉达至中普雄瓦吉木，其后又有一部分迁往下普雄依沙拉达等地。

（四）阿侯家各支的分布

洪车支：连渣洛、沙苦拉打、倮古拉打、坡乌拉打。在连渣洛的有阿租、俄铁、牛牛、出铁等小支，居住领域：东至各瓦甫山，西至涅直谷山，南至拉各克哈，北为白谷拉诺山老林区。在沙苦拉打的有出铁小支，居住领域：东为沙苦而杰（地名），西为诺古布吃红（地名），南为苏其勒古（地名），北至勒布瓦乌河。本支有公有林地，在差地吉。在倮古拉打的有牛牛、出铁两支，以河为界。东以布差纠为界，西以马兹朱勒为界，南以沙苦则俄山为界，北以勒罗以达河为界。在坡乌拉打有牛牛、出铁两小支。东以朱加木为界，西以普雄河为界，南以木尔谷为界。北以布什纠为界，此地以盛产天麻出名。

补吉支：布布小支在后布来拖，东境拉衣达，西至甫阿合山，南境齐木，北至合布来托。俄衣、布布、尔额、吉孩四小支，分布在挖曲曲和坡乌拉打。挖曲曲之东为甫阿合山，西是马古山，南为则普勒纠，北为什且勒克。坡乌拉打内补吉支之领域，东至马姑山，西至瓦落地坝，南至阿尼苏路，北至维色尔苏。

结诺支：别也、各色两小支，在甘洛的南部。东至木鄂合山，西至斗布诸毛老林，南至柞各日达河，北至沙呷特久木。吉布、沙布两小支，主要分布在倮古拉打，其领域：东至木黑路山峰，西至倮古乌布后山，南至拉舒日纠河，北至柴角坡沃山。吉布支中的比尔小支居于木勒勃古，其领域：东至木兹老毛山，西至阿朱毫毛山，南至尔克沟，北至拉去久各。

结日支：分布在日基拉打、连渣拉打、则普拉打、坡乌拉打四处。分布在日基拉打者，有阿兹俄出和阿兹比尔两小支，东至哈古日木河，西至阿查尼哈山，南至牛库勒呷，北至吉俄牛忽山。分布在连渣拉打者，有俄出、比尔两小支。其领域：东至安格纠山，西至杰那木山，南至齐木卡山，北至后布来托。分布在则普拉打者，有拉日、比尔两支。其领域：东至加拿木山，西至尼木甫山，南至拉及拉打，北至德尼布什。分布在坡乌拉打者，有拉日、各出两小支。其领域：东至马姑山，西至牛路，南至布什来格，北至木格纠木。

沙特支：分布在则普拉打和勒毛两个地区。分布在则普拉打者，有乌助、阿车、色各三小支。其领域：东至则甫路曲山，西至比什哈山，南至母木布尤，北至勒纠。分布在勒毛者，有尤色、沙它两小支。其领域：东至阿尼苏洛山，西至尔西呷多，南至尼渣勒背，北至木克杰沃。

阿呷支：有吉合、什狄、比内三小支，聚居在牛克洛呷。其领域：东至呷也达河，西至则普路曲山，南至布托日皆河，北至克则什陀。

尔日支：有阿各、尔各、吉赫（或吉黑）、阿尔四小支，聚居于坡乌拉打，其领域：东至诺古乌布后山，西至柴欧则山，南至沙木洛河，北至四呷堡。

小黑彝家支主要是在中心区立足不住才迁徙的。如然夫家原住连渣洛，自阿侯家自洪溪、美姑向西迁后，然夫家支人少势单，迫于形势，然夫家节节西迁，阿侯家就跟着向西赶。然夫家住过的立足地方，称为然夫立足（在挖曲曲南端），上普雄的竹瓦觉称然夫竹瓦觉，最后迁住甘洛的布尔兹诺。其迁徙路线：连渣洛——立足——竹瓦觉——甘洛的布尔兹诺。小家支在中心区是站不住脚的，所以然夫家不得不逐步地迁到边缘地带居住。

（五）果基家、勿雷家的迁徙

果基家原住于勒比长哈，在勒甫舍曲时，开始自勒比长哈向东迁徙，先迁至越西的乌托依呷，大约在8代前伸延到普雄，以后又有一部分人迁往冕宁拖乌一带。

在阿侯家、果基家未迁入普雄前，最早是彭伙土司（坡乌家）统治这个地区，在10代以前勿雷家因与土司家女儿结亲，迁来普雄，主要居住于普雄河以东，少部分人住在普雄河以西，彭伙土司住勒妻地，而坡乌家人大部均住在普雄河以西地区。阿侯家、果基家迁入普雄后，阿侯家首先把河东的勿雷家人赶走，河西的勿雷家人也在果基家排挤下，先后迁往下普雄，普雄河以东地区多被阿侯家占有，普雄河以西地区多为果基家占有。而彭伙土司的统治势力也日益缩小，最后不得不于34年前（以1957年调查对算起）迁到越西去。

勿雷家是因先祖叫勿雷，以后就沿称勿雷家，以人名得姓勿雷。祖谱自妹耶开始——妹直——日来——普贴——阿甫——勿雷——阿呷——阿举——尼坡。相传阿举，勇敢善战，婚后生了七个儿子；长子叫布斯，次子名阿俄，三子名热洪，余子均亡。布斯、阿俄、热洪三大支十一小支人，分布于普雄、甘洛和越西（只少部分人户）一带。

勿雷家原住在车木呆普和四呷甫路一带。在距今11代前，因吉尤和彭伙土司的女儿结婚，才迁来普雄。当时住在瓦吉基、诺古勒纠、玉落地坝、勒妻地等地。后来，阿侯家由东向西发展，果基家由西向东发展，先后伸入普雄地区，勿雷家被排挤，经过几次大的械斗均失败，被迫迁往下普雄一带。原先在下普雄住的阿日家结诺支，被勿雷家排次挤转徙到甘洛一带。乌家被迫迁往舒兹瓦乌地方去了，土地被勿雷家占有。

四、昭觉滥坝地区的家支迁徙

（一）补尤家和尔欧家的迁徙

滥坝地区原为补尤家（黑彝）居住地。当时，此处为森林区。据说补尤家人不会用犁，种荞子的方法，是将荞子种撒在刀耕火种的地面上，以树枝扫散匀开，即待收获。其种荞季节又在六月，故收成不好。土地原为补尤家占用，要向岭土司纳贡赋。加之补尤家人迷信，耕地时见草根断处有红色，疑为血，惊有神，遂弃滥坝迁至盐源。后来，尔欧家迁来此地，直至解放前。

约在 300 年前（10 代前），岭土司死了，遗妻无子，尔恩乌义上门，取得滥坝土地。因土地系赠送性质，尔恩家向土司上缴贡赋较轻，每三年向土司上 1 匹马（火主支出），1 披毡（火主支出，纳催收入），22 只羊（火几、火尼各出 11 只。土司得 20 只，催收人得 2 只。）

据说因尔恩双几生有 4 子，幼子亡，长子火主，次子火尼，三子火几，分别成为三支。双几的三子为曲诺、阿加划分土地时，则按次类、类扒、类舍、类日四类土地划分。

次类：土地面积约 4 石种子，40 多头牛耕作，一天之内可以耕完。

类扒：可种 2 石种子，20 多头牛可耕一天。

类舍：可种 1 石种子，10 多头牛可耕一天。

类日：可种 5 斗种子，56 头牛一天之内可以耕完。

此种土地面积计算单位，所用种子以荞子为准。然土地肥瘠不同，同一单位面积产量并不相等，丰度高者，面积少划些，丰度低的面积多划些，以求收量大体相等，实际平均摊派。

土目对曲诺、阿加的看法是一样的。一块土地，曲诺、阿加谁需要就分给谁，如两家都需要，则分开划给两家。

娃子给主子送猪头，是祖辈流传下来的规矩，不单是为了吃，而且是奴隶主义务的象征。娃子被杀，主子要代为报仇；娃子要被抢去，主子要设法夺取回来。

尔恩家原住布拖，在尔恩双几时迁来滥坝，至今已 8 代。此处尔恩家和布拖尔恩家已无联系。

尔恩家向土司分得土地后，每 3 年向土司进 2 次贡，每次贡纳时，火几、火尼两支各出羊 11 只，火祖出马 1 头，披毡 1 件。土司家是单传（传一子）。土司不能管辖土目。土司有印，土目无印。尔恩家、阿述家、鲁古家、包起家、瓦渣家、马家、巫火家、果基家、鲁屋家、阿侯家等，皆属于岭土司，在土司处分得土地。尔恩家和鲁屋家、阿述家、阿尼家、沙马家（土目）开亲。尔恩双几之妻，即鲁屋家之女。尔恩双几有 3 子，即火祖、火几、火尼。火祖有 5 儿，死 2 存 3，即瓦足、呷足、阿都。火几妻为鲁屋家女，其女嫁鲁屋家。瓦足妻为鲁屋家女，生乌乎、乌尼 2 女，有 1 女嫁鲁屋家。

（二）尔恩家的由来

传说尔恩家是曲涅的后裔。然调查对象尔恩约切不能背诵曲涅至今的谱系。他仅能背诵尔恩家的谱系，从尼尔思吉木开始，相传当时尚无黑彝、土目之分，无主子娃子之分。自尼尔思吉木至今尔恩以达共传 22 代。

尼尔思吉木传至第七代阿矣阿错时有七兄弟，阿矣阿错长兄因射杀一害人甚厉的野猪（彝语传说称"神彝"），被诸弟推为土目，诸弟成为黑彝，当时均住布拖。又传至第 12 代比比吉吾衣（即乌义）时，受土司尼蒙利利家（即岭土司家）之命迁来此地为滥坝之土目。再传至第 17 代双基火祖时有三弟兄，即火祖、火尼、火基。三弟兄分家，火祖得洛呷、波多两大村地，火尼分得布拖（刺）龙格、波某格地，火基分得柴活木、戈特特、赤多火地，通称尔恩三支。自始至刺舒以达（即尔恩以达共 22 代。这三支 29 户，有一支去土木沟继承绝业，未计算在内），所属村落地域很显然，从支内现存各支看，则地域交错，常是同一自然村的曲谱、阿加分属于不同户的主子。

从历史年代来看，自尼尔思吉木到利舒以达凡 22 代，每代以 30 年计，此家则有 660 年的谱系。其中自阿矣阿错受命为土目起有 16 代，则负有土目头衔 480 年。自比吉乌义来滥坝之后已 11 代，即 330 年。自双基火祖兄弟分支已 6 代，即 180 年。

滥坝乡土目家支的繁衍，自第七代阿矣阿错时始分为土目与黑彝，即长兄成为土目，诸弟成为黑彝。然在此前，尔恩家第四代八哈和基时曾有一次分家作帛。当时八哈和基与八哈依忽分家，八哈依忽即今八且、诸母、沙哥、莫些、富惹诸支的祖先。

（三）尔恩家土目的盛衰

尔恩家原住布拖，迁来昭觉滥坝已有 8 代人。来滥坝之前，据说此地住有两户人，即乌狄窝杰和布尤两家，是黑彝，种土司的地，向土司纳贡赋。因此地赤林大，庄稼收成的不好，后迁往西方。

土目和土司，彝话都叫"至日"，含义不知。所不同的是，土司有印，有自己的土地，土目无印，无土地。土目所种土地，系从土司处领租的。一般人认为土司土目的骨头都是一样的，只是土目管辖的土地和百姓没有土司那么多。

土目领种土司的土地，每三年向土司交纳两次贡物，每次是 22 只羊、1 匹马、1 件披毡，不交粮食。土司的婚丧节日，不再送其他东西。土目向土司纳贡东西，都是按时交纳，由土司的收租人基骨赖突来收。该人是尔恩家的曲诺，担负收纳贡物工作，每年可从土司所收贡物中得到 3 件披毡、2 只羊子。从 1951 年起就没再来收贡物。

土目的地位、身份都和土司一样，虽也无权管谁，土目见土司并不叩头。土目与土司之间相互通婚，如沙马家（土司）、阿都家（土司）、叶木利利家（即岭土司）等都与尔恩家（土目）通婚。土司不与黑彝通婚。土目与黑彝通婚的是有，但不普遍，如黑彝路目家与土目尔恩家即通婚。土目与黑彝不能普遍通婚（土目与土目、土目与土司也是一样），是由于血缘相近，姨表不能开亲所造成的。如土目尔恩家与黑彝八且通婚，土目尔恩与土目阿述通婚，则黑彝八且与土目阿述不能通婚，因八且与阿述则构成姨表关系，不能开亲。所以，土目与土目、土目与黑彝、土目与土司、土司与土司、黑彝与黑彝之间，只能在非姨表关系之内开亲。

土目与黑彝之间打冤家，土司不管。如尔恩家（土目）与马家（黑彝）因相互抢娃子，引起纠纷，打了 4 代冤家，直到解放才没有再打，土司没管，也无力管。

土目尔恩家的土地，是从土司处领来的。其地大约可撒荞子 300 多石种子，其范围纵横各有一天路程。在这块土地上，尔恩家每年可收租 200 石粮食。

土目家里有专门人负责租地、收租、收放银粮，有时由本家人负责，有时请自己的阿加专门料理。这些人的条件是：本人成分是阿加，比较富，心算比较清楚，不向土目交地租。土目家无专门记账和负责收支的人，没有负责来往文书的，无专门负责对逃亡者或犯错误者进行逮捕、扣压之人，亦无专门负责审判的人，亦未进行过审。一般土目家都没有刑具，少数土目所有刑具，仅有锁颈、脚扣二种。锁颈的是用铁制成的，扣脚的刑具是木制的。

土司家里有专人负责出租土地、收租、放债、收债。这样人的条件：老实，记性好，能算账。土司家收支，一般自己负责。亦无来往文书和写布告的人，亦未发过布告。土司的印仅是在名义上说明他是土司，别无其他用处。土司家里没有像差役之类的人，亦无法庭和监狱。但土司家里有刑具，如锁颈的铁制刑具，彝话叫"适黑"，扣脚是木质刑具，彝话叫做"替包"。

　　土目尔恩家最强盛的时候，是在3代以前。当时，每个土目有上百双的羊子，牛马羊的总头数共约1500多头。亲戚每来一次，都要杀一牛一羊一鸡给以招待，曲诺、阿家的老人到土目家来，也以鸡、鸡蛋、肉，酒等丰盛招待。当时，土目家拥有曲诺、阿加、朔共800多个，枪1000多支。土地每年收租200多石。尔恩家三支都很团结，无纠纷和分裂情况。当时有一女出嫁，陪嫁的丫头有10个，羊子200多只。强盛的原因，打冤家少；没有汉人的压迫；庄稼好，租子收的齐，粮食自给有余，还可以出卖一部分粮食；水草好，羊子繁殖的快，1只羊可卖1个银子。当时剥削情况，曲诺、阿加对土目纳租、婚丧年节等负担，和衰落以后的情况一样，因这些负担都是从古时就传下来的，不能增多，也不能减少。放债的利息，也和后来一样，借1斗1年后本利1斗5升；借1锭银子，年利1两银子或5斗粮。有人来借才借，没有强借的。那时土目家没向曲诺、阿加或家门借过债，后来就不行了，庄稼收成不好，粮食不够吃，就不得不向家门或所属曲诺、阿加借，所借银粮利息也按老规矩一样付给，到一定时期都得付还。土目尔恩家强盛时，黑彝并未隶其管辖，历史上土目也从未管过黑彝。但他区土目、黑彝也不敢侵犯或任意抢劫，也没有打冤家的事发生。同时，他区曲诺、阿加多来投靠作保，本区的曲诺，阿加财产也不受意外损失，无命价负担。另外，应负担的款项如交际费等，也就相对的减轻了。

　　尔恩家支（包括土目与黑彝）的分布：尔恩家黑彝与土目不开亲，因同系一家人。黑彝分布在普格县的拖木沟、土布拉达，打石坝、马湖、阿吉不露休，德昌的载呷，昭觉的保洛河、呷那勒乌等地。而土目反分布在昭觉县滥坝地区，其他地区没有土目尔恩家人。在尔恩家支间，如死人、婚嫁、年节等，黑彝与土目互有来往联系，但不送礼。黑彝和土目的地位是平等的，互不隶属。尔恩家黑彝处理问题不正确时，土目可以善意地提出意见，商量研究，不能采取指责命令的态度。土目尔恩处理问题不正确，尔恩家黑彝也可以提出商量意见，不能命令指责。尔恩家土目和黑彝统治地区，其制度、风俗习惯等均相同。仅尔恩黑彝和地区土地可以进行频繁的买卖，而不出租土地，故其所属曲诺、阿加都有自己的土地，不向黑彝交地租。对有家支的曲诺、阿加不准买卖杀害。放债利息也和土目地区一样。土目地区的曲诺、阿加与土目的关系：一种是骨头关系，即这种曲诺、阿加是从祖先数代以前就被分给这家，是其家的娃子；一种是土地关系，即非自己的娃子，而租种自己的土地。是骨头关系的曲诺、阿加，不能随便离开这个地区，而迁往他区找新主子。是土地关系的曲诺、阿加，则可以自由迁走。而黑彝尔恩地区的曲诺、阿加，与黑彝的关系，均为骨头的关系，故不能随便迁走，迁走黑彝就要干涉，故唯一离开的办法就是逃跑。尔恩家土目和黑彝，虽各是一方，互不相干，但都是一祖先所分衍下来的，所以它们有同一的送灵牌的祖坟，他们把死人的灵牌都送到阿兹娃瓦（在滥坝乡境）这个地方。

　　保头制度：据说自古即有，未得主人允许，不能随便走入其境。过去土目与土目，土目与黑彝，黑彝与黑彝，除因亲戚关系而入其境外，非亲非戚或无事，决不能走出自己的领地，故无须交保头费。尔恩地区的保头，仅尔恩土目家自己担任，其下的曲诺、阿加未有当保头的。找保头时，是自己亲自去找，第一次去时要送给保头一斤酒；以后过年要送半边猪头；保头家结婚要送一只羊子；嫁女后如女方从男方返回来酒肉，请父亲所属的曲诺、阿加吃时，则要送一只羊子；做灵牌时，要送一二两银子；死人要送一斗粮食做的酒。找保后，本人的钱财物货等被抢，保人则设法找回，不能要回，就引起打冤家，打冤家后仍未要回，则丢失的东西保头不予赔偿，过去也从未给被保人赔偿过东西。若是汉商入境，仅保本人地区不发生问题。保彝人曲诺、阿加，则可保本人地区以外的地区，但也要考虑自己是否有力量（非本人地区以外之地区，即指亲戚家门或非冤家的地区）。保汉商入境，仅保其入境安全，投保费见十抽一，不是按年节送礼。尔恩拉拉曾保一个汉商入境，其他人未保过，也未曾发生过反保的事情。

直至40年前（1956年调查时谈称，当在1916年）尔恩家尚有一定的实力。曾因马家黑彝烧毁尔恩家房子1间，并杀死土目1人事件，尔恩家全家支（包括土目和黑彝）召开过一次大会，商讨对策，决定兴兵征讨。马家见势主动提出愿以1200锭银子作命金，并以1牛、1马、100斤酒、1匹绸子，向尔恩家赔礼。尔恩家同意了马家提出的赔礼条件，未出兵攻打马家。事后，命金分给死者家属一半，其余由尔恩家的土目、黑彝和娃子平分了。

尔恩家的衰落，主要是由于受邓秀廷的迫害。第一次与邓秀廷交战时，是在27年前（即1929年），尔恩家三支联合对抗，然邓是分头攻打，致使尔恩家手足不能相顾，没有打赢。牛马羊群有些是在战争中消耗了，有些是在战斗期间被抢走了。当时，有4个关火的土目被邓抓到西昌，后死在监狱里。战时消耗银子30 000万多个，后比较有钱的户，每户都要出五六百个或七八百个银子。数次战争，使土目大部分都变穷了。以后，家门亲戚来往，没有牛羊可打；曲诺阿加老人到土目家，也只管吃饭，再也没有酒肉鸡蛋等招待。此后，再也无人请土目作保头，土目也无力量再去承担保头。

五、喜德、冕宁、越西地区的民族迁徙

（一）罗洪等家的搬移

罗洪家：罗洪家属曲涅系，已有58代的谱系历史。其本人是第55代。然罗洪家直接的祖先，始自第34代翁地要古。要古当时住在今昭觉县比尔区罗洪甲谷（罗洪尔力）。据说在43代阿木时，阿木生9子，均今罗洪甲谷。该地土地不多，分土地时9子各得一股，中间人白彝头人那各吉石（该人系罗洪家第41代那各与汉女所生，即今罗洪家所属白彝吉乌家人的始祖）也分得一股。后因人口繁衍，感到地方不够用，因而西迁。第一批西迁的是在第45代，即沙普阿交与沙普比尔两支，他们自罗洪甲谷迁到喜德米市区。在迁徙时，他们卖掉了分得的土地，带走了所属娃子和动产。阿交的后代，多住今喜德、冕宁一带；比尔的后代，多住今盐源一带。沙普一支是阿木九子中的第三子，居米市区，另外还有阿木九子中的第五子沙足支也迁于喜德红毛区。因居住地毗邻，沙足支女子放羊，羊过界吃了沙普人的庄稼。沙普支的尔古觉石（第51代）打了沙足支女子，该女因此吊死。因之沙足支拉马劳则又去打死了沙普支尔吉觉石。这样，两家支就打起了冤家，沙足支战败，被赶走（原沙足支住区：包括喜德的红毛区、冕宁的铁扎沟、以及喜德县城附近的吉亚沟，即来木孜、来诺毛等地区）。古普支把沙足支一直追赶到泸沽才转回。沙足乃西迁盐源。沙足支人渡金河（雅砻江）时，渡口船夫是汉人，问沙足人道："你们姓什么？"沙足支人不懂汉语，支支吾吾地说："胡……"，于是，沙足支人此后被称为胡家。而在冕宁、喜德一带的原罗洪家人被称为罗家。

沙足支西迁盐源时，先是师各阿赤（第50代）赴盐源看了地方，冤家械斗失败后，乃全部迁往盐源。阿克的后裔，现为第 54 代阿甲萨。沙足支原在喜德、冕宁各住区的土地，均被沙普支占据，原有的娃子，除少部投阿普支外，大部被带往盐源。西迁时，沙足支黑彝数十户，娃子二三百户。现已发展到 300 多户黑彝，娃子千余户。

罗洪家势力扩张，和西番族发生了尖锐的矛盾。罗洪家沙普支金各勒莫（是罗洪家沙普阿交之孙，系第 47 代，住喜德红毛区），为争夺土地，曾率罗洪、保姆、双各、瓦渣、莫色等家支数千人，与西番人争战于安宁河西岸一带，攻入西番族聚居区域，占领了大桥及冕宁沙坝一带。当时，木里、盐源的西番人曾来助战，西番族终于败北，被迫迁徙，很多人逃到盐源瓜别一带。然彝族也有死伤，金各勒莫在大桥古尼阿地方战死（被西番人用箭射死）后抬回红毛区火葬，现该地称为"金各勒莫七合溪"，即金各勒莫葬身处之意。这是彝族和西番族之间最大的一次战斗。与此同时，西昌西吉乡即今大西乡，在坝坝顶到大箐梁子等地，彝番之间也展开了激烈的战斗，西番族均战败。彝族驱逐了西番族，双各、莫色等彝族家支，于是迁入西昌大桥等区域；沙普支多迁往冕宁沙坝等地。

以后，彝族的迁徙并未终止。在第 48 代普铁沙则（沙普支）时，普铁小支由喜德米市区迁于冕宁沙坝区。迁徙原因是争绝业。沙普铁博支有人死了，妻子转房给普则，其遗产亦转归普则。金各勒莫支人古涅（或书为古尼）不服（据说是受白彝头人的挑拨），先用圈羊木棒把自己脚刺穿，伤愈后对普则说："我的脚被刺了，你必须给我一半分得的绝业"，并准备杀普则。普则知道此事后，惧而上吊自杀。因此，普则之子沙则被迫西迁，其附近的一二十户黑彝近亲，也一道随同沙则由原住地（喜德县米市区依补所地方）西迁至冕宁沙坝区地方。沙则的后裔阿石子（第 54 代），现仍住冕宁。

又阿勒支的第 48 代别足，因与果基家打冤家，战败后由喜德向阳区迁到冕宁。别足的后代夫哈为第 56 代，夫哈之子代切（第 57 代），今仍住冕宁。

此后，罗洪家沙普支及其他一些支人，曾有多次和果基家打冤家，战败后均被迫西迁，土地被果基家占据。如瓦吉木梁子下的马立觉、阿可勒莫等地。

近几十年来，由于邓秀廷的"以彝治彝"政策，在武装力量压迫下，有不少黑彝西迁。如罗洪家阿交吾贴杰拿支，在 32 年前被邓秀廷由喜德米市区铁机沟、吉亚沟一带逐走，迁于今冕宁、盐源瓜别区一带。（后来，又有一些人户迁回米市）。

双各家：原住喜德县米市区。其瓦泽孜朔支，在第 48 代比尼时由米市区挖尼洛迁往西昌大桥区木各尼。于 53 代尔涅时，本支黑彝被邓秀廷打死了一些，余者在尔涅率领下逃往盐源瓜别区。一年后，本支人户有些人又迁回大桥，现传至第 56 代；瓦泽孜却支，在第 51 代凡铁时，由喜德米市区阿波洛迁至大桥区。于第 52 代玛都时迁往盐源，其后代已传至第 55 代；瓦泽纠火支，在第 46 代普舍时迁往盐源。

吉狄家：原住云南昭通，后迁入凉山布拖。由布拖迁入会东，至今已 8 代人。其迁徙路线：布拖的勒支牢结→飞普牢结（布拖境）→孜孜吉来（普格境）→尔吉吉来（普格境）→热鲁吉来（普格境）→布莫果失→（普格境）→阿八八普（宁南境）→古鲁果失（宁南境）→特古牢则（渡口）→会东的阿尔达却（大桥）→勒列哲古结（鲁南乡）。吉狄家迁入会理小黑箐者，至今仅 4 代人。其迁徙路线：布拖拉纠格→普格→宁南→会理小黑箐。

惹列家：由布拖迁往会理，其路线：布拖的木尔巴乌→普格→宁南→会理。

俄尔家：原住昭觉背后山中俄尔木夫博地方，后迁至大兴场。在 6 代前，迁至西昌大桥。近一、二代人，又迁往德昌。另一部分人，由大兴场迁往盐源，已有 10～12 代人。现俄尔家人仅有一户住大兴场附近地方。俄尔家迁到德昌，将水田彝吉古家驱走，吉古家迁往西昌礼州对面的樟木箐地方。

尔恩家：原住昭觉，后迁盐边，现已有7代人。其迁徙路线：昭觉→大兴场→西昌大桥渡安宁河→雅砻江→盐源→云南宁蒗西拉坪（现布约家居此，途次曾与布约家发生械斗。）→盐边野麻地、龙胜乡。（马家到宁蒗、盐边一带，比尔恩家尚早。）尔恩家的娃子，有一部分人随同主子，由昭觉滥坝迁至德昌。其迁徙路线：昭觉滥坝→普格拖木沟→德昌西部地区。

瓦渣家：原住昭觉竹核之布约绰罗地方，因受立立土司排挤，迁往盐边，今已6代人。其迁徙路线：布约绰罗→过金河，到卫城→盐源→黄草→凹落→盐边野麻地。（此地尔恩家曾一度居此，因冤家械斗时被布约家赶走，布约家又转回宁蒗，故瓦渣家现住这一带。）

洛伍家：最早住在下普雄洛木拉达，位于马姑山中，小地名叫洛伍来呷。后来，因不堪阿侯、果基、勿雷等家支的排挤，一支经中普雄的滥田坝（苏姑区），迁至越西，后又迁到今冕宁，现已有8代人。另一支迁往喜德马姑梁子，已有12代人。

果基家：由普雄迁入冕宁已4代人。原住"俄尔苏姑"（今滥田坝），迁来冕宁后，逐渐挤走了西番族，今果基家人住拖乌一带。

（二）冕宁县家支的迁徙

罗洪支：5000多人，最早由罗洪甲谷迁来的。

俅伍支：5000多人，最早由俅伍劣呷迁来的。

果基支：3000余人，由普雄迁来的。

八且支：40人，由八且甲谷迁来的。

竹六支，3000余人；谢家支2000多人，这两支的黑彝被赶走，迁往雅砻江以西盐源县境。白彝被编入四十八甲。

四十八甲，共编入14个支头，4314人。

其他有瓦渣支，700余人；慈呢支，800余人；阿六支，68人；热科支，12人；苏呷支，8人；克马支，10人；安土司有6000人；白彝300余人。这些支头的迁徙情况不明。

（三）越西地区的民族迁徙

越西地区最早的居民，藏、番、汉各民族一致认为：最早是西彝族，其后迁来的是彝族和汉族。从越西的小山以北，至南箐、大花一带，都是西番人住地，大花有个地名叫来兹乌，即番人来兹家住地。还有俄作八呷、俄作东呷等名称，即西番堡前西番堡后的意思，这些地方西番人迁走了，但保留原西番人的命名。

据彝族老人加纳申都等说：越西城附近的东西山，新民（王家屯）、保安、海棠等地，最早都是西番族聚居地。据传闻，越西、普雄、甘洛县境，原先都是西番人住地。今越西城关镇的西山大队，彝族称为勿木勒可，从前即西番人勿木住牧之地；大端乡的大花大队，互称塔石五，即从前西番人阿塔豪家住地；新民乡境内的菩萨岗，彝族称为札纳瓦，最早是番族札纳瓦住地；新民乡境内的蔡莫五，最早也是番族蔡莫家住地。现在的越西城区，彝话称为马产林，传说也是番族开出来的。大约在300年前，汉族看中了这个地方，把番族赶走后，才修筑了这座城。彝族迁来越西，时间并不太久，有的八九代，最早的是十二代。据说西番族后来才被彝族赶到石棉、泸定等地去的。

据汉族老人说：从前，王家屯、青杠关、保安、梅予营、腊关顶。蓼叶坪、那摩营、清水塘、镇西、海棠一带，原先都有番人，后来这一带修了大路后，番人才迁走。

六、会理县的彝族家支和迁徙

（一）会理县的黑彝和白彝家支

据说会理县共有黑彝家支 11 个，比较大的白彝有 9 个。这些家支差不多都是从布拉迁来的。解放前三四十年，黑彝家支中以阿俄家为最强，其次是李家和马家，再次是惹尔家，以及吉狄家等黑彝家支。然至解放前夕，这些黑彝家中，发生了很大的变化，惹尔家因人多势众，经济发展较快，一跃而为最强大的家支之一，吉狄家也跃居于第二位。

1. 黑彝家支

惹尔家：属于曲涅系统，原先住在布拖县，因与吉狄家、结恩家、比补家等打冤家，失败后被赶出来。先是在普格住了一代人，后又迁到宁南。在宁南的大杉树地方住了两代人，并与阿俄、惹涅家开了亲。后来才又从宁南陆续地迁入会理。最早迁入会理的已有七八代人，来得晚的也有四五代人了。惹尔家共约有 300 余户，分布在会理、宁南、会东三县境内。在会理县境，即有一百三四十户，主要是在黄白、槽元两乡，仅黄白乡即有 100 户左右，猫猫乡有 10 余户。小黑箐有 10 余户。其他各地还有少数人户。惹尔家汉姓有三：原住会东卢土司管辖区的姓卢；原住安土司管辖区的就姓安；原住地不受土司管辖的姓刘。

阿俄家：原住大凉山的"阿俄侯鲁落"地方（可能是在普格），迁来会理已有七八代了。分别住在今会理、会东、宁南三县。其中最多的是会理的二板房；其次是宁南的油房沟和禄依塔。阿俄家解放前有百余户，有的姓蔡，有的姓吴。

吉狄家：据说自原昭觉县布拖区迁来的，迁到会理已 10 多代，分别住在今会理、会东地界。聚居在今会理者，主要聚居在白马村（10 余户）、龙肘山（10 余户）、小黑箐（10 余户），其余住在下村自治区的大桥和黄白乡。

惹涅家：即黑家。据说是从凉山的麻澜拉达迁来的，至今已有 15 代。最初迁来的人叫"惹涅阿子"，由是沿称"惹涅"家。迁来会理后生四子。长子住德昌四大河，叫吾果布斯；二子住下村三地乡，叫木古维曲；三子住会理十八石，叫拉积拉夫；四子住三地乡，叫惹涅若拉。四子衍为四支，主要的分布在今会理县境，共约百余户。聚居在会理的六华乡有 40 余户，龙肘山有 10 多户，猫猫乡有 20 多户。在米易和会东县的黄白、槽坪两乡，也有部分人户。惹涅阿子是四支中的长支，其中一部分人住今米易县境，其谱系：惹涅阿子——阿子阿日——阿日阿约——阿约比尔——比尔约色——约色滋子——滋子涅伙——涅伙普租——普租普租滋介——滋介尔地——尔地才呷——才呷夫则——夫则则哈——则哈施施惹——施惹（子名不详）至今已有 15 代。

苏维家：汉姓安。据说迁来会理已 20 多代，是迁入会理地区最早的家支之一。（从何处迁来不详）主要分布在猫猫乡，其次是七合乡，共有 30 余户。

格依家：汉姓赵。据说格依家最早住在云南的昭通。当时有三个家支联合起来打格依家，格依家人藐称对方为"癫疙宝三千"。格依家战败，逃到宁南后，又联合当地结克、阿结、莫包、辟特、依布、阿布等七家，联合抵抗，这八家被对方称为"蛇儿八支"，后经调解和好，互相开亲。格依家自被打冤家赶出来后，在布维尼依住了 3 代人，迁到则洛尼依又住了3代人，后又在洛莫尼依住了两代人，在结洛尼依（宁南）住了1代人，在结千耳地住了1代人（也是在宁南境），最后迁到会理的窝巴洛（何家大坪子），在这里已住了9代人。现在，格依家主要聚居在猫猫乡，即云甸乡；少部分人户分散于会理全县各地。

萨比家：由凉山迁来，至今已15代人。全县共有20多户，聚居在三个地方。

尔恩家：汉姓安。是迁来会理最早的家支之一，已有20多代人。住在会理的有依辟支20多户，主要是聚居在六华。住在普格的是所及支，人户不详。

马家：原住凉山的马火拉打，迁来会理已四五代人，全县共有29户，主要聚居在六华乡的十八万地方。

苏都家：汉姓卢。苏都家多住于宁南，会理六华乡只有七八户人。

2. 白彝家支

曲比家：是会理最大的白彝家支，包括阿里、诺布、阿硕、涅恩等支，共约300余户。早先是惹尔家的娃子，跟着惹尔家迁来会理，主要分布在槽元、黄白两乡。

结才家：原为惹尔家的娃子，跟着惹尔家自布拖迁来的，共有百余户，主要聚居在黄白乡。现今布拖还住有结才家人户。

布路家：原为阿俄家娃子，跟随阿俄家迁来此地。后来由于阿俄家与惹尔家开亲，所以有一部分属于惹尔家，共有40余户。主要住在槽元、黄白、小黑箐等地，少部分住在德昌境内。

特金家：原为惹尔家的娃子，跟着惹尔家从布拖迁来此地，共有70余户，现在主要住在槽元、黄白两乡。

石札家：亦为惹尔家的娃子，随主子迁来此地，共有30余户，主要住在黄白、槽元两乡，部分徙居冕宁县境。

阿依家：是格依家的娃子，共有五六十户，因黑彝主子绝裔，他们投靠汉族军阀苏家，住于苏家管辖区内，受苏家庇护，得免黑彝的欺压。各黑彝家支虽无办法，但十分忌恨，常寻衅械斗。

吉伙家：（亦写作结伙）原隶属于惹尔家，随惹尔家由布拖的木尔博各地方迁来此地。后因惹尔家与阿俄家开亲，吉伙家中不少人因作陪嫁奴隶转属阿俄家。有的因惹尔家人户主子绝裔，随同绝业并入阿俄家。现今会理、宁南两县共有百余户，会理的50余户，主要居住在黄白乡。吉伙家族源，据说是从阿尔滋莫分衍出来的。其谱系：木吾结都——结都结莫——结莫斯洛——斯洛吾涅——吾涅耻布——耻布耻莫——耻莫法勒——法勒比祖——比祖吉伙（或写作结伙）——吉伙比格——比格隆甲——隆甲基颗。

阿颗家：惹尔家的娃子，随惹尔家迁来的，原有七八十户。后来，不少人户逃到米易等地。现在住会理的只有四五十户。从前，此地常发生冤家械斗，白彝户逃亡的甚多。

窝地家：原来属于惹涅家，随主子自凉山麻澜拉打出发，经宁南的木曲依达时，因不堪黑彝主子的苛待，有个叫阿地（或写做窝地）撒义的人，主子叫备鞍，他就偷偷拣个石头垫在鞍子底，黑彝主子骑马时发现，发气要杀他；他乘主子不备时机逃走，后逃至惹尔家。从阿地逃亡至今，已有十几代人了。今在惹尔家的窝地家人，共有七八户，均为阿地的后裔。

凉山黑彝向会理迁徙，多系内部冤家械斗，被迫流徙。据说黑彝惹勒家原住布拖，因与磨石家、涅约家打冤家失败，被逼迁往会理县黄柏青乡、槽元乡，至今十代左右。今会理、会东共有惹勒家人300多户。据今三四代前，已分别改为汉姓，有的姓刘，有的姓卢。黑彝提家，据说也是从凉山迁至宁南，而后迁来会理，至今已 10 多代。据说迁来较早的还有苏维家，也 10 多代了，今改汉姓安。

据老人传说，凉山黑彝迁来会理时，大部是荒山，只有小部分是耕地，居民是老黑彝，亦称大黑彝。所谓老黑彝，据说是从云南宣威等地迁来的，户数不多，与凉山黑彝语言不通，风俗习惯小同大异，也和凉山彝族一样使用娃子耕地，过年时敬神的方式也一样，其他有则同于汉族，人死埋葬。凉山彝族人数逐渐增多，而老黑彝则逐渐减少，据说当地至今仅有几户。少数凉山黑彝和老黑彝有通婚关系。

在 12 代以前，黑彝苏都家有个别户从宁南迁到会理下村区六华乡标楼的时候，当地全是大森林，他们劈荆斩棘，刀耕火种，从此定居下来。现改汉姓陆，约有 30 多户人，至今宁南还有家门。

从凉山迁来会理县境的彝族，大小家支有四十一二个。比较大的有：额乌家、阿补家、威史家、米色家、苏维家、勒博家等。从金阳迁来的有马家，格日家、甲铁家、尔补家、吉纽家、尔母家、阿奈家等。从普格迁来的有惹勒家、吉狄家等。从布拖迁来的有阿俄家，已改汉姓，有的姓蔡，有的姓吴。惹勒家改姓黑（惹勒有黑色之意）。吉狄家改姓傅。苏维家改姓安。米色家改姓肖。近几十年来，彝族对家支谱系，很多人都记不得了，只知是属于古候系统或曲涅系统。

（二）会理县小黑箐多彝族的来源

刘成顺（小黑箐乡大凉村，黑彝笔摩）说：据我祖父说，我家原住凉山惹勒紧泥、木尔宝伍，后来迁到会理黄柏乡（彝称马打火克）。现仍有一部分住马打火克，一部分人户迁至猫儿沟，我们住在此地。

傅洪才（住三合村，白彝笔摩）说：傅家是布拖木请一伍迁来的。肖家是从落呷理日迁来的。

会理彝族，追溯来源，彝人称"盘根骨"。一般说法，从远古盘根根，多说是从黄河流域、青海、甘肃、云南，到四川凉山。从近时追究，都说是从凉山迁来的。盐边和会理的中裤脚彝人，是从云南迁来的。

会理的大黑彝、红彝和白彝，都是云南迁来的。

凉山黑彝惹勒家迁入会理黄柏青一槽元时，当地属安土司管辖。安土司后来在卢土司家上门为婿，改姓卢。惹勒家到会理后改汉姓刘，因在卢土司管辖范围，受卢土司之命改姓卢，所以惹勒家有一部分人改为卢姓，至今已经是第四代人了。惹勒家黑彝每年要给卢土司纳粮，如纳粮不足时，就按土司的扣押办法处理。卢阿果的祖父便因纳粮缴数不足，被拉去扣押过。

后来汉族军阀刘家军势力量强盛起来，杀掉了卢安佐土司，到处攻打黑彝，掳掠财物，迫使黑彝不给土司上粮，从此卢家不再给土司上粮，但也定期给刘家上粮。但刘家军派款要银子时，会理黑彝得立即纳缴。

1939 年邓秀廷曾一度攻入会理，杀死土司卢安佑，打败了阿俄（蔡）家的抵抗，其他各家黑彝便向邓秀廷缴纳白银投诚。不久，邓秀廷军队离去。

（三）会理彝族家支的迁徙

据传说，古时最早在会理居住的是傈僳族。傈僳族人死时，都用火葬，他们将焚尸后的骨头收起来埋在地下，至今还能在各地找到傈僳人的骨头坟堆。后来，傈僳人慢慢地就少了。

其次是大黑彝，他们迁来得较早，所以这里最好的土地都属于大黑彝的。大黑彝自称彝族。他们懂得彝族和汉族语言，也有自己的语言，但彝人（即凉山黑彝和白彝）听不懂。他们的生活方式，大体和汉人一样，过汉族节日。但在祭神祭祖时，其祭典形式和用具都和彝人一样，也过火把节。穿的也和彝人差不多，男穿披毡，女穿裙，结婚时新婚的穿戴和彝人一样，仪式也与彝人的结婚仪式相同。实际就是彝族，不过迁来的最早，受汉族的经济文化影响较深。但仍保守其家支的组织形式，有惹涅、依比、木之、苏都等支。苏都又分两个小支，即苏都结颗、都打颗两个支系。苏都结颗支人只和本族人开亲，有的也和黑彝开亲。苏都打颗支人都和凉山彝人开亲。

凉出彝人迁来会理者，以吉黑家为最早，其次是尔恩和苏维家。他们来到会理时，这里仍然人烟稀少，村落不多，到处是深山老林，只住有一些大黑彝。凉山彝人迁来这里后，都向大黑彝买土地。

关于白彝的来源：传说来自云南，具体地方已不可考。有的说来自南京应天府，此说显系附会，不过此说在云南彝族中颇普遍，可能与明初讨伐月鲁帖木儿事件有关（当时曾留下大批士兵在此一带戍守）。由云南来此，据说已有八九代人。在这以前，这里是一片原始森林，荒漠没有人烟。白彝群众将此地垦为水田。但是，这片肥沃土为禄土司所强占，土司势力衰败，即归国民党军阀马氏，马氏转卖给汉族地主康伯衡。

马厂53家白彝，共有四姓：杨、吴、赵、罗。杨姓仅1户，吴姓6户，赵姓2户，余皆罗姓。四姓之间互通婚姻，但同姓不婚。

据说，过去白彝亦有父子联名的谱系，只是现在已无人能背诵得出。现在白彝群众的衣食住行等各方面，均已和汉族基本一样了，甚至他们的名字也和汉族姓名一样。据说百余年前，白彝谱系即已失传。现在白彝没有家支组织，亦无头人，过去都是分散地被土司或汉族统治者所管辖。

（四）会理红彝名称、来源和迁徙

红彝自称"呷斯波"，意即云南族。为什么称"红彝"呢？据说是因该族人死后，如看定日期安葬，日期若不好，将在家中停放多日，则须在棺材下面放一石槽，石槽里要放养两尾红鱼，因此便自称红彝，或被称为红彝。另一说法，据说原是白彝，汉族地主称他们为"白倮倮"因恐与凉山白彝混淆而被认为是娃子、奴隶，便自称红彝。

红彝本为云南彝族的一种，其语言和风俗习惯与云南白彝少有区别，与凉山彝族则大不相同。

红彝来源：据传说最初在南京"应南府"大桥柳树湾，后迁入云南。四川红彝传说来自云南，因当时会理县下村区小黑箐乡和平村有铜厂，在距今9～10代前从云南侯景地方迁入，来此烧松炭炼铜铁。最早是蔡家人来此，回去后说此地有生活出路，气候又好，因之王家、陈家、普家和蔡姓家门才迁来此地。现陈普二家已绝裔，仅蔡王二家传下来了。蔡家有侯景尚有家门，当代还有六人回去探亲，距此地仅四天路。王家本姓者，来此改汉姓王，今已绝裔。因后来有姓汪的彝人迁此，也改姓王，故现今此处尚有王姓红彝77户。

红彝祖居"应天府"说，可能与明初征讨月鲁帖木尔时征调南京一带汉族兵士有关，因月鲁帖木尔被征服后，有大批汉族士兵留守云南会理，红彝族人民长期和当地汉族人民相处，受汉族经济文化影响较深，所以红彝人民间流传这样一个传说是可以理解的。从和平村古墓严氏墓志碑文中可得到佐证。志载："其先世由东汉衍派红左，世为旺族。明初由始祖者三公世袭都指挥义勇将军部率八指挥来川征剿月鲁，荡平后遂于会理上北关家焉。数传有尔，鉴公因贸易踏鲊，会其地土肥沃，偕祖姒由会理迁居之。积资甚巨，广置田园……"严家在光绪 33 年协助清政府剿凉山彝族有功，后作团总，民国时又作保长，成为一方的汉族大地主。

红彝的由来：据传说原住南京，洪武年间，赶驮牛到云南的鱼塘。殷家红彝人从鱼塘搬来已有三四辈人了。初来小黑箐乡周家村时，这里都是山林，坝子上有铜厂和铁厂，祖辈就在这里住了下来。在岔河也有红彝，是从这里搬去的；江舟（会东）的红彝，又是从岔河迁去的。周家村有红彝 75 户，多是蔡、王两姓的人户，殷姓只有一家。这里的红彝，在岔河、江舟、鱼塘都有亲戚。

周家村王姓，自先祖王棋时迁来此地，至今传 9 代：第一代王棋；第二代福字王福贤；第三代学字王学；第四代贤字王贤高；第五代之字王之顺；第六代文字王文清；第七代金字王金龙，第八代天字天王辈禄；第九代开字亚开修等。各代均以中间一字作辈字标记，有兄弟若干人均以中一间字为宗。如第八九代，王天禄、王天强、王天福、王天佑、王天佐等。凡天字辈皆为第八代人。

会理县黎溪区普隆乡红彝的来源：据说张姓是从云南昭通府迁来的，初来时住会理普隆席草地，只有两个人，现已传了五代。红彝族李姓，据说是从云南元谋上边凡州，走白马口，到会理普隆甘沟，自迁来此地至今已传了八代人。

红彝迁徙原因：据 80 多岁的王蔡氏说，原住云南老侯景地方，那里出产苦盐，但不能吃。每家每生一个小孩时，便强迫给点苦盐，借以搜刮钱。蔡王两家因付不起盐钱，便相约逃来和平村，在过河时曾赌咒不再回侯景。迁来此地时，正值此地在办铁厂，蔡王两家一面烧炭换零钱度日，一面刀砍火种从事农业生产营生。到王蔡氏的祖父时是第四代祖人，给她留了 8 升谷种地，每年能收 2 石谷子。到她本人手上已发展为全村的首富，积有谷子田 60 石。她有曾孙，从祖上迁此，至其曾孙已传了 9 代。

青彝：据说是从云南、贵州迁来的。老祖先叫婆喂，后分三支，大房住鸭寨子。一支住乐摩山，另一支分居假各山。很早以前，老粗坟都是刻写彝文字。我父亲很早就迁到了会理，后来因回贵州探望家门，就死在贵州了。会理县黎溪区黎红乡共有青彝族 40 多户。

杨学初说：我的祖母是贵州嫁来的，先来住假各山，后来才住在现今普隆寨子。沙建中土司的祖父沙德生，他来会理普隆时，人烟还很稀少。那时，普隆土司姓马，是土里族人即傣族，土司名叫马德坤，其子不成气，请沙德生当师爷。马德坤死后，每年上粮时由沙德生帮上，乘机他就把姓名的通知单改为沙姓，时间一久，沙家慢慢地把马姓的田地也霸占去了。青彝的沙姓顶替了马姓土司的地位，沙家变成了沙土司。

目前，会理县黎溪区黎红乡共有青彝族 80 多户，主要分布在假各山、二坪子、担坪、乐摩山等处。

（五）会东彝族家支迁徙

日力支：794 人，自大凉山迁来，到现在已 6 辈人了。汉姓刘。另有少部分人自会理迁来。

吉狄支：900 多人，清朝时自大凉山布拖地方迁来。至今已七辈人了。汉姓傅。

热烈支：先自昭觉西罗拉达迁宁南骑骡沟，后又转徙至会东，现已五代，人口达千余人。汉姓海。

比补支：先由凉山迁至云南，后又搬到会东，在本县已四代，共 30 余人。汉姓陆。

博施支：自大凉山西罗尾落迁来，现已七代，共 200 多人，汉姓安。

体哈支：自大凉山西罗尾落迁至骑骡沟，后又转入会东，何时迁入不明。现有 80 余人。汉姓亢。

米西支：自盐边县迁来会东，共 60 余人。迁来时间不详。汉姓肖。

嘿支：自云南禄劝迁来，共 150 余人。汉姓安。

火支：自会理二板房迁来，已三代，共有 160 人。汉姓海。

阿劣支：自盐边县比尔波迁来。汉姓陆。

阿布支：自盐边迁来。

此外，还有尔木支、尾施支、饿足支、足依支、力敌支、申哚支、阿基支、苏都支等。自何地、何时迁来，及其家支人数等均不详。

七、家支间的冤家械斗

彝族各家支间，家支内部各支之间，甚至同支各房之间，都有无休止的纠纷。冤家械斗的时间长，频率惊人，情况复杂，这是过去凉山彝族社会的一大特点。从实质上看，冤家纠纷有些尽管是起因于一些琐细事故，但最根本的则是基于各家支间争夺娃子、土地等物质利益，而琐细事故则为冤家械斗的导火线。冤家械斗中黑彝家支占主导地位，白彝家支次之，甚至还是黑彝所导致的。例如：

峨边黑彝阿侯家和瓦克家因曲诺争夺一粒子弹而成为了为时 6 年的冤家。布拖黑彝比补家内部为半斤盐巴问题而械斗了 9 年之久。美姑黑彝恩札家和阿侯家竟然因一人当众放了一屁，械斗了 13 代（300 余年）。

由于争夺娃子、土地、婚姻等三项原因而引起的冤家械斗估计达 90% 左右。

（一）冤家纠纷的起因

1. 争夺物质利益

冤家械斗归根结底就是为了争夺土地、娃子等物质利益。黑彝认为，用自己的劳力去换取生活资料是最可耻的，这只能让奴隶去做；而他们认为掠夺别人的土地、娃子、牲畜、粮食等是光荣的事情，因而他们把冤家械斗、掠夺别人，当做自己的正当业务。例如：

30 年前，阿侯家企图把居住在越西、普雄之交的"独立"白彝杰来家征服变为自己的娃子，借杰来家杀了阿侯家结诺支的一个人的事故，竟发动全支（包括隶属于他的白彝家支）共万余人向杰来家支发起总攻，三天战斗之后，杰来家被击败，房屋全被烧毁，牲畜、粮食等一劫而空。土地全被占领，人也被征服，白彝杰来家及其所属娃子一并成为阿侯家所属的娃子。

2. 婚姻问题和日常纠纷

婚姻问题是引起打冤家较重要的原因之一。此外，日常纠纷如偷窃、酗酒、赌博、牲畜践踏庄稼、狗被打死、甚至当众放一屁等，不一而足；但黑彝就借故生端，以此来进行械斗，获得土地、娃子。例如：

14 年前，苏呷家（奴隶主）打死井曲家（奴隶主）的一个人，苏呷克拉又抢表妹吴其麻果为妻，吴其家不愿这门亲事，便将吴其麻果抢回。于是苏呷家就联合阿侯家（奴隶主）

去进攻吴其家，吴其家就联合井曲家给予回击。

甘洛白彝日灭阿姐和阿格惹尔家，只因为阿格惹尔家的猪和牛吃了日灭阿姐家的庄稼，双方争吵不休，并集队打冤家。

3. 血族复仇

彝族家支有血缘关系，黑彝把它看得非常"神秘"。在冤家械斗的各种起因中，争夺物质利益是它的主要动机；但家支中任何一个人被杀害，在一定条件下就认为"不保护一个人，全家被杀光"。于是全家支就可能起来为一个人复仇，这种因素不能单纯从物质利益上去看。

彝谚说："孙子长大了要与爷报仇，这种孙子才算第一。""儿子长大要与父报仇，这种儿子才算第二。""仇人见面不得不动手，不动手将来就要后悔。""彝人的仇不能忘掉，好像杉树节节不怕腐朽一样。"例如：45 年前，普雄苏格瓦尔和苏呷曲德，被美姑比兹家打死。因这两个人都是阿侯家的外甥，苏呷家就请阿侯家支援复仇，共出动四万人之多。这次械斗，因比兹家早有准备，所受损失不大。比兹家内的成员只被打死五个，房屋被烧毁一部分，粮食和牲畜也只被抢走一部分。

血族复仇确是引起冤家械斗的较重要的原因之一，在阶级社会里，它不可避免地与争夺物质利益纠葛在一起。黑彝家支在血族复仇当中，不仅杀死对方的人才罢休，而往往借此大肆掠夺别人的土地、娃子、牲畜等物质财富。

（二）冤家的械斗

1. 准备过程

由于冤家械斗不是个别家庭和个人的事情，而是全家支或全支的问题，故械斗之前必须要作充分的准备，即是要充分商讨和动员。

家庭或个人引起了纠纷，需请求帮助时，首先应请头人或家支中的一些人喝酒。若头人接受当事人的请求时，就发木刻信以告各支头人或亲戚头人，当各支头人都到了，就开小型的"吉尔吉铁"预备会，商讨当事人提出的请求，如确定了打冤家，就立即召开全家会议。会上，先由当事人申述纠纷经过并请求帮助，然后就由掌握会场的头人发言，说明个人纠纷与全家的利害关系，接着各支头人也纷纷发言，好战青年更是踊跃支持。这样的会议，黑彝家支所属白彝各家也被动员参加（因他们是械斗的主要力量），白彝头人也可以在会上充分发表意见。有的白彝，也确认为能参加黑彝的械斗是一种"光荣"。他们的意见在一定程度上也被黑彝头人考虑。会议通过后，黑彝头人、白彝头人各自率领本家支成员参加战斗。

白彝家支间的械斗，双方都请自己的主子参加，主子也乐于参加；因为黑彝声称"保护"白彝，若不参加，就会被认为怯懦，会笑话自己，故常是勇敢参战，借以笼络娃子，表示统治阶级的"自豪感"。同时乘机掠夺对方财物。

2. 械斗过程

出动打冤家时，身穿盛装，以示荣耀。

械斗中没有严密的组织和统一的指挥人，以支为作战单位，各支头人率部担任某一方面的进攻和防守任务。呷西一般是不动员参战的，只作后勤工作。妇女也只能在山上呐喊助威，并不持枪上阵。

战斗开始，双方摆开阵势，战将"扎夸"出马，双方相隔一定距离，便下马通名。其内容：由家支名——父母——己名，直至谱系背诵一番，以示祖先光荣。通名后，若发现彼此有亲戚关系，二人即可退下，互不接触，而另找他人，迎刃相拼。白彝家支是与黑彝不相同的家支，在主子战场上遇到对方是本家支的人，可以避免不打，主子不加追究；他可以找不同家支的人去打。

在进攻之前，一般没有严密的部署，若被击败下来更加没有秩序，各自逃窜，事后才齐集检查"队伍"。同时，战斗的时间一般不长，由天明至天黑结束，多至两三天。也有曾坚持到 20 天以上的，如美姑巴普吴其家的一次战斗竟相持了 23 天之久。

在战斗中掠得的牲畜、粮食，原则上是平均分配，娃子或牛羊是估价或卖掉后再分。但掠获者一般要多分 1/3，不参加战斗要少分 1/3，曲诺参战也可以得到战利品，但比黑彝要分得少些。阿加若参加战斗，特别勇敢，得到主子的称许，他所掠得的东西，除给主子一部分外，自己可得一大部分，但阿加一般是不得参加而且也不愿参加战斗。

3. 和解过程

冤家双方在一次械斗完毕之后，一定要经过调解程序，结算过死亡的命价，才得和解，结束战斗状态，转入和平之境。否则冤家双方的人，都不能通过冤家地区，这种敌对状况可能延续数十年之久或十几代。

调解人多半是没有参加械斗的黑彝家支的"德古"，或者是白彝头人。和解未达协议，械斗双方头人不得答话，仅由调解人向双方传达意见。和解没有契约，以口为凭，很少有人反悔。

和解中最重要的问题，就是赔偿死亡命金。双方在械斗中战死的互相抵消后，差额就得赔偿命金。此问题得到圆满结局后，就算和解成功。双方头人方才答话，不计旧仇；亲戚仍是亲戚，继续通婚，若是家门，恢复旧好。

在重视血缘家支系统的彝族社会里，命价还是以血统的纯杂与否来衡量的，凉山各地在各时期里的命价有所差异，但黑彝家支成员的命值总是高于白彝家支成员的命价四倍到五倍多，至于呷西就是最低的了。

据普雄地区调查，一个黑彝的命价是 1200 两银子，白彝 250 两；甘洛黑彝 1000 两。一般的是四个白彝的命才抵 1 个黑彝的命。

由于打冤家不是一家或个人的事，而是集体出力，集体负责，因而命金的分配，就不能一家独吞。在死者的命金外，还要因家支亲属的关系和等级关系而有附加款项。白彝死者的黑彝主子要从赔命价一方的黑彝主子处得到一部分钱，最少是 8 锭银子，表示对这黑彝主子损失一个所属成员的赔偿。还有一部分相当于命金的半数款项归死者舅父。调解人可抽命金的 1/10 作为调解报酬。

（三）冤家械斗的影响

凉山的冤家械斗在近半世纪以来，范围日渐扩大，频率不断的增高。

苏呷家、井曲家、阿侯家、吴其家之间的冤家械斗历经 30 年之久。井曲家与布兹家的械斗历经 24 年近 50 次。井曲家与吴其家打了 19 年，近 30 次。布兹家与吴其家打了 13 年，大小战斗达 100 次。沙马土司家与阿都土司家打了 14 年（1934—1948 年），双方共死亡 400 余人。

1951—1954 年，人民政府在自治州范围内就调解了新旧及大小冤家达 12 000 余件，仅布拖一县从 1952—1956 年底，共调解 2000 余件。若不是解放，让这些冤家继续打下去，冤冤相报，越打越多，其人口的死亡，生产的破坏，将无法估计。

冤家械斗，对彝族社会生活各方面都起了重大的破坏作用，主要表现在：

1. 人口大量死亡

这虽无法统计，但从几个例子，可见一斑。中普雄一带，已经每年死于冤家械斗的有五六十人。果基家每年都与其他家支发生械斗，有时一年达七八次，双方死伤在一二百人以上，布拖则洛乡共有黑彝114户，在22次械斗中，黑彝就死了61人（未计白彝奴隶）。布拖黑彝比补家内部阿第支和阿佐支日，从1941—1950年，共打了9年的冤家，双方死亡黑彝190多人。

彝族男性人口在有的家支间或家支中多在冤家械斗中死亡，如结狄家苏呷支12代才有15户，87人。而且较近的聂杰支只有7户，23人。最突出的是甘洛黑彝结石家有2支因相互械斗，打得家破人亡，同归于尽。结果，各支尚存者1人（结右阿达、结石瓦瓦）。

再如美姑布兹家最易轻启战斗，经常与吴其家、井曲家、摸史家械斗，而与吴其家打得最多。结果使本家支及其所属白彝家支的青、壮年男子死亡殆尽，现在布兹家居住的布兹列拖地区，无论黑彝、白彝，多是老、弱、妇、孺，青、壮年男子寥寥无几。

2. 对生产的严重破坏

由于人口的大量死亡，劳力减少，又忙于冤家械斗，家宅被焚，生活被毁。在冤家械斗过程中，双方掠夺牲畜，杀牲设宴，造成牲畜大量死亡，生殖率尤低。械斗中，相互破坏农作物。冤家未和解的双方紧张戒备的长时期（有时达10余年），都不敢到野外去劳动，致使田园荒芜，生产停滞。凡此种种，阻碍生产，害处无穷。

甘洛新市坝、布拖坝、普雄坝等地区，土地肥美，因是械斗场所，部分土地总是荒芜不耕。

这里须加注意，人口死亡，劳动力减少，从白彝曲诺这一方面来看，才更显得对生产的重大影响。曲诺等级的人口的大半，是劳动生产的主力军，也是黑彝打冤家的主力军。被打垮的一方，若土地被占领，则曲诺就成为胜者的娃子，有被降级的危险。曲诺为了使自己免于成为被征服者而沦为阿加或呷西，不得不为主子奋勇而战。黑彝家支青、壮年男子的死亡，在当时当地的社会环境说来，对劳动生产没有什么影响，无非是死掉一些不劳而食的好战"械斗员"而已。至于白彝家支曲诺青、壮年男子的死亡，则是对劳动生产力的重大破坏。

一般情况下，黑彝多住山上，曲诺住山下，或黑彝住中心，曲诺住外围。械斗起来，曲诺首当其冲，受破坏最严重，受灾最深。械斗时，白彝出人出枪，若被对方击死，其命金黑彝分去一半。但黑彝赔命金时，白彝却要分担一部分。主人所属白彝众多者，赔命金之余，还可大捞一把。总之，打仗出力，人命伤亡，财富损失，主要是白彝、曲诺。黑彝并不抚恤死难者的家属。

13年前，布拖木耳乡黑彝比补家内部，阿佐支和阿第支因半斤盐巴的纠纷，双方械斗9年之久，双方动员参战的曲诺有20个家支。阿佐支的亲戚苏呷家、阿家什支也率领其所属曲诺参战，黑彝只死亡20人左右，白彝家支死200余人。白彝家支中，仅仅曲诺昂格支就死亡49人。

3. 阻碍交通和贸易发展

械斗中，交通被切断，道路被破坏。汉商不仅不能通过械斗区，就是非械斗区也难通行。

彝族还没有商人阶层出现，主要靠汉商进行交换，因此影响到交换的进行。

由于冤家网的密布，汉商必须付出投保费后，方可通行。又加保头有时反复无常，汉商本来是卖货的，有时，不仅丧失了全部货物，连本身也被当着货物卖去而沦为娃子。于是汉商顾虑多，不敢大胆去凉山贸易，这就严重影响了贸易的发展，也就阻碍了当地的生产发展。

4. 降低了物质生活水平

冤家械斗造成人口的重大伤亡和生产的严重破坏，牲畜减少，住宅烧毁，促使凉山彝族的物质生活水平难以提高，且在下降。冤家和解后，随之而来的是沉重的赔命价，有些黑彝、白彝、个体家庭都因命金负担或购买武器而导致家庭贫困。一户曲诺只要一年碰到几次命金负担，就可能负债破产而下降为阿加或呷西。若在械斗中，做了俘虏，他可降为阿加或呷西。

前述1948年，布拖黑彝阿侯家和井曲家械斗，双方的黑彝主子吉狄呷苏支和吉狄阿什支参加。至和解时算命价。阿侯家多打死了3个阿什家的黑彝，每个黑彝的命价是1200两银子，由全家支分担，肇事者四个祸首多出100锭银子，其他各户分担1至10锭不等。因此命价的负担，使阿侯家的1/3的人在财富上由耶莫、耶都下降为耶都、耶沙。若再来几次负担，势必为阿加。

10年前，普雄瓦吉木乡阿加阿佳曲布，黑彝主子阿侯布都强迫他买枪，他只好卖了一块二斗种子的地，得了40锭银子交给主人。从卖地后，就无土地耕种，因生活贫困，就将牲口卖掉，自此贫困异常。

9年前，布拖吉狄阿合被莫什家捆去了，吉狄家就到莫什家去抓回10人，其中3个黑彝给莫什家赎了回去，余下的曲诺、阿加全变为吉狄家的呷西。

冤家械斗在近二三十年来，鸦片的种植以后，由于新式武器的输入，戈矛被枪支所代，战斗愈加激烈、次数频繁、破坏性极大。

附：碑铭[①]

（一）安氏土司碑铭

按：安氏土司墓碑共七座。位西昌专区西昌县礼州公社第五大队之西，安字河西岸，轿顶山脚下。东南距礼州二十里，距西昌六十里。

据附近彝汉居民称：解放前系由甘洛岭邦正（岭国忠家）继承安家土司（即尼木立立家），岭邦正每年来此上坟。此外在五大队大队部北六里安宁场有安氏新官寨（土司衙门），附近数里有老土司衙门。这一带以前归安氏土司统治，岭氏继承后归岭氏统治。岭氏占有附近村落80％的土地。

这一带是汉族和彝族（"水田"）杂居地区，往西翻轿顶山即高山彝族地区，亦则"四十八甲"地区。

这七座碑是：

1. 安氏历代宗亲之寿域碑（咸丰十年——1860年立）
2. 十八代安武龄之妻沙马玉枝墓碑文（咸丰十一年——1861年立）
3. 二十一代安平康墓碑文（同治十三年——1874年立）
4. 二十一代安平康之妻阿都氏之碑文（光绪十年——1884年立）

---

① 此材料见四川少数民族社会历史调查组编的《凉山西昌地区彝族历史调查资料选辑》。这次编辑中，由于缺乏实物校勘，尚有一些错讹，谨此说明。

5. 二十代安世荣之墓碑文（咸丰十年——1860 年立）
6. 二十代安世荣次妻龙氏之墓碑文（同治九年——1870 年立）
7. 二十二代安绍徽之墓碑文（光绪贰年——1876 年立）

因年久日远，有字迹模糊及不能辨认处，今以□号或△号代之，并加以标点如次：

1.

大清咸丰十年岁次庚申冬十一月十有九日立

清诰授武功将军安氏历代宗亲之寿域

裔　孙　平康奉祀

2.

大清咸丰十一年岁次辛酉九月十有一日　敬立

皇清诰封夫人曾祖妣安母玉枝之佳城

冢孙妇　龙　氏　曾孙平康　玄孙郎部

夫人武龄公之正配，平康之嫡祖妣，大姓安氏，沙马宣抚司祚字□□。嘉庆六年护理河东正长官司事务，迄道光四年而后，厥子正隆公□，任事廿余年，强毅精明，认夷畏服，建昌之无夷患，而安氏之□，内夫人之身大鸿□□□。

兹夫人生于乾隆庚寅年吉月吉日吉时辛□，道光十六年五月十七日未时卒，其曾孙念祖德之不可忘也，乃勒石而志之云。

宁远府学生员静五杨春灿拜书

3.

（碑文为竖排，分列如下，自右至左、自上而下读）

龙恩宠锡章　　皇恩宠锡　　凤诰

山屏水镜九

宠荷龙章材伏豹略

源远翼燕谋贻服彝率从堂堂皇皇千古世皆为镇国△

番悦服

一息尚存君亲间有以自处

统领夷河兵民世袭通安州户侯兼袭古竹坝百夫宰

提调夷汉世袭四川建属披沙者保司兼会理

愚眷晚　禄有位　戴拜

村户忠侯愚眷弟禄恩锡拜题

原可作忠考重如见其心

山钟灵水毓秀绳绳蛰蛰亿万年勿替安边陲

长流源水本大

封崇马鬣世衍麟祥

惟见精灵昭日月

咸丰十年岁次庚申冬十一月十有九日立

皇清诰授武功将军显考安公世荣之茔城

男平康奉祀

是真忠骨叙冰霜

无人到处不龙吟

宁远府文员静五扬春灿拜题书

公讳世荣字庭柱，世袭河东长官司兼河西抚夷理民司。其先盖滇人，元至元16年，一世祖普卜公于云南行省平章帖木耳行辕投诚，沐雨栉风，佐开国之勋于彝鼎，披荆辟草，奠不毛之地于金汤，身经百战之劳，遂作南方之镇，特授建昌世袭镇国上将军宣慰使司宣慰使。明洪武十四年，颖国公傅、安庆侯仇、永昌侯兰统军征进，其五世祖讳配随军剿抚，番夷降附。十五年入觐，改封昭勇将军。廿五年，月鲁构衅，五世叔祖讳昀协同建昌指挥戮力战守，生擒元凶，钦嘉赍之。自时厥后，功昭盟府，迭奏军绩，于二百年威镇边隅，遂永家声予十余世矣。顺治改元，远人向化，其十三世祖讳泰宁十六年缴印纳款，仍总管宣慰司事务。自是而承爵公、而吉茂公、而祥茂公、而瑞茂公、而武龄公，子子孙孙相承勿替。武龄公即庭柱公之嫡祖也。先是雍正六年改授河东长官司河西抚夷理民土千总职。然而百余年中，边隅无故，诸酋帖服，西蜀承平，五诏输诚而南人不反。而公以磊落英多之概，承祖宗积累之余。幼而英明即具克家之职，长而武勇兼呈善射之能，方其英年，重帏具庆。其祖母讳玉枝，嘉庆六年护理河东，至道光四年而后，公父正隆公兼袭河东河西印务。道光16年，公祖母公母先后继逝，乃于是年承袭。惟官司有干济，禁暴安良，故汉夷无叛疑，畏威怀德，享年不永，惜哉！然而天虽屈抑其身，必将光大其后。朔子平康岐嶷特立，器宇不凡。公配龙氏，又以幽淑之姿而老成持重，更值伶仃之境而艰苦亲尝，矢志抚孤，卓然成立，故少年任事，谙练多端。咸丰七年，生夷不靖，躬率部落与官兵各路进剿，恩威并济，远近帖然。钦赐花翎授协镇都督府衔。呜呼，宠锡有荣，施事业生旐素之色，功名本世，及箕裘增宗祖之光，善人有后意在斯乎。公生于嘉庆十七年八月初七日辰时，卒于道光十七年七月初七日午时，享年三十有六，爰为之述其颠末以志不朽云。

己未　恩科经魁拣选知县通家弟郑家瑞拜撰
军功保举尽先选用训导通家眷晚叶廷植拜书
吏部注铨训导　恩贡生通家眷弟何盛宗拜书

钦命世守四川穆坪等处地方统辖各路土司总领贡职宁远军民宣慰使愚侄坚参三郎多吉载拜
钦加付将衔护理邛部等处地方管辖各路土职协办军务宣抚使司兼袭带密抚夷理民土千户
代管防河事侄岭承恩拜
应袭四川建昌阿都正副长官司姻愚侄都镇国载拜
云南昭通府永善县理大观坪事愚内侄龙文鸾凤载拜
本府参军通家眷侍生　　　朱文斗

军功六品字识	池上龙
军功五品兰翎百户	沈忠材
军功五品兰翎百户	沈光嵩
属下世袭继事田百户	沈寄幼　载
属下世袭大石头百户	余学诗
属下世袭长村百户	余文魁
额设主事头目	王好义
额设主事头目	彭兆熊　拜
额设理事头目	罗美学
额设理事头目	王成纪
主事头目	沈福隆
军功百户	彭福耀
军功百户	池光照
通　把	沈忠孝余学贤

4.

勋铭阁麟

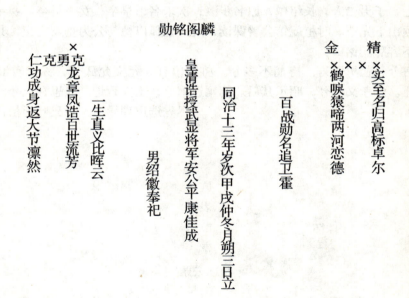

金　精

×实至名归高标卓尔

×鹤唳猿啼两河恋德

百战勋名追卫霍

同治十三年岁次甲戌仲冬月朔三日立

皇清诰授武显将军安公平康佳成

男绍徽奉祀

一生直义比晖云

×龙章凤诰百世流芳

×克勇克

仁功成身返大节凛然

诰授武显将军安公墓志铭

　　总兵衔赏戴花瓴扬勇巴图鲁世袭河东长官司兼摄河西抚夷司安公讳平康，字尧衢，其先滇南世大理人也，自其远祖普卜公于元至元十六年以师随征来建，封镇国上将军，留守于此，世袭职官，统辖部落，历元迄明至我朝授宣慰司原职。乾隆四十九年，缘事改授河东长官司。公曾祖讳武龄，祖讳正隆，考讳世荣，世守职封，俱以公显，赠武显将军。世荣公初娶沙马安氏，无出；再娶太夫人龙氏，系云南乌蒙士知府鼎乾公孙女，初举一男，早卒。沙马安氏因家室勃溪，构讼公庭，世荣公以讼忿卒。是年丁酉季冬月廿八日太夫人遗腹产生公，旋因讼故成仇，诬指公非安氏子。邑候书公，验汛折狱，立案详报。奸辈复欲伤公，太夫人觉而念曰：数百年来，安氏仅存此一脉，可勿远害乎！遂避居郡城，更逃避凉山、滇南等处。及公长，讼犹未息。值越西冕宁及所属夷氛四起，戍官掠民，时公年十有九，未获请袭。大府以公身为夷牧，檄委协同剿抚，屡著功绩。丁巳，沙马安氏卒，太夫人与公始得经理家政。适值多事之秋，资产飘零，所存者仅十之一。无如夷性犬羊，旋平旋反，公东征西剿，戎马倥偬，太夫人痛念少孤，尝以身分任其劳，公涕泣劝阻。时贼焰尤炽，相岭梗塞，行贾居民，死以万计，文武官僚，几束手无策。郡伯周公商于公，公毅然以身任之，送往迎来，行人无恙。阅数月，群夷怀忿，大率贼党，并将公而掳之，闻者太息。太夫人以二千金赎公，公归泫然泣下语太夫人曰：儿为国为民，死不足惜，所不忍死者，徒有母耳。庚申滇匪攻陷会川，壬戌发逆由滇窜建，乙丑会理邪匪倡乱，丁卯剿办宁远夷务，公身经百战，勋闻于

天子，累加至总兵衔，赏戴花翎，赐杨勇巴图鲁名号，以懋酬庸之典。己巳夏，太夫人患痢疾，公侍汤药，寝食俱废。病愈，公赴交脚。秋，太夫人旧疾复作，公闻，昼夜驰归。越三日，太夫人卒。公丧葬尽礼，仰天号泣曰：太夫人为我历尽一生辛苦，今日违养，吾无生理矣。公生平不矜武功，好儒墨，善吟诗，著有酣战余草一卷。善与文士游，见士之贫者不吝重资。尝有契友优于学，欲赴春官，途乏资，公助之以千金，其忠孝好义大节如此。癸酉夏，司属利哀支夷与汉奸勾结，大为民害，系拴不获，公亲往捕，抱病归，即于七月朔二日薨于官署正寝。郡之大夫士咸来奔走吊奠，道路相语曰：安公即卒，我山居者其无噍类。公享年卅有七，子男二人，长绍徽，原名步瀛；次未名，早卒；女一早卒。明年夫人都氏与孤葬公子轿顶山下先茔。时植就馆公署课读，夫人暨孤以植与公为垂发之交，其知之详，固请为铭，义不容辞。铭曰：

惟圣有言兮，仁勇而寿。寿胡不多兮，勇则信有。允文允武兮，称于耆旧。爵秩崇显兮，流光积厚。忠孝义尽兮，昭示其后。箕尾返垣兮，士夫奔走。遗思在人兮，刻铭不朽！

尽先选用训导通家眷兄叶廷植拜撰并书

5.

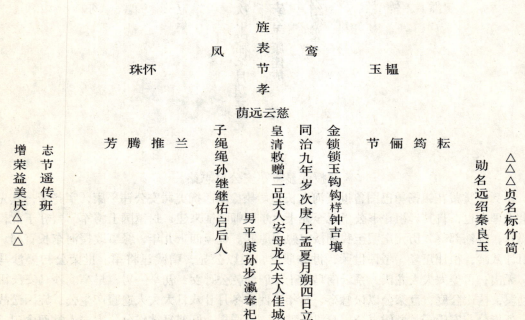

敕赠二品夫人安母龙太夫人阡表

从来为才妇易为节妇难，处顺境易处逆境难。若夫统才节而兼全，合顺逆而一致者则尤难乎，其难如此者可以观

太夫人之德焉。太夫人氏姓龙，乌蒙土知府鼎乾公曾孙女　敕授武功将军世荣公之侧室，而前授宣慰司后袭长官司安氏之功臣也。安氏自元明迄我朝，虽号外臣，实居内地。龙章荷宠，簪缨并著，夫寄勋翟莂兮，辉巾帼亦明夫大义。先是，世荣公父　貤封武功将军，正隆公母　貤封二品夫人。已姬太夫人为公娶妻安氏，久而无娠，是用隐忧，乃集合部弁民互相筹议，金云；国恩深重居然第士之攸兮，宗祚绵延肯类庭坚之不视。已姬太夫人于是求之寤寐，佐以腹口，自蜀达滇，亲聘太夫人至署。太夫人幼就读诗书，深娴女诫，及其既归安氏也，高堂无恙，共承白首之欢；命妇在前，不致缘衣之詠。上和下睦，益雍雍乎境之大顺者焉。无何，翁姑继逝，而肖墙之祸梦难图矣。一人构怒，内无北阮之亲；群小煽谋，外有南箕之谮，以致　世荣公亲遭讼累，愤极病终，寿止卅有六，时太夫人方廿有九。肘腋生变，形影相弛，犹幸遗腹笃生，免作若敖之鬼。无如奸谋肆起，竟同赵氏之儿，杯土未干，藐孤何托。遂乃匿迹荒山，断发类夏修之女；潜身异域，漆身同智伯之臣。后虽以延孤上吁获返故都，然犹糊口四方。鸿哀鸣而莫溘酸心弱息，鹿走险以何依，盖岌岌乎境之至逆者矣。而　太夫人则内抚其孤，外御其侮。以母道而兼父道，择师必谨，督课必严。以一情而协群情，感德者深，效忠者众，人皆仰其节之高，而不知其才之大足以济之也。后值蛮烟四起　太夫人与令嗣统率番夷，亲操桴鼓，军称娘子，贼胆皆寒；城号夫人，兵威大振。上游器重，遵依应袭之员，权署长官之印。奈妄禀渎尘，委员提询，维时既少外援之力，复多内顾之忧。太夫人乃亲至阿都长官司处聘妇归家。貤即束装赴省，人咸谓复盆之冤于是乎白，无何，蓉城寂寞，杯消愁而更愁，花具纷纷，案欲断而□□。幸也厉阶既损，无人操内室之戈；故国言旋，有子成克家之器，斯固由逆而顺之一大转机也。然而艰苦备尝，屈指已十七年矣。能使死者如生，绝者复续，坚忍之性即须眉男子犹多愧焉！吾故曰　太夫人安氏之功臣也。自是以来，许国以忠，治家以正，御众以宽，教子情殷，舞采之欢。正给抱孙愿遂，含饴之乐未央，既有妇以宜家，更选材而任事，宜可以优游岁月，颐养天年，撮极豪华之享受矣。犹且安不忘危，力敦俭朴。事由独断，不惮劬劳。居安乐之中一如处患难之际，坚贞卓绝，始终不渝。自非统才节而兼全，合顺逆而一致，焉能有此美德耶。令嗣君克承母训，以战功素著，累级至二品花翎。孙一头角峥嵘克绳祖武，太夫人之流泽孔长哉。卒于同治八年十月十五日，享寿六十一春。以同治九年盂夏朔四日葬去　世荣公墓不数武，以其从一之志也。愚与令嗣为莫逆交，其令孙复从愚受业，处久而知深，故谨为掇其大略如此。

丁卯科带补壬戌　恩科举人　保和复试壹等
拣选知县　世愚侄　颜启华　拜撰并书丹

6.

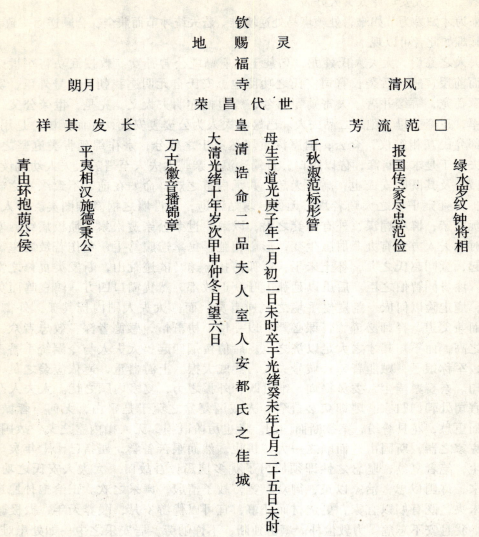

钦赐灵

地赐福寺

清风　　　　　　　　　　　　　　　　朗月

世代昌荣

芳流范□　　　　　　　　　　　　　长发其祥

绿水罗纹钟将相

报国传家尽忠范俭

千秋淑范标彤管

母生于道光庚子年二月初二日未时卒于光绪癸未年七月二十五日未时

皇清诰命二品夫人室人安都氏之佳城

大清光绪十年岁次甲申仲冬月望六日

万古徽音播锦章

平夷相汉施德秉公

青由环抱荫公侯

　　闻之太上立德次立功次立言，谓之三不朽。我宁郡
　　安大人尧衢公发配之老夫人者，系阿都长官司天锡公掌珠也。自十三岁于归河东，慧质性敏，相夫事姑，毫无缺仪。孝德显著于庭闱，抚恤汉彝相安，功绩恒赫于乡间。辞令辑怿惟诚不爽，徽音见重于仆隶。德也功也言也，颇与太上不朽浑合焉。迨后嫡姑　太夫人及龙太夫人先后继逝，尧衢公临轩听事，而内政就理，参赞爕和，咸赖夫人之力，可称易知简能相得矣。无何，尧衢公不禄，夫人守制抚孤，痛主君之早逝，幸遗孽之英明，悲喜交集，殊觉酸楚难堪。不数年幼君步瀛又卒，俯首思维，不免有门衰祚薄之感。时而府属百户土目等咸慰藉夫人曰：何必愁苦太甚乎！越西煖带密翰屏岭大人原系河东先代遗裔，非同越在草芥崛起溷迹者。于焉，敦请原祧，永受国恩，其理顺，其心安。此蒙建昌镇刘宁远府王备造册结，申详大宪，转奏九重，准结号纸，以专守土之责。及翰屏公职兼斯篆，果抚驭多方，河东夷汉悦服肃清，而各地百户土目亦克自振拔，府署为之一新，夷气为之一靖，骏骏乎臻于上理矣，讵非

宁郡砥柱哉。乃癸未秋，夫人辞世，翰屏大人妥为殡葬，既有以树安边之蹟，复有以慰九泉之灵，诚无忝乎一脉相承也。夫人享年四十有四，寿终内寝，爰表而志之。

西昌县　恩进士注选直隶州州判知愚弟杨肇新拜撰

宁远府学增生通家弟臧鲁佐拜联

西昌县文庠愚弟杨春灿拜书并赞

翰屏大人赞：河北将皇东向游，勋名事业频伊周，长江永镇千秋远，最喜渊源一脉流。

阿都夫人弟大人赞：凄风苦雨一天秋，上苑名花无限愁，玉质娇容空想象，月明林表泪痕周。

文经武略镇方隅，一树岐花两地苏，抚军不肯同胡越，承祧何尝逊勾吴；汉夷兼理威恩异，山水齐观眼界殊，天家屏翰千秋重，寿叶冈陵永匡扶。

家国从来赖母仪，夫人一品颇相宜，前陑夫子寮称异，后助良人属仰奇，坤真佐理垂阴敔，地泽同敷播顺慈，姒姝周姜何足让，芳名万载衍螽斯。

斯圹居然天造成，青山绿水环相迎，言词柔顺女中圣，气质清明巾帼生，祥集云烟凝福地，秀排松柏护佳城，灵魂虽渺音容在，长发其祥映人文。

赞曰：贤哉安母，巾帼英雄，美夸二隗，泽载两宫，恩承君后，德镇西东，抚夷施惠，相汉布公，一朝物化，万古追风，皇王有道，遗苑攸同。

河东世袭　大桥千户　沈光嵩

继事田百户　沈殿功

大石头百户　余元贞

长村百户　余文魁

河西理事头目　沈忠义　沈忠美

彭福耀　冯志华

池光华　杨文贤

彭寿山　沈光裕

越西煖带密理事头目　李长富

毛万鹏

吉有才

毛万顺

李元芳

同顿首叩

安君讳绍徽，字子猷，尧衢公嫡子也。君之远祖历元迄明，均以爵职世袭至我朝，颁授河东宣慰司、河西宣慰司二职，世袭罔替，因事改河西为土千总、河东为长官司职。至乾隆年间安氏乏嗣，以越西土舍岭氏承祧，是即为安瑞茂公。历四传至尧衢公。奉征越嶲等处夷务，堵剿滇匪发逆等案，以武功屡擢至总兵衔，赏加杨勇巴图鲁名号，家声大振。咸丰辛酉岁君降生，最为祖母龙太夫人钟爱，寝食不离，恒视如掌上珍。君俑匐岐嶷，相貌迥异，常人见者莫不称羡。奈岁方四周，遂染溺疾，医治痊愈。及束发授书，受业于颜实甫孝廉、廖斐然明经、颜拴山选拔，旋请业于余。缘余与君考尧衢公垂发相交，代有世谊，实以法父道而兼师道，君于几席请益循弟子职，不啻犹子也。奈何溺疾屡发，辍作相仍。然君甚智慧，虽未能计日功课，一遇病闲，辄肔时讲读，讲即会晤，可谓聪明子也。年虽稺，颇具知人之哲，其家人子弟孰良与否，所言不差，咸慑服焉。又喜谈论古事，尝与肖实夫、廖绵亭、诸茂才清谈，归即就正于余。曾忆一日，请云：日闲与肖、廖二先生所谈二叔与武庚叛事，诗书力诋，管蔡当诛；郭青螺管蔡论独以诛管蔡为非，孰是与否？余曰，当从诗书，诗书与周成王□近当得其实。青螺明人，上论数千年往事，知管蔡是何居心？特其论新寄，存而不□可也。又曰，管仲曾射桓公，中带钩，桓公复用为相，后虽显齐霸天下，特徼幸事耳。使管仲怀旧仇，桓公岂不死其手乎？余告以桓公益信鲍叔牙，叔牙能信管仲故也。君唯唯而退，其颖晤有如此者。己巳冬，龙太夫人卒，君悲号不已，见者流涕。癸酉秋，君考尧衢公又卒。君日夜呜咽，寝食俱废，苫块丧次，尽情尽礼，均由性分所出。及至葬，四方来观吊者大悦。自是哀伤太过，溺疾频发不已。郡伯沈公、镇军刘公爱怜，尝遣差官，送医来署调治。邑候承公，亲造署而视问焉。至甲戌冬，旧疾未愈，加深痼疾，医药无灵，遂至不起而短命死矣。君母都夫人伤痛失明，死而复苏。余亦痛哭□□□圣，所谓非夫人之为痛而谁为是也。君距生于咸丰十一年辛酉二月二十四日午，卒于同治十三年甲戌十二月十四辰时。享年十有四岁。初聘订舅氏阿都正长官司都化南公长女为婚，未娶。都夫人以君为嫡子，葬君于牛巴石祖茔。竖碑请志，爰为之述其大略云。

尽先选用训导通家友生叶廷植拜撰

冕宁县文生通家眷侍生肖华拜书

7.

松苍

月明　　　　　　　　　　　　　　　　风清

名誉布千秋　　玉瘗青山淡锁烟　　皇清　例赠武显将军安君讳绍徽之佳城　　清光绪二年岁次丙子仲夏月十一日立　　珠沉碧水寒涵月　　生年才十四

属下千百户头目等奉祀

（二）阿都土司碑铭

1. 都天锡墓碑铭

中山寅向芜坤艮

皇清诰授昭武都尉都公讳天锡大人之墓

祀男　镇国邦　镇南疆

咸丰二年岁次壬子花朝月之中浣吉日谷旦

建南都公讳天锡，世居鱼水，与余为意气交，因得悉其家世可以述其大概矣。按公之先祖有讳邦者，于清初雍正年间，从征乌蒙，擒获逆首，以伟功受职，世承国禄，至显贵公，网传而生公。公自幼端亮聪明，毅然果决。因幼失怙恃，中道废学，然未读而文，不武而威，诚乃先世之遗泽所钟也。继后，当弱冠承袭之□，出谒各宪，礼貌端庄，应答如流，人咸异之。及至壮年，公愈醇谨刚直，有娄郝二贤之高风，不妄交一人，也不妄毁一人，公以诚信待人，而人亦以诚信应之，须桀骜之徒莫不售欺。至于抚夷安汉一节，更属可嘉。如薄税敛免，公邦课农桑，勤耕读，开草莱，辟土地，除积习，惩恶蠢，四境之民，鸡犬相闻，与歌来慕，而甘棠之遗爱复存，渔阳之善政宛在，两江之民往往阴食其利而不自知也。公年将近强壮之秋，艰于嗣续，公愈加砥砺，凡所以者有益于人无不力力以助之。

公稍暇即凝神端坐，须不事经史，不尚浮屠，及遇修建寺观梵宇筑桥等事，无不慷慨乐施无所吝惜，而人以周急告者燋恐后时，此数事所卓然者也。公有高世之行其食报正未艾耳。故大佑善人，公连举四子，鸾停鹄峙，尽皆俊秀之英，知所由来者远矣，他日丰功伟绩亢宗继武，世之不替者谅可拭目而期耳，流芳世代者不仅于城之选而已。兹于 咸丰二年八月之朔六日建茔祖山之阳，嘱志于余，余忝幕下之西席，俱悉其家世，故不敢以不敏辞，因不揣愚鄙，历叙其大概，以志公之生平为序之耳。

癸酉科武魁湖南岳州营参将武功将军契友陈殿鼋拜赠
咸丰二年桂月朔六日 阳邑西席 王治安敬题

2.

都天锡之妻安氏墓碑铭
申 山 寅 向
清诰授淑人都母安太君墓

钦
福
男镇江 孙世 禄 同祀
禧
亭

光绪十二年岁官丙戌小阳月朔三日

墓碑对联：
志矢柏舟昭女史 地师李延亭谨卜
名符石柱觉封侯 石工段松培拜刊
前护理阿都正副长官篆务 诰授淑人都母安太君墓志

尝读名史至忠贞侯秦良玉传，见其勤王之忠，治军之严，窃谓天地英雄之气出自丈夫易，得之巾帼难，抚今思昔亦将有感于淑人矣。淑人系出冕邑长官司安，幼字天锡公，甫生镇国，次生镇江，公于道光庚戌辞世 淑人年方廿七，矢志守节，孕六月后生镇南，未满一月，奉文陑官军办交脚夷务，舍身报国。嫡夫人禄于咸丰辛亥亦故，遗女一，许自河东长官司安平康长子镇国，年甫六岁，淑人视如己出，抚读完婚。护理正副长官司篆务，汉夷靡不倾心。同治甲子奸民周徐辈倡为邪教，陷居普古，阴谋不轨，搅扰地方，奉宁远府钟、西昌县武明文，佐官军围攻，歼厥渠魁，由是边地肃清。饬令承袭，镇国辞印卿肩。淑人深明大义，恐亲谊夷众议论，设法调集内外各四场首事并梁山夷众，出结承保正印仍由镇国管理。

不意镇邦当立而殇，令镇江管副长官司印，镇南分管麦穗坪。淑人于是乎在焉。时值邻封多故，力助河东长官司安，援剿交脚、热水等处顽夷，自备军粮，不假官军，卒使诸夷慑服，流民复安。不唯顽夷夺气，即八支诸夷亦自此归心。今河东边民犹能道其轶事，胥称之勿衰。只以正副分袭之故，谗人中构，有绝狄、阿恶等支泄漏机势，公然背叛淑人。避居恶鹊落，数年不归。汉夷具票，请兵征剿，蒙宪檄委邑令黄公督师惩办，直捣裹脚梁巢穴，值天未厌乱，风雪弥漫，惜未投诚，流毒至今。于是淑人常抱隐忧，嗣庸孤。逆夷不法，历年扰害，大水塘等处肆掠无虚日，以彼畛域既分，未有机会不可乘也。光绪癸未，接奉宪檄，饬办江防，奏案内守要簸箕力甫，命镇江进攻，梗簸身先士卒，汉夷并力一心，烧毁贼房以千计，追获难民无算。该逆夷既服，乃回戈进逼六铁梁，地属天堑，一夫当关，即悬重赏，诸军一呼毕登，遂扼其隘。方思直探虎穴，不期班师扎到，竟令正在得手之功已废于一旦。淑人因忧成疾，倏耳病入膏肓，屈指花甲将用而邃泉台长逝耶！岂天心之不惠欤！然而自古有死，淑人忠勤一生，名光女史，子孝孙贤，绳绳继起，所谓虽死之日犹之年非虚语也。昔明帝赠秦良玉诗云：世间不少寄男子，谁肯沙场万里行？淑人真生其流亚也。呜呼如
　淑人者殆亦巾帼英雄矣哉！

乙亥　恩科举人升用州候选知县愚晚翟光发顿首拜撰

赞曰：自古多贤母，芳名垂女史。我今思淑人，女中称君子。梗概叙生平，手当屈一指。长字天锡公，端庄以持己。敬戒淳无违，所矢忽失矢。情怜四子孤，篆务一人理。边地多事秋，军粮自备取。俾得汉夷安，庶免峰烟起。决胜著寄功，声威传表里。巾帼此英雄，堂堂孰能比。今为勒琐珉，世袭光门宇。百代荷□□，遗迹自兹始。

宁远府学增广生员愚晚　高联崧拜赞并书

3.

都天锡之妻禄氏墓碑铭
申山寅向坤艮
清诰封安人都母禄老太君墓
祀男　镇　邦国疆南
咸丰二年菊月之下浣谷旦

都太安人传序：尝闻穆母遗规著勤劳于世族，滂母立教，启儒雅以才名。古来内助贤母其声称后世者，未有不流芳百代者也。如安人都母者何多让焉！母禄公阿英基之女，配天锡都公，风娴懿范之德，克媲贤淑之名。袭长官之职，世世传家，荷圣朝之恩，绵绵世泽，是都君有贤良超越于寻常者也。相夫举案而嗣君方幼，母荷重任而内安外攘，抚成四子而克绍箕裘，凡所以尽妇职教母道者不一而足。无何，数难凭而理维宗，春秋方富而携手同归。公归清静之乡，母赴瑶池之会。哀哉，只冀天捉其秀，地拔其灵。母也九泉之下，默护儿孙，天命家长继绳勿替也，幸甚。

都安人禄太君遗赞：

德效坤维，人称贤母。朝夕温恭，宜今宜古。不惜情神，不畏辛苦。相夫英雄，教子绳武。有威同誉，有子同怙。如是令仪，竟成话谱。世上裙钗，何足比数。生荣死哀，绕膝儿女。卜宅既成，稳如安堵。泸山之阳，邛海之浦。水绕山环，慈祥永护。阀阅门庭，长受天佑。

贞静幽娴自性成，阃帏佐理有贤声，分来淑德山川秀，共庇皇恩带砺盟，远近群黎沾母教，晨昏举案警鸡鸣，嫦星落处人皆仰，赞颂南天不朽名。

懿德遥闻自大邦，都君匹偶亦非常，温恭不减周姜度，哲惠堪追范母良，泽及民间恩共戴，名垂女史誉堪扬，森之玉树双双茂，定是皇家做栋梁。

生偕伉俪死追陪，为□夫亡己过哀。贤淑谁人成话柄，令人泉壤尚徘徊。

壬戌廷试选拔进士五百二十甲子张义门拜题

雁江处士王治安拜撰

4.

都镇国墓碑铭

申山寅葱坤艮三分丙 　申寅　分△

皇清例授武功将军都公镇国墓

光绪十二年岁在丙戌孟冬月廿日立

世袭阿都正长官司都公化南墓志

概自太王立贤，泰伯仲雍逃逸荆楚，厥后子孙繁衍，代为华夏之藩篱，盖浪美德也。天之所以报施美德岂有尽哉！世袭都氏继先世遗风，守土有年，恪尽乃职。历传至化南公，天资敏捷，器宇英伟，控驭数百里，教养数万民，贤昆季声气协和，井井有法，真宁属世守中之表表者也。同治初叶，郡中多事，回匪、发逆、邪教迭遭兵燹，化南公自统乡兵，独当一面。贼靖后，朝廷屡降温旨，特晋参戎将军等职。正异寿享，期颐为边陲之保障，作公侯之干城。胡乃于光绪乙酉春捐馆，治内之民莫不哀痛迫切，叹大厦之已倾。所幸贤嗣保东，英俊异常，能体先志。继袭以来，任贤使能，无改父道，兼有乃叔护持，内外修睦，以故人心悦服，四境宴然。凡在统属酋目辈，莫不奉法守礼，蹈矩循规。入其境者，俦不道继绪之得人。仆宦游廿余载，适告职回籍，日与父老子弟谈故乡往事，觉都氏家传犹津津在齿颊，爰笔为之得其大概是亦见夫贤嗣之不没云。

赐进士出身特授泉州府分府愚弟　郑宗瑞顿首拜撰

都公化南墓跋（仿兰亭集序）

光绪十二年，岁在丙戌，孟冬之初为书　淑人都母之佳城将辞世也，适有保东修尊人墓，斯时乃属作

公志。公字化南，系天锡公嗣君，年未及冠，即承袭阿都正印，或是南邦。虽值邻封多事之秋，或剿或抚，亦是使汉夷慑服。是时也边地肃清，一方风动，上沐朝廷之恩，下睹民扬之盛，所以推己及人，足以享清平之福，信可乐也。夫公自守此疆土以来，或赴公趋事自备粮军之需，或剿办逆夷，不假官军之力，虽远弥殊途，运筹不一，当其所于所遇，叠见勋劳。蒙宪保奏钦加副将衔之职。及其年将四旬，心劳力竭，感概系之矣。向之从事转瞬之间已为陈迹，犹不能不为之赞襄。况事有必至，理有固然。古人云，生者百岁矣，相去几何。每念前人继袭之由，自熙雍始未尝不尽忠报国，世人犹能传其轶事，胥称道予勿衰。后之视今，亦犹今之视昔。呜呼，故景仰贤嗣，器宇不凡，知将来发越，所以长守正未艾也。入其境者，亦将有感于斯跋。

宁远府学增广生员愚契　高联崧　谨跋并书

5.

都学礼之墓碑铭

清英故主官长女都学礼之佳城

杨天才

段德俸

阖衙头目　颜永禄

江德富

道光二十一年辛丑岁季夏月

乃主官之长女也。素习诗书，秉性温柔，亦克□顺。恤头目夷众，不论君臣，以敬尊长□□只冀长享太平，□培咸沾恩德。殊知偶染一疾，尽跨鹤而登仙□也。则天官仙女，而凡间少一贤人矣。目苛毫无寸披，勒石美名永垂。

6.

都含玉之墓碑

清英故胞姐都含玉之佳城

胞弟　都镇南
头目
罗苏才
苏　贵
张德顺

咸丰九年己未岁中秋月吉旦

小姐乃镇南胞姊也。生而聪慧，□□□□。

事母克孝，待弟友爱，□属头目，均沾其□。

不幸染疾，竟赴瑶池之诏，噫，音容莫

覩。□勒石以志不朽耳

（按：以上所录阿都土司碑铭，系抄自阿都土司之祖茔，茔在普格县国营荞窝农场侧耿底村西山脚下。）

（三）昭觉县城南乡则洛村汉人墓碑铭

光前惟祖德

廿一日子时寿终

清故显考张公讳连珍大人之墓

男张大贵生孙国正富

大清道光十一年仲春二十日旦

裕后荫儿孙

× × ×

清故慈母张门泰老太君墓

男　生　孙　△

张大贵　国　△

道光十一年二月二十三日　谷旦

对联：祖墓千古庆，儿孙万代兴。

生于乾隆廿九年十二月吉日吉时，系云南曲靖府平彝县山半里戴七屯秦公第五女，得配张公洪良长子连珍为婚。因人口繁衍，家业无几，与其穷守故里，不如另择乐郊，父同母谪迁居宁远西邑焦脚汛。殁于嘉庆十二年十月廿九日亥时寿终。

× × ×

（四）昭觉县重建县府碑文

县长陈公治荣重建县府纪念

吾邑地处夷区，交通梗阻，变乱频仍。自民国八年县衙被毁，迄今卅余载，历届租赁民房办公，多感不便。卅五年冬，县长陈公治荣莅任以来，除整理交通，安谧地方，修补城垣，创建学校外，鉴于租赁之屋宇仄隘狭小，且倾□圮虞，乃于卅六年请命□□拨款收□建筑。惟国家多故，经济艰窘，所拨之款，杯水车薪。陈公竟自垫资斧，烧制砖瓦，修葺旧有房屋，并新□大□□□□□舍大门□槛，仓房，惨淡经营，三厉寒暑（碑入土而文不见，此碑现存昭觉县人委内）。

（五）会理树堡、普隆自、沙土司墓志

树堡乡　自土司墓志：

自铨崊，号猇斌，恒昌公之嗣之也。原籍南京应天府恩洪县大坝柳树湾。明初，中原版荡，先世东征西讨，平服蛮夷，有功于国，递必仁公，承先人余泽，袭宣抚之职，就住于黎溪舟，遂家焉。累叶相有文人，麟趾振振，公族鼎盛，公乃斩荆诛棘，创业于树堡沟与黎溪舟，异地而居。

普隆乡　沙土司墓志：

沙公百牢，优配那安人也。

公祖居登建，即今滇之东川府，太上古为德识氏，先辈迁黔，开辟罗甸，以功封济火将军，世掌其职。汉唐宋元二千有余载，虽就侵袭，□砺之府，犹绵绵弗替。明初洪武间，至阿义公之二子颇伟颇登登。颇登分守师宗，即今大定水城永宁郎岱诸县之遗业。颇伟出游于蜀，抚有调隆地方，即为入川。其祖终明之世来尝他从，凡由十琦一而至玉公。公精明干练，疆土日辟，归附日众。兹际大清康熙四十九年，招援职百牢颁铜印统号纸，俾资世守。德配那安人，滇之名门，邻封世族也，相夫廿年，家道鼎新。付嗣三，长金龙公循例袭替，仲金凤分居隆茂山，季金麟分居嘉乐山。女二，宪英、宪安。上先葬二坪子，后移葬鸭子塘。

（六）昭觉开山碑

尝闻，碑以志铭示不朽也。粤藉我滇南众姓等移居此士共计□百三十八股分，某股捐银三十两。今虽身居夷地，勿得视为私人夷巢。自嘉庆二年，有河东土司安世裔，因交脚、三湾、四块一带地方，荒坝未开，情愿立契，招我滇省开垦，每斗子种纳租三斗。我等上庄阴阳二宅，悉随迁茔建造，不得取价。当日土司百户花正昌等，得受佃银四千一百四十一两。我首人张照福、刁正明、陈国栋等自揣：若不禀请　县主，虽有招契，未免私人夷巢，致干未便。复我首人等，同土司于　嘉庆二年禀请县主邓，给开垦证一纸。日后成熟，例应升科纳粮，用去银八百两。因此于三年，该众等奉照各备工资，同

土司至此开垦。不料，一则系阿什支夷贡马之地，一则系八嘁荞粮之地，二支黑夷从中阻当，不容开垦。我等无奈，每个荒坝共捐银两、细缎、盐、布、酒等。顷又二支黑夷佃租开改，立有文约，阿什支夷得受银共合乙千三百乙十两零九钱，八嘁支夷得受银六百七十三两五钱。所有租谷，二支黑夷各收，土司并未收升合。不料于嘉庆六年，八嘁支夷双脚陡起不良，逼女自缢于家中，率领数万野蛮围困数月，抄掳房屋十七户，劫抢稻粮数十石，嘁索银乙千五百三十两。又于　嘉庆十年，八嘁支夷呈凶殴毙邹占云。具报文武官员土司，领官兵、差役、士兵二千余人，在此追究数月。我等支应费，该乙千八百五十两。况夷匪猖狂，肆行无忌，大则捆掳人丁数次，小则估抢牛马不一，种种不法，难以枚举。以上体端，我等查实，或公捐银两自断□回，或经报官员追究领回，所费银共计一千有余。□如以酒行凶，无故嘁骗，诸多不法，不一而足。但丰年、凶年、天灾，□何地灭□。我交脚自开改以来，二十余年丰歉不一。于十四年，谷未成熟；是年租谷每石三斗上纳。又于二十一年，每石七斗上纳。于二十二年，每石六斗上纳。若不志之以昭示来兹，致使昔日之开辟于斯，筑室于兹，胼手胝足，费无穷之辛苦。蛮夷强□一切之欺凌，其来历情由，一一不忘于心。世远年湮，其来历竟湮没，不传乎我乡老，深且虑之。缘邀于余，为之聊叙，以垂不朽云尔。

　　　　　　　　　　　　　　　大清嘉庆二十三年蒲月阖乡公立
　　　　　　　　　　　（按：此碑抄自昭觉县城北乡汉人群墓中。）

第三部分　近现代彝族反抗斗争
调查资料选编

一、太平军经过四川彝区

（一）太平军经过彝区概况

清同治元年（1862 年）冬，太平天国翼王石达开率军分三路向四川进军。派部将李福犹率三万人由贵州边界绕入四川境，以分散清军兵力；另一路以部将赖裕新率军万余人由西昌（宁远）一带深入，引清军跟追；而石达开本人则亲率大军，乘敌不备疾驰前进。

同治元年十一月十一日，赖裕新率部由会理渡金沙江。会理的清廷官吏见石军声势浩大，都急忙逃避至县城。石军亦未攻城，乃由洼乌、鱼水，经披砂（宁南）、普格上行至西昌之大箐。当时，见湖水汪洋，山城狭隘，进军不利，乃转至摆摆顶。这一带山势舒缓，易于进取。赖军在此停留数日，整理队伍，于十二月十二日行至西溪，杀了许多地主土豪，沿途行军顺利，至县城附近的高草坝河西街驻扎，亦不欲取城。同治二年（1863 年）正月初九日，赖军继续沿安宁河西岸北行。此时，清廷四川总督骆秉章令军门肖庆高派兵至大渡河阻截。当时赖军尚未行抵大渡河。清军乃南下至西昌，沿途掳掠人民财物。居民都把他们当作盗匪来对待。清军赶到西昌时，赖军的大队已直上冕宁，清军乃尾随至越西，沿途少有接触。

当赖裕新军攻占会理的洼乌司并向北进军时，清廷越西同知曾派了一小部军队准备到冕宁的九盘营石梯子一带阻击，后又撤回到县境内的长老坪。同治二年二月初五日，赖裕新军攻下越西的小哨汛及炒米关，向中所坝进军，但遭到了清军的大炮轰击。赖军混乱，前后不能相接，向北败走。清廷守军又纠集了许多地主武装并与阿撒堡、大水沟、蚂蝗汛的黑彝奴隶主勾结，组成了几百人的反动武装向赖军进攻，或者伏击、或者在高地发矢石，有的拦其辎重，有的截断后队。这一带又多水田，赖军的骑兵不便驰骋，损失颇大。当时赖军大队已前行至王家屯，前面即是路险而逼的白沙沟。清廷越西同知周岐源调集了邛部土司岭承恩和打土茅草坝黑彝奴隶主军数百人，绕西山潜出腊关顶，安置滚木擂石，并潜伏在附近。七八两日，赖军的后队从中所坝相继来此，准备穿过白沙沟。当前队行至白沙沟时，土司与黑彝的武装即放下滚木擂石，赖军被打死许多。有说赖裕新也在此牺牲。

沿途人民因痛恨清廷贪官污吏、地主恶霸的压迫剥削，当赖军经过时都表示拥护和支持。赖军开拔时，随军北上的人民即有千余人。此次赖军失败，许多群众遭受清王朝的杀害。

二月十三四日，赖军尚有一部分行至大渡河边的大树堡，并将地主的财富分散救济贫苦群众，同时又准备用布匹连船搭浮桥渡大渡河，但都遭到当地的地主武装的袭击。当地地主张溥组织武装千余人，正当赖军渡河时，即遣人溺水砍断浮桥，并由山后及大渡河上游分几路夹击赖军。赖军不备，阵容混乱，终于失败了。过河的百余太平军亦为地主武装——民团所杀。赖军大部壮烈牺牲，跟随赖军北上的当地居民也有千余人陷入了悲惨的境地。

四月，翼王石达开亲率主力十余万自云南渡金沙江进入四川，准备渡大渡河以入四川腹地。石军由越西、冕宁分两路而来，从安庆坝至万工汛沿岸二百余里有渡口十三处。如西绕彝族土司辖境，可北越松林小河，从上游的泸定桥及化坪林直渡，挺进天全、雅州而入四川腹地。达开来此，以贵重礼物赠松林地一带彝族土司，他们都愿让路。当时四川总督骆秉章及布政司刘蓉侦知此事，就急调重庆镇总兵唐友耕一军专防安庆坝至万工汛一带，并派雅州知府蔡步钟率部助之。又檄各军陆续驰扼化林坪、瓦斯沟做声援，檄松林地土千户王应元率所部士兵驻守松林小河，檄邛部土司岭承恩截断越西大路，以迫使石军入土司险地，伺机抄石军后路，并重赏岭承恩、王应元等，又许以所得石军财物，全归其所有。布置已定，达开率军四万余人绕越西、冕宁前进。料大路已有清军把守，乃直入土司王应元所辖的紫打地（即今石棉安顺场）。紫打地地势险恶，两旁山壁林立，隘口险仄，易进难退，前阻大渡河，左阻松林河，右阻老鸦漩河。达开以为彝族土司受其礼物，可以让道，乃直抵紫打地。但土司王应元与岭承恩等早已和清廷官吏勾结，王应元将松林桥拆毁，并令乡村各寨坚壁清野，不与石军接触。达开抵河不得渡，此时北岸尚无清军，遂令造船筏速渡，已渡过万余人。恐清军夜来，又令北渡之万余人南归，待次日齐渡。但次日突降大雨，河水陡涨，达开乃令等候水消，二日后，清军抵北岸，炮击太平军。

斯时，达开四面受击，彝族土司岭承恩、王应元等率民团协同清军扼守西路各险道。达开拟强行北渡，谁知筏上火药中弹爆炸，抢渡者无一生还。清军日间四面围击，入夜劫营，土司团兵又以飞石毁太平军寨。达开遂猛攻松林小河，准备北上天全，但前有王应元死拒，伤亡数千；后有岭承恩偷袭，截断粮道。

达开缚箭投书王应元：

"真天命太平天国圣神电通军主将翼王石为训谕松林地总领王千户贤台知悉：缘予恭奉天命，亲统雄师，辅佐圣主，恢复大夏，路径由兹，并取斯土。贤台不知师来之意，竟尔抗拒，姑无觉怪。幸尔两边兵未损折，情有可原，统望贤台罢兵让路，敦义讲和，免致战斗互杀，俾我师之早行，亦尔民之早定也。如允让道罢兵，不独我师所来尔境，不犯秋毫，而且许赠马二匹，白金千两，与贤台为让军之资，他年天国统一之后，定有加封贤台也。倘贤台竟称兵抗拒，予则加选三千虎贲，不得已誓渡小河，将尔一方痛剿，鸡犬不留，房屋烧尽，那时悔之晚矣。本主将上体天心，下恤民命，与其相杀，莫如相好。为此谕到之时，限午刻即回文，以决攻取，不得迟延，致误机宜，特此训谕。

太平天国癸开十三年四月二十三日谕"

但王应元已为清廷走狗，坚决不允。达开又赠银给岭承恩，劝其勿攻，而岭攻之益急。

达开知难挽回，乃率全军奋力死战，分攻大渡河、松林小河，每筏数十人，以盾护身抢渡。清军于对岸以枪炮拦击，加之水流湍急，伤亡甚众而不得渡。达开军粮绝，食马。马尽食桑叶、野果。于是清军乘势进攻，王应元部过松林河，岭承恩部下马鞍山，两路夹攻紫打地。石军营寨被毁，众死千人，堕岩落水者万余人。达开率众七、八千人至老鸦漩，为彝兵所阻，辎重尽失，进退无路。达开妻、女及部众多投河而死。达开欲救部众，清军也假意要石军投降，竖"投诚免死"旗于洗马姑，且遣参谋杨应刚往石营劝降。达开致书清军总镇唐友耕曰：

"窃思求荣以事二主，忠臣不为；舍命以安三军，义士必作。……大丈夫生不能开疆报国，奚爱一生？死若可安将全军，何惜一死？……阁下如能依书赴奏，清主宏施大度，胞与为怀，格外原情，宥我将士，请免诛戮，禁无欺凌，按官授职，量材擢用，愿为民者散为民，愿为军者聚为军，推恩以待，体德而绥，则达一人可以自刎，三军饬以全安。然达舍生果能出全吾军，捐躯稍可仰对我主，虽斧钺之交加，死不为辱；任身首之分裂，义亦无伤。惟是阁下为清大臣，当得巨任，志果推诚纳众，心实以信服人，不设诈虞，能依请约，切翼飞转先复，并望台驾近临，以便调停，庶免耽阻。否则阁下迟行有待，吾军久驻无粮，昔三千之师，犹足攻城略地，况数万之众，岂能束手望天乎？特此寄书，伫候望鉴。

太平天国癸开十三年五月初九日书"

石达开率子投降后押往成都就义，部下多被杀害。

石达开失败殉难后，在这一带的人民群众中流传着这样一个故事：某年，在急湍的大渡河上，有一个白发老人渡河，神采奕奕，目光炯炯，上船后未发一言，抵岸后亦忘付船费，疾行而去。船夫呼之，顷刻不见。得老人遗船中雨伞一把，甚重，力不能举，审视之，其柄为铁铸，上镌"翼王府"三字。回村，众人围观，始悟乘船者为翼王石达开，而在成都牺牲者并非本人。这个传说说明了人民群众对太平军及石达开的怀念。

石军失败后，一部分将士被清军打散，从清军的屠刀下死里逃生，奔向越西、石棉、甘洛一带的彝族地区。在饥寒之中，彝族人民很同情他们，给以食宿。

彝族奴隶主、土司与清军一齐攻掠太平军，得到了清廷的"褒扬"与"封赠"。岭承恩被加封为土游击，受媛带土游击印信，赏给桓勇巴图鲁名号，并世袭其职；王应元被封为土都司，受松林地土都司印信，加付将衔，世袭其职。他们拘留了逃亡的太平军，使之沦为奴隶，这些奴隶亦被称为"长毛"。解放后，民主改革以前，他们的后裔还分布在上述县内，约千余户，数千人，一般已传三代。

（二）太平军经过会理、德昌、西昌等地的情况

同治元年冬月，太平军由云南分两路渡金沙江进入四川。一路由石达开的前锋赖裕新率领由川南经贵州西部到达云南的东川金沙江边，从今会东县鲹鱼河等地渡江，然后北经披砂（宁南）、松林坪等地进入西昌。一路由石达开亲自率领（主力）由云南的永仁一带渡金沙江沿安宁河谷北上，经攀莲、撒莲抵米易、挂榜，驻扎三日过年。同治二年元月初四日再由挂榜出发，仍沿安宁河河谷行进，经永定营、绵川等地进入德昌、西昌。

当赖裕新所部渡金沙江时，会理知州徐传善曾率清军前往阻击，连遭惨败，急忙退入城中。从此以后太平军经过德昌、西昌、越西和冕宁等县时，清军都闻风逃散，或藏匿深山，或死守城内，不敢抵抗。

当太平军到达会东一带，当地人民曾暗中派人前往迎接，并充任向导。黄柏、漕源一带有彝族数十人到宁南境内为太平军引路和搬运物资，太平军给以重额酬金。他们把太平军一直护送到普格县才回家。

太平军在会东宣传说："他们是要打到北京去和清王朝争天下的。"太平军的纪律很好，不侵扰百姓，吃一文钱的东西都要给一文。人民群众逐渐明白了真相，不再相信清政府和地

主豪绅的谣言。

太平军到达德昌、西昌以前，清朝官吏和地主豪绅一面准备仓皇逃走，一面大肆造谣，他们说："太平军所到之处，烧杀抢掠，无所不为，连他们的战马都是以人的肚腹为槽，以人血为饮料的。"

在米易、德昌一带，太平军通过了由彝族土目管辖的地区。太平军曾向各家土目发送文告，说明太平军反清的目的，太平军只是路过此地，要求互不相扰。解放前几年，德昌编修县志时，昌州土司禄氏曾出示太平军致他家的一份文告，大意是："满清异族，荼毒中华，以故天王援举义师，大张挞伐。天兵纪律之师，望所到之处，约束所属百姓，切勿听信谣言，滋生事端。"同时，太平军也以实际行动驳斥了清朝官吏和地主豪绅的谣言。所以，在太平军路过时，有的土目便没有出来干扰。太平军走过之后，一些土目也没有听清朝官吏之命令率部追击。

在太平军到达之前，有一伙流氓无赖之徒伪称太平军，到处烧杀掳掠。有的老百姓不明真相，闻太平军到即阖家外逃。这帮"太平军"在德昌麻义沟曾抢了一家姓张的，为太平军逐走。太平军并用刀在张家门槛上砍了两刀，借以警告这帮匪徒：再有冒太平军之名，侵扰百姓者，犹如此槛。

太平军到达德昌时，有杨石匠等人前往迎接，太平军加以抚慰并赐以酒食。

太平军在德昌向群众宣传说："一个人不能欺侮另一个人，一个人不能压榨另一个人，大家都应有地种，大家都应有衣穿。"他们对待群众很好。安宁河一带的汉族便来德昌"投长毛"参加了太平军，据说有个姓徐的老头都参加了太平军。他们还招募了许多工匠来打造梭镖、双刀、弓箭等武器。德昌的群众说："太平军是帮助穷人的。""当时天兵过境，真是秋毫无犯"。

太平军离德昌后即分兵两路进入西昌县境。一路由黄连关行经大箐，一路由河西直趋樟木箐。主力部队都是沿安宁河西岸北上，先头部队全是骑兵，昼夜兼程。有的一个人就牵了两匹马，一匹骑乏了，立即跨上另一匹。

当时，西昌县的清军和民团都躲在西昌城内，紧闭城门不敢出战，并准备了大量的灰包、矢、石守城。

太平军经过安宁河沿岸时，有不少群众参加了太平军或为他们运送物资，特别是河西一带去的人更多。直到太平军失败以后，有的人才回家。这些人往往被称为"长毛"。太平军的战士也有因伤或迷途掉队后流落在这一带的。樟木箐有一个姓何的，便是在那里安了家的太平军战士。

太平军大部队过去以后，又有一帮流氓无赖，伪称太平军跟在后面骚扰百姓。

一个多月以后，太平军主力行经冕宁、石棉一带，遭到清军的围追堵击和土司岭承恩的袭击，损失很大，在紫打地又遇到清军的猖狂进攻。进抵大渡河时，逢河水陡涨，制舟筏数次皆不能渡，河北岸有四川总督骆秉章所派大兵及土司王应元阻拦，河南岸又有清军和土司围击，太平军被围月余，弹尽粮绝，马皆食尽，牺牲者颇多，伤者不得治。石达开乃以保全部众生命安全为条件，自投清营。清军初假意允诺。但石达开到达后立即将其枷往成都处死，又将已交出武器疲弱不堪的太平军战士数千人尽行杀戮。

据说有一部分太平军循大渡河而上，到达了草地，人民很爱戴石达开，都说他不是被杀而是到草地去了。

太平军战士败散后，有些人就沿途留下，在当地成家立业，越西、西昌、德昌都有他们的子孙，有的流落到了彝区，或投靠于彝族劳动人民，或被奴隶主强迫为奴隶。由于奴隶数量的增多，加以太平军战士的反抗，所以有些奴隶主宁愿贱价出卖也不留在家中。甚至用一锭银子可以买到三四个"长毛"，一块荞粑都可以换回一个来。直到现在，甘洛县田坝一带都还有不少"长毛"的后代。

（三）太平军经过越西大瑞、中所等地的情况

太平军由云南渡江，经会理北上，于同治二年春到达泸沽后，即分兵两路。大队循冕宁大道向大渡河方向进攻，由石达开亲自率领，在铁宰宰被清军和土司兵击败，少部分进入越西县境。在到达越西县城以前，经过的地方有冕山、登相营、九盘营、小相岭、凌水湾、长老坪、长坪子、小哨、白泥湾、炒米关、五里盘、陶家营、大瑞、中所、小孤山等。

太平军的前锋都是骑兵，后面的步行和骑马的都有。他们为了抗击尾随而来的清军，曾在白泥湾后的山顶上构筑工事，但未发生战斗。

太平军带着不少辎重物资，上山下坡非常不便，白泥湾一带的彝族人民便主动帮助他们运输。太平军战士抬着东西，彝族人民便用粗大的绳子系住杠子，一步一步地往上拉。下山时又系住杠子的另一端，一点点往下放，终于使太平军顺利地翻过山坡。当时帮助太平军拉绳子运东西的彝族人民是很多的，他们见到太平军一批批路过时，就在山上叫："长毛来了，快来拉索！"太平军也送给他们一些酒或是酒钱，向他们表示感谢。

但是，汉族地主阶级对太平军完全是另一种态度，太平军也曾给他们以惩处。

当时田湾有一家姓郑的官僚地主攻击过太平军。这家的一名"武秀才"郑早卿在黑夜杀死了两名露宿在他家院墙外的太平军战士，太平军便烧了他家的碉楼，把他们全家人逐到山里去。另外，太平军在这一带就再没有烧过房子，也没有杀过人。

太平军失败后，不少战士流落到大瑞一带。有一名姓邓的太平军战士帮这里的曲莫阿牛家做活，阿牛便把外甥女儿嫁给了他。大花地区的倮伍家有一户娃子也招赘了一名太平军战士。这一带的郭家、田家等也都如此。太平军战士在这里安家立业，和这里的彝、汉人民共同生活、共同劳动。现在这些地方还有他们的后代。

太平军由大瑞到达中所以前，谣言已经传到中所一带。清朝官吏说："太平军见人就杀，见东西就抢，见房子就烧。"

太平军快要进驻中所时，有钱人急忙跑到城里躲避，有些穷人不明真相，听了谣言，也跑到附近山上林中藏了起来。但还是有些人没有走开，仍然住在家里。

当时，清军有一名通判，率军一营，约四五百人，扎在中所。他听说太平军快到了，便急忙率军退避入城，根本不敢打照面。

太平军到达中所时，没有跑开的人就出来迎接，他们都是无田无产的农民。太平军就在他们每家门口插上一支小旗，表示这些人是好人。有部分太平军在太平坎住了一夜。当时，那里的老百姓有的跑了，有的躲在附近观看动静。有一家房子里关着几十头牲口，虽然主人不在，太平军也没有宰杀或牵走。据说太平军见到圈里有怀孕母猪，就在猪圈上贴一张条子，说明圈里的是母猪，不要杀掉它，以免一刀伤数命。

邓家坝有一家地主，新修了一幢房屋。路过的太平军在这里住了一夜，这家地主在夜间派人暗杀了一位出来挑水的太平军战士。太平军临走时把这幢房子烧了。

原先躲在附近观望的老百姓，看到太平军并没有随意杀人放火、乱抢东西，也就渐渐地回家来了。

太平军离开中所坝时，不少彝、汉群众都跟随他们去了。有的是参加了太平军，仅王熹廷听人说过而且现在还记得起来的就有田英庭、郑显廷、刘崇清等人。更多的是为太平军挑担、赶马、运输东西。

太平军给中所地区的彝、汉人民留下了很好的印象。

太平军进抵越西城下时，城内的清朝官吏和豪绅地主害怕遭到惩罚，死命防守。城墙上每个垛堞都站了一个清军。太平军路过的几天，清军一直把城门紧闭。由于城里的人太多，粮食吃完了，水也喝完了，只有以荞叶为食。太平军也没有攻城，绕城经东山脚下继续前进。东山下有一大片水由，清军把水沟下游堵塞，使田里的水深达数尺，太平军在黑夜急行军时，有的马匹收脚不住，陷入田中。当时，太平军行军是一小批一小批的，前队的已远去，后队的未赶上，清军就乘机而出，对这些陷入泥潭的太平军进行攻击。太平军被溺、被杀的约五六十人。清政府以银悬赏收缴太平军人头，有些清军就把老百姓杀了，提头去领赏。

太平军走到大渡河边时就失败了。当翼王石达开被俘以后，清政府就来招降太平军战士。声称只要交出武器，保证不杀人，并且每人发给四两肉。但太平军便削尖了竹子进行抵抗，牺牲的很多。

太平军过后不久，山上的彝族便下山来，一方面是彝族人民向清军、向民团进攻，另一方面是彝族奴隶主乘机抢掠，他们把比里湾（白泥湾）到小孤山一带的房屋大都焚烧了。以后，清政府就说这些房子是太平军烧的。那时候，清军见了头发较长的老百姓就说是"二毛子"便抓去杀掉。有的老百姓被迫去追赶太平军，自愿当"长毛"去了。

有些太平军战士就在这一带留了下来，中所有周、潘等四家，瓦岩有一个姓刘的，后来人们叫他"刘长毛"。挖补塘有一个姓沈的，原是太平军的军医，他的医道很高明，看病又非常认真，而且不贪财，彝、汉人民都十分敬爱他。

太平军失败之后，这一带的彝、汉人民对他们十分怀念。有的说翼王石达开没有被杀，在成都被清政府处死的是另外的人。有的说石达开跑到草地去了，或是到峨眉山去了。据说后来还有人"见"过他。

（四）太平军在越西彝区的影响

翼王石达开的军队经过越西已90多年了，那年是猪年，彝人都知道猪年"长毛"反，猪年过"长毛"。

"长毛"快要来以前，彝区就听说"长毛"要来了，还说"长毛"见人就抢、就杀，捉住人后把肚子剖开，挖出心肝五脏，装上粮食喂马，马吃惯了，所以"长毛"的马见人就吃。听到这些话以后，大家都害怕。

"长毛"来得很快，来了才知道，他们从相岭顶，经小山、白泥湾、炒米关、陶家营到中所坝这一带。他们日夜不停的过路，马太累了，鼻孔出不赢气，就把马的鼻子割开。因为"长毛"来得很快，有的人躲藏起来，来不及躲藏的人和"长毛"会了面。他们在山下大路过，彝人在山顶偷偷看，他们看见山顶上有彝人，就打招呼说："你们快下山来。我们宰牛、宰羊给你们吃！""长毛"打的是白字黑旗。

"长毛"过了很多以后，冷土司（承恩）就来命令叫各支彝人去打"长毛"，果基阿石子家与冷土司是亲戚，翼王就是阿石子家娃子捉住的，以后由土司交到成都去，冷家得了赏，共有七个半印。

"长毛"过了以后，彝人就惹祸了，老一辈的人常说"翼王是惹祸的苑苑！"因为翼王经过彝人地方时，打听到各支彝人住哪些地方，哪些人是各支的头人之后，他就给各支头人写信，写信时没有和各支头人见面，有的是通过彝人各家支互相传送，有的是通过到彝区做生意的汉商送信。阿侯、八且和果基等13家都得到过他的信，给果基十三家的信是统一给的一封。信上的大意是："我们已经把清朝皇帝的地盘占了大半了，我们走这里过就是去夺皇帝位的，各支头人要好好率领自己的人起来和清朝官兵干，等我们把做坏事的人都杀掉，夺了皇帝位后，各支头人都可以当官，都有一份粮食吃。"

那时各支头人亲眼看到千千万万的"长毛"打出去了，清朝官兵一听到"长毛"来了就跑，各个哨卡很空虚，大家就动手干起来，因此，"长毛"过了以后，就把小山扎断，营房烧毁，清军粮草一运到就抢。后来听说翼王在阿道（即石棉）失败，但彝人已经惹祸了，就继续干下去，越干越大，干的人越来越多。到了"长毛"过了以后的第六年（龙年），清朝就派周达武率领清军来打我们凉山。

老一辈说，当彝人扎断小山、抢粮草、断绝交通以后，土司就派人给成都清官带信说："如不派大军来打彝人，我管不下了！"周达武带领清兵一直打到牛牛坝才收兵。这次彝人被打败以后，才开始作质换班制度。

在越西，周达武从大阿一直到谢家墩，沿东山一带都修筑碉堡，每个碉堡都驻扎一个总爷带兵把守，主要是防普雄彝人出来抢劫。听说彝人和周达武打仗时，火药枪很少，大都是把硬木棒削尖，在火里烧一下作军器。从滥田坝经蛮子沟到四簧沟一带，杀死了许多人，那一条沟的水都是臭的。后来彝人被打败了才投降。

在打仗中有一个穿红裙的妇女在山上奔跑观望，并没有参加战斗，但周达武说这个女人很厉害，一定要交出来杀掉。八宜家被打败投降了。但周达武一定要把八宜家的头人八且格硕杀了才甘心。开始八宜家的人为了保全这个头人的性命，他们说投降可以，但头人一定不能杀掉，但周达武说，如果头人没有杀着，就将八且家整个家支杀绝，斩草除根。后来八且格硕为了顾全家支，就自动出来让周达武杀，但他提出一个条件，即他要与周达武再打三天仗以后，才愿意就刑，这个要求被周达武拒绝了。以后他又提出，不打三天仗，也要向周达武的军队射三箭才愿意就刑。周达武接受了这个条件。他在射箭时，果然三箭射中三个清兵后，才被周达武所杀。

各支彝人投降后，周达武上报成都，说各支头人都杀了。其实只杀了一些没有钱的头人，有钱的都出钱买命。周达武杀这些头人时，成都还派了官来监斩，但周达武先通知了各支头人，叫他们用娃子当"替死鬼"。这些头人把好衣裳给老实的娃子穿上、宰牛宰猪打酒给娃子吃后，然后向这个娃子说"周大人要给你官做，送你的好东西，他问你是不是某某人（即头人的名字）时，你就要答应说：是！"这样，名义上说是杀了各支头人，其实杀的是娃子。周达武得了不少银子，多的是二、三千锭，少的也要出几百锭。听说这件事是周达武通过他的师爷两父子干的，后来周达武害怕他的师爷把这件秘密泄露出去，就把这两父子杀死在中所坝附近的五里排。

（五）太平军经过越西城郊的情况

太平军到达这里前十年左右，"长毛造反，要夺清朝江山"的消息就传到了越西。后来，听说太平军要从云南往这里来的消息后，清朝的官吏便大肆造谣说："长毛无恶不作，无所不为，连他们的马都是吃人肉、喝人血的。"

同治二年（1863）初，太平军从泸沽分兵，一股进入了越西。清朝的官兵同地主豪绅急忙跑进城里躲避。他们不仅闭门不出，而且还拆了一座石桥，把几千斤重的石条拿来抵住城门。城墙上每个垛堞站着一个兵，放着五支矛，准备在太平军攻城时进行顽抗。但是太平军却没有攻城，从东门外河边绕过去了。太平军路过的几天里，城里的官兵地主连大气都不敢出一口，不知道什么时候城会被打破。

太平军的先头部队是骑兵，接连走了几天，人数不知有多少。白天路上的灰尘像云雾一样遮得不见太阳，晚上火把一个紧接一个，望不到头。太平军骑着快马，带着火把，像一条火龙。

和清朝官吏与地主豪绅的造谣污蔑相反，太平军是不轻易杀人的。中所、小孤山，越西东南门外都有老百姓站在路旁观看太平军行军，太平军都没有伤害过他们。而且，若不是地主杀害了太平军战士，太平军也没有先烧他们的房子。

真正屠杀人民的是清朝官兵。当一部分太平军战士误陷入东南城外的水田中，失去战斗力时，清朝官吏下令取得一颗太平军的人头者，赏银10两。清军为了贪赏，除杀害太平军战士割下人头外，还残杀无辜的老百姓，割下人头去领赏银。例如他们杀了南门外的一个青年，把他的头割下来带进城去领了赏，在悬头示众时，被这位青年的母亲认了出来，她伤心地痛哭了好几天。

附近的农民也有随太平军去的，也有不少人为太平军背粮食、抬东西。城附近的李家就有人参加太平军。大屯的陈家有人去运东西。大屯的胡家（即调查对象胡锡城的叔公）为太平军作厨师，太平军在安顺场失败后才回家，还被人呼为“二毛子”。

太平军失败后，不少战士流落到这里，为彝、汉人民所收留。太平军在白沙沟遭到清军伏击，牺牲了不少人，也有很多人受伤。当地人民暗自把这些伤员引回家来，调养掩护。后山乡有一个彝族老乡引回了三个受伤的太平军战士，他们的伤养好后就和这家人一同生活、劳动，有的入赘在这些人家，有的又由这家人另说了媳妇，安家立业。

张开寿的母亲就是一位广西籍的太平军女战士。她是随太平军后队前进的，后来掉了队，便为南门外的张家所收留，不久便和张家的一个青年结了婚。

这一带的老百姓为了避免清军搜捕，把流落下来的太平军战士递去了头发，换了衣服，教他们说本地话。以后这里的挖煤工人、从富林到泸沽运盐的力夫中就有不少是太平军战士。他们多是被认作干儿子、干女儿，或是招为女婿后留下来的。现在北街上的田家、陆家、郑家和先家坛的张家、李家都是他们的后代。

太平军过了之后，附近的少数彝族奴隶主乘机下山来抢劫，普雄的阿侯博留家、倮伍尼子家掳去了外南街的几十个人，还把房子烧了。那时清军还不敢出城，只是把城门开一条缝，容一人出入。以后清朝官吏就说房子是太平军烧的，人也是被他们掳去的。

（六）太平军经过越西新民、保安、梅子营、海棠等地的情况

在太平军到达这些地区之前，清朝官府和地主、奴隶主们就十分惊恐。他们造谣说：“长毛走一处吃一处，吃一处杀一处。”“长毛一来，大人都要杀光，小人都要带走”，又说什么“长毛把小孩的肚子剖开，挖出心肝五脏后，装上米喂马，马习惯了，见小人就吃”。又布置了一套“坚壁清野”的办法，设下陷阱，以便消灭太平军。官僚地主们一面四处藏匿粮食和财物，一面威胁彝、汉、藏（当时称为“番”）各族人民说：“你们把房屋拆掉，把粮食和全部东西都搬出去藏起，人都躲起来，长毛见不到人烟，住的地方和吃的东西都没有，他们就不会来了。"例如，当时腊关顶居住着十一二户藏人和三户汉族农民，吃水很困难，要到五六里以外的五里排去挑，清朝官兵竟强迫他们把水桶也藏起来。梅子营附近有一个大岩洞，能容一二百人，官兵和地主豪绅就强迫群众到这里躲藏。此后竟将这个洞叫作"躲长毛"洞。

在太平军快到越西以前，保安和海棠的都司还专门派人到越西城和王家屯（新民）去探听消息，在当时群众中造成了一种恐怖的气氛。

据说在属猪的那年（1864年）的四五月间，太平军从西昌经泸沽分路，一支经冕山、小相岭、大河、中所坝等地进逼越西城下（石达开本人没有经过这里）。城区附近的地主豪绅都仓皇逃入城内躲藏，就连保安、海棠一带的有钱人也争着逃往城内。太平军经过时，城门紧闭。当时城里躲藏的人太多，把井水都汲干了。当时太平军马不停蹄日夜兼程赶路，越西城内又有重兵把守，城上架着大炮，所以太平军没有花费时间去攻城，而从中所坝插到东山边，再折经王家屯到保安。

一路上，清军不敢交锋，驻守青杠关的一个把总早已逃得不知去向。只是太平军到达王家屯附近的大屯时，这里的地主妄图螳臂挡车，在寨里向行军中的太平军射击，太平军立即攻占大屯，消灭了敌人，焚毁了碉楼。

当太平军神速进驻保安时，驻防当地的清军"武字营"大为震恐，落荒而逃。保安都司由于大肆榨取民脂民膏、金银财物很多，在仓皇逃命之际，还有一大箱银子顾不上带走，扔到茅坑里去。只有一个姓赵的领哨率领少数清兵企图负隅顽抗，在太平军迅速攻占保安后，将这个领哨擒获，并立即押到城墙上处决，然后将"武字营"驻地武庙焚毁。保安镇上的汉族地主豪绅则逃到附近深山老林中的彝族奴隶主家安身，并积极策划进攻太平军。

太平军从保安到梅子营时，汉族地主和彝族奴隶主岭承恩（土司）率领反动武装进行截击，但与太平军一触即溃。他们还欺骗和唆使一些老百姓去杀害太平军。"凡杀死一个长毛，割下一只耳朵表功者赏银六两"。根据梅子营老人蔡登贵说："太平军在这里驻扎三四天。我们家里是穷人，没有跑。那时我的父亲和二爸都是20多岁的小伙子，清官就悬赏叫他们带上短刀去杀刚到这里的太平军。因为他们行军累了，睡得很熟，我二爸就去揪住一个太平军的耳朵，正准备用刀割时，这个太平军战士发觉有人揪他的耳朵，就一个反掌把我二爸的刀打掉。二爸被打在地上。这个太平军战士爬起来，看见我父亲和二爸是老百姓，不但没有打骂他们，还给他们说：'你们不要听信清官和发财人的话，不要受他们的指使与我们作对。'我父亲和二爸看见太平军的武艺那样好，又那样宽待他们，向太平军赔了礼以后就跑了。"在太平军驻扎梅子营期间，一些清军官兵和土司兵也混在老百姓中躲在四山观望。太平军看见清军和土司兵就去追杀，看见老百姓就不伤害。他们吃的粮食是抄地主豪绅的家得来的。晚上进军时，就用布缠在木棒上浇上油作成火把照明。

几万太平军已经过了大半，后面来的人渐渐少了，行军中又有些间断，这时有些清兵和地主奴隶主武装就在山势非常险峻的百沙沟西面陡壁上钉上木桩，系上皮条、藤子和绳索，沿着陡壁放上滚木和擂石。当后队太平军不了解情况，从梅子营腊关顶进入西山之间的深谷百沙沟，路经百沙沟西岸时，地主奴隶主分子就将皮条、藤子、绳索砍断，滚木擂石从几十丈高的陡坡上滚下。正在行军中的太平军战士，猝不及防，有的立即被打死，有的被打伤，当时牺牲的有一二百人。这时土司兵已扼据梅子营到百沙沟间的腊关顶，已经过了关的少数太平军战士因受滚木擂石的威胁，不能再过百沙沟而散失，已过百沙沟的太平军战士由于不熟悉道路，不能再沿陡坡前进，便从干沟绕过腊关顶回到保安。据说他们折回保安后，又从保安向梅子营、腊关顶进发，驱散了盘踞在那里的清兵和土司兵。

这次太平军在百沙沟的伤亡是很惨重的，除了牺牲的以外，约有百人身受重伤，就集中到百沙沟畔的岩洞里，后被清军发现，向他们进攻。太平军伤员们坚持反击，终因伤势过重，又断绝了粮食，结果被困在洞中活活饿死。几天之内，当地群众还能听到呻吟声。

已过百沙沟的太平军前队，经蓼叶坪向海棠进发，海棠的驻防清军有二三百人，并在城楼上架设大炮，对准蓼叶坪到海棠的大路，企图炮击太平军。不过，当太平军一到，海棠清军都司陈士亨早已弃关而逃，汉族地主也逃到少数民族地区。当地老百姓在清朝官府和地主豪绅的恐吓逼迫下，许多人也躲藏起来，太平军到达海棠时，只有少数清军和贫苦群众迎接他们。一个姓朱的农民还带领太平军搜索官府和地主豪绅的粮食财物，太平军在取得粮食和财物后，即将清军营房和地主豪绅的房屋烧毁。

由于太平军是一支革命军队，因此对这一带的彝、汉、藏各族人民的影响是非常深远的。他们向当地各族群众宣传了反对清王朝反动统治者的道理。如向群众宣传说："我们是反对满清的，推翻了满清，夺了王位，天下太平，大家就好过日子了。"太平军打击的目标都是群众痛恨的清朝官兵与地主豪绅，有少数群众即使一时受到了清王朝官兵与地主豪绅的欺骗利诱与太平军对抗，太平军也采取说服的办法，对他们进行教育。因此，太平军经过王家屯、保安、梅子营和腊关顶时，曾有一些汉、彝、藏各族人民参加了太平军。太平军也把一些小孩寄养在老百姓家里。

在太平军路过这一带以后，彝族人民反抗清王朝的斗争也更加激烈了。王家屯附近的彝族人民纷纷起来攻打清军，切断了越西通向海棠的大路，虽然青杠关就有个总爷带着500人把守，但连这条路都守不住，直到第二年，追赶太平军的一个"将军"到了，才把彝族人民镇压下去。互拉岗的彝族人民也进行了反抗，清政府急忙派了梅予营的漆把总带清兵50人前往镇压。彝族人民将官兵诱入村寨，用一部分力量包围歼灭清王朝的官兵，而派另一部分力量去攻打梅子营，并将梅子营的清军营房烧毁。

尽管清朝官府、地主、奴隶主对太平军进行造谣污蔑，彝、汉、藏各族人民还是很快就认识到了：这支队伍是种庄稼的穷人起来闹革命的，清朝官兵和彝人汉人中的发财人听到他们来了就只有跑。群众一致赞扬：保安领哨杀的好！因此，在太平军后队遭到土司武装袭击溃散后，虽然有一部分被屠杀或被掠为奴隶，但其余的则在当地彝、汉、藏各族人民的积极掩护和帮助下，活下来或逃了出去。当清朝官府逼着群众交出这些太平军战士时，群众都挺身而出保护他们，把他们认作自己的儿子、女婿和亲戚。这些太平军战士得到当地各族劳动人民掩护以后，有的自愿给彝、汉、藏各族农民做儿子，有的上门作了女婿。如一个太平军战士即在梅子营附近彝族甲勒家上门，他的劳动技能很好，经常耐心地帮助当地彝族人民，大家也很尊敬他，为他取了个彝名叫甲勒者涅，现在已经三四代人了。

当1935年红军长征路过这里时，国民党军阀和地主、奴隶主大肆造谣污蔑，各族人民就想起了70年前太平军经过的情况，他们说："70年前过长毛，清朝官兵和发财人说长毛杀人放火，无恶不作，这回要过红军了，国民党和发财人又说红军是杀人放火，恶无不作，看看再说。"所以红军经过这一带时，许多劳动人民都没有跑，也没有躲藏。

总之，太平军对这一带各族人民的影响是深远的，群众至今还念念不忘。

二、彝族人民反抗帝国主义的英勇斗争

（一）彝族人民反抗帝国主义侵略的概况

帝国主义分子在西昌、大凉山一带的罪恶活动，大多是通过教会传教作掩护，并利用所谓"救济"与办"学校"，设"医院"等方式来麻痹彝、汉人民，在暗中或公开进行活动。下述是帝国主义利用教会在西昌与凉山地区进行活动的几件事实：

在西昌及凉山地区活动的帝国主义分子分属美、英、法、意等国籍，在教会上亦分为天主教和基督教。虽说教名不同，而本质却是一致的，都是帝国主义用以对我国国内少数民族地区进行侵略活动的一种工具。因而他们之间不仅相互勾结，而且还与清朝政府、国民党政府合谋，共同剥削压迫彝族人民。

天主教以往在西昌地区力量最大，早在清末光绪中叶即已传入。西昌教区原属四川叙府（宜宾）教主沙德客管理。1870 年，首先传入会理。1890 年法籍神父光若翰自香港经昆明来西昌传教。1895 年，发展到盐源、德昌、冕宁、汉源等县。1897 年又由法籍神父路月传到越西。1902—1907 年先后在盐边的同德、永胜、建康等地成立教会。1910 年因西昌地区教务扩大，当时川南主教刘某感到可以更进一步的扩大组织进行活动，乃由罗马教廷批准将西昌区划出单独成立宁远（西昌）主教区，由教廷指定光若翰为主教后，即在宁属各地购买田产、房屋，增设教堂，开办"医院"、"学校"等，形成对我宁属地区进行活动的根据地。

1917 年，光若翰调往广州主教区，由神父卜尔安继任主教。卜病死后，由法神父包明扬代理主教。当时正值第一次世界大战，各帝国主义加强对中国的侵略活动，该教会即从香港来宁属区大力扩展势力，拉拢了许多人入教。据 1947 年不完全统计已有教徒7827人之多。

1946 年梵蒂冈对中国天主教颁布了：圣徒体制，划分 20 个教省，85 个主教区，34 个监牧，4 个自立及自治教区，西南区有川康、滇、黔三个教省。总主教堂设重庆，其下分设重庆、成都、万县、顺庆、宜宾、乐山、西昌、康定 8 个主教区。帝国主义在西昌的活动中心，称为"永安公"，在下面分设严密的组织。主教堂设有参议会组织，掌握了西昌地区 18 个教堂、教会。这 18 个教堂、教会是：西昌总堂，西昌河西设 1 个分堂，会理木落寨等设有 3 个教堂，德昌县城、永定关设 2 处教堂；冕宁县城、泸沽、秧草坝，沙坝设 4 处教堂；盐源的盐井、卫城、树德、长坪予设 4 处教堂；盐边与米易也各设教堂 1 所。这些深入内地的教堂正是帝国主义活动的根据地。

教会在各地还附设有"医院""学校""传习所""修道院""养老院"等机构，以伪善的面貌和小恩小惠拉拢群众入教。当群众一经入教便受其约束，听其摆布。同时教会还掌握了雄厚的经济力量。据 1950 年自报的，即由梵蒂冈汇来 6 亿元（由美元折合成人民币）之多，他们利甩该款来大量购置房屋、土地，以此出租给教徒，便于从经济上加以控制。同时又借此压榨剥削贫苦人民（汉、彝皆有），仅以 1949 年计，教会在西昌收租米 520 箩（每箩 140 余斤），再加上河西、德昌、泸沽、冕宁……全教区可收租米1825 箩，共合大米273 750斤。另外每年教会还要教徒"捐献"银两。

教会经常派教士深入彝区进行"考察"，偷绘地图，侦查自然环境、物质资源及人力等各方面的情况，作为情报向国内反映。法国的亲王奥尔良由云南到西昌和光若翰一道，通过大凉山进行"考查"活动，并将窃取的所有材料带回法国。主教徒包明扬曾派了法籍司铎墨尔诺专门"研究"彝文、彝语，著有彝文文规和字典，送往香港教会当局出版。为了培养一批忠实于他们的走卒，挑选了一些奴隶主的子弟到成都、重庆甚至南洋施以训练、"深造"。抗战期间，法籍神父江导源，搜集西昌一批情报，编成小册送往法国。教会势力与国民党政府也有密切的勾结。1943年国民党军统特务曾查获法神父江导源的间谍活动，将其扣捕，"永安公"也被查封与外界隔绝。但国民党西昌行辕主任张笃伦却极力包庇，张指示其妻给教会带信到重庆，不久蒋介石亲来西昌接见了包明扬及被扣犯江导源等，并同桌共餐。江向蒋说："前两天我还是犯人，今天又同蒋总统同桌吃饭了。"在蒋与教会的勾结下，下层军官也无不向教会道歉。蒋明知江等的间谍活动，不仅不过问，反而极力包庇，并将西昌教会原借银行之款全部赠给教会。

帝国主义在彝区的侵略活动，并未得到预期的效果。彝族人民对他们毫无好感，据1947年的统计，教会在全宁属被骗入教的也只不过是7827人，并且绝大部分系汉族地主、豪绅。劳动人民及彝胞入教的则寥寥无几。解放后，教会又大肆造谣破坏，并策动地主土匪组织"反共救国军"图谋叛乱。还窝留特务，架设电台与台湾联络。此项阴谋破坏活动亦未能得逞，终于被人民政府捕获，帝国主义分子也被驱逐出境。

帝国主义还通过基督教会在西昌及凉山地区进行侵略活动。早在清光绪二十七年（1901）美帝即派遣牧师夏时雨来西昌活动，设福音堂，夏去后向美帝作了汇报，又派"牧师"劳益谦夫妇来此扩大教堂，设立了"医院"以拉拢群众。迄至1930年，美国的"中华基督边疆服务部"又来西昌设立"边疆服务部西康区部"。他们为扩大组织，又与以前的"西差会"合并，并以红十字会为名到处散发一些破旧衣衫、物资，借以收络人心。他们还在西昌设立"医院""农场""学校"及"西昌夷民招待所"。并派人到会理小黑箐、西昌小高山、昭觉竹核、四开等处设立教堂，以打入彝区腹心地区。

此外，英国的内地会也在昭觉城内设有教堂、"医院"各一所，由一个英国牧师主持。据昭觉彝族群众说，他养了驴子一匹，随时借行医为名，四处活动，或登高山观测，或入彝民村寨"访问"。

在会理小黑箐（彝族聚居区）约在1930年时，英国的安牧师到此进行活动并与黑彝奴隶主傅德安等取得联系，借用傅家屋前一块土地修了三间房子，进行传教，并开办"小学"，教习汉文，学习者多系黑彝子弟，亦有少数曲诺子女，但因彝族人民不支持，该"学校"毕业者仅有七人，皆系傅家黑彝。傅德安与教会勾结后，安牧师将其破屋改修为新屋，每月给28元的银子作为"津贴"，傅家便借此购买了更多的土地，依靠教会压榨穷人。安牧师在此建立传教场所，并强迫彝族学生信教，做礼拜。当地彝民痛恨傅德安，但又受着傅家统治，不得不依。实际上他们并不信仰。正如彝民阿足阿呷等所说："做礼拜他叫我们闭上眼，我们就偏要看他做什么，隔了一两次，我们就坚决不去了。"小学生也根本不相信，一离开学校就什么也记不着了。可见帝国主义与黑彝奴隶主相勾结，强迫群众信教，而仍不能达到目的，人民群众同样是不支持他们的。

另外，美国的"美北侵信会"也在临解放前于西昌地区进行活动。1947年该会派遣了美籍牧师伍福根、谢崇善等来西昌活动，伍系美战略情报局的人员，曾在中美合作所内参与迫害革命志士。他们活动的地区多在西昌、冕宁、泸沽和会理等城镇。仍以传教、"办学"和"救济"贫民等美名掩盖其丑恶的面目，搜集彝族和其他少数民族的情报，送回美国。

解放后，伍即为我军逮捕，判徒刑 5 年。

帝国主义分子深入彝区活动除上述外还有多次，早在 1908 年，即有英帝国主义分子巴尔克深入凉山腹地"探险"，实则是测绘地形，搜集情报，向帝国主义提供资料。当其行在美姑的连渣脑村时，即为阿侯家黑彝所杀。其所绘之地图及所窃取的材料全为彝族人民抛弃，而没有落入帝国主义手中。

1950 年西昌和凉山地区获得解放，随即将教会侵略势力（天主教的 30 余人，基督教的 10 余人），全部驱逐出境，其中罪恶极大的，依照国家法律分别判了刑，作了处理。各族人民热烈拥护党的这一英明正确的措施。从此永远结束了帝国主义分子在西昌与凉山地区的阴谋活动。

（二）越西彝汉各族人民反帝斗争情况

1. 城关人民的反帝斗争

清朝光绪年间，法国人光若翰在越西城内北街修了一座教堂，叫做"永安公"。初来时，给贫苦人民施一些小恩小惠，拉他们入教。吃不起饭的人，他一个月发给 5 升或 1 斗粮食，得了他的粮食也就要听他的话了。首先是要奉教，然后要串联亲戚朋友奉教，一个串一人，奉教的人才多了起来。法国教士在这里任意欺压百姓，有个叫路凤鸣的司铎，随时都提着一条棍子，听说有不奉教的人和奉教的人发生了纠纷，便不问青红皂白，叫把不奉教的人抓来打一顿。因此，人们把他叫做"路马棒"，教士们对县官也是盛气凌人的，可以不通报就直接进入县衙，在公堂上摇着扇子，大模大样的。因为清朝规定了洋人见官高一等，县官当然不敢惹他们。

法国传教士准备在越西长期住下来，还在先农坛买了一块田，每年可以收 10 多石谷子。

有些地痞、流氓看到教士势力大，便跑来奉教，投靠洋人，狗仗人势，到处欺人害人。受害的人也只敢怒而不敢言。有时告到县上，县官也不敢判"教友"的罪，无理也要给他们说上三分理。例如"教友"蒋建廷侮辱了一个姑娘，女方告到县里，县官不仅不处理，反而令女方向蒋赔礼道歉，说是坏了他的名声。"教友"周奉武以低价向农民李华登买鱼，李不卖，周就把鱼抢了，还打了李一顿，结果也就算了。

有的人因为犯了案或是做了坏事，怕吃官司，便去奉教，可以平安无事。有一个姓李的流氓抢了陈姓农民的鸭子，陈家来追赶，李便跑入教堂奉教，陈家就没有办法要回鸭子了。"教友"欠了别人的账可以不还，债主也不敢去要，别人欠了"教友"的账，"教友"就抬高利息，只借了 1 两，他硬说借了 3 两 5 两，当时，人们骂那些游手好闲的人说："你饿不过就投洋人去嘛！"

那时候，洋人支持"教友"，"教友"仗恃洋人，作威作福，人民不但不能骂他们说他们，就连洋人的洋字都不准说；"洋火"要说"擦火"，"洋布"要说"宽布"，如果不小心"犯了法"，"教友"便登门寻衅。

但是"洋人"和"教友"欺人太甚了，人民就起来反对他们。中所坝教堂的洋人和"教友"赵竟成父子无恶不作（人们把赵子比作地狱里的鬼卒，仗恃阎王——洋人，无所不为，便称他"赵小鬼"），老百姓便把教堂打了。以后，洋人命令县官把团总捉了去，要送成都判罪，当时南乡十八地的人民便宣布："县官要把团总送成都，我们就反了。"县官对洋人说："这两个犯人我送不走，还是你来送吧！"洋人见到几千人民拥入城里示威，又听说北乡彝、汉人民准备阻击，便不得不令县官把团总放了。

以后，洋人要在城隍庙巷修新教堂，强迫新址旁边的苏家让地方，苏家不让，洋人便暗地把一块木料丢到苏家院子里，诬陷苏家偷木料，便把年已70的苏海廷吊打致死，当时县里的知事萧济云主张公道，支持苏家和洋人打官司，一直打到成都，最后苏家卖了房子，洋人也赔了人命钱。

2. 中所坝人民的反帝斗争

教会势力侵入宁属各地后，找了一批大地主、大袍哥、大流氓做他们的爪牙。在冕宁沙坝有赵公三、松林有苟吉三、泸沽有颜保之、越西中所坝有赵竟成。这些大地主、大袍哥、大流氓以奉教、传教为名，仗恃洋人势力，欺压群众，无恶不作。任凭群众怎样向清政府去告，清朝的官也不敢管。有时实在太无法无天，清朝的官不但管不着，不敢管，而且教堂一出面与官府交涉、县官只得遵命，不然丢官不说，脑袋难保。这样就有许多豪绅、地痞、流氓去奉教，仗势欺人。

中所坝有个陶昆山是开马脚店、放高利贷的，专门仰仗洋人势力欺人。他只要看中了那家的房屋、田地，就伪造假的证件、契约，然后到教堂去控告，洋人立即通知清朝官府，原主就被驱逐。如他家隔壁一家店子就这样白白地被侵吞。赵竟成的儿子赵小鬼经常带一批地痞、流氓在街上抓拿骗吃，商贩不敢当面向他要钱，商贩到他家讨账时，他不但不肯认账，反诬商贩玷污了他家"名声"，不但账讨不着，还往往遭到毒打。那时老百姓不敢说"洋人"，要称他们为"大人"，甚至连"洋火"也不许说，要称作"擦火"、"自来火"，因为说"洋火"有个洋字，就了犯讳，被洋人和他们的爪牙听到，就会被关被罚。

光绪二十三年（1897）端阳节前一两天，一个奉教女修士名二姑娘的，与中所坝团总左敬堂的小老婆发生口角。恶棍教徒赵竟成的儿子赵小鬼与左敬堂的弟弟左飞凤又发生口角、殴打。群众早想起来反对教会势力，并惩治这批依仗洋人势力的恶棍暴徒，在平时只是敢怒而不敢言。因此当这批恶棍暴徒与左团总家发生冲突后，群众就抓紧这个机会，准备反对帝国主义势力的斗争。当时群众都说："洋人和教徒公然整到团总头上来了！""团总是我们南乡十八地之长，他都要欺压，我们百姓只有死！""欺民不欺长，扫了团总的面子，以后团总怎能作我们南乡十八地之长！"这样一些话不能不对左敬堂有所刺激，虽然他也很害怕洋人，但因他确实也受着洋人的一些欺压，就采取了表面上不动声色，暗中赞成群众起来反对洋人。

端午节那天到了，中所坝地区彝、汉群众前往打教堂。首先是一群孩子用李、杏核在教堂门前打，教堂的丁司铎就恶狠狠地亲自出面干涉，并驱逐这群小孩，于是中所坝街子和附近三四千彝、汉群众男女老幼一齐出动，一阵的石头、棍子就把教堂捣毁。在群众的怒潮下，洋人的帮凶丁司铎躲避一阵以后，逃跑进城，向洋人——司铎路凤鸣"诉苦"，永安堂立即命令县官陈周礼惩办中所坝的老百姓、惩办为首打教堂的群众和团总，赔偿教堂损失。在洋人的威吓下，越西官府拘捕了为首打教堂的群众和正副团总左敬堂、郑之炳等。

10多天后，有消息传来，说县官要开庭，和洋人会同审判被拘押的人。群众一听到这个消息怒不可遏，越西县南乡十八地和北乡天王岗、大屯、王家屯、瓦岩、青杠关、耿家湾等地彝、汉群众，除老幼和小脚妇女外，在审判那天每人准备3个石头和1根木棍，一齐涌向越西县城。县官和洋人闻讯大惊，忙把城门关闭。愤怒的群众到了城下，把带来的木棍靠着城墙，堆成与城墙一样高的堆子，从木棍堆上爬入城内，又一齐涌向县衙门的大堂上，四街都挤满了人，街上没有站处了，就站在四门外，声势非常浩大，仅涌进衙门的群众把每人带来的3个石头丢在县衙门的墙下，就把墙堆了大半截。

县官陈周礼在法国人路司铎等的挟持下，本来已经表示一定要"惩办祸首，培修教堂，赔偿损失"，但在广大群众的威力面前，又不敢会审，便企图缓和群众斗争情绪，寻找时机再行处理，所以宣布暂不审判，人犯收监。群众坚决反对，如县官一定要屈从法人，把拘押的人关进监牢，广大群众就要立即捣毁监狱。路司铎又令县官陈周礼，将被拘押的人送往成都去处理，但因广大彝、汉群众已早有准备，要在他们出北门的途中武装营救被拘押的人。仅城北十里的天王岗即有彝族群众五六百人手执刀矛在那里严阵以待。迫于群众的声威县官只好将拘押的人放了，斗争取得了胜利。

经过这次斗争以后，帝国主义分子和他们的爪牙的气焰不像以前那样高了。中所坝的教堂被群众捣毁后，教会只得租一间房子传教，房租钱由一个奉教人姓陶的出。县官也经常提心吊胆，怕群众再起来反对洋人，捣毁教堂，因此就传出一个"劝勿去打教堂歌"，说慈禧太后都准许传教，叫百姓不要打教堂。

从1914年以后，外国人就不敢到中所坝来传教了。他们叫中国传教士到这里来。中国传教士仍然仗势压迫群众，如教堂租了王熹廷弟弟的房子，租金200元，租后教堂未用，两年之后教堂赖账，要王熹廷的弟弟还本付息，交不出就拘押起来。中所坝的群众听到这个消息后，一齐涌入教堂，不得已才将王熹廷的弟弟放了。由于洋人传教士和他们的爪牙作恶多端，不断遭到群众反对，信教的人越来越少，从1926—1927年以后，中所坝就没有教堂了。

（三）美姑县彝族人民反帝、反清的斗争

1. 牛牛坝彝族人民反帝、反清的斗争

美姑县的牛牛坝系指连渣涝河和洛戈也打河流域汇合处之平原地区，四周有险峻的高山。牛牛坝地区土地肥沃，雨量充沛，适宜于农作物的生长；四周山脉形成自然的畜牧场，因此畜牧业也较为发展。

牛牛坝是大凉山之中心地区，很早以前彝族人民就劳动、生息和繁殖在这块土地上。由于人民的勤劳勇敢、物产丰富、山清水秀，因而外国侵略者和国内封建统治阶级无时无刻不想将势力伸入这一地带，掠夺此地的各种资源，征服此地的人民。但是广大的彝族人民和祖国其他各族人民一样强烈地热爱自己的祖国和家乡。他们为了生存、为了幸福，不仅终年累月地辛勤劳动，创造出各种各样的丰富的物质财富，而且还与外国侵略者和国内封建统治者进行了不屈不挠的斗争。

彝族人民中流传着一个故事，在6代人以前的某一年，因为自然灾害阿侯家缺乏粮食，派阿侯五普带着金银到雷波杨土司家购买，杨土司故意刁难，不要金银，只要一只小老虎。但是阿侯五普毅然应允了他提出的条件。彝族人民经过复杂、曲折的斗争终于智取了小老虎交给了杨土司。这正说明了彝族人民的勇敢和智慧。可是杨土司却认为阿侯家不得了，连老虎都能捉住，会造反，必须派兵征服彝人，"剿办"凉山。所以杨土司勾结清朝政府共同出兵分三路进军牛牛坝。一路从马边、雷波交界处进军；一路从西昌进军；一路从呷洛进军。

彝族人民知道清军的来意，哪能容忍。雷波一路到达瓦里河边界的吉呷卡泥时彝族各家支便联合打击清军，由于清军人数众多，武器优良，因而打死阿侯家、苏呷家三个黑彝，其他彝人被打散了。虽然大规模的斗争暂时失败了，但是彝族人民没有停止反清的顽强斗争，他们经常利用优越的地形条件进行小规模的斗争。例如当清军住在恩扎家瓦埂阿的时候，吉曲家就组织了部分力量打击清军，击毙2人。

清军对此没有办法，便借口认为此事是发生在恩扎家地区，因而将恩扎家的阿支哈夫妇残酷地杀害了。当阿支哈夫妇临死的前夕，阿支哈的妻子还说"现在我剃头了，女人处死时要剃头，我快要被处死了，我俩一齐死"，这表现了彝族人民反抗统治者临死不屈、英勇牺牲的精神。

清军三路会师牛牛坝后，屠杀了很多彝族人民，掠夺很多物质财富回去了。彝族人民对清朝统治者的这笔血债是没有忘记的。

1868年清政府将在彝族地区掠夺的财物运至呷洛的牛果核时，彝族阿侯家阿侯毕卜原勒等组织了20多人将全部物资夺回，驮运的马匹被打死，押运的40多人有的被打死，有的被俘为娃子。此事引起了清政府的震惊，经"查明"系牛牛坝阿侯家干的。这样就为清政府蓄意已久的、想将统治势力扩大到牛牛坝设土司统治的野心找到了借口。于该年便派周达武率领清军三路进军牛牛坝。其路线是：昭觉一路；雷波马边一路；呷洛越西一路。三路在牛牛坝会师后，还打破一口锅一路分一块以证明已经会合。清军来牛牛坝后，大肆掳掠人民猪羊，强迫人民运输等。彝族人民容忍不了清军的这种蹂躏和苦役。虽然处于寡不敌众的劣势下，却经常以设陷阱、安弩箭、放滚木、擂石等方法与敌人斗争。特别是与雷波、马边侵入的清军进行了三天三夜的斗争，不仅击毙很多清兵，而且清军的领队杨镇军也可能在这次斗争中被打死（据说现有坟墓和碑石）。经过一年多的战争，清军伤亡很大，没有办法，只好与彝人上层进行所谓的"谈判"，收缴一些废弓箭之后，将"令"旗插于山岗以图虚张声势；而暗中却狼狈逃走（现清军"令"旗已由民族调查组从彝胞处取得）。这说明彝族人民是机智勇敢的，是不可征服的。

不仅清朝政府和土司对牛牛坝贪得无厌，就是外国资本主义也非常垂涎这块美好的地方。1908年英国传教士巴尔克带领仆从7人由西昌经昭觉到牛牛坝勘测地形、绘制地图，企图侵夺地下宝藏。当彝族人民看见巴尔克用望远镜到处窥视的情景，十分愤怒。他们在阿侯瓦吉、苏呷火石古博的组织领导下，将巴尔克阻拦在连渣涝河转到口士脚的地方，巴尔克用手枪打死两个彝人，彝胞便用石头将巴尔克击毙，其他6人被俘为娃子。巴尔克的尸首葬后不久被保头用银子买走运回昭觉。

英国政府借此迫使清朝政府派兵进军牛牛坝进行"剿办"。清政府于1909年7月派当时四川总督赵尔丰带兵进剿牛牛坝。这次进军路线为两路：一路由西昌至昭觉进军；一路由马边进军。两路在牛牛坝会合后住了3天，召开了一次大会，修筑了工事，到现在还有土墙存在，高1公尺，厚2市尺。彝人看见清兵有两种：穿蓝衣服者胸前有字，每月三两银子；穿白衣服者背上有字，每月6两银子。这三天内没有打仗，因为清军与彝人上层进行了所谓的"谈判"。当时彝人办交涉的是阿侯乌日热土和苏呷却拉日土。谈判的结果是彝人上层作了些让步。当时达成的条件规定从昭觉到连渣涝河流域的所有土地"赔偿"给英国人，外国人可以随便往来（此材料不一定可靠，无文字记载，只是传说；割让的土地这样宽，若有此事不但是彝族人民不会答应，就是彝族上层也不会承认；此后也未曾有外国人在此活动的情况）。同时还缴了些废枪支、弓箭等，这样清军就分两路退回去报差去了。

但是彝族人民认识到这是很不光彩的事，绝不能忍受。因此当马边一路清军退回到毛河阿火时，彝族人民组织起很多部队狠狠地狙击了他们，阿侯家三个黑彝、苏呷家四个黑彝也在战斗中阵亡。清军在彝族人民的沉重打击下狼狈的逃窜回去了。

2. 1908 年美姑候布列拖地区阿侯家苏呷家杀死英国传教士巴尔克事件①

距现在 50 年（属猴年，即 1908 年）冬月间，英国传教士巴尔克带着 8 个汉人，从马边进入美姑候布列拖。在随从洋人的 8 个汉人中，只有一个会说洋话，但不会说彝话；另有一个会说彝话，其余 6 人只会说汉话。

这个洋人和他的随从，都没有保头，贸然进入凉山。当其行至美姑境时，阿侯家就有人跟踪，及至美姑候布列拖含遮洛村住了 3 日，当地彝族认为这个洋人是进来做买卖的，多拿着牛羊皮去卖给他，他不买。他拿着一架望远镜遍处瞭望，向他的翻译说凉山并不好。阿侯拉博（即我们的访问对象阿侯维波之叔）就问汉人翻译说："这个人长得怪模怪样，不像你们汉人，他究竟是个什么东西？"翻译说："他不是我们汉人，他是天外人，他什么都不怕，碰他不得"。这洋人虽着一然带支长枪，但阿侯拉博听说是什么"天外人他什么都不怕，碰不得。"他偏要碰这个碰不得的"天外人"，拔出长刀就往洋人的头上砍去。因为洋人的帽子硬，砍不动，洋人就拿出手枪把阿侯拉博打死了。洋人和他的随从 8 个汉人，就把他们带着的就东西抛了，连跑带滚地往山坡下逃跑，阿侯家的人就跟着追逐。当洋人和汉人逃到一条沟旁，正碰上苏呷家在沟边喝酒聚会，及阿侯家赶到沟边，洋人和 6 个汉人被苏呷家杀了，2 个汉人被俘。洋人所带箱子多是洋装书籍，其行李、长枪、短枪，全被苏呷家掠获。

事隔 3 月（已到 1909 年 2 月），西昌、雷波、马边三处官府，分头派人进入寻找洋人尸首。头和一只手分别给西昌、雷波赎去（已记不起赎价多少）；身子和两腿一手给马边赎去，赎价银 300 两。当时汉官和彝族都把这个洋人的尸体当作宝贝，苏呷家才把尸体分散以索取高价。马边官府是通过阿侯瓦吉（阿侯维波之父，被洋人所枪杀阿侯拉博之兄）向苏呷家赎取洋人尸身。马边官府事先向阿侯瓦吉说："你的弟弟阿侯拉博被洋人所杀，你家是受难人；杀洋人的是苏呷家，和你家无关，你去向他们把洋人尸体赎回来，并不责怪你。"阿侯瓦吉向苏呷家赎取了洋人尸体送到马边官府，就被囚禁了 4 年，后来用了 400 两银子才得赎取出狱回家。

洋人尸体被官府赎走后，清廷就从西昌、马边两路进兵美姑。西昌一路 1000 多人，马边一路 2000 多人。马边这一路曾被阿侯家一度击退，后又反扑。西昌一路系由苏呷家阻击不能获胜，两路遂在美姑牛牛坝会师，只住了一夜，次日，即被阿侯家、苏呷家联合反击败退，清军被打死打伤数百人。这次清兵进攻，只打阿侯、苏呷两家；所以，当阿侯、苏呷两家反击清军时，当地阿陆家、马家等黑彝家支观望不动。

（四）法国教士密龙在马边县挂灯坪的活动和彝民的反抗

1. 密龙去挂灯坪前后

密龙，法国人，男，约 50 多岁，汉名谢纯爱。1927 年由宜宾教区调到马边县天主教任司铎，当时有教徒 200 多人，另设有经言学校、医院各一所。经言学校有学生 10 余人，全系教徒的子女。

他到马边之后，就学彝语（原来就会汉话），著有彝法文辞典，曾送成都付印。当时高竹营乡黑彝水卜说格会汉话，经常到马边县城，密龙就与说格有来往。每当说格因事去县城时，密龙就要留他在法教堂内，对他宣传天主教，不久，说格就加入教会。

---

① 1958 年 10 月 27 日调查。

密龙认识说格之后，要求宜宾教区派他去彝区工作。经同意后，他找说格作保，一道从县城出发，先到大院子区高竹营乡，住宿说格家中，据说当时他就向说格提出拟在高竹营乡设分堂，准备在彝区传教，说格积极赞助，并允许代为筹划。继由说格陪同经峨边县折返马边县城，历时二月。不久，经与说格商议之后，准备在挂灯坪村的木竹木足买地修建房屋。

1931 年密龙以 70 锭银买就水卜说格、水卜先家、水卜木牛的土地林地 10 余亩。该处地势平坦，土质较好，宜于修建与种植蔬菜。后面有老林作为屏障，前有垭口，地形相当险要。是年三月密龙同另一法国教徒又去看过一次，转县之后，即雇汉族泥木工 20 多人到木竹足木动工修建。四月份就率领汉族教徒 2 人住在该处监修房屋，培植耕地。另外还雇有彝族短工伐木、砍竹子、运石头、打屋基，彝工每天自带糌粑，终日劳动只得半斤盐巴，遭到残酷的剥削。总共修成平房八间，四周种有竹木，地里种有萝卜、青菜、向日葵等。密龙去时带有精良武器二支，并养狗几十只。平时深居简出，对彝族人民防备很严，凡不相熟的人，不经允许不准进入院内。

2. 密龙在彝区的活动

密龙初到木竹足木时，以伪善的面孔为彝民治病，并声言如没有粮食吃去找他借，企图以小恩小惠笼络彝民信教，站稳脚跟之后，徐图发展。

最初他找彝族长工阿比木牛信教（木牛是水卜家的百姓，经常去汉区为密龙背东西），木牛见他为点小事，曾吊打过汉族木工，就不相信他经常宣称"不管洋人、彝人、汉人都是弟兄"的谎言，拒绝入教。继后他又采用送小东西的卑污手段，企图拉拢附近彝民额卢切么（女）入教，切么亲眼看见彝民额卢妈一（女）到教堂竹林边砍竹子，曾被密龙打过，涅虎耳兹放羊在菜园地边被打过，克比说喜也因放羊到菜园地，甚至被用铁链锁过三天，不给粑粑吃，同样不受他的欺骗，严词拒绝。

密龙鉴于无法可施，又想通过水卜说格在彝民中收干儿干女，发展教徒。由于劳动人民见他同黑彝一样的凶恶，没有轻信他的甜言蜜语。后来他又用更阴险的手段，企图利用奴隶主逼租逼债时，想买彝族小孩，也遭到劳动人民的坚决反抗。如该村萨马石丕因受奴隶主的残酷剥削而欠租，当主人逼租时，他通过水卜拉一出面想以三锭银买石丕只有三岁的女儿，萨马石丕听说之后，极为气愤。当时石丕对拉一说："平时他那样凶，买去一定会被整死的。尽管我穷，要想拆散我的亲骨肉，他真是妄想。"拉一碰壁之后，密龙更想多出两锭银两，以利诱的手法，幻想动摇石丕的决心，结果还是碰了一鼻子的灰。

密龙从 1931—1933 年间，很少外出，每当外出时总是早出晚归，在附近地区鬼鬼祟祟地用望远镜东张西望，遍处细看，彝族长工阿比木牛曾听密龙同水卜说格秘密商议，准备在附近开办银矿厂，修筑飞机场，还想买附近的一条河和挂灯坪后面的所有老林。这个密谋被木牛听着以后，他就清楚密龙到彝区抱有更大的阴谋，水卜家同他勾结一起，一定会搞些鬼把戏，就把这个罪恶计划向劳动人民传开了。从此，附近彝民就很少同他往来，使其逐渐孤立了。

3. 密龙被彝民勒死的经过

当密龙与水卜说格的罪恶计划泄露之后，大凉山西岗山地区吼普家头人也知道了。他们怕密龙买就大河、大森林之后，不断向大凉山发展，动摇他们对彝族劳动人民的统治，经过商议决定派人把密龙拉走。

1933 年，也是密龙到挂灯坪第三年的一个夏天，吼普呷独、吼普瓦普、吼普格日等率领 30 多人，先到挂灯坪附近侦察，乘教堂内只有密龙同一女教徒在家之际，谎称系来卖小孩，即进入屋内，将他拉走。当时系用一绳索捆在颈子上，准备拉到西岗山，密龙拒不前去，被拖倒在路上，几个人用力拖拉，走不多远，就被勒死。另将一女教徒带走，向大河堡方向撤退。当日教堂所有的人全部撤走，密龙尸体运回马边县城葬在北门外天主教堂自置的亭坪坟地内。国民党政府要水卜说格交出肇事的人，据说后来水卜家出些银两了事。次年政府调查出系吼普家所为，当吼普呷独因事去西宁时，被西宁当局抓住，送马边县城，死于狱中。

密龙被勒死之后，当地彝族劳动人民极为高兴，从此就不再受洋人的欺侮和剥削了。

（五）辛亥革命前后会理人民的反清反帝斗争

辛亥革命前后数年，会理地区彝、汉人民也进行了若干次反清反帝斗争。其中，规模最大的两三次事件，都是在西昌以张耀堂为首的彝、汉人民反清反帝起义的直接影响下发生的。

当保路同志会在成都一带掀起反清活动高潮时，会理丙谷（今属米易县）人刘凯（子美）在成都读书，参加了同盟会和同志会，并曾率一部"同志军"在崇庆一带与清军作战。后来，同志会的活动由成都发展到西昌一带时，刘子美也到会理。西昌由刘芷汀和"三平"（即同志会刘次平、王亚平、朱用平 3 人）组织了同志会西昌分会，并进行一些宣传活动。由于清政府防范严密，会理县同志会组织未能成立。仅有一些反清宣传。当时，会理县知事肖崇楼贪赃枉法，人民都很怨恨他。刘予美就跑回丙谷去，暗地组织了同志会，参加的人至200 之多，而且还密置武器，准备武装起义。

西昌地区张耀堂起义爆发，消息传到会理，人民都很兴奋。虽然起义不久就被帝国主义和清政府的联合力量镇压下去，但在起义的鼓舞下，人民反帝反清情绪高涨，特别是西昌县官章庆被起义军杀死，更使会理人民感到极为兴奋。而西昌法国天主教堂直接出钱出力镇压起义，又使他们感到无比愤怒。在张耀堂起义的影响下，紧接着发生了德昌教案和会理反洋教的斗争。

张耀堂起义发生后不久，会理城内就出现了一副对联：章剐狗才做了挨刀鬼子，肖崇楼又是个吃钱大王。对肖崇楼这样的官吏提出了严重警告。他得悉后，终日惊惶不安。

这时，刘子美率同志会人在米易发动起义，准备进攻会理，他看到自己人枪很少，不能成事，便密函会理豪绅苏海臣，共同起来除掉"三王"，即在西昌、会理、米易一带为害最烈的清朝府、县府王典章三人。但苏海臣却将此信交给了肖崇楼，肖便一面派军队在起义发生前就把它镇压下去，一面派人捉拿刘子美，刘在同志会的保护下脱逃。

为少数人所发动的反清起义虽然没有成功，但群众性的反帝斗争却获得了较大成果。

会理是帝国主义侵入西昌地区最先到达的地方，早在 1863 年，法国教会势力就在红布所以传教为名设立了第一个据点。"传教士"在这里借传教为名，走遍各地，进行侵略活动，又和教徒狼狈为奸，到处欺压人民。霸占房屋、田产、沟堰，放高利贷，侮辱妇女，无恶不作。人民稍加反抗，便立遭打骂，告到官府，县官也不敢受理。每逢开审时，教堂还派人与县官共审，堂下受审的两方，人民群众则必须跪伏在地，教徒则可站在一旁。因此，群众对教堂、"教士"、教徒都非常痛恨，总想找一个机会出出这口怨气。

西昌张耀堂起义发生后，会理人民感到十分高兴。张耀堂所提出的"灭洋人"的口号，也为会理人民所拥护、所接受，并成为具体的行动。很快就聚众至千，一齐拥到城东法国天主教永安公教堂，提出要烧教堂、杀洋人。他们把教堂包围了三天三夜，有的还冲进教堂把平日作恶多端、民愤极大的两名教徒杀了。法国传教士贾元贞逃到县衙，要求肖崇楼把他护送过金沙江，以便逃往昆明。当时肖崇楼一面受到警告，感到自身难保；一面见到群众激愤异常，生怕惹火烧身，便不敢答应。让贾元贞自便。贾本拟以视察教务为名，取道姜舟南下，但姜舟一带人民也起而反对教会。贾元贞无奈，只得化装从小路逃走。行经铁匠村时，为当地群众发觉，便有彝、汉、藏族青年十余人来追赶，终于将法国"传教士"贾元贞杀死。

从那以后，天主教在会理的势力渐渐弱下去了，教徒们也稍为收敛了一些。特别是天主教在彝区更是传不开来，每至彝族地区传教，彝族人民都置这不理。虽然教会在会理的第一个教堂就设立在彝、汉杂居的红布所，但是到几十年之后都没有什么新的发展。

会理地区的反清反帝斗争较之西昌地区有一些特点：

一是同志会的人反清活动不仅像西昌同志会的人那样，进行宣传、演说，而且组织了反清的武装力量。虽然人数很少，但比起西昌的口诛笔伐是进一步。

二是城内人民直接奋起围攻教堂，使教会的气焰为之一锉，不再像西昌天主教那样盛气凌人，公开出面镇压反清反帝活动，这也影响到以后天主教在会理地区不致横行无忌。会理地区各族人民起而打教堂、杀教士是当时宁属境内各地反帝斗争高潮的一部分。

（六）法国教会势力在盐源的活动及人民群众的反抗

1. 在盐井的宗教活动及对各族人民的剥削①

盐井的天主教堂是在光绪三十年左右建立的，是西昌天主教的一个支系。创始人是法籍光若旺司铎。此人在西昌待了很多年才来盐井的，曾办过学堂，教授过算学、地理等学科。光司铎熟悉中国情况，懂中国八股文，能阅读中国经书典籍。来盐井"传教"三四年后回国，升为主教。

盐井教堂就是光若旺一手办起来的，当教堂开堂的那一天，当地的官府、士绅大为恭贺，并送去很多块匾额。光司铎还放留声机吸引群众。

盐井的天主教堂共接任了十几个司铎，光司铎下面还有肖司铎、鲍司铎、喇司铎、乔司铎……白司铎等，其中除乔司铎是汉人（冕宁人）外，全为法籍教士。他们任期最多的四五年，少的二三年。

法人办教堂以伪装的"慈善"面目出现，实际上干的是欺压人民的事。

为了拉拢群众，当时教堂收容了许多鳏、寡、孤、独的人，对他们施以小恩小惠，并给这些人吃饭，可是平时这些人却担当了教堂内外的全部劳役，如盖房子、种庄田等等。所以人们说："饿不得就投天主堂"，投了天主堂每天要念经、祈祷、劳动。

天主堂与当地恶霸、士绅、地主相互勾结，无恶不作，他们的势力甚至高于官府衙门之上。"官怕洋人"，人们是记忆犹新的。教堂让县官怎样做，就怎样做，从不敢违抗，好像对待上级一样。这些土豪、劣绅常常以教堂的势力，挟持官府欺压群众或打击报复，想整哪个人就整哪个人。人们打官司往往也要通过教堂才能取胜，教堂从中得利。如果谁得罪了教

---

① 此材料系盐井喻健秋老人提供。

堂，教堂就通过官府随便把人关起来。

在教堂的包庇和支持之下，盐井恶霸势力日益猖獗，如在天主教堂培植起来的大恶霸陈寿元、冯利章，家里私设公堂、刑具，对劳动人民可任意吊打和敲诈。而天主堂本身也常禁闭一些无辜的群众。

在宣统年间，英国人在盐井办了一个福音堂，与法国的天主堂对抗，但它的势力不如天主堂，当时天主堂教友（徒众）最多的时候达到五六百人，而福音堂不过二三百人。两国侵略势力常常指使两边的教友斗殴，两边的地段都互不相来往。宣统年间肖司铎主持天主堂，恶霸陈寿元在其纵容下与福音堂教友于学实等兄弟结为仇人。最初陈把于家的人打伤，后来于家又把陈家的一个人打死。陈寿元找其主子肖司铎撑腰，肖司铎闻讯，就找县长，并递了一张呈子非要县长给他们吐气不可。当时县官是满族崇喜，此人绰号叫崇粑粑，以怕洋人著名。所以官府皆同天主教徒一道对福音堂展开攻势。因为肇事发生在盐灶房一带，所以那里的百姓遭了殃，于家的人被赶跑了，有钱的送银子可以减轻罪名，没钱的人很多被关起来坐牢。当时喻健秋老先生的父亲在盐井当团史，因此事也大受牵连，全家逃亡在外躲避，事情闹了好久，连盐厂也关闭一时，停止生产。

帝国主义利用自己的势力，欺压群众，掠取大批赃物，又用这些不义之财买取大量土地、房子。现在盐井的商业局和盐海人民公社的所在地等原来都是天主堂的财产。

当时老百姓都不敢惹教堂，很多农民在年节的时候要给教堂送礼，所以农作物刚收下来的时候，首先要向天主堂“敬献”一部分。

天主堂本身拥有大量的土地，附近的农民都是他的佃客。出租的土地剥削量很重，一般为收获量的1/2，甚至有的还要高。据说当时在教堂吃饭的每天就有200人，每人每天以半升粮食计算。一天要吃2.5箩，那么每年就要吃900箩（每箩4斗，1斗是50斤），这些粮食都是由地租收入中来出。可见天主教堂对人民的剥削之重。

除了附近汉族农民为其耕种以外，许多彝族群众也是天主堂的佃客，受天主堂的剥削。据说当时附近百灵山一带的奴隶主也大都投靠天主教堂，把土地押给教堂，这样奴隶主可以和官府对抗，并可以肆意压迫奴隶，掠夺汉人和财产。所以说天主教堂又是奴隶制度的支持者，而直接受剥削和压迫的却是彝、汉各族劳动人民。

除地租剥削外，天主教堂对人民还施以高利贷盘剥，利息是惊人的，借100元，月息是5~10元，弄得倾家荡产的也不少。教堂还承担典当事宜，很多人因生活所迫，把家中的衣服什物拿来典当，月底还不起时，连本钱也要算利，这样利滚利，利加利，老百姓苦不堪言。教堂还借调解纠纷为名，从中搜刮钱财。只要给天主堂送点银子官司就能取胜，纠纷双方都想取胜，所以争相贿赂教堂，教堂财富越积越多。

教会就是利用这些卑劣手段发财致富的，群众反映说：“教堂最初来的时候，什么也没带来，现在又买房子，又买地，这些钱都是我们老百姓的。”

当地的老百姓与教堂的关系是疏远的，态度是冷淡的。他们说：“投天主堂的都是些地主、恶霸和绅士，他们的目的是仗势欺人。我们老百姓投天主教做啥呢？我们又不惹是生非，又不想占谁的便宜。”人民群众早已看出教会势力的丑恶本质。解放前夕，因法籍教士白司铎用鸟枪打伤中国儿童事件，数百名群众冲进教堂捣毁了教堂，痛打了白司铎。这件事情，人们谈起来的时候都感到非常痛快。

2. 在树河、长坪子一带的活动及法籍教士何为光被杀事件

盐源县树河与长坪子各有天主教堂一处。前者属汉区，后者是彝、汉杂居区。据说这两

处教堂是庚子赔款所建。长坪子教堂建于民国十一二年（或更早）；树河教堂是民国二十五年（1936）左右由法籍教士光司铎所建。

教堂建立的同时，都附设有学校各一所，招入贫苦彝、汉族儿童入学。其衣、食、住等均由教堂负担，以笼络人心。学校的课本为法国人所编，对儿童进行奴化教育。凡到教堂读书的人，都强行做教徒。另外入教的多是当地的一些游民、汉族地主（如何海廷）和彝族奴隶主，他们入教的目的是仗势欺人，可以胡作非为。教堂的势力很大，当地的土司头人和旧政府都示弱三分。彝、汉人民则成为它剥削压迫的对象。

两教堂都拥有大量的土地。树河教堂的土地有的是地主所献，有的是在荒年用低价收买的。长坪子教堂的土地多是变相掠夺而来。当时民族地区盛种鸦片，教堂常对彝族人民出借鸦片。今春借一两，明春就要还 3 两。这样使彝族人民蒙受严重的剥削，生活日益困苦。当时长坪子的土地虽属石所土司，但其势力大衰，并无实权。这样，彝族人民因生活所迫而把大量的土地押给或卖给教堂，转卖时在形式上还要得到土司的批准，并发以地照，即所谓"红山照"，从此土地的实际所有权属于教堂。彝族群众一方面向教堂交租；一方面又要向土司履行纳贡的义务。实际所得，不到土地收获量的 1/3。

通过以上手段，大片的土地逐渐为教堂所吞噬。群众反映，长坪子摩鱼沟约2000亩的土地均属教堂所有。教堂的土地由彝、汉族佃客耕种。租额大都是收获量的50%；又有人估计，当时教堂用 100 吊钱买的一小块土地，租金为一箩米（4 斗）。

教堂除以出租土地的方式对广大的彝、汉族人民进行剥削外，更以高利贷进行榨取，而且利息惊人：今天借粮 1 石，明天则还 1 石 5 斗。借银 1 两，则明天还 1 两 5 钱。到时交不齐，则利滚利的推下去，永无翻身之时。

天主教堂更目无法纪，私贩枪支。最初是卖给汉族的保、甲长和黑彝奴隶主，后来则高价普遍出售。以致造成土匪蜂起、冤家械斗不断发生。所以说法帝国主义又是间接屠杀中国人民的罪魁祸首。

二十四五年以前（即 1935 年左右），树河、长坪子的天主教堂由法籍教士麦神甫（可能是何为光教士）主持。他经常来往于两处教堂之间。麦司铎除继承教堂上述一系列的卑鄙手段对广大的彝、汉族人民进行剥削压迫外，更以新的花样对当地人民进行肆无忌惮的榨取。其中最恶毒的是实行强买强卖。因此广大人民对其深恶痛绝，积怨深沉。例如，当时普遍种植鸦片，麦以为鸦片生意最为有利可图，于是用尽一切办法收买鸦片，囤积居寄，高价出售。每到一处则以老爷自居，要这要那，蛮不讲理。每逢外出，都携带马帮，驮以大批盐巴、布匹、针线等日用品，进行高价出售，欺骗群众，牟取暴利。如曾以 2～3 斤的盐巴换取群众（彝族）大牛皮 1 张。并依其势力用这些东西强行换取鸦片，而这种换取是极不公平的。例如别人用 1 丈布换鸦片 5 两，他则非要换取 6～7 两不可。在汉族地区通过地方官吏，把他所带货物散发于各户，然后强行百姓交烟。对彝族群众则通过奴隶主进行剥削，每到一地找奴隶主清点所属奴隶数目，然后按户（或按人）强行分配他带来的东西，并强迫彝胞以鸦片支付。有时把彝区的鸦片搜刮净尽还不够支付。甚至奴隶主的鸦片都搜刮完毕。这样，大大影响了奴隶主的政治统治和经济利益。所以，天主教堂不但为广大人民群众所痛恨，而且与奴隶主的利害冲突也日趋尖锐。当时长坪子的黑彝势力的代表是拉客马家和安家。所以这两家和天主教堂的矛盾也最大。

1935 年 4 月，正值烟会期间（收获鸦片、贩卖鸦片的季节），此时麦司铎做鸦片行经由树河往长坪子。这天他与所带领的马帮歇于距树河二三十里的官防沟，第二天又继续赶路。官防沟一带地形险要，古木苍生，中间为高山之脊，两边为深壑。当麦司铎只身走到山沟里的时候（马帮尚在后面），忽遭几个彝族的袭击，当场毙命。据说，此事发生以后，当时的反动政府曾强迫树河的100多名老乡，追拿"凶手"，可是百姓对外国人早已愤愤不平，故杀了神甫乃是一种大快人心的事，对此均漠不关心，采取搪塞的办法，不了了之。

事后传说杀死麦司铎的是拉客马家的奴隶，又有人说，是马家奴隶主让娃子干的。至于究竟为何人所杀，至今尚不得其详。此事发生以后，广大彝、汉人民且惊且喜。惊的是杀死外国人，这是从未有过的义举；喜的是杀了这个罪恶的强盗，对人民来说是件天大的好事。当时彝、汉人民快慰地说："噢！外国人被中国人打死了。"有的汉族群众佩服地说："彝家的人敢杀死外国人，可真有胆量。"与此相反，当时的反动政府，对外国人则奴颜婢膝。一方面令人追查"凶手"，一方面把麦教士的尸体抬至卫城县府所在地，检验入棺，并恬不知耻地开了追悼会。①

杀死法籍教士何为光神甫的另一说法：

据教友李沂本、杨六集所谈，大约在1935年左右，在这一年四月份赶烟会的时候，何为光由树河去长坪子，手里提着皮包，里面装有土地契约（剥削中国人民的罪证，据说是同反动政府换约刚回来，又有人说是从德昌刚回来）路过官防沟，被汉人铁匠米洪春、农民周国斌伙同几个彝族群众，用长矛枪或刺刀扎死。据卫城的群众反映，何司铎的尸首抬到卫城县府检验时，全身发现血洞数处。与何为光一起被杀的还有他的随从1人，是汉族。

何为光在长坪子一带活动三年之久，死时50多岁。

这次事件说明中国人民对帝国主义的痛恨，虽然有的说是奴隶主指使娃子干的，但是毫无疑问，这件事情本身是符合广大劳动人民利益的。

（七）帝国主义在西昌和凉山一带的活动

帝国主义分子在西昌和凉山一带的罪恶活动和全国各地帝国主义分子活动一样，都是受其主子的使命，先以开医院、办教堂、办学校、"救济"等办法来麻痹人民，随即进行间谍活动。虽然他们国籍不同（以美、英、法、意等国为多），但其活动本质一样，都是为侵略中国而来，先扩大其影响，然后进行侦察，为其以后的侵略扫通道路。虽然他们有的办天主教堂，有的办基督教堂，教名不同，但其实质都是作为侵略的中心，侵略的大本营，也是其侵略的一种工具。帝国主义分子所以能在中国这样畅通无阻地到处活动，是和出卖祖国的国民党统治者分不开的（最早是清朝统治者）。他们狼狈为奸，共同剥削中国人民。

教会在各地安下脚以后，便以伪善的面貌出现，以小恩小惠去拉拢彝族人民入教，当群众一被拉拢入教后，便受其约束，同时帝国主义分子们的经济力量也很雄厚，他们置田置房，把土地租给教徒，这样不但在思想上控制了入教的人民，而且在经济上也控制了教徒，听其指使摆布。更可以借此压榨人民，仅以1949年计，他们在西昌地区收租达80 000多斤，除此以外每年还派教徒捐纳银两。

---

① 以上是袁相友、陈有之二人所谈，事情发生的时间、地点和联络，基本上和下文的说法相同。我们推测，麦司铎可能就是何为光的误称，因何为光确有此人，而麦司铎则很多人都不知有其人。

帝国主义分子经常派教会中的教士深入彝区进行"考察"，曾有帝国主义的亲王奥尔良到西昌和光若翰一道通过大凉山，偷绘地图，拍摄照片，侦察自然环境、物质资源，进行间谍活动，并把收集的材料带回本国，或反映给其他国家。帝国主义的这些罪恶活动，不但没有遭到国民党的禁止，竟然受到了国民党的庇护，1943 年国民党军统特务查获法国神父的间谍活动，将其扣捕，并查封"永安公"，与外界隔绝。而国民党西昌行辕主任张笃伦却极力包庇，并指示其妻给西昌教会带信到重庆。不久蒋介石到西昌将该犯释放，并和该犯江导源同桌共餐。国民党与帝国主义勾结共同压迫人民的真相已暴露无遗了。

教会势力为了进一步地向彝族地区深入扩张，还派了法籍司铎墨尔诺专门进行彝族语言研究，并编了字典等书送往香港出版。为了豢养一批忠实于他们的走卒，也派了一些奴隶主子弟送到重庆、成都等地"深造"。

彝族劳动人民对教会是不支持的，对那些投靠洋人的奴隶主是仇恨的。约在 1930 年时，英国安牧师与黑彝奴隶主傅得安等联系，借用傅家房前一块地修了 3 间房子，进行传教，并开办了小学，上学的多是黑彝子弟。傅得安投靠了洋人以后，每月得到很多俸禄，于是他买田买地依靠并帮助教会压榨穷人。并强迫人民信教，人民不得已只好前去应付一下。

外国教会为了扩大其势力范围，扩充活动区域，想在凉山开辟新的活动中心，便在 1947 年派英国人海恒波深入凉山寻找基地。他是在国民党的护送下，并买通了奴隶主马家等由昭觉过金阳到云南昭通，然后又返回昭觉，开始在昭觉修房子传教、开医院。当时花了 50 两银子在竹核买了一块地，但遭到彝族人民的反对，最后买通了奴隶主并送了一些东西才没有引起风波。海恒波又在昭觉城内修了 3 幢房子，这就是他活动的场所——医院和教堂。他看病的对象是彝族，汉族去看病必须给钱，对彝族倒假慈悲不要药费，实际上彝族人民看病时也必须带上鸡、鸡蛋和其他物品才行。有的彝族人民身染重病时，急切想早日医好，于是海恒波便提高医价，医治费倍增为数 10 两银子。他们为群众医病的目的，不是为医好人，而是为了扩大其影响，笼络上层，对待所谓的"下贱人"倒草率医治，甚至医死。如瓦渣家 1 个三道娃子去割瘤子，海恒波见来医者是个微不足道的"小人"，便马马虎虎将病者医死。又海恒波来凉山的目的本不是医病，所以技术低劣，为了获得医学常识，便故意把一个彝族小孩医死，解剖开进行试验，这些事实均为彝族人民痛恨之极。

外国传教士为了完成其使命，用尽方法拉拢人民入教，当时彝族人民很少去做礼拜，信者寥寥。他们为了培植亲信，和国民党狼狈为奸，教会内也发展了三青团。

当时在昭觉共有 5 个外国人，2 个英国人，3 个美国人（另外还有海恒波的一妻一女），他们经常在昭觉四周活动，拍照后即回他们室内，他们的卧室，外人均不能进去，在室内的活动至今不明。

这些侵略者在解放时被驱逐出境，临走前还做了不少罪恶勾当，他向彝族人民宣传说："我们美英国的炸弹要比解放军的炸弹威力大"，"解放军是待不长的"等。又对其信徒走卒王化龙说："以后多跟我联系，共产党有无迫害教徒事件，知者立即告我。"对走卒进行布置以探听我方机密，造谣破坏，并打探我方负责人等。临走时就拿走了很多银子，这些银子都是从彝族人民手中刮来的。

帝国主义分子进入凉山后，其企图是做间谍活动。为了便于进行活动，首先需要以伪善的面目出现来麻痹人民，但因他们进入凉山的时间较短，故而其活动范围还小，还未深入下去，但就其短短的时间内就做了不少危害彝族人民的事情，实在令人切齿。

三、1911 年张耀堂领导的汉彝人民反清起义

辛亥革命前数年，反对清朝专制的革命思想在全国各地传播。后来邮传部大臣盛宣怀借外债修筑川汉铁路，激起规模很大的保路运动，并波及各地。当时，西昌人刘次平、王西平等人在成都求学，加入了同盟会，在保路运动中回到了西昌，邀约朱用平、贾文明等人，组织保路同志会西昌分会，举刘芷汀为会长，定期假文昌宫集会演说，至县内的礼州、高草坝、樟木箐、罗家场、德昌等地宣传，发动宁远中学等学校罢课等。同志会中，以刘次平、王西平、朱用平三人活动最力，时号"三平先生"。如王西平曾作歌曰："想先皇，大家眼泪都忍不住，血泪颗颗滴成珠。立宪上谕久颁布，宪法大纲记得熟。遵法律，是人民的义务，侵害了人民的财产是匪徒。心（？）□类，又把强盗做，又非马来又非鹿。穷凶极恶的邮传部，卖国奴，偏偏做尚书。……就是狗，打慌了它反眼来把主人顾。就是牛，打慌了它眼也红来筋又粗，难道我们连牛马都不如，打了我们还不许喊痛苦……。"这对于激发人民的反抗情绪起到一定的作用。

当时，新任知县章庆以实行新政为名，训练警察，严禁保路宣传，又大兴诸税，有所谓茶捐、油捐等十数种之多。茶价陡涨四倍，商人都罢市反抗。人民称章庆为"章剐狗"，就是说他贪婪得连只狗也要被他敲诈勒索，对他非常不满。同时，帝国主义传教士也在西昌进行侵略，欺压人民，霸占田产，为非作歹，各族人民也非常愤怒。

黄连关农民出身的十三团副团总张耀堂，组织力量，准备"杀官安民"。一方面他把十三团所属民团"克字营"作为基本力量，这些民团大多由农民组成；一方面他和阿史土目取得联系。因为黄连关和阿史家毗连，阿史、阿硕家等彝族也直接受到清政府剥削，清军曾向彝族人民借款，有借无还。他又趁每年冬月十九日乡里举行"太阳会"的时候，发动与组织群众。他对群众很好，送粮食给贫苦人民，受到群众爱戴。到他发动反清斗争时，参加的彝、汉人民已达5000人左右，彝族仅阿史土目所属的海末、尔姑、莫西家的百姓即达200人。当时，张耀堂已发动了以河西为主的安宁河两岸的彝、汉人民。河西、马厂、樟木箐、太和场、锅盖梁子、高草坝、罗家场、崩土坎、黄水塘、黄连坡、礼州、麻栗寨、小高桥等地彝、汉人民都在"推翻满清、废除新政、杀贪官、灭洋人"的口号下积极准备。张耀堂还派人到冕宁、泸沽一带进行联络，又设法分化清军。当辛亥革命爆发时，他对群众说："不反对这些人，这些人就骑在我们头上，我们把这些人打垮了，才有前途。"

起义军中绝大多数是农民，但也有些地主阶级分子和奴隶主分子参加。其中有黄连附近民团的团正赖荣廷、吴绍久、刘大桥等人，普格土司都龙光也因和清朝官吏有些矛盾而加入了起义队伍。他们都想借起义军的力量报私怨，如果起义军失败，他们又助清军攻打起义军以讨好清朝政府。

此时，"三平先生"和贾文明等也投向张耀堂，以图共同发动反清起义，并成了张耀堂策划一切的参与者。这次起义的主要领导人，除张耀堂外，还有黄国成、殷华峰等，地主阶级分子赖荣廷、吴绍久、刘大桥等人也进入了领导集团之中。

西昌县志和一些老人说张耀堂后来曾向宁远府提出"兴科举、废学校、弛烟禁"等条件，说什么张耀堂本人不识宁，也就恨读书人，才提出废学校；又说什么弛禁鸦片是他为了发财和拉拢彝人等。这是极大的歪曲和污蔑，意在把这次起义说成是张耀堂个人狭隘和贪欲

的结果。首先，张耀堂早就提出"杀官安民"，而上述"条件"是和这一口号相悖的。其次，"三平先生"在起初还是张耀堂的主要决策人，他们既是同盟会员，又在保路风潮之中，绝不可能和张耀堂一起提出这种与民主革命的口号无共同之处的"条件"。因此，调查证明这次起义的口号是"推翻满清、废除新政、杀贪官、灭洋人"。"废除新政、杀贪官"这是直接针对知县章庆提出的，也代表了广大农民和小商人、手工业者的要求。至于提出"灭洋人"则是因为当时英、法帝国主义借传教为名，对我国进行侵略，引起人民的强烈反抗。"灭洋人"不只是为了号召群众而提出的，更重要的是有实际行动。1911 年旧历十一月四五日，法国教士甘、罗二人押送"货物"30 余驮，由成都至昆明途中行经张耀堂辖地火烧梁子，当地群众获悉他们押送的"货物"是我国各地的动物、植物、矿物标本和盗窃来的珍奇古玩，非常愤怒，便在张耀堂率领下，扣留了教士，击毙了押运人员，扣下了全部"货物"，次日，反清反帝斗争便正式展开了。

1911 年旧历十一月五六日清晨，在张耀堂指挥下，起义军出动，准备占领镇台衙门、府衙门和县衙门，处决章庆。他们分为三路进至西昌，每路二三十人，主力在后策应。一路由白塔寺至军营，准备联合已被发动了的一排军火仓库守军，然后夺取武器，攻占建昌总镇董南彬府署，后因军火库守军为军官所阻，未能响应而未成；一路由东门入城，准备攻占府衙，但为章庆的警卫所包围；一路由张耀堂本人带领，自西门入城，他们伪将一些彝族人民捆绑起来，由另一些汉族人民"押解送县"。他们一进入县衙就杀掉了两名官吏。县知事章庆闻声起床探视，即被起义军劈面揪住。章庆先还厉声呵斥："你们要造反了！"后来见势不对，连忙告饶："你们要印我就交印。"起义军战士说："不要印，要你的命！"便把章庆斩了，又把他的头割下来，提到街上，高喊号子，一面走一面高呼："章剐狗害我们百姓，今天被我们杀了！"城内百姓都从家里跑了出来站在街上观看，一时人心大快。这时总镇董南彬率领军队在城内严密布防。起义军主力三四千人也进入城内，双方武力相持，互有伤亡。知府王典章赶紧跑出府衙，对张耀堂说："章庆骄横，你杀得是，但为免使百姓受惊，还是带兵出城的好。"张耀堂轻信被骗，便率军出城（驻扎在校场坝）。知府王典章立即将四门紧闭，一面派兵固守，一面急令岭土司率部来攻，又派汉军一营增援。越西、会理等地清军也奉命南下或北上，还向法国教士蒲恩友借银两万充作军费。张耀堂自出城后便发觉受骗，立即攻城，但因武器太差，守敌又多，便急速退往芦山。

起义军稍稍遭到挫败，"三平先生"等便指责张耀堂，把一切责任都归咎于他，似乎仅因退兵出城一事，即将导致全盘失败。

这时，双方的情况是这样的：

清军方面，董南彬率汉军五营，岭土司率士兵4000人，共有五六千人以上，汉军已使用前膛枪、毛瑟枪。

起义军方面，退守芦山的仅2000人左右，使用大刀长矛，粮食要靠各地群众送来。小庙、马道子、礼州以致锅盖梁子等地人民突破重重包围送粮食上芦山，但为数太少，不敷应用。

在清军尚未调集完毕之前，知府王典章为拖延时间，防止张耀堂突然进攻，曾以议和为缓兵之计。一俟兵力调齐，即开始全面进攻。

双方力量对比情况已很明显，起义军人数少，粮食欠缺，武器不良，已处于劣势。起义队伍中的"三平先生"等人见大势已去，发生动摇，竟携带起义军全部名单投敌，在途中被张耀堂擒获处死，唯朱用平脱逃。对于这件事，一些人和西昌县志都说"三平先生""恐乡民赴义，牵累者多，携各乡名册以去，或潜之，非王、刘、朱、贾叛变，窃名册以降官府也。"这种说法是不可信的。试想，如果真的担心起义军失败后，清军按名册搜杀，何不干脆销毁名册而要把它带走呢？为什么"三平先生"等4人拿着名册一齐走呢？据了解，"三平先生"等出走的路线是由芦山绕经高草乡，最后在樟木箐被擒。这时，清军援军马同光所部正由北来，准备经樟木箐、高草等地攻芦山。可见"三平先生"等正是企图保全性命，脱离革命，当时芦山至西昌之间，两军对垒不能通行，要逃到西昌只有这一条路可通。所以，张耀堂处决这些人是正确的。

同时，混入起义队伍中的地主阶级、奴隶主阶级分子发生了动摇，赖荣廷率部投敌，都龙光倒戈，起义军处境十分危急。清军准备完毕后，即趁此对起义军大举进攻，起义军粮弹缺乏，虽英勇抵抗也不能取胜，伤亡很重，被俘的百余人都被清军残杀，有两百多名战士坚贞不屈，投邛海自杀。张耀堂、黄国成藏身黄连关豹子洞中，为叛徒赖荣廷贪赏抢送交给清军。清军把张耀堂装在木笼中，抬进西昌，11月18日，被王典章等清朝官吏插烛于背上活祭后碎剐处死，同时就义的还有起义军的另外两位领导人黄国成、殷翠峰。法国教士在张耀堂等被屠杀时，还高兴异常地拍下了张等受刑至死的照片。城乡起义军战士仅被清军搜出斩首的即达600人左右，后来，被清军"招安"后屠杀的亦达二三百人之多。这次起义就在清军的残酷镇压下失败了。

这次起义，是由于下述一些原因而致失败的：

首先，起义军所遇到的是力量比自己强得多的敌人。清朝政府为了苟延残喘，偏安一隅，集中了西昌地区全部兵力镇压起义，还从越西等地调兵驰援。先后出动的有汉军13个营，仅正规军即达4000人。河东长官司岭正容率土司兵4000余人，普格土司都龙光也率部降清镇压起义军，反动力量方面近万人。而且清军用的是当时最好的武器，起义军用的只是刀矛，清军受过正式训练，起义军大部分是没有任何战斗经验的农民，起义军遭到了清政府、地主和土司的联合镇压，被包围在芦山上，与各地群众隔绝，人力得不到补充，粮食得不到供应。清军对送粮上山的群众都要"就地正法"。帝国主义也出面支持清军，教堂除"借款"给清军外，还动员"教友"登城防守。

其次，起义前高唱革命，宣传演说至于"声泪俱下"的地主阶级、商人、知识分子，在起义军最紧要的关头发生动摇。张耀堂不得不抽出一部分精力来处理"三平先生"。而且"三平先生"的变节行动也长了敌人的志气，灭了起义军的威风。据说当时有人说"三平先生"都认为大势已去，还有什么希望。另一方面，这件事发生后，"官兵闻而心喜"（西昌县志），也说明对起义军起了不利的作用。

再次，不少剥削阶级分子在起义高潮时参加了起义军队伍，在起义的危急关头又叛变革命。赖荣廷、都龙光率部投敌，并配合清军向起义军进攻，张耀堂和殷翠峰都被叛徒出卖，送交清军而壮烈牺牲。

这次起义虽然失败了，但它却有积极的意义和影响：

当时，武昌起义已经爆发，全国各地纷起响应，清朝统治已如大厦将倾。以张耀堂为首的彝、汉人民反清起义，正是这种全国性革命的一部分，连西昌县志也不得不承认"当章县之被杀也，府镇飞报成都，总督三宪皆惊愕，各县相继攻城逐令，清廷震动。派端方入川，又遭刺杀，急电飞驰全国。各省起义反正，清廷一败不可收拾，此事对于大局，不无小补焉。"

其次，张耀堂起义的地区北起礼州，南至小高桥，西起河西，东达黄连关，几乎包括了西昌县全部和德昌县大部，冕宁也受到影响。这样大的地区内，发生如此大规模的反封建专制和反帝斗争，还是第一次。直接投入斗争的达数千人之多，支持起义的彝汉群众在万人以上。对于清政府在西昌地区的统治，是一个有力的打击。

再次，在张耀堂起义的影响之下，德昌也发生了类似"攻城逐令"的事件，起义后不久，平日欺压人民的德昌县佐贾瑞德便被杀死。会理县境内的溪黎土目自立堂、长冲土目自养山、通安土目张子玉和者保、苦竹坝等地土司也宣布反清，联合进攻会理县城。

此外，张耀堂起义的口号之一"灭洋人"，也为会理铁匠村人民所接受并付诸行动。当法国天主教司铎贾元贞在逃往昆明途中，行经铁匠村时，为当地汉、彝、藏人张治光、王维甫等所杀。德昌人民和部分南撤的张耀堂起义军联合起来也发动了声势浩大的反帝斗争，县境内教堂几乎全被捣毁。这些"杀贪官、灭洋人"的行动，都是在张耀堂的号召与鼓舞下发生的。也可以说是起义在另一地点、时间与条件下的延续。起义被镇压后，反动政府故意将黄水塘交给天主教直接统治，企图麻痹群众斗志，天主教利用了各种手段拉拢当地群众入教，但当地人民对帝国主义借传教进行侵略的本质早已认清。到1950年为止，49年来只有三家人入教，这里不愧是起义军领袖张耀堂的故乡。

四、关于拉库起义的调查

（一）奴隶群众举行大规模起义反对黑彝主子的原因

黑彝主子长期以来对白彝和奴隶群众进行着残酷的统治，无论经济剥削或人身的束缚都是非常苛重的。奴隶群众过着非人的生活。另一方面则是黑彝主子的豪奢。

如金矿窝普（现属冕宁县境）的黑彝俸伍尼候，有娃子400余家，还有许多藏、汉族的佃户，从马头山到窝普，沿雅砻江两岸的土地，皆是他家的土地，并自命为黑彝当中的最上层，能与土司通婚。

他为了防止娃子们因压迫剥削得太厉害而消极怠工或暗中破坏工具，特实行了监工制。监工提着箩筐、装着修理农具的工具和木材楔头等。凡农具坏了，马上整修，不让娃子有片刻的休息。娃子要想在劳动中借吃烟休息一下，也是不可能的事情。像这样苛重的无偿劳役，每次至少连续在十天以上。他家所属的曲诺、瓦加都必须服无偿劳役。曲诺服劳役是种和收两季。瓦加则是一年四季了，并随叫随到，不得有误。

其次，他家所属的娃子，不管是曲诺或是瓦加，都要被他抽子女，一般是抽第二个。如果他需要钱时，就以抽钱代替抽人，并要一次交清。抽钱抽人由他家决定，旁人不得更改，并强迫娃子借高利贷（扎布达），一般是借4斗经8年还10石。

此外，所属娃子曲诺、瓦加的等级的升降，也是他统治娃子的特色之一。当曲诺被整穷了，没有什么可供剥削的了，就把他降为瓦加，以便增加无偿的劳役。如果瓦加比较富了，有财产可供其经济剥削的了，就提升为曲诺，以增加经济剥削。

其他剥削更是名目繁多，如他家里或他家的亲戚家死了人，每户娃子要出一斗荞子的所谓"哭丧酒钱"，而且家里及亲戚家里的一切招待费，也全部由娃子负担。他家里有嫁婆时，所属娃子每户必须送酒20斤，肉20斤，荞馍4个。做帛时每户娃子要送肉20斤，酒20斤。逢年过节时娃子要送猪头一个，酒3至5斤，来客的各种招待费也要由娃子负担。

其他如修房子送竹木及送火草等各种徭役或"礼物"，数不胜数。凡是他家所需的一切东西，全由娃子们担负。

就连俫伍尼侯家的男女出外赶场时，也要由娃子侍奉陪送。女的出外至少要由 10 个娃子家的妇女陪送，男人出外就更多了。他家定有许多规定，如白彝黑彝不得同席吃酒吃饭，黑彝吃的是大米和最好的荞面，白彝吃的是最坏的荞面。到他家的客人，还要看他高兴否，才能决定能否吃得成饭。

以俫伍尼侯为代表的黑彝是极其灭绝人性的残酷。有次他家被盗，把所有 18 个锅庄娃子弄来，烧起油锅，锅内放块银元，叫娃子伸手去拿，以鉴别他是否是贼（他认为不是贼者，手即不被烫焦）结果所有娃子都被烫成残废。甚至残暴地把娃子达九布楚的小孩的鼻子像牛一样的用麻绳穿起给他家小孩牵着玩弄。到了起义前夕，对娃子的虐待侮辱更是有增无减。1913 年他家小孩生病，打鸡、打牛、羊等送鬼都无效，就把所属娃子曲莫勒谷家的儿子用来送鬼。这对曲莫家人的精神上是种莫大的刺激。因为按彝族的信仰来说，这就等于把那个娃子家小孩的魂送走了。加上俫伍尼侯硬逼着娃子家的小孩背力不能胜任的萝卜，并毒打小孩。于是，被压迫的白彝娃子，实在忍无可忍了，终于举行大起义——"改汉"。

正如起义的群众诉苦所说的一样，"天好、地好，只有黑彝不好"。各地只要是受黑彝统治的地方，娃子们都同样受着非人的待遇。如和平乡结尾村的黑彝罗洪俄佐对娃子十分狠毒，经常用火草烧娃子，用海椒面灌鼻子，或用牛牵索打娃子。白彝群众恨之入骨，称罗洪俄佐为"五毒俄佐"。当金矿窝普起义几天，团结乡三代村的尼乎家做大帛，尼乎家的亲戚曲莫候也、曲莫泽耳等从窝普来送礼，故作帛的人很多也很热闹。黑彝主子罗洪俄佐偏要借此机会显显威风，扫一扫娃子及其客人的面子，把娃子家的客人（一妇女）打伤。于是引起众人的愤怒，决心响应窝普起义，成了团结乡起义的导火线。

（二）起义的经过

这次起义规模较大，波及的地区甚广，时间较长，大致可分为两个前后不同的时期。从起义开始（1913 年 3 月）到 1914 年初，是起义群众胜利的时期，在 1914 年达到起义的高潮。因 1914 年是大规模起义的一年，而 1914 年是属虎年，故在彝族中盛传着"拉库改汉"，拉库即彝语虎年之意。在进入到 1915 年后，由于汉官的出卖及其他原因起义转入低潮，直到 1916 年失败。现将两个不同的时期和有关问题分别叙述如下：

1. 大规模起义的开始及起义军的胜利

由于黑彝主子的残酷压迫和剥削，尤其是以金矿窝普的俫伍尼侯为最突出，因而在 1913 年 3 月上旬（有说是 5 月）起义首先就从窝普爆发。

俫伍尼侯的娃子曲莫格那秘密和曲木比日、达九布楚、马日什丘等人商量起义，并串联了野勒乡的尼克约呷、尼克涅且，和平乡的加罗阿且等人。开初达九布楚等人吃血酒准备将黑彝骗在一起，全部杀死，但因事机泄露，黑彝大多数闻风逃跑，连罪魁俫伍尼侯等都逃到普雄山上，因而计划未实现，后来仅打死了俫伍撤合、俫伍达衣、果基尔且 3 个黑彝，起义就这样开始了。

由于团结乡三代村等地与窝普，只有一山之隔，白彝家支也相连（有尼克、阿施等家）加上窝普派有人到三代村等地联系，因而深受黑彝罗洪俄佐等压迫的团结乡彝民便立即响应窝普的起义。为了能联合起来反对黑彝主子，大家还凑钱，派野勒乡的尼克涅且、和平乡的加洛阿且、枧槽乡的耳额洛莫子等五人前往越西联络。越西的起义军并送银子给费管带——

费建侯（汉官）向他告状说："我们彝人，古时没有娃子，以后出现了剥削，才分为白彝黑彝。现在黑彝要抽我们的子女当娃子，当丫头，强迫放扎布达，服无偿劳役，还要打我们，卖我们。我们实在忍受不住了，请费大人帮助，我们要把黑彝消灭掉。"费管带向起义军代表说："彝人要和汉人一样，彝人要挖锅庄、供天地、钉门牌、立石碑。"费管带在得了起义军的贿赂后，带了越西的军队，前往冕宁，一营是由萨马五萨率领的越西起义军，一营是由陶营长率领的汉军。到冕宁后，费军们亲自驻大桥。起义的声势，由于各地奴隶群众的响应，更加浩大了（起义范围后面再叙述），贴出了"改汉"告示。在大桥和冕宁并设有"改汉法庭"。费建侯把军队分驻在冕宁城北和城西一带。城北从大桥一直到曹古坝、大盐井、拖乌和鲁坝（即现在的拖乌、中心、和平等乡），城西从马关山一直到金矿的窝普，起义军在有了武力作后盾之后，就大规模地实行改革了——即"改汉"。

（1）改革内容：凡起义地区的群众，绝大部分挖掉锅庄，打起了高灶，供天地神祖位，贴对联，妇女取消了裙子，男子剃了"天菩萨"，大家都改成汉人的服装，穿鞋袜，穿长衫子，并放出娃子、丫头等。

（2）改革的方式：起义者首先在冕宁和大桥递状纸告状，跑去喊冤诉苦说："天好、地好、只有黑彝不好。""害人的恶魔有两种，即是阴鬼和阳鬼，阴鬼可以用做帛和念经对付，阳鬼黑彝只有消灭了才能对付。"在奴隶群众喊冤后，两三天就把黑彝押到大桥或冕宁。在审判黑彝时，还开斗争会，黑彝狡赖时，奴隶群众就灌海椒面，熏烟子，把那些可恶的黑彝吊起来，并要打他们的大板子，只是不弄死。当时奴隶群众还要黑彝交出他们家中的娃子和陪嫁丫头，要黑彝还八年九斗三十石的"扎布达"。退还不清的就被关起来，赔退完了再放回去。有些黑彝逃后，就把黑彝家中的金银财物和黑彝女人的金银首饰全部没收了。

（3）起义的口号：起义者为了能够有力地号召群众，提出了响亮的口号："人生下来都是一样的，为啥只有白彝的女儿作丫头，儿子作娃子，黑彝作主子呢？白彝要联合起来把黑彝斩尽杀绝！"并提出"联合汉族，没收黑彝枪支，镇压黑彝顽固分子，人人平等，大家劳动，取消苛捐杂税"等。

（4）起义的范围：这次起义的规模较大，范围非常广阔。冕宁城东部北部各乡都参加了，城西有哈哈乡、回龙乡、四坪乡等；城东有枧槽乡、解放乡；城北有和平乡、会安乡、团结、中心、野勒等乡。在九龙县有三垭、湾坝等地。在越西县有城南的大瑞、大花、大河、南箐等几个乡。在金矿县有窝普等地（当时还属冕宁境内）。起义者多是黑彝果基、倮伍、罗洪，以及越西的门第等家支所属的娃子。总之，这次起义的范围很广，安宁河以西、雅砻江以东的白彝奴隶群众全部发动起来了，安宁河以东到拖乌西北的鲁坝，只有半数的奴隶群众参加。

（5）起义的组织领导：由于这次起义的规模大，时间长，没有组织和领导是不行的。据说起义的最高领导是"四门"，即是马日什曲、达九布楚、耳额洛莫子、尼克约呷四人。他们自窝普起义后，就经常一起开会，喝血酒，商量反对黑彝主子的事情。冕宁城的东、南、西、北四方面各乡的起义群众都由他们领导。此外，在各乡各地，设有"头领"，具体领导各堡子的群众。各地头领如下：和平乡结尾村傅吾耳子、加洛阿且等人，团结乡三代村有尼乎吉令、尼乎耳子等，猫儿沟有五尼不达等，燕麦地有苏足打一，瘟猪瓦有日尼不呷等。

起义者与黑彝主子的斗争是相当复杂尖锐的，有时是边打边改，还要边谈判，后来就转向法庭上的斗争。自从1914年形成声势浩大起义之后，八九两月黑彝、白彝之间的大战也就开始了，至于小型战斗，当然是经常不断地在进行着。在1915年的正月，黑彝勾结了大凉山的黑彝与起义军大打了一仗后，起义军就逐渐衰弱下去了。

另一方面，起义者与黑彝又展开了法庭上的说理斗争，在大战开始后，普格县阿都家大土司都文光也赶到冕宁来了。因为在奴隶起义后，黑彝都逃到大凉山的喜德、普雄、甘洛、美姑等地，消息传到这些地方后，那里的黑彝都非常惊惶，深恐起义波及自己，因而大土司都文光特地从西昌宁远府赶到冕宁。他表面上是来协助调解的，其实所带来的军队就暗中与黑彝军队勾结，并把黑彝的代表——越西县黑彝果基木黑、窝普的傈伍尼合等人伪装成汉人，偷偷地带了银子到成都去告起义者，企图求得成都官方的支持来打起义军。消息传到起义军方面，也派了尼克约呷、达九布楚、马日什曲等人带着银子由费建侯领着前往成都控告黑彝。

双方在成都官府堂上斗争。起义者提出要解放男女娃子，取消抽子女，取消扎布达和无偿劳役等不合理的制度。成都官府又派了一个周书记官到冕宁来解决。最后吃亏的当然还是娃子们。周书记官在受了黑彝的大批贿赂后，就积极协助黑彝，屠杀白彝起义者。

2. 起义军由胜利转向失败

自1915年正月，黑彝从凉山带回大批军队与起义军发生大战以来，冕宁、大桥的汉官军队又没有好好地支持起义群众，敌我力量就发生了变化。

从此黑彝向起义军举行反击，他们进攻团结乡三代村等地，起义群众英勇抵抗达三月之久。一部分起义者存"改汉洞"内英勇斗争，坚持了很久。1915年6月，黑彝军又攻抢窝普，接着打三垭、湾坝。八九月份又抢劫野勒。这时官府军队见势不妙就走了。支持起义的汉族农民在恶霸赵三页的压制下也不能再支持了，这就形成奴隶起义者的孤军奋战。但这时起义军仍然有一定的作战能力。由于缺乏枪弹武器，就凑钱到西昌去购买（黑彝也到富林去买武器）。可是恶霸、官方都不卖给起义军。黑彝在有大批武器之后，更加疯狂进攻，但仍然遭到奴隶群众的有力回击。黑彝傈伍约达，尼候吉达先后被击毙。

另一方面，黑彝还采取了暗杀起义领袖的恶毒手段，先后收买叛徒杀死了起义军领袖马日什曲、加格阿且等多人。但是黑彝的这种卑鄙手段，并不能吓倒起义者，恰恰相反，更激怒了他们。起义军抬着马日什曲的尸首到当地黑彝傈伍达力家去祭奠。可是不久，黑彝大军赶到，双方在马头山张家河坝一带打了一仗，各地起义者虽然奋力苦战，但是终因寡不敌众，缺乏支持，而最后失败了。

起义失败后，黑彝大肆捕杀起义领袖和白彝娃子。许多白彝被迫逃往外地，未来得及逃的，要赔偿命金。凡是死了一个黑彝要赔命金1200两银子。被黑彝打死的汉军，也由白彝赔命金。每死一名汉军赔50两银给汉军董哨官。此外，还要赔偿所谓财产损失。起义时得过黑彝1条牛的，要赔3条牛，得1条羊者赔10条羊。另外还有所谓罚款等。如打1个汉灶，罚100两银，供了天地，罚300两银子，起义中当过头领的，除杀死外，还要出300两银子，这称为头领罚款。① 以上各种罚赔款，属于命金、财产赔款的部分，归黑彝主子私有；属于打锅庄、供天地、头领罚款等则由黑彝分享。

---

① 起义头领木底瓦托家的牛羊被黑彝抢去，房屋被烧毁，儿子被掳走，要出二百两银子才能赎回，直至解放时已三十余年还未赎完。

（三）起义失败的原因

根据调查，确定起义失败的原因有如下几点：

1. 起义的范围就全凉山彝族地区来说太小了

只有冕宁的大部分地区（包括现在的金矿一部）以及越西的小部分地区。而广大的凉山地区则未动起来，于是大凉山就成了黑彝的靠山，能够有退路，并从那里得到黑彝的援助，以组织力量反抗起义军，当然就不能摧毁黑彝统治。

如：倮伍尼侯家就在起义发生后逃到普雄，从那里买回九子枪等新武器，并勾结大凉山黑彝军打回来，围攻曲莫格那等的起义军。冕宁的果基、倮伍、罗洪等家支的黑彝也逃往鲁坝，并准备从那里再退至大凉山区，以图反攻。

2. 当时起义领导者没有很好地依靠起义群众自己的伟大力量，而把胜利的希望寄托在官府，希望靠官府的军队取得改革的成功

当时的反动派旧官府及其军队，只晓得从起义者手中尽量搜刮银子。如费管带之对起义军作了有限的暂时的支持，也仅仅是因为他的统治与黑彝有矛盾，如黑彝不服他的管制等，再加上又得了起义者的银钱，所以暂时支持了起义。一部分伪官员如周书记官、恶霸赵三贡等则得了黑彝的"包袱"之后，公开支援黑彝，镇压起义奴隶。早在起义发动初期，大桥恶霸赵三贡就威胁吃血酒的起义群众说："大小凉山都没有人敢反对黑彝，你们闹什么。要大小凉山的问题都解决了，你们的问题才能得到解决。那个敢把黑彝捆走，就要你们出身价银子才脱得到手。哪一个敢把黑彝杀了，我要你们把人肉吃完。"虽然当时起义者并未理睬他，但是后来他却强迫支援起义军的汉族农民军不准支持白彝，这就削弱了起义军的力量。

周书记官到任后即向成都控告费建侯，将费调走。周即宣布："不管怎么改，黑彝总是要统治白彝的。"后来官军也撤走，汉族农民无法支援，起义军就只有孤军作战了。可见起义者没有很好依靠自己的伟大力量，而把希望寄托在旧官府是失败的重要原因之一。

当然，当时的起义军没有坚强的组织，显得散漫，胜利时放松了对敌人的警惕，这些都是失败的原因。如黑彝倮伍尼侯等从普雄回来把九子枪隐藏在扫把内带回。围攻曲莫格那时，那里的起义者还不知道，正在饮酒、欢乐，结果被打败。

3. 黑彝采取了暗杀手段

如黑彝收买了叛徒刺死起义领袖马日什曲，并收买了喊包扭扭和另一白彝（补吾尔祖）将结尾村领袖加洛阿且灌醉刺死。

此外起义者缺乏武器（汉官不卖给他们）等，都加速了起义的失败。

（四）这次起义的影响

起义失败后，起义的领导者被杀的被杀，逃走的逃走，参加者也有许多被黑彝捉来出卖到深山中。黑彝势力强的地区，各种改革又被强迫恢复了原来的状态。但是这次较大规模的奴隶起义，不能不对黑彝的统治制度，产生一定的影响，对人们的思想不能不起一定的作用。现在提出几点：

1. 起义之后，黑彝主子对白彝娃子的剥削程度发生了变化

在靠近汉区的地方，主子对娃子的压迫和剥削减轻了。这主要是奴隶的起义震惊了主子。为了防止起义再发生，被迫在劳役和送东西、出捐方面不像从前那样苛刻和虐待了。在抽子女方面，也有所减轻。特别是后来，因为黑彝内部又开始了冤家械斗，一方面需要白彝帮忙，另一方面是怕白彝趁黑彝打冤家时举行反黑彝的斗争，因而一些地区对白彝的统治又有所减轻。（缺具

体数字情况）而在彝族聚居区，则相反，黑彝主子采取报复手段，以镇压起义者，使之不敢再反抗，于是加重了对白彝娃子的剥削和压迫。如：瓦加在过去没有扎布达，但在起义之后，就是2年8斗5石，相当于过去曲诺的一半，又如苛捐杂税，过去瓦加要轻一些，可是起义之后，上升与曲诺一样了。当时主子加重的借口是瓦加在起义中跟着曲诺走，因此同样对待。

2. 起义虽然失败了，但是他教育了广大奴隶群众，使他们认识到主子并不是不可反对的

所以起义后尽管有些地区黑彝加紧了对白彝娃子的统治，但娃子的各种反抗仍未中断过。他们逃跑、破坏工具、消极怠工、自杀等非常普遍。解放后，在民主改革中达九老三说出几十年来隐藏在心中的话说："我一辈子想的就是这样的一天。"民主改革后，许多奴隶群众回忆当年"改汉"的情况，感叹地说："那次反对奴隶主的斗争，若是像今天这样有共产党的领导，我们不早几十年就解放了吗？"可见奴隶群众对那次起义印象之深至今还念念不忘。

3. 由于有那次起义失败的惨痛教训，又使得另一部分奴隶群众畏惧了，不敢轻易地反对黑彝主子了

反映在1956年民主改革时，奴隶主们就利用奴隶群众的那种心情，威胁奴隶，抗拒民主改革。他们说："你们就不记得民国三年了吗？黑彝的根子深得很的。"

4. 起义者失败后不少人逃亡各地，安家立业，使彝族散布更加广阔

在这部分逃走的彝族中主要是四种人：（1）起义的领导人及其家属；（2）亲手杀死过黑彝的人，如五尼不达等人；（3）没收分得过黑彝主子的财物者；（4）一些比较富裕的人。

他们之中有的逃到云南丽江、中甸等地，有一部分又逃到泸定的莫西等地。他们都在那里安家立业，脱离了主子的统治。

如起义以后，有次邓秀庭派兵打西藏路过泸定时，有黑彝看见了五尼不达，黑彝就以轻蔑的口气向他说："你搬到这里怎么样，来谈一谈。"五尼不达根本不理他，以鄙视的语气说："我们搬到这里的坝子来住，羊子见不到高山，白彝见不到黑彝，我们莫西的白彝一见到黑彝就要发呕。"

（五）结　语

这次轰轰烈烈的起义虽然失败了，但在起义中奴隶群众的伟大力量和英勇不屈的精神，却充分地显示出来。在斗争中出现了不少值得歌颂的英勇事迹。如团结乡三代村的起义者，在"改汉"洞内坚持斗争。又如马头山战斗激烈进行时，100多个奴隶群众为了拖住敌人以待增援，藏在普乐洞内坚持战斗。奴隶主向洞内射击无效，改用烟熏，企图迫使起义者出洞，但是起义者仍然忍受着浓烟和风寒之苦，坚持了七天七夜，直到援军赶到。

最后，有两个问题需要说明：

1. 此次起义爆发的时间有许多不同的说法

如有说是1913年3月发动的（越西的人就是这样说法）。起义最后失败的时间也是不明确的。因而难于正确判断起义前后经过的总时间有多长，一般人认为是二三年时间。

2. 这次起义是得到汉人，特别是汉族农民的支持的

如柏虎垭口以北的汉族都参加过反黑彝的斗争。当时汉族人民参加起义的原因是：（1）黑彝常常抢汉人的财物，拉汉人作娃子（被拉的多为穷苦汉人，有钱有势的汉人黑彝不敢拉，即使拉了也可用钱取回）；（2）彝区未建政，治安最成问题，他们希望彝区同汉区一样，没有黑白彝之分；（3）汉族看到作黑彝的娃子太可怜，很同情他们。但是起义发生不

久，恶霸赵三贡就镇压汉族人民，不准支持起义的奴隶群众。

附1：关于拉库奴隶起义的补充调查

关于1914年冕宁、金矿、越西等地的奴隶起义（冕宁彝族称为"拉库改汉"，越西彝族称为"拉库改土"）情况，已于去年做了较全面的调查并写出了综合材料。为了更进一步的摸清这次运动的性质、领导等问题，我们于1959年元月中旬又在越西做了一些补充调查。调查地点包括大瑞、中所、城关乡的民主改革新村等处；访问了彝族人民14人，其中呷西1人，曲诺4人，余均为瓦加。根据这次调查的材料归纳为以下几个问题，作为补充：

1. 运动的领导问题

从被访问的对象叙述中可以看到这次运动的领导人多系曲诺这个阶层。如大花乡王加木、阿比捏都，大瑞乡王长明、自泥湾曲木礼之、五尼什火、沈之衣补等。但对上述人的身份的说法也是不一致的。如王加木这个人，在民主改革新村访问时，大伙说他是瓦加出身，他外孙五尼甲甲也说他是瓦加，但大瑞、中所一部分人则说他为曲诺出身。据71岁老人刘有寿谈，王加木当时虽为曲诺，但住在黑彝家中，形同呷西。这里所以要提出王加木，因为大伙反映王加木当时为大家出了一些力量，并带头搬进城内居住，在城内组织大伙反抗黑彝的侵犯。

在曲诺阶层的领导人中，也分为两部分：一部分是较富裕的上层分子，他们在这次运动中表现了动摇和两面性。如大瑞的王长明，父子三人虽均参加斗争，但大儿子王九龄则暗中专做勾结黑彝的勾当，其企图是不管斗争哪一方面胜利，他们都能站住脚。所以运动失败后，有些领导人被害，有些人被迫搬走，而王长明家则毫无一点损失。另一部分则是比较贫苦的，表现较好。中所刘有寿说阿比捏都在领导人中间是较好的一个，安心的干，不要钱。

除了曲诺阶层的领导人之外，各地也有"瓦加"领导者。如曲木大汉子、阿比五基等。据说曲木大汉子"连瓦加也不如，其实就是呷西"，他亲身参加战斗，表现很勇敢。阿比五基坚持到最后运动失败，他便搬到越西城里，坚决脱离黑彝的统治。第二年他在城外小孤山附近耕地时被黑彝暗杀。中所一带的瓦加领导人有捏角衣无日、金叶阿汉子等，他们一方面领导中所街上的彝族人民反抗黑彝，一方面保护由山上逃下的同胞，负责安顿他们。还经常告诉大伙不要打鼓鼓（即不要迷信）等。

运动中的领导人，由于出身的阶层、经济地位不同，所以对运动的态度也有显著的差别。曲诺的上层表现了动摇、妥协；曲诺的贫苦者就表现比较坚决；"瓦加"就更加坚决了。这次运动之所以是由大部曲诺阶层担任主要领导，这是由于当时历史条件所决定的。在彝族奴隶社会里，家支起着很大联系作用，曲诺的家支是除了黑彝家支以外的较大的家支。他们的经济地位又较瓦加呷西为高，有一定的人身自由，联系活动面较广，加上当时汉族统治官吏与黑彝有矛盾，企图借彝族人民的力量来削弱黑彝的力量，所以互相间的联系，由曲诺来担任的可能性就大些。加上曲诺本身有反抗黑彝的要求（虽然个别上层曲诺不坚决）。所以在当时的条件下，曲诺阶层担任了主要的领导。瓦加等所以没有在运动中形成主要领导力量，据刘有寿说："因为我们无钱无势，家门单薄，直接受到黑彝监视没有自由，所以出去联系活动就很困难。"虽然瓦加等不是这次运动的主要领导力量，但在斗争中他们是坚决的。

2. 斗争中被压迫的各个阶层的表现

在斗争中，由于被压迫的各个阶层的经济地位不同，所以在斗争中的坚决程度也不一样。曲诺阶层虽然也是属被压迫的阶级，但其中少数上层分子由于比较富裕，还不同程度地占有娃子，接近剥削阶级的利益，所以他们在斗争中是不坚决的，表现动摇。他们虽然在一定程度上反对黑彝，但他们又怕失去本身的经济利益。如王长明等在斗争中的表现就是一例。斗争失败后，他们没有遭到黑彝的迫害，也没有什么损失，很少有在事后搬家的。曲诺的大部，他们比较贫苦，受压迫剥削也较大，故斗争中他们比较坚决，如羽之曲惹、阿加合一子，都是因为斗争坚决而为黑彝所惨杀。冕宁来越西联系的三个领导人中，尔欧罗木子是贫苦曲诺，联系中他表现积极，到处由他出面接洽。其他二人比较富裕，出些钱作为四处联系的费用，就没有尔欧罗木子积极了。

瓦加、呷西在斗争中是坚决的，他们的斗争是"一身脱干净，一身洗干净"，毫不动摇、毫无顾虑。瓦加刘有寿淡到当时斗争情况时说："我们当时反抗黑骨头就是要把黑彝的骨头取出来看看是不是黑的。"又说："我们当时闹得很凶，就只是没有闹上天。"

斗争中瓦加、呷西表现了坚决脱离黑彝统治压迫的决心。运动失败后，300余户瓦加等逃往越西城内和中所街上以及白泥湾等地居住，决心脱离奴隶的枷锁。他们搬走时，一无所有，仅仅身背一个小羊皮口袋，装了点糌粑和荞馍。为了找寻生活出路，他们在街上给汉族地主做短工，到了那家，把皮口袋往门上一挂就下地干活，甚至不要工钱，只求一饱。在汉族地主家做活，虽然身受惨重的封建剥削，但他们为了获得在奴隶制度下所难得的一点人身自由，他们咬着牙关忍受着封建的剥削而生活下来。他们搬到街上以后，不但要承受汉族地主的剥削，还要随时警惕黑彝的侵犯。黑彝有时勾结汉族官吏要来抢夺他们回到奴隶的生活里，他们就团结起来向黑彝、汉官们作斗争。"谁要被抓走我们就齐心把他夺回来。谁要被害，我们就替他报仇"，这就是他们互相依靠互相帮助的口号和行动。在旧社会里，斗争越来越对这些渴望自由的人们不利。黑彝、汉族官僚这批统治者越来越勾结起来。解放前几年，邓秀廷和八且、倮伍、果基等家支黑彝勾结，曾企图将中所的彝族人民交归原来的主子，仍然当娃子。解放了，敌人的阴谋失败了。但直到民主改革前夕，斗争还没有停止。民主改革前奴隶主仍妄想使中所街上的彝族人民担负各种杂捐，但他们坚决反对了这些无理可耻的要求。民主改革胜利完成了，这些斗争了四十几年的彝族人民才真正彻底翻了身。正如刘有寿所说："这回不但闹上了天，而且是天翻地覆"。这就是斗争中瓦加、呷西所表现的坚决性。

3. 斗争中不同阶层的不同要求

这次斗争虽然总的目标指向黑彝，但各个阶层在斗争中的要求是不同的。这次反对黑彝的斗争基本内容是要求废除抽子女、吃绝业、放"扎布"等，这些都是奴隶制度下的基本剥削内容。其中人身占有如抽子女，又是残酷的奴隶制度剥削的主要特点。在斗争中被压迫的各个阶层由于对上述几种剥削承受着不同程度的负担，所以对废除这些剥削有着不同的要求。曲诺阶层主要要求废除经济上的剥削，如放扎布、吃绝业，至于抽子女只在一部分贫苦曲诺中实行（一般只抽第二个），所以反对抽子女在曲诺中只是一部分人的要求。至于少部分上层曲诺既不被抽子女，而扎布、吃绝业也是没有的，就是他们受到黑彝的一些剥削，也可以转嫁到被自己剥削的奴隶的头上。这部分上层曲诺反对黑彝，主要是不要黑彝在他头上当主子。大部分中下层曲诺则主要反对"吃绝业"的剥削，对反对抽子女也有一定的要求。

瓦加和呷西的人身几乎为"主子"所全部占有。他们担负着沉重的无偿劳役，人身无自由，婚配权以及全部子女都归"主子"所支配，所以在斗争中他们迫切要求人身自由，坚决反对抽子女。因为只有摆脱了奴隶制的人身占有，才有可能进一步废除其他的经济上的剥削。同时，人身占有的本身就包括无穷无尽的经济剥削在里面，只有反掉了人身占有，才能"一身脱干净，一身洗干净"。所以瓦加阶层在斗争中主要反对抽子女，要求人身解放。呷西的要求与瓦加基本是一致的，因为他们大部分是被抽来的瓦加和部分曲诺的子女，要求人身解放是他们的迫切愿望。至于反对抽子女，就可从根本上杜绝奴隶的大部分来源，所以这也关系到呷西的切身利益，因而为他们所要求。当运动失败后，300多户瓦加克服了各种困难，搬到城内和中所等地居住，坚决脱离"主子"的统治，正说明了他们要求人身自由的迫切愿望。广大奴隶群众这一斗争锋芒正指向奴隶制度的要害。因为奴隶制度虽有其多方面的内容，但对奴隶的人身占有则是主要的，也即是区别于其他社会性质的主要方面。这次斗争中瓦加等反抗奴隶制的人身占有，也正是触动了奴隶制度的基本点，因此这是一次比较大规模的反奴隶制度的奴隶起义斗争。虽然在当时的历史条件下不可能得到工人阶级的领导，运动中没有坚决的依靠和发动广大奴隶群众，企图借汉族官吏的统治力量，以及领导中有大部上中层曲诺参加等，但所有这些都是当时的历史条件下所难以避免的，所以不能因此而否定和混淆了奴隶起义的斗争性质。

4. 起义地区的扩大

通过这次补充调查，了解到运动地区较以前所了解的有所扩大。靠近越西的普雄县也大闹起来，普雄的滥田坝地区各地实行了"改革"，斗争的锋芒由四季沟口深入伸展到普雄县城附近，但这一带没有多大变动，至于越西也不止是城南几个乡，当时运动已到达他普（地名）等地。

附2：原始材料六份

**1. 关于1914年越西县彝族奴隶反对
奴隶主斗争情况调查**

讲述人：曲木查米 曲木吉子，男，劳动者

1958年10月13日于
越西县中所区大瑞乡瓦姑村

（1）起义的历史背景

在基于人身占有的奴隶制统治下，极少数奴隶主对广大奴隶群众拥有生杀予夺之权，而广大奴隶群众则过着牛马不如的生活。不但呷西、瓦加如此，即使在经济和人身方面有一些自由的曲诺，也往往被奴隶主凭借其人身占有的特权抢劫一空，除了服一定的奴役性的劳役外，奴隶主还要强制放高利贷，8斗九年30石；奴隶主家有婚丧等事时，除了经济上受掠夺和服劳役而外，奴隶群众的女儿还要抽出陪嫁；12岁以上的子女死后，奴隶主还要吃绝业；最使奴隶群众伤心的事，就是家人不能团聚。奴隶群众的子女要被奴隶主拉去当呷西。

为了反对基于人身占有的奴隶制度下的种种剥削和压迫，推翻奴隶制度，奴隶群众用了各种办法，起来反对奴隶主，这就是1914年越西县广大奴隶群众起来反对奴隶主的基本原因。

其次，越西县是彝汉杂居地区，一方面是汉区的社会经济政治情况对彝区有较深刻的影响，尤其是那些最接近汉区的地方更是如此。虽然汉区也有残酷的阶级压迫和剥削，有军阀豪绅的政治奴役，但基本的还是封建性的地租剥削。因而广大奴隶群众反对奴隶主时，则要求打倒基于人身占有的奴隶制度，提出了"改汉"的口号；另一方面，因为汉族的反动统治者为了实行民族压迫和民族剥削政策，积极向少数民族地区扩张其反动统治势力，也常常利用奴隶群众起来反对奴隶主的斗争，以达到其反动目的。因而在某种情况下，当奴隶群众起来反对奴隶主时，汉族反动官吏和地主豪绅们也加以支持。但是在反动统治下，奴隶群众对奴隶主的斗争，往往因为汉族反动统治者和奴隶主间矛盾冲突的暂时缓和而惨遭扼杀。1914年越西县奴隶群众反对奴隶主的斗争，也遭到同样的命运。

再次，这次起义还受到辛亥革命的影响。正如起义领导人的儿子曲木卡拉（当时也是领导人之一）所说："那个时候，我们听到辛亥革命把满清皇帝都推翻了，未必奴隶主就不能推翻吗？"这样，辛亥革命就在思想上武装了他们。

以上就是这次起义发生的基本原因。

（2）起义的经过

1910年大瑞乡卓尔家和门弟家的奴隶主，为侵吞所属曲诺——曲木家的财产，以莫须有的罪名，将曲木察米（即以后起义的领导人，汉名王长明）的哥哥曲木阿约押解越西县府，投入监狱。两年以后，曲木阿约死于监狱，卓尔、门弟两家奴隶主即侵吞其财产，并将阿约唯一的女儿出卖。于是阿约弟弟曲木查米及其三个儿子1913年6月，即动员其家门起来反对卓尔、门弟两家奴隶主，为其兄报仇。曲木查米系比较富裕的曲诺，仅自耕和收租的粮食每年就收入40石，其大儿媳的陪嫁丫头就有5个，而且与当时越西的汉族县知事吕子彬有些联系。为了反对奴隶主，曲木查米和他的3个儿子首先在他的家乡门弟瓦姑地方发动奴隶群众，经常在晚上秘密开会，会上列数奴隶主对奴隶群众进行奴役和迫害的种种罪行，鼓动奴隶群众起来反对奴隶主，还在会上打鸡打狗，喝血酒，表示奴隶群众都要一致行动。随即商议反对奴隶主的办法。他们提出的口号是："改汉"。具体的行动口号是：不准奴隶主使用娃子，大家平等；不准奴隶主派一切苛杂款；不帮奴隶主干活，要他自己干，铲锅庄，建高灶；妇女取消裙子，穿汉服。为了发动广大奴隶群众一致反对奴隶主，除了打鸡打狗吃血酒而外，起义领导人曲木查米又当众向奴隶群众宣布："我家为了不当卓尔和门弟家的奴隶，首先把我儿媳的陪嫁丫头全部送回她们的家去。嫁或不嫁，由他们自己的父母做主。"于是奴隶群众斗志高昂。随即大瑞乡的门弟瓦姑地方首先开展了斗争，很快就席卷了附近地区。呷西纷纷离开奴隶主家。瓦加、曲诺都不到奴隶主家去了。家家户户捣锅庄，建高灶。妇女也不穿裙子了。奴隶主在广大奴隶群众的反抗之下，只好自己干活，不敢在广大奴隶群众面前作威作福了。

为了扩大斗争的规模，对奴隶主进行有效的斗争，曲木查米及其三个儿子又积极地展开活动。他们与大花、中所、南箐、大河、寸山、五里箐、西山等乡的奴隶群众联系，并邀集了南箐乡的瓦加果捏子和拉则曲者，大河乡的伍尼阿果等共约二三十人到大瑞乡门弟瓦姑地方来开会。

奴隶主们被震惊了。于是便对奴隶群众的解放斗争加以镇压。当时虽然奴隶群众的斗志昂扬，但斗争还未接触到奴隶主的人身；奴隶主也怕公开实行镇压，众怒难犯，特别是最接近汉区的奴隶主更怕。于是他们一方面与普雄等地的奴隶主家门亲戚联系，纷集人马在晚上来屠杀抢劫奴隶群众；另一方面，则向汉族反动官吏行贿，密谋捕杀起义的领袖人物。在这种情况下，当时越西县的知事吕子彬为了扩大其反动统治势力，借奴隶群众起来反对奴隶主的机会大发横财。一方面对曲木查米等领导的反奴隶主的斗争加以支持，给他们一面旗子，并发出"改汉"的告示；另一方面，又接受了奴隶主大批贿赂，并向奴隶主们表示要逮捕曲木查米等人，镇压奴隶群众。

1914 年，也是奴隶群众反对奴隶主斗争达到高潮的一年。起义群众在中坝的二萨果设了"七团"，由各乡的领导人和积极分子率领成百上千的奴隶群众经常在二萨果开会。会上各乡奴隶群众打鸡打狗，喝血酒，提出的口号是："大家一条心，对奴隶主要斗争到底。"这样，越西县城南便有大瑞、中所，大花，南箐、大河、丁山，五里箐、西山八个乡约有 200 人左右的奴隶群众，投入了轰轰烈烈的斗争。

当越西县的斗争方兴未艾的时候，冕宁的奴隶群众也派了尼克涅且、尔恩洛木子等人前来大瑞乡的门弟瓦姑地方开会，吸取了越西奴隶群众的斗争经验，并与曲木查米等人商议如何进一步发动越西、冕宁两县的广大奴隶群众起来反对奴隶主。他们回冕宁后，立即组织群众开展了斗争，提出的口号与斗争方法与越西基本相同。到了 1914 年，冕宁的斗争也达到了高潮。

1915 年，由于奴隶群众反对奴隶主的斗争规模更扩大了。运动轰轰烈烈，远远近近的奴隶主们都提心吊胆，非常恐惧，于是想尽一切办法来镇压起义群众。越西县的大花、南箐的奴隶主首先公开对起义群众实行残酷镇压。被抢劫的有三户，被屠杀的有三人。这是奴隶主实行大规模镇压起义群众的信号。接着，其他各乡的奴隶主们先后对起义群众实行了血腥的屠杀和抢劫。普雄等地的奴隶主也翻山越岭地到越西县来公开抢劫屠杀。当时越西汉族县知事吕子彬又卸任。新任县知事张英换了另一套发财的办法。在接受了奴隶主的大量贿赂之后，即与当时的汉族恶霸地主廖金廷、邓志高等密谋，逮捕了起义的领导人曲木查米。由于曲木查米与当时的一些汉族恶霸地主有些联系，同时恶霸地主们还想利用他，这样才幸免于死。出狱后，曲木查米及其三个儿子都纷纷投奔当时的汉族恶霸地主，以保全性命。其他各乡的领导人，多数是全家被杀绝，有的逃往外县。这样，轰轰烈烈的奴隶群众的伟大起义便失败了。

（3）这次起义的意义

这次起义沉重地打击了奴隶制度。在一两年之内，城南的八个乡成了另一个世界。广大奴隶群众自由了。奴隶主的特权被取消了。这件事使奴隶群众有了这样一个信念即："奴隶主并不是不能推翻的。"奴隶和奴隶主并不是"天生成"的。而且起义的范围突破了越西县境，波及邻县，动摇了奴隶制度。

其次，这次起义教育了广大群众。解放后这一带的奴隶群众常常这样说："解放前我们就进行过斗争，解放后有了共产党和毛主席领导，我们还不改革吗？"而其他地方的奴隶群众也被这次的起义所鼓舞，积极要求改革。

2. 关于 1914 年冕宁等地的奴隶起义事件

讲述人：尼乎苏一，男，58 岁，劳动者。

1958 年 11 月 2 日于

冕宁县拖乌区团结乡三代村

起义那年我已经 14 岁，懂得事情了。起因是金矿县窝普奴隶主俸伍尼候对奴隶群众的残酷剥削和压迫引起的。俸伍尼候拥有娃子 400 多户，此外还有许多汉藏族佃户。他家的田地很多，从码头山到窝普，沿雅砻江两岸都是他的土地，步行一天都走不完，是奴隶主又是地主。他常常自命为黑彝中的最上层，要和土司通婚。他对奴隶的压迫很厉害，苛派很重。他在奴隶服无偿劳役时，实行了严厉的监工制。由于他剥削得比一般奴隶主更厉害，于是奴隶就以消极怠工，损坏农具进行反抗。他就派监工到劳动地点，手提箩筐，装上修理农具的工具和材料。农具坏了马上修理，不让奴隶有半点休息的机会，甚至连奴隶之间借烟管也不允许。如果你要借烟管，他派的监工马上递一支用竹管安上挖空了的洋芋做烟袋，以防止奴隶借烟袋抽烟而耽误了劳动时间。奴隶为他家服无偿劳役，至少是连续十天以上。他所属的奴隶，不管是曲诺、瓦加都要抽子女，一般是抽第二个。如果他需要钱时，也可以抽钱代替抽人，一次交清。但要人要钱完全取决于他。如果他需要抽人时，或曲诺瓦加家有年轻貌美的女儿，不管出多少钱，一定要抽人。

他家所属的曲诺、瓦加都要服无偿劳役。瓦加是一年四季都要服劳役，随叫随到。曲诺服劳役是种收二季，修房子和其他特殊事情。他家所属曲诺下降为瓦加、瓦加上升为曲诺是常事。当曲诺比较穷了，没有什么可供剥削了，于是就下降为瓦加，以便增加无偿劳役。当瓦加比较富裕了，有财产可供剥削了，就提升为曲诺，以便增加经济剥削。他家强制放杂布达一般是四斗八年十石。他家及其亲戚家支死了人时，所属的每户娃子要出一斗荞子的哭丧酒钱。他家死了人，其亲戚和本家支的招待费，全部由所属奴隶负担。他家有嫁娶等事时，所属娃子每户出 20 斤肉、20 斤酒、4 个荞馍。他家做帛时，所属娃子每户出肉 20 斤、酒 20 斤。他家的女儿到婆家时，所属娃子每户出牛、羊母畜 1 头。逢年过节时，所属娃子每户送猪头 1 个，酒 3 至 5 斤。他家平时来客的招待费，全部由所属娃子负担。修房子用的瓦板竹木料，全部由娃子送来，并负责把房子修好。每年每户娃子还要送火草一背，送一背牛羊粪到他田地里。他家男女赶场时，女的至少要派 10 个娃子的女人陪送，男的就派得更多。到他家的黑白彝要他喜欢才给吃，不喜欢就不给吃。黑彝吃大米或最好的荞面，白彝只能吃最坏的荞面。无论白、黑彝客人，如果他不喜欢，就杀 1 只猪或羊，估住客人吃完，不管吃完与否，都要被他大骂一顿，走时放出 4 条藏狗咬。他还规定白、黑彝吃酒不能同杯，吃饭不能同席。总之，他对娃子的剥削压迫非常厉害。

1913 年窝普发生奴隶起义，除了以上原因而外，还由于他家的人病了，打鸡打牛羊送鬼都没有好，就把所属奴隶曲木家的儿子用来送鬼，于是起义就爆发了。时间是 1913 年的上半年。

起义发生后没有几天就传到我们这里来了。当时我们这里的罗洪俄作对娃子狠毒，动辄就用火草烧娃子，用海椒面灌鼻子，还用牛绳子打娃子，所以奴隶群众非常痛恨，称黑彝奴隶主罗洪俄作为"五毒俄作"。窝普起义的消息一传到我们这里来，我们这里的加洛阿且等奴隶群众就把奴隶主罗洪俄作吊打了一顿。本来想把他整死，但当时的地方官费军门等人说不要把他整死，以后就放了。从此，我们这里的奴隶就起义了。

窝普的起义之所以很快传到我们这里来，我们之所以能立即响应，是因为我们这里与窝普只有一山之隔，与起义的白彝家支也相连，窝普的两个领导人亲自到我们这里来联系过，我们这里与金矿窝普都是安宁河以西，雅砻江以东地区，都是冕宁的西北部。这一带的黑彝奴隶主主要是保伍、罗洪等家，白彝主要是尼克、阿施等家。所以窝普一发生起义我们就立即响应。

事情发生后，窝普的马日十确、达九布楚、耳恩洛莫子和尼克约呷（野勒乡人）就经常开会喝酒商议反对奴隶主的事情。他们四人称为四门，即领导冕宁城东南西北四面各乡奴隶起义的人。此外，还在各地各堡子设头领来领导各堡子的人。我们记得的头领有：

和平乡的结尾村有博吾尔子、马赫日格、加洛阿且，大村的蒲子一突，俄瓦的曲木拉什；团结乡的三代村有尼乎吉令、尼乎尔子；团结乡的街街有木的瓦突、尼乎十突；猫儿沟有五尼布达；燕麦地有石足打耶；小疙瘩有阿莫逆作；瘟猪瓦有日厄不呷；△子村有阿八甲；曹古坝有尼楼秩拉；樟木沟有印怕△席子、逆莫洛莫子；枧槽沟的枧槽乡有耳恩尼子，金矿的窝普有三个（都是四门的人）。

事情发生后，我们奴隶就送银子给费军门，他说我们彝人要和汉人一样，彝人要挖锅庄，供天地，钉门牌、立石碑，实行"改汉"。

黑彝奴隶主则向大桥的恶霸地主赵三贡大送其银子。

1913和1914年都是我们娃子的势力大。还在1913年底，从窝普到我们冕宁的俸伍、罗洪、果基家的黑彝奴隶主就集体逃跑到拖乌西北那面去了。因为起义一动手后，各地起义奴隶就到团结乡的瘟猪瓦、三代村和和平乡的老铺子等地去捉拿黑彝，没收黑彝家的牛羊牲畜和金银首饰等财产。我们各地的起义奴隶和白彝头人经常来来往往到汉区开会，又要挖锅庄，供天地，钉门牌、立石碑，实行"改汉"。所以黑彝奴隶主都逃到拖乌西北的鲁坝去了。鲁坝的东北有路通越西，又很偏僻，可以到大凉山。当时他们是这样打算的：罗洪、俸伍两家靠果基家，果基家又靠大凉山的果基、阿侯、阿侯勿勒和阿陆马等家。

当时，安宁河以西，雅砻江以东地方的奴隶全部动起来了，安宁河以东到拖乌西北的鲁坝只有半数奴隶动起来。

我们这次起义得到了汉族农民与汉官的支持。汉官费军门支持我们是他得了我们奴隶凑的银子和钱，还因为他与黑彝奴隶主有冲突，黑彝不听他们管。所以反对奴隶主有三种军队：

一种是我们奴隶起义军；一种是汉族农民的民兵，由杨三娃等率领；还有一种是汉官费军门的正规军。

从冕宁到大桥都驻扎起我们奴隶起义的军队，奴隶主望都不敢来望一下。

从1914年的11月起，奴隶主的军队正式和我们打仗了，不过开头还是小打，到1915年农历正月，他们就勾结起大凉山的奴隶主下来和我们大打一仗。在大打前，奴隶主曾派人来和我们议和，我们不答应，要黑彝向我们投降，这就大打起来了。可是当时驻在大桥和冕宁的官方军队没有好好支持我们。黑彝军先抢团结乡的三代村和擦纳猫沟。我们同黑彝军打了三个多月。在我们三代村的街街地方有一个岩洞，能容纳一百多人，当黑彝军来打我们时，起义头领五尼布达把我们起义奴隶集中在这个岩洞里进行抵抗，终于把黑彝军打退了。以后，我们就把这个洞称为"改汉洞"。

起义失败以后，五尼布达一家人迁到泸定县去了。1915年6月，黑彝军就抢窝普，接着抢三垭、湾坝。八九月，黑彝军从木桂河绕到野勒进行抢劫。这时官方军队已撤走了，汉族农民军被赵三贡压制，不能支持我们了。只有我们起义军与奴隶主军队作战，奴隶主军队的武器是新式的、他们就打了胜仗。

汉军撤退时，我们奴隶起义军的势力还比较大，我们就凑银子派人到西昌去买枪；奴隶主也派人走小路到安顺场富林一带去买枪。可是官方和恶霸地主不卖枪给我们，奴隶主却把枪买到了。在大战中我们牺牲的头领有马赫作达、尼侯德古、尼侯吉达；打死黑彝头领俸伍作达、俸伍约达等人。1915年10月以后，黑彝军以为他们的头领报仇为名又来打抢我们，我们又打死黑彝军头领尼侯吉吉，阿尔开以等人。但这个时候，黑彝军已经占了上风，到处打抢和杀死我们起义的奴隶。起义的领导人和杀死过奴隶主的人逃的逃了，留下的被他们杀了。他们对奴隶的剥削压迫更加厉害，到1917、1918年时，奴隶主对我们的压迫稍松一些。因为黑彝内部开始打冤家了，一是需要白彝帮助；二是怕白彝趁他们打冤家时又起来反对他们。

起义失败后，我们起义奴隶有许多人迁到甘孜藏族自治州的泸定去了，迁移的人有这几种人：一是起义领导人和他们的亲属；二是亲手杀死过奴隶主的人，如五尼布达等；三是没收分得过黑彝财物的人；四是比较富裕的人。失败后，我两个嫂嫂都被奴隶主抢去。大嫂用140两银子取回来，二嫂就取不起了。

起义失败的原因是：起义范围太小了，只有冕宁大部分地方和越西小部分地方，大凉山未动，所以奴隶主能得到援助；汉官费军门吃了奴隶的银子不管了，赵三贡和周书记官吃黑彝的银子，听黑彝的话，帮黑彝军打我们；当时我们不是依靠自己的力量，而是靠汉官的军队，所以官军一撤走，就认为没办法了。

以后邓秀廷军阀带起彝军去打西藏，路过泸定时，有黑彝看见五尼布达。这些黑彝以轻蔑的口吻向他说："你搬到这里怎么样？来谈一谈。"五尼布达根本不理睬他，然后说道："我们搬到这里的坝子来住，羊子见不到高山，白彝见不到黑彝，我们莫西岷的白彝一嗅到黑彝味就发呕！"这个黑彝听了他的话后，只好狼狈地走了。

3. 关于1914年冕宁县奴隶起义问题

讲述人：尼乎黑子，男，57岁，劳动者

1958年11月3日于

冕宁县拖乌区团结乡三代村

1914年奴隶起义时，我已经13岁了。这次起义越西在先，我们这里后一些。因为当时有个汉官费军门先驻越西，支持越西奴隶的"改汉"，那里的起义取得一些胜利以后，费军门就到冕宁来了。他还从越西带一营起义军来，积极支持我们奴隶起义。

在金矿发生奴隶起义几天，我们团结乡三代村的尼乎家做大帛出灵。因为金矿窝普地区的曲木家和我们这里的尼乎家是亲戚，所以金矿窝普地区的曲木侯也、曲木泽尔、曲木底惹等人到我们尼乎家来送礼作客。因为曲木家和尼乎家都比较富裕，而且还有声望。这次作帛时客人很多，也很热闹。于是我们尼乎家的黑彝主子罗洪俄作偏要利用我们尼乎家做大帛的机会，耍一耍奴隶主的威风，扫我们家和客人的面子。奴隶主把我们家客人——金矿曲木家一个女人打伤。我们主人和客人都非常愤怒。

当时我们听说越西的起义已经胜利，窝普也已经起义。为了奴隶群众联合起来反对奴隶主，我们奴隶家家凑钱，立刻派了野勒乡的尼克涅且、和平乡的加洛阿且、枧槽乡的耳恩洛木子、窝普的达九布楚、曲木尼侯五人到越西去，与越西的起义人联系，并向费军门告状，于是我们这里也就起义了。

我们到越西把费军门请来冕宁后，他还带了兵来。带来的越西奴隶起义军一营，由萨马五萨子带领。一营汉军由一个姓陶的营长带领。费军门亲自驻大桥，出了"改汉"告示，在大桥和冕宁设"改汉"法庭。他把兵分驻冕宁城北和城西一带。城北从大桥一直驻到曹古坝、大盐井、拖乌和鲁坝，就是现在的和平、中心、拖乌等乡；城西从马头山一直驻到金矿的窝普。在"改汉"时，是城西的窝普先改，我们城北后改。我们奴隶都起来了。改一地就立起石碑，所有城西城北的奴隶主就一地一地的跑，都跑到鲁坝那边去了。因为鲁坝的东北与大凉山相通，他们好找退路。

"改汉"的方式是我们起义的奴隶先到冕宁城和大桥递状纸告状，跑去喊冤。在奴隶喊冤后两三天就把黑彝押到大桥或冕宁。在审判奴隶主时，还开斗争会。奴隶主狡赖时，我们奴隶就灌海椒面、熏烟子，把那些万恶的奴隶主拉米吊起，还要打他们的大板，只是不杀死他们。当时我们奴隶要奴隶主交出他们家中的娃子和陪嫁的丫头，要他们退还八年九斗三十石的杂布达。退不清的奴隶主就被关起来，要赔退完了才放他们。

我们这里做大帛发生事情是1913年，比金矿起义迟几天。金矿是1913年5月起事的。1914年2月费军门到冕宁，从1954年2月到10月都是我们白彝得胜。当时我们奴隶把黑彝押住赔退斗争。在黑彝集体逃跑了之后，我们起义奴隶就在大桥、中心、解放、和平团结等乡把黑彝家中的金银财物和黑彝女人的首饰都没收了。

1914年大桥起义之后，我们与黑彝的大战就开始了。至于小战斗，在起义开始后就不断发生。大的战斗发生在八九两月。在大战开始以后，普格县锅罗区的凉山大土司都文光也到我们冕宁来了。因为我们奴隶大起义以后，黑彝都逃跑到大凉山的喜德、普雄、呷洛、美姑去了。那里的黑彝非常怕。所以凉山大土司都文光也从西昌（宁远府）赶来。表面上是说来协助我们奴隶起义，其实他带来的军队就同黑彝军勾结起来，并且还把黑彝奴隶主的代表——越西县的果基尔黑、窝普的俸五涅火等人穿上汉服，偷偷地带起银子到成都去控告我们起义的奴隶。当时，我们也派了尼克约呷、达九布楚、马日十确等人带着银子，由费军门领着到成都去控告黑彝奴隶主。

双方在成都告状时，我们奴隶提出：解放男女奴隶，取消抽子女，取消杂布达和无偿劳役。成都的省官府又派了一个周书记官到我们冕宁来解决问题。黑彝立即向周书记官行贿，他便积极帮助黑彝来杀我们。

在费军门还没有离开冕宁，周书记官还没有来时，我们起义奴隶与黑彝奴隶主边打、边改、边谈。当时我们这一带毁了锅庄，打起了高灶，供了天地，贴了对联。妇女取消了裙子，男子剃了"天菩萨"，大家都穿鞋袜，穿长衫了。

周书记官到冕宁之后，收了黑彝送的银子，就向成都的省官府控告费军门。费军门被调走。周书记官立即宣布："不管怎样改，奴隶主是要统治奴隶的。"谈判也破裂了。接着奴隶主罗洪俄作就收买了他的妹夫果基大脚板家的两个奴隶，伪装起义的人，把起义领袖加洛阿且杀死。

周书记官回成都后，官军驻这里，由董哨官指挥。1915年农历正月初三，逃到大凉山喜德、普雄、呷洛、美姑的黑彝奴隶主联合了大凉山的黑彝奴隶主阿侯、果基、瓦渣等家的人，首先来打我们三代村。房子被烧完了，牛羊被抢走。我们同他们打了一仗，这一仗共打了三个月（从1915年1月打到4月）。当时还有董哨官指挥的汉族正规军和汉族农民帮助我们。汉族农民是苏州五地和四甲、五甲的。苏州五地就是现在的大桥、和平、团结等乡的全部和解放、中心等乡的部分地区。四甲和五甲是现在的会安乡全部与机槽乡的全部。当时起义军、正规汉军和汉族农民的粮草，一部分是自带，一部分是政府供给。起义奴隶群众的妇女儿童都参加运粮草。当时我已经13岁了，也参加了运粮草。当奴隶主的军队抢烧了我们三代村，被我们赶走逃跑时，先头到了柏虎村，后面还在铜厂沟时，我们这里的人到大桥去报告董哨官，要他派军队到这里来打。于是他就派兵到小疙瘩阻击黑彝军。但是，他的军队有一部分在碾子村陈益生家喝醉了酒，与黑彝军发生战斗后，一排人只剩了两人，连排长也阵亡了。从此，驻防军都撤走了。

起义失败了，我们老百姓就遭殃。黑彝军在抢烧了我们这里以后，到6月就去抢烧窝普。用暗杀手段杀死了窝普的起义领袖马日十确。起义群众很悲愤，把马日十确的尸首抬到当地黑彝奴隶主俸伍达力家去祭奠。可是过了10多天后，奴隶主的大军就到了窝普，双方在码头山张家河坝一带打了一仗。以后起义军就失败了。

起义失败之前，达九家白彝就迁到云南省丽江、中甸去了。起义失败以后，有些人又迁到泸定的湾东、莫西岷去了。起义失败后，奴隶主大肆杀害起义奴隶，逼着广大奴隶赔命金。凡打死 1 个奴隶主，要赔命金1200 两银子。被黑彝打死的汉军也要我们赔命金，一个汉军要赔 50 两银子给董哨官。除了赔命金以外，还要赔所谓财产损失。得过奴隶主 1 头牛的要赔 3 条，得了 1 只羊子的要赔 10 只。每家人还要赔 1 斗粮食。除了赔命金、赔财产损失外，还有所谓罚款。3 个锅庄罚 300 两银子，建 1 个灶罚 100 两银子，供了天地罚 3 两银子。凡是在起义中当过领导的人，除本人被杀外，一般都要罚款 300 两银子，这叫做所谓头领罚款，凡所谓命金、财产、牲畜的赔款都是所属黑彝主子享受。其余锅庄、高灶、供天地和头领罚款，由各黑彝奴隶主分得。

一个木底瓦托的起义头领，被他的黑彝主子罗洪哈子整得很惨。起义失败后，他家牛羊先后被奴隶主抢去 300 头，只要有了牛羊就被抢；房子烧毁 3 次，6 个儿女都被奴隶主抢去，要出 200 至 300 两银子才能取回一人。因此，从起义失败以后，一直到解放前夕，才把六个人取回完。罗洪家还有一户最穷的奴隶尼克子，家中一无所有，只有 1 个儿子，3 个女儿。起义失败，被奴隶主把他的 3 个女儿拉去卖了。以后，他家亲戚出钱取回不久，又被奴隶主拉去卖了。罗洪家还有一户奴隶阿七涅古，只有 1 个女儿，也被奴隶主拉去卖了。

奴隶主大规模地枪杀起义群众是 1916 年。他们对家门较多力量较强的奴隶是明抢暗杀，如我们尼乎家被暗杀的就有 17 人。

起义时号召群众的口号是："人生下来是一样的，为啥只有白彝的女儿作丫头，儿子做奴隶、黑彝就当奴隶主呢？白彝要联合汉族，消灭黑彝，把他们斩尽杀绝。"我们到冕宁、大桥去告状时是这样诉苦的："天好地好，黑彝不好，害人的恶魔有两种，那就是阴鬼和阳鬼。阴鬼可以用做帛，念咒对付，阳鬼黑彝只有消灭才能对付。"

为啥我们这次起义失败呢？一个是起义的范围小了，我们这些地方闹起来了，有些地方不动。黑彝把大凉山当成他们的靠山。二是反动派只晓得取银子，钱收后就不管我们奴隶了，三是散漫无组织、无领导。

这次起义以后，接近汉区地方，奴隶主对奴隶的苛杂劳役、抽子女等有所减轻。但是黑彝聚居区不但没有减轻反而加重。如瓦加过去没有杂布达，但起义后，就是两年八斗五石，相当于过去曲诺的一半，苛税也上升同曲诺一样了。当时奴隶主的借口是瓦加在起义中跟着曲诺走，因此，要和曲诺同样对待。接近汉区的在起义后有所减免和改变，如果基家萨特支的赤补姑虎那一房人就是。

4. 关于1914 年奴隶起义中瓦加呷西的斗争情况

讲述人：威色妞妞，女，48 岁，呷西等级，奴隶成分。

五尼甲甲，男，52 岁，瓦加等级，奴隶成分。

李世享，男，65 岁，贫苦曲诺，奴隶成分。

1959 年 1 月 20 日于

越西县城关区民主改革新村

越西大花乡一带，过去被黑彝果基、俫伍家统治着。当时黑彝对娃子的压迫剥削同其他地方一样是很残酷的，对曲诺的剥削主要是经济上的，如八斗九年三十石的"扎布达"，吃绝业等，另外还有抽第二个子女。对瓦加的剥削主要是人身方面，如抽子女，对瓦加的子女，不论大小，不论多少，都得抽去。瓦加的子女一般在七八岁就开始为黑彝担负无偿劳役、开荒、放牲畜、做各种活路；瓦加本身的婚配也由黑彝主子做主。至于呷西更是一切都被黑彝占有。其他杂捐更是多得很，如黑彝姑娘出嫁时，除有陪嫁丫头外，还有许多送亲丫头，大部分都是瓦加的女子。当时有种规矩，出嫁时女的要绝食，但黑彝姑娘可以有鸡鸭蛋吃，而陪嫁丫头和送亲的就只有真正绝食了，没得吃的，有些竟绝食1月的（绝食不能达1个月，故绝食应为减食——记录人注），这就可见当时娃子们的痛苦了。因此，当时不管瓦加、呷西和曲诺都想反抗黑彝的压迫，脱离黑彝的统治。"拉库改土"就是因为这样才闹起来的。

这次斗争是由冕宁开始的，斗争开始前黑白彝之间的矛盾冲突更大了。当时黑彝果基石普因酒醉而掉井死亡，而黑彝果基什火却说果基石普之死与曲木瓦渣子（王加木的哥哥）有关，随即将曲术瓦渣子用大刀砍死给果基石普殉葬。这一事件使很多曲诺瓦加不满，这就是拉库改汉在大花乡的导火线。

起义前不久，黑彝的抢劫等活动很厉害。有一次，小孤山一带汉人被抢，小孤山由桥被毁，黑彝为首者是保伍阿出。当时汉军统领张廷生抓去保伍阿出父子孙三代人，石王加木担任翻译解决这件事。王加木对黑彝仇恨很深，就利用翻译的机会使黑彝与汉族官吏之间的矛盾加深，以利于"改汉斗争"，如保伍阿出说："只要不关，只要不杀，愿给一升金子一斗银"。而王加木对汉官张统领就翻译成："关也由你，杀也由你，看你过不过小相岭（因其妻家即小相岭塔普果基家，意即经过此处必定报仇）。"张统领听了此话，很生气，便将保伍阿出三代人整死。王加木等便乘黑彝与汉官矛盾扩大时，开展了反黑彝的斗争。

这次斗争是由瓦加、曲诺中的一些人领导的，瓦加中如大花的王加木、曲木大汉子，阿比五基等，其中曲木大汉子连瓦加都不如，实为呷西。斗争的要求和口号，有些是以瓦加和呷西的利益为主的，当然也包括曲诺的利益。如当时提出口号：废除扎布达、抽子女和吃绝业三大项，其中扎布达和吃绝业二项是经济剥削，废除这两项主要是代表曲诺的利益。而抽子女是人身占有和人身自由的问题，这一项是最关系到瓦加和呷西的利益了。因为，在曲诺中虽也有抽子女的制度，但一般只抽一个（抽第二个）若是他的黑彝主子不富裕，也可以以银子抵偿而不抽子女。至于瓦加的子女，不论多少，不论大小一齐抽去，即使有钱也不能以银子抵偿。所以当时瓦加对废除抽子女的要求最迫切。呷西大部来源于抽子女，若能废除这个制度，呷西——这个最受剥削和压迫的等级，就会大大减少以致取消。所以，废除抽子女也是呷西所迫切要求的。

曲木大汉子（瓦加）是这次斗争的头人之一，亲身参加了战斗，表现很勇敢。阿比五基（瓦加）也是领导人之一，坚持到底，起义失败后，他便搬进越西城里去住了，坚决脱离了黑彝的统治。起义失败后的第二年，在城外小孤山附近耕种时，被黑彝保伍打木日杀死。

王加木，当时也是瓦加，但有些人说他是曲诺，这里有一段故事：

当时有山嘴不石阿必姆（土司百姓），与吹号手门第打而子（瓦加）相爱，门第打而子与不石阿必姆一齐出走，土司家有人去找，王加木在田坝将不石阿必姆找回，随许婚，因不时为曲诺，为了成其婚事，王加木便说自己是曲诺。这是"改汉"以后一年的事。其实王加木当时是瓦加（王加木外甥五尼甲之也说王加木家为瓦加）。

起义失败后，很多瓦加、呷西搬进城里居住以脱离黑彝的统治和剥削。同王加木搬进城的有90多户，有沙马、曲木、尼克、海来、威生、阿么、也窝等，姓很多，有"汉巴一百家就有一百姓"的话，有的是随主子家姓的，都是家支薄弱，或无家支依靠。搬进城后，靠做工生活，以后就背柴背炭卖，有的租了些土地种，就这样生活下来。黑彝对搬进城居住的瓦加，时刻都在找机会想把他们抓回去。黑彝的办法是勾结官府要人，抓人，抢人。我们的斗争方法是订了公约：要是官府要人就同他们说理斗争，抓人抢人时，我们就一齐起来武力反抗。如瓦岩黑彝阿陆啥拉木，企图利诱王加木将也窝打热一家七口人抓回去，当时王加木表面答应了他，等阿陆啥拉木将也窝打热等带至城外时，城内居住的瓦加等一齐上前将阿陆哈拉木痛打一顿，把人接了回来。从此，黑彝再不敢来要人了。当时，也有被黑彝抓走的，这些人主要是在搬进城时，没有同王加木联系上，抓走时无人帮助。如大河乡安各居普搬进城时，没有同王加木联系，没有加入我们一伙，单独去同杨自安（地主官僚）接头，结果其主子勾结杨自安把他抓了回去，带至山沟杀了。

塔普（地名）呷西阿尔木呷搬进城时，同王加木联系，其主子果基家勾结汉官将其抓走，快到中所镇时，被王加木等夺了回来。

5. 关于 1914 年冕宁县的奴隶起义问题

讲述人：曲木达萨，男，49 岁，白彝等级，奴隶成分。

　　　　1958 年 11 月 2 日于

　　　　冕宁县拖乌区和平乡俄瓦村

我们奴隶的起义，是 1913 年从金矿县的窝普开始的。1914 年冕宁和越西的奴隶起来响应。1914 年金矿起义的人到我们冕宁来，在大桥喝血酒，商议反对奴隶主。当地的汉族恶霸地主赵三贡吓唬这些喝血酒的人说："大小凉山都没有人反对奴隶主。你们闹什么事？要大小凉山的问题都解决了，你们的问题才能得到解决。"因为赵三贡的势力大，奴隶起义在冕宁得不到支持。于是这些商量起义的人，在奴隶群众中筹集了 2600 两银子（一家人出一两）到越西去见费军门，请求协助奴隶起义。这样，当越西的奴隶起义了，我们这里也就起义了。

这次奴隶起义的领导人有金矿窝普的达足古基等；野勒乡的尼克涅且、尼克约呷等；和平乡的加洛阿且、博吾尔子、马子什曲、耳恩洛木子、达九布楚、阿加八朵、曲木拉十等；团结乡的五尼不达等人。

在大桥喝了血酒，起义即将开始，赵三贡这个恶霸又威胁起义领导人说："大小凉山的问题都没有得到解决，哪一个敢把黑彝捆走，只有你们出身价银子才脱得到手那；把一个黑彝杀了，就要叫你们把肉吃完！"但是，起义的领导人根本没有去理睬他。当时越西的费军门与书记官何矮子不同。费军门支持我们白彝。何矮子书记官得了黑彝的钱就支持黑彝。我们起义的领导人到越西去见费军门时向他说："我们彝人古时没有娃子，以后才分为白彝和黑彝的。现在黑彝要抽我们的子女当娃子当丫头，强迫放杂布达，要我们服无偿劳役，还要打我们、杀我们、卖我们。我们白彝实在忍受不了，请费军门帮助。我们白彝要把黑彝消灭掉。"他们在越西住了七八天。起初费军门还支持起义的白彝，可是矮子何书记官一直不支持我们。所以最后费军门也说："白彝黑彝都是人，不要消灭掉，使黑彝换班坐监作质就对了。"起义领导人看到要消灭黑彝的请求遭到拒绝，就回冕宁了。以后，黑彝的兵就来打我们起义的白彝。

这次我们和奴隶主的斗争有两个阶段：

第一阶段是我们到越西去告状之前。矮子何书记官不支持我们但也不支持黑彝，我们白彝胜。

第二阶段是越西告状，矮子何书记官不但不支持我们而且支持黑彝以后，黑彝占了主动。

这次起义是安宁河以西，从大桥一直到金矿的窝普；安宁河以东有半数的人也参加了，汉族军队和柏虎垭口以北的汉族都参加了反对黑彝的斗争。汉族人民之所以援助我们的起义，参加反黑彝的斗争，有这几个原因：

一是黑彝常常抢人，抢汉人的东西，拉汉人的娃子；二是我们彝区没有建政，没有官管，他们希望彝区同汉区一样有官管，不分黑彝白彝，治安才有保障；三是汉族人民看到我们白彝给黑彝当娃子实在可怜，同情我们。

可是起义发生不久，恶霸赵三贡就镇压汉族人民，不准汉族人民支援我们奴隶起义。

这次起义的领导人物加洛阿且被黑彝罗洪阿作杀死。其他领袖尼克涅且、尼克约呷、尼克陆且和阿尼补达等人，都率领家族迁居泸定县。

我们当时的口号是："联合汉族，没收黑彝的枪支，镇压黑彝顽固分子，人人平等，大家劳动，取消苛捐杂税等。"

经过这次起义以后，有些地方的奴隶主对奴隶的压迫和剥削减轻了，这些地方主要是接近汉区的；有些地方奴隶主进行报复，反而加重了，主要是彝族聚居区。如我家就是在起义后，奴隶主加重了剥削和压迫的。但是不管增和减都是在抽子女、杂布达和无偿劳役三个方面。至于逢年过节送东西等起义前后都是差不多的。

这次起义的范围很大。冕宁城西、北、东的各乡都参加了，城西有哈哈乡、瓦沽乡、回龙乡、回平乡，城东有枧槽乡，城北有和平乡、会安乡、团结乡、中心乡、解放乡、野勒乡等，金矿县有窝普地区，九龙县有三垭、湾坝等地区，越西县有城南的几个乡。起义的白彝是果基、倮伍、罗洪和越西的门第、八且等家支所属的达九、曲木、尼克、阿涅等家支。

这次起义的同盟军中，不仅有汉族农民，而且有政府军队。汉族农民的领导人是和平乡的杨成喜与团结乡的杨三娃。此外，汉族恶霸地主、和平乡的李驼子也参加反对黑彝。政府军队有一排人参战。

这次起义之所以从金矿的窝普开始，是因为黑彝奴隶主倮伍尼侯家的苛捐杂税多、剥削压迫很重。他家娃子达九果基比较富裕，也有些声望。但是黑彝奴隶主倮伍尼侯不但加紧剥削他，而且不给一点人身自由。于是达九果基就联合他的家族起来反对。在金矿的窝普发生起义几天以后，那里专人带信给和平乡的加洛阿且、补吾尔子等，并在冕宁开会，商议与窝普联合，一致行动，反对黑彝奴隶主。他们从冕宁回来后，又约了曲木拉十，并由曲木拉十去野勒乡联系尼克涅且等人到大桥吃血酒开会。起义从1913年开始，1914年达到高潮。白彝和黑彝军队大战于和平乡的蒙古瓦——结尾村。1915年由于汉族官吏的出卖，恶霸赵三贡的镇压，黑彝就占了优势。1916年黑彝大肆镇压起义奴隶。从1916到1925年的十年中，黑彝还指使白彝抢劫附近汉人。

在起义中，接近汉区的白彝都打起了高灶，妇女不穿裙子了。后来起义失败就又取消了。在起义期间，白彝不给黑彝干活了。起义失败后就不敢不干活了。但也有些人向奴隶主说："不能来劳动，给钱"，期满后仍不给，以此来反抗。

这次起义之所以失败是想依靠汉官费军门的支持，依靠冕宁团镇李驼子的支持。但是我们白彝每家人给费军门凑银子一两之后，他又与矮子何书记官分黑彝送去的银子，就不支持我们，而且还卖枪给黑彝杀我们。恶霸赵三贡镇压汉族同盟军，指使豪绅压制农民，不准汉族农民支持我们，所以失败了。

6. 1914—1917年金矿、冕宁、越西地区的"改汉运动"——封建化运动

讲述人：八且陆直，男，62岁黑彝奴隶主（州政协委员）

讲述时间：1958 年 10 月 27 日于昭觉

1914 年（甲寅，民国三年），在金矿、冕宁、越西地区爆发了以曲伙为主的瓦加、呷西三个被统治等级反黑彝统治等级的斗争运动。这是一个反对彝族固有奴隶制度而要求走向封建化的运动。

这一斗争于 1914 年（甲寅，民国三年）腊月除夕发端于金矿县，1915 年（乙卯，民国四年）初就在越西全地区展开，至 1917 年（丁巳，民国六年）初才结束，中间历两整年（1914—1917）。

现西昌专区金矿县什洛拉地区是黑彝保伍家的势力范围。当地保伍家只有十多户，其所属曲伙、瓦加有百余户。保伍家向其所属曲伙放高利贷，加紧剥削，使曲伙很难忍受。例如放一个鸡蛋，在半年内就要向曲伙索取一只大鸡。反对黑彝这种苛重剥削的斗争，有一触即发之势。

金矿什洛拉地区瓦布列拖村的曲伙加纳阿且和曲木德局是当地有威望的曲伙头人。在 1915 年（乙卯）冬月间，曲木德局的小孩生病，请笔摩捉鬼封闭于土罐中，以免缠害小孩。当时，曲木德局的黑彝主子保伍孜亮（保伍家大头人）的小孩也生病，请笔摩诊治，说这小孩的灵魂已被曲木德局封闭上土罐内，须启封释放，小孩的病才能痊愈。保伍孜亮即命曲木德局释放其小孩的灵魂。曲木德局向保伍孜亮说："你的小孩就该活，难道我的儿子就不该活了吗？我把你的小孩的灵魂放出来，它就要害死我的小孩。"为此争执不下，曲木德局满怀气愤，曲伙都为之不平。曲木德局就与曲伙商议，拟推翻黑彝的统治。释放小孩灵魂的事，只不过是导火线而已，其根本原因在于黑彝压迫娃子太甚。

曲木德局和加纳阿且秘密商议推翻黑彝的统治，并与冕宁、越西各地黑彝保伍家所属曲伙、瓦加取得联系，又串联这三个地区的黑彝八且、果基、罗洪等各家支所属曲伙、瓦加，一并向黑彝作斗争。预定于 1915 年（乙卯）正月某日一致行动反抗黑彝。他们的口号是："人都是一样的，一些人压着一些人是不合理的，应该把压人的黑彝打掉。"曲伙头人为了发动更广大的被压迫等级来参加反黑彝的斗争，他们向其所属瓦加、呷西两个等级声明说："我们曲伙的上面不要有黑彝，我们曲伙也不要你们当我们的娃子，我们大家一起把黑彝推翻后，一起去当汉官的百姓，大家都不当娃子了。"

西昌专区冕宁地区的曲伙头人是吉克约呷，其主子也是冕宁黑彝保伍家。凉山越西地区（当时还包括现呷洛、喜德、普雄、石棉四县的一部分地区）的曲伙头人是曲木查木和曲木汪佳，两者的主子都是越西黑彝保伍家。曲木查木是于 1935 年随红军北上抗日的长征干部曲木乌列（汉名王作义）的祖父，住越西中所坝区大瑞乡（彝名木杰瓦古），他负责组织武装向黑彝进攻。曲木汪佳系现四川省民族事务委员会副主任王海民之父。因其兄曲木汪佳惹被黑彝主子保伍家杀害，愤然不作黑彝娃子，即迁住越西城，与汉官绅有所接触，这次运动即由他负责联系汉官绅支持反黑彝的斗争。

这次金矿、冕宁、越西三地区曲伙预谋群起推翻黑彝，原拟十个曲伙对付一个黑彝，准备在预定发动日起，一两天内即可把三县的黑彝全部解决，进一步促使全凉山曲伙、瓦加、呷西都一致起来推翻其黑彝主子，然后连自己所属瓦加、呷西和黑彝所属瓦加、呷西一并作汉官百姓。由于金矿什洛拉地区有个别曲伙将这一预谋泄露给黑彝保伍家，以致尚未到预定日期，就不能不起来先发制人，遂使各地步调不一致，金矿地区曲伙遭致失败。当地曲伙头人加纳阿且和曲木德局知时机已露，就在 1914 年（甲寅）除夕开始向当地黑彝保伍家展开武装斗争，把倮伍家头人倮伍孜亮杀掉，并杀倮伍家六七人。倮伍家即逃往山林躲避，一面四处请求其家门、亲戚去协助其镇压曲伙的反抗。当时，昭觉别里拉达地区的8宜家，果基家都是倮伍家的亲戚，昭觉倮伍家和八且、果基家带着当时已有的新武器毛瑟枪去协助镇压金矿的曲伙。曲伙因武器不如黑彝，而且内部有动摇分子，遂被镇压下去。头人加纳阿且战死。冕宁地区以吉克约呷为首的曲伙正拟起来反抗当地黑彝倮伍家、罗洪家、果基家，因听得金矿失败，有些人就动摇不定。吉克约呷恐事不成，遂惧而举家潜逃九龙。当时为首的曲伙多随吉克约呷一起逃离冕宁，迁往九龙及其附近地区。

越西曲伙头人曲木查木和曲木汪佳听得金矿什洛拉地区曲伙于1914年除夕发动打黑彝，曲木查木即于1915年正月初即率曲伙、瓦加、呷西起来先打其本村黑彝倮伍家，杀掉倮伍家六七人。当时，越西县有一个彝兵营，除营连排长是汉人外，班长以下士兵全是彝人曲伙。住在城里的曲伙头人曲木汪佳与当地团练张司令（汉人）率彝兵出击黑彝，把倮伍家大头人倮伍尔搓擒入县城。张司令和越西县长坐堂审讯倮伍尔搓，倮伍尔搓的儿媳在旁请求饶其翁姑性命，要多少钱都愿拿出来。当时曲木汪佳做翻译，向张司令说倮伍尔搓的儿媳在辱骂汉人和张司令，张司令一怒之下，把倮伍尔搓推出杀头。如果张司令知道倮伍尔搓的儿媳愿意拿钱赎命，他就不会杀倮伍尔搓了。

当曲木查木发动了当地黑彝所属曲伙、瓦加和曲伙所属瓦加、呷西起来向黑彝作斗争时，接着就把黑彝家里的呷西都号召出来参加了斗争的行列。除倮伍家所属各等级娃子都参加了这一斗争行列外，当地黑彝八且、果基等大小家支的各等级娃子都卷入了斗争的浪潮。黑彝的呷西多住到附近曲伙家里自耕自食，不再受主子的奴役。当时喊出这样的口号："去掉锅庄搭汉灶，去掉天菩萨留汉人头发，妇女去掉裙子穿汉人衣衫。"而且在实际行动上已经这样做过，都要做汉官的百姓，因此当地彝族称这一斗争运动为"改汉运动"。

从1915年春起，因为黑彝家里的呷西及所属瓦加都参加了斗争，拒绝为黑彝服役，于是一向贱视劳动过寄生生活的黑彝，这时也只好下地劳动了。凉山彝族自治州政协委员黑彝八且陆直当时和曲木查木同住一个村，他说："我今年已61岁，当我18岁那年是属虎年，我们黑彝都只好自己下地劳动，因为家里的呷西都被曲伙拉走了。"

这次运动之初是武装斗争，后来因当地汉官张司令和县官从中捣鬼，遂由武装斗争转为法庭斗争。曲伙和黑彝双方对坐于县衙门大堂两侧，听凭张司令和县官裁处。退堂后，汉官（张司令、县长和当地汉族地主绅士）在黑彝面前说一套话骗取大量银子，在曲伙面前又说一套话骗取一些银子。这些汉官在黑彝面前说："自古以来就有土司、黑彝，曲伙不该反对你们，我们支持你们。"在曲伙面前说："你们说得对，人都是一样的，不应该有土司，黑彝压你们，你们只应该做政府的百姓，我们支持你们，以前也支持过你们。"曲伙的钱没有黑彝送得多，汉官逐渐就不支持曲伙的武装斗争了，只想在衙门大堂上讲几次"理"来把双方敷衍过去。这时，黑彝8宜家、果基家所属曲伙中，有些本来是积极反抗黑彝的，见汉官不支持，对斗争就失去了信心，重新投到黑彝主子那里去讨好。黑彝八且、果基家看到自己的曲伙仍旧回来当娃子，也就说些好话慰抚，并向其曲伙保证，如果汉官打曲伙，黑彝愿意挺身出来"保护"自己的曲伙。从八且、果基家的曲伙拆台后，这个运动就转为单是黑彝倮伍家所属以曲伙为首的被压迫等级向其黑彝主子作斗争，倮伍家避居山林，其房屋被烧毁；他们也返回烧毁曲伙的房屋。

在1915年春、夏间，越西黑彝都自行下地耕作。至1916年，黑彝八且、果基家的娃子已纷纷返回为其黑彝主子耕作，于是黑彝又得恢复其寄生生活。1917年倮伍家也与其所属娃子恢复隶属关系。

当越西斗争运动初起时（1915 年春），曲伙曾向其所属娃子瓦加、呷西说过，大家一律平等同去当汉官的百姓。到 1916 年，八且、果基两家所属各等级娃子各自重归其主子，恢复主奴关系时，倮伍家曲伙对其所属呷西所服劳役还支付工资。至 1917 年，由于当地已完全恢复主奴关系，连工资也不再支付了。

五、越西、甘洛地区彝、藏[①]各族人民反抗子末乌甲的斗争

在残暴的奴隶制度压迫之下的各族劳动人民，为了求得生存，争取自由，曾经作了无数次的英勇斗争，1927—1934 年，越西、呷洛一带的彝、藏各族劳动人民反抗子末乌甲的斗争，便是规模较大的一次。这个地区的土目子末乌甲勾结国民党军阀，对各族劳动人民进行残酷的剥削，血腥的镇压，使得劳动人民生活极端痛苦，而且生存毫无保障，不得不起而进行斗争。8 年之中，前仆后继，此伏彼起，仅大规模的武装斗争即进行了四次。最后，终将子末乌甲杀死，推翻其残暴统治，劳动人民得以扬眉吐气。在国民党和奴隶主的统治下，劳动人民反对剥削制度是绝对不被允许的，另一批奴隶主即取代了子末乌甲的统治，劳动人民仍然处于水深火热之中。但奴隶主慑于劳动人民的威力，在统治方式上，不得不较子末乌甲有所改变，作了一些表面的让步。

劳动人民反抗子末乌甲的斗争，是一场尖锐的阶级斗争，是一次反对奴隶制度的革命运动，这次斗争在一定程度上打击了奴隶主的凶焰，鼓舞了劳动人民反对奴隶制度的勇气和必胜信心。

1960 年 6 月 12 日至 20 日，我们在越西县委的领导下，在越西保安人民公社和甘洛则洛人民公社党委领导之下，在原子末乌甲统治地区内的 9 个地方，就子末乌甲的残暴统治和各族人民的反抗斗争进行了调查，访问了熟知当时情况的彝藏各族劳动人民 16 人，这些人大都亲身参加过反子末乌甲的斗争。其中有的受害最为惨重，有的是组织反抗的领导人和积极分子，并亲手杀死子末乌甲。现根据他们的叙述整理如下：

（一）子末乌甲的残暴统治

子末乌甲家原系颇伙土司（彝语称普雄为颇伙拉达），大约在距今 50 年以前，当地的黑彝勿雷家势力强大起来，便联合其他黑彝家支向子末乌甲家进攻，杀死了子末乌甲的父亲，夺得子末乌甲家的全部田产，子末乌甲只身落荒而逃。

当时有 10 户原受子末乌甲家管辖过的百姓住在踏足沽，依靠了这一关系，子末乌甲就投奔到这里。

初来时，子末乌甲除了一根打狗棍之外，一无所有，每天向各户乞食，有时乞求不得，便从别人的磨心里扫粮食残渣吃；有时就偷庄稼、偷猪羊吃，整天偷鸡摸狗，东游西荡。

稍后，就为这几家人做些零活，放牛，为出工的人送饭等，帮哪家，就在哪家吃住，子末乌甲就在踏足沽住了下来。以后这几家人遇了什么事，子末乌甲就出面交涉，完粮纳税也

---

① 当地藏族，自称尔苏……；他称西番，下同。

由他去办理。他便对外宣称他是这里的土司，这里的劳动人民是他的百姓，但那时，当地人民并不认为他是他们的主子。

后来，从普雄地区出来的少数无赖、游民跑来依附他，他的姐姐——土司的妻子也给了他几支枪，他便依靠这些力量霸占了踏足沽，使当地劳动人民沦为他的安家娃子，并逐步向外扩张。

首先侵占了沙仆纳五地方"白彝"的田地，当遇到反抗时，他就进行镇压，并强迫这里的劳动人民进行抢劫，为他充当炮灰。同时又利用亲戚关系，借助于其他土司的势力，扩充自己的力量，又投靠国民党军阀，地主豪绅求得他们的支持。这时他招来的各地流氓和强拉来的劳动人民已达一二百人。随后，他又以武力压服则洛一带的"番"族人民，对他们进行奴役和压榨，接着，又强占了尔吉沙呷家的田地，并作了他们的主子。他就这样逐步扩充力量，夺取了土司岭光电的财产，吞并了附近几家黑彝的娃子和田地。

截至1934年为止，子末乌甲的统治达到了纵横一二百里以内的地区，北起海棠一带，南至上普雄地区，东起斯足、田坝，西迄保安、蓼叶坪。他还在其统治的腹心地区踏足沽、阿克依、呷日修建了三座衙门和三个碉堡群。这个地区的各族人民过了20余年的非人生活，附近的各族人民也饱受子末乌甲的抢劫侵害之苦。

子末乌甲对其辖区内的各族人民进行极其残暴的剥削，他把劳动人民视为牲畜，把劳动人民的财产看作是他暂寄在那里的，随时可以取用，他要什么就得送什么，要多少就得送多少。

每年至少向劳动人民派款两次，多至三四次，出不起或交不齐的，就要遭毒打，然后关入地牢，到被迫答应交粮交款还要交"赎身费"时，才加以释放，否则便被视为奴隶，被出卖甚至被屠杀。

每逢年节，各族人民必须每家送酒一坛，送猪头半个给他，每年都要送两三次，每次共收猪头三四百个。凡送少了的，就要遭到以上相同的处置。

他每到一地，都要劳动人民宰猪、杀牛，置酒宴招待他和他的成百的随从，否则便将这个地方捣毁，将全体居民抓去受刑。他经常绑架一些劳动人民，令其家人出钱赎取，出不起银子的便将其屠杀，有时出了银子还要将其沦为奴隶。

另外，他还任意对劳动人民进行巧取豪夺，如则洛的加拉家与呷日的阿侯家是冤家，他便以打阿侯家为名，强迫加拉家的娃子出粮食，出银子，买枪弹。勉强可以过日子的人家，每家摊派一支九子枪，折成九锭银子送去，乍可罗地方几乎每家都被榨取了银子，连一个三道娃子也被榨出几发子弹。

子末乌甲每天都要在家杀牛宰猪给他的士兵们吃，以诱使士兵为他卖命，并诱使其他地方的人前来投靠，其所需的大量牲畜，轮流向各家摊派。汉族人民必须出钱投保，才能住在他的统治地区和附近，否则连过路都不行。劳动人民在经济上受到如此惨重的剥削，生活都难以维持，还要担负名目繁多的、沉重的无偿劳役。

他修筑碉堡和房屋时，令劳动人民自带粮食、工具、材料前去做工，不仅不给任何报酬，稍不如意就施以毒打，以致屠杀，修筑完毕后，所需家具和一切用具都要劳动人民送去。

劳动人民被迫去打冤家和进行抢劫时，自备武器干粮，抢得的东西全归子末乌甲所有，如果被打死，就是白白送命，子末乌甲根本不予过问。在统治区以内或附近的汉族工匠经常被抓来做工。

　　子末乌甲对劳动人民的剥削，不仅在于夺取他们的财产和劳动成果，而且还把他们像牲口一样出卖。据估计，呷日、岩润、斯足一带的劳动人民被卖到石棉一带的即达五六百人，"身价银"全被子末乌甲得去。如果劳动人民死去或被他杀掉，要由他"吃绝业"。

　　对劳动人民的残酷剥削，使劳动人民辗转于饿死冻死的边沿，生活极为痛苦，生产也几乎无法进行下去，同时劳动人民既被榨取得油干水净，也就无力承担对原有主子的一切负担。这样也就损害了一些黑彝奴隶主的利益。另外，在子末乌甲的势力已经强大起来之后，也侵吞了黑彝奴隶主的财产，先后逐走了附近的补助家、阿侯家，杀绝了勿雷家代达支，控制了加拉家、拉惹家。在子末乌甲大举向外烧杀抢掠的过程中，斯足拉达勿雷家阿且姆勒被劫掠一空，木诺尔库的杰川家70户娃子有30户被杀，40户被掳。黑彝奴隶主和子末乌甲之间也有了利害冲突，他们也想打倒他，力图恢复自己的统治。各家黑彝奴隶主都想取代子末乌甲的地位，独占这一大片地方。

　　子末乌甲对劳动人员的惨重剥削是建立在对劳动人民的残酷统治和血腥屠杀之上的。他设置了各种刑具，以各种酷刑来残害劳动人民。对藏族人民则是赶尽杀绝。他又是一个嗜杀成性的魔王，群众说他杀个人比杀只鸡还容易，稍不遂意，甚至为了他的"娱乐"，便将劳动人民杀死。有的是被绑来后，家里无钱赎取的；有的是对他的抢劫、剥削表示不满；有的是饥寒交迫无力做活。有时他还把掠来的孩子投入水中淹死，为的是看他们怎样在水中挣扎。则洛百余户彝族中被杀的即达50余人，有九家被满门杀绝。新吉古的"白彝"阿尔家、甲骨家对他的统治不满，他便大肆屠杀，仅阿尔木勒一家就被杀了九个人，甲骨阿乌家被杀了三人，他还将阿尔家、甲骨家的两个小孩摔下岩去。有一次，他抓来一个石匠为他凿洞藏银子，事成之后，即将石匠杀死灭口。彝、藏人民被他屠杀的约在300人以上。人被杀死后，还不准家属收尸，将尸身抛在他门前的深渊喂鹰喂狼。在他统治期间，每天都有成群的老鹰、乌鸦在踏足沽上空盘旋，等着啄食人肉，一听到枪响后，便向下扑去。

　　子末乌甲对待劳动人民的刑罚有毒打、关地牢、上锁链、勒脑袋、挖眼、割耳、割舌、割嘴、吹手、抽足筋等，很多人至今还带着累累伤痕。在踏足沽的碉楼下，挖有一个深坑，里面放了毒虫、刺草。子末乌甲经常把劳动人民抛入这座地牢内，被咬、被刺得遍体鳞伤，子末乌甲又打铸了一些大铁链、枷锁，把从海棠等地抢来、骗来的汉族工人锁着做工，不让他们逃走。

　　新吉古的加潘约哈子和白沙岩的则克木勒，不满子末乌甲的统治便被他挖去了眼珠。加潘约哈子被抓去后，先被投入地牢折磨，又被提出审问。子末乌甲说："我狠起来了，你不高兴？你看不过？"约哈子冷笑回答说："你狠起来了，好得很嘛！我咋个会不高兴？咋个会看不过？"子末乌甲恼羞成怒，便挖了他的眼珠。则克木勒对人们说："子末乌甲太坏了，到处吃人、害人。"被抓去后也被挖了眼珠。

　　新吉古阿尔木勒的父亲反抗子末乌甲未成，被抓住后，令人用大绳勒住他的脑袋后用力绞，使他痛昏了过去，然后又把他枪杀了。

　　新吉古的阿支则莫被子末乌甲抢去当丫头，经常挨饿受冻，有一次暗自愤恨地说："土司也是人，娃子也是人，都是一样的要吃饭"。子末乌甲侦知，便割去了她的嘴唇。丫头加潘阿支一家人被子末乌甲杀了好几个，便发誓："只要有一口气，就要设法报仇。"子末乌甲发觉后，便割了她的舌头，还恶毒地说："看你还咒不咒我！"

　　木匠拉木被骗来做工，终日劳累，不得报酬，要求辞去，子末乌甲便割掉了他的脚筋。不少年轻的妇女，被子末乌甲抢去专供他的蹂躏。

还有不少的人，因子末乌甲恨他（她）们"不听话"而被割去了耳朵；诬陷他们偷了东西而被砍了双手。乍可洛地方有十几家人，被子末乌甲强迫迁到踏足沽旁的耳子山，处在他的直接监视之下。由于不断遭到残酷虐杀，最后只活下来三个人。

子末乌甲的血腥罪行是数不完的。劳动人民对他的仇恨像海样那样的深，为了求生存，争自由，掀起了反子末乌甲的英勇斗争。

（二）反抗子末乌甲的斗争

在子末乌甲残暴统治的 20 余年中，彝、藏劳动人民曾用各种方式进行反抗。最初是咒骂、怠工、逃跑，到国民党政府去告状等。经验告诉劳动人民，这些不是根本解决问题的方法。诅咒、怠工等并不能改变自己的地位，即使少数人逃跑了，大多数的劳动人民仍在受苦受难，而国民党政府也是压迫劳动人民的。要推翻子末乌甲的统治，只有起来进行武装斗争。从 1927 年起，武装斗争一直继续了 8 年，特别是经过最后两年的连续斗争，终于使子末乌甲毙于劳动人民刀下。劳动人民采取了武装斗争这种阶级斗争最尖锐的形式，最后终于取得了胜利，推翻了子末乌甲的罪恶统治。

但是在剥削制度下，统治阶级绝不会允许劳动人民反抗压迫的斗争得到成功。子末乌甲被杀死以后，预先混进了劳动人民斗争队伍中的奴隶主分子便立即夺取了胜利果实，取子末乌甲的地位而代之。原来对各族劳动人民施行两面手法的国民党军阀也立即露出本来面目和奴隶主阶级一起，压迫和剥削劳动人民。

1927 年，则洛地区的藏族人民，在蒙格子七（汉名王开易）的领导下，起来反抗子末乌甲。他们一面出钱到越西向国民党政府告状，一面准备武力反抗。子末乌甲勾结了加拉家黑彝奴隶主，杀掉了蒙格子七及其全家，使斗争未能开展。

1928 年，则洛的藏族人民又起来反抗子末乌甲，子末乌甲强迫青杠林、达土一带的彝族人民前去镇压。他的目的是要使劳动人民自相残杀，又使彝、藏人民互相仇视，以便进行统治。

1930 年，藏族人民又准备大规模反抗，在准备酝酿过程中，为子末乌甲侦悉，他便立即捕杀了组织反抗的陈扎一、王占胜、曾术扎等 8 家人，连婴儿都未放过。

这种绝灭人性的屠杀，激起了藏族人民更大的愤怒和反抗。从 1931 年起，他们就转入了经常性的武装斗争。子末乌甲派人来抢劫时，都被他们赶走。每逢收割季节，他们就站岗放哨，保护收成。同时又对子末乌甲的士兵进行分化争取，探知子末乌甲的行动，准备发起攻击。这样，一直延续到 1933 年。

同时，彝族人民也起来反抗子末乌甲的残暴统治，进行了一系列的斗争。1932 年，受害最深的新吉古人民杀猪宰牛请子末乌甲前来赴宴，准备将他杀掉，但子末乌甲戒备很严，其主要帮凶是他的侄子支铁、拉博不离左右，未便下手，这一次斗争没有成功。

以后反抗子末乌甲的斗争更为迫切，行动也更加坚决了。安家娃子觉古阿布子、阿斯尼史等人暗地联络各地群众并发动子末乌甲的锅庄娃子，随时向劳动人民报告子末乌甲的行动。1933 年初，国民党军阀邓秀廷准备削弱子末乌甲的力量，便在越西俄里约见子末乌甲。事前，彝族人民得悉这一消息，便广泛地进行了发动，从子末乌甲统治区内直到越西城郊的彝族人民 2000 余人都动员了起来。准备在子末乌甲的归途中将他的力量全部歼灭。达土一带的彝族人民还凑了一二百锭银子送给国民党在保安驻军的曹军需。曹也假意支持，卖了一些子弹给彝族人民。这时国民党军阀却派人到则洛，向彝、藏人民宣扬："子末乌甲已被我们扣押在越西，要送到西昌杀掉，你们不受子末乌甲的气了。过去子末乌甲整你们、勒你们，现在咋个办随你们！"彝、藏人民听了之后，异常兴奋，决定取回被子末乌甲抢劫剥削去的财物，在加潘八且、木来吉打等人的领导下，四五百人冲到踏脚沽，搬完了子末乌甲搜刮来的全部财物，捣毁了土司衙门，大快人心。

一两天之后，子末乌甲带着百余人从越西返回，走封板桥沟时，预先埋伏在这里的数百名彝族人民把他团团围住，子末乌甲受到这一突然沉重的打击，仓皇带了几名主要帮凶，逃到青杠关的一座碉楼里，彝族人民又紧紧围了上来，准备放火焚烧碉楼，烧死子末乌甲。这时，保安的曹军需率军一连将子末乌甲救出重围，并和子末乌甲分路包抄彝、藏劳动人民。则洛地区的彝、藏劳动人民。听到子末乌甲在国民党支持下打回来的消息后，立即组织了百余人进行反击，在蓼叶坪和曹军需率领的国民党军遭遇，因寡不敌众，武装缺乏而败回。曹军需便烧毁达土、青杠林劳动人民的房屋，枪杀了加潘八且、木来吉打等人，因此，子末乌甲以一二百锭银子谢他。国民党军阀在劳动人民反子末乌甲斗争中，就是这样阴险地玩弄两面派手法。不仅如此，当藏族人民全部逃往石棉、海棠等地后，国民党军阀又和子末乌甲密谋，由国民党官吏出面，"保证"这些藏族人民回家后，子末乌甲不加迫害。但藏族人民被骗回来，就立即落入了子末乌甲的魔掌中，被迫出"投降费"，每家必须出1头牛或1支猪1支羊，最穷的也要出1支鸡。带领藏族反抗子末乌甲的陈宝山、王自堂等人又被迫逃亡。子末乌甲打回来以后，对劳动人民进行了疯狂的倒算。无论彝、藏族人民，在抄家时分得1斤肉的要赔两条肥猪，分得1斗米的要赔1石以上，彝族人民每家被迫"赔偿"4至40个银元。而且子末乌甲还村村放火，处处杀人，被杀掉的有30人左右，砍下的人头就装了五六背箩筐，施以酷刑毒打的更不计其数。

这次斗争完全是由于国民党军阀和子末乌甲的联合镇压而失败的，但它表现了前所未有的一些特点。

首先是斗争的规模大大地扩展，不再是一个地方数10户人的行动，而是方圆两三百里内成千群众参加的斗争。

其次，彝、藏族劳动人民联合起来，共同反抗子末乌甲。

最后，劳动人民认识到"杀死子末乌甲一个人，作用不大，他的儿子儿孙还是要吃人害人！"决定把子末乌甲的力量全部消灭。

这次斗争虽然没有成功，但劳动人民并没有消沉下去，不久便准备发动新的斗争。同年，子末乌甲率人到普雄攻打勿雷家，劳动人民计划在则洛和普雄同时发动，子末乌甲闻讯，急忙缩回到踏足沽，对劳动人民严加防范。

这时，劳动人民的斗争意志十分坚强，情绪极为高昂，随时都准备一举推翻子末乌甲的统治。黑彝奴隶主也加入斗争的队伍中，宣称要反对子末乌甲。他们的目的在于要利用劳动人民的力量，打倒子末乌甲，然后取而代之。其中，加拉神都的活动最力，他把几家黑彝联合起来，宣布要和子末乌甲打冤家。因为他最有野心，想独占这一带地区，而且，他的利益也受过子末乌甲的较大损害，但如果不是劳动人民起来了，他是不敢这样做的。过去，子末乌甲侵占他的娃子、田产，他也不敢稍加反抗。

1934年中，国民党军阀羊仁安，准备到普雄毕基山采金矿，派出丁参谋，李副官到则洛与子末乌甲联系，准备任命子末乌甲为团长，发给他一些武器，然后共同开矿，约定双方在大堡子会见。这一消息暗地被传了出去，藏族中的王明清、王占高等，彝族中的铁阿拉子、加潘末洛人四处对群众说："子末乌甲在这里，我们已经活不下去了，以后再来个羊司令，哪里还有我们的命！"于是大家都决心和子末乌甲拼个死活。藏族人民更准备好干粮，收拾好行装。阴历五月上旬的一天，子末乌甲率百余人、枪，从呷日到大堡子来。藏族人民还为他们的会见置办了酒肉来"招待"他们，彝族人民则暗地断了他们的归路。他们在木都呷会见时，彝、藏人民以挥动披毡为号，四山上埋伏着的人直扑下来，五、六百青壮年手执火枪、刀矛冲在最前面，要隘、陡坡都准备了滚木擂石，派专人把守，妇女、儿童也全部出动，呐喊助威，杀声震动山谷。子末乌甲惶惊失措，忙求救于丁参谋等，丁参谋便叫群众不要打，群众不听他们的"劝告"，仍然迅速逼近。子末乌甲急忙向磨房沟逃走，藏族人民追赶上去，在腊八寨把他射伤后生擒，群众愤怒地向他掷石块。他向抓住他的藏族人民王明清说"只要不杀我，要金有金，要银有银，要多少有多少！"王明清说："今天不要金，不要银，老子只要你的狗命，还要吃你的肉！"两刀就把他杀死了。他的主要帮凶子末拉博也被藏族人民杀死。第一帮凶子末支铁被彝族人民阿尔木拿勒死。他的走狗和敢于顽抗的爪牙十余人都被击毙。彝、藏族劳动人民缴获了子末乌甲的全部器械，取回了被掠去的财产，荡平了土司衙门。

劳动人民反抗子末乌甲的斗争终于取得了胜利。这一斗争是处在长期、残酷统治下的劳动人民反对奴隶制度的斗争。在斗争中充分显示出了劳动人民英勇顽强的反抗精神，对于鼓舞劳动人民求生存、争自由的信心和勇气有着重大的作用。

（三）反抗子末乌甲斗争的后果

子末乌甲被杀死后，国民党军阀立即派兵进占则洛，向劳动人民说："如果我们不设法把子末乌甲引出来，你们还是杀不掉他！我们不准杀，你们哪个敢杀！"强迫彝、藏人民交出缴获子末乌甲的全部财物和武器，又向彝、藏人民进行敲诈勒索，强迫每家出 3 至 6 个银元的"感谢费"，无力交纳的都被抓到保安扣押起来。仅百余户藏族中就有 1/4 被关，劳动人民只有借高利贷来交纳。

反子末乌甲斗争的过程中，黑彝奴隶主采用笼络、欺骗劳动人民的伪善手法，企图夺取胜利果实。子末乌甲被劳动人民处决后，以加拉神都为首的黑彝奴隶主，立即露出狰狞面目。他们威胁藏族劳动人民说："不是我们彝族，你们根本反不起来。子末乌甲的田地、财产、娃子得归我们。"又威胁彝族人民说："你们都是我们的娃子，帮主子打仗是应该的，你们还要什么！"就这样，彝、藏劳动人民长期流血斗争取得的成果，完全被他们霸占了。他们还趁藏族人民无力向国民党军交"感谢费"时，大放其高利贷，每借 1 锭银子，年利就是 6 斗粮食，第二年本利就是 2 锭银子、1 石 2 斗粮食。许多人还不起，就只有卖儿卖女，卖田地抵偿。原来为藏族所有的大片土地，到解放时已有一半以上为加拉家黑彝所占去。许多藏族人民沦为他们的娃子。对彝族劳动人民也是如此，他们除了把被子末乌甲掠去的娃子全部"收回"以外，还把"白彝"也置于自己的统治之下。他们继承了子末乌甲的全部财产和统治手法。劳动人民所受到的经济剥削和劳役负担，与子末乌甲在时毫无区别，仍处于水深火热的奴隶制度压榨之下。

但是，劳动人民在反子末乌甲斗争中所显示出来的强大力量，不得不使奴隶主感到震惊而有所顾忌，不敢再像子末乌甲那样明目张胆、穷凶极恶的动辄屠杀劳动人民。而是通过高利贷等经济剥削手段来牢牢缚住劳动人民。

另外，黑彝奴隶主们亲见各地各族人民联合起来进行斗争时所发挥出来的威力，绝不是任何一家黑彝所能抵抗得了的。为了维护奴隶主阶级的统治，他们有时也不得不调和彼此间的矛盾进行联合统治。则洛的加拉家和呷日的阿侯家曾进行过多年的冤家械斗，这时也调解了冤家共同统治劳动人民。

这些变动虽然没有给劳动人民带来多大利益，但毕竟是反奴隶制斗争的积极影响。

六、越西彝、汉人民起义调查

（一）起义时的情况

1934 年正是我中央革命根据地在党中央的领导下，连续粉碎了国民党反动派的数次反革命军事"围剿"，红军的声威震惊全国的时候。党所领导的人民革命大大鼓舞了全国各族人民的斗争热情。而国民党反动派仍然继续执行其所谓"攘外必先安内"的反动政策，对日本帝国主义得寸进尺的侵略行动一再妥协投降，对国内人民实行变本加厉的剥削和压迫。当时越西等地的广大彝、汉人民正受着国民党 24 军军阀刘文辉的残酷统治，苛捐杂税名目繁多，敲诈勒索不胜枚举。现在仅把当地彝、汉群众还能记得的列举如下：

有逐年征收的所谓征粮，有借故强征的所谓借征粮和预征粮，还有巧立名目的所谓驻军粮和彝务积谷等，其中仅预征粮一项，还在民国廿二、三年即已预征到所谓民国四十年。因此，当地彝、汉群众每年被迫上粮五六次之后，只有去挖蕨基根和找野菜充饥。"一年几征粮，百姓饿断肠！"这就是当地群众的控诉。驻越西的军阀部队还向彝汉群众派伕、派柴、炭、蔬菜，派马草马料等，甚至连蜡虫树和花椒树也被驻军强迫砍来做柴烧掉。他们还以所谓"买军米"为名，对当地彝汉群众实行巧取豪夺。本来一斗米值二元钱的，只出一元或几角钱，强迫群众卖给他们。军阀还经常强拉壮丁，致使青壮年男子不敢赶集。驻军公开抢人，守城的卫兵见群众背炭进城要抓几块起来，群众扛竹竿进城卖，也要强迫抽几根，还借"检查"的名义将彝、汉群众的钱财什物抢劫一空。

越西广大人民对于国民党军阀的重重压迫剥削已经忍无可忍，这就是越西广大彝汉人民发动起义的基本原因。

国民党军阀为了大发横财，还实行所谓鸦片登记，估逼当地彝汉群众用鸦片交烟税。鸦片登记的税额往往比实产高几倍乃至十倍以上，即使群众倾家荡产也无法缴清烟税。彝族群众哈必莱子说："我田里种的鸦片总共收了 10 两，但是他们就给我登记了 100 两烟税的鸦片。我把田地卖完也交不起。我和许多人交不起烟税，就被驻军吊起毒打。那些军官还骂我们说：'交不起烟要交出银子，才能放回家。'所以那时被逼来卖田地卖房屋的多得很。"汉族农民王义喜（起义军连长）现在还气愤地说："我们这一带的彝汉人民把收的烟全部交给那些匪军还脱不了手，因为鸦片登记被逼来卖田卖地，出外帮作乞讨的人不知有多少，真是官逼民反！"当时实行"防区制"，为了发烟财，这批军阀抢劫鸦片走了，另一批军阀又来。越西的彝汉人民在军阀的剥削压迫下，本来就无法活命了，再加上鸦片登记，更陷群众于水深火热之中。

1943 年初，24 军团长聂秋涵驻扎越西，又派人四出强行鸦片登记，越西北乡团总郭鼎更是为虎作伥，逼烟逼款，大肆毒打彝汉群众。这样，广大彝汉群众便在党的领导下①举行

---

① 原材料是这样写的，至于是否是在党的领导下进行的，还要参考其他材料进行研究。

了规模较大的起义。

（二）起义的经过

这次起义是较有充分准备的。还在起义之前，起义领导者王义芳（起义军旅长），蒋维州（共产党员①、起义军旅参谋）等人即在彝汉群众中进行了起义的宣传酝酿和组织联系工作，并尽可能作了物质准备。在劳动时，他们就向群众说："那些大财主有啥了不起！以后越西城还是我们的哩！蒋安廷（越西大恶霸地主）的家务也是我们大家的。"蒋维州、王义芳等还向群众说："当今之世，官逼民反，现在全国都在闹事，共产党定成大业，江西、湖南早闹起来了，云南也在闹，我们也应该起来闹！"同时还派了一个名叫吴文彬的人与冕宁、西昌、会理、盐源等县联系，准备一起行动，一举消灭 24 军和国民党其他部队。起义军还准备了红、黄、绿各色旗号，有两面红色大旗和一个刻有五星的八角玉石印章。起义军的营团长还发给了委任状，并制备了标语告示。到了起义前夕，起义群众按照当地彝汉群众的习惯，在越西西山地区杀猪喝血酒，准备在王家屯、海棠、保安三个地方同时发动。仅在王家屯的虎口碉地方参加喝血酒的彝汉群众即达百余人。血酒会上的誓言是："打倒 24 军军阀！反对苛捐杂税！打富济贫！生死一条心！"这些誓言就是起义者的行动纲领。具体的口号还有"反对鸦片登记！打倒聂秋涵！打倒郭鼎！"等。同时起义者还事先在驻王家屯国民党军队的士兵中进行宣传和分化工作。部分士兵同情起义群众，准备在起义发动以后，参加起义军。

起义者在经过较为充分的准备之后，于 1934 年 3 月 24 日午后，纷纷向预定地点集中，以手腕缠红头绳两圈为标志。起义军首先向驻王家屯的二十四军发动进攻。当时敌军侯连长部下的两个排长和许多士兵有同情革命的表示，起义者并已约定他们一致行动。但由于从远地赶到王家屯参加起义的少数彝族群众，因情况不明，一开始即将已倒向起义军的敌卫兵打死。敌军疑惧，坚守顽抗，同时向越西城里的敌军告哀，乞求派兵解围。经过起义军的猛烈攻击后，驻王家屯的一连敌军被消灭一部，余敌退驻碉堡死守。增援王家屯的敌军一连，被彝汉起义武装全部消灭在王家屯附近的大石桥，敌军谢连长被击毙。这时，被吓得魂不附体而躲在碉堡里的残敌，于当天晚上抄小路狼狈逃回越西城。与此同时，海棠、保安的起义武装也分别歼灭驻海棠、保安的敌军各一连。接着起义军就发动对越西县城的进攻。这时全县各地的彝汉群众已经动员了起来，一听到消灭二十四军和围攻县城的消息，立即自带干粮，拿着九子枪、火药枪、马刀、铡刀、矛子、木棍等各式武器，约七八千人，于当晚浩浩荡荡地向越西城进发。守敌一团吓得像乌龟一样缩在城里不敢出来。虽然当天晚上大雨倾盆，但起义者斗志高昂，精神焕发，把城围得水泄不通，并接连多次发起冲锋攻城，仅攻城的梯子就有一二百个。由于起义者的枪弹不如敌人，再加上当晚大雨不停，给起义群众攻城带来不少困难。而敌军方面则一面据城死守，一面向西昌的军阀请求援兵。

攻城三夜不下，而西昌增援的敌军又赶到，在敌我力量悬殊的情况下，起义群众只有退却。由于起义群众主要是退回家乡，因而力量逐渐分散，遭到二十四军的各个击破。轰轰烈烈的越西彝汉人民起义就这样失败了。只有王家屯的彝汉起义武装数百人转到了西山彝区的瓦岩乡。当时，国民党统治势力还不能深入这些地区，加以山峦重叠，易守难攻。起义者利用了这些有利条件，在彝族人民的支援下，坚持了一年的战斗，粉碎了敌人的无数次的"围剿"。

---

① 原材料是这样，未经考证。

起义失败后，国民党军队进行了惨无人道的血腥屠杀，实行所谓烧、杀、抢的政策。以所谓"祭"敌军连长的名义将起义领袖蒋维州、王义芳等17人全体枪毙。起义武装和积极分子被屠杀者约100人。许多人被敌军屠杀后还悬首示众，甚至惨遭活剐。就连起义者的家属、年逾八旬的老妈妈也要坐牢而死。接着，各种罚款、保命款接踵而来。当时正值农忙季节，国民党军阀、政府勒令彝汉群众："不交清罚款、保命款者，不准抛粮下种，否则格杀勿论。"许多房屋村庄被纵火烧毁。国民党军阀的烧、杀、抢政策并未吓倒英勇的彝汉人民，相反的激起了更强烈的反抗。王家屯一带的彝汉人民在敌人的野蛮镇压下，又自发起来进行抵抗，用棍棒石头作武器，英勇地回击了全副武装的敌人。

（三）起义的影响

这次起义虽然失败了，但是它有力地教育了广大的彝汉人民，说明了只有在共产党的领导下，反对国民党军阀、取消苛捐杂税，才能活下去。因此，起义者的口号深入群众的心里。群众也明确了只有共产党才是贫苦人民的救命恩人，只有在共产党的领导下，才能取得胜利。许多起义领导、共产党员和积极分子在敌人屠杀镇压面前，表现了威武不屈、慷慨就义的精神，扩大了党在群众中的威信。

起义领袖蒋维州、王义芳等在临刑前，敌人问他们有无话说，他们从容答道："你们要杀就杀，要怎样便怎样，再过几十年，我们捉住你们还是一样的！"当敌人活剐耿顽开父子时，儿子见父亲被剐，悲痛欲绝，愤慨难忍，老人则大声说道："不要紧，再过20年，杀那些狗崽崽！"他们在敌人的酷刑下毫无惧色。由于当地彝汉群众受了党的教育和经过这次起义的实际锻炼，因此次年红军长征路过越西时，这里的彝汉群众不但热烈地欢迎和护送红军过境，而且还踊跃地参加了红军。（估计当时参加红军的人约有七八百人以上）甚至连偏僻的彝区山村，也有不少人赶来参加红军，踏上了光明的革命道路。凉山彝族自治州州委书记、副州长王海明（彝族、彝名阿尔木呷）和凉山军分区副司令员陈占英等同志，即是这次起义的积极分子。他们都是在次年红军长征经过越西时参加红军北上的。

这次起义也是彝汉人民联合起来反对共同敌人的阶级斗争。在斗争中充分表现了彝汉人民之间的团结互助和战斗友谊。起义失败之后，王家屯一带的起义群众即转入彝区瓦岩乡等地，在彝族人民的掩护和支持下，打退了敌人的进攻。以后，敌人又气势汹汹地派了一营部队对退至瓦岩的起义群众实行"围剿"。在彝族人民的支援下，起义者歼灭敌军大部于调口岩山口，并打伤敌军营长，粉碎了敌人的"围剿"。当敌人对手无寸铁的群众实行烧、杀、抢时，王家屯及其附近的大寨等地的群众用棍棒等反击敌人之后，也逃到瓦岩等地彝族地区，受到彝族阿尔打合子等人的保护。不少起义领袖和起义武装家属（约数百人）在敌人逮捕屠杀的情况下，也纷纷逃往彝区，在彝族人民的保护下，才幸免于残杀和蹂躏。彝汉人民在此次反对国民党军阀的斗争中，结成了血肉相连的战斗友谊。

附1：凉山军分区副司令员陈占英同志谈越西起义

1934年3月，越西王家屯一带的彝汉人民起来反对国民党二十四军的事，开始酝酿组织时，我不大清楚，因为当时我在地主安国桢家里帮工。到了3月24日打响以后，我们才知道这件事情。那天是王家屯逢场赶集，起义军首先把驻扎在王家屯关帝庙中的一连敌军的枪缴了，并把那些兵押起来、押了不久就放了，这些兵就跑回越西城。这样驻越西城的敌军团长聂秋涵就立即派兵增援王家屯。起义爆发以后，地主安国桢从城里回来给我们说："蒋明远、蒋维州、王义芳、王义全等人闹事了，要我们去攻打县城，不去的以后脱不了手。"当时穷苦的彝汉人民都想去打仗，反对国民党二十四军，我也想去，就怕地主安国桢不准去。可是他回家那一说，我就和其他许多人去参加，安国桢也没有阻挡。当时我们瓦岩乡的穷苦人都参加了，我知道我们后山村调口岩的人都是参加了的。我们一直到离越西城不远的大寨，又去攻城。当时守城的国民党军从约有一两千人，据城死守。我们的人是很多，但是枪弹太少，多数是火药枪，只有从敌人那里缴来的枪好一点。那天晚上雨落得很大，许多人带来的干粮也不多，又冷又饿。我们战斗了三天就失败了。只有王义芳、王义全和蒋明远等人各带领了一百多人。蒋明远逃到大瑞沟被敌人捉住了，王义全被敌人关在狱中。敌人准备把蒋明远等人押解到西昌去杀。我们穷苦人晓得这个消息后，大家都纷纷议论说："蒋明远是个穷苦人，是好人，帮我们穷人出气的，要想个办法把他救出来！"于是大家纷纷组织力量，决定到小相岭（当时从越西到西昌的必经之路）去阻击敌人，把他抢救出来。哪晓得敌人也知道我们穷苦人准备抢救蒋明远，于是就在一个晚上偷偷地把蒋明远送到西昌，鼻子用牛绳子穿上以后杀害。被关在越西监狱里的王义全，敌人也不敢明目张胆地拉出来枪毙，害怕激起穷苦人的反抗，于是他们把王义全暗杀在狱中。

我们到王家屯去参加起义军时，蒋维州、蒋明远、王义芳、王义全等人我都看见过，蒋明远、王义全还给我们讲了话，当时他们已把王家屯的国民党军队解决了。蒋明远说："我们穷人要翻身，要饭吃，要衣穿，要打倒土豪劣绅，取下越西城，打到会理与红军汇合，大家要鼓劲干！"蒋明远讲话完了以后，王义全又说："你们没有吃的，到我家去，有啥吃啥！"这是我第一次听到他们讲红军，没有听到讲共产党。在他们讲话的旁边，还插了一支镰刀斧头的大红旗。我第二年参加红军以后，才发现那支旗子与红军部队的旗子是一样的。

我参加红军以后常常想：1934年的起义很像是我们党领导的，可是又没听到他们讲过共产党，也不知道他们当中哪个人是共产党员，只晓得是蒋明远、王义芳等人领导的（蒋明远是起义军团长、王义全也是团长）。

这个起义我只知道是因为反对国民党铲烟闹起来的。因为国民党军阀政府想发烟财，该种烟时它叫老百姓种烟，老百姓把烟种下去以后，它就来实行鸦片烟登记。烟的税额比实产往往高几倍、十几倍，而且要用鸦片去上税。如果老百姓不答应，说交不起时，他们就要强迫把田里的烟铲了。这样，老百姓当然活不出来，于是就起来反对。

1935年5月红军到达越西。5月22日红军先头到了王家屯，大部队23日到达。红军到越西前几天，地主豪绅造谣说："共产党杀人像割麻。"他们纷纷跑到我们瓦岩乡的彝区躲藏，但是我们穷人都没有跑。国民党军队除了留一营人驻城里而外，都跑光了。这时我仍然在地主安国桢家当长工。22号那天我到王家屯街上挑粪，红军就来了。红军战士送了我一个长袍子，我没有要，那个红军战士就对我说："你是穷人嘛！为啥不要这个长袍子呢？"因为当时我心里老是在想：去年我们就要和红军会合，结果闹失败了，没汇合成，现在红军来了，这个军队那么好，错过了就没法，参加红军以后，永远也不给别人当长工了。由于我正在想参军的问题，所以要不要长袍子就没有放在心上。那天很凑巧，我父亲也到王家屯来看红军，于是我就告诉他参加红军的事，他说："好是好，我只担心你打不来仗，一听到枪响就吓住了！"我说："不怕！搞两回就对了。"于是我父亲就同意了。24号我父亲送我参军，大家都有些舍不得，我对他说："我们打回来以后，就不给别人当长工做短工了，没有闹出名堂一定不回来的！"我所在的团是井冈山时就很有名的红12团，这次是越西这路红军的先头部队。那天晚上我们就在海棠的梅子林宿营。第二天我们在接近石棉地界的竹子岗就追上了最后逃命的国民党那一营人，全部被我们歼灭，营长也被我们打死。到了现在石棉县城的地方，就和走冕宁那一路红军会合了。红军经过越西时参军的人很多，有的是城里参加的，有的是沿路参加的，仅我们那一营就有 20 多人。我认识的有洛十巴、谢宝寿、杨天华、李聋子、邓荣华、陈维明、王东仿等人，其中有些人在抗日战争、解放战争中牺牲了。其他和我不在一个营的人，我只认识王海民、潘占云和李茂林等。把越西参加红军的人总计起来，至少在 400 人以上。

我是 1952 年才回四川的。在进军大西南和西南解放以后，我们部队驻贵州省，我是独山军区司令员。1952 年时忽然来调我，当时我不愿意，因为我的首长和同志差不多都是我们原来红 12 团的人。后来领导上才给我说："凉山成立自治州，你的家乡就在那里，调你到那里去工作。"这样，我才答应了。到成都后，领导给我说："你回家去一趟，看看父母兄弟姊妹亲戚，看望你那里的老乡亲，然后到凉山昭觉。"当我回越西时，巴不得一下就看到我的父母兄弟和家乡的一切，离别家乡十多年啦！什么都非常亲热。和五个警卫员骑着马，一股劲跑回家。家乡的人都不认识我了，比我年纪大的人差不多死了，年纪比我小的人都不认得我，父母也不在，说我父亲在 1951 年死了。我一听到这个消息，心里一阵悲恸，但是悲伤也没法了。于是我们几个就到我小时候爱玩的地方去东看西看，到了晚上我们六个人才回家。家中只有我二弟和二弟媳在，三弟给奴隶主当奴隶去了。那天晚上我才给二弟及弟媳说明我是他们的哥哥，特别回家看望父母和他们。相隔 20 年，大家悲喜交集。二弟及弟媳那晚硬要宰猪，我劝了半天才挡住。第二天一早我们就回越西城。我们附近的彝、汉老乡听说我回来了，第二天有几十个人进城来看望我，他们说是来欢迎老红军。他们还告诉我：1950 年解放军进军凉山，当进越西城时，我父亲在那里等了三天三夜，见解放军战士就问：你们看见我的儿子陈占云（以后才更名陈占英的）没有，老红军到我们这里那年当红军的。解放军战士安慰他：你的儿子要回来，如果他没有回来，我们就是你的儿子。我的父亲多么想看见我回来，可是他在 1951 年死了。

附 2：越西起义在保安的情况

这次起义是在红军长征的头一年。那时是国民党军阀刘文辉统治着这些地区，苛捐杂税多得很。他们派驻这里的军队四出敲诈勒索，压迫彝、汉各族人民，除了上粮而外，每年至少有四五次苛索。卖工吃饭的穷人每次都要出六七元，租田租地的人家每次至少要出十几元，稍有些田地的人家每次要出二三十元。凡出不起钱的人就抓来关起。要吊就吊，要打就打。这些驻军还常常借被抢、被盗，把一些勉强吃得起一碗饭的人关起取钱，甚至看到木匠和挖煤工人生意好一些，也想方设法加以敲诈。如有一次驻保安的二十四军借口营房内的东西被盗，硬说门是木匠做的，挖煤工人会凿洞，他们的东西一定是木匠和挖煤工人偷的。结果把保安街上五个木匠和挖煤的捉来关起，每人取三个银子、五个银子了事。当时二十四军下命令禁烟，但在种烟季节他们鼓动点烟，甚至以抽烟税进行强迫，如不种烟，以后也要抽烟税。可是等到烟苗长到一尺长了，他们又要铲烟，这时已过了农时季节，不能种其他东西了。而且种烟已费了许多劳力和肥料，铲了烟就连一点收入也没有，于是他们借此加重烟税。在这种情况下，当地彝、汉人民忍无可忍，只有起来进行反抗。

据说，这次起义以前是由保安的文登朝到越西和蒋明远商量的。听说有共产党派人来联系说，红军已经发展云南、贵州，这些地方应该起来反对国民党配合红军。在起义以前几个月就有准备，耿家湾的耿启宏担任越西城和保安的联络工作，由保安的文登朝担任起义军连长，梨花的丁明清担任起义军排长，梅子营的何启春担任起义军排长。

由于国民党二十四军军阀不仅残酷地剥削和压迫彝、汉各族人民，同时也损害了彝族奴隶主的利益，文登朝又去联系垭口上的黑彝子末铁草，当时子末铁草家有三、四十家娃子都发动了，还发动了附近的彝族人民。

各地都组织好以后，约定在3月27日一齐起义。越西城南、城西、城北附近的攻打越西城，歼灭二十四军聂秋涵的那一团。王家屯的起义军消灭二十四军侯连长一连人后，就配合攻城。保安地区因距城太远了，就负责消灭驻保安二十四军易连长这一连人。

3月27日，各地起义都爆发了，保安地区的彝、汉起义军400余人到了保安城区。那天早晨易连长还在床上抽大烟，于是起义军就伪装抓住一个砍电线杆的彝人，找二十四军易连长处置而进入他的室内。这个易连长刚从床上起身，即被彝族起义军击毙。接着起义军即向他的士兵喊话："缴枪留命，不缴就杀。"由于当时起义军已经包围了这些士兵，他们的连长已经被枪毙，所以这些兵只得被迫缴械投降。驻保安的二十四军一连人被消灭后，管粮饷的二十四军驻保安的参事官高子清吓得魂不附体，忙向起义军求饶，愿意把粮仓打开，给起义军20石粮食。但这个反动家伙得到起义军饶恕以后，即暗中指使人到越西将保安情况报知聂秋涵。

接着起义军就在各要隘路口站岗放哨，同时估计到国民党二十四军可能派兵来进攻保安，于是起义军就派了三四百人去防守王家屯和保安之间的青杠关。由于越西城附近和王家屯等地的起义军攻城不下，国民党二十四军从西昌派来的援军又赶到，反动派就大肆向起义军进攻，对起义群众实行残酷镇压。当时国民党二十四军军阀叫嚣："要把从越西城出北门到腊关顶的人全部杀绝，鸡犬不留。"

在王家屯的起义群众遭到残酷镇压以后，国民党二十四军就派了一个刘营长带领一营人进攻保安。保安起义军在青杠关阻击敌人，因敌众我寡，缺乏武器，坚持战斗一天以后，只得被迫退却，起义遭到失败。国民党军阀对起义群众实行残酷镇压。起义军排长何启春被敌人屠杀抄家，甚至有的在起义中持观望态度的人也被枪杀。如保安曹德中因家里勉强吃得起饭，二十四军参事高子清诬陷他为起义军营长，刘营长立即下令枪毙。在反动派的屠杀面前，起义军领导人与积极分子文登朝、丁明清等13人只得向外逃亡，但他们逃到石棉时，即遭到当地军阀李德吾捕杀，还把头割下送到越西来"示众"。其他起义群众则纷纷逃往彝族地区，在彝族人民的支援和掩护下，才得以保全性命。他们在彝区和彝族人民劳动在一起，战斗在一起。许多人一直到第二年红军到越西时才回家。

除了血腥镇压屠杀而外，国民党军阀强迫群众出"保命款"，连不到80户人的保安城，即派"保命款"4000多元。许多人家被弄得倾家荡产，也交不出来，于是就被关押吊打。

第二年五月红军长征到了保安，彝、汉各族人民盼望已久的恩人到了。这里的各族群众热烈欢迎红军，并在红军领导下组成四五十人的游击队，由文登朝的弟弟文登明任队长。他们和广大群众把二十四军驻保安的参事高子清处死，真是大快人心。许多人还参加了红军。

附3：越西起义中党的领导问题的调查

1934年农历3月27日借东岳会之期发动起义。起义前几个月就作了准备，据说当时已与共产党红军联系好了，并得到了共产党和红军的指示。起义的徽章、符号是红旗、五角星，起义时佩戴红头绳。起义的目的是反对国民党二十四军，配合已经打到云南、贵州的红军。起义准备和发动中提出了："闹红军，闹共产"、"打富济贫，生死一条心"

等口号。

当时到各处联系并带来徽章符号的是吴文彬和钟先生（二人皆吃斋，到处走动），开始时他们主要联系起义军旅长王义芳、旅参谋蒋维州，以后看到王义芳是农民，没有什么名声，要联系更多的人有困难，才找蒋明远联系。至于起义时间，据说原来决定是在 1935 年 4 月份，后因蒋明远在起义前约一两年因勾结国民党二十四军团长聂秋涵打彝族子末乌甲，在攻打子末乌甲中，聂部遭到大量死伤，因而子末乌甲与聂均要捕杀蒋明远，从此蒋明远在彝、汉区都立不住脚。当吴文彬、钟先生和他联系起义事情之后，他就把时间提前一年，在 1934 年农历 3 月 27 日发动，自称总指挥。

从这些起义领导人来看，王义芳是一个较为贫苦的农民，有时帮人赶马，在起义的准备和发动中，都是很积极的，起义失败被捕，遭到酷刑和就义时，也表现得非常坚决，大骂反动派，英勇不屈。蒋维州是王义芳的侄女婿，曾在国民党军队中当过大队长，以后发誓不干，回到家里（原因不详），在起义发动和准备中都很积极。制起义徽章、符号，买一些枪弹和旧军服，都是他家出钱资助。起义失败后，受到酷刑被杀时，也表现得很坚决。其他团级负责人，大多牺牲，其表现也英勇坚定，如王义全等，但他们都是被迫参加的。蒋明远是袍哥大爷，与国民党二十四军团长经常勾搭，因为能联系一批人，又与国民党二十四军聂秋涵有矛盾，以后才联系他组织起义。他在起义失败后，向反动派痛哭流涕，表现不好，但是仍遭到屠杀。

1935 年（起义第二年）红军长征经过王家屯时，起义失败逃亡在外的各级负责人（大多是连排级）和积极分子，死难家属共五六十人，前往迎接红军，并请红军替他们申冤。据说当时红军首长曾亲自下马安慰他们，并说："我们是一家人，你们的事情我们早知道，二十四军把你们整得惨。"对死难家属都发了抚恤金，随即召开起义中的干部（只有连、排、营级尚存）和死难家属 20 余人开会，每人发了一个油印填写的约有手掌大的证明，还给了蒋维州家一个苏维埃铜币。红军长征后，国民党搜查，这些证明大都烧毁，或藏后损坏了，只有蒋维州家的证明和那个苏维埃铜币保存到解放。解放后，人民政府为 1934 年死难的烈士立了碑。蒋维州家交出这张证明和苏维埃铜币，被区政府的同志马思宗（现在越西县银行工作）遗失。1958 年底，我们调查时，蒋维州家属和一些起义参加者都说，1935 车红军发的证明是党证，并说蒋维州就是共产党员。当时由于材料不足，时间仓猝，对这种说法有很多怀疑之处。经我们向新民区党组织汇报以后，认为 1934 年的起义是党领导的，可以肯定，但起义中谁是共产党员还是个问题。并指示我们去访问马思宗同志，查明 1935 年发的是什么证明。后来访问了马思宗同志，他说可能是个党证，由于证件遗失，不太记的确切，只详细的说明了证件的形状。

从我们这次调查的情况来看，1934 年起义的领导人中，究竟谁是共产党员，仍然弄不清楚，但我们认为党的领导是可以肯定的。

首先，这次起义中所提出的口号和当时党提出的口号是基本一致的，如"打富济贫"、"打倒军阀"（当时起义中具体提出"打倒二十四军，打倒聂秋涵"），还提出了很响亮的"闹红军"等。

其次，这次起义中的徽章、符号如红旗、五角星等以及起义发动时，手缠红头绳等，都与党领导的其他地区的起义基本相同。我们访问陈占英副州长更得到了证明。陈副州长说，1934 年，他参加了西山起义，第二年红军长征经过王家屯时，他参加了红军。当时感触很深的就是发现头年起义时的军旗和红军的军旗一样，当时他就这样想过，去年的起义很像是党领导的，但不知道哪些人是共产党员。

再次，解放后，党在 1956 年为起义的死难烈士立了碑，并追认死难烈士家属为光荣烈属，每年进行优抚。1956 年以后，在这里工作的同志已经调离，解放初期档案制度还不够完备，因此对他们进行这项工作的情况不太清楚。

但是我们认为红军长征经过王家屯时发的证明不可能是党证：

首先，接受证明的人都是 1934 年起义中的连、排长和死难烈士家属，但一次就发 20 多件党员证明，这可以说是不可能的事。更不可能的是，蒋维州之子在 1935 年才 12 岁，竟然也发了一个党员证明。在我们这次访问中，蒋维州的爱人和儿子都说这个证明叫"党证"。蒋王氏说"党证"上填写了党员蒋维州，并注明了蒋维州的儿子蒋发奎。蒋发奎又说："党证上只填了我的名字，没有我父亲的名字，因为他的情况司令（指红军领导）已记上笔记本了"。又据王自成说："那个证明叫'党证'，上面还填写了起义时所担任的职务，蒋维州死了，就填他儿子的名字。"从这种说法来看，也不可能是"党证"。

其次，从这些人的思想状况来看，在访问中都显示出这样一种情况：认为过去闹革命，被反动派整得家破人亡，对革命有过贡献，很自然的有一种正当的光荣感，因此，把这个证明硬说成是"党证"，仿佛更光荣一些。但另一方面也显示出：在发党证时就说过了，好好保存住这个证明，我们（指红军）回来时你们就有办法了。从领津贴，受照顾出发，硬要把这个证明说成是凭记或"党证"。

附 4：越西县 1934 年起义烈士碑文

王义全：王义全烈士，系四川省越西县人，现年 31 岁，生于 1902 年 6 月 16 日，在 1933 年（应该是 1934 年，因为起义时间系民国廿三年——抄录人注）4 月参加革命，曾任团长，为了解放各族劳动人民，于 1933 年（应为 1934 年）4 月 14 日光荣牺牲。

1956 年 11 月 28 日

苏启福：苏启福烈士，系四川省越西县人，现年 27 岁，生于 1906 年 7 月 28 日，在 1933 年（应为 1934 年）4 月参加革命，曾任连长，为了解放各族劳动人民，于 1933 年（应为 1934 年）4 月 14 日光荣牺牲。

1956 年 11 月 28 日

王义喜：王义喜烈士，系四川省越西县人，现年 42 岁，生于 1891 年 8 月 14 日，在 1933 年（应为 1934 年）4 月参加革命，为了解放各族劳动人民，于 1933 年（应为 1934 年）4 月 14 日光荣牺牲。

1956 年 11 月 28 日

王义全烈士墓志

~1942 年 6 月立~

义全王君，籍棣越西，兄弟四人，君居次，为人倜傥，多大略事：

亲孝交友信，兄弟友爱，髫龄就学乡校，颖悟异常。民十二负笈乐山，高小毕业后，继住二十三军军校，二十四军第四期政治校，历任 47 团中少尉等职；民十七、四十七团被遣散，适滇军胡若愚兵指川南，战鼓咽阗，风云变幻，君乃由盐源经木里、九龙、康定而达成都。凡悬峰壁岭，蹲若虎奋若龙，岩蠢径断，鸟骇猿泣之地，君皆历焉。维时传闻君已物故，家中人方复悲怚，而君任第七期政治校之竹报之归矣。既而改任名山团练中队长，一邑豪猾为之敛迹。刚回成都，调警卫营中尉连副，旋调手枪大队上尉连长，驻荣县。川战起，退守嘉定。和约既成，还驻成都，适同乡郭鼎由军解职，约与同归。君居家，每留心地方公益，于是父老举任北乡团总，而以郭鼎副之。盖处边隅之沟，属多事之秋，虽曾、胡、彭、左未尝不由办团而起。舍索有之成绩，而创新兴之事业，其意气可谓壮哉。民廿三，川康边防军聂团长秋涵驻防越西，同时分兵一连驻北乡，颇暴虐恣睢，动汉彝之公愤，郁久暴者，而越西滔天之祸大作。当是事起，仓促不可向遍，君迫潜身而逃，逮事渐定，土豪献计，军阀借兹搜搿，榨君贿洋二千元，复挤君死于狱中，时年仅20余，椿萱犹健在也。呜呼！鄙夫无罪，□碧其罪，君今殉乡难而死，所谓重于泰山者也。人格光荣，岂不足动吾人之凭吊欤！君介弟嘱撰墓志，谨将此言，略次叙之，素不能文，宁计工拙，爰吊以诗曰：

拼将身报梓乡难，　　　　　蜀道魂归西水寒，
黄土无情埋碧血，　　　　　青山有幸瘗珠棺，
寒磷夜夜飞孤冢，　　　　　雄鬼朝朝望故关，
我自黄花岗再□，　　　　　于今又得一盘桓，
蔓草萋芊长墓门，　　　　　埋冤埋恨此山根，
风悲白日蛉虫道，　　　　　月丝黄沙碧血恨，
我吊徐君凭挂剑，　　　　　谁歌楚赋与招魂，
惭非珥笔书华表，　　　　　看取光荣及子孙。

七、关于红军长征经过冕宁、越西的调查

四川民族调查组的部分同志于1958年10月至11月，在冕宁和越西等地进行了关于红军长征经过四川彝区的调查。调查对象在80人以上，其中有的人是从中央根据地出发，因伤病不能随军北上而为群众所掩护下来的；有的人是红军到冕宁和越西时参加红军北上，解放后才复员回家的；多数人则是当年曾经热烈欢迎和护送过红军的彝汉群众。现将所获材料整理如下：

（一）冕宁、越西的解放和冕宁县革命委员会的建立

中国工农红军在中国共产党和毛主席的正确领导下，粉碎了国民党反动派的军事"围剿"，打败了反动军队的围追截堵，终于在1935年农历4月20日左右胜利到达冕宁、越西。

在红军长征抵冕宁、越西以前，彝汉人民在国民党24军和邓秀廷的反动统治下，过着极其悲惨的生活。苛捐杂税、敲诈勒索等种类繁多，不胜枚举。仅我们了解到的有所谓彝务积谷，驻军粮，派马草马料，派柴炭，派菜蔬，抽牲畜，鸦片登记，派伕拉伕等，国民党军阀不管在街上或路上，均以所谓检查为名，抢劫彝汉人民财物，侮辱妇女。凡此种种，稍不遂意，那些官兵即烧毁彝族人民的房屋，甚至加以毒打、残杀和监禁。越西彝汉人民在红军长征抵达以前一年，即举行了几千人的大起义，反对国民党二十四军军阀的横征暴敛。这次起义因军阀的残酷镇压而失败，在红军抵达以前，起义的积极分子约五六百人被迫逃亡

在外，过着"野人"生活。因此，这一带的彝汉族人民，特别是彝族群众，对国民党二十四军和邓秀廷等军阀恨入骨髓。正如 1934 年 3 月越西人民大起义的领导人之一王义芳所说："当今之世，官逼民反。"

1935 年农历 4 月上旬，红军由滇入康，二十四军军阀刘文辉大为震惊。当红军经会理到西昌时，刘文辉的侄子刘元塘龟缩西昌城。红军为了迅速北上抗日也不准备攻打西昌城。可是红军刚抵西昌附近时，刘元塘就屠杀群众，放火烧城，向冕宁、越西方向逃跑。邓秀廷所属部队则躲藏于西昌邛海附近。所以红军刚抵西昌城附近时，群众就纷纷向红军诉苦。红军对 24 军的滔天罪行极为愤怒，立即提出口号："打倒杀人放火的刘文辉！"并跟踪追击，在泸沽梳妆台地方歼灭大部。残敌溃不成军，纷纷逃散。在红军到达冕宁、越西以前六七天，即有国民党军经过这些地方向北逃遁。这样，"红军要来了"的消息就传开了。官吏和地主豪绅们都十分惊惶。冕宁县长周某和团长李德吾立即抄小路，经野勒乡，往石棉逃窜。可是这些恶贯满盈的反动官吏，临到要死时也不肯放松对彝族群众的迫害。他们在狼狈逃窜时，仍将关在监里作质换班的彝族头人 22 人押上带走。至于一贯骑在人民头上的地主豪绅们，有少数给银子请求今哈哈、禁荣、和平、团结、中心等乡的彝族头人保护；多数人从冕宁经拖乌向石棉逃跑。越西的官吏和地主豪绅们在红军未到达以前也闻风而逃。这些官吏和地主豪绅们逃跑时大肆造谣："红军来了以后，不管汉人、彝人，不管男女老少，都要拉来杀。""大人拉去杀，小人拉去喂马。"这样，便在群众中造成了恐惧情绪。虽然如此，但是广大彝汉群众看到国民党官吏和地主豪绅们那种惊惶万状、狼狈逃窜的情况，心中暗自高兴。他们不再害怕这些反动派了。特别是彝族群众更利用这个机会，狠狠地给了他们以沉重的打击。彝胞保伍十泊等说："红军快到时，团长李德吾和县长周某带着部队，把我们换班作质的头人押走，一是躲避红军，保存实力；二是押走换班作质的头人等红军走后好整我们的银子、压迫我们。所以我们保伍、罗洪、果基等家就聚集起人马，在野勒乡把他们挡住，要他们把押走的头人放了。他们硬是不肯。这时我们更摸清了底子，一是我们知道红军要来了，我们就不怕国民党军；二是我们知道他们怕红军，才拼命的逃跑，所以我们就决定消灭他们。四百多敌军全部被我们消灭在野勒河边。县长周某被打死。团长李德吾被活捉后枪毙。又如，经拖乌向石棉逃跑的地主豪绅们，被彝族人民在拖乌截住，给这些过去耀武扬威，压迫彝汉人民的家伙一顿痛打，缴获了他们的枪械、衣物、钱财，真是人心大快。"

红军抵泸沽后即分两路北上。一路由毛主席、朱总司令亲自率领，经冕宁北上；一路由左权同志率领，经越西北上。

在红军抵冕宁以前，军阀、官吏和地主豪绅们早已跑光，城里只剩下一些比较穷苦的老百姓了。这时地下党即组织武装（即以后的抗捐军），并派了肖佩雄、彭在章、邓德高等十余人到西昌县的礼州去迎接红军。可是他们刚刚走到冕宁复兴乡的高坡，就遇见红军前哨部队，他们便欢喜若狂地领着红军到冕宁城。

红军进驻冕宁城大约是 1935 年农历四月二十日的晚上二更时分。这时城里已是灯灭人静，沉寂无声了。红军为了不惊动老百姓，行动都很轻捷，都在街檐下息宿。可是当红军还未睡着时，就有人高声向市民喊叫："家家点红灯，点灯接红军。"霎时，这个灯灭人静，万籁无声的城市就灯烛辉煌，人声鼎沸了。不少人家都在自己屋檐下挂上过年才点的红灯。深更半夜也有不少群众起来看望红军（多是穷苦老百姓）。红军陆续抵达冕宁城。第二天又进城，先锋队头戴钢盔，很威武，红军笑容满面，和蔼可亲，接着来的就是宣传队。这时城里的穷苦老百姓和四邻贫苦农民成千上万拥到城内钟鼓楼附近观看红军。还有老百姓张怀振等人放鞭炮，挂红绸来欢迎红军。欢迎红军的人愈来愈多，宣传队就开始讲话了。他们向群众说："我们是红军。红军打富济贫。大家不要听信国民党的谣言，不要怕。老年人是我们的父母，青年人是我们的兄弟姊妹。做庄稼的做庄稼，做生意的做生意。"

经过这一宣传后，谣言终于被识破。关闭了的商店开门营业了，因为听信了谣言而躲藏起来了的人也纷纷回家。群众还奔走相告说："红军好啊！不像国民党军队，更不像他们所说的那样。"这个消息一传开后，远近四乡的彝人汉人，男女老幼，川流不息地进城来看望红军。夜里也不关城门了。街上还张贴了许多红黄绿色的标语，内容是："打富济贫"，"打倒土豪，分田分地"，"活捉刘家军，拖死中央军，打倒小日本！""红军不派款，不拉伕"等。城里的青年妇女还组成了慰劳队、宣传队（即是国民党造谣诬蔑的所谓鲜花队）深入地向群众宣传红军政策，帮助红军洗衣缝补。红军进城的第二天，在冕宁县文昌宫（即现在的冕宁中学）召开了千多人的群众大会，到会的人都是穷苦老百姓，也有不少彝族群众参加大会。成立了冕宁县革命委员会（群众叫县政府），革命委员会主席是李井泉、陈荣檀同志（李井泉被许多人误解为当时地下党员，现西昌地委农工部部长李祥云同志。因为李祥云在地下工作时期曾用过许多名字。后来我们访问李祥云的舅父卢镜如，他说："那时出布告署名的县长是李井泉。红军走后，国民党反动派来逮捕和残杀革命领导人和积极分子时，他们把李祥云捉住监禁起来，说李祥云就是李井泉，所以许多人都这样说。"陈荣檀即陈野苹同志。）同时在这次大会上正式宣布成立抗捐军，抗捐军的任务在当时是在共产党和红军领导下，发动群众打富济贫，以后就要分田分地，并任命萧佩雄、彭在章、彭杰、邓德高、陈志喜等人为抗捐军负责人。抗捐军的组织按地区分为大队、中队、小队，当时的具体任务是协助红军了解土豪恶霸索，没收其财产，分配给穷苦人民。在这次大会上红军首长（据说是朱总司令）还讲红了话，宣传了党和红军的政策，其中有很大部分是党的民族政策（具体内容都不大记得了）。冕宁苏维埃政权成立后，即大力发动群众，领导人民打土豪分财产，大力宣传和贯彻党的民族政策。

进入越西的红军在抵达小相岭南麓时，恶霸地主廖春波率领正规军一部并胁迫彝汉民团，企图凭险坚守，阻击我军。我军首先开展政治宣传向敌军和彝汉民团喊话："民军不打彝民！红军不打老百姓！"这样就瓦解了敌人军心。廖春波一再命令敌军和彝汉团向我红军射击，红军被迫进行反击，敌军立即溃退，有一整排向我投诚，彝汉民团线经我宣传教育以后，四散回家，这就是龙潭沟战役。此后沿途一带畅通无阻。经过教育回家的60多个彝人立即向群众说："廖春波喊我们去打红军，红军不打彝人，对我们很宽大。红军不打人，不骂人，好得很。"当"红军是好人"的消息传遍彝区后，小相岭北麓的黑彝头人八且兹哈和白彝头人补叶木呷，即率领彝族群众五六十人（两三个村的群众）到拱洞桥欢迎红军。红军首长向他们说："我们是红军，和你们一样都是人，彝民和红军是一家人，大家都是平等的。我们打倒了刘家，打倒了国民党和小日本，以后还要转来！"红军首长讲话以后，除小孩回家而外，八且兹哈和补叶木呷即率领彝族群众把红军送到越西城。在红军到了猴子岩河时，因河床陡，流水急，又值五月洪水期，渡河困难，彝族群众就成群结队地带领红军渡河，并把女同志和伤病员背扶过河。沿途一带有牵羊子送红军的，红军道谢他们，请他们把羊子牵回去；红军在彝民村子附近宿营时，彝族群众就给红军送荞馍，红军给他们钱，他们不收，退还他们的荞馍，他们更是不肯，转身就走。当红军队伍走过以后，他们才发现门前一大堆钱，这些事情使他们很受感动，一时想不通："为啥吃了一点小馍馍，就给我们那么多钱呢？天地间哪里来的这些好汉人？"他们要问个究竟，想知道这些好汉人是哪个官的兵，跑到大路旁，见了后面来的红军就问："你们的官是谁!？你们的官是谁!？"红军战士告诉他们说："我们是共产党的兵，老百姓的兵，我们没有官，我们是专杀官的。"这就使彝族群众更受感动。

（二）国民党政府人质制度的被废除和苛捐杂税的被取消

国民党反动统治是国内各民族的监狱，少数民族受害尤甚。各种苛捐杂税与敲诈勒索在十种以上。其中最使彝族人民伤心的是彝族各支头要换班作质，轮班坐监。凡有敲诈勒索不遂，苛索未完，或稍有反抗时，国民党政府官吏即向作质换班的头人施加各种惨无人道的苦刑。许多人的身上至今还有伤痕，有些人少的支头终身轮班坐监而死；有些支头只有寡妇同一个女儿的也要轮班坐监。国民党政府的监狱简直是人间地狱，监狱里死尸枕借，便溺遍地，疾病丛生，进监狱的人即使不被打死，也要终身残废。

红军长征到达冕宁、越西时，首先打开监狱释放这些受害群众，从而废除了国民党反动派的换班作质制度，这是彝族人民至今还赞不绝口的好事。在红军到冕宁以前，国民党官吏唯恐红军释放换班作质的彝族头人，因而在狼狈逃跑时，还将监狱里关的彝族头人22人押走，彝族人民乘此机会，痛歼了敌人，营救了换班作质的头人。当时虽因国民党的造谣和多年来反动统治者所造成的民族隔阂和仇视，使彝族人民对红军产生畏惧心理，但是他们认为红军来了，才营救出那些换班作质的头人，是红军给彝人的大恩大德。红军进驻冕宁城后，红军首长（据说是朱总司令）先后召开了几次彝汉群众会议，会上着重宣传了党的民族政策，彝胞纷纷向红军首长诉苦，其中罗洪点都向红军首长说："国民党刘家把我们彝族头人抓起来，作质换班关在监狱里，粮税杂款重得很，我们活不下去。"红军首长告诉他说："我们就主张废除换班作质制度，如果国民党官兵没有把关在监里的彝族头人押走，我们来了，打开监狱，你们也一定会出来的。"红军首长还叫罗洪点都告诉所有的彝族人民："红军走后，彝人不要给国民党上粮，更不要换班坐监了。"罗洪点都听了红军首长这番话以后，又高兴，又气愤，高兴的是红军的政策好，气愤的是国民党反动派把彝人整得太惨了。因为此人念过书，会写会认，于是他立刻和红军一道，跑到县府去，把档案文件全部找出来，亲手把彝族各支头换班作质的档案和官私田地粮册烧毁，然后把其他档案全部烧掉，并把红军首长向他说的话给彝族群众宣传。群众都说："红军是好人！红军政策好！"

红军一到越西城，马上把国民党残害各族人民的监狱打开，释放了被关的彝汉群众500余人，其中多数是彝族各支头换班作质的头人。这些头人在大汉族主义的压迫下受尽了各种苦刑，已经被折磨得不像人了。红军不但把他们释放出来，而且给他们新衣穿上，还备酒饭款待他们，甚至还给他们银元作路费回家。这些所谓犯人真是感恩不尽，一出阴森可怕的监狱门，即向大恩人红军叩头；有的人因为精神上和肉体上惨遭折磨以后，脑筋已经不灵了，所以他们还误以为是所谓赏了酒饭就拉出去杀掉，表现出一种惊讶恐惧的神情。这时红军和其他被关的人一再向他们解释说明，过了好一阵才清醒过来。当他们知道大恩人红军把他们解放出来，又给他们衣穿，酒饭吃和路费钱的时候，立刻高兴得雀跃三丈，欣喜若狂。这件事在彝族人民心中留下了不可磨灭的印象。同冕宁一样，红军又率领彝汉群众把国民党县政府的档案文件全部烧毁。在红军长征经过冕宁、越西以后，国民党政府的换班作质制就被废除了，冕宁彝族群众按照红军首长的指示，不给国民党政府上粮了，冕宁、越西的派伕制度也被迫取消。因为经过红军的教育，他们的觉悟有了显著提高，国民党政府向他们派伕时，他们就坚决反对。所以红军北上以后，彝族群众虽然也有不少的人被国民党政府监禁，也有被捉去服苦役的，但是换班作质制度和派伕的规定都被迫废除了。

（三）领导和发动群众镇压土豪恶霸，没收和分配剥削阶级的财产

数千年来压在各族人民头上的封建恶势力，压得穷苦人民喘不过气来。他们随时都在盼望着救星的来临，以帮助自己翻翻身，出一出气，红军的到来恰似久旱逢甘雨，满足了广大人民的这种愿望。红军为了长人民的志气，灭阶级敌人的威风，每到一地首先就向人民群众宣传红军的主张，红军的打击对象。他们提出"打土豪、分田地、大家平等"，"打富济贫"，"红军是穷人自己的军队"等口号，以便启发群众的阶级觉悟，冲破旧制度的一切罗网。而事实上红军也确实领导和发动了广大穷苦人民起来打土豪、分财物，镇压各地的封建把头、地主恶霸及其走狗，为穷人们申了冤、出了气。当时在冕宁一带的抗捐军就是在这种情况下建立的。

活跃在冕宁一带的抗捐军是党和红军领导下的打土豪分财物的先锋，是红军的助手，因而被称为"土红军"。它和广大穷苦人民一起在党和红军的领导和支持下，在冕宁大桥、回龙等地，向封建恶霸地主豪绅作猛烈的冲击，打得他们落花流水。那些平时骑在人民头上作威作福的"老爷们"这时被站起来了的人民吓得魂飞魄散。有的早已逃之夭夭，有的只好向人民屈服不敢乱动了。他们的大批财物被没收来分给了穷人。这些从劳动人民身上榨取去的财物总算是物归了原主，还给了穷人。

冕宁城内被打的土豪有国民党参事官大地主刘耀南，为人凶恶，外号人称刘李狗的刘勃如，以及大布商兼大地主的"豫享号"和地主□酒罐等。他们家里所有的大批粮食、金银、细软和豫享号的大量布匹都被红军及其所领导的抗捐军抄出来分给了各族穷苦人民。沿城四乡的广大群众闻风响应，纷纷向冕宁城集中，准备大打"财喜"。

大桥街上便有冯启先、赵万才等人率领穷苦老百姓，把地主周顺武家的财物没收分给穷人。

在越西，红军所领导的打土豪的运动也同样在轰轰烈烈地进行着。仅在城内被红军和彝汉各族人民抄家的即有国民党旅长恶霸蒋安廷，官僚地主周瑞成、张作村等。在中所南箐被抄家的有恶霸廖春波、陈云兴等。他们的粮仓被打开，各种箱柜被抄出，一大包一大包的白糖杂货，一捆一捆的布匹，被甩在坝子上了。各族的穷苦人民不分男女老幼大家都欢天喜地的分配抄出来的财物。由于有红军撑腰，穷人们什么都不怕了，有啥就拿啥，大街上人来人往，如赴盛会一般，并互相奔走相告"打财喜"之事。就是离越西城数十里外的瓦岩乡，那里的彝汉群众也知道红军在打富济贫，领导穷人打财喜了，因而彝民罗金万和卢金安等都赶到城里分得了恶霸蒋安廷家的耳锅、细碗、古式坛子和菜刀等物。

党和红军为了帮助人民群众报仇雪恨，还根据群众的要求惩治了一些罪大恶极的恶霸及其走狗。在越西，红军在彝汉群众的协助下，将逃往城北海棠的县长等活捉并处以死刑。另有一个国民党的周参谋被红军俘虏，准备押着北进，但是一路上有不少群众要求红军枪毙他，红军接受了群众的意见，把周参谋处决在越西的青岗关。当时有个给大地主家守屋的狗腿刘文斗，虽然出身并不富裕，但被地主收买，背叛穷人利益，阻挡打土豪运动的进行，不准穷人去背地主家的米粮，因而群众纷纷向红军控告，要求严惩。红军立即接受群众意见，将刘文斗扣押，并召开了群众大会，红军问群众说："这是好人还是坏人？杀得否？"大家齐声回答是坏人，"杀得！"因而红军按民意行事，将刘文斗枪毙在越西城外。

红军领导的声势浩大的打土豪运动，为广大人民申了冤，出了气，长了人民的志气，灭了敌人的威风，给广大群众留下了极为深刻的印象。

（四）刘伯承将军与果基小约旦的结盟以及彝族人民欢迎和护送红军通过彝区

红军在冕宁、越西城内外抗日反蒋的宣传和为民除暴，打富济贫的英雄事迹早已迅速传开，受到了各族劳苦大众的衷心拥护和热烈欢迎，特别是党和红军的民族平等的政策，更是深入人心，盼望着红军来到彝区把自己从水深火热之中解放出来。

红军还在冕宁城时即有彝族果基达涅与红军接洽。他向红军介绍了从冕宁到大渡河一带的彝族家支和这一带的彝族头人果基小约旦、果基洛莫子、罗洪作逆、罗洪点都四人，并由果基达涅与四人联系，还转送了红军的礼品，准备由果基达涅和罗洪点都等的家门把红军从冕宁护送到大桥，再由果基足达与果基小约旦弟兄把红军从大桥护送到拉乌小沟的菩萨岗，然后果基莫萨与果基拉达等人把红军护送到石棉。

党所领导的工农红军为了迅速北上，派出以刘伯承将军为首的红军先遣队于1935年4月20日左右首先抵达冕宁的大桥一带，准备通过彝族聚居区——拖乌区，为大队红军开辟进军的道路。红军经过大桥时，受到了当地和附近一带的彝汉人民的热烈欢迎。他们用刺梨烧茶、煮馍馍来招待红军，并纷纷要求作红军的向导。军民之间相处得非常融洽。

红军继续前进，经过俄瓦、俄瓦垭口、海子边（余家海子）。1936年4月26日红军先头部队抵达喇嘛房一带。① 小约旦当时就在这里，沿途一带又有不少彝族观望红军；红军也不断地向彝族人民宣传政策，如"红军不打彝民，彝民不打红军，互相不欺负，红军是专打刘家的。"

在红军先头抵达喇嘛房时，由于黑彝罗洪家和扯羊村的俫伍家的一些彝人在俄瓦垭口伏击红军，抢去红军30多支枪。于是喇嘛房红军便停止了前进。这时一个会彝话的汉人罗××来带信叫小约旦到红军首长刘伯承将军那里去。因为俄瓦垭口才发生过战斗，彝族中有人刚打过红军，所以果基小约旦对会见红军首长便产生了顾虑，只叫了萨马尔谷子前去。经过红军的解释，顾虑解除后，小约旦便亲自前往海子边红军驻地去见刘伯承将军了。但是彝民这时对红军还是没有正确的认识，与小约旦同行的十多个代表，中途退走的即有好几人，最后经介绍与刘伯承将军见面的仅有小约旦等七人。他们来到海子边时，站满在海子边的红军立即让路，这时刘伯承将军也亲自出来迎接。小约旦和萨马尔谷子等一见到刘伯承将军就马上按旧习惯取下头上的帕子准备向刘伯承将军跪下去叩头。刘伯承将军见状赶忙大步上前劝阻，并十分亲热地说道："大哥，不要这样，不要这样！"刘伯承将军见了大家非常高兴，由罗××和萨马尔谷子做翻译，互相亲热地谈话商量后，刘伯承将军和小约旦决定结拜为弟兄并立即举行打鸡吃血酒的仪式。因为当时没有酒，就由红军警卫员在海子里打碗水，由毕摩萨马尔谷子念咒、打鸡。血酒由小约旦先喝，刘伯承将军后喝。刘伯承将军在吃血酒时，

---

① 红军通过拖乌彝族聚居区的路线是：由大桥经额鸡、俄瓦、圆包包到俄瓦垭口、这一带是彝汉杂居区。再从俄瓦垭口经一碗水、海子边（余家海子）、北沙村、喇嘛房、青杠坪、雀儿窝、拖乌、小沟、足补子、鲁坝、横木岗、菩萨岗、铁寨寨、筲箕湾、李子坪、圆根地、花椒坪、窑河坝、小铺子、查罗、南瓜店、洗马沽、观音铺、紫打地过大渡河。这一带全是彝族聚居区，主要是果基家，以菩萨岗为界，南是冕宁，北是石棉。

还指天、指地、指酒盅，以表示两人结盟，上有青天白日，下有大地作证，如有负盟像鸡一样死。小约旦喝血酒时也发誓要互相保护，谁违反盟约就像鸡一样死去，子孙后代永不昌盛。酒后，刘伯承将军代表中国工农红军将一面写有"中国夷民红军沽鸡支队"的红旗和一张中国夷民红军沽鸡支队队长的委任状当众赠送给果基小约旦。与此同时，刘伯承将军并亲自将自己随身所携带的心爱手枪送给了果基小约旦。以便在红军北上后，坚持反对蒋介石国民党军阀，争取彝族人民参加解放的正义斗争。由于刘伯承将军还有要事不能留在海子边，当天要转回大桥，并邀请小约旦一同去。到了大桥后，又曾经在米市（即现在的小学校）吃过血酒。这次参加吃血酒的人，除刘伯承将军和果基小约旦外，又新增加了罗洪作一和陈志喜（汉族）二人。这次四人一起喝血酒有着双重的意义，因为陈志喜是汉人，这就表示汉彝要和好。刘伯承将军说：彝汉关系要好，要相亲相爱，要彝保汉，汉保彝。又因刘伯承将军知道罗洪和果基两家是冤家，随时发生冲突，罗洪作一参加喝血酒即有把两家的冤家和解之意，共同对付敌人。当晚，大家就住在大桥。

4月27日一早，天刚拂晓，红军大队又从大桥出发北上了，沿途一带都有彝族带路和护送，至于各地欢迎红军的彝民更是到处都是。他们烧水、煮东西请红军留下来吃一吃，而红军也非常关心彝族人民，有的摸摸彝民披的擦尔瓦，问他们穿这样单薄，冷不冷？说彝民吃不上大米太苦了，红军打倒敌人以后回来一定分田地，实行汉彝平等，娃子黑彝平等，犹如十个指头，现在还不齐，到我军回来时，大家就平等了。"彝族是一家，互相不要打冤家；红军彝族一家人，红军不打彝民。"红军的这些宣传和比喻，道理简单，很容易懂，大家喜欢听，同时红军还送了许多衣服和银元给穷苦的彝民。由于任务紧迫，在喇嘛房刘伯承将军便要和果基小约旦分别了，这两个结盟弟兄实在难舍难分。临走前，刘伯承将军还谆谆嘱咐果基小约旦，"不要因为过去彝人抢过红军的枪支而产生顾虑，一定要负责把红军护送过彝区。"并把红军邓保宁介绍给小约旦，以便将来好给刘伯承将军接头。果基小约旦派萨马尔谷子、果基子达、果基特达三人把刘伯承将军一直护送到筲箕湾，再由果基阿喂支护送到石棉。

自刘伯承将军走后，果基小约旦就把一些青年彝民组织起来，非常细心地护送红军，往返于大桥和筲箕湾一带，忠实地执行刘伯承将军的委托，护送好红军，而广大彝族人民也不辞辛劳，护送得很远，如尼克曲补子、阿苏汗呷子等六人，把红军一直送到了查罗，为了酬谢他们，红军还送了1支枪和3个银子、3斗米给他们。

在红军大队快过完时，邓保宁便向果基小约旦辞行，大家都舍不得分别。性情直爽、多情多义的果基小约旦更是非亲自远送一程不可。他送了一匹心爱的骡子给邓保宁，并和果基尼丕，萨马马嘛等许多彝族，把邓保宁一直送到拖乌的红军司令部。在那里，红军司令部又以丰盛的酒饭招待果基小约旦等。临到最后两相分别时，红军司令部又赠送了小约旦等十支枪，以感谢果基小约旦等彝族护送红军之劳。红军大队在果基小约旦所领导的彝族人民的护送下，一路畅行无阻，经过几天几夜，全部安全迅速地通过了彝区。但是果基小约旦护送红军通过彝区的正直行为，当时遭到了彝族内部个别人的反对。如，今中心乡大盐井的保伍瓦苦子就极端仇视小约旦与刘伯承将军结盟和护送红军。为结盟和护送使得保伍瓦苦子等企图暗算打抢红军的计划遭到破产，所以他们总是想借事出气，找小约旦闹事。经过反复的争辩，揭穿了谣言，保伍瓦苦子终因自己理屈词穷，被迫服输。

红军大队通过彝区之后，过了两天，由红军黄司令所率领的一部红军，大约有六七百人来到大桥。因其中多是伤病员或新参军的，故留在大队后面。黄司令将果基小约旦请到大桥红军的司令部热情的招待后，由果基小约旦亲自护送，从大桥出发，到俄瓦，有黑彝保伍家的保伍依切勒之，首先抢走红军的一支枪。接着又有罗洪家的人抢红军的枪。为这件事果基小约旦还非常抱歉，有自己护送还发生这样不好的事情。他请求把自己的一支枪拿来赔偿红军，红军当然不会收下。部队继续前进，刚刚抵达俄瓦垭口侧近的圆包包山沟时，这支红军突然遭到了军阀邓秀廷部队和黑彝罗洪家的一部分人的伏击（因为当时军阀邓秀廷的四十八甲部队与彝族的装束完全一样，所以有的人只说红军是遭到了彝族人的伏击——调查人注），战斗非常激烈。红军部队虽然多系伤病员，然而仍然英勇战斗，最后终因寡不敌众，黄司令只好率部退到大桥附近的罗洪家。除战死的红军外，不少红军伤病员在彝汉群众的掩护下，转危为安，逃出了包围圈。

小约旦在战斗打响以后，因为与罗洪家有冤家，而出事地点又是罗洪家的地界而不是果基家的势力范围，所以小约旦也想不出挽救办法，只好与黄司令分别，回到家里，但是后来小约旦也曾与其他支头多次商量，准备把黄司令营救出去。但是邓秀廷在得知黄司令的下落之后，逼得太紧，他们多方威逼罗洪点都，要他交出红军司令。虽然罗洪点都与黄司令吃过血酒，但这时也毫无办法。黄司令终于被俘，并转押至中央军部队。

从泸沽分路经过越西北上的一支红军，刚抵达小相岭北麓石桥侧面时，即受到了彝族头人八且兹哈率领的彝族人民的热烈欢迎。沿途一带畅通无阻，十分顺利。到了越西的南箐乡，许多白彝群众志愿为红军带路。当大队至猴子岩河渡口时，没有渡船，只有涉水，当时正值四、五月间的洪水期，河床陡，水流急，一不小心即有被洪水吞没的危险。不少彝族群众便细心地指引红军渡河，特别是有的彝族群众还不畏艰苦把红军的伤病员背过河去。这种行动大大地鼓舞了红军战士的战斗热情，增强了红军与少数民族之间的亲密团结。

从南箐乡到越西城的沿途数十里地，都有彝汉人民的欢迎和护送。有的彝族还牵着牛羊来送给红军，红军也送了大批没收地主豪绅的财物给彝汉各族人民。为了扶持彝族人民反民族压迫的正义斗争，红军还送了许多枪弹和旗帜给彝民。红军在经过 1934 年越西彝汉人民反军阀大起义的地区——王家屯一带时，广大彝汉群众如迎救星一般。群众纷纷向红军哭诉前一年国民党军阀的暴行，请求红军为民申冤报仇，消灭万恶的敌人。红军首长还对前一年死难的革命烈士家属进行了慰问和抚恤；广大红军战士立志为牺牲的先烈复仇。那里欢迎红军的场面实际上成为红军和彝汉群众誓师杀敌的群众大会。

（五）革命种子在彝区的传播及其开花结果

由于中国共产党的正确领导，中国工农红军顺利地通过了彝族地区，向全国全世界人民宣告了帝国主义和蒋介石及其走狗川康军阀围追堵截的破产，从而使得革命的种子广泛地在彝族地区传播并生根、开花、结果，奠定了以后党在彝区开展革命工作的良好基础。

一些觉悟较早的彝族青年，参加了红军随军北上，踏上了抗日反蒋的革命道路。

红军北上时，越西、冕宁一带，许多勇敢的觉悟的为革命热情所激发的彝族青年，深信"只有红军的道路，才是解放他们的道路。"纷纷离开家乡、亲友踊跃地参加了红军，踏上了光荣的革命道路。有不少同志还为各族人民的解放献出了自己的生命。当时在越西参军的有瓦岩乡彝族王海民同志和陈占英同志，大花乡的彝族李茂林同志等彝汉青年数百人，越西城内参军的彝汉人民也有数十人之多，后来被编成"保保"连。冕宁一带参军的曾经被编成一个队。

另一些彝族在党的民族政策和红军高贵品质的感召和教育下，逐渐觉悟起来。在红军走后的年代里，坚持了反对蒋介石国民党军阀的英勇斗争。果基小约旦在刘伯承将军的教导下，在以后的艰苦年代里坚持斗争，成为彝族人民反民族压迫斗争的一面旗帜。

当时的情况是：红军急于北上，挽救民族危机，走上抗日的最前线，不能在彝区停留。可是当红军走后，国民党军阀重新盘踞大桥、拖乌一带，白色恐怖又重新笼罩了这个地区。军阀邓秀廷派出大量部队"大肆逼粮、逼枪、逼钱财，杀人放火，无恶不作"。交出枪支衣服后，又认为：有枪必有弹，有衣必有金银。就这样，得寸进尺，步步追逼，并对彝民进行了大规模的搜捕和屠杀。但由于小约旦为首的果基萨特支与刘伯承将军和红军的接触多，受教育多，并把刘伯承将军的话牢牢地记在心里。因而坚信刘伯承将军和红军不久又会回来。他们知道彝族要过好的生活，要实现民族平等，只有红军回来才行。因为刘伯承将军曾经对大家说过："那是全国人民和彝族人民的解放问题，只有我们把大的敌人（指日本帝国主义和国民党反动派）推翻了，才能得到解放。"因此刘伯承将军要求大家团结起来，共同反抗敌人，互相不要打冤家。他说："一个指头就没有劲，十个指头力量就大了，因此必须团结起来，同时要集中力量对付主要敌人。"所以虽然在国民党军阀的白色恐怖下，果基小约旦和广大彝族根本没有理睬那些官兵，后来并坚决地走上了武装反抗的道路。

1935 年的农历七八月间（即红军走后三四个月）以小约旦为首的一些彝族便把果基、俸伍等家支组织起来，在中心乡的萨塔举行了庄严的钻牛皮吃血酒的誓师大会①。他们的战斗口号非常响亮有力，提出了："奋战十五年""停止内部冤家械斗，一致对外，打十五年的游击"。他们离开了自己心爱的家园，把所有的牛、羊、牲口集中到野鸡洞的深山草坪去（彝话地名叫底比库）。青壮年男子都带着武器上了山，号称 1000 余人，只要邓秀廷的狗兵敢于过鄂瓦垭口，就必将遭到歼灭性的打击。妇女小孩也都参加了送粮报信。彝族人民受到刘伯承将军和红军的教育后，终于开始团结起来，反对国民党，他们按刘伯承将军的教导："彝汉人民要团结，不要去惹是非和打仗，更不要死人。"即使以后的年代里，这一带果基家的彝人是不大打冤家和抢人的。

军阀邓秀廷先后派兵进攻数次，遭到彝族坚决的还击。双方发生大战斗有两次。一次是邓秀廷军进攻俸伍家地区的扯羊村，大肆烧杀掳掠。彝族人民气愤至极，群起反攻。在俄瓦垭口附近发生了激烈的战斗，双方互有伤亡，结果将邓军打退。另一次是邓秀廷派兵偷袭野鸡洞，企图截断彝族的后方，抢去牲畜。彝族人民出动了千余人进行保卫。邓秀廷的计划又遭到了可耻的失败。

军阀邓秀廷见武力镇压无效，便改变政策采取了恶毒分化彝族内部和利用冤家械斗的手段。彝族当中，先后被杀的有果基约塔、果基一普等 30 人。结果参加反军阀斗争的俸伍家和果基家的一部先后退出了，只有果基萨特支（即小约旦家支）始终坚持，没有向敌人屈服。他们把一切希望寄托在红军的再临，直到果基小约旦临死的前一年，② 他还对自己的弟弟果基尼丕说："你们一定能够等到红军回来的。刘伯承这样的伟大人物是决不会骗人的。现在人与人斗，兵与兵斗，都是为了夺取政权，将来到处都要解放的。共产党的道理好，不打人骂人，对我们诺苏（彝族自称）很好。"刘伯承将军走时对我说："一个指头没有劲，

---

① 红军走后，参加小约旦所领导的反国民党军阀邓秀廷斗争的彝族除果基家外，还有俸伍家。他们的领导人是俸伍使普、俸伍打叶子、俸伍阿各等，并先后开了四次会，一次是在俄瓦垭口，有两次是在大院子，最大的一次誓师大会是在中心乡的萨塔。

② 果基小约旦是在 1941 年被军阀邓秀廷利用果基、罗洪两家的冤家械斗而指使罗洪家杀死的。

十个指头力量就大了，因此必须团结起来。"果基小约旦死后，不少的彝民和果基尼丕等都能按照这些话行事。

1950年2月，英勇的中国人民解放军解放了冕宁，各族人民日夜盼望的救星果然又回来了。虽然当时有许多谣言，但是不少彝族人民仍然扶老携幼的前去欢迎。果基尼丕等在红军和果基小约旦的影响下，解放后对党和人民政府的态度也较好，民主改革时基本守法，并协助政府喊回了24个叛乱分子（但在中途又跑了21个）。他家亲房的24家人中，只有果基一披的儿子叛乱，民主复查补课时，还帮助他侄子家赔退了1000多元。他常向他的亲人说："共产党的政策是正确的，该怎样就怎样，好坏分明，是非清楚。"现在果基尼丕是冕宁县的政协委员。

广大的彝族群众在红军北上后的暗无天日的境况当中，日夜都在渴望着红军的再临，内心都充满着无限的希望。因为他们清楚地认识到红军与其他任何军队都不相同。"任何朝代的兵通过彝区都没有交代过政策。只有共产党、刘伯承的兵向我们彝族人民交代了政策和回来的时间。"因此，红军走后，果基小约旦常向彝族人民说："从来没有过这样的兵，这样的兵虽然走了，一定要转来，因为以前的兵都像水一样，残害老百姓，只有共产党、刘伯承的兵讲民族平等，贫富均匀，这样的兵一定要回来。它不是水，而是石头，像钉子一样钉住似的，在我们彝族人民的心中生了根。"所以他们都相信"红军是会转来的""红军打倒蒋介石和赶走小日本之后，一定要回来实现汉彝平等。"

红军走后，越西的广大彝族人民也都非常怀念红军。他们常常说："若是能与红军通信，给红军带一个信就好了，把我们的苦处和心愿告诉红军，请他们赶快回来。"许多彝族人民为了纪念红军，感谢红军的恩情，把当年出生的幼儿取名为"红军子""红军姆"（即红军女之意）以作永久的纪念。如越西南箐乡的曲莫赤他和乌其火其子两家生的小孩就是取名为"红军子"，其他如中所区也有这种情况。许多人把红军这时留下来的东西冒着生命危险保存至今，爱如珍宝。如瓦岩乡彝族卢金安和罗金万至今还保存着红军长征打土豪时分给他们的古式坛子和菜刀，以资纪念。

总之，举世闻名的中国工农红军通过彝区，给长期以来受着惨重压迫的彝族人民带来了新的希望和力量。红军所实行的打土豪、分财物，宣传和实行民族平等，以及抗日……一系列政策，在广大彝族人民的心中留下了难忘的印象，使他们认识到了在这个世界上还有专为穷人利益，反对民族压迫，实行民族平等的红军——各族人民自己的军队。从此，彝族人民与中国共产党就建立了密切的关系。

附1：李祥云同志谈红军长征经过冕宁和冕宁一带地下党的活动情况①

红军长征经过冕宁以前，西昌、冕宁、越西这一带就建立了党的组织。冕宁县就有陈荣檀（即现在中央组织部陈野苹同志）、廖志高和我等几个同志。1932年西昌就有了党的组织，紧接着就向冕宁、越西发展。当时党组织的主要活动是宣传共产主义的道理，个别的发展一些党员，主要是在一些贫苦的知识分子中发展。我们冕宁县发展了陈文博，陈元纶等。1934年因西昌党组织不纯，身份暴露，叛徒向政府告密，控告了陈野苹同志。当时陈野苹同志在省师校读书，反动政府派军警来抓他。1935年，他在家中躲藏起来，我在石龙镇

---

① 1958年，李祥云同志任西昌地委统战部部长。

教书。

　　1935年农历四月份，红军要来了，我们心里很欢喜。国民党官员们很害怕。当时城里只有敌军一连人，团长李德吾也有一些人，县长是钟伯群。当红军渡过金沙江，围攻会理城，西昌通冕宁的电线已被割断时，他们企图放火烧掉冕宁城再逃跑。这时贫苦的老百姓就起来反对。那些有点钱的人就凑钱给政府官员。这样才把冕宁城保全下来。他们逃跑的那天正是大雨倾盆，还把彝族各支头有威望的，关在监里换班作质的头人押走，企图押到石棉去。当官员们刚逃到野勒河边，就被彝族各支头的人消灭，换班作质的头人全被营救出来了。官员一逃跑，地方上的地主绅士们就更惊慌了。他们也牵起线子地逃跑。各种谣言也多得很，气氛很紧张。这时我的家中就带信给我，问我怎样？我告诉他们说："不要跑、不要怕。"官员和大部分地主豪绅一逃跑，冕宁城里就成了无政府状态。一个教书先生云中祥就召集城里的部分士绅和市民开会，地址在城隍庙。他们开会时我也跑去听。他们议论的主题是："县长走了，我们如何办？又没有看见二十四军退（因二十四军主要是从越西逃跑的），为啥红军会这么快就来了呢？"这样，他们的结论就是："赶快准备好粮草欢迎红军！"另一方面又决定派人前往探听红军究竟来没有。被派的人是向德伦、李发明等。会开完以后，他们一面准备粮草，被派去探听消息的人就出发。当时我就和向德伦、李发明等人一道前往。到了石龙桥我准备回学校研究一下情况，于是就向他们说："你们走到那里碰上红军，就立即转来告诉我们一下。"我回到学校刚刚研究了情况，没有好一会，他们就转来告诉我说："红军来了！已经到泸沽了！"于是我们几个人立刻前往泸沽，准备去同红军接头。快到泸沽附近的关镇村时，因红军警惕敌人的袭击，在路上架起了机枪。红军看见我们几个人来了，立即叫我们不要来，不要走那里过，到泸沽绕小路去。于是我们又绕安宁河，到泸沽街上才看见红军。

　　在泸沽街上看见了红军，我们心里真高兴得不得了。红军找我们谈话，把地图打开，看地名、看路线。过了一会，我就找红军把冕宁的党组织和党的负责人陈野苹的情况告诉给党。当时红军向我们说："我们是中央红军一方面军，要和其他方面的红军成都会师。"红军的口号是："拖死中央军！打垮滇军！吓死川军！"以后我们就在前面带路，和红军一路向冕宁城出发。红军到了石龙镇时，许多群众都出来欢迎红军，有的拿着旗子，有的送茶送水，简直热闹得很。这时陈野苹同志也到了。接着红军就赶到冕宁城，那天是农历四月十九日，晚上二更时分才到。毛主席住在现在新华书店对门一家已逃跑的地主房子里，陈野苹同志时常到那里去会见毛主席和中央首长。当时的代政治部主任是李富春同志，肖华同志我也会见过。红军进城以后，立即成立县革命委员会，发动群众，组织游击队，领导人民打土豪分财物，宣传和贯彻党的政策。革命委员会的主席是陈荣檀（即陈野苹同志），副主席是李井泉（即现省委第一书记），冕宁县革命委员会成员有陈荣檀、李井泉、廖志高和我等人。因为陈野苹同志是本地人，过去就暴露了身份，决定由他出面搞。我的身份没有暴露，党指示我马上离开冕宁城，仍然回学校去教书。廖志高同志后来随红军北上了。关于游击队的命名问题，中央首长找陈野苹同志研究了当地的情况以后，才确定为抗捐军的。因为当时二十四军控制着我们这一带，苛捐杂税多得很，什么预征、借征，简直数不完，还在1934年就征到1937年的粮了，每年要强征几次粮。针对这些情况，确定组织抗捐军，最容易发动起广大群众与二十四军和地主豪绅作斗争。据陈野苹同志说，关于成立苏维埃政权和组织抗捐军的布告，是由陈云同志起草，经毛主席看了以后才付印发出的。正式成立苏维埃政权和组织抗捐军，是在当时的文庙（即现在冕中校）召开了一个成立大会，朱总司令还亲自讲了话。讲话地点就在孔子牌位前面。接着就领导群众打土豪，把地主豪绅的东西没收分配给城市贫民和贫苦农民。打土豪分财产的活动搞了一个星期以后，红军大部队就北上了。红军大部队走后，又正式成立约三百人的游击队，准备在这一带发展游击战争，领导彝、汉人民与国民党反动派二十四军和邓秀廷作长期斗争。游击队由红军参加领导，司令是黄应龙同志。红军北上不久（约两三天），黄应龙、陈野苹同志率领游击队到和平乡白鸡村附近，与罗洪家做工作，打鸡喝血酒，商议如何反抗国民党二十四军和邓秀廷的问题。这时军阀邓秀廷率军从枧槽沟顺沟北上，截住游击队，并命令罗洪家攻打游击队，当即有个别彝人开枪。因为刚组织起来的贫苦农民缺乏战斗经验，一听到枪响就跑，跑散以后，枪也被彝族奴隶主抢了，黄应龙同志被国民党反动派俘去，后壮烈牺牲。从此就是一片白色恐怖，国民党反动派出通缉令抓陈荣檀（即陈野苹）和李井泉同志。李井泉同志早已北上了，陈野苹同志由冕宁到西昌，经盐源到云南以后，后来到了延安。红军北上以后，军阀邓秀廷代理冕宁县长，由地主豪绅组成的"善后"委员会，大肆屠杀群众积极分子。凡是参加过抗捐军、游击队，给红军带过路的人都要杀。他们陷害我，说我就是李井泉。当时我的亲友都叫我逃走，我当时想：我的身份并没有暴露，党叫我隐蔽起来，坚持斗争，所以没有走。过了一段时间我刚进城，官府就把我捉住关在监里。关了几个月以后，县长换了，地方上的亲友出面证明，我才被释放。抗捐军的领导人，大队长肖佩雄、李发明和彭在章等都被敌人屠杀了。曾经热烈欢迎和帮红军带路的人也被杀了不少。廖志达、严北同等同志逃到宁南县去了。地方党组织被敌人打散了，关系也接不上，后来组织上派人来清理才接上。此后我们活动的主要阵地是学校，安宁河两岸的每一个学校都有我们的同志。开始时，主要是向大一点的贫苦学生进行宣传教育，同时也作好教师中的工作，发展了一批彝、汉族党员。到了1941年，党为了加强对党员的教育，提高党员的思想水平，保存实力，停止了发展党的工作。1946年，党派了黄觉庵同志来西昌、王月生同志来冕宁工作。这时发展党员就由进步的知识界转入贫苦农民，发展了400多人，采取合法斗争，把公开工作与秘密工作结合起来，打入旧政权作我们革命的工作，积极发展有生力量，武装群众，广泛开展统战工作。当时冕宁的社会力量是这样的：军阀邓德亮主要控制泸沽和甘相营一带；龙晴初控制复兴、石龙、红毛一带；地主赵家控制城区一带。第一和第三两派是极端腐朽反动的军阀、豪绅，第二派势力还多少带一些开明气氛。于是党决定采取联合第二派，反对第一、三两派的方针，充分利用封建势力之间的矛盾冲突，发展我们的革命力量。派党员打入旧政权，当乡长、保长和乡队长，利用合法形式把基层政权和武装掌握起来。根据冕宁地区的具体情况，要发展革命力量，就必须大力在彝族人民中进行工作。因此首先派党员到民族学校中教书，发展一批党员。在彝族人民中打下坚实的工作基础，如发展了瓦渣木基、伍精华、伍文才、王正才等同志。同时在彝族人民中发展武装力量。到1947—1949年时，冕宁县彝、汉族地区的基层政权我们已控制将近半数，并掌握了县参议会和县的财粮大权。这样，彝、汉人民的革命斗争就直接配合了解放战争。当时的县长大肆贪污和对群众敲诈勒索，党一方面利用县参议会动员社会舆论起来反对；另一方面，动员彝、汉族群众千余人，集中冕宁城，进行武装示威游行，赶走了县长。1949年2月，中央系军阀孔子文和地方系军阀邓德亮，因争权夺利暴发了武装冲突。党抓住了这个时机，利用军阀矛盾，打入地方系军阀，支持它反对中央系军阀，从而发展革命力量，和解放战争配合起来。由于地方系军阀反动腐朽，党又决定改造军阀军队，在后山乡办训练班，发展革命武装，进行革命战争。由于全国革命形势的发展和我们这一带革命力量的强大，国民党反动派就尽量设法使军阀矛盾和缓下来，因而我们的计划未能完全实现。到了1949年底，全国已基本解放了，胡宗南部狼狈逃窜到西昌，企图利用这一带进行顽抗。贺国光立即派警备队一连驻冕宁，企图向革命力量进攻。只是由于全国的胜利形势，不敢贸然下手。这时，党一方面大力开展统战工作，分化敌人力量；另一方面大力发展彝、汉人民的武装力量，组织三支"倮游支队"，① 敌县长被迫逃走。党立即组织治安委员会，以群众力量为基础与驻冕宁的敌军谈判，迫使它捕捉了国民党反动派的特务。党还动员彝、汉群众看见国民党军就消灭。因此胡宗南的侯司令带领几十个残敌，企图经哈哈乡逃往藏区，立即被彝族人民消灭。1950年3月29日，一野到冕宁，冕宁和平解放，敌特也全部落网。

附2：红军长征经过会理的情况②

1. 红军渡过金沙江，来到会理县境，受到人民群众的热烈欢迎

金沙江位于四川、云南交界处，是红军由滇入川，北上抗日必经的要道。红军为了分散敌人的注意力，早在入滇初期，就做了很多渡江准备工作。当时曾以一部主力直逼昆明，使滇军不顾金沙江而急援昆明。同时又西取元谋，北上龙宁，佯作渡河，以迷惑敌人。另一路则直取宣威、东川，急夺巧家而渡河。直逼昆明之主力，分兵一路由嵩明直取禄功，争先夺下了绞车渡（即禄功到会理的中武山），龙宁佯作渡河的红军又由捷径转回绞车渡过江。湘军惊趋元谋，结果是大扑一空。待滇军、湘军、国民党中央军摸清红军去向，奔赴绞车渡时，红军已渡河两天，到达会理，当地民谣云："红军赛天兵，气死中央军，累死滇军，吓死川军。"

红军渡过绞车渡，是1935年的农历四月初一，气候炎热，江风凶猛，而江北都是悬岩绝壁，高达数丈，行人难过。除绞车渡外，上下渡口，均为敌人占领，后面又有13万敌军逼追。及时渡河，克服困难北上，是非常必要的。红军干部团接受了军委的"夺江"指示任务，以政治营第八连为前卫连，由团政委宋任穷同志率领；该营营部及所属的两个连由中共中央革命军事委员会总参谋长刘伯承同志率领作为前卫营，团长陈广田率领团本部，包括团直属队及另一步兵营、机枪连、上级干部队（即红军大学）抢先渡河，并以六只木船，用七天时间，安全渡完整个红一方面军。在渡完的第二天国民党军始赶到，船只早为红军沉没，且江北会理县境钻洞一带又有红军扼守，敌人无可奈何，只有望江兴叹，草草收兵。捡了红军废弃的几只破烂回去交差，算是完成了追逼任务。

红军渡江，依靠了群众的积极支援。据当年的年轻水手周德安谈，每船都有两班人划，人多又积极，人歇船不歇，从清早划到下晚，从天黑划到天亮。船夫越来越多，越划越起劲，都想红军早些过江，打富济贫。而红军对他们，像待亲人一样，除讲解革命道理，还给以盛情招待。红军战士把大米、酒、肉留给船夫吃，自己则吃杂粮，每天每个船夫还给大洋5元，日夜进餐6次，船夫们纷纷以受到革命教育和热情招待而兴奋。

2. 通安战斗和通安革命委员会的成立

红军干部团渡江后，又接受了夺取重要据点——通安的任务。驻守江北的敌军（川军）汪宝成等两个营，见红军渡江，便狼狈向北退却，退至马檀地、桐子林一带，就被红军追

---

① 即倮倮游击队。
② 摘自会理县文化馆材料。

上。敌军借隘口仗胆，拼命死守了一阵，在隘口的前面打枪、中间滚石头，但是都不能阻挡红军的前进。个个红军战士机智勇敢，在机枪掩护下，边前进，边隐蔽，躲开了石头和射击，终于运动了一个尖兵排，到离隘口约100米的地方集结，冲锋号一吹，便向敌人隘口猛攻猛击，把有险可守的敌人打坍下去。红军乘胜追击，跑步15里，向通安街前进。

敌军营长汪宝成等拼命北逃，一退再退，退到通安以北，路遇师长刘元塘带起两营人去通安，企图阻挡红军北上，并在通安附近的田坝里与红军遭遇，当即展开了恶战。这时红军主力赶至，分路合击，打得敌人落花流水，毙敌营长1人，士兵无数，单被俘敌军就有600余人。刘元塘要不是跑得快，无疑被俘，而红军仅牺牲4人，负伤8人。

通安战斗，红军又胜利了。这个胜利完成了巨大任务，开辟了北上西昌的道路，把十多万敌人拖在江边。

通安是会理的重要门户。它最先开门接待红军。红军在这里，前敌已经丧胆，后患已暂隔离，加之通安物产也较丰富，有300来户人家，红军便留下一部分人在此稍作休整，同时组织农民进行反封建斗争。

红军未来之前，通安地区的粮绅已闻风逃避。部分穷人因听了国民党的谣言，有些顾虑。入通安时，红军对人态度和蔼，敬老幼如同家人，并且公平交易，所以很快就和群众打成一片了。如屡遭刘元塘打扰的裴保成，红军查明他不是粮户，便在他家住下，见他家无人烧饭便说："老板！你家里没有人，就不用煮饭了，到我们吃饭的时候，拿起碗同我吃就是了。"裴保成被感动得什么顾虑都打消了。村民奔走相告，躲避的人渐从四方归来，他们说：

> 红军到，干人笑，粮绅叫；
> 白军到，干人叫，粮绅笑。
> 要使干人天天笑，
> 白军不到红军到。

到通安的第二日（四月初三），红军遍街鸣锣，召集群众在街背后营盘开会，不仅有街上的人，还有马厂等几个村子的人。会上由一位红军营长讲话。他说："红军是工人、农民自己的军队"，"打土豪，分田地"，"四川的工农群众暴动起来，打财富去"，并在会后成立了通安革命委员会。委员会由12人组成，分主席、副主席与劳动、财务、土地等委员。游击大队由大队长及排长数人领导。指导员由红军担任。每天，委员会的人分头下村宣传，带起红军没收地主的财物，宣传内容大体为：（1）共产党是无产阶级的政党；（2）红军是抗日救国，打富济贫的军队；（3）打土豪，分田地；（4）男女平等，一夫一妻。仅几天工夫就闹得天翻地覆，村村都在打土豪，处处都在分东西，仅通安街就分了三次，每次分发，如赶闹市，分发时由委员主持，一一分给穷人，真个是"地主背时倒灶，农民欢天喜地"。

3. 红军在会理城郊给群众做好事，播下了革命种子

红军前卫和大队在四月初四、五两日陆续到达会理城郊，将城团团围住。初六、初七集中力量攻城，大有破城之势。敌军师长刘元塘命在旦夕，使出最毒辣之计，放出流氓，把东西关的房子挨户泼上煤油，从城头扔下点燃的松毛，将东西关城墙周围民房一齐烧毁，500多户人家失去家园，惨不忍睹。

初十日夜，红军组织力量，进行强攻。枪声密集，炮弹飞进城里。刘元塘惊恐万分，把

居民逼上城墙去卖命，有钱人则躲在城里。南街的曹大妈有个 8 岁娃娃，母子都被逼上城墙。老弱妇女痛哭惨叫，全城乱成一团。城外的老百姓，对刘元塘无不切齿痛恨，都积极支援红军，希望早破此城，严惩这个祸首。红军在群众的支援下，得到了百多张梯子，80 多床棉絮，用以攻城，并用棺材装炸药，打地洞破城。城墙西北角被炸开了一个缺口，万恶的敌人把无辜穷人强迫去拦住缺口。红军见老百姓遭此惨杀，而会理仅红军暂作休整之地，于是决定不再破城。总司令部及红军指战员在城郊休整 5 天，15 日便离开会理了。

红军在城郊为群众办了很多好事，留下深刻的印象，并播下了革命种子。红军到达城郊，正值敌军纵火烧毁民房，红军刚占据了外城，即为群众打火，并捉获纵火流氓，绑捆游街后，接受群众意见，处以极刑。

由于敌人造谣，如说："红军杀人如麻，要把女的抢去垫脚上马"等，所以部分群众还是有顾虑的。红军见此情况，便展开政治宣传工作，说："我们是工农红军，是解放劳苦大众的军队……封建统治几千年，我们穷人不如牛马，我们挨穷挨够了，我们受苦受够了，我们要打倒帝国主义，要打倒国民党，支援红军，就要军民一致，就要起来革命！"红军在街道上走时，见老百姓来了，就自动让出中间的路而走两边，并且帮助老百姓料理家务，安置住处，抱娃娃、挑水、洗菜等。

从此，这里的群众有了头，红军有了得力助手，军民一条心，日夜进行工作。进行反霸斗争。每天委员们兴奋而又喜欢，按照红军的指示，分工进行工作。有的下农村宣传，动员穷人回家，打土豪、分东西。有的调查地主的财产，向红军报告，没收来分配。仅几天光景，就没收了敌营长王致堂和大地主合伙开的"义丰商号"以及严克勤等大土豪的洋纱、银元、大米、衣物等不计其数。

没收来的财物，红军一点不要。银元交革命委员会分配给穷人。穷人对革命委员会的同志是非常信任的，都说红军来后，自己有了靠山了。

革命委员会的同志在红军和共产党的领导下，经常开会，研究工作。有一天，委员们到白马庙开会，进了传事房，就见有四五个红军首长坐在椅子上，毛主席也在里面，他穿着灰军服、青大衣、没有戴帽子，头发很长，正对着电台说话，过了一会，毛主席对委员冷显成等讲了话，并对委员赵文明（铜匠）说："今晚要是攻下了城，马上委你当县长"，委员们都放声笑了，心想赵文明是个铜匠，这回也要当县长，不晓得他当得来不，经过毛主席讲后，大家感到，只要听红军的话，好好干下去，还是干得来的，并且越干越有奔头，人要大大的翻身了。这时候红军干部也在各村宣传动员，一些青年农民参加了红军。

十五日委员们突然接到红军通知，说："红军要走了"，十六日天还未明，委员们都到白马庙去送行。这些天来，穷人们在党的领导下、红军的帮助下，无人敢欺侮，无人敢压迫，而且打了土豪，分了东西，个个扬眉吐气，欢天喜地。但是红军为了更重大的任务，暂时离开了会理而北上了。委员和广大劳苦大众舍不得红军走，大家都非常留恋，他们也坚信红军是会回来的。红军一回来，扬眉吐气，美好幸福的日子，就能得到。

附3：我看见了刘伯承将军

时间我是记得不那么清楚，反正那年我正是 23 岁，也许是 1935 年吧，红军就要路过我们的家乡。汉官造谣说："红军来要杀彝家，要抢彝家。"大家听了都怕，彝家已经给国民党的兵整害怕了。因此，有的赶着牛羊就往深山密林里躲，关门闭户的，全村全屯乱纷纷地，不知怎么是好。一夜狗咬个不停。天才蒙蒙亮，我就和一个朋友阿苏汉呷子偷偷出门去看，看见满山遍野，连连路路都是兵，有的在海子边、小溪边煮饭，有的在休息。真怪！这些兵怎么不过村子来呢？不来拉牛拉羊呢？一定要看个究竟才心落。我的朋友和我刚一上路，迎面就来了几个兵。我刚缩回，拔腿躲避，忽听见喊起来了。我以为硬是追来，刚站住，他们已来到身边。当中一个当事模样的人，笑嘻嘻地伸过一只手来。我的心里不住地跳动，这到底要做什么呢？他已经紧紧地握着我的手，和蔼地说："老乡不要怕，我们是红军，路过这里。"我依然还是用怀疑的眼光在上下打量着。"不要怕，我们是红军，红军是帮助受苦人翻身的，彝汉都是一家人"。"你们是红军吗？""是红军。"红军真的来了啊！我长这么大从来没有见过这样的兵——红军。从未听见过是来帮助受苦的彝家人，从未听见过都是一家人的话。这是多么感人热情的话啊。"你们这里的主事人是谁？我们的司令要见他。""要见主事人？""是。"我的朋友同我就去请头人果基小约旦。起初头人不肯，声言好人坏人都不见。我们照那个当事模样的红军的话，向头人一再地说，头人同意了。在海子边和刘伯承司令员会见。刘司令亲切地和头人小约旦握手行礼，向彝家讲明，红军是保护好人的，是为帮助穷人翻身的，帮助彝家同胞翻身。红军是打地豪官吏的，红军路过这里是为北上抗日，彝汉都是一家人，要互相帮助。头人心里亮了，"对！按彝家风俗，打鸡吃血酒，一定帮助红军平安过境。""红军一定不忘彝家人。"接着，躲避的人赶着牛羊回了村，准备要躲的也不躲了，附近村落里的男男女女、老老少少，都穿着节日的盛服来到海子边。海水多清啊！彝家的心比海水还清。彝家亲眼看到刘伯承司令亲手送的大红旗，和头人拥抱的情景。红旗插在海子坪，一阵"呜吼——""呜吼——"的喊叫，姑娘们、小伙子们，跳起彝家锅庄舞。红军——彝家欢聚在一起，越跳越欢，呜吼声、红军万岁声，震动了沉静的深山老林。"再见吧，亲爱的彝胞。""红军你们一定要回来啊！我们永远等着你们。""是，要回来，我们一定要回来。"呜吼声接连不断，彝家哪个舍得红军走。送了一山又一山，送了一村又一村。

我同其他五个小伙子担任向导，当天下晚红军就在保枯休息。天下着大雨，红军也不进老乡的屋子里睡觉，就在外面淋着雨。刘伯承司令非常关心我们，要我们到屋子里睡觉，给我们吃好的，一路上问长问短，把我们照顾得很周到。我们沿路向彝家喊话，宣传红军是好人，是帮助受苦人的，不拉伕、不拉牛羊，隔山隔里的彝家都来欢送红军。红军走到哪里，哪里就有彝家欢迎。我们终于把红军送到预定的目的地——查罗。红军要继续前进，刘司令员亲手送给我们珍贵的礼品——一支枪、五发子弹。我们哪儿舍得离开红军，不管怎样都要跟着红军。刘司令员关切地说："你们还是回去好好保护家乡吧，不久我们就要回来。"当时我遍身都搜了一阵，没有一个好的东西给刘司令作纪念的，只有一个"鲁挖"（是用来装东西的），"收下吧，刘司令。"虽然这是麻织的，但能表彝家的心，送君千里，终须一别，就这样和红军分别了。

当时我接到枪，心里是无比的高兴。我要用这支枪保护彝家，要用这支枪杀绝国民党的兵。可是那些丧尽天良的国民党狗官们，那些如狼似虎的反动军队，红军一来，他们夹着尾巴跑得一干二净。红军走了，他们气势汹汹地追到彝家，声言要追红军，要缴红军的东西，要杀帮红军带路的人。实际上，天哪！他们哪儿敢去追红军，只不过是要在彝家来显显他们的臭威风罢了。彝家自来就是硬骨头，一点不怕硬，一点也不怕吓唬，要钱不给，要东西没有，要人不给，要打就和他们打。红军赠给的礼品一点不能丢，全支系的人，都为保卫自己神圣的权利和国民党反动派斗争着。这些无人性的东西们，来硬的不行，就来软的，要借银子，要借枪，挑拨我们彝家支头打冤家，弄得彝家家破人亡、妻离子散、倾家荡产。就在这些时候，彝家是多么地想念红军啊！巴不得立刻就来杀绝这些龟儿子们。红军当年来彝家，没有伤过一草一木，没有拉过民伕，还从国民党监牢里搭救出彝家的"囚徒"，给彝家发了救济金和自卫的武器。彝家哪儿会忘记你——亲爱的红军。狠心的反动派施用了种种的手段，想断绝彝家想念红军的心，造谣说："这回你们送红军，二天红军转来要用油火烧绝你们。"监狱牢笼关不住彝家的心，大话吓唬不了彝家的人，一年一度的火把节，总要在海子边举行。跳起锅庄舞，歌唱盼红军：

> 青青海水流不尽啊，
> 红军啊，"三斗三斤"，（意是很多很多）
> 红军一去已数春啊，
> 也不啊，捎个信。
> 彝家盼红军啊，
> 三天三夜啊，说不尽；
> 吃饭想红军啊，
> 燕麦糌粑吞不进；
> 走路想红军啊，
> 浑身都无劲；
> 彝家想红军啊，
> 成了"相思"病；
> 彝家受尽千年苦啊，
> 彝家有苦无处倾；
> 一心啊，盼军红，
> 盼你啊，回来救彝家人；
> ……

想红军、念红军、盼红军，是彝家赤诚的心。硬的软的都不行，反动派施行毒计暗杀了彝家头人小约旦。反动派越是欺负彝家，彝家就越盼红军。

想红军，盼红军。彝家终于盼到红军。奴隶枷锁被摧毁，自己当家做主人。村村实现合作化，村村都有读书声。彝家生活日益好，不忘恩人毛主席。永远跟着共产党，建设彝家幸福村。

冕宁县中心乡奴隶——基克曲普子口述

李荣邦　整理

八、会理"娃子寨"奴隶起义

会理县彝族劳动人民，在民主改革以前，和其他地区的彝族劳动人民一样，处于残暴的奴隶制度的统治之下，过着暗无天日的悲惨生活。六华乡茅岩、杉木洞一带的彝族劳动人民在距今约30年以前，便掀起了大规模的、长期的武装斗争。这个地区的奴隶主都被他们赶走或杀死，他们用武装保卫自己的自由、自己的家乡。这些没有"主子"的村寨，便被称为"娃子寨"。为了镇压"娃子寨"起义，附近地区和德昌、宁南一带的奴隶主联合了驻会理的国民党军阀，发动了多次猖狂进攻。但"娃子寨"并没有被摧毁、被压服。从"娃子寨"起义开始后，奴隶主再也没有踏进这个地区。"娃子寨"的武装斗争一直坚持了八年。他沉重地打击了奴隶主的气焰，鼓舞了劳动人民的斗争热情。

（一）残酷野蛮的奴隶制度

会理彝区的劳动人民，在民主改革以前过着非人的生活。他们在奴隶主的统治之下，受着无限制的剥削，有着无穷尽的劳役负担。剥削和压迫之沉重，令人难以想象的。这里是一个彝、汉杂居区，彝汉劳动人民都同样受到黑彝奴隶主的压榨。

每一个奴隶主家里都有"呷西"，少的三五个，多的至 10 余人。六华乡大奴隶主安清林（尔恩阿角）家就有丫头，娃子 20 余人，长坪乡大奴隶主蔡长发（阿俄长发）家也有 20 多人。呷西在奴隶主家中整天的、成年累月的做活，几乎得不到任何休息。在奴隶主眼中，他们都不是人，只不过是会说话的牲口。甚至连猪都不如："猪肉还可以吃，娃子肉只有喂豹子。"他们被迫从事一切奴隶主所需要的而不问他们是否能承担的劳动，生命毫无保障，人身毫无自由，奴隶主可以随意将他们处死。他们的来源是抢来买来的汉人，抽"蒙柱"的子女或抢夺别家的奴隶（呷西被迫成婚后便成为蒙柱）。

此外，每家奴隶主都有或多或少的"猪头百姓"或称"名投娃子"，安清林和蔡长发都有 500 户以上。"猪头百姓"（以下简称"百姓"）这个称呼是由于他们每逢过年必须给奴隶主送半个猪头而得来的。他们主要是为奴隶主（在会理彝区称为"码头"）提供生产劳动力，供"码头"的役使。"猪头百姓"承受着"码头"所强加的繁重的劳役负担。每年无偿地为"码头"犁地 3 天、砍柴 3 天、下种 3 天、积肥 3 天、收割 3 天、割草 3 天，不仅得不到任何报酬，还要自带粮食和农具。"码头"家有事时，随叫随到；"码头"出去"打冤家"、抢劫时，"百姓"要自带武器参加，打死了就是白白送命；"码头"家有红白喜事，"百姓"要去干活。这种无偿劳役，每年都在一个月以上。"百姓"每逢过年时就要送半个猪头给"码头"，送的猪头小了或"码头"硬说不够半个，还要补送半个。安清林每年都可收入猪头 300 个以上。"码头"可以任意到"百姓"家中杀猪宰羊、大吃大喝。大"码头"阿俄乌里（蔡大老虎）说："老虎天生吃羊子，码头天生吃娃子"。"百姓"还要承受"码头"强加的类似凉山彝区的"杂布达"剥削，"码头"硬要"借"钱给"百姓"，第一年"借"了一两鸦片，翻过年便要收回三四两。如果"百姓"还不超，便是利加利、利滚利，三四年后一齐算总账，把"百姓"财产全部抢去，甚至把人拉去抵债。"百姓"为了去服劳役，往往贻误农时，自己家里没有收成，又不得不向"码头"借贷，忍受高利盘剥。有一年 11 月间，杉木洞"百姓"阿奎日日（冉兴贵）向"码头"阿俄（吴）打合借一两鸦片，拿回家一称只有 8 钱，就已经被"码头"刮去了 2 钱。到第二年 5 月，阿奎日日去还烟时，打合东算西算，还了他 7 两还差 20 两！一般年利是借 1 还 3，借 1 还 4，如果年底借钱，次年年初还，有时仅相差 10 余日，也要以一年算。"码头"看中了"百姓"中的牲畜财产，便强取了去。此外，"百姓"定要给"码头"上"烟租"等。"百姓"只能固着在一地，不得任意迁徙。如果"百姓"属于曲诺等级，在嫁女儿时，"码头"要吃一部分"身价银"。"蒙柱"等级所受压迫剥削更重。除了承受和曲诺相同的全部负担和劳役之外，人身上还要受"码头"的严密控制。他们长子长女照例要被"码头"抽去当呷西。如果"码头"需要，其他的子女也要被抽去。蒙柱沉痛地说："蒙柱就像码头的白菜一样，长一片，吃一片，吃了一片，又摘一片。"又说："码头吃猪肉还要有人喂猪，'码头'吃'蒙柱'，只要蒙柱自己长起来就行了。"蒙柱为码头服劳役的时间也长得多，一般都在两个月以上。蕨基坪的蒙柱尼额阿止，长子被码头抽去，家里剩下的3个人，每年要为码头劳动6个月。在为码头服劳役和当随从时，蒙柱所受待遇与呷西毫无区别。

由于这里是彝汉杂居地区，有不少汉族劳动人民租种奴隶主的土地，成了"码头"的佃客。仅安清林家就有200多户。他们和"百姓"一样受着码头的残酷压榨。佃客初来时，到码头家去"写地"，先讲好"押头"和"租额"。张家村宋子方租了安清林的一块可收四石粮食的地，就交了五两银子的"押头"，每年交租1石2斗。一般的租额都在收成的1/4到1/3之间，佃客除了交租以外，还有这样一些负担。

火塘鸡："码头"说佃客每天都要用他地界上的木柴来烧火塘，因此每年每家要交1两只鸡，否则不准在他在地界内砍柴；

草场羊：佃客喂的羊子要吃"码头"地界上的草，每年每家就必须送一两只羊给"码头"；

糖租：佃客养有蜜蜂的，每桶抽3至5斤蜂蜜，占产量的1/3至1/2；

酒租：没有养蜂的佃客，每年要送酒给"码头"，大约是交3石租的送10斤。

此外，佃客只要有了一种收入，就要交一种租，其名目简直无法统计。

"码头"要娶妻嫁女时，每家佃客要送1只羊或几个银元；"码头"嫁出去的女儿回家过年时，佃客要去拜年，每家送2只猪或1只羊或银元；"码头"家里有人生病或感到"心里烦躁"，请笔摩来念经时，可以随意取走佃客的牲畜；"码头"，出门经过佃客家，佃客必须大办招待，家再穷的就是借高利贷也要置酒肉。佃客娶妻嫁女，都要通过"码头"。娶妻时要送给"码头"1只羊，或几个银元，还要请"码头"来吃酒。嫁女时要办好酒好肉宴请"码头"。如果佃客死了，妻子还年轻，便由"码头"做主再嫁，"码头"还吃"身价银"。炭山村姓陈的佃客死了，其妻被安清林卖了80个银元。有时"码头"为了多吃"身价银"就把佃客的寡妻一卖再卖。丫口村的佃客陆万清死了，安清林把他的妻子配给他弟弟，得了1条牛2只羊。不久又把她卖了出去，再吃了一次"身价银"，以后竟又把她卖回陆家。这个寡妇就被他卖了3次。佃客陆万友的寡妻也被他卖了两次。如果嫁娶双方都是他家的佃客，那么两家都要受他家的勒索。佃客家里死了人，也要出羊或银元向"码头"买地来埋葬。此外，"百姓"和佃客死后，要由"码头""吃绝业"。"码头"严禁"百姓"、佃客走往他处，如果任意出走被追回就要遭到毒打。滑石板孔姓佃客受不住安清林压榨，准备举家逃走，被安清林发觉捉住，用铁链捆了一个月，挤干了全部财产，仍令他当佃客。

"码头"为了强迫彝汉劳动人民接受他们的统治，对劳动人民采取了残暴的高压手段，每家奴隶主都修筑了高大的碉楼以防奴隶的反抗。大奴隶主安清林，更在住宅周围修建了一个碉堡群。奴隶主每次外出，都要几十人持枪保护。在"码头"家中，置有各种专门用来对付奴隶的刑具，如铁链、脚镣、木靴等。大奴隶主吴万富（阿俄维惹）家最重的铁链达80斤。安清林家更有大、中、小三种铁链，大的重50斤，小的也有十几斤，按奴隶群众的反抗程度分别使用。奴隶主还用一段几十斤重的大木头，挖两个洞套在奴隶群众的脚踝上，使受刑者走不动、站不直、坐不下，痛苦万分。毒打劳动人民更是极为普遍的事，只要"码头"稍感不满，便将劳动人民劈头劈脸一顿乱棒、或是吊打、或是泡水后拉上来打，种种手法，不一而足。蕨基坪"百姓"普正发因病不能服役，被"码头"惹勒（赫）乌合抓住头发拖出门来一阵乱打。另外，还有火烧、水烫等酷刑，无不极尽残酷之能事。

彝汉劳动人民不堪忍受这种痛苦，曾经用各种方式进行反抗。佃客的主要斗争形式是逃走。张家村肖姓佃客全家在逃走途中被安清林派人截获，抢光了他们的财物、牲畜，甚至扒光了他们的衣服，但他们仍然不愿转回，坚决出走了。新荒田佃客孔祥忠等六户，抛弃了家产，空手逃往米易。蕨基坪"百姓"尼额阿止一家三口带了一口锅，1个羊皮口袋远走云南。很多劳动人民是逃出来了，但也有很多被抓了回来。"百姓"的斗争方式就比较多些，有怠工、破坏农具等，也有个别的甚至杀死"码头"。"百姓"被迫服劳役时，心里记挂着自己的庄稼，不愿为"码头"做活，进入山林摆脱了"码头"及其"管事"的监视后便停工休息。有时怠工被"码头"发觉，便又用力鞭打耕畜，使之满山乱跑，累坏了耕畜也碰坏了铧口。白李村"百姓"杨友顺、段且斯等在这样做了之后朝着"码头"阿斥时齐说："耕牛不听使唤，铧犁被拖坏了，当然要打嘛！"安清林家的"百姓"杨大里为了反抗安家的压迫和诬害，杀死了安清林的长子安朝寿，逃往盐源。彝汉劳动人民在反对奴隶主的斗争中，团结一致，互相支援。一次，安清林的"管事"郑子云抢走了张家村佃客张得学的一条牛，并打伤了张的妻子，同村的"百姓"（蒙柱）结顶底尔奋力赶去，打死了郑子云，夺回了被抢走的牛。

上述反抗斗争中，逃走、怠工等形式和事件是经常的，普遍的和大量的，几乎每个劳动人民都曾参与。这些事件的不断积累和发展，便形成了距今30年以前开始的劳动人民反抗奴隶制度的武装斗争。

六华乡的茅岩、杉木洞一带，位于以凶残而闻名附近各县的安清林和蔡长发以及吴万富等大奴隶主住地之间。因此，这里的劳动人民除了受本地"码头"木魁家、苏都家的压迫之外，还经常受到安、吴、蔡家的烧杀抢掠，又被迫向这几家大奴隶主上猪头、服劳役，作他们的"猪头百姓"以免受到侵害。因此，这里就出现了两个或两个以上的"码头"占有一户"百姓"的情况。一户"百姓"为两个"码头"所占有，他的负担就不止原来的两倍。因为每一个"码头"都想独占这家"百姓"，便企图把他榨得干干净净，不使财物为另一家"码头"所得。几家"码头"共同统治这个地区，使这里的"百姓"负担倍增，而"码头"间的明争暗斗，更使"百姓"痛苦不堪，他们每年要送出两三个猪头，服更长时间的劳役。

由于六华乡接近汉区，本身又是彝汉杂居区，生产水平较高，生产门路较多，奴隶主的剥削范围也更深更广。这里的奴隶主同时采用了彝汉剥削阶级的统治手段施用于彝汉劳动人民身上，使他们所受的压迫非常沉重。而茅岩、杉木洞一带的劳动人民所受痛苦又是最深的，因此，在这一带便掀起了反对奴隶制度的武装斗争。

（二）英勇顽强的人民斗争

"娃子寨"起义，是劳动人民反对奴隶制度的集中而强烈的表现。这一斗争，从开始到最后，一直坚持了近20年，其中，激烈的武装斗争就进行了8年，始终没有被奴隶主阶级镇压下去。起义中心的地区是茅岩、杉木洞的三个自然村寨。起义的发动者是蕨基坪的"百姓"捏额（吴）家。

蕨基坪住有阿俄乌里家的20多户姓捏额的"百姓"，约距今30余年以前（1931年左右），捏额木里（吴有发）由蒙柱上升为曲诺，他在家门中很有威信，得到大家的拥护。当时他就曾向"码头"要求让他的家门免费赎身，没有结果。1930年蕨基坪的一个奴隶主木魁木书惹见到捏额木里发起家来，想趁机勒索一番，便以本地"码头"的身份要木里为他服劳役，木里不仅拒绝，而且还把木书惹的一些"百姓"发动起来拒服劳役。木书惹恼羞成怒，便派人暗杀了捏额木里。木里的儿子捏额伊哈（吴正才）、捏额伊伙（吴正元）和家门闻讯赶至，抓住了木魁家两个黑彝，并在火葬捏额木里时，把他们杀了活祭。木魁家见势不佳，连夜逃往十八洼，从此，蕨基坪就没有"码头"了。捏额家拒服劳役，杀死黑彝，逐走"码头"的事很快地传开了。从此以后，捏额家的家门和附近的"百姓"就经常到捏额家来商议对付"码头"的办法，有的呷西也逃到捏额家要求帮助。他们共同推举捏额伊哈和且萨里厄出来领导，并正式向"码头"蔡家提出了"不抽子女"、"不服劳役"的要求。这时，蔡家、安家正在大肆对外抢劫，横行于会理、德昌、米易、宁南一带，只对捏额家加强了控制，对他们提出的要求未加理会，也未去镇压。捏额家就乘机发展反"码头"的力量。

1938 年，捏额伊哈和且萨里厄等到汉区岔河去赶场，遇见了"码头"阿俄乌里即蔡大老虎，后者强迫他们为他背佃客交来的租米回家。且萨里厄当即拒绝："赶场日子，各有各事，不得闲背！"阿俄乌里怒骂道："娃子和牛马一样。只有主子的事，哪有娃子的事！"双方争吵起来，且萨里厄气愤不过，在汉族佃客支持下，动手打了阿俄乌里，还扯住他的天菩萨游街，又夺走了他的枪。当时蔡家的人见"百姓"势大，未敢还手。阿俄乌里回去后便和其弟"三老虎"蔡长发商量，准备进攻捏额家。不久，二板乡吴家"码头"阿俄纪里、阿俄格日等抢得几百只牲口路经杉木洞下的小荒田时，捏额伊哈、且萨里厄和阿奎日牛（冉兴贵、冉格兜）等人便下来阻拦，要分牲口，阿俄纪里等拒绝，便被捏额伊哈等杀死。伊哈等回来商议，认为全体"码头"要杀尽杀绝，才没有后患，并提出"黑彝是人，蒙柱也是人，为什么人要压迫人！"定好了时间，约定附近各地同时动手。不料事情被捏额家的娃子马布火体（鲁子发）泄露了出去。奴隶主决定立即"镇压"，说："捏额打不翻，娃子管不成。"长坪、二板、六华三个乡的"四大码头"阿俄家、尔恩家、木魁家、惹勒家一齐来围攻，起义群众迁到地形险要的笔架山上筑碉固守，坚决抵抗。敌人围攻八个月不下。起义群众中被奴隶主买通的"百姓"曲诺阿奎牛角岔企图叛变投敌，被群众处死，并将其尸首抬给奴隶主看。"码头"一计不成，又以 1200 个银元买通马不火体，暗杀了捏额伊哈，但仍无法战胜起义群众。蔡家等奴隶主见久攻不克，也只得退去。哀叹说："没有想到在我们蔡家、安家寨子门前，会出了个'娃子寨'"。于是，"娃子寨"这一名字便传开了。"娃子寨"初期的斗争中，蒙柱且萨里厄表现得最突出，每一件反奴隶主的事他都出来领导，态度非常坚决，像抓蔡大老虎的"天菩萨"等。在他的带动下，不少人也更加坚定起来。据说他是在鲁格杀死了三个奴隶主后才逃到会理来的。他是"娃子寨"的优秀领导者。"娃子寨"起义爆发后，大大鼓舞了附近劳动人民反对压迫的斗志，奴反主的事件不断发生。中梁子蒙柱吉狄（吴）尔都等，杀死"码头"阿俄（吴）阿发，迁往齐合乡玄麻湾，玄麻湾"百姓"马布、井鲁两家，杀死"码头"尔恩（安）阿作。在此期间，蔡长发虽然惨杀了捏额伊伙和伊萨（吴正安），但"娃子寨"在且萨里厄、额次纽角（康国才）、阿奎日牛等人领导下坚持斗争。其他各地反"码头"事件仍在不断出现。1940 年，玄麻湾"百姓"马布、井鲁两家，趁"码头"尔恩家绝嗣之时，分了尔恩家的 80 多亩地，吃了"码头"的绝业。1940 年底，屠杀彝族人民的刽子手，国民党军阀邓秀廷率军进攻会理，打败了长坪蔡家，驻兵下树。一面武装进攻，一面采取分化手段，挑起冤家械斗和利用奴反主事件。茅岩的蒙柱吉狄（陆）阿力杀了"码头"苏都略日，茅岩也成了没有"码头"的地区。额次纽角、阿奎日牛等又到白碉楼去杀了安清林的妻舅狄普（陆）牛惹兄弟。安清林急忙从小路逃往蔡长发处，在杉木洞山后被阿奎日牛等人抓住，绑送邓秀廷。安清林交了2000两银子给邓，邓便将其释放。额次纽角、阿奎日牛等人，决心杀死安清林，便通过玄麻湾"百姓"马布家和下村的汉族商贩、走方郎中等共同计划，趁安清林在下村养病时将他毒死。消息传出后，"码头"大为震恐，蔡长发立即率蔡、安、吴和干海子马家等百余人枪进攻"娃子寨"。"娃子寨"群众在包围圈中没有水喝，就吃生粮食，仍然坚持战斗。同时，安清林的妻子伙普奠乌日为了镇压"百姓"的反抗，为丈夫、兄弟报仇，也发动家门、"百姓"，四出搜杀"娃子寨"起义群众，将玄麻湾马布阿哥一家六口活活烧死，又杀了额次、阿奎家的七个人。他们去进攻茅岩时，遭到蕨基坪和茅岩群众的夹击，只得退去。不久，伙普莫乌日和一个亲戚为争夺安清林的遗产发生冲突，"娃子寨"趁机杀死了她，逐走了其子安朝宗（尔恩伙伙），至此，大奴隶主安清林的势力就被"娃子寨"全部打垮了。"娃子寨"家家杀猪宰羊庆祝胜利。这就更增强了他们反抗奴隶主的信心与决心。他们打鸡、打狗、吃血酒，团结一致，要与奴隶主拼到底。他们决定：

1. 同心反对"码头"，谁变心就像鸡、狗一样死掉；

2. 13岁以上的男子都要参加战斗，妇女、老、弱、病、伤在后面支援；

3. 一处闻警就鸣枪3响，全寨赶往援助。

同时他们还把全寨的大牲畜都集中在蕨基坪，统一保护和使用。

这充分的表现出"娃子寨"起义群众反对奴隶制度的不可动摇的决心。他们知道，敌人是强大的、凶残的，但他们团结得钢铁一般坚强，这就是他们得以长期坚持斗争的保证。

1943年，蔡长发率领了居住在会理、德昌的家门和"百姓"及附近"码头"共200余人枪，再次进攻"娃子寨"，遭到了可耻的失败。他们侵入茅岩，占据了一些房子，但起义群众在另一些房子里坚决抵抗。相持了10余日。"码头"阿俄咱味又被打死，不得不退去。

不久之后，"娃子寨"的领导人之一额次纽角在宁南被奴隶主禄家所杀，另一领导人阿奎日牛也被惹勒家刺死。最早发动起义的只剩下且萨里厄一人。

1944年，蔡长发又向"娃子寨"发动了最大的一次进攻，他发动了宁南、德昌、会理的家门和附近"码头"共十多家黑彝，又勾结了驻会理的国民党军阀苏绍璋，共500余人，四面围攻"娃子寨"。苏绍璋军队还备有炮一门。在敌我力量悬殊、形势十分危急的情况下，"娃子寨"起义群众为了保卫已争得的自由和生存，顽强抵抗。战斗一开始时就把苏绍璋的炮手击毙，使他们那门炮一弹未发。激战了几昼夜，奴隶主和国民党军队终未取胜，只得烧了一些房子和抢走几百只牛羊后退去。但是，"娃子寨"的著名领导人且萨里厄也在这决战中英勇牺牲，使"娃子寨"遭到了无可弥补的损失。

在长期斗争中，"娃子寨"群众一面忍饥耐饿坚持斗争，茅岩地区的牲畜全部被宰杀吃光。一方面派人越过奴隶主的重重封锁，到汉区去换取粮食、武器。条件是十分恶劣的，情况也极为不利，可是，"娃子寨"起义群众毫不动摇，毫不退缩。

"娃子寨"起义发生后，各地彝汉人民纷纷响应，逃走、怠工事件日益增多。1941年，十八洼"码头"璋勒（陆）家的"百姓"吉子维生等7人一齐逃走。1944年，宁南奴隶主准备参加镇压"娃子寨"时，惹勒（赫）家的"百姓"也起来反抗"码头"。虽然不久即被镇压下去，但也牵制了宁南奴隶主的部分力量，使之有后顾之忧，不能全力前来进攻，支援了"娃子寨"起义群众。1945年，黄柏箐"码头"惹勒（禄）家的锅庄娃子数十人一齐分散逃走，使"码头"无法追回。可以看出，这种反抗的规模也加大了。"娃子寨"附近的汉族佃客，也起来响应和支援。正当奴隶主和"娃子寨"相持不下，奴隶主准备发动新的进攻时，张家村张朝昌等30余家一齐逃走，分散了奴隶主的注意力和力量。

双方长期对峙过程中，国民党军就来趁火打劫，营长万汉彬经常率兵一连到"娃子寨"来强收烟款，敲诈勒索。"娃子寨"群众要防范奴隶主的进攻，无力拒绝，也就被刮去了不少财物。

1946年，双方仍然对峙之时，"娃子寨"后期领导人曲诺阿奎日日、吉狄阿力等人发生动摇，认为武装起义终要失败，投降比战败好，便托人与蔡长发讲和，承认："黑彝是黑彝，娃子是娃子。"每年向蔡家交猪头，赔偿阿俄咱味等3个黑彝"命金"300个银元。蔡长发正在对"娃子寨"无可奈何，一筹莫展时，见到阿奎日日等主动讲和，大喜过望，便不问条件如何，急忙答应。于是，从1938年开始的奴隶群众和奴隶主之间的战斗至此即告结束，"娃子寨"斗争被后期领导人出卖破坏了。以后，"娃子寨"起义群众名义上仍是蔡家的"百姓"，但奴隶主始终不敢进入这个地区。

（三）"娃子寨"起义的影响

"娃子寨"奴隶起义，虽然没有以杀尽、逐光这一地区的奴隶主而中途停止了战斗，但也具有重大的意义和深远的影响。

"娃子寨"起义群众在奴隶制度的残酷压榨之下，奋然挺立，向奴隶制度挑战，为奴隶群众的生存和自由进行英勇的斗争。在当时情况下，在力量强大得不知多少倍的敌人面前，向奴隶主阶级发动了武装进攻，使奴隶主阶级的统治遭到了有力的打击。同时，这一斗争也大大地鼓舞了附近的奴隶群众，使他们真正的认识到奴隶主的统治并不是不可推翻的。

首先，"娃子寨"起义严重地打击了奴隶主阶级。曾经在附近各县横行一时的大奴隶主安清林、蔡长发，由于他们最凶恶、最残暴，就成了"娃子寨"起义的主要打击对象。在这一方面，"娃子寨"取得了重大的胜利，安清林彻底垮台，蔡长发元气大伤。这两家奴隶主从此声名扫地每况愈下。附近的劳动人民说："蔡三码头、安大老爷，老虎一样的人，如今被'百姓'整得吃人都张不开口。老虎也有被人整倒的一天。"过去蔡长发和安清林曾多次到附近各县大肆掳掠，把不少场镇夷为平地。自从"娃子寨"起义在他们统治的腹心地区爆发后，他们就不再敢肆意外出了。"娃子寨"起义在客观上也使附近各族劳动人民免受或少受损害。除了安、蔡两家之外，被杀的"码头"即达十余人之多。更多的"码头"慑于群众的威力，向外逃走。大坪子的"码头"格羽家远走德昌，六华乡的万成家和李家"码头"全都迁走。他们惊惶失措地说："自从有了'娃子寨'，我们的娃子就不听使唤了，恐怕世道要变。"宁南、德昌等地的奴隶主前来镇压，奴隶主之间停止了冤家械斗一致对付"娃子寨"，表明了整个奴隶主阶级对奴隶起义的极大恐惧。

其次，"娃子寨"起义鼓舞了附近地区奴隶群众的斗争意志，起义发生后，各种形式的奴隶斗争更加经常、大量的出现。奴隶群众认识到："只要像'娃子寨'一样团结起来，黑彝是可以打倒的。"汉族佃客也在这种鼓舞之下发起了集体逃亡。这些事实都生动地说明"娃子寨"起义唤起了受压迫的劳动人民。

再次，"娃子寨"起义提出"不抽子女"、"不服劳役"、"蒙柱赎身不交赎身费"等要求也大都达到了目的，"码头"被迫接受。蕨基坪地区被"码头"抽子女的情况已极少发生，家门多的"百姓"，"码头"根本不敢来抽。"码头"乱拉乱抢的情况也完全绝迹，交租税、服劳役等也普遍减免。劳动人民说："起义后，'码头'被杀的被杀，赶的赶，住得远了，劳役也没有了！"原"娃子寨"地区的群众和蔡家的主奴关系，只靠过年时的半边猪头和较轻的摊派维系着。草坪子"码头"和茅岩"百姓"之间的关系更只是徒有虚名。而且，原来"一家百姓，几个码头"的情况也没有了。减轻了劳动人民的负担，也是"娃子寨"起义的成果之一。同时，附近地区"码头"对其所属"百姓"的租役也有所减免。

这些都是起义群众牺牲了50多人和流出了不少的血汗付出了很大的代价换取得来的。

"娃子寨"起义突然急转直下，趋于低落，主要是由于起义的领导权曾较长时期的被曲诺中的头面人物所掌握，他们顾虑重重，不敢坚决斗争到底。一见起义失利，立即发生动摇，其中阿奎家所起的反作用最大。在1939年，阿奎牛角岔就曾为奴隶主收买，力主投降，为群众处死。1941年，阿奎日牛投靠邓秀廷，当了队长，在奴隶主进行第二次反扑时也想求和。1946年起义已经胜利地坚持了8年，奴隶主被打得精疲力竭，准备同"娃子寨"讲和时，阿奎日日等人却先请人来调解。如果要求调解由奴隶主提出，条件会对奴隶群众更有利一些。如果继续战斗，取得的成果也会更大。关键就在于后期的领导人，从内部瓦解了这一斗争。

"娃子寨"起义，反抗的是力量比自己强大得无可比拟的奴隶制度，起义群众杀死了，逐走了不少奴隶主分子，也遭到了整个奴隶主阶级的镇压。"娃子寨"处在几家最凶恶的奴隶主包围之中，起义发生后，这些奴隶主动员了自己的全部力量进行反攻，附近各地的奴隶主也都为了维护这个吃人的制度和他们的统治地位，对起义进行了联合镇压。除了六华、长坪、二板等地奴隶主全部出动外，宁南、德昌奴隶主也派人参加。山地乡奴隶主李家和六华乡的安家一直有矛盾，经常发生械斗，但在起义群众打垮了安家之后，也来镇压起义。他们把起义群众紧围在几座高山上，但也无法攻上去。奴隶主阶级不仅有众多的人力、武器和粮食，而且还得到了国民党军阀地主武装的帮助。当时，"娃子寨"一共只有60多户人，能够作战的人也不多，武器、粮食缺乏，没有得到任何人力补充和物质支援，经过长期战斗，青壮年几乎全部英勇牺牲。直到现在，年龄在50岁以上的男子只剩下了4个人！

尽管在这种力量悬殊的情况下，奴隶群众却坚持了八年的战斗。以自己的绝对劣势，不仅给奴隶主分予以重大杀伤，而且使奴隶主阶级受到了一次沉重的打击。

"娃子寨"起义群众的英勇斗争，是可歌可泣的。

附：原始材料三份

1. **娃子寨反黑彝斗争事件补充调查材料之一**

会理县娃子寨反黑彝斗争事件，1958年12月作过初步调查；1959年7月又作了一次补充调查，这份材料是7月14日访问了几个彝族政协委员后整理而成的，供研究参考。

（1）娃子寨的娃子等级和黑彝统治情况

娃子寨包括杉木洞、茅岩、玄麻湾等三个自然村寨，原分属六华、七合两乡，建立公社后，都划入六华人民公社。这里住着冉（阿昆）康（额此）吴（泥额、且萨、哩古）芦（吉狄）鲁（井鲁）王（麻补）等白彝家支和蔡、吴（阿俄）安（尔恩）芦（苏都）等三个黑彝家支，共有100多户彝族。在1940年前后，奴隶群众曾掀起反黑彝的斗争，并杀死、赶走村里的全部黑彝，建立了三村联合的、无黑彝主子统治的娃子寨。这是一个历史上远近闻名、彝汉皆知的英雄山寨。

在没有赶走黑彝以前，这里的奴隶群众所受的剥削和大小凉山地区一样，甚至还要重一些。这地区的阿加，将近占到一半，如吴家40户人全都是阿加，冉、鲁两家也有部分是阿加，这一等级虽未作精确统计，但可以肯定占的比例是较大的。

阿加这一等级这里称为"蒙柱"，意思是指陪嫁丫头经婚配后生育的后代，"蒙柱"往往是被两户以上黑彝占有。在曲诺等级当中，也有被迫"投保"，就是说除原黑彝主子以外，还得另找一家黑彝作"保头"，年节时期向黑彝保头送猪头等贡礼，因而又被称作"猪头子"。这样，主子越多，剥削压迫就越重，这种情况在杉木洞一带是较普遍的。

这里的黑彝对娃子的剥削，在方式、程度上也是极苛酷的，剥削项目除在"蒙柱"中任意抽子女、吃绝业外，在各被统治等级中收取山租、地租、烟税、牲畜税，年节贡礼、婚丧费用等，并强迫服各种差役（劳役、打冤家、抢劫）。大奴隶主蔡长发（蔡三老虎）、安清宁（安大老爷）强迫奴隶群众种大烟，勾结汉族军阀买枪弹，对内压迫，对外抢劫，无恶不作，彝汉群众恨之入骨。如蔡长发家，就是大肆抢劫剥削彝、汉群众而"发家致富"成了大奴隶主的。1937 年，岔河街因被蔡烧杀抢劫，居民由 40 余户减为 5 户，大小荒田地区的 100 余户汉族农民也因被蔡劫杀而逃难四方，灾难非常深重。1938 年在六华十八凹地区，抢劫阿诗、哩恶等家的牛羊，一次即达 500 多头。蔡长发抢劫烧杀的另一手段是"先打后拉，先赶后保"，以"保头"自居，把赶跑的彝、汉群众叫回来为他服劳役、当"佃户"。蔡长发对所属曲诺、阿加的压迫，同样是非常残酷的，所有曲诺要和阿加一样要服各种差役，阿加子女要抽去当呷西、作陪嫁，根本没有一点自由。

奴隶群众对这些残酷迫害和压榨，到了忍无可忍的时候，就起来进行反抗。

（2）暴动的具体情况和过程

暴动发生于 1938 年。杉木洞树阿加尼额木哩、且萨里我到岔河赶场，借酒醉为名痛骂并欧打阿俄家黑彝蔡五哩，隔不久，又在二板房路遇阿俄家黑彝吴井哩、吴格日等二人纠合娃子数十由岔河抢来大批牛羊，尼额木哩故意拦住去路，提出要分"财喜"，黑彝不答应，木哩即乘此时机打死黑彝吴井哩等二人，被吴纠合的娃子，都各自逃回家去。据说反黑彝的事件，还不仅始于此，远在 1930 年就已出现抗租、抗税、拒服劳役的个别事件，只是不像这次尖锐罢了。

尼额家是代数较久远的阿加，有 10 多户家门，是二板房吴打合子（阿俄）的娃子，因家住杉木洞，所以被迫投靠了蔡长发（尼额木哩本身较富裕，蓄养有呷西奴隶，但本身又受两家黑彝的剥削，希望摆脱奴隶地位，上升为曲诺）。

尼额木哩家打、杀黑彝、抗租、抗税的事件，很快传遍了各个村寨，既动摇了黑彝的统治，又鼓舞娃子的斗争意志。接着茅岩、玄麻湾等地就连续不断地发生着反黑彝的事件，其中较为主要的有下列几件：

1939 年玄麻湾鲁、王两姓奴隶群众乘彝、汉统治者之间有矛盾，杀了本村黑彝尔恩阿作等 4 人。

1940 年，玄麻湾奴隶群众又趁本村尔恩家 3 户黑彝绝嗣，一面拒绝外地黑彝来承袭，一面及时分配了这 3 户黑彝的 80 多亩常耕地。

1942 年，玄麻湾奴隶群众又因 1939 年杀尔恩黑彝，恐其家支报复，在邓秀廷来安理（邓是地方系军阀）时，乘机把白碉楼的尔恩家黑彝安清林捆交邓秀廷。安以银元 2000 元向邓行贿后被放回，在回家途中，茅岩群众芦阿底等联合下村汉族农民黄中柱将会杀死。

1942 年，茅岩群众芦比目等又杀死本村黑彝芦略日（苏都家）。同年茅岩群众芦直古等又到白碉楼杀了安清林的家属 2 人。

至此为止，这三个村子的黑彝，全部被杀、被赶，成了无黑彝统治的地区。

黑彝虽然被赶跑了，但是不甘心失败，曾进行了较大规模的两次反扑。

第一次是在 1938 年杉木洞群众尼额木哩等打了蔡五哩、杀了吴井哩等之后，便开始以亲族关系四处串联，发动群众参与反黑彝斗争，并提出"黑彝是人，娃子也是人，为什么人要压迫人"、"黑彝是大家的死冤家、活对头，要一齐杀掉、要大家动手"。口号一提出，马上得到三村群众的响应，并选出冉疙斗（曲诺）吴正才（阿加）康国才（阿加）等作领导，等待时机一到，各家杀各家的黑彝。不料这一情况被叛徒鲁子发泄露出去。黑彝吴、安等便联合起来，纠集100多人枪围攻杉木洞尼额木哩家，并说："尼额打不翻，娃子管不成。"由于地势险要，群众又都很齐心，村子未被攻破，蔡、安只得采用边围边调解的办法，买通曲诺阿昆牛角岔出面调解，受到起义群众的拒绝。大家都说："黑彝把我们没奈何，我们都快要胜利了，你还调解啥子嘛！"牛角岔不听劝告，被群众打死了。群众这种坚强的斗争意志，吓倒了黑彝，他们见围攻不成，调解也不成，只好草草收兵。但是黑彝仍不甘心失败，又勾结了军阀苏海澄，买通叛徒鲁子发暗杀了吴正才兄弟二人。

第二次围攻是1942年杀死尔恩家黑彝安清林之后。这一次来围攻的黑彝尚有宁南的蔡家和比补家，并且又借助了军阀苏海澄的力量，共集结了200多人围攻白碉楼、茅岩。反围攻的群众，除主动放弃白碉楼外，茅岩一直被坚守下来。

（3）暴动后的影响

娃子寨反黑彝的暴动，虽然牺牲了一些领导和群众，但影响是很大的。

首先是建立了一个无黑彝主子统治的娃子寨，受苦受难的阿加都成了比较自由的曲诺了，同时也大大鼓舞了附近地区彝族群众的斗争意志。大家都认为"只要学娃子寨一样团结起来，黑彝是可以打倒的"；在斗争上也积累了一些经验，如团结汉族参加农民斗争、防范叛徒的活动以及利用黑彝统治者内部矛盾等。

另外，暴动动摇了附近黑彝的统治。如大坪子的黑彝格羽家跑到德昌去了，五二村和小国的苏威家、李家也跑到山里去了，他们惊惶失措地说："自从有了娃子寨，我们家的娃子就不听使唤了，恐怕世道要变。"从此六华一带的黑彝收烟税、山租等，也减少了一些。

暴动对益门、下村、益水、普格、老碾、岔河等地都有影响，因为蔡长发、安清林等在这些地区抢劫行商、剥削居民，相当猖狂，暴动后其凶焰大敛。对普格来说，由于六华的尔恩是尔恩结皮支，普格的尔恩是尔恩所痴支，所痴支在同一时期也发生奴隶暴动事件。

2. 娃子寨反黑彝斗争事件补充调查材料之二

我们从7月20日起，又分别在杉木洞、蕨基坪等地，作了比较深入的调查，这份材料是在蕨基坪访问普正发、联万友（贫苦劳动者）、马友福（奴隶）三人后整理成的，情况比较真实。

（1）起义前的社会面貌

①各村的等级比例

杉木洞地区（包括杉木洞、蕨基坪）：

黑彝——共8户，即阿俄家吴阿萨、吴阿卜，火普家芦正清、芦毛毛，木魁家木暑日等。

曲诺——共69户，冉、康（阿昆、额次）两姓45户，苏、普（苏呷、普波）两姓24户。

阿加——共20户，吴、马两姓（尼额、哩古、马日）。

呷西——共22人。

茅岩地区：

黑彝——共3户，即芦略日、芦拉莫、芦碟都，全是苏堵家。

曲诺——共3户，是洁喜、狄日两家。

阿加——共18户，全是吉狄家，汉姓芦。

呷西——共2人。

玄麻湾地区：

黑彝——共5户，全是安（尔恩）家，即尔欧小娃、尔欧日劣等。

曲诺——共35户，全是鲁、王（井鲁、麻布）两姓。

阿加——共15户，也全是鲁、王（井鲁、麻麻布）两姓。

呷西——共15人。

②剥削压迫情况

杉木洞、茅岩、玄麻湾三个地区只16户黑彝就统治着158户属于各种等级的白彝。白彝的等级越低受苦的程度就越重，158户白彝中，单阿加就有53户。另外还有单身呷西39人，他们是受压迫等级里的最低层，终年服役当差，毫无半点自由。

这里称阿加为"蒙柱"，黑彝家里的呷西奴隶和陪嫁丫头，多半是从"蒙柱"家里抽取子女，一般是抽长子或大女。留下的"蒙柱"子女，虽然可以同父母住在一起，但要承受无限度、无尽期的牛马般的劳动，家里稍有积蓄，黑彝就要借地租、摊派为名，强拉估派，进行敲诈勒索。"蒙柱"尼额阿止家，一家四口，儿子被阿俄阿作抽去当他的呷西，余下三口，一年劳动十个月，就有六个月是替主子劳动。1930年，黑彝阿俄阿作在阿止身上，以巧取豪夺方式侵占的牲畜、钱粮，折合银元达70块之多，阿止家被害得无吃无穿，只好带着一口铁锅和一条皮口袋逃往云南，直到解放后才搬回来。这里的"蒙柱"被黑彝害得妻离子散是极为普遍的。半奴隶社员马友福说："旧社会，我们蒙柱养育子女等于母猪养小猪一样，要拉、要卖、要杀都随黑彝主子的便，父子母女是得不到团聚的"，又说："替黑彝服役卖命，如果不听使唤，就要戴链子、坐地牢，还要拿来睡起打，要打够才放，这样的非人生活，叫谁也忍受不了，就要起来反嘛！"

曲诺被剥削的程度，除了不抽子女，派无偿劳役有一定的时间限制外，其他如各种苛派和外出当差，是和"蒙柱"一样的。

这里的苛派多如牛毛，有山租、地租、烟租，有牛羊税、猪鸡税，一遇械斗还要派码子（即子弹）和银子。

曲诺为黑彝服无偿劳役，一般是从犁地下种到割打收藏，加上年节砍柴和秋收运输，每样农事活动，每家必服役3天，全年服役大约在15～30天左右。

另外，被迫随黑彝走亲戚、打冤家、抢劫等外出当差活动，则是随喊随到，不定期限。贫苦劳动者苏万友说："在家服役每样做三天，出门当差，时间无尽期。"由于打冤家和抢劫对彝、汉群众的生命、财产，直接造成巨大的损失，因而曲诺、蒙柱、呷西对这项差役是极力反对的。

③反抗黑彝的零星事件

"黑彝的剥削，多如牛毛，可是奴隶群众连牛毛也没一根，被剥削得忍不住了，咋个不反对嘛！"这是贫苦劳动者普正发在座谈时说的一句生动的比喻话。据说杉木洞等地区的奴隶群众当时在大奴隶主安清林、蔡长发的统治压迫下，的确是有一点，被弄走一点，被弄得干干净净，连一只鸡也不放过。

曲诺、蒙柱除受原黑彝主子剥削外，还得受邻近"黑彝保头"的敲诈勒索。

新曲诺苏万顺等二户人，家住六华杉木洞，原黑彝主子是惹列家（住山地乡白草坡），因为在杉木洞住，被迫投靠了蔡长发。苏万顺等原是"蒙柱"，在父亲时候每户出银子150两的赎身费后才上升为曲诺的，但是自从投靠蔡家后，主子多了一家，负担也就多了一份，"猪头不够送猪脚，粮食不够给现金"经济条件一年比一年坏，经常都有再度当"蒙柱"的可能，所以曾经向蔡家提出抗议，要求脱离"投靠关系"。

"蒙柱"尼额木哩等20户，家住蕨基坪，原黑彝主子是岩脚的阿俄阿作家，蕨基坪黑彝木魁木暑日企图以邻近关系借口保护，要尼额木哩等20户人替他服无偿劳役，不但遭到拒绝，引起尼额家的反抗，当时曾进行短时间，小范围的械斗。

这一时期，尼额家部分人，经济和社会地位较一般"蒙柱"好一些，尼额木哩的长子伊合、次子尹哈已和杉木洞曲诺额次、阿昆（康、冉两姓）开亲，急于要求上升为曲诺（实际上已经是曲诺地位，只是黑彝还没有答应），尼额木哩联合族内所有"蒙柱"一面拒绝并反对蕨基坪黑彝木魁家的要挟，一面向黑彝主子阿俄家提出：反对抽子女和服劳役要求摆脱奴隶地位，不给赎身费要求"干脱身"。

另外以尼额伊哈、且萨哩我、吉狄阿力等为了反对黑彝的抢劫也进行了不少的串联和斗争，奴隶群众也不愿替黑彝卖命，如蕨基坪"蒙柱"马苏捏被迫随主子芦毛毛等行劫五次，时间长达一年，劫获牲畜数百，钱粮无数，全被主子侵吞，马苏捏本人只分得银元2元，马苏捏最后认识到这是在为主子卖命，就坚决不再参加，并为反对抢劫而殴打过芦毛毛。

以上这些事件都是1930年前反黑彝斗争事件没有大发动时候出现的，那时候就已经分散地出现了不少要求免抽子女，免服劳役为中心的反黑彝、反保头、反抢劫的事件。

（2）起义的经过及影响

①起义的原因和经过

起义的原因就远一点来说，已如上述；就近一点的来说是和1938年到1939年这一时期发生的具体事件有直接关系。

蕨基坪"蒙柱"尼额木哩及其亲族共20余户本来是岩脚阿俄家的娃子，1938年蕨基坪黑彝木魁木暑日向尼额家提出要替他服无偿劳役，而尼额家早在1938年以前，就曾向原主子提出免抽子女、免服劳役的要求，对木魁家的强制要挟，当然是不理睬的。不仅如此，尼额木哩等甚至还出面联合了原木魁家的部分呷西和蒙柱，共同参与拒服劳役的斗争。木魁木暑日怀恨在心，便在赶场路上埋伏人马，把尼额木哩杀死。木哩之子伊合、伊哈（即吴正才、吴正言）和所有奴隶群众闻讯赶至，当场捉获木魁家黑彝二人，并当着群众处以死刑。从这以后，蕨基坪的奴隶群众就正式投入反黑彝斗争高潮。木魁家20户黑彝见形势对他们不利，便乘黑夜，暗自搬居十八洼，不敢再来蕨基坪，于是蕨基坪就成了奴隶群众起义活动的中心。

起义首先由蕨基坪25户奴隶群众掀起，领导人是康国成（曲诺）、吴正才、吴正言（阿加），接着是茅岩、玄麻湾、中梁子等地的吉狄阿力、吉狄尔都（阿加）等为首响应并参与领导。他们提出："黑彝是人，蒙柱也是人，为什么人压迫人"、"黑彝和保头，害人如虎狼，反了这个，还应反那个，要打一齐打，要杀一齐杀，要杀尽杀绝，才没有后患"等口号和决议并决定各地同一时间动手。不料这一情况事前被奸人泄漏出去，各地黑彝都有防备，以致不能按计划进行。尽管情况这样，但丝毫没有动摇奴隶群众的斗争意志。首先是中梁子吉狄尔都等（阿加）杀死黑彝吴阿发后，主动搬居玄麻湾，接着就是杉木洞，蕨基坪的群众杀死黑彝吴井哩、吴格子（上板房路遇黑彝行劫回来时杀的），殴打并赶走黑彝吴阿作、蔡五哩、芦毛毛等。

1939 年，各地打、杀黑彝事件常有出现，以大奴隶主蔡长发为首（长坪子），纠合二板房的吴家、十八洼的木魁家、白碉楼安家、干海子马家以及会理苏家（苏海澄，军阀）共约三百来人围攻蕨基坪尼额家，他们说：“先要打尼额，尼额打不翻，娃子管不成。”奴隶群众早有准备，除了坚守各自的村子外，还出动人枪支援蕨基坪。由于地势险要，碉堡坚固，大家又都很讲团结互助，勇敢抵御，敌人围了几天几夜，连攻未下。敌人没法，又只好用钱买通阿昆牛角岔（曲诺）出面调解，企图用政治攻势瓦解奴隶群众。可是奴隶群众斗争意志非常坚强，一枪就把叛徒牛角岔打死，并把尸体拿出来叫敌人看。敌人没法，只好退兵回去。退兵以后，除了收买叛徒鲁子发将吴正才等暗杀掉而外，敌人始终不敢进村子一步，八户黑彝主子被杀死或被赶跑，一个也不剩了。

1940 年（邓秀廷来会理时），茅岩的奴隶群众在吉狄阿力（阿加）等的领导下，杀死本地黑彝芦略子等二人，并赶跑本地黑彝，不留一个。同年玄麻湾、杉木洞、茅岩的奴隶群众一致要求要消灭白碉楼的大奴隶主安清林和长坪子的大奴隶主蔡长发，结果在茅岩吉狄阿力、阿尔等的带领下，在下村汉族农民的支援下，杀死了安清林夫妇，奴隶群众为除了这一大害而欢欣鼓舞，家家杀猪宰羊庆贺胜利。（因为安是这一带最大的奴隶主，群众杀死，赶跑各自的黑彝主子后，怕安报复。）

安清林夫妇被杀后，蔡长发、苏少章（军阀）甚至宁南的比补阿各等共纠合人枪 500 余来围攻茅岩，围了 10 个昼夜，仍然攻不进去，吉狄阿力等非常勇敢，他们没有水煮饭，就是吃生粮食也要坚持下去。以后在杉木洞康国才等援助下，在夜间主动突围出来，住在杉木洞。敌人便进茅岩村子，大肆烧杀抢劫。这时曲诺冉格斗等动摇了，并由汉族军阀苏少章插手借口调解为名，从中榨取钱粮，规定：“黑彝仍然是黑彝，娃子仍然是娃子，大家不许打杀闹事”，叫黑彝收兵回家去。在汉官的支使、曲诺的动摇下，终于使起义归于失败了。三个地区坚持斗争的奴隶群众共牺牲了四五十人，牛羊被抢走的，也不下七八百头。

②起义的影响

起义虽然失败了，但是影响是深远的。首先这三个村寨里已再没有黑彝居住，黑彝都怕到这里来，这三个村寨从此就被称为“娃子寨”。

在剥削、压迫上，黑彝主子虽然搬走了，但就“主奴关系”说来，仍然没有割断，表现在年节送礼、收地租以及婚丧摊派仍然和过去一样没有变。

在抽子女方面，在个别家族大一点的“蒙柱”身上已不敢抽，如尼额家自起义后一直没有抽（这家人被黑彝杀害的不少，但他家反对抽子女是坚持到解放），在家族小，甚至没有家族的“蒙柱”身上，也还是要抽。如蕨基坪“蒙柱”马友福的儿子马成福（黄柏乡会计），在 1944 年被长坪黑彝芦日秋抽去当呷西（芦日秋是芦毛毛的儿子）。根据这三个村子 58 户“蒙柱”的免抽子女情况看，起义后免抽的约占半数左右。

服无偿劳役则普遍的免去或减轻了。在这一点上，座谈时大家都说：“起义后，黑彝被赶的赶、杀的杀，居住离得远了，劳役也就没有了。”

综上所述，可以看出，起义虽然失败，但在反对抽子女、服劳役等方面是比较获得成功的，因而这一斗争在一定程度上是动摇了黑彝的统治，并鼓舞了周围地区奴隶群众的斗争意志，它的意义也是非常重大的。

3. 安家沟白碉楼彝、汉人民反黑彝的斗争情况

会理县下村彝族自治区安家沟一带，解放前是彝族大奴隶主安清林统治的地区。安家是黑彝贵族，是由尔恩家尼皮支分居，由大凉山普格迁到这里来的。这家人在安家沟仅只安清

林、安友顺、安八侠、安阿土、安正邦、安正和、安大耳朵七户，就统治着近 800 来户彝、汉族人民，并拥有常耕土地 1000 余亩。在黑暗的年代里，安家沟和其他彝族地区一样，土地上生长的一草一木，人民喂养的一猪一鸡，都归统治者私人享有，人民是丝毫没有份的。这里的彝、汉人民被压迫得喘不过气来，曾在 1940 年前后，配合娃子寨的奴隶群众（娃子寨是由杉木洞、蕨基坪、茅岩等村寨组合而成，曾掀起过反黑彝的斗争浪潮）进行了反统治、反压迫的斗争，杀死安清林等奴隶主，动摇了黑彝的统治。下面是安家的残酷剥削压迫以及人民反压迫、反剥削的一些情况。

安清林本人就统治着曲诺 240 户、蒙柱 25 户、呷西 20 人、汉佃 100 家，他依靠家门，联合蔡家，维护自己对人民的剥削压迫，维护黑彝家支的统治地位，对内压迫，对外抢劫，造成人民深重的灾难。

安不但联合本家支和其他家支的统治势力，并在自己家里设有"看房、管事、差使"等"管事"人员和脚镣、手铐、铁链等刑具。"管事"人员中有彝族也有汉族，如汉族郑子云便是其中的一个。在彝族人民中，除了利用家支和等级作为他的统治工具外，在汉族人民中，也仿照当时的汉区编有保甲、民团等组织。当保甲长的，一定要"效忠"黑彝，负责派差派款、收租逼债，并有供应黑彝下山食宿的义务，新火山农民孙友才当了几年甲长，被黑彝吃喝搞穷了，有一次"供应"不起黑彝，全家跑到岩洞里躲了半个月。此外安清林还联合了会理的地方系军阀苏海澄来压迫彝、汉人民。

安清林家的汉族佃户，遍布于白碉楼、新火山、滑石板以及岔河、下村等地，有张、孙、芦、龙等很多姓，单是姓孙的就有孙其登等 7 户，姓张的则有 20 户。

他家每年要收山租 100 余石、田租 100 余石，单下村一地就要收 41 石。

安家剥削人，不仅只山租、地租，还有很多数不清的苛派和劳役，主要的有下列几个项目。

抽子女：抽取"蒙柱"等级的子女去当呷西或丫头，一般是抽大的一个。曲诺阶层和汉族佃户，如因欠租欠债付不起的，也有被拉去的，白碉楼汉族农民段养保，因欠租付不起，儿子段如斯被拉去当呷西了。

吃绝业："蒙柱"这一等级的人，如果绝了后代的人户，遗下的家业，就要被霸占，没有家门和亲属的汉族绝嗣户，也同样要被占去遗下的家业。

服劳役：劳役包括种地、打冤家、运输，这三项，曲诺、蒙柱都免不了，运输这一项，汉族农民也要参加。

婚丧费：分为两种，一种是黑彝死了人或娶媳嫁女，彝、汉都要送哭丧酒和陪嫁费；一种是人民群众有了婚丧事，要上纳婚丧费，数额是 1～5 锭银子或 1～5 头羊子不等，视经济条件而论，如果不给，他就会说："住在他的地上，埋在他的土里，不给钱，土地搞脏了，抄下河沟头去，搬到岩洞里去。"

草场羊：说牧场牧草都是他的，养羊户每年要上 1～2 头羊子，叫做草场羊。

火塘鸡：说每家的火塘、锅灶需要他的木材来烧，每户一年要上 1～2 只鸡，否则不能用他的柴火。

以上这些剥削项目是比较普遍的，并且是属于固定性的。另外如高利贷、年节送礼以及强制性买、卖、借、换等就数不清了。

安清林怕人民起来反对他，就修了碉堡，筑了围墙，有事出门，人人马马，前呼后拥，无事就成天躲在家里抽大烟，把家养的鹦哥、猴子拿来玩。长坪蔡家、会理苏家的狗腿子经常在他家进进出出，他家就像衙门一样。

安家沟的彝、汉人民群众，是这里真正的主人。早在几百年前，他们便在这里披星戴月、伐木驱兽、开生荒、砍火地，进行忘我的劳动，开垦出不少的土地，栽种了水稻、苞谷、洋芋、荞子、燕麦、豆类等农作物，并经营了蜡虫、养蜂等副业，为人类社会创造了物质财富。但是在奴隶主统治的时代，创造物质财富的主人，对物质文化，不但丝毫得不到享受，就是自己生命，也由奴隶主摆布，得不到一点自由。我们在座谈访问时，大家都说："我们这里的彝、汉群众，由外地迁来，已将近20代了，迁来时，这里是荒山老林、野猪窝窝，啥子都没得，老祖人们白天开荒打猎，夜晚树上睡觉（怕野兽），渐渐才有了庄稼，有了副业"，又说："旧社会我们这里，彝、汉都好，就是该死的黑彝奴隶主不好"。

彝、汉群众开荒种地，搞了副业，可是连享有一猪一鸡一草一木的权利都被剥夺了，甚至自己的人身自由也没有了，人民群众被迫起来反抗。早在娃子寨奴隶起义没有爆发以前，安家沟地区，就出现过不少逃亡、怠工、甚至打杀黑彝的事件。

如新荒田汉族农民孔祥忠等六户，受不了压迫，全都光着身子，抛弃家业，逃跑到米易县去住了。奴隶杨友顺、段姐斯等在犁地时消极怠工、破坏工具、鞭打耕牛，黑彝问他们，为什么要这样做，大家齐声说："耕牛不听使唤，犁铧被拖坏了，当然要打嘛！"黑彝被弄得说不出话来。"蒙柱"杨火哩为反对安家的压迫和诬害（诬害杨和黑彝女人搞关系），杀死了安清林的大儿子安朝寿后逃到盐源。黑彝的狗腿子，被扣、被杀的也不少。张家村汉族农民张得学家的一头花母牛有孕，被黑彝"管事"郑子云无故拉去了，张的妻室又被郑打得遍体是伤，同村彝族"蒙柱"结顶底尔奋勇帮忙，把郑子云打死，并把花母牛夺了回来。这样的反黑彝事件到处都有出现，数不胜数。正如贫苦劳动者吉敏里日说："黑彝剥削得多，我们就反得多，剥削穷了，整伤心了吗就要反嘛！"

1938年蕨基坪村"蒙柱"尼额八着、且萨里我、曲诺尼额尹哈（即吴正才）到岔河赶场为反对黑彝蔡五哩（蔡大老虎）强迫背运租米回家，打了蔡五哩，并在岔河汉族农民的支援下，造成声势，扯着黑彝的头发（天菩萨）游街。黑彝蔡五哩在彝、汉浩大声势的压力下，不敢妄动，只好忍痛回家。但蔡长发、安清林则认为打了蔡五哩，等于打了蔡、安的每个黑彝，非把尼额家杀绝不可，于是蔡安联合围攻蕨基坪尼额家。由于奴隶群众意志坚强，团结好，所以屡攻未下，蔡、安只好收兵退回家去，但黑彝并不因这次失败而甘心。他们暗中买通了坏人把尼额伊哈杀害了，并阴谋继续杀害里我、八着等。

尼额尹哈一被杀害，蕨基坪、杉木洞、茅岩等村的奴隶群众便在且萨里我等的领导下，掀起了暴动，并派人到安家沟这面来接头说："杀黑彝的时候到了，黑彝就像各人家里养的年猪一样，各人家的各人杀。"不料事情被坏人泄漏，黑彝都提心吊胆地防备着，没有办法在同一时间一齐行动。但是从这以后，蕨基坪一带打、杀黑彝的事件，就经常出现，并在1942年赶跑了杉木洞、茅岩、蕨基坪的黑彝，组成了无黑彝主子管的、三村联合在一起的娃子寨。最后虽然没有完全脱离黑彝的统治，但是在反黑彝斗争上，如反对抽子女、服劳役等方面，是获得一定程度的成功的。

娃子寨的奴隶群众在赶跑了本地区黑彝之后，并在尼额八着、康史各、吉狄阿力等领导下，来白碉楼杀安家黑彝，占领了每户黑彝的住宅，赶跑了黑彝，并杀死了安清宁的女人火卜莫五日、岳母尔恩莫五呷等人（在这之前，安清林已在下村被杀，被杀情况另有材料），不料几天以后，宁南的比补家、会理的苏家、长坪的蔡家，都赶来帮安家的忙，奴隶群众吉狄衣古、康诗各等六人牺牲了，另外负伤的还有十来人，因为敌我力量悬殊，奴隶群众被迫放弃白碉楼，退回娃子寨。此后安家沟、白碉楼一带的黑彝陆续回来了，恢复了统治，直到解放后的民主改革。

当时白碉楼一带的黑彝虽然没有受到应有的打击，但是奴隶群众杀死了安清林等，其意义非常重大，影响也是深远的，从这以后，这里的彝、汉群众便认识到，只有彝汉团结，打倒黑彝统治者，日子才会好过。

附　记

一、娃子寨奴隶起义领导人之一且萨里我，据说原是凉山普格人，因杀死黑彝莫什八约古哈家三个人后才逃到蕨基坪来投家门尼额家的，他对掀起娃子寨起义事件曾起一些作用。

二、安清林和普格尔恩家黑彝尼皮打冲是亲房，都是从尔恩家、尼皮支、列熟这一房分支的，1942 年娃子寨奴隶起义安清林被杀，在同一时期，尼皮打冲也在普格被奴隶杀死，很有可能有连带关系，但截至目前，还调查不出两地之间相互联系、相互影响的详细过程。

九、彝族人民反抗国民党反动统治的英勇斗争

（一）概　况

解放前，川康封建军阀、贪官污吏、地方恶霸结成一体，继承了清代对彝族人民压榨和剥削的衣钵，各种压迫、剥削、屠杀的罪行不可数计。凡是他们到过的地方，总是搞得乌烟瘴气，鸡犬不宁。他们强奸妇女、拉牛马、杀猪羊、偷鸡摸狗，无恶不作。把抢来的粮食随便糟蹋，用彝族人民的主食洋芋、荞子喂牲口，颗粒不留。他们退走的时候，还放火烧毁民房，其贪恶远胜于洪水猛兽。当他们抢够掠饱逃走之后，彝族人民又从灰烬上重整家园，有的在山坡上以树枝、野草搭成茅棚，有的几家人挤在一间小屋子里，没有粮食就以野草充饥。国民党部队的每次洗掠，都给彝族人民带来深重的苦难，因此彝族人民莫不仇恨万分。他们说："国民党是强盗，见啥抢啥。"解放前国民党反动派对凉山地区的掠夺、屠杀以邓秀廷最甚，以前凡凉山、西昌地区有关武力镇压彝族人民的事件，大多与他有关。

1926 年（民国十五年）军阀邓秀廷率兵一团，向冕宁、喜德一带的彝族罗洪家进攻，彝族罗家、瓦渣、井米合力反击，双方坚持较久。这时邓秀廷利诱罗家的冤家保伍家头人，从山头上往下进攻罗家，邓秀廷则从山下往上进攻，强占了罗家的铁厂沟。并将该地彝民杀光。其后罗家又联合罗哈古耳、罗洪哈等支头人，率卒6000余人进攻铁厂沟，并夺回了铁厂沟。邓秀廷又利用罗家的冤家罗阿牛等围攻罗家，一连大战十余日，彝族内部死伤很多。邓秀廷就这样挑拨彝族内部的互相残杀以便于镇压。他实行的"以夷治夷，以夷斗夷、以夷攻夷"、金钱收买、挑拨冤家等办法，将冕宁、喜德一带的彝族各支头人完全控制，进一步向各支所属彝族人民抓丁、派款、征粮。因为他攻打彝族人民有"功"，1927 年国民党委任邓秀廷为"讨夷总司令"，率领国民党军队首先向西昌云雾山母和家彝族进攻。军阀沿途烧毁村寨，并用大炮轰击彝民房舍，到处杀人，鸡犬难生。激起了彝族人民的更大愤怒，彝族人民用滚木擂石痛击敌军，大小凉山的彝族都前来支援，彝族人民集众数千，给军阀包围以沉重的打击。

1928 年军阀邓秀廷又向西昌与昭觉间的井家彝民发动攻势，俘去彝民 200 余人，全被杀光，同时还强迫广大彝民赴刑场"陪宰"。同年 1 月出现了更惨无人道的屠杀，当邓军攻

入井家寨时，该寨的老、弱、妇、幼为了避杀、逃难躲藏在荒山一洞中，邓军把柴，辣淑等塞入洞内烧着，结果，百余老幼全被烟熏窒息而亡。其中有部分是井家黑彝，此后，该支全被邓军灭绝了。

邓秀廷的残酷镇压引起了彝族的极大不满。在 1931 年春，昭觉黑彝马拉颇起来反抗，邓率兵前往"剿办"，同时又密令已投降了的大黑彝奴隶主 12 支，各派彝兵 500 人，偷袭马拉颇左翼。当时，马拉颇动员了彝众万余抵抗，邓秀廷一面引诱马拉颇的亲信马耳柯子投降，同时许以重偿，指使其刺死马拉颇，一面又派投降的彝兵赶来增援，马拉颇被刺死，邓秀廷就乘机进攻，将马拉颇部队全部杀光。到三月中旬，马家的家门亲戚为了复仇，即联合昭觉、雷波、马边等地的彝族万人，分兵各路，反抗邓秀廷，大战 10 余次，小战无数次。在邓的残暴镇压下，马家终于失败。马家的阿姐等 13 个支头被迫投降，被关入狱。这次军阀军队深入到昭觉一带，并占据了二五坝子、四开、溜姑、马雄梁子、廖雄梁子、牛吼梁子等纵横千余里的土地。这一带的彝族五一支各头人都表示投降，邓秀廷也勒令五一支黑彝头人 75 人到西昌坐质换班，关在监里。邓秀廷反动势力统治了昭觉两年。派捐派款，奸淫抢劫，彝民不堪其苦，将邓军驱离昭觉。后来邓秀廷又聚众再起，进攻昭觉，但都被彝族击溃。邓秀廷在 1931 年 3 月的进攻中，杀死黑白彝数千，俘虏百人。将被俘的绝大多数人处以死刑，并在马雄梁子等地设"马雄政治指导区"，在中雄梁子等地设"中雄政治指导区"，将这些地方控制起来。

1937 年普格拖木沟等地有吉狄支黑彝率领其娃子反抗国民党军队，于是国民党反动政府命令邓秀廷前往镇压，5 月份彝族武装三面埋伏，这次邓军受到彝族人民的惩罚。

此后国民党军队对彝族人民的镇压，一直不断，其中最大的一次是 1945—1946 年国民党军队进攻普雄，这次使彝族人民受到很大的损失，但也给国民党反动派以沉痛的打击。

国民党当局，曾经四次派出部队，深入普雄，奸淫抢劫，屠杀彝民，无恶不作。彝族人民陷于水深火热之中，无以聊生。国军初来时，屯兵于中普雄一带，以武力勒索，向人民要银子、要鸦片，若不给，便以绑架，杀害来压迫人民。

虽然，第一、二次国民党军队来时，也遭到彝族人民的反击，在洛木以斗消灭了其中一部，但由于当时大家还没有充分团结起来，故没有完全粉碎强盗们的进犯。

1945 年，国民党政府为了进一步剥削彝族人民，又一次派出了部队一个团，一部分由喜德经上普雄一带进犯，一部分由越西经下普雄和滥田坝，向中普雄合拢，企图大肆搜刮并屠杀彝族人民。前几次国民党军的到来，已经使广大彝民深刻地认清了其反动本质，这次当大家听说国民党又要来时，无不气愤，无不反抗。他们说："国民党来，要剥削、要杀人，国民党抢走了我们的粮食、牛羊，使我们没吃没穿，只有饿死，我们坚决要与国民党以死相拼。"并提出："赶走国民党"的口号。阿侯家与果基家本来是械斗多年的老冤家。这时也互相通信，表示谅解，交换人质，打鸡吃血酒，团结起来与国民党对抗。于是，一个以果基、阿侯、哦咧等三家为主，并有广大人民群众参加的反抗国民党抢劫、屠杀联盟形成了，并由果基木古、果基木达负责指挥。

国民党部队来后，分住在布基洛，牛火洛，尔基呷托，届若地一带（今属果目公社、拉白乡）。彝族人民采取坚壁清野的方法，把粮食埋起来，老、弱、妇、孺退到老林里，青年们都带上干粮，埋伏在国民党军住地的山上，挖起壕沟，上面盖上树枝与泥土，隐藏好，全体安家娃子都参加了战斗。汉族锅庄多不参加，因为奴隶主怕他们跑，由奴隶主捆起来或押到森林里，只有少数锅庄参加战斗。包围之后，就断绝了水源，使国军无法呆在房子里固守，出来时便遭到彝族人民的打击。包围四五天之后，被围的国民党军更加疯狂，他们一方面到处搜寻粮食，很多藏粮的地窖，因隐蔽得不好而被搜出来了，一方面焚烧民房，作逃走的准备。国军在无法突围时，彝族人民就假说，如果你们交出15枝枪，果基家可以放你们走。国民党军把枪交出来之后，果基家就把他们引诱到拉白（现属拉白乡），然后，四周的彝族人民从山上下来将其围困在一条山沟里。参加包围的彝民约有上、中、下普雄的2000余人，没有枪的也拿着棒棒、石头，居高临下，一齐开火。妇女也呐喊助威，吼声震天，经过半天的战斗，全歼国民党军一个团，击溃国民党一三六师，粉碎了国民党的强盗行动，使得彝族人民少受损失。

但是，国民党军并没有从这次失败中吸取教训，反而变本加厉。为了报复，于1946年10月派出两个团的兵力，由越西进占中所坝、滥田坝一带，并写了一封威胁信，由泸沽奴隶主孙子乌哥交给普雄的果基木古。信上说："要大家投降国民党，赶快出银子，否则军队就要进来，美国人也要坐起飞机来打你们，把你们一起消灭。"当时奴隶主听说之后，很害怕，迫使劳动人民按人户出银子，最多的每户出十二三锭，最少的2锭，共凑起银子6000个，送到中所坝交给国民党军队，但是反复无常的国民党强盗，在勒索银子之后，仍然攻打到中普雄和下普雄的尔基呷托、布基洛、基狄来巫一带，还派出飞机三架，配合起来屠杀彝族人民。有时，一天之内就轰炸扫射了7次之多。布基洛、尔基呷托、基狄来巫，牛火洛等地，都遭到轰炸与扫射。国军还以此威胁与勒索彝族人民，叫大家快来投降，快出银子，出了银子的就在房子面前燃一堆火或插上旗子，飞机就不炸，否则把房子一起烧光，在飞机的狂扫、滥炸之下，一些妇、孺惨遭杀害。布基洛两个正在春来的妇女，被炸得血肉横飞，一个3岁的儿童也被扫射死亡。群众对此暴行无不切齿痛恨，他们说："屠杀我们的飞机是国民党喊来的美国飞机，国民党和美国狼狈为奸，整我们彝族。"至今，彝族人民还保留着飞机扫射时丢下的机关枪弹壳，永远记着美国和国民党欠下的这笔血债。

虽然国民党上有飞机下有兵，但彝族人民仍然英勇的抵抗，并积极准备力量与前一次一样围歼敌人。面临这种情况，国民党军在飞机的掩护下大肆掠夺以后，很快的龟缩回去了。

经过国民党军的进攻，仅拉白就有150间民房被焚，加上其他地区，共约烧民房千间以上，使许多人无家可归，四处流浪，搭树为棚，山头露宿。粮食被劫，群众以树丫、苦叶、苞谷面充饥、度日。有的人在饥饿难忍的情况下，甚至挖洋芋苗为食，当时一个银子只能买到五斗荞子，但荞子又在何方？

据估计，国民党这次共抢劫了耕牛、猪羊3000多只，粮食万余斤，银子千锭以上，给彝族人民的生产和生活带来了巨大灾难。但是，广大的彝族人民争自由、求解放的决心，强烈地鼓舞和支持着他们。在党的领导下，他们冲破了黎明前的黑暗，通过民主改革，获得了真正的解放。

（二）国民党军队进攻普雄及彝族人民的反抗

国民党在历史上不止一次地对普雄地区的彝族人民进行军事进攻，并且每次进攻中都采取了"以彝治彝"使其互相残杀的手段，掠夺彝族人民的财产，屠杀无辜的彝族人民。

远在48年以前，即1911年，就有一个名叫马老虎的，率领近千部队，屯驻中普雄的呷拖哈、日保地坝、尔坡古等地，仅驻扎13天就烧毁民房三千，杀死手无寸铁的彝族人民13人，因而被该地区彝族人民赶出了普雄地区。

1912年，又有一个名叫罗统领的，率领部队约3000人，分三路，一路由越西进驻下普雄的塔西，一路进驻中普雄的拉别，另一路由越西经滥田坝屯兵冷千地，强迫彝族人民"坐监换班"（当地彝族人民叫下班）。其目的是用这种"坐监换班"的办法囚禁和统治彝族人民的反抗。凡是军队到达处，就强迫彝族人民上款、上粮，规定富裕者上白银 5 锭，一般贫困户亦必须出 3 锭，"坐监换班"每人 30 天，30 天满后，必须由原坐监者本人的直系血亲换班，否则不予换班。如遇有不肯听从者，就捉来用极其残暴的手段活剐示众。据了解，这样活剐示众者，在下普雄地区就有多人。彝族人民不堪忍受这种残酷手段，于是在呷洛县耳呷莫耿支的支援下，在下普雄的别鸡山一举歼敌 200 来人，致使罗统领在普雄地区驻扎 7 年后，不得不退驻越西。

1920 年国民党何安芝率领 3000 军队，再度攻打普雄。彝族人民非常了解国民党军来普雄以后的惨状。当部队进抵滥田坝的日保拉达时就被果基家和阿侯家联合阻击，一次就击毙敌 20 人，缴枪 20 余支。何安芝不得不驯服地沿来路退往越西。

1930 年，一贯杀害彝人的国民党邓秀廷，却没有在历次国民党军攻打普雄彝族人民的结局中得到教训，用"以彝治彝"的办法，率领现今喜德县的罗大英、牛子阿牛，西昌县的孙子文，冕宁县的罗洪博、耿拉哈、要加女坡、八呗哈打、瓦渣呷呷、呷哈要补、以合拉火，越西县的阿尔古都、阿尔撒尔么、加拉什堵、甲潘木乃以打、阿朵拉哈等部，共约彝民一万人进攻普雄彝族人民，每到达一地就强迫派烟、派银、派粮，并以退难民（被奴隶主掳来的汉民）为借口，仍旧推行其"坐监换班"的反动政策，统治彝族人民。同时采用内部互相暗杀的办法，规定：凡是杀了当时彝族人民中较有威望的领袖人物者，将人头拿来献礼后，邓秀廷就按威望大小赏给枪支（威望大者赏给 30 支，小者赏给 10 支）。下普雄俄乃打及就这样被其舅子阿侯别尔古堵杀死，割下人头换了枪。果基家果基尔打就把果基拉打和其女儿一并暗杀后亦同样拿起人头在邓秀廷处换了枪。由于这样，下普雄俄乃家与阿侯家就打了 20 年的冤家，双方共打死了 50 多人，果基拉比和果基阿做亦因此打了 20 年冤家，双方死了 20 多人，这些纠纷在解放后，才由人民政府调解好，停止械斗。

邓秀廷不仅收买内部，进行互相残杀，并在塔西一次就将 30 多人活捆在一个房子内用火烧，其中逃出者亦因吞烟过多，导致心脏破裂而死亡。邓秀廷这种灭绝人性的手段，使普雄彝族人民忍无可忍，果基、阿侯、俄乃等支的所有彝族人民和呷洛县的尔呷莫呷一致组织起来，反击邓秀廷，经过 6 个月的战斗，打死了邓军 100 多人，缴枪 300 余支，于次年（1931 年）3 月就将邓军全部击溃，取得了对邓秀廷斗争的全面胜利。

1936 年国民党李家钰军（所谓边防军）仍旧不顾彝族人民的反抗，认为彝族人民可欺，借口部队经过越西县中所坝时，一参谋被俄乃色打阿哈、俄乃约打别突掳走为名，首先派兵一营仍由越西进驻洛木拉打（下普雄）向当地彝族人民开火。洛木拉打地区的彝族人民及时组织抗击李部的进攻，一举击溃李军一营，缴获枪支 270 支，俘敌 30 余人，打死 7 人，营长亦被击毙。7 天以后，李家钰恼羞成怒，亲自出马，领兵一团并拉了越西县的阿侯木基仁哈、甲拉十堵、甲潘耳堵以打为首约一千彝民，互相配合，再次攻打普雄彝族人民。烧毁了下普雄彝族人民的房子 3000 多间，彝族人民的牛羊被抢光，不到 9 个月的小孩也被敌军用石头砸死示众。另外，强迫果基家付给了"投诚费"400 石粮食、白银 4000 多两。下普雄的彝族人民被迫往深山老林避难，战斗持续了一年之久，致使普雄地区的良田良地荒芜了一年，给彝族人民带来了严重的灾难。

李部在彝族人民的抗击下退出了普雄地区。彝族人民认为，国民党反动派这次把房子烧光、钱财牛羊牲畜已全部被劫走，再也不会来了！可以安居乐业、重整自己的家园啦！

1945 年 3 月，国民党为了进一步剥削镇压普雄彝族人民。首先将普雄地区俄乃铁打、果基木打等约 60 多人诱至西昌与刘元瑄"鑽牛皮、吃血酒"并分别给予名誉职位。强迫其子弟入学来代替"坐监换班"，暗里却偷偷屯兵屯粮于越西，强迫下普雄俄乃家付出投诚费白银16 000两、大烟12 000两、粮食1500石。同时，刘元瑄赓即将已投诚、共同吃过血酒的俄乃铁打、俄乃合振关在越西。委任阿侯鲁木子为师长、阿侯木呷为团长，到处调兵遣将，威胁其他地区的彝族头人向普雄彝族人民作全面进攻；一路由金安仁率领二十四军约 300 人并裹胁昭觉的八且打使、喜德县的张呷五个和普格地区的部分彝民，由南向北，经昭觉的比耳区，通过上普雄，驻扎四呷普乡；一路由越西向南驻下普雄的拉别；另一路则由西向东，经滥田坝进驻中普雄的补井落等地。三路估计被裹胁的其他地区的彝民约三个团，实际有两千来兵力，另外被裹胁的其他地区的彝民还很多。凡是刘军所到之处皆以退难民为借口，派烟、派银、强迫上粮、烧杀掳掠，奸淫妇女无所不为。

由滥田坝进驻补井落的部队，到达补井落后，强迫果基家付出了白银50 000两，大烟30 000两，粮食1500石，并强迫群众背往越西。由越西进驻拉别的部队，烧毁民房，赶走当地彝民，捉住小孩子以后就杀给父母看，如下普雄李冷么的儿子俄乃巫红、孙子俄乃木果被赶往越西白石岩，就被刘元瑄的部下阿侯木呷杀给李冷么看以后，又将头献给了刘元瑄。处谷地群众逼得无粮可上，将自己吃的苞谷面拿来交粮时，刘军不仅用大斗过粮，且用脚踩苞谷面，引起群众公愤。广大群众认识到不与国民党拼到底，就不能生存下去。都说："国民党生的是虎的嘴巴，普雄彝族人民拼也是死，不拼也是死，不如拼了。"另外，虽说阿侯乃莫予是刘元瑄手下师长，果基和阿侯又是冤家，但眼看自己的家门阿侯楷井古子、巫仁耿喻被捉去给刘元瑄。在群众的要求下，阿侯家以阿侯鲁木、阿侯甲兹哈耿为代表，果基家以果基木古、果基取哈为代表共同"吃血酒"，决定："赶走国民党军以前，暂停冤家械斗，一致抗击国民党军"，并以阿侯鲁木子为"剿汉司令"，果基木古为"参谋长"，组织了普雄县境内的果基、阿侯、苏呷、俄乃、井子、阿尔以及呷洛县的耳呷莫耿支的部分人枪，按彝家不打彝家的号召，首先动员了喜德县被裹胁来的瓦渣打仁、昭觉县的八且阿各等以及唆地地区的彝族人民，自动离开普雄，彻底孤立了刘军。另外把不能参加战斗的老弱妇幼疏散在山上，把青年妇女组织成补给队、呐喊队，其他凡是能参加战斗的都参加了战斗，形成全面反击国民党的阵线。

参加这次斗争的普雄彝族人民约有10 000人，他们有枪的持枪，无枪的也拿了杆子、大刀、木棒、石块，于是年 6 月份，一举切断了敌军的补给钱，在震天动地的"号子"吼声中将国民党军团团包围在尔觉呷托、处谷地、溜红落。敌军在包围圈内粮尽弹缺，且水缺水，把马匹都宰杀来吃光，前后 20 天左右。这时眼看国民党军已全部瓦解，于是再将其诱出包围圈，全部消灭，被击毙者约 400 人，被俘虏者约 300 人，跳河被淹死者 300 人，缴获各种步枪约1000多支，各种轻重机枪约 43 挺，迫击炮 6 门，剩下的由下普雄逃往越西的不到1000人，韩营长被击毙，张匪势营长受了重伤，杨副旅长、张兴岩团长以及所谓的金指挥金安仁等，不得不跟随残余败兵逃往越西，向师长刘元瑄请罪。

普雄彝族人民在这次战斗中，涌现出了不少可歌可泣的英雄事迹。不仅组织了"敢死队"与敌军搏斗，而且很多人完全不顾自己的生命与敌人进行肉搏战。如：现今阿芝五社的社长呷洛达和，在战斗中不仅趁夜晚挖敌人住的墙洞，深入敌军内部袭击敌人，且在白天亦爬上敌人住的房子上与敌人厮杀，一个人就夺了敌人的 7 支步枪。又如瓦觉莫生产队的队员揩其落打（奴隶）奋不顾身地接近敌人的机枪掩体，托出了敌人正在扫射的机关枪。很多妇女披星戴月地给战斗着的亲人送干粮，吼"号子"助威，这都反映了当时彝族人民不堪忍受国民党的蹂躏和剥削的强烈愤怒。正如补井落生产队队员巴么播吉说："国民党像洪水一样，不分青红皂白，涨的时候，就强迫我们上款、上粮，缩的时候把我们清洗的饿肚皮。奴隶主呢，在国民党派款派粮时，还要从中索取，我们劳动人民受到重重剥削压迫，所以要组织起来反他（国民党）。"普雄地区的彝族人民都有着这样一句成语："凡是国民党的人，任何一个当了官，他们钱路就在普雄彝族人民的头上，他们一听到普雄这个地方就眼红，恨不得把普雄这个地方一口吃掉，成天成夜地在普雄彝族人民身上打着算盘。"

1945 年普雄彝族人民整整消灭了国民党军一个团。本来，他们应在这次失败中吸取有益的教训，正视彝族人民不可侮，停止对彝族人民的军事进攻。相反，1946 年 4 月刘元瑄又纠集了国民党中央军 32 补训团、二十四军一部，及孙子文、潘学元、罗大英等所谓的靖边部，共约 4000 人左右，再次向普雄彝族人民开火。

国民党军首先在越西修了一个临时飞机场，利用这个飞机场的滑翔机，向普雄彝族人民散发传单，命令彝族人民赶快投降。并利用西昌飞机场内两架军用飞机，配合地面部队，平均每天由西昌来普雄作两次轰炸扫射。国民党的飞机，不仅见人用机枪扫射，就是见了牛羊也同样作低空扫射，见了村庄就扔炸弹。据统计：上中下普雄共投掷了 20 枚炸弹。这样做低空扫射和大肆轰炸的时间长达一月之久，彝族人民被打死和炸死的就有 6 人，受伤的有 2 人，打死和炸死牛羊无数，炸毁房屋 3 间。补井落生产队五乃井呷立补的母亲在种谷子时，飞机扔下了炸弹，连尸体也没有找到。

尽管国民党军是这样猖獗残忍，彝族人民又没有经历过对空作战，但普雄彝族人民仍旧以愤怒的心情，紧紧地握着自己手中的枪与低空扫射的飞机进行搏斗。

国民党还利用当时的宣传机器到处吹嘘，说什么"我军已攻抵普雄某地某地，普雄蛮子已归顺"等等。但事实是国民党军进抵滥田坝的才落林子后，就被果基尔呷所领导的果基家彝族人民阻击在该地，一次就歼灭二十四军 100 来人，使敌人一步也不敢向前。战斗了两个月，罗大英、潘学元、罗洪才哈、孙子文所谓靖边部才进驻到中普雄地区。

靖边部进入中普雄以后，胁迫彝族人民付出了投诚费约 1000 锭银子，拉去了十来个上层子弟去西昌所谓的民族小学"作质换班"，并捆去了阿侯甲日哈耿、果基木果等人，从原来的路退出了普雄地区。普雄彝族人民击退了国民党反动派的最后一次军事进攻，取得了胜利。

附：国民党派军队和飞机进攻普雄和美国飞机跌落普雄事件

在 1912 年至 1947 年这 35 年间，国民党曾先后向普雄进兵 8 次。当地彝族有 4 次不抵抗，纳款求和，有两次抵抗失败，也纳款求和。第 7 次进攻，初亦纳款投诚，让国民党军驻普雄河畔，后彝族反击，敌全军覆没。第 8 次进攻，有飞机配合，彝族反击在军事上取得胜利。唯在与国民党打交道中失败。除第 7 次彝族反击胜利外，其余 7 次，彝族都须有人在西昌、越西轮班做质。果基木古于 1913 年（当时 17 岁）在越西轮班做人质一次 20 天，接替他做质的人一坐就是 70 天（按他们家支间协议是一次 20 天，但都不敢去做质），因家支内无人去接替，死于狱中，即由家支赔命金给死者家属。

1946 年，国民党二十四军（刘文辉部）36 师师长刘元瑄率三个团和西昌靖边司令部代理司令孙子文（司令为邓秀廷，当时邓死不久，由参谋长孙子文代理司令，孙为西昌礼州彝族曲伙，已汉化）率 4 个团共一万余人向普雄进攻。孙子文所部 4 个团，只有一个是正规团，团长名潘学元（彝名别拉石布惹，系曲伙）。另外三个团是黑彝罗洪家以罗大英为首所纠集起来的彝兵，由罗大英、罗正江、罗铁哈分任团长。当年 4 月（阴历），刘元瑄所部三个团自西昌经越西东进，孙子文所部四个团自西昌经昭觉北上，分头向普雄河进兵。当地阿侯、果基、勿雷等家支惧，纳款求和，仅果基家就纳银8万多两，愈取愈穷，无钱可出。阿侯鲁木子和果基木古乃商议反攻。经过3个月，至7月，刘部3个团已全移驻普雄河东，孙部四个团罗大英等仍屯军普雄南端（昭觉之北）。阿侯、果基两家支派人跟罗大英说："我们大伙都是彝人，你不要助汉军，让我们来收拾汉军。"罗大英默许当其反攻时撤退。于是在7月下旬的一个夜晚，以阿侯鲁木子和果基木古为首的普雄各家支彝族，就向国民党36师刘部三个团进行反攻，战斗一夜一天，时值河水暴涨，国民党军三个团全军复没。除跳水淹殁者外，多被俘虏。在下普雄的两个营，全被阿侯鲁木子俘虏，没有一人幸免。这次，因师、团长均在越西，得以幸免。营长被打死两个，其余已脱逃，连长以下多被俘。俘虏共两千人，泅水渡河淹没1000多，逃脱者不到1000人。武器、军马及其物资全落于彝族之手。罗洪家3个团自行撤走，孙子文直属一个正规团闻败亦逃，孙子文几乎被俘。这次彝族反攻人数近万人。

次年（1947年）春，国民党派三架飞机在普雄上空用机枪扫射，但彝族居民损失不大，只炸死3个妇女，炸毁房屋两三间。同时并有国民党二十四军3个团和蒋介石的西昌行辕主任贺国光所属一个团及罗大英等3个团共7个团进攻。但普雄彝族阿侯、果基等家支认为这次如果不以死力抵抗，所受损失不能想象。又因在上一年已取得胜利，有了经验，又缴获了三个团的新式武器，并不感到国民党军可怕，有了自信。彝族选择了在上次战斗中的精锐四、五千，严阵迎击国民党军。国民党军刘（文辉）、贺（国光）所属四个团，自越西出发行至普雄河西高山（滥田坝区山谷地带），就被截击败溃，一个团被围于滥田坝。罗大英等三个彝兵团经昭觉北行至上普雄，闻风不战即退。

上次和这次反击国民党军，阿侯鲁木子担任"剿汉总司令"，果基木古任"剿汉总参谋长"，果基马达任"参谋长"。这次国民党军一个团被围于滥田坝，贺国光即召阿侯鲁木子、果基木古等去西昌谈判。果基马达事先不和阿侯鲁木子、果基木古商量，个人以胜利者的姿态去西昌见贺国光。贺国光即由果基马达通知阿侯鲁木子和果基木古去谈判，阿侯鲁木子本人不去，乃派其家门阿侯结孜哈格去试探；果基木古本人也不去，只派其子果基莫依去试探。于是皆被扣留做人质以要挟阿侯鲁木子、果基木古撤围，阿侯、果基只好撤回，放走国民党军。果基马达乃被释回，而阿侯结孜哈格和果基莫依，被扣押。

当上一年七月反攻国民党军时，有一架美国飞机路过普雄上空，即跌落于上普雄，一个美国驾驶员跌死，被埋葬于上普雄。

贺国光乃命阿侯家把美国驾驶员的尸体拿去换取阿侯结孜哈格，尸体送到西昌，阿侯结孜哈格才被释回。但果基木古之子果基莫依一直被监禁在西昌3年，直到1949年西昌解放，才得出狱。

从1912年以来，国民党向普雄进兵8次，彝族不能反击或反击失败，都是因家支间或家支内部不齐心。第八次，国民党军已被打败，一个团被围，只因"参谋长"果基马达个人行动，自投入西昌，以致在军事上虽然胜利而在政治上仍失败。

（三）会理彝族反国民党的军事封锁

约在25年前，会理汉族地主苏海成作国民党的旅长，黑彝蔡长发四处抢人，苏家水以"剿办土匪"为名，调彝汉兵民2000多人进剿今下村自治区彝族。大本营驻在岔河，通知蔡长发如投降便宽大处理。蔡要求给三天时间考虑，苏海成军不同意。蔡家住小井地方，用一夜时间，以滚木擂石将各路阻塞。

苏海成军分两路进攻，蔡在山上一声号令，滚木擂石齐奔而下，苏海成军四处奔跑逃命，死百多人，蔡家便趁机装备自己。

另一路从蔡家前门陡坡前进，这是出蔡长发意料以外的，没有设防，情势危急时蔡始发现，立即将德国枪握在手中，命守家的老娃子一齐上阵。蔡第一枪便打死连长，接着又打死七八人，剩下的立即退回，蔡家老娃子拾苏海成军枪支追击。一连人全部消灭，苏海成军彻底失败。

蔡军情绪高涨，反向苏海成军下战书，而苏军营里的民兵早已溃散，岔河地方很热，痢疾、伤寒流行，士兵死得很多，只好撤兵回去。

蔡长发（三老虎）得此胜利后武力加强，更猖狂的四处掳掠。他的侄子蔡金万，到德昌老脸街赶集，因酒醉发生纠纷，当地汉族便起而争吵，蔡金万（么老虎）便发火烧街，受损者百多户，群众便纷纷请上级设法解决；公文送到刘文耀处便决定"剿办"，通知邓秀廷处理。

1940年邓秀廷调动凉山彝族出兵，宣传说："抢到一切都是你们的。"于是凉山彝族踊跃参加1000多人，罗志清、潘学元、罗大英、王纪明等都作营长，另调汉兵一团。2000多人浩浩荡荡驻军岔河，招牌是"靖边司令"，邓秀廷便是司令官。邓扎营在德昌锦川桥，下有参谋部，设参谋若干人。

蔡长发这时迁住黑坪子，这地方三面是悬岩，仅有一条独路，因此蔡家仅作一路，防御工作。

罗志清是敢死队的队长，用绳索将人吊上悬岩，在深夜进行，拂晓时出其不意的包围蔡家，蔡家全部兵力约500人，都设在前路上，家中唱的空城计。主力被消灭，老弱妇孺全部被俘。但蔡长发叔侄三人突围逃走在森林中顽抗，并继续招兵买马，多次都被击溃，前后封锁了半年仍未能使蔡长发缴械投降。

邓无法，只好施用诡计，宣言蔡家三叔侄——蔡长发、蔡金万、蔡银万（三个老虎），只要下山来每个人都作大队长，蔡金万便信以为真争取下山，蔡长发一再说明这是毒计，金万不听，而听信邓秀廷派来的吴万富的话（吴、蔡都是阿俄家的），只身去到下村，果然不出蔡长发所料，立即被邓秀廷杀害。蔡长发坚持到底，终未投降。

当时，长坪乡黑坪子一带被邓军弄得鸡犬不留，男女老少均被俘房。邓秀廷决心消灭蔡长发以后再回西昌。

邓把会理县全部彝族都搜刮尽了，银子是牛驮马载。他规定以枪支、马匹、银两来买命，欠分文也不行。有的人故意叫苦不将定额缴够，邓不许可，这些人便逃跑上山了。

邓军虽然人多，但战线太长，仍感难以应付。于是又使用诡计，号称"剿抚兼施"的办法。宣传"投诚的请进来谈，拿不出银子的慢慢想办法。"邓秀廷又说："怕士兵在下面暗中乱抢彝民，每家到司令部领去一支红旗插在房子上，士兵看见红旗便不敢进屋抢劫。"于是有的彝民信以为真，纷纷领红旗回家插上，初时果然有效，于是消息传开以后，逃亡在山上的彝民，大部回家领插红旗。邓秀廷便下令"一网打尽"，因此多数家庭被掳掠得鸡犬不留。捉到的人再叫用银子赎回，拿不出银子的杀了四五百人，被捆卖的1000多人。

苏绍章是邓秀廷的冤家，乘邓家家内兵力空虚加以袭击，邓不得已退军，但会理彝区此后满目凄凉，彝族抢劫情况减少。

邓秀廷离开会理以后，苏海成令其儿子苏绍章担任旅长，假意到彝区进行所谓安抚工作，招训彝兵，大力支持彝区种植鸦片，收割时他便遍抽烟捐，派亲信分住各乡管理烟税问题，侄子苏汉宾即住六华乡。彝区耕地的1/2都种上鸦片，苏便专门管理武装运烟。以烟换取枪弹，苏家势力从此膨胀。

苏绍章以全力扶植彝区种烟，彝族黑彝便靠此大量发展，大烟买卖情况盛极一时，凄凉景象有所改变；苏绍章便进行挑拨离间，"以夷制夷。"

会东土司龙及伟武力膨胀，已有一团兵力，苏绍章企图"征服一方，壮大自己"，同时"削弱彝族本身的势力"。1948 年在贺国光的支持下，派彝汉士兵前去进攻龙及伟，口号是"自抢得自使用。"苏家兵力伤亡很大，有两个连全部被消灭，后用计收买龙家部下，最后将龙击破，苏军大肆抢掠而归。

苏绍章进一步挑拨下村彝族家支之间进行冤家械斗，暗中帮助双方枪弹，收胜利一方的战利品，令失败一方赔偿枪弹损失。六华乡的马成吉与二板房的吴万富之间，与肖万林与傅成华之间的冤家械斗常年激烈的进行便是苏绍章一手造成的。

蔡长发待邓秀廷走后回到家中，对苏绍章一直不理，苏家有前次失败的教训，一直不敢到长坪乡去抽蔡家的烟捐。尽管苏家对蔡家进行封锁，但蔡家的势力依然在膨胀，只是彝族人民太苦，食盐都买不上。

（四）雷波彝族人民赶走国民党军队事迹

国民党军1000多人从成都出发，在周大队长和王大队副的率领下进至雷波。在雷波与当地的罗统领联系上后，再通过罗统领与彝族土司日马阿哈（即杨代蒂土司之父）联系，并在日马阿哈的带领下，自雷波经务基到黄桷树过江进住羿子村。当时日马阿哈除着其属下百姓如西谷溪、喜马溪、大岩洞、元宝山、岩头岩脚等处家支头人前往羿子村向国民党投降外，还通过和安家土司的亲戚关系把以安二少爷为首的地区的家支头人也叫去投降国民党，并在羿子村和国民党吃血酒、钻牛皮，保证投降国民党后，国民党部队始从羿子村经喜马溪、岩湾、秦家湾、米西罗撤至巴姑。目的是在巴姑开办银厂。

至巴姑后，首先即建立各种剥削压榨制度，要求不管是头人也好，娃子也好，都要为其送柴送苞谷和推磨等，不去就打，如咪姑有名头人苏老肥也被国民党吊打过，结果用了 300 两银子才放出。而一般百姓更是挨打受骂难于形容，妇女更为其糟蹋得不敢在家里住，都逃入白草坡老林中躲藏。当时国民党为了镇压彝族人民，并分兵驻扎在今飞跃社和葫芦乡等处，到处勒逼，有的实在拿不起就拿钱，钱拿不起就背柴，如不干，就要被吊打。

由于本地生产落后，粮食产量本极低微，再加上驻军1000多人坐吃山空，弄得民不聊生，故粮食甚感缺乏。国民党军在此情况下，更加灭绝人性，把彝族人民家中的牲口耕畜如马、牛、羊、猪、鸡等全部吃光，将房子拆下做柴烧，同时将军马在彝族人民土地上乱放，还把不到一寸高的豆子都拔来吃了，彝族人民真是敢怒而不敢言。也有不服他管的，如黑来脚苏家仗恃家支力量和地形的险要，历来就不服从土司管辖。国民党为了显示征服者的威风，土司也想借国民党的威力来压制黑来脚的"不服王化"，因而两者相互勾结起来攻打黑来脚。黑来脚因势小力弱，终被攻下，被迫丢下房屋财产退入老林，因而东西被劫一空，房子全被烧去。

但在打黑来脚回来的路上，同去打黑来脚的巴姑头人马木呷、马石土二人偷去了国民党士兵的弹药，被发觉后马木呷被打死，马石土跑回后即动员本家与国民党作对。首先烧死了住在屋内的 10 多个国民党军。此时又由于与黑来脚同样的原因，日沙里木曰（安二少爷）又要求国民党打马尔红，而马尔红群众联合了一车、九口、莫红等地家支共同对付国民党，结果打死了以罗统领为首的很多人，余者败至咪姑。当时在巴姑、马尔红两面夹攻的形势下，咪姑群众也纷起消灭敌人。而敌人自知势危，急于想跑，彝族人民见国民党军惊恐万状，为了一泄七个多月的仇恨，男女老少全拿起了锄头、棍棒，漫山遍野的打击国民党，于是有的被打死，有的被缴枪抓去当了娃子，余者仅 300 多人经甘沟、卡哈罗狼狈地跑出彝区。

第四部分　清代冕宁县彝族
档案资料选编①

一、行政管理

（一）机构

1. 分县、游府
【乾隆二十九年七月十七日靖远营移会】

为札查事。本年六月三十准贵正堂移会，前事除原移有案不录外，等因。准此，敝府随将本营所属周围界址接壤情形，猓夷数目，相应开单移送。为此合移贵正堂，请烦查照施行。须至移会者。

计粘单一纸

右移

署四川宁远府冕宁县正堂加三级纪录六次姜

计开

靖远营原制额管辖四至：

东至特罗，交建昌中营叠务界，离本营七十里。南至水口，交建昌右营热水界，离本营一百四十里。西至太平桥，交冕山营新改路界，离本营五十里。北至龙潭沟相岭顶，交越西营界，离本营一百一十里。

以上靖远营所属凉山各村堡夷民一千六百一十五户，名曰猓猡，内有黑白骨头分别。其白骨头系黑骨头之家奴，应听黑骨头所管，坐居零星杂处，耕此弃彼，搬移不常，并无土司土目管辖。相应登明。

---

①　一、这部分资料是从四川省档案馆所藏清代冕宁县档案资料中选编而成的。

二、档案中所谓的"夷"、"番"、"番夷"等名称，是泛指彝族及其他少数民族。在选编中，除在"西番"一目里辑录部分"番"的资料外，不再对"夷"、"番"作具体的区分或注释。

三、对少数有助于研究当时、当地经济关系及生活习俗的汉人资料，也予以收入。

四、有些档案采用摘录方式，用〈上略〉、〈中略〉、〈下略〉加以表示。

五、档案原件破损、错落及文字不通之处甚多，在保持原貌基础上，力求加以勘误。

六、清代冕宁县彝族档案资料的初选工作是四川省档案馆张永海完成的，后由四川民族研究所冉光荣和省档案馆刘君共同编辑定稿。

【乾隆□年宁远府某陈条】

〈上略〉

一、土司拿解重犯之宜明立赏格也。查宁郡所属半多夷地，遇有命盗案件，或系熟夷，或系野番，往往事后逃入山巢，骤难弋获。向系责令各该管土司擒献，酌量奖赏，然不分别案犯轻重，明立赏额，无以鼓舞任事者之心。卑职管见，拟将明火劫杀、伙众轮奸、越狱潜逃等犯，定为头等；谋故杀人、聚众捆卖汉人等犯，定为二等；至白昼抢夺，伙谋拉当，以及窃盗多赃等犯，定为三等。该土司头目人等，果能于限内全获解究，头等赏额银八十两，二等赏额银六十两，三等赏额银三十两。倘获盗不全，或首犯未获，酌赏一半。地方牧令同卑职自行捐给，有能额外加赏，听从其便。倘蒙俯允，容俟奉批至日，卑职行令各属，刊刻告示，于各土司地方遍行晓谕。不特土目人等愈加勇跃，奋勉擒拿，即蠢野愚番亦见不能漏网，咸知儆惕矣。

一、额设壮役之宜整饬也。查壮丁一项原为看守仓库，护解钱粮等项而设，例应各备弓箭鸟枪，不时操练，以资防守，是以工食较诸他役独多。今查卑职衙门以及所属各州县壮役，不但历来从未操练，而弓刀等械全不制备，兼有以老迈之人充数者，名失其实，殊非慎重守护之道。况宁郡地居苗疆，番夷杂处，各宜严肃，若不实力整饬，无以壮威而资弹压。卑职到任后，查明老弱者尽行革除，另选年力强壮之人充当，弓箭、腰刀、鸟枪务使制备齐全，每月操演一次，并行令所属州县仿照整顿，庶壮役不致虚设，而仓库钱粮均得赖以守护矣。

一、存厂铜斤宜令承办之员运竣也。查各厂委员，例应一年期满更换，该员任内所出铜斤，自应全数运出，方免积贮。今查各厂员每至期限将满之时，将月产铜斤任听堆贮厂内，文檄频催，罔能赶运。直俟新任到厂，即推卸承办，观望迟延，实于铜政有误。卑职管见，请嗣后凡遇厂员期满，任内存厂铜斤务须如数运建。倘有未运之铜，即新任已到，亦责令运毕，方许回任。如此定立章程，庶厂员无可推卸，而厂铜亦免堆积之弊矣。

一、厂员应请分别奖励也。查各员奉委到厂，知系一年更换，往往视如传舍，不肯实力整顿，全在总理之员严加查察。其有因循怠忽办理不善者，详请撤回；其有侵隐透漏废弛厂务者，详揭请参，以示惩儆。但其中能有实心任事，俾该厂情形日有起色之员，若不加以奖劝，无以鼓励其黾勉之心。卑职请嗣后遇厂员期满之时，确查该员在厂果能实心办理，调剂得宜，以致该厂碛砂旺盛，月产铜数较前□□□□□□记大功一次，以示奖劝，庶各厂员咸知观感，愈加奋勉矣。

一、白咸厂课银宜令解贮府库也。查黎溪一厂出产白铜，向系官收本色，委员运卖。今奉文改收折色，每月抽收课银约有四五百两不等，此项银两若尽贮厂内，俟该员一年期满巢解，虽按月折撤有数，不敢有侵隐情弊，但为数过多；恐该员挪移亏缺，势难稽察。卑职请将该厂月抽课银，饬令按季解贮府库，俟一年期满更换，新任到厂，即令原管厂员赴府具领，巢解藩、宪库交纳，似亦防微杜渐，慎重帑项之一端也。

以上各条，卑职愚昧之见，是否可采，理合遵用副禀，谨请宪台大人训示祗遵。

【道光二十六年冕宁县宪纲事宜清册】

〈上略〉

一、官属

署冕宁县知县

冕宁县分驻冕山县丞

冕宁县教谕

代办冕宁县典史

（一）知县衙门：经制典吏八名，衙役二十七名，民壮二十名，禁卒八名，更夫五名，捕役二名，斗级一名，仓夫二名，仵作一名，习学仵作二名。

（一）县丞衙门：经制吏攒二名，门子二名，皂隶二名，又县拨皂隶四名，仵作一名，习学仵作二名。

（一）儒学衙门：经制学攒一名，门斗一名，膳夫一名。

（一）典史衙门：经制攒典一名，门子一名，马夫一名，快手四名。

二、赋税

额征丁条粮银八十九两八钱一分三厘，遇闰加增。

新增嘉庆十九年奉文清查续恳补首共陛报丁条粮一百二十三两三钱九分三厘四毫一丝，遇闰加增。

额徵碾榨磨课银四十九两。

额徵本色屯秋粮米一千六百七十五石三斗零四合一勺四撮六圭七粒二粟。

新增嘉庆十九年奉文清查夷地各土司升报粮米十九石八斗四升。

三、仓储

常监谷一万一千零三十二石九斗九升■九勺六撮。

社仓谷二百三十石四斗一升零一勺。

四、厂务

沙鸡铅厂、金牛铜厂，现系卑县管理。

五、学校

义馆一座，正房三间，买置义学田十六石六斗，每年认纳谷四十九石八斗。

六、兵制

靖远营游击一员、把总六员，额设马步战守兵丁三百七十五名，驻扎乾县地方，距城一百五十里。

冕山营都司一员、千把总六员，额设马步战守兵丁三百四十名，驻扎县城。

怀远营都司一员、千把总二员，额设马步战守兵丁二百二十三名。驻扎墟乡地方，距县城一百五十里。

泸宁营守备一员、千把总二员，额设马步战守兵丁二百二十三名，驻扎儿斯地方，距县城二百里。〈下略〉

【光绪二十一年冕山抚番分县清册】

一、敝分县每逢朔望于分驻地方宣扬圣谕广训，导化士民慎行无忝。

一、敝分县接递往来人犯，立时验明肘锁镣铐，分别轻重，派拨妥役递解前进，不敢疏虞。

一、敝分县分驻夷巢地方，路当冲要，奸宄混迹，随时严密查拿，间阎均各安堵。

一、敝分县分驻冕山境内，桥梁、路道、塘房、烟墩不时修葺，未敢荒废。

一、敝分县分驻冕山，现经设立义学，帮捐膏火，延请塾师，掌教贫民子弟，以培文教。

一、敝分县分驻地方，汉夷杂处，每于因公下乡劝谕开垦、筑堰、修塘，务期民无游惰地无遗利。

一、敝分县凡遇相验事件，遵设仵作，带领单骑前往验明录供，由县拟勘审转，不敢羁延。

一、敝分县稽查铺递公文，随到随递，不敢压前积后。

一、冕宁县冕山抚番县丞，系于雍正六年经前督宪岳奏奉，以冕山深处夷巢，民俗强悍，实为最要之区，弹压抚绥均关紧要，请以改土归流，奏奉上谕裁冕山所土千户，改设抚番县丞。〈下略〉

【光绪三十四年冕宁县移交清册】

〈上略〉

一、上年前署县季任内禀办三费、抽收肉酒蜡虫三项厘钱一千串，支济相验、招解、缉捕三项公用，岁余钱文及绅粮捐项置买数业，招佃收租，补助三费之用，曾经禀立章程，设局派绅经理，按月呈簿过硃，现委绅粮黄朝瑞充当局士。相应移明。

一、光绪二十七年（1901）冬间奉文新加肉厘，凑作赔款，即自是年腊月起，每猪一支加抽钱一百文，每年原收钱五百二十七千文。嗣于二十八年夏间，又经会同查办夏委员禀准肉酒并征。此项酒厘每年应收钱四百七十七千文，以一半附入肉厘，以补解款之不足；以一半留作防夷经费，缴署支用。奉批允准。光绪三十四年改办经征肉酒两项，均由经征局经收，按月造报，按季申解，另案移明。其支给防夷经费钱文，亦由经征局代收划拨。敝县任内，因拨还前任移抵欠款，及随时赏给夷兵布酒，并抚恤被害之家，截至去年九月止，尚不敷钱十二万二千二百零五文，应俟下届提还归垫，业由敝任通详报销在案。九月以后酒厘县署未收，其赏需等项，已由敝任随时垫支。相应移抵。

一、吴前县任内剿办夷务，新投黑夷十五支，自应照旧支发饷米，以期久远。旧领府发夷饷银二百五十两，不敷甚巨，禀蒙督宪批准，抽收木税。每香杉板一付抽钱六百文，活树香杉一付抽钱二百文，白杉一付抽钱一百文，枋一团抽钱一百二十文，薄料每团抽钱一百文，柱科每根抽钱二十文，大桁条每根抽钱十五文。小桁条每根抽钱五文，装板两块抽钱二文，瓦板两块抽钱一文。现由军功刘岐山经收。按月交防夷局绅，以作夷饷。又每碾榨磨一座，抽钱一串，随同正课上纳。现经贡生赵良杰公举陈正镕包收，每年缴钱五百串。一并交由防夷局绅，按月支给夷饷，及食米柴薪牙祭，并各处保送夷人来城换班，团保首人来往夫马之用。相应移明。

一、县习艺所前系附设劝工局内，敝县任内因罪犯平民萃居一处，良莠混杂，又无工厂，因于县署衙神祠旁隙地一段，修建习艺专所。环筑墙垣，办修食堂一间，左右寝室三大间，厨房一间，两厢工厂各一大间，下廊四间，厕所一间，共去工料钱四十三万五千二百二十三文。筹拨因案捐罚款，如数归垫。并因所内常款无着，禀明藩宪，将历任摊存洋药厘金及府文庙修费，连同敝任截至光绪三十四（1908年）年九月开办经征免摊之日止，共银三百二十四钱四分四厘二毫四丝，照市易钱四十五万四千七百八十二文，后由敝任筹拨罚款钱四万五千三百一十八文，共凑成钱五百千文，发交公质局，每月二分行息，支给习艺所经费。扎委捕厅严敦彝专管其事，选派司事经理收支账目，拟具禀程通禀立案。相应移明。

一、本县前办三费，禀准每酒一桶收捐钱一百文，嗣因兴办肉厘，禀准肉酒并征，每酒一桶加收钱一百文，以一半弥补肉厘解款，一半作为县中办理夷务及赏给夷人酒食、抚恤被害之家。光绪三十四年改办经征，均由经征局付收划拨。近年新政繁多，事事需款，边徼财力支绌，筹款艰难，由敝任将县中先后所办酒捐酒税设法整顿，除经征分局申解正款，并分拨三费、防夷及照案弥补肉厘外，岁可余钱千余串。敝县任内除将余款分拨劝业分所、劝学所、团保局，退还各肉酒包户押租及筹办自治事务所各处经费，截至去年八月底止，尚存钱一百一十四万一千九百一十三文。本年复拨钱二百千文作为桥工，又拨二百千文作为劝学所经费。因各包户钱未缴清，虽经谕拨，其钱尚未交付，余钱七十四万一千九百一十三文，亦由各包户延欠未缴，各包户认状存案，经收簿据存经征司事萧人伟手，应请贵任催追各包户呈缴，拨作公用。相应移明。

2. 夷兵换班制

（1）

×年各支换班夷兵名单

黑夷戈鸡：咡虎、咔别、则木子。黑夷罗洪：撒迫、什子、瓦哈。黑夷谢家：依布、阿角、阿什子。黑夷兹呢：莽都、兹哈、木呷、依呼。黑夷撒铁：瓦何。黑夷落乌：约布、列里。黑夷郎格：阿施。黑夷施鲁：牛牛。黑夷罗洪：罗往都。黑夷瓦楂：达达。黑夷卜提：罗六切。黑夷沙咱：色达、木牛、何支、列达。新收：王占有。开除：依呼。

以上夷兵二十五名

二月十七日　看役　李超、金顺、刘春、杨洪

（2）

黑夷戈鸡：咡虎、咔别、则木子。黑夷罗洪：撒迫、什子、瓦哈。黑夷谢家：依布、阿角、阿什子。黑夷兹呢：莽都、兹哈、木呷。黑夷撒铁：瓦何。黑夷落乌：约布、列里。黑夷郎格：阿施。黑夷施鲁：牛牛。黑夷罗洪：罗往都。黑夷瓦楂：达达、王占有。黑夷卜提：罗六切。黑夷沙咱：色达、木牛、何支、列达。新收：无。开除：无。提出转卡王占有。

以上夷兵二十五名

2月18日　看役　李超、金顺、刘春、杨洪

【咸丰九年二月廿八日夷兵约租，立卓禀状】

为禀恳作主事。情噜乌一支猓夷什丫，于咸丰六年承当夷兵，咸丰七年什丫亡故，伊兄合都承顶夷粮，仍当夷兵。于本年二月二十日什丫之弟阿租，领同什丫娃子克叽十人背米五石回家，路过北山关，突被汉民严国学诬赖克叽，咸丰六年将伊捆卖等语，喊禀北山关讯，将克叽移送恩案。但克叽素不非为，夷等共知无捆卖人口情事，严国学凭空诬害夷良，难以聊生，夷等妄禀徇隐，愿受倍处。伏乞大老爷作主施行。

县正堂批：克叽有无捆卖人口情事，堂讯自明，毋得插渎。

【咸丰十一年二月初九日夷兵约租、日列等诉状】

为诉明电察事。情夷自祖遗业，守分苦耕，毫不滋非。因咸丰六年，越西、普雄各处野夷出巢滋扰掳掠，前任李县主请兵剿贼。平息之后，恐夷匪复来扰害，沐恩招夷兵十人，在案办公。夷等遵办公事，并无紊乱。殊野夷等迭行滋事，不分界址，屡与汉民成仇掳掠。今岁正月间，擦罗地方野夷掳掠汉民，越西王千户无凭质证，平空申文来案，捏称夷等私通熟夷掳劫。等情。今夷密查各处夷地居住夷民，并无出外私纠夷匪情事。倘有扶同弊端，获案究办，夷等自干坐罪。但凉山野夷出入，共有山路四处，夷等难以拦阻，为此诉恳作主。

【咸丰十一年三月初八日夷兵拉租等禀】

为禀明事。情夷承保约租往唤月拉、立卓、拖达来案承当差事，限期本月初六日销差。不意初三日，三岔河地方陡遭夷匪劫抢过客布线盐巴，有保头曲木兹对约租说知其情，即行查访，系是子马胯呷芦家一支猓夷所抢，系是河道王千户所管之夷。今约租亲同乌租至河道访查其事，办理过客被抢之物，一时不能到案，兹着娃子二娃向夷等说知。为此禀明仁天，祈恩宽限六日，夷兵约租等来案办公。伏乞大老爷台前作主施行。

县正堂批：姑准宽限，如过期不到，定惟尔等是责。

【同治二年三月十三日夷兵约租等禀】

为据情禀明，恳恩作主事。情因凉山野夷屡行出巢扰害地方，恶阻行商以通往来。缘夷兵等各支黑夷，沐恩教泽，体恩办公，甘愿保路通商，汉夷安堵如初，切结备案，妄为倍处。所有恩治地界，夷兵各支黑夷并无设哨情事。兹因越西汉民黄团头，黑夷要租、马老二等，在王千户地界沙木林、干海子、毛茹厂各处地方任意设哨，索取商民钱文。但伊等阻滞道路之弊，嚼利移害之情，只得据实禀明，恳恩作主。

被禀　朋串汉民黄团头、哨设黑夷要租、马老二等

着落　王千户

县正堂批：候札饬王千户迅即裁撤，以安商贾而靖地方。此谕。

【同治二年三月夷兵约租等结状】

为永远承认保路事。实认保得小路一带地方，自水海子起，至攞儿窝止，如有外来夷匪，以及夷等使娃纠众拦抢来往客商军民人等货物银钱，一力有约租承认，加倍赔还，不得潜藏隐匿，另生别故。所有正月初六日，普雄野夷出巢，将大桥、大村、拍夫、糯白、瓦额即白扬树、苗处、大盐井等处民房概行烧毁，并捆去男妇幼孩人口，夷等甘愿托人至普雄地方，将捆去各地男妇幼孩全数查办出巢，各安生业。倘后夷等看路再有抢夺情事，惟夷等加倍坐罪。中间不虚，出具永远保路切结备案是实。

承认永远保路甘结　落乌约租

呷呷

乌促

呢雀

夷兵　什租

【咸丰×年夷兵保路界限】

〈上残〉

自咸丰六年凉山野夷反乱，叶百户所管落乌一支夷兵，千户约租、呷呷、什列，戈鸡一支夷兵，千户月挪，谢家一支娃达、谢兹，三支六名同保路□□□□□□剿办夷务，与落乌一支分界保路，上齐菩萨岗，下齐黄木呷，系谢家一支谢兹保路。黄木呷起，至青岗林，系落乌阿的一支铁合、什徒、合鹊保路，伊三人现在当差。青岗林起至拖乌，系戈鸡一支、黑夷约租、白夷弓雀众堡保路。拖乌至滥坝系谢家一支夷兵咱呷、博什子、曲乎、克姑四人保路。滥坝至老烧房系落乌阿什一支夷兵呷呷、列作，合都弟兄三人保路。老烧房至青岗坪，系落乌一支哈达、挪达、兹合、扣耳，阿枯一支耳哥子、乌助六人保路。青岗坪至海子边，系落乌一支鸡徒、赊兹、兹徒、必鸡、略略五人保路。海子边至姜千户油梨子树地界，系落乌一支什雀、克阿乜二人保路。

【同治三年十一月十四日夷兵罗洪一支戈鸡一支谢家一支落乌一支众夷兵等恳状】

为恳恩垂怜赦宥无辜事。情于本月初九有日列娃子石雀，因在米市将民妇唐氏耳环闯落一支，被唐氏将毡襖脱去，无钱赎取，只得回家变钱。又因众夷兵俱齐候差，有日列未至，是以夷等特专石雀回家催日列来恩下候差，与伊变钱赔唐氏耳环。殊伊由东河过船，因船家收船，只得由沙湾过桥。走至马黄屯，突被团众拿获，言伊劫抢，不分皂白，送至恩案。恩主将伊木笼示众，曷敢妄渎。但石雀系守分夷人，并无劫抢情节，况伊在当差之例。今既获罪，伏祈恩施格外悯念，石雀若果有劫抢情节，夷等甘愿罪咎。惟冀网开三面，赦宥无辜，夷等含恩无暨，为此恳乞大老爷台前赏准施行。

【同治八年正月初三日冕宁县等会禀】

禀督宪，会衔红白禀。敬禀者。窃卑职利川奉藩、臬宪转奉宪台札饬，前往宁远府所属州县，查明所设官私卡房，一律拆毁，所押干连人证，并一应轻罪人犯，概行取保候质。凡系举贡生监及有顶戴职官，一概取保听其自行住歇候质，不准轻率用刑。所有各属曾经押卡之人，查明共若干名，分别平民士子职员，及现收外监各犯，开具花名事由清册两本，回省销差。等因。奉此。叩辞后遵即束装起程，前赴越西、盐源、西昌，曾将奉查情形禀明在案。

于十二月二十六日行抵冕宁，谨会同卑职辉，遵查冕宁县罪关斩较〔绞〕重犯，均照例禁固内监，徒罪以下及寻常窃盗暂收外监，现仅六名，此外并无卡房。惟另有夷兵所一处，高墙厚壁，在署内二堂西侧，内有夷兵二十八名，轮流常川上班当差，以保地方。该处有事，令其禀报严拿，口食米盐均由地方官捐廉支应，并无刑具，系权为羁縻夷人之所。兹奉前因，自应由卑职辉出具永不添设卡房切结。遵照定例，斩绞军流重犯俱禁内监，徒杖以下俱禁外监，笞杖轻罪及证佐人等，均取妥保候质，人证一齐，即便质讯明确，立予省释。至举贡生监人等，向未妄押，即或经涉讼，概令取保候审，断不敢肆意滥押，致滋株累，以释宪。所有外监人犯及夷兵二十八名，另由卑职利川开其人犯姓名事由数目，缮折赍呈。〈下略〉

合都换班案　（1）**【光绪五年三月二十四日文生丁玉涵等保状】**

具保状。文生丁玉涵、贡生赵殿香、武生陆启俊、团首邓启俊、团总赵绪淮、团首贾世礼、文生赵绪琥、满吏姜鸿京、地保赵定邦、粮民周建亭、领役蔡升等，为据情禀明恳请察夺事。缘黑夷蝉都等投称等情前来，立出承认更换夷兵，保境清平，永不滋事文约。罗洪一支黑夷蝉都，住牧小格达纳粮。落乌一支当家使娃宜贵，住牧街街纳粮，汉呷儿住牧巴堡纳粮，乔长命住牧可家落纳粮，木哩住牧杀叶马纳粮，呼雀老三住牧和尚冲纳粮。落洪一支黑夷兵呷耳住牧野鸡洞，谢家一支黑夷兵落密住牧羊落。情落乌一支黑夷合都在案羁縻食粮，至今数载，未曾更换。现今年已衰迈，旧疾时发，诚恐一旦身故，无从着落。夷等思维合都支属甚众，其亲支等更多得力，伊胞兄义着有子八人，长子名姑鸡子，年三十二岁，岳家思略；次子依乌，年二十九岁，岳家□□；三子依列，年二十六岁，岳家则略；四子阿牛，年二十一岁，岳家戈鸡天呷；五子鸡鸡，年十六岁。小婆子所生大子耳哒，年二十九岁；二子依雀，年二十三岁；三子色拉，年十六岁。岳家撒他呷呷之子，大子鸡铁子，年三十八岁，岳家嚕支；次子黑呼，年二十八岁。合都有子五人，长子阿和子，年二十七岁，岳家戈鸡撒他；次子卜姑，年二十四岁，岳家阿撒他；三子□兹，年二十二岁，岳家岭土司一支；四子卜拉，年十六岁，无岳家；五子年幼。皆已年富力强，恳照原案轮流更换，以保阖邑大小两路并四乡抢劫偷盗，夷等相商明确，众皆悦服。是以公请阖邑绅粮转恳父台，将合都令伊亲丁子侄夷等引赴来城，并请喇嘛房、拖乌、大盐井、大桥等处当事首人，以及恩案领役，眼同认识，一并请阖邑绅粮验明，其中并无白夷他支虚冒顶替情弊。如蒙更换之后，所有四乡小偷，夷等原不能兼照，至偷牛盗马大小两路抢劫等事，一力有合都亲丁子侄承担。其伊如不认真办公，有蝉都等一力承担。其蝉都等如有推卸，有木哩、呼雀二人承担。公同连环认实担保，恳请阖邑绅粮俯允，以期汉夷相安，两好无猜。是以甘愿出具连环保约，呈付阖邑绅粮公同存照为据。生等当集阖邑绅粮人等，在城隍祠会同商议，词实情真，以少壮更换老弱，较为得力。况连环认识，自与差役等私相换替，更属稳妥。似此地方得以清平，大小两路得以通畅，实为公便。伏乞老爷台前俯赐察夺施行。

县正堂批：即据该绅等公议，准其连环保结更换，认真办公，以期地方安静。此谕。

（2）**【光绪五年闰三月冕宁县禀】**

敬禀者。窃照卑县夷务，自同治八年周军门督兵剿办后，勒令各支夷酋交出子弟，赴县上班，轮流更换。并蒙宪辕按季给发口食，所以示羁縻而安反侧者，至为详慎，历经各前县遵办在案。兹查有落乌一支黑夷合都、卜姑父子系著名夷酋，自光绪元年本任县令交任内，羁禁食粮，迄今四年，未经更换。据绅粮赵世知、陈志士等禀称，合都上班日久，年老患病，诚恐一旦在押毙命，该夷亲属藉口滋事，扰害地方，联名恳保前来。经验明患病属实，随会同署冕山营洪都司万先再四酌商，令各绅粮妥为筹议。旋据黑夷呷耳等暨土百户叶廷耀、喇嘛房、拖乌、大桥等处各首人，引集合都亲丁子侄，来城约会绅粮、两班领役，赴案眼同验明，委无假冒顶替。议立认保拖乌铜厂、大小两路条规，出具连环保结呈付，合邑绅粮公同存据，由绅粮等层次结保到案。查该夷合都，即非年老患病，亦应准其换班。今既老病，难期得力，又由城乡绅粮等连环结保，自当准予更换。即于本年三月二十四日亲提合都，妥加抚驭，当堂交绅粮等领保，并将伊次子卜姑、四子卜拉羁禁当差。现在该夷保回后，地方安静，足以上慰宪怀，理合抄录绅粮首人土职并呷耳等保结，赍呈钧览。禀请宪台俯赐察核备案批示饬遵。为此具禀。

宁远府批：据禀落乌一支黑夷合都在押已久，年老患病，该县绅粮等与土职夷民均各出具结状，以保其子依旧换班当差等情已悉。但祗求地方静谧，夷汉相安，本府远在郡城，难以周知，仍仰该令随时察看，勿令日久疏懈，是至至要。此缴。折存。

【光绪七年三月十五日夷合都等恳状】

为恳恩施恩，赏保超释事。情咸丰六年野夷滋扰，系夷兄呷呷之名承当夷兵，各堡轮流换班。后因关老五被抢，将夷诬赖，王主拘夷父子在案当差。嗣后绅粮在郑主案下保夷合都回家，至今夷子老四在夷兵房四载，关姓之案业已了结，兹沐仁天饬令夷子呷胡子在案当差，四子老四恳祈仁天施恩超释，夷请妥实夷兵承保归家，安守本分，永不妄为。

【光绪七年八月二十日县正堂判词】

署正堂吴判谕夷兵知悉。照□□□□□□向有定章，查署中夷兵惟落乌支夷华都之子侄在衙最久，叠据呈恳释放一人，轮流换班，屡经拨饬未准。兹据落乌、罗洪、谢家三支黑夷等恳称，夷兵换班，历有定章，一月一换，有案可考。惟落乌华都之侄黑呼、儿子老四在衙将近一年，恳恩将黑呼暂行释放。其后换班之时，必须呷呷、玉竹、华都三人之子，轮流更换。如有不法等事，与夷等并百户是究前来。查现在华都之子呵合子、卜呼予等皆在住城当差，颇觉勤劳，而小路一带赖之以安，且与定章亦属相合，当即商同山长陈超然、廪生赵开图，即将黑呼放出，轮流换班，以示公允而均劳逸。此判。

【光绪十一年二月二十一日耆宿伍久安禀状】

(年四十岁，住长乡一甲，距城五十里，歇户怀德店)

为禀明事。情大脑壳系谢家一支熟夷，住居民甲耕种，数辈入团当差，毫不妄为，高山堡汛随唤即到。同治七年周军门剿办夷务，查明大脑壳等载册粮，夷民出结保伊充当夷兵。兹长乡四甲张儒桂被抢，牵控双喜大脑壳在案，沐差着落民向往唤质，因伊今正外贸，尚未归家。伊住一甲，被抢在四甲，路隔数十里，为此禀明安控。

【光绪十四年十一月二十日总团王惠堂等禀状】

为禀恳作主事。情冬月十七日下午，孙拉别等忽入马房沟场，比即惊团，铺户客商失落货物，后单粘呈。当经汛团会同拿获孙拉别等十七人，报明在案。沐饬夷兵施滋前往说和，孙拉别等承认具结，保守清乡三甲乡街地方后不偷抢，两相悦服。只得将孙拉别等送赴恩案，恳饬搭结立案，合甲戴德。

原禀 清乡三甲总团王惠堂,
地保赵开庠,团首周祯远、
许春元,廪生张光达,
文生陈镇远,粮民李怀仁、
易万发,铺民刘一兴、赵万云等
被禀 搭结认保落乌一支孙拉别等十七人
词外 说和夏兵施滋

【光绪十八年六月三十日夷兵荀福等禀】

为禀恳施恩事。情租租一支使娃那兹六人,今岁五月在新堡子刘家吃酒口角,杀伤魏姓,被汉团将六人送泸沽汛,转送案下。至文月,租租一支拉挡,捆去七屯汉民九人,沐恩伤夷兵等会同四甲夷兵陈长毛查办。因兹呢一支在汉甲置有田业,夷多汉少,恐酿巨祸。夷兵等说好,捆去汉民九人今已办回,兹呢一支吃血酒,认保地方不遭抢劫。沐恩谕夷等保回五人,留一人押案,夷等恐租租一支不悦,不敢承保。日后有事,不干夷涉,为此察明作主。

【光绪三十年二月十八日王超先告状】

(年二十八岁,住福乡四甲平坝,距城二十里)

为匪山掳抢,恳恩移关事。情于正月十三日,民母三人赴山背柴,突被越西夷兵古鸡追哏一支嗟布列巫使娃将三人捆至中所坝夷巢,逃出帮工一人,前在张主案下具控,沐批签查在案。民请夷兵四路查实,系越西二府夷兵使娃抢劫,今幸仁天降临,若不叩恳赏文往查,民母难已办出,无奈为此恳乞大老爷台前赏准施行。

被告 夷兵支娃掳捆嗟布
使娃 苏呷兹、唆格、呷呷等
着落 夷兵□□、□□

(二)土司

1. 额设

【乾隆四十二年八月冕宁县清册】

冕宁县原系宁番卫,雍正六年改卫设县,管辖大小各土千百户十四员。现在土千百户:

酥州土千户姜喳,现任姜俸学承袭。

苗出土百户撒咱别,现任谷扒呷承袭。

大村土百户也四噶,现系马开文承袭。

糯白瓦土百户纽牛,现系李遵禄应袭。

窝卜土百户兰布甲噶,现在乌布七承袭。

大盐井土百户前布汪渣,现在叶开文承袭。

热即瓦土百户牙卓撒,现在千金承袭。

中村土百户歪即噶,现在喇嘛保承袭。

架州土百户贾噶叱,现在那咱承袭。

三大枝土百户甲噶,现在宝福保承袭。

墟郎土百户济布,现在一荀承袭。

白路土百户倪姑,现在申租承袭。

河西土百户那姑，现在衣租承袭。

阿得桥土百户暮庚，现在业咱承袭。

以上土千百户共十四员，均系西番苗裔，康熙四十九年报明招抚土司番蛮等事案内，投诚归顺授职。原属营员管辖，于雍正六年，为仰伏天威等事案内改土归流，所有应纳粮石，招于各土千百户名下，赴冕山营完纳。雍正十二年改土归流，夷粮请归文员征收案内，将各土千百户粮石详归文员管理。其部落户口仍听各土司约束，未入编审，并无土产，俱系务田，每岁上纳粮石。其服食居处，与汉人无异。

再查宁番卫原有安抚司一员安承裔，管辖土百户十一员：摆占田百户大咱、坝显百户沙家、白路百户倪姑、墟郎百户济布、河西百户那姑，系猡猓苗裔。耳挖沟百户达安、皮罗百户七儿、三渡水百户顺都、水墨岩百户韩雅、瓦尾百户卢沽、大水凹百户那咱，系猿猱苗裔。于康熙四十九年奉旨招抚番蛮等事案内，闻风开报户口，率领部落投诚授职，认贡杂粮，各领印信号纸，原属营员管辖。

雍正五年于安承裔为特参纵逆不法等事案内，因征三渡水猓猱，违误粮夫，杀死通事谢天德一案参革，奉旨充发，所管部落经提督部院岳奏准，统于建昌凉山案内改土归流，止留白路、墟郎、河西地土百户三员，余俱奉裁，其印信号纸追缴在案。所属部落户口设立乡约保长约束，番蛮已入编番，归流官管辖。至认纳粮石，赴冕山营完纳。雍正十二年于改流夷粮请归文员征收案内，各应纳粮石详归文员管理。其居处服食与汉人无异，并无土产。

又桐槽乾县原设有土千户一员菊花别租，兼辖土百户六员：小相岭百户薛有禄、阿得桥百户暮庚、五马山百户穆五、意咱罗〔百户〕巫路、竹路百户糯猓咱、沈喳百户阿意噜〔姑〕，均系猡猓苗裔。于康熙四十九年奉旨招抚番蛮等事案内，闻风开报户口，率领部落投诚授职，认贡杂粮。原属营员管辖，于雍正六年为仰伏天威等事案内改土归流，止留阿得桥土百户一员，余俱奉裁，其印信号纸追缴在案。所属部落户口设立乡约保长约束，番蛮已入编审，归流官管辖。其认纳粮石赴冕山营完纳，雍正十二年于改流夷粮请归文员征收案内详归文员管理。其服食居处与汉人无异，并无土产。理合登明。

【乾隆四十四年十二月二十一日宁远府札】

为插翼飞催事。乾隆四十四年十二月十六日奉本道陈宪札，案准布政司移还本道咨，送该府造赍所属各土司额缺根由籍册一案，查册内所开袭替及护理更换现存名目，均未如式查造，碍难繁转，当经发还另造在案。迄今日久，未据造赍前来。查雅州府早已赍到，惟该府一处未据申到，立等汇办，合亟插翼飞催。为此札仰该府官吏，查照先令来札飞催事理，迅将各土司原有缺项若干，现在额缺若干，查照各设年月，以及改归后有无增添裁减各原案，并袭替及护理更换现存名目，作速分析，逐一更正，汇造妥确总册四本，刻日飞赍本道，以凭汇总移司，详请咨部，毋稍片刻迟延。飞速火速，等因。奉此。合即札知。〈下略〉

【嘉庆二十年冕宁县清册】

〈前缺〉

姜启贤于嘉庆元年三月十五日详请承袭，二年二月初六日奉文领给号纸，现在供职。所管番夷寨落四处：额即、我瓦、瓦杯、勒弓。东至勒扒山，与大盐井百户呷作地方交界，相距五十里。南至酥州河，与苗出百户烹磋地方交界，相距十里。西至长河，与大村百户马开文地方交界，相距二十里。北至影壁山，与大盐井百户呷作地方交界，相距四十里。离县城三十里。所产杂粮十四石五斗，原管户口六十五户，并无出师功绩加衔顶戴，亦无朝觐贡物。理合登明。

一、架州土百户一员里五，于康熙四十九年奉文招抚土司番蛮等事案内投诚授职，颁给康字八千四百零三号印信一颗，号纸一张任事。里五于雍正九年病故，嫡生长子贾噶叱十一年承袭，换给号纸任事，乾隆十六年正月二十一日病故。嫡生长子那咱于十七年正月二十五日详请承袭，十八年四月换给乾字一万一千七百三十八号印信一颗，号纸一张任事，嘉庆八年正月十二日病故。嫡生长子李遵学承袭，是年十月初一日病故。嫡生长子李印春承袭，十年三月二十一日换给号纸，现在供职。所管番夷寨落六处：架州、九卜、三代、擦拉、碗各小打。东至轻森山，与冕山营分驻北山关汛地方交界，相距三十里。南至余宅碾，与架水沟交界，相距十五里。西至三代坎，与窝卜百户伍廷辉地方交界，相距二百里。北至樟木沟，与糯白瓦百户李遵文地方交界，相距四十里。离县城二十五里。所产杂粮二十一石，原管户口一百户，并无出师功绩加衔顶戴，亦无朝觐贡物。理合登明。

一、苗出土百〔户〕一员热郎巴，于康熙四十九年奉文招抚土司番蛮等事案内投诚授职，颁给康字八千四百七十号印信一颗，号纸一张任事，六十一年病故。嫡生长子撒咱别承袭，换给号纸任事，乾隆十七年七月初六日病故。嫡生长子谷扒呷承袭，十九年颁给乾字一万一千七百五十七号印信一颗，号纸一张任事，五十年二月二十四日病故。嫡生长子姜磋承袭，十一年十二月三十日换给号纸，嘉庆二十一年八月初二日病故。无子，例应亲侄烹磋过继为子，详请承袭，现在供职。六月二十八日换给号纸，现在供职。所管番夷寨落五处：苗出、枯别、窝使扒、火炭堡、小各打。东至勒扒山，与大盐井百户呷作地方交界，相距三十里。南至小盐井，与中村百户马成朋地方交界，相距二十里。西至长河，与大村百户马开文地方交界，相距十里。北至酥州，与千户姜启贤地方交界，相距十五里。离县城三十里。所产杂粮二十石，原管户口五十九户，并无出师功绩加衔顶戴，亦无朝觐贡物。理合登明。

一、大村土百户一员也四噶，于康熙四十九年奉文招抚土司番蛮等事案内投诚授职，颁发康字八千四百五十二号印信一颗，号纸一张任事，雍正二年病故。嫡生长子牛吗咱承袭，换给号纸任事，乾隆二十三年十月初七日病故。嫡生长子董别承袭，二十七年换给乾字一万二千五百九十八号印信一颗，号纸一张任事，三十八年四月二十七日病故。嫡生长子马开文承袭，因年未及岁，详请董别之胞弟马化麟护理，五十六年六月二十日详请马开文承袭，五十七年三月二十七日换给号纸，现在供职。所管番夷寨落五处：大村堡、即尾、擦拉、白鸡、哑巴堡。东至长河，与酥州千户姜启贤地方交界，相距十五里。南至糯白瓦桥，与中村百户马成朋地方交界，相距五里。西至架州山，与百户李印春地方交界，相距十里。北至糯白瓦，与百户李遵文地方交界，相距三十里。离县城二十里。所产杂粮十一石一斗，原管户口一百三十五户，并无出师功绩加衔顶戴，亦无朝觐贡物。理合登明。

一、糯白瓦土百户一员纽牛，予康熙四十九年奉文招抚土司番蛮等事案内投诚授职，颁给康字八千五百零五号印信，号纸一张任事，六十一年病故。嫡生长子别儿承袭，换给号纸任事，乾隆二十五年五月二十五日病故。嫡生子别列呷承袭，二十六年换给乾字一万二千五百八十号印信一颗，号纸一张任事，三十八年闰三月初一病故。嫡生长子李遵禄年未及岁，是年详请那咱护理，四十七年五月初三日详请李遵禄承袭，换给号纸任事，五十五年五月二十五日病故。胞弟李遵文承袭，五十六年二月二十九日换给号纸任事。所管番夷寨落四处：糯白瓦、温州瓦、大格打、买五。东至糯白瓦水源交界，相距二十里。南至北山关，与架州百户李印春地方交界，相距五里。西至小格打，与百户李印春地方交界，相距五里。北至明正司交界，相距三十里。离县城三十里。所产杂粮二十二石，原管户口七十户，并无出师功绩加衔顶戴，亦无朝觐贡物。理合登明。

一、大盐井土百户一员前布汪渣，于康熙四十九年奉文招抚土司番蛮等事案内投诚授职，颁给康字八千五百一十号印信一颗，号纸一张任事，乾隆五年病故。嫡生长子里马叱承袭，换给号纸任事，十六年九月十八日病故。嫡生长子者布叶承袭，十八年换给乾字一万一千六百九十二号印信一颗，号纸一张任事，四十年四月初八日病故。无子，亲侄叶开文承袭，四十一年六月十二日换给号纸任事，嘉庆十一年八月初九日病故。例应嫡生长子叶朝栋承袭，因年未及岁，详请叶开文之胞弟呷作护理，现在供职，号纸尚未换给。所管番夷寨落五处：大盐井、姐糯站、勒扒、拖乌、糯巴堡。东至勒扒山，与越西厅交界，相距二十里。南至与酥州千户姜启贤地方交界，相距二十里。西至长河，与我瓦山交界，相距二十五里。北至咱耳山，与明正司地方交界，相距二十里。离县城六十里。所产杂粮十四石零五斗，原管户口一百三十九户，并无出师功绩加衔顶戴，亦无朝觐贡物。理合登明。

一、热即瓦土百户一员牙卓撤，于康熙四十九年奉文招抚土司番蛮等事案内投诚授职，颁给康字八千五百三十号印信一颗，号纸一张任事，乾隆五年十二月初二日病故。嫡生亲长孙千金承袭，十七年七月换给号纸任事，四十九年三月十四日病故。嫡生长子金开学承袭，五十年换给乾字一万五千九百零七号印信一颗，号纸一张任事。嘉庆十九年九月二十四日病故。嫡生长子金玉福详请承袭，二十二年二月二十七日换给号任纸事，现在供职。所管番夷寨落五处：热即瓦、扯羊览、金堡、打骂鸟、曹姑。东至白石营交界，相距二十里。南至深沟交界，相距二十五里。西至长河交界，相距十五里。北至与中村百户马成朋地方交界，相距十里。离县城二百五十里。所产杂粮六石八斗，原管户口六十七户，并无出师功绩加衔顶戴，亦无朝觐贡物。理合登明。

一、中树土百户一员歪即噶，于康熙四十九年奉文招抚土司番蛮等事案内投诚授职，颁给康字八千四百五十七号印信一颗，号纸一张任事，六十年病故。嫡生长子牛马叱承袭，六十一年病故。歪即噶嫡生长子孙喇嘛保于雍正二年承袭，换给号纸任事，乾隆四十五年七月初十日病故。嫡生三子马成鹏承袭，五十五年六月内换给乾字一万六千二百七十号印信一颗，号纸一张任事，现在供职。所管番夷寨落五处：中村堡、阿欺桥、小盐井、约角、五宿堡。东至茶园山，与苗出百户烹磋地方交界，相距三十里。南至五宿，与三大枝百户印照学地方交界；相距二十里。西至瓦糯桥，与大路交界，相距十里。北至与酥州千户姜启贤地方交界，相距十里。离县城十里。所产杂粮六石六斗，原管户口六十七户，并无出师功绩加衔顶戴，亦无朝觐贡物。理合登明。

一、三大枝土酉户一员甲噶，于康熙四十九年奉文招抚土司番蛮等事案内投诚授职，颁给康字八千四百五十七号印信一颗，号纸一张任事，雍正十年病故。嫡生长子毕尔咱承袭，换给号纸任事，乾隆十三年九月二十八日病故。嫡生长子宝福保承袭，换给乾字一万一千六百六十二号印信一颗，号纸一张任事，四十三年六月二十七日病故。嫡生长子印文选承袭，四十五年六月初三日换给号纸任事，嘉庆五年正月三十日病放。无子，嫡亲侄印照学年未及岁，是年详请印照学之父印文礼护理土务，十四年八月初十日详请印照学承袭，换给号纸任事，现在供职。所管番夷寨落四处：呷斯、么别堡、结果猡、麻叶冲。东至猓猡关，与登相营汛交界，相距五十里。南至呷妈山，与高山堡汛交界，相距二十里。西至观音岩交界，相距十里。北至结果猡，与中村百户马成鹏地方交界，相距四十里。离县城十里。所产杂粮二十三石一斗五升，原管户口一百二十二户，并无出师功绩加衔顶戴，亦无朝觐贡物。理合登明。

一、窝卜土百户一员兰布甲噶，于康熙四十九年奉文招抚土司番蛮等事案内投诚授职，颁给康字八千四百八十号印信一颗，号纸一张任事，五十三年病故。嫡生长子阿鲁别承袭，换给号纸任事，雍正十一年病故。嫡生长子打谷别十二年承袭，换给号纸任事，乾隆三十五年十一月初八日病放。嫡生长子乌布叱详请承袭，三十七年换给乾字一万四千四百零七号印信一颗，号纸一张任事，嘉庆十一年七月初二日病故。嫡生长予伍廷辉详请承袭，十三年八月初七日换给号纸任事，现在供职。所管獏猱寨落四处：窝卜堡、中间堡、脚烛堡、儿斯堡。东至㾾牛山，与约乐口交界，相距六十里。南至黄草梁，与黑礓汛交界，相距五十里。西至打冲河，与泸宁营交界，相距七十里。北至明正司交界，相距二百里。离县城一百五十里。所产杂粮三石一斗，原管户口二百一十五户，并无出师功绩加衔顶戴，亦无朝觐贡物。理合登明。

一、河西土百户一员那姑，于康熙四十九年奉文招抚土司番蛮等事案内投诚授职，颁给康字八千四百九十号印信一颗，号纸一张任事，雍正八年病故。嫡生长子布喳承袭，换给号纸任事，乾隆三十一年九月病故。嫡生长子喳拉保承袭，三十四年换给乾字一万四千零八号印信一颗，号纸一张任事，三十九年三月初八日病故。无子，嫡亲侄依租承袭，四十年七月二十三日换给号纸任事，嘉庆十一年六月初十日病故。嫡生长子杨正禄承袭，十三年正月二十五日换给号纸任事，现在供职。所管猓夷夷落四处：纳拉白、滥坝，葛家堡、山脚下。东至大河，与高山堡汛交界，相距十里。南至长山嘴，与白路土百户申光先地方交界，相距五十里。西至大山，与嘉顺营地方交界，相距一百里。北至马房沟，与三大梗百户即照学地方交界，相距二十里。离县城五十里。所产杂粮三石一斗，原管户口三十三户，并无出师功绩加衔顶戴，亦无朝觐贡物。理合登明。

一、墟郎土百户一员济布，于康熙四十九年奉文招抚土司番蛮等事案内投诚授职，颁给康字八千四百一十二号印信一颗，号纸一张任事，乾隆二年六月二十日病故。嫡生长子噜志承袭，三年五月二十八日换给号纸任事，二十一年九月二十三日病故。嫡生长子观音保年未合例，奉文以噜志之堂兄路呷护理，二十六年九月二十〔观音保〕病故。详请咨部奉文以噜志堂兄路呷承袭，换给乾字一万二千八百三十五号印信一颗，号纸一张任事，三十年四月二十四日病故。嫡生长子二苟承袭，三十一年六月初九日换给号纸任事，五十三年十二月十三日病故。无子，嫡亲胞弟力长承袭，是年十月十三日换给号纸任事，嘉庆十年五月二十一日病故。嫡生长子沈元贵详请承袭，十一年八月二十三日换给号纸任事，现在供职。所管猓夷寨落三处：老凹沟、阿甲堡、列别堡。东至徐家沟，与怀远营地方交界，相距五十里。南至列别堡，与牛巴石土司地方交界，相距六十里。西至赶羊沟，与怀远营分驻白宿武汛交界，相距二十里。北至大堡，与白路申光先地方交界，相距四十里。离县城二百里。所产杂粮十一石一斗，原管户四十四户，并无出师功绩加衔顶戴，亦无朝觐贡物。理合登明。

一、白路土百户一员倪姑，于康熙四十九年奉文招抚土司番蛮等案内投诚授职，颁给康字八千四百零六号印信一颗，号纸一张任事，雍正十二年病故。嫡生长子波别年未及岁，详请倪姑之胞弟忆姑护理土务，嗣因波别于乾隆元年病故，此外并无应袭之人，详请忆姑袭兄职，于三年承袭，换给号纸任事，十三年正月十七日病故。嫡生长子申租是年九月十六日承袭，三十五年十月内换给乾字一万四千二百二十一号印信一颗，号纸一张任事，六十年七月二十八日病故。嫡生长子申光先年未及岁，是年九月详请申租之妻罗桂英护理土务，嘉庆十六年六月十二日详请申光先承袭，十七年三月二十八日换给号纸任事，现在供职。所管猓夷寨落五处：饿巴堡、大湾子、洗租、马石甲、五里牌。东至长山嘴，与河西百户杨正禄地方交界，相距二十里。南至南山营，与怀远营分驻白路汛交界，相距四十里。西至墟郎，与百户沈元贵地方交界，相距三十里。北至凹乌，与加顺营分驻墨地沟汛交界，相距二十里。离县城八十里。所产杂粮二石，原管户口二百七十九户，并无出师功绩加衔顶戴，亦无朝觐贡物。理合登明。

一、阿得挤土百户一员募庚，于康熙四十九年奉文招抚土司番蛮等事案内投诚授职，颁给康字八千四百二十七号印信一颗，号纸一张任事，雍正七年病故。嫡生长子遮遮承袭，换给号纸任事，乾隆三十一年八月初八日病故。嫡生长子羊租承袭，三十四年换给乾字一万四千八号印信一颗，号纸一张任事，三十九年病故。嫡生长子叶咱是年承袭，换给号纸任事，嘉庆七年八月初十日病故。嫡生长子杨正朝是年承袭，八年闰二月十二日换给号纸任事，嘉庆二十四闰四月二十四日病故。嫡生长子杨世显承袭，换给号纸，现在供职。所管猓夷寨落四处：响河坝、小白姑、大石头、擦耳岩。东至擦耳岩，与靖远营分驻黑林子汛地方交界，相距二十五里。南至大白姑，与冕山营分驻泸沽汛地方交界，相距四十里。西至沙沟营，与高山堡汛石庄塘交界，相距二十里。北至小地姑，与高山堡汛交界，相距五十里。离县城一百三十里。所产杂粮二十石，原管户口六十二户，并无出师功绩加衔顶戴，亦无朝觐贡物。理合登明。

瓦都土目一名安佐朝，由祖安承裔于康熙四十九年投诚授职，领有印信号纸。雍正五年因征三渡水獏猓，违误军粮参革，追缴印信号纸在案。其部落户口仍令该参员后嗣为土目。所管猓夷寨落五处：瓦都营、坝显堡、和尚堡、凹古脚、厦拉。东至县城交界，相距三十里。南至与白路土户申光先地方交界，相距四十里。西至瓦尾汛地方交界，相距二十里。北至怀远营分驻哈哈汛地方交界，相距五十里。离县城三十里。所产稻麦杂粮九石，原管户口二百六十六户，并无出师功绩加衔顶戴，亦无朝觐贡物。理合登明。

一、木术凹土目一名鄢成贵。由祖那咱于康熙四十九年投诚授职，领有印信号纸，雍正五年因征三渡水獏猓，违误军粮参革，追缴印信号纸在案。其部落户口仍令该参员后嗣为土目，所管番夷寨落五处：木术凹、落西山、那架瓦、木拉罗、约乐口。东至大路交界，相距十里。南至瓦尾汛交界，相距三十里。西至紫姑别夷人地方交界，相距八十里。北至窝卜土百户伍廷辉地方交界，相距六十里。离县城三十里。所产稻麦杂粮十一石四斗。原管户口一百四十六户，并无出师功绩加衔顶戴，亦无朝觐贡物。理合登明。

一、瓦尾土目一名卢朝佐，由祖卢沽于康熙四十九年投诚授职，领有印信号纸，雍正五年因征三渡水獏猓，违误军粮参革，追缴印信号纸在案，所管獏猓寨落五处：瓦尾堡、百宿瓦、水墨岩、赶到底、麦地沟。东至白路土百户申光先地方交界，相距二十里。南至糯西山交界，相距五十里。西至儿斯河交界，相距六十里。北至羊房子交界，相距三十里。离县城五十里。每年认纳条银三两八钱三分六厘，原管户口二百六十六户，并无出师功绩加衔顶戴，亦无朝觐贡物。理合登明。

一、耳挖沟土目一名达朝德，由祖达安于康熙四十九年投诚授职，领有印信号纸，雍正五年因征三渡水獏猓，违误军粮参革，追缴印信号纸在案，其部落户口仍令该参员后嗣为土目，所管獏猓寨落五处：耳挖沟、黑箐沟、纳窝堡、长脚堡、绵沙湾。东至徐家沟，与西昌县地方交界，相距十五里。南至老挖沟，与西昌县之牛巴石土司交界，相距二十里。西至瓜别山梁，与明正司交界，相距三百里。北至泸宁大河，与红岩子交界，相距二百五十里。离县城二百里。所产杂粮五石五斗五升，原管户口二百三十三户，并无出师加衔顶戴，亦无朝觐贡物。理合登明。

一、七儿堡土目一名叱儿，由祖穆别于雍正五年征剿三渡水，踩踏路径勤劳有功，赏给土目。所管番夷寨落九处：七儿堡、庙顶堡、纳安堡、木罗堡、皮罗堡、钱阁楼、接兴堡、糯居堡、扒挞堡。东至嘉顺汛，与黑礚汛交界，相距二十里。南至与盐源县瓜别交界，相距五十里。西至卓和营，与明正司交界，相距四十里。北至卡卡汛，与窝卜土百户伍廷辉交界，相距四十里。离县城一百五十里。每年认纳条银十二两三钱零六厘，原管户口一百六十六户，并无出师功绩加衔顶戴，亦无朝觐贡物。理合登明。

前件建昌属土千百户领有印信号纸十四员，均系西番苗裔，于康熙四十九年报明招抚土司番蛮等事案内投诚归顺授职，原属营员管辖。于雍正六年为仰伏天威等事案内改土归流，所有应纳粮石，各土千百户原赴冕山营完纳，雍正十二年夷粮改归文员征收，其部落户口仍听土司约束，未入编审，并无土产。其服食居处与汉人无异，理合登明。

一、安抚司安承裔并所管土百户共十二员，内裁革九员：

一、安抚司安承裔
一、摆占凹土百户大咱
一、坝显土百户沙家
一、挖耳沟土百户达安
一、波罗土百户七儿
一、三渡水土百户顺都
一、水墨岩土百户韩雅
一、瓦尾土百户卢沽
一、木术凹土百户那咱

前件安抚司并土百户共十二员，除河西、墟郎、白路三员现在授职，造入前件十四员内，余九员俱系猓猡苗裔，于康熙四十九年奉告招抚番蛮等事案内率领部落投诚授职，认纳杂粮，各领印信号纸，原属营员管辖。雍正五年安承裔为特参纵逆不法等事案内，因征三渡水猓猡违误粮夫，杀死通事谢天德一案，奉旨充发。所管部落，经提督院岳奏统于建昌凉山案内改土归流，止留白路、墟郎、河西三员，其余俱奉裁革，印信号纸追缴在案。所属部落户口设土目约束，未入编审，并无土产，所有认纳粮石原赴冕山营完纳，雍正七年夷粮改归文员征收。其俗鄙野，服褐衣短裤，与汉人稍异。理合登明。

一、乾县土千户菊花别租并所管土百户七员内，裁革六员：

一、乾县土千户菊花别租
一、小相岭土百户薛有禄
一、五马山土百户穆五
一、意咱罗土百户巫路
一、竹路土百户糯猓咱
一、必力沈嗜土百户阿意噜姑

前件土千百户共七员，内除阿得桥一员现在授职，造入前件十四员内，余六员均系猓猡苗裔，于康熙四十九年奉旨招抚番蛮等事案内，率领部落投诚授职，领有印信号纸，认纳杂粮，原属营员管辖。于雍正六年为仰伏天威等事案内改土归流，止留阿得桥一员，其余俱奉裁革，印信号纸追缴在案。所属部落户口设立耆宿约束，未入编审，并无土产，所有认纳粮石原赴冕山营完纳。雍正十二年添设靖远营，惟阿得桥、小相岭两处夷粮改归文员征收，余仍由靖远营征收。其俗贪鄙，椎髻竹簪褐衣，不粒食，并无土产。理合登明。

【道光七年十二月十二日冕宁县吏房书办王德芳禀】

吏房书办王德芳为恳请给发戳记，以专稽考事。查得县属各土千百户土目等，均系投诚咨部，各有所管界址，弹压地方，约束夷民，使其地方安静，夷民咸知敬服。每逢呈文造册，钤过印信，以便清查。嗣各土司等均有印信，而土目等似无权柄，恳恩赏给戳记，目等呈文具禀，亦皆杜其弊伪，庶使至公有益，如必沾其德泽。今将各土目姓名开呈，为此恳乞大老爷台前察夺赏准施行。

计开：

瓦都营土目安佐朝

瓦尾土目卢朝佐

七耳堡土目叱儿

耳挖沟土目达朝德

木术凹土目鄢成贵

县正堂批：准给戳记。

【道光八年二月初五日土目鄢成贵领状】

实领得蒙恩赏给戳记一颗，土目当堂承领任事讫。中间不虚，领状是实。

【道光八年二月初五日土目叱儿领状】

实领得蒙恩赏给戳记一颗，土目当堂承领任事讫。中间不虚，领状是实。

【道光二十八年冕宁县清册】

冕宁县所属各土千百户十四员：

一、酥州土千户一员姜复盛，现年三十三岁，于道光十七年承袭，领有号纸，现在供职。所管地方，东至勒扒山五十里，与大盐井百户叶朝德地方交界。南至酥州十里，与苗出土百户罗成兴地方交界。西至长河二十里，与大村百户马应龙地方交界。北至影壁山 40 里，与大盐井百户叶朝德地方交界。理合登明。

一、架州土百户一员李正龙，现年三十八岁，于道光二十六年承袭，领有号纸，现在供职。

一、苗出土百户一员罗成兴，现年二十五岁，于道光二十一年承袭，领有号纸，现在供职。

一、大村土百户一员马应龙，现年二十岁，于道光二十六年承袭，领有号纸，现在供职。

一、护理糯白瓦土百户土妇李卜氏，现年三十八岁，于道光二十二年八月间详请护理。

一、大盐井土百户一员叶朝德，现年三十岁，于道光二十二年承袭，领有号纸，现在供职。

一、热即哇土百户一员余得禄，现年二十三岁，于道光二十一年承袭，领有号纸，现在供职。

一、中村土百户一员马兴贵，现年二十三岁。于道光二十一年承袭，领有号纸，现在供职。

一、三大枝土百户一员印玉龙，现年二十七岁，于道光十八年承袭，领有号纸，现在供职。

一、窝卜土百户一员戳拉呷，现年三十六岁，于道光十六年承袭，领有号纸，业已被毁，现在另文详请给发。

一、河西土百户一员杨世福，现年二十一岁，于道光二十三年承袭，领有号纸，现在供职。

一、墟郎土百户一员沈应龙，现年三十五岁，于道光十七年承袭，领有号纸，现在供职。

一、白路土百户一员申光荣，现年四十七岁，于道光十三年承袭，领有号纸，现在供职。

一、阿得桥土百户一员杨世显，现年四十七岁，于嘉庆二十四年承袭，领有号纸，现在供职。

一、土目五名，未领印信号纸。

一、瓦都土目一名安佐朝，现在四十九岁，于嘉庆二十三年承袭，领有委牌，现在供职。

一、木术凹土目一名鄢成贵，现年五十岁，于嘉庆二十年承袭，领有委牌，现在供职。

一、瓦尾土目一名卢成光，现年三十八岁，于道光十四年承袭，领有委牌，现在供职。

一、耳挖沟土目一名达朝德，现年四十八岁，于道光五年承袭，领有委牌，现在供职。

一、叱儿堡土目一名穆怀玉，现年三十五岁，于道光十三年承袭，领有委牌，现在供职。〈下略〉

【咸丰九年冕宁县清册】

冕宁县所属各土千百户 14 员：

一、酥州土千户一员姜文富，现年二十三岁，于咸丰二年承袭，领有号纸，现在供职。

一、架州土百户一员李正龙，现年四十九岁，于道光二十六年承袭，领有号纸，现供职。

一、苗出土百户一员罗成兴，于咸丰八年五月间病故详报在案，印信存库，号纸另缴，现在遴选承袭。

一、大村土百户一员马朝元，现年十八岁，于咸丰七年承袭，领有号纸，现在供职。

一、糯白瓦土百户一员李正隆，现年二十三岁，于咸丰元年承袭，领有号纸，现在供职。

一、大盐井土百户一员叶廷耀，现年二十岁，于咸丰六年承袭，领有号纸，现在供职。

一、热即哇土百户一员金得禄，现年三十四岁，于道光二十一年承袭，领有号纸，现在供职。

一、中村土百户一员马兴贵，现年三十四岁，于道光二十一年承袭，领有号纸，现在供职。

一、三大枝土百户一员印玉龙，现年三十四岁，于道光十八年承袭，领有号纸，现在供职。

一、护理窝卜土百户土妇伍朱氏，现年四十七岁，于咸丰三年五月间详请护理。

一、河西土百户一员杨世福，现年三十二岁，于道光二十三年承袭，领有号纸，现在供职。

一、墟郎土百户一员沈应龙，现年四十六岁，于道光十七年承袭，领有号纸，现在供职。

一、白路土百户一员申有福，现年二十三岁，于咸丰六年承袭，领有号纸，现在供职。

一、阿得桥土百户一员杨世显，现年五十八岁，于嘉庆二十四年承袭，领有号纸，现在供职。

一、土目五名，咨部未领印信号纸。

一、木术凹土目一名鄢成贵，现年六十一岁，于嘉庆二十年承袭，领有委牌，现在供职。

一、瓦尾土目一名卢成元，现年四十五岁，于道光十四年承袭，领有委牌，现在供职。

一、耳挖沟土目一名达朝恩，现年三十五岁，于咸丰四年承袭，领有委牌，现在职。

一、叱儿堡土目一名穆怀玉，现年四十六岁，于道光十三年承袭，领有委牌，现在供职。

一、护理瓦都土目土妇安普氏，现年二十四岁，于咸丰六年五月间呈请护理，领有牌，现在供职。

2. 袭替

坝显土目承袭案　　（1）【乾隆二十六年六月初三日伙头花阿保等禀】

为报明身故事。情主安旭茂于乾隆十七年十月初一日身死一案，蒙前任县主傅详报，复蒙署四川宁远府正堂加一级纪录大功三次安为报明事，乾隆二十年二月二十四日奉本道宪牌，乾隆二十年二月十四日准布政司咨，乾隆二十年二月初五日奉总督部堂黄批，本司呈详，查得建昌道属坝显已故土目安旭茂自缢身死，案内前经本两司详请宪台批结案。至所请安兴茂接管委照之处，即由布政司另叙简详请给，等因。当经前□□兹准建昌道移，据署宁远府验，据冕宁县详称，查明所属委补土目安兴茂，实系安旭茂堂弟，堪以管理县属城西坝显、摆站田、白路、墟郎等寨夷猓地方，仍□□□□□□□□□□与土目委牌管束夷众，等情前来。本司复查，乾隆十三年安旭茂承袭安□□□□□□□□□□□应照旧办理，是否允协，本司未〔敢〕擅便，相应详请宪台俯肠察核，据□□□□□□□□合就移。为此合资〔咨〕贵道烦为查照移内奉批事理，希即转饬遵照办理施行。等因。移□□□□就行，为此仰县官吏查明牌内奉批事理，即便遵照毋违。须至牌者。乾隆二十年八月二十七日前任太爷傅给以执照委补安兴茂管理地方，约束夷民，迄今六载。不意兴茂于二十六年三月染病，于五月二十九日夜子分身故，理合报明。兴茂现有子安邦佐，蒙文武老爷便委协办夷情公务，恳乞太爷台前，姑念边末，赏准舆情，转详大宪承袭父职，夷民有赖，地方幸甚。〈下略〉

（2）【乾隆二十六年十一月十八日伙头花阿保等禀】

为恳请原设承袭父职，以靖地方约束夷民事。情缘蚁等故主安兴茂于乾隆二十三年八月二十七日蒙前任太老爷傅奉各上宪委补安兴茂承袭安旭茂土司之职，给以遵照委牌，管理城西白路、墟郎等寨夷民，办理公务。不意安兴茂染病调治不愈，于五月二十九日身故，蚁等禀报在案。地方辽阔□□□□□属夷民不下千余，如无约束，夷性犬羊，守法者少，玩法者多。蚁等故主土目安兴茂虽死，现有子安邦佐年方二十，素性老诚，年力（下缺多字）承袭父职，约束夷民，管理地方，夷心悦服，地方宁谧。蚁等恳乞青天大老爷台前赏阅前案，恩恩委补安邦佐承袭父职。〈后缺〉

【乾隆三十六年三月土百户鸟布叱清册】

冕宁县窝卟应袭土百户鸟布叱。为详请题袭事，遵将应袭土职宗图、履历、年貌、户口，造具清册，呈赍察核施行。须至册者。

计开：

冕宁县窝卟应袭土百户鸟布叱，现年二十岁，中身材，团面紫色无须，系已故土百户打谷别嫡生长子，由祖兰布甲噶康熙四十九年为报明招抚土司番蛮等事案内，投诚授职。嗣因开报户口勤劳有功，蒙皇恩颁给康字八千四百八十号印信一颗，号纸一道，于康熙五十一年五月内承领开用，康熙五十三年兰布甲噶年老病故。应袭父职。阿噜别系兰布甲噶嫡生长子，于康熙六十一年六月内，颁给号纸承袭。雍正十一年月内，阿噜别得染伤寒身故。应袭父职。打谷别系阿噜别嫡生长子，于乾隆元年八月内，颁给号纸承袭。打谷别于乾隆三十五年十一月初八日得染寒症身故，例应嫡生长子鸟布叱承袭父职，理合造具宗图册结，申赍转恩题袭。所管户口一百零八户，每年认纳杂粮三石一斗，先在冕山营衙门上纳，今于改流番粮等事案内，改归冕宁县征收。贡马无。三代曾祖兰布甲噶，祖阿鲁别，父打谷别。应袭鸟布叱，委系打谷别嫡生长子，例应承袭。

冕宁县窝卟应袭土百户鸟布叱绘呈顶辈宗图：

始祖么着别（故）——一世祖锅别（故）——二世祖崖率（故）——高祖那甫（故）——曾祖兰布甲噶（故）

{ ——祖父阿噜别（故）——父打谷别（故）——应袭鸟布叱（无子）
——胞弟呼喳
——叔祖父阿资别（故）——堂叔父独晋晋——堂兄贾呷叱

【乾隆五十五年十月二十五日土百户李遵文清册】

冕宁县糯白瓦应袭土百户李遵文。为详请题袭事，遵将应袭土职宗图、履历、年貌、户口造具清册，呈赍察核施行。须至册者。

计开：

冕宁县糯白瓦应袭土百户李遵文，现年十九岁，中身面白无须，系已故土百户李遵禄胞弟。缘百户之曾祖纽牛，于康熙四十九年为报明招抚土司番蛮等事案内，投诚授职。嗣因开报户口勤劳有功，蒙皇恩颁给康字八千五百五号印信一颗，号纸一道，于康熙六十一年纽牛病故。祖父别儿于雍正四年承领号纸承袭。乾隆二十五年六月，别儿病故，百户生父别列呷于乾隆二十六年九月颁给号纸，换给印信承袭。乾隆三十八年闰三月别列呷身故，嫡生长子李遵禄于乾隆四十七年换给号纸存袭。今于五十五年五月二十五日李遵禄染患寒症身故，并无子嗣，例应胞弟李遵文承袭兄职。理合造具宗图册结申赍，恩请题袭。所管户口一百零六户，每年认纳杂粮二十五石，折净米二十二石，先在冕山营衙门上纳，今于改流番粮等事案内，改归冕宁县征收。

三代曾祖纽牛，祖别儿，父别列呷，兄李遵禄，应袭李遵文委系李遵禄之弟，例应承袭。

冕宁县糯白瓦应袭土百户李遵文绘呈顶辈宗图：

高祖姜磋（故）——曾祖纽牛（故）——祖别儿（故）——{ 父别
　　　　　　　　　　　　　　　　　　　　　　　　　　　　　　　叔父

列呷（故）{ 胞兄李遵禄（故）无子
　　　　　　胞弟帕拉呷即应袭李遵文

姜磋七（故）
{
堂弟麻叱
堂弟焉卓
}

【乾隆五十五年十一月二十五日冕宁县申册】

冕宁县糯白瓦应袭土百户李遵文。为详请题袭事，遵将土职印信备造印模年月字号清册，呈赍察核施行。须至册者。

计开：

糯白瓦土百户印模

乾字一万二千五百八十号，乾隆二十八年七月内礼部颁发

右具册：

具结状。冕宁县糯自瓦承袭土百户李遵文，今于与结状。为报明事。遵奉结得故百户胞兄李遵禄，实系得染寒症，服药不效，于乾隆五十五年五月二十五日身故，并无别情。中间不虚，结状是实。

具结状。糯白瓦土百户属下土舍剪处，今于与结状。为报明事。遵奉结得故百户李遵禄委系得染寒症，服药不效，于乾隆五十五年五月二十五日身故，并无别情。中间不虚，结状是实。

具结状。糯白瓦土百户属下头目长命叱、耳他六月、呷牛牛别，今于与结状。为报明事。遵奉结得土百户李遵禄，委系得染寒症，服药不效，于乾隆五十五年五月二十五日身故，并无别情，中间不虚，结状是实。

具结状。糯白瓦夷众桥受保、工呷比果、即别贾呷，今于与结状。为报明事。遵奉结得土百户李遵禄，委系得染寒症，服药不效，于乾隆五十五年五月二十五日身故，并无别情。中间不虚，结状是实。

具结状。医生刘禄永，今于与结状。为报明事。遵奉结得糯白瓦土百户李遵禄，实系染患寒症，调治否愈，于乾隆五十五年五月二十五日身故，并无别情。中间不虚，结状是实。

具结状。邻封架州土百户那咱，今于与结状。为报明事。遵奉结得邻封土百户李遵禄，实系染患寒症，服药不效，于乾隆五十五年五月二十五日身故，并无别情。中间不虚，邻封结状是实。

四川宁远府冕宁县，今于与印结。为报明事。依据结得糯白瓦土百户李遵禄，实系患染寒症，调治不愈，于乾隆五十五年五月二十五日身故，并无别情。中间不虚，印结是实。

具亲供。冕宁县糯白瓦应袭土百户李遵文，今于与亲供。为详请题袭事。遵奉供得已故土百户胞兄李遵禄，并无子嗣，嫡亲胞弟李遵文，现年十九岁，身中面白无须，例应承袭兄职，夷众悦服。中间不虚，亲供是实。

具结状。糯白瓦土百户属下土舍剪处，今于与结状。为报明事。遵奉结得应袭土百户李遵文，实系已故土百户李遵禄嫡亲胞弟，现年十九岁，身中面白无须，例应承袭兄职，夷众悦服。中间不虚，结状是实。

具结状。糯白瓦土百户属下头目长命叱、耳他六月、呷牛牛，今别于与结状。为报明事。遵奉结得应袭土百户李遵文，实系已故土百户李遵禄嫡亲胞弟，现年十九岁，身中面白无须，例应承袭兄职，夷众悦服。中间不虚，结状是实。

具结状。糯白瓦土百户属下夷众桥受保，工呷比果、即别贾呷，今于与结状。为报明事。遵奉结得应袭土百户李遵文实系已故土百户李遵禄亲胞弟，现年十九岁，身中面白无须，例应承袭兄职，夷众悦服。中间不虚，结状是实。

具结状。邻封架州土百户那咱，今于与结状。为报明事。遵奉结得邻封糯白瓦应袭土百户李遵文实系已故土百户李遵禄嫡亲胞弟，现年十九岁，身中面白无须，例应承袭兄职，夷众悦服。中间不虚，结状是实。

四川宁远府冕宁县，今于与印结，为详请题袭事。遵奉结得卑县糯白瓦应袭土百户李遵文，实系已故土百户李遵禄嫡亲胞弟，现年十九岁，身中面白无须，例应承袭兄职，夷众悦服，中间不虚，印结是实。

四川宁远府冕宁县，为再行插翼飞催事。乾隆五十五年十一月十七日上本府正堂全衔符宪札，案查云云，雷速火速。计插十二翼。等因。奉此。卑职遵查卑县所属糯白瓦土百户李遵禄实系得染寒症调治不愈，于本年五月二十五日身故，并无子嗣，所有嫡亲胞弟李遵文，例应承袭兄职，夷众邻封俱各悦服。理合取具承袭宗图土舍邻封各册结，加具印结粘连钤印，备文详请宪台俯赐查核，转详题袭。为此备由，另文册具申，伏乞照详施行。须至申册者。

计申赍宗图册九本，支图册九本，印模册九本，印供甘各结九套，病故结九套，号纸一张。

右申

本府正堂符

墟郎土百户沈元贵辞退案

(1)【道光十七年四月初七日墟郎土百户沈元贵辞状】

为年老多病，素性昏懦，呈请辞退以免误公事。情土职于嘉庆十年承袭，领得印信一颗，号纸一张。自袭职以来，毫无异论，何敢呈请辞责。奈土职偶染疯疾，难以办公，自揣不堪任职，甘愿交与继子堂侄替袭。所有辞退日期，理合伏乞大老爷台前赐文转报施行。

县正堂批：候具文转报。

(2)【道光十七年四月初十日冕宁县申文】

为年老卧病，呈请退辞，以免误公事。道光十七年四月初七日，据卑县墟郎土百户沈元贵呈称，情因土职于嘉庆十年五月二十二日报明承袭，领有印号、信纸，兹于道光十七年四初间，因年老卧病，自料难成即时就愈，诚恐有误公件，甘愿具呈辞退，并无别故。所有印信、号纸，理合呈缴，伏乞转报等情。据此，卑职复查无异，除将印信贮库，号纸另缴，再行查明该土百户应予承袭之人，取具宗图并土舍头目夷众邻封各册结另文详送外，所有该土百户沈元贵因病辞退日期，理合具文详请宪台俯赐查核。〈下略〉

(3)【道光十七年六月十三日宁远府札】

为遵批移知事。道光十七年六月初十日奉署建昌道王札开，道光十七年五月二十九日准布政司咨，道光十七年五月十三日奉总督部堂鄂批，据冕宁县详报：墟郎土百户沈元贵辞退日期一案，奉批据详墟郎土百户沈元贵因年老卧病，难以办公，自应准其辞退，以免贻误，仰布政司即便会同建昌道移饬查明应行承袭之人，照例取具宗图各册结，详请题袭。缴。奉此，拟合移知。为此合移，烦为查照来移奉批事理，希即查明应行承袭之人，照例取具宗图各册结申赍，以凭详请题袭施行。等因。准此，合就札行。为此行府该吏查照来札事理，希即转饬查明应行承袭之人，照例取具宗图各册结，由县府加结具文，专差申赍来道，以凭核明移司详办，毋违。等因。奉此，合就札行。为此仰县官吏查照来札事理，速即查明应行承袭之人，照例取具宗图各册结，加具印结粘钤具文，专差申赍来府，以凭加结转评，毋违。此札。

右札冕宁县准此

【道光二十一年宁远府札】

为遵批移知事。道光二十一年七月十四日奉护理建昌道朱札开，道光二十一年六月二十五日奉布政司咨，道光二十一年六月初九日奉阁督部堂宝批，本司呈详，案查前据冕宁县知县陈初田详报，所属中村土百户马敬龙于道光十九年八月初六日得染痢症，医治不愈，至九月十六日病故，等情到司。当经详请咨部，并行查有无应袭之人去后，兹准护理建昌道朱鸣英咨，据署宁远府知府黄鲁溪申，据代办冕□□□安萃捂申称，查得中村土百户马敬龙，实系得染痢症病故，并无别情。查有已故土百户马敬龙嫡生长子马兴贵，现年十六岁，例应承袭父职，土舍头目夷众邻封均各悦服，照例取具承袭宗图各册结，同原领号纸，申请袭替，由县府加结申道移司。准此，该布政使钟查得建昌道属中村土百户马敬龙实系得染痢症病故，并无别情，既据该县府查明马敬龙嫡生长子马兴贵，现年十六岁，堪以承袭土舍，头目夷众均各悦服，并取具承袭宗图各册结，同原领号纸，由道核明，呈请袭替前来，自应准其承袭父职。理合将送到宗图各册结，同原领号纸，一并具文详请俯赐察核具题。请将马兴贵承袭中村土百户之职换颁号纸，以专责成等情。奉批，此案已于道光二十一年五月二十九日具题矣。即便知照此复，宗图册结号纸存送等因，批司移道缴府。奉此，合就札行。为此行县官吏查照札内事理，即便知照，毋违。此札。

右行冕宁县准此

【道光二十三年九月初五日勒丫耆宿沙呷叱等告状】

为听刁叠搕，汉奸串害事。情夷额唧土千户甲属四堡，每堡设耆宿一名，夷差一名，自康熙四十九年承职，无汉充夷差。至姜复兴承袭乏嗣，继胞弟杜支之子印心保为子，道光十六年复兴病故，应归印心保承袭，被加布呷朦举复兴之叔长受，更名姜复盛，套赘复兴之妻受姐为婚，夺袭土千户。夷等赴控，姜复盛阻留，认俟印心保承袭。殊姜复盛得印，卖受姐与林关保为婚，招汉奸毛自聪等充差，叠搕夷民。本年八月二十八日，加布呷来堡称为长命保之事，姜复盛控府，每堡派要银二十两，奸刁叠搕，夷等无银出给。伏乞大老爷台前赏准施行。

计开姜千户搕索单：

道光十七年领印，搕索众百姓铜钱三十二千文。

十八年起为猓猡事，搕索百姓铜钱二十一千文。又在本年为呷力骂吊死，搕索百姓钱十九千二百文，又搕索腊吗七钱二十三文。

十九年姜复兴妻寿姐骂具控千户姜复盛搕索众百姓铜钱六千文。

二十年千户长寿为祭牛事，搕索本堡百姓又所管四堡，共搕去铜钱四十五千文。

二十一年为小呷阻毙命，因事搕索众人铜钱八千文。

二十年阿加叱为妾出嫁，因事无故搕索水牯牛一条。

二十二年为惠安场曾小五具控千户，因事搕索众人钱四千文。又和尚冲〔充〕韩百户事，搕索众百姓铜钱三十六千七百五十文。

二十三年四月内，我瓦弟兄分家，因事在本堡众百姓搕索钱五十八千九百文，酒食在外。

又本堡百姓分家，借事要众人钱五千九百文。

3. "主文"与"字识"

【乾隆四年建昌道牌文】

乾隆四年十一月十八日准布政司咨，乾隆四年十一月十八日奉钦命署理四川巡抚都察院方批，本署司会同按察司呈详，查得土司设立主文攒典一案，先经寰前司任内，奉前抚都察院硕批，据威茂协副将马化正、直隶茂州知州朱介圭详请土司地方明设主文攒典，以杜邻近奸民潜入投充主文，通同奸目愚弄土官，暗中构衅情事，似于边地有益等情，批司查议。当经议详，奉批饬令再议，遵即备移各道饬行查议去后，兹续□□□移复到司。查川东道夔州府属石硅宣慰司，永宁道叙州府屏山县属泥溪、平夷、蛮夷、沐川等肆长官司九姓长官；松茂道□□府属土通判土知事，松潘〔潘〕同知属口外土千户，茂州属长宁安抚司、静州、岳希、陇木长官司，以及土千百户土巡检各土司，建昌道宁远府属西昌县、会理州盐源县、冕宁县、越西卫、米易所各所属土司；雅州府属董卜土司，打箭炉同知，明正司属旧附新附瓦述、余科等各土司，俱不请立主文攒典外。惟松茂道龙安府属阳地隘口长官司，茂州原详议设之瓦寺、杂谷、梭磨、大小金川、沃日各土司，建昌道宁远府属河东长官司、沙马宣抚司、昌州长官司、普济州长官司、威龙州长官司，雅州府打箭炉同知属冷边长官司、沈边土司，又里塘正副土司，巴塘正副土司、德尔格忒宣慰司、春科正副安抚司、甘孜麻书、甘孜孔撒安抚司等，各请设主文攒典等情，由府申道，咨移前来。本两司会查得各该土司管辖夷地，不过授以职衔，原非食俸职官可比。而设立主文攒典，年满考职关达□部，必期妥协方可永遵。为查各土司中向未设有主文攒典，而历来恭顺安静，住牧比比皆是，似可毋庸概为更张也。前奉饬议去后，兹据该土司内或称未便设立，或则转自孤〔狐〕疑，是不愿者已居其平〔半〕。即龙安府、宁远、雅州三府属内土司数处，虽则申称愿设□□□经创始，苟非区划善，不便率详请咨。至茂州详议之瓦、杂等处，该州不过吻合初详，并未经据各该土司遂将愿设缘由，据实声叙。况今杂等处，屡经构衅，现在委员出口化诲排解，俾其循分守法，即可相安无事，若再设立主文攒典，未免长奸竞智，转足以滋事端。再查各土官内良奸不一，所管地力形势不同，语言文字多不相通，行法礼教迥然各别，设以内地民人为之主文攒典，恐于体制有乖，且又俱非习惯，殊非抚循夷众之良法。至称汉奸潜入播弄情事，查系历来例禁，应饬该管各员实力奉行，如有构衅确据，即行查拿究治，自可以除奸民而靖边徼矣。所有奉饬查议设立主文攒典之处，似未便行，相应详请宪台衡夺批示，以便饬遵。〈下略〉

【乾隆四年十二月初四日宁远府牌文】

为请定土司主文劝惩之法等事。乾隆四年十月二十四日奉分巡建昌上南道加一级纪录二次李批，本府申详前事，查会盐冕越米五州县卫所属各土司俱无庸议设主文外，惟西昌县所属土司沙骂宣抚司安韦哥、河东长官司□□英与德昌所所属土司、昌州长官司卢定昌、普济州长官司吉兴爵、威龙州长官司张秀等，愿请设立主文各二名，具详申复前来。可否准其设立之处，相应□□□□□宪台俯赐察核移咨。并查中左所并未管有土司，合并声明，等因。由俟□□□□□复日另行知照。缴。〈下略〉

【乾隆十一年宁远府牌文】

〈上略〉乾隆十一年三月二十三日据布政使李如兰抄送奏折内开，川省土司主文请于考职典吏内选举，等因。奉珠批，交庆纯听其议奏，钦此。钦遵。该臣等查得松潘、打箭炉口内以及打箭炉口外之里塘巴塘等各土司，一切文禀俱用汉文，其所送主文，在松潘者多系本地顽劣生监，在打箭炉口外者多系外来无籍流民，其于土司文禀虽用番字，然亦不无汉奸在内为之主张，此辈甘于窜入蛮寨任听使令，岂属纯良，于中播弄唆拨，事所必有。是以口外土司，多纵所属为盗，口内土司每因户婚等事，仇杀相寻，终无宁日，实因汉奸为之主文所致也。但使一概禁绝，则土司鲜通文义，而内外案情又不能通达，此该布政使所以有该管州县考职典吏内选择人品诚实者充，应系六年无过议叙即用之请。惟是典吏之中，贤否亦多混淆，在本管州县尚须不时稽查约束，如有所犯，例应加等治罪，岂可纵入蛮寨，恣其所为。或恃身有职衔而欺压人民，恃熟识衙门而勾通滋事，更有未便。且主文者原系该土司自行延请帮助之人，非差遣化导之谓，即使六年内弥缝掩饬得免过误，遽请议叙照职即用，顾以有职人员乃为土司效用而邀铨选，亦于选法有碍。应将该布政使所议之处，毋庸议查。臣庆前任云南，曾照刊刻木榜示谕，土司所延主文，以及在衙办事书识，该土司将伊等姓名、籍贯、年貌，开送管辖衙门造册申报，遇有更换随时开报查核，如敢舞文作弊，欺弄土司滋扰地方者，该管衙门立即严拿通详，照衙门书役舞文作弊例，从重治罪。其在土司衙门果能秉公办理，地方安静，该管官于年底酌量奖励，等因。并通饬各该管文武遵照。似此分别劝惩，已属查察因密。嗣有永北镇总兵马化正条奏，请令土司延请主文，必先报明该管衙门，择验平素行止端方之人，取具各结，转报督抚批准立案，方许延请。如土司不听劝说，即密禀该管衙门酌夺。该主文果能实力辅助土司，六年地方无事，照有司衙门吏攒例，报部给予八品顶戴，等因。奉硃批，此奏立意是而行之未有当处，可告之总督庆，听其议奏，钦此。时臣已蒙调任两广，随将原奏带至两广总督任内，经臣以事多未便均毋庸议具折复奏，并请可否照臣原刊木榜晓谕之条，再令文武实力稽查，以收实效。乾隆七年二月二十三日奉到硃批，着照所请行，钦此。随经移行滇粤各文武衙门，一体遵照在案。今川陕俱有土司，事同一例，可否仰恳圣恩俯照臣庆前奏照云南刊示木榜之例，令各土司延请主文，将姓名籍贯具报该管文武衙门查核稽密，并照刊木榜示谕劝惩，似属简易。查汉奸亦不止主文一顶〔项〕，凡潜入蛮地教唆生事者，俱属汉奸，应令该管文武仍不时严查饬禁，不得因有稽查主文一事，遂各卸责，纵令滋扰。如经事犯，将该管员弁一并严行参处。臣等愚昧之见，未知是否有当，理合会折恭奏，伏祈皇上睿鉴，臣等谨奏。等因。于乾隆十一年六月初三日奉到殊批，著照所议，钦此。拟合敬录硃批札知，为此仰该司钦此，即便转饬所属文武衙门一体遵照，并移各道先将木榜示谕之条，照抄饬谕各该土司，即将现延主文、书识籍贯、履历，造呈该管衙门汇齐。在川省所延与他省不同，多系本地顽劣生监，荡无廉耻，为害尤甚。该司会同各道商议，各就该土司所延何项之人，作何分别禁约，不得出入往来，串通衙蠹探听信息，构衅邻封条列，以凭一并核发施行。〈中略〉为此牌仰土户，遵照牌内奉行事理，文到即将该土司现延主文书识系何姓名、籍贯，查明据实开报。并是否本地顽劣生监，及有无串通行衙蠹探听信息，构衅邻封，逐一具禀，以凭核议转详。事关奉旨之件，该土司毋得玩延干咎。飞速火速。

【乾隆二十三年宁远府牌】

〈上略〉乾隆二十三年正月初七日奉总督部堂开，批本两司呈详会，查得该府禀报，盐源县拿获回民马文俊充当瓜别土司通事，招摇滋事一案。据该守禀请土司选用汉人字识通事，今地方官验看取结，等因。仰蒙宪台批司会同查议，本两司遵查乾隆十四年三月奉准军机处议复，前督部堂策〔楞〕会同前提督岳奏办善后事宜一案内称，各土司有钱谷文稿之事，必须请人代办，在伊自为延请，则去留各得自由，而字识之往来亦无关轻重，一经官办，转多格碍。如附近内地之土司延请代笔，必由地方官取结详报，地方官所办公事甚多，安能复为土司延请慕〔幕〕宾，即合加结详报，不过增一具文。其愿充土司字识，必非安静守法之人，既令前往，难保必无煽诱，更挟官选之势，益致滋事。且使捏饰冒充，地方官亦难遍为觉察，子查禁事宜实属无益，不必多为禁约，难于遵守，等因。是土司之字识例得自为延请，久奉部议不必禁约，去留自应任听其便，所有该府禀请土司选用汉人字识通事，令报明文武衙门地方官验看，取结造册存案之处，毋庸置疑。惟是汉人字识通事者奸良不一，地方官毫无稽察，恐亦非慎重边防之道。本司等详加酌议，应请嗣后各土司请用汉人代笔字识通事，仍听自为延请，毋庸由地方官验看取结，只令将所请之人年貌、姓名、籍贯报明地方官备案，或有滋生事端，即可着落跟究。其现在充当字识通事之人，亦令补报察核，如有更换，随时报明。如此于各土司并无滋扰，禁约而防闲俟较严密矣。至马文俊不许再往各土司充当字识通事，已于正案议拟，毋庸再议。是否允协，相应填用印空白，详请宪台俯赐察核批示，等因。奉此，如详转饬该府遵照，无庸通行可也。余已悉，仍俟移咨提督军门。缴。奉此，合填预印空白会衔檄行，为此仰府官吏查照牌内奉批事理，即便遵照毋违。〈下略〉

【乾隆四十二年八月二十日热即瓦土百户千金印结】

（1）

为严查汉奸潜入夷地，以杜衅端事。遵依结得土百户招募字识彭思尧，平日安静，如有刁唆情弊，土百户愿干重罪。中间不虚，印结是实。

（2）

为严查汉奸潜入夷地，以杜衅端事。遵依结得土百户所属耆宿布列阿拉、吗他阿、咱七耳、他沙、西巴等五名，如有妄招字识之处，土百户愿干重罪。中间不虚，印结是实。

附：残卷

〈上残〉查茂州所属杂谷安抚司土同知、小金川演化禅师、大金川安抚司、梭磨副长官司、沃日灌顶净惑妙智国师等土司，虽杂职衔，大小不一。而杂谷，梭磨、大小金川、沃日等土司，系在关外，各所管地方番民众多，每土司应额设主文攒典三名。陇木、长宁、静州、岳希四土司，查系长官司职衔，任牧阃内，系中土司□□，应设主文攒典二名。又夔州府属之石柱宣慰使司，雅州属之董卜韩胡宣慰使司，明正长河宣慰使司，叠尔格忒宣慰使司，巴塘宣抚司，里塘宣抚司，系土司大员，各应设主文攒典三名。〈中略〉宁远府属之沙骂宣抚司、邛部宣抚司，盐井卫瓜别安抚司、木里安抚司、河东长官司、普济州长官司、昌州长官司、威龙州长官司、马喇长官司，叙州府属之泥溪长官司、平夷长官司、蛮夷长官司、沐川长官司，泸州属之九姓长官司，龙安府属之阳地隘口长官司等各土员，系土司，各应设立主文攒典二名。其余各所土千百户，及土通判、土知事、土巡检均系小土司，管辖番民无几，毋庸设立。缘奉批查事理是否允协，本司未敢擅便，相应详请宪台衡夺咨部示，以便饬遵。〈下略〉

4. 奖惩及其他

【雍正元年十月二十一日宁远府牌】

为纵贼掳绑良民，祈天急救倒悬事。本年十月十七日蒙四川分巡建昌上南道兼理粮饷按察使司副使加一级记录十三次安批，据陈天眷告前事词称，窃惟土司之设，原以防蛮贼而安汉民，防守之分本为严专责以尽厥职，国典处分昭昭，岂容置若罔闻。祸因本年三月初十日，蚁弟陈天辅前赴樵山驮柴，不料驰至熟彝那甲瓦堡边，竟被贼盗绑去，家中抵晚甫知。次日报明本卫各衙门，并抚司安承裔处，吁恳严追，急救残喘，漫不经心。奔控镇辕，蒙批行冕山营严追解报。殊宁汛把总李在朝藐批若故纸，不行严追，反索取赎价。蚁贫如洗，只得将偪当身出办赎价，骡一头，大布十四，盐十个，系腰十条，细衣一件，烟十斤，交给兵丁传搀赎取，经今数月，人财两失。窝贼招弟久控在案，竟不拘拿，况余被掳者数数，非百金不能赎归。疏纵若此，民不聊生，只得告乞宪天大老爷台前，勒限严追，赏给人赃，沾恩无既，伏祈怜准施行。计开被告：冕山营把总李在朝、土司安承裔、窝贼招弟、交钱兵丁传揆等情。蒙批仰监理厅速查报夺，毋得稽延，等因到府，蒙批拟合就行。为此仰卫官吏查照牌内蒙批事理，文到该卫即便移营严追被掳之陈天辅，克期献出，给顾团聚，具文回报，本府以凭转报。事关奉宪批查，毋得稽迟，慎速火速。须至牌者。

【雍正八年九月十七日冕山等处地方游府移】

为仰伏天威等事。雍正八年八月初四日，准贵县移会前事，希即确查三原色业么哥，查明伊等军前效力有无功绩之处，移复过县，以凭转报臬宪〈中略〉等因。准此，卷查此案于雍正三年内，因冕蛮狂悖抢掳高炉铁厂男妇，奉委沈副府到任，其三原色业么哥等首先投诚，追献抢掳男妇人口，继随师军前，诱引贼首关寿等出窠擒获，办事勤慎，似有劳绩，当经本营沈副府报明在案。今准前因，拟合移复。

【乾隆九年四月建昌怀远营牌】

〈上略〉川省沿边口隘，地方辽阔，羌番蛮獠，族类不同，向设土司三百七十余员，分地管理。虽品级有大小之殊，地土有广狭之异，要皆祖父世守，各子其民，身叨朝廷恩命之荣，具有保护地方之责。为土官自应敬慎小心，勤修职守，辑〔结〕睦邻封，教导子孙，兴于礼义，选用头目，爱养土民。务令境内民人生计有资，安于耕凿，不作非为，毋滋苦累，方为称职。今川省大小土司人员，其中能实心报国，抚恤土民，及奉文征调，出力戎行，屡蒙圣恩优赏奖叙者，固不乏人。但其间或有罔知礼法，骨肉忿争；或有剥虐土民，贪婪肆暴；或因微嫌小衅而构怨邻封；或因约束乖力而纵容奸匪。凡此不职土员，皆由平日土司未能化导，以致有玷官箴。本部堂执法如山，有犯必行穷究。即如近日郭罗克番在于口外抢夺行旅，曲曲鸟夷不服□□，均经本部堂请旨次第擒凶正法。并据各番夷输诚悔过，如准自新，以观后□，且广布圣主好生之恩。尔等土司各膺地方民社之寄，共有见闻，自应交相修省。我皇上爱民如子，怀柔万邦，中外视同一体，于尔边僻土民，尤深轸念。尔土司世守相承，土民悦服，且管辖仅止一隅，果能用心料理，必能惠养民生，显著成效。本部堂巡视川省，表率文武，仰宣圣化，合亟出示劝谕，为此仰督属大小土司人员知悉，尔身为职官，自当夙夜仰报国恩，勤于政务，各就所管地方，尽心化导，俾土民各安生计，共乐昇平。尔土官先须轻徭薄敛，务本劝勤，一遵圣谕，恪守官方。凡尔子弟有资质聪明能读经书者，〈下残〉

【乾隆二十七年四月三十日夷民长路保、噜觉诉状】

为虎夷掳抢，叩天严究事。情因蚁先年住落脚屯，于乾隆二十五年八月初七日冤遭虎夷牛哟统领数十夷人，夤夜将蚁男妇人口掳绑伊家，房产夺占无存，将蚁等分散为奴，倘若抗拗，飞刑夹棍，板子木镣，一家离散，将蚁等囚定不放。恶等俱属安土司头目，恃强悖法。继蚁二人脱逃，奔控西昌县主林，蒙批安土司，执意土司安三得受贿银六十两，头目哟哟、呵沙等五人各受银十两，纠党串谋，私行出结，反将蚁等五次各责一百八十板。窃思掳去男妇八口，陆续逃回四口，尚有四口犹拘虎穴，不能得脱，冤沉海底。又得具控府宪台前，并控经天台在案。今于本年四月内，有西昌县差协同天台公差前来拘提，蚁查看牌内止只有蚁等姓名，并无干证姓名，奈无被控人犯姓名，诚恐仍堕术中，故蚁未往，是以具诉。恳乞赏差提究，抑或将蚁等移解西昌听审。若仍批安土司，蚁等必遭枉法，冤无所伸矣。

计开　被诉虎夷　丫丫

牛哟

租租

受贿压孤　窝期

阿沙

尼着

哟哟

噜呷

被掳　于觅（回）

噜觉（回）

长路保（回）

吾加（回）

日低密

丫喇

撒莫

苏呷

【乾隆四十二年八月初三日土百户马化麟甘结状】

情因娅娅妈具诉土职贪夺侄权一案，蒙恩差提审讯，有土百户喇嘛保拿咱，念系叔嫂，不忍参商，于中排解。处令出备钱四千文、苏青一对、羊酒一付与娅娅妈等，以作服礼之资。日后一切军需官事任从土职办理，其百姓卡账豆麦粮银一并归娅娅妈收管，土职再无异言，后来百姓礼物二比平分，悦服无词，情愿具结实。

【嘉庆七年九月二十一日土司安世爵报状】

为奸谋逼命，抬尸叛主，恳恩报明事。情因有阿甲所该牛唆谷石，二比争论，祸因牛唆具控阿甲吞骗血本情词一案，土司在婶母家中讯问情由，处复阿甲还谷六石，于中有奸恶鲁兹、锅作祈保阿甲，限期冬月十五日如数呈缴。殊知奸恶二人保回家中，不知是何情弊，将阿甲勒死，抬吊山场树上，脚下现有烟袋二根，酒罐一个，形迹多端。土司命人报明天台，有鲁兹赶至城内拦回，其人情亏自毙，情愿领尸烧葬，并不干累土司。谁知恶夷奸计百出，四路传人聚众，围困婶母房基，伙谋抄家。若不顶天投报，似此恶夷叛主，世俗难安，只得报乞大老爷台前俯准作主，救拔孤茕，卑土司举家结草唧环，顶祝不朽矣。

【道光十二年十一月十五日卢朝清禀】

为禀明叩恳，赏察追究事。情目昔因本年被遭猓夷故冤毙命一案，比乏埋葬之资，酷目无措，哀怜仁天县主赏借仓谷100余石，粜用殡葬，愿息销案。只今日下承垫完纳50余石，下欠未完谷该呢吗吡等前凭团头承认摊派上纳，殊讼棍呢吗吡统串夷等刁抗皇谷，硬不赴纳。今蒙饬差拘提锁押着追，酷目卖身力弱，难以垫赔，弗敢隐匿。为此具案禀明，哀乞作主赏追归项。

被禀：呢吗吡阿都　业莫

凭证　团头

县正堂批：查尔系属土目，领借仓谷前经开有花户姓名，何得诿为因案费用，着即上紧如数完纳，如延提究。

【道光二十五年正月宁远府札】

〈上略〉冕宁县详报民妇周郑氏具报，伊夫周汶中被无名凶犯殴砍身死，凶犯脱逃一案应以道光二十三年七月十八日初参限满之日起，连闰扣至二十四年六月十八日二参一年限满，凶犯仍未弋获，所有二参承缉不力土官职名系冕宁县属白鹿土百户申光荣，相应开参咨部查照议复，等因前来。应将二参承缉不力之冕宁县属白鹿土百户申光荣照例降一级留任，令该督按其品级计俸罚米，每俸银1两罚米1石，移文就近常平仓存贮。〈下略〉

【道光二十八年四月四日受保等供状】

问据。番夷受保等同供：小的们都是千户姜复盛管的番夷，去年腊月初四日，千户修造房屋，姜洪顺的儿子去吃酒没回，因病死在木匠棚内，已经埋了。过后又复具控息和，牵连小的们在案。千户派令小的们帮出钱五十吊，小的们已经照派交与千户同他妻子去了。今年三月间千户说派钱不敷，欲要小的们再帮钱文，不允，才来呈控的。今蒙审讯，断令千户所得钱文概免追究，以后不得再向索派，小的们出结备案，日后不敢滋事就是。

【道光三十年三月宁远府札】

〈上略〉为此，行县官吏查照来行事理，即将四参承缉不力之苏州土千户姜复盛照列降一级留任，按其品级计俸罚米，每俸银一两罚米一石，照一米二谷之例饬追，移交就近常平仓存贮。仍将收贮谷石数目日期出具仓收，具文径赍藩宪，听候详请报部，并报道宪既本署府查考。

【咸丰三年十月二十一日头人赵世芝禀】

为禀明事。情去岁头人奉派领谷三十六石，遵即领回散给，各花户均已赴仓完纳，惟赵世焕领谷六石，伊一时措缴不及，托头人代买完纳，每石合钱一千三百文，共钱七千八百文。有隔堡头人邓士林将钱冒套入手，头人闻知，即向催差张俸查问，伊云邓头人只交钱六千八百文，头人将钱照市价买谷五石五斗赴仓完纳，余谷五斗迟延至今，竟被邓头人私吞，抗不完纳。兹恩役复催头人将谷垫纳，若不禀明追究，头人无辜垫赔，为此禀乞老爷台前赏准施行。

被禀头人	邓士林	
照 出	赵世焕唐腊狗	
催 役	张俸	
着 落	地保刘德彰	

【咸丰三年宁远府札】

〈上略〉调任四川总督徐咨称，冕宁县民刘添幅具报无名凶夷殴伤伊兄刘添本身死凶夷脱逃一案，应以咸丰元年八月十一日二参限满之日起，连闰扣至二年七月十一日三参，一年限满，犯仍未获。所有三参承缉不力土官职名系嘘郎土百户沈应泷，相应开参咨部议复前来，应将三参承缉不力之土百户沈应泷照例仍降一级留任，令该督按其品级计俸罚米，每俸银一两罚米一石，移交就近常平仓存贮，等因。〈下略〉

【咸丰七年四月十八日宁远府札】

为循例等事。咸丰七年四月十三日奉署按察使司张札开，案准藩司咨，奉总督部堂吴札开，咸丰七年二月初三日准兵部咨，武选司案呈，据兼署四川总督成都将军觉罗乐咨称，冕宁县详报无名凶夷行劫杨汶照家衣物银钱，砍伤杨汶照等身死，并将杨受三掳去脱逃一案，应以咸丰五年六月初九三参限满之日起，扣至六年六月初九四参一年限满，凶夷仍未弋获，所有四参限满承缉不力土官职名系阿得桥土百户杨世显，相应开参，咨部议复前来，应将四参承缉不力之阿得桥土百户杨世显照例仍降一级留任，令该督按其品级计俸罚米，每俸银一两罚米一石，移交就近常平仓收存，等因。于咸丰六年十二月十六日题，本月十八日奉旨依议，钦此。相应行文该督可也。等因。咨院行司檄府，奉此，合就札行。为此仰县官吏，即便严缉此案无名凶夷，务获究报，毋违。此札。

右札冕宁县准此

【咸丰九年二月二十七日土百户马朝元禀】

为抗派害累，禀恳作主事。情赵绪缙、赵绪绅置买番夷地土，葬坟恳种，丁洪贵、丁怀古等租种番夷地业，纳租挵粮，公伐柴山。兹因黄潮遇戮毙黄应朋父子系在赵绪缙等坟地界内，丁洪贵挨近地邻，黄朝明等报明在案。蒙李县主验究，所有尸厂费项，土职办理应用，原系摊派地邻帮给钱文，土职派赵绪缙、赵绪绅、丁怀古、丁怀信、丁怀文、丁洪贵六人该出铜钱二十千文，伊等抗派不出，赵绪缙等捏控耆宿马成龙等措业翻害在案。伊等抗派捏控累及土职，难以摊派，只得禀恳作主。

被禀　抗派累害赵绪缙
赵绪绅

【咸丰十年十月初三日土百户马朝元禀状】

为据情禀明，恳究越害事。情高童儿被无名凶手殴毙一案，缘殴毙高童儿处所，先年系苗午冲地界，因转卖数主，至今田地碾磨，概行卖与姜老典管业。今高童儿殴毙，系在姜老典张老靛田地交界之处，原与土职大村堡无涉。在前土职界内黄姓命案，并未牵连姜老典帮出钱文。兹姜老典等以伊地界人命，勒派土职出钱四十千文，土职苦寒无措，遭伊飞甲害良，为此禀明。

被禀　飞甲害良姜老典
张老靛

县正堂批：查此项钱文应否摊派，自有旧章，着照旧章办理，毋庸涉讼。

【同治元年十二月二十三日宁远府札】

为据禀札饬事。案据河东土司安平康禀称，敬禀者。因咸丰十年二月初八，沙坝神会，西冕两界地方土世职委毛文清赴会场稽查匪夷，有黑夷各各醉酒滋闹，毛文清开导阻止，被沈应龙父子以毛文清目无百户，多管闲事，将文清锁押延日，搕去钱十二吊。文清抱头回家，并无□□□□，令人前往问及，应龙认错犯上赔礼。应龙当奉后违，若各各有伤，大营何以无案。况应龙尚抗不到怀远营冕宁县赴质，有案可查。去岁九月，毛文清弟兄路遇应龙，逞刁辱骂，文清来报土署，土世职出外办事，无人讯供，由母亲差苏怀忠、李团头剖理。应龙自知情亏，请伊堂侄彭福光担承认退所搕之钱，备猪酒赔礼，文清取和两散，李团头可证。嗣后逾限估抗，福光卖牛垫赔。今正福光往讨，凭应龙父手算交牛一条，酥五斤，并未在场。况福光实系应龙堂侄，搜抄真假，福光活质。〈中略〉窃家主管仆，管及骨肉，何谓隔属。土世职有爱仆之心，而应龙无遵主之意，词书土司，干犯名义，例有明条。应龙犹纵子沈小老率众沿江边挖金为名，扰害地方，搕骗番夷，罪有攸归。土百户所辖六堡，应龙父子搕索，一逼民变，累及上司，前已迳禀怀远营有案。白夷冒充百户，小人得志颠狂，喜出望外，越分反主，忧从中来，实究虚坐，法岂能隐。伏乞赏察提讯，正名分以究刁顽，施行。计开：被禀狡仆叛主沈应龙，应讯请保千户沈光嵩，通把沈忠孝。等情。据此，除禀批示外，合行札饬。为此札仰该县照来札事理，即便会同营员确切查明，提集人证到案，秉夺毋违。此札。

231

【光绪二十三年三月三十日土职李正龙等禀】

职架州所属夷民潘天知、耳合，在职地界住耕数代，有粮在册，毫不妄为。近因遥远野夷来境骚扰地方，抢掳人口牲畜，不时踞路掳掠往来客商银钱货物。又兼擅造无名白帖，移害附近熟夷，凡受害之家，莫名皂白，具控该夷，受累无辜。职等不忍坐视，该熟夷实系居良，屡被野夷抢搂移害，若不禀明作主，夷风猖獗，掳掠益炽，良善受害。再本月二十五夜，甲下民人竹龙喜被曲摹支夷毁门入室，将该民打伤，搂去一女名曰长英，年方15。如不呈请办理，何以靖地方而安善良。伏祈宪台俯赐查考，转移办理。为此具禀。

（三）治　安

1. 禁令

【乾隆十一年八月六日建昌镇牌】

为严禁土部夷猓拉当护绑，免罹法网事。照得建属营汛所辖各部土司，仰蒙皇上天恩，授以职衔顶戴者，原为若辈明悉礼法，素秉忠良，可以钤束部落，保固地方。伊等必须恪供职守，力图报效，庶可少答皇恩于万一。本护镇前任越西，深知建南各处土部遵守法纪，顾惜身命者固多，而顽梗不守礼法，或偷盗护绑，或拉当抢夺，种种为匪者不一而足。细为查察，或由于该管官弁希图小利，不恤夷艰；或征收夷粮，额外多索斗头；或用烟盐布匹易换牛马羊只牲畜各物，以少取多，额外苛索。穷夷受此剥削，力不能支，以致为匪，此因饥馁所迫者有之。尚有一种憨不畏死之酋，只以偷盗抢夺扰害良民行旅者，殊可痛恨。除已往不究外，兹本护镇秉握建镇一十三营，下车之次，闻得建属各处土部番夷较前颇知礼法，地方似觉安静，本护镇深为加〔嘉〕悦。但恐愚昧无知番夷，或有被该管员弁欺凌侵虐，或远年近日仇隙不行剖结，以致夷民含冤莫伸，仍然护绑拉当，滋事为匪，殊可矜恤。拟合明白申诫。为此牌仰该土司遵照牌内事理，即便番〔翻〕译夷字木刻，遍传所属部落，无论穷山僻壤，务使家喻户晓，安分守法。如有远年近或人命案件，或霸占人口，或婚姻田地情事未经剖结者，令赴该管文武衙门申诉。或该管文武漫延不理，不即剖决，即赴本护镇辕门告理，以凭察结。倘有前项情事，隐不明官，敢蹈旧辙，拉当护绑，并认纳贡赋不行依期早纳，故为拖欠等事，一经发觉，本护镇先将该管土司以约束不严革去职衔，所〔锁〕拿从重治罪。其不法夷猓，按其所犯情罪，轻则捆一绳重责四十棍，重则即时斩首示众。本护镇秉性公正，言出如山，实与前镇不同。该土司等如能仰体德意，实力遵照奉行，定行大加奖赏。倘约束无能，断不宽贷姑容，各宜禀遵，毋贻后悔。仍先将遵奉缘由，由该管衙门呈报查考，毋违。须至牌者。

【乾隆二十四年十月初三日嘉顾营移】

为移咨饬行事。乾隆二十四年九月二十八日奉总镇都督府胡令牌，前事内开，乾隆二十四年九月二十日准提督军门岳咨开，为照建属各营，多有设邻夷疆，乃凉山一带番猓，每因仇隙不行赴官控理，而有绑拉汉民作当，以冀官为查究之恶习，此虽番猓刁悍，罔知法纪，兼汉民不遵禁令，私入夷地所致。如该管营员能于时加防范，照例禁止汉民，毋许擅入夷地，则猓安能潜入肆其掳绑。若遇被绑之案，即时通报查追，擒犯究拟，庶汉民不致久陷夷巢，而恶夷知所畏惧。乃越西营之周铭德，靖远营之孙驯虎，俱被掳绑，该管营员匿不呈报，在靖远营尚能专差访缉，至越西竟无知觉。且周铭德被绑，竟有食粮夷兵命德革只串通外夷情弊，则该管哨司查禁不严，漫无约束可概见矣。本应即行参处，因该营已将命德革只开革名粮，移卫审拟。俟审明之日，该营详报，应听贵镇酌核转咨再为办理外，合先移咨严饬。为此合咨贵镇烦为查明转饬越西营，将越西卫审明命德革只供情，移取具报，由贵镇酌核照例转咨办理。其靖远营被绑孙驯虎，严饬该营作速设法追出，并擒恶夷移交地方官拟究，一并由贵镇酌咨，以凭核办。并希通饬所属各营，严加防范查缉生番，不容擅入内地；会同文员严禁汉民，不得私入夷境。自此番严饬之后，疏倘有纵失事，定将该营员立即题参，以敬疏玩。毋谓教诫不先，自贻后悔，施行等因到本镇。准此，除行越靖二营遵照办理外，拟合通行。为此牌仰都司，遵照即便转饬所属各汛，严加防范查缉生番，不容擅入内地，会同文员严禁汉民，不得擅入夷境。自此严饬之后，倘有疏纵失事，定将该营咨参，决不稍贷，慎切凛切。等因。奉此，除转饬所属汛弁严加防范查缉外，拟合移会。为此合移贵正堂请烦查明严禁施行。须至移会者。

【乾隆二十九年二月初一日宁远府信牌】

为檄发事。乾隆二十九年正月十四日奉总督部堂阿宪牌，照得本部院因川省民风浇薄，不知法律，奸淫邪慝逆伦犯遵〔尊〕之事最易蹈犯，每致陷于刑戮。此虽若辈咎由自作，原无足惜，但身任地方，平日漠不相关，漫无教化，目击愚民身罹重辟，问心亦难自安，且恐有无知该犯者。本部院将律例最严，民间易犯各条简明摘叙，绘具图像，俾愚夫愚妇易于晓解，触目惊心，合行檄发。为此仰该府即将发来告示转发所属，遍贴晓谕。并饬照式刊刷，每户给发一张，令其悬挂在家，时时阅看，并令明白晓事之人，时为讲解，俾得各知警惧，所全实多。仍将各属刊刷晓谕之处，备具示式送查，毋违，等因。奉此，合就檄行。为此仰县官吏查照来牌奉行事理，文到即便〔将〕发来告示，遍贴晓谕，并照式刊刷，每户给发一张，令其悬挂在家，时时阅看。并令明白晓事之人，时为讲解，俾得各知悬惧，所全实多。仍将刊刷晓谕之处，备具示式送查，毋违。

【乾隆三十年宁远府牌】

为遵批通饬事。乾隆三十年又二月十三日奉按察使司石宪牌，乾隆三十年二月十八日奉总督部堂阿批，据涪州禀请通饬严禁故杀子孙缘由，奉批：此等恶习，川省时有，亟宜申禁，仰按察司通饬各属一体严禁。缴。奉此，合就通饬。为此仰府官吏查照牌内奉批事，即便通饬所属一体严禁，毋违，等因。奉此，合就檄行。为此仰县官吏查照牌内奉批及粘单事理，即便一体出示严禁，毋违。须至牌者。

【附】粘单

为申严故杀子孙之禁，以重生命事。照得豺狼知有父子，岂可靦然人面而忍于自残骨肉。乃川东人民有种种恶习，每因被控盗窃，无以自明，砍鸡屠狗不已，甚至将子女自行杀死，谓之洗心。其意盖欲使原报告人获将来之阴报，而不知其亲生子女，先已遭目前之显诛。以无知之孩童，受无辜之杀戮〔戮〕，忍心害理，真豺狼之不若矣。且盗凭赃定，若起有正赃，虽杀死子女，终难逃盗贼之名，如其无赃，虽不杀子女亦断不能悬指为盗。及至报官验讯，原告本未动手伤人，居然逍遥事外，而伊之是盗非盗，仍当问其有赃无赃，并不能因其将子女杀，为之稍宽一线。是杀死子女不但大坏伦常，亦且毫无益处。查律载故杀子孙者，杖六十徒一年，又例载故杀妾及子孙、侄子孙与子孙之妇图赖人者，俱发附近充军。既自残伤骨肉，又复身罹宪章，狼毒愚顽，可恨可悠〔愍〕，合行出示严禁。为此开明律例，谆切晓谕，嗣后尔等遇有杀人牵累赃迹未明事件，小则邀众理讲，大则告官剖断，毋得藉口明心，再蹈前辙。妇女无知，更须互相劝诫，惑〔感〕发天良，勉为盛世之良民，勿作人伦之枭獍，遵慎毋违。特示。

【乾隆四十六年九月六日宁远府札】

〈上略〉婺川县知县禀报，咽匪多人在途抢夺钱文，杀死盐贩吴天元，戮李士甲，并追拿拒捕，致伤兵役，先后擒获匪犯八名，现在严饬文武追捕。〈下略〉

【嘉庆十二年二月宁远府札】

〈上略〉准刑部咨，商民偷越生番地界，比照私入台湾番禁例，杖一百；偷越深山伐木等项，杖一百，徒三年。〈下略〉

【道光二十年三月初八日宁远府札】

为通行事。道光二十年二月十九日奉布政使司刘、按察使司苏札开，奉总督部堂宝宪札，照得川省栽植罂粟花，取浆煎熬鸦片烟兴贩售卖，为害日深，节经通饬各属严拿究办，原期根株尽绝，力挽颓风。兹查各厅州县获办栽种罂粟花之案，甚属寥寥，而访闻玩法奸民仍不免私行播种，推原其故，皆由地方官奉行不力，无怪若辈愍不知畏。第思栽种之区，皆在田园旷野，众目昭彰，不能掩饰，如果搜捕认真，何难立除锢习。现当罂粟发生繁茂，转瞬扬花取浆之时，若不周历勘办，流毒伊于胡底。合再谆饬，希即通饬各属遵照，作速改装易服，不动声色，在于各所管境内及穷乡僻壤，亲历巡查。遇有栽罂粟花，即行拔毁，究明私种之犯，弋获严惩，并将田地照例入官，务使浇风永革。勿再仍前玩泄，视为具文，致干严参，切切此行。等因。行司檄府。奉此，合就札行。〈下略〉

【道光二十年三月宁远府札】

为专札严饬事。道光二十年三月初七日奉建昌道张札开，奉总督部堂宝札开，照得云南匪徒向有兴贩烟土，私入川境，勾通建南一带匪人，运赴内地销卖之事，屡经本督部堂严饬建昌镇督率该管文武认真查拿在案。兹访闻该匪徒等因堵拿甚力，无从贩运，竟敢勾通凉山夷匪，由马雷屏乐一带潜入内地贩卖，必须认真截拿，以防其渐。合亟专札，严饬该道即便督饬所属，多派干役弁兵设法巡防。如有此等匪徒贩烟入境，立即人烟并获，解案严办，本督部堂视案情轻重分别奖赏。倘敢受贿纵放，及巡查疏懈，致令潜贩入境，定将兵役从重治罪，本管官立予参处。赏罚惟人自取，毋谓言之不预也，凛凛切切。等因，由道行府。奉此，合就札行。为此仰县官吏查照札内奉行事理，即便会营选派兵役，设法巡防。如有此等匪徒贩烟入境，立即人烟并获，解案严办，视案情轻重分别奖赏。倘敢受贿纵放，及巡查疏懈，致令潜贩入境，即将隘口兵役从重治罪，毋违。此札。

右札冕宁县准此

【道光二十年五月二十五日宁远府札】

〈上略〉查该匪等胆敢聚众数百人之多，执持器械火枪，前赴滇省贩运芙蓉膏，竟欲抗拒官兵。又复布散流言，致使居民闻风迁避，不法已极，若不严拿惩办，必致酿成事端。除咨提督外，并行两司分别转饬所属与滇省连界各地方官，及该管各镇协营道府，一体督缉截拿外，合就札知。为此，札仰该府即便督饬与滇省连界各厅州县，会同营弁严密缉拿，务将该匪徒蒋大爷等按名弋获，解省审办，勿任一名漏网。一面饬令在于各所管境内及各处要隘，选派干练兵役，无分雨夜，实力侦探堵缉，不得听奸匪贩烟入境，亦毋许川省莠民赴滇买烟，是为至要，切切。此札。等因。奉此，合就札行。为此仰县官吏查照来札事理，〈下略〉

【道光二十年八月初五日宁远府札】

为札饬事。照得鸦片烟流毒已深，然无种烟之人，则烟无从出，即不难永绝根株，正本清源，是严禁种烟最为切紧。郡属各地方，俱与滇南接壤，渔利奸民，难保不前往滇南潜买罂粟等花子种，私向夷地栽种收浆，造土售卖图利。而查种烟之时每在八月，此时正值下种之际，急应实力查禁，除分行各属遵照外，合行札饬。为此仰县官吏查照来札，即便遴派妥役，并督同各该土司，缜密稽查。如境内敢有奸民私种罂粟等花者，即将其人严拿到案，按例究办，并将所种地土全行翻犁，以免滋长，是为至要。仍将遵办缘由具报查考，毋违。此札。

右札冕宁县准此

【道先二十三年二月二十六日黄万钟保状】

为保状事。实保得殷正仕回家将所种烟苗尽行挖绝，改种粮食，不敢违误。倘日后查出但有烟苗，惟保是问。中间不虚，保状是实。

【道光二十六年闰五月十九日冕山营移】

为札饬事。本年闰五月十六日奉本镇宪恒札开，照得本镇风闻西昌会理所属地方，聚集匪徒多人，勾结夷人，以查拿鸦片烟泥为由，盘踞要地，抢劫行商财物，种种不法，实堪痛恨，亟应严行缉拿惩办，以靖地方。本镇现经会商宁远府王，札饬所属州县严拿外，合特札行。为此札仰该都司，遵照札行事理，即便移会文员，出示晓谕，嗣后遇有兴贩鸦片烟者，只准地方文武会派兵役查拿，不准旁人藉端搜抢。如该匪等倘再仍前以查拿烟泥为名，盘踞要地，抢劫行商财物，横拿烟帮等事，务饬该管汛弁速即禀营，移会文员派拨妥役，带领兵差团众，严密缉拿，按名就获，移交文员照例惩办，毋使一名漏网。本镇为整饬地方起见，切勿视为具文，是为至要，毋违。切切。特札。等因。奉此，敝府随将奉檄查拿烟泥为名匪徒，当即转饬城汛员弁遵照缉捕外，相应备文移知。

【道光二十八年十月初三日冕宁县谕】

为谕禁事。本年九月二十八日，据清乡五六七八等甲地保周兴东、杨兴富等禀称，本年上春以后，河水泛涨，淹陷禾苗，屯堡多灾，民等议许修斋演戏。兹择十月十九日，在河边场设坛修演酉守搭，诚恐匪类混入滋扰，恳请示禁等情。据此，除禀批示外，合行出示谕禁。为此示仰客约地保人等知悉，自示以后，尔等务须虔诚应事，严密稽查。如有不法游民来彼酗酒、赌博、绺窃、骚扰，立即擒拿务获，押解赴县，以凭究惩。该客保等亦不得藉端滋事。并谕该场店户，毋许容留外来流民，以免匪迹扰累。倘敢故违，一经查出，定即并究不贷，各宜凛遵毋违。特示。

【咸丰四年六月十八日冕宁县谕】

为示谕练团以靖地方事。照得冕邑地方，汉夷杂处，近有一种不法汉民，勾引外来匪徒，黉夜抢窃。屡经示谕各甲，挑选精壮，设立团练，操习枪矛，遇有匪徒，齐集鸣锣，点放团炮，协力擒拿，送案惩治。至今日久，盗案迭出，皆由各甲团练无人倡率，以致缉捕懈弛。兹查福乡三甲、又三甲、清乡六甲、长乡一甲杨树荣等为人正直，办事勤慎，亟应示谕以专责成。自谕之后，设法稽查严拿外匪，俾宵小敛迹，间阎安静，毋拂本县除暴安良之意。尤不准藉事科派，致滋讼端，是所至嘱。特谕。

计开律例三条：

一、罪人恃仗拒捕，其捕者格杀之勿论。若已就拘执及不拒捕而杀之，或折伤者，各以斗杀伤论。

一、凡夜无故入人家内者杖八十，主家登时杀死者勿论。其已就拘执而擅杀者，减斗杀伤罪二等，至死者杖一百徒三年。

一、凡事主因贼犯黑夜偷窃，或白日入人家内院内偷窃财物，并市野偷窃有人看守器物登时殴打至死者，不问是否已离盗所，捕者人数多寡，贼犯已未得防，俱杖一百徒三年，余人杖八十。若贼犯已被殴跌倒地，及已就拘获辄复叠殴至毙，或事后殴打致死者，均照擅杀罪人律，拟绞监候。

右谕福乡 　三甲 　杨树荣

又三甲 　刘德彰

清乡 　大甲 　杜绍华等

长乡 　一甲 　卢开鸿

【咸丰四年七年初六日冕宁县札】

为札饬练团以靖地方事。照得冕邑地方汉夷杂处，近有一种不法夷匪，勾引外来匪徒，黄夜抢窃，虽屡经示谕各甲，并土千百户及该土目等，挑选壮丁，设立团练，〈中略〉皆由各土目团练无人倡率，以致缉捕懈弛。现谕典吏杨树荣、地保刘德彰，经理福乡三甲又三甲团练。查瓦都、木术凹、瓦尾地方与该处相连，亟宜和同商办。为此札仰土目鄢成贵等务须置造团炮，挑选夷勇，与福乡三甲又三甲齐心努力，设法稽查严拿，务使汉夷各匪敛迹，闾阎安静，毋拂本县除暴安良之意。尤不准藉端科派，致滋讼端，是所至嘱。特札。

右札 　瓦都 　　安文科

木术凹 　鄢成贵

瓦尾 　　卢成元

【咸丰六年八月十八日宁远府札】

为札饬严拿，以通道路事。照得该县夷匪滋扰，大道梗塞，所有行旅及往来文报均由该县所属之菩萨杠、拖乌一带小路行走。兹经本府探闻该县所属小路隘口，亦有夷匪聚集，任意抢劫，以致行旅裹足，文报不通等情。是该县大小道路均被夷阻，虽大路一带已由营添兵剿办，而何时可以肃清，尚难逆料；若不先行设法将小路疏通，不特行人断绝，恐往来文报均无路驰。现值该县并西昌夷务均属吃紧，时有各宪文檄并府县禀报要件，设有贻误，关系匪轻。况夷匪聚众拦路劫夺，扰害行旅，应由地方官严拿究办，不得谓现已请兵，即可置身事外。合亟飞饬札到该县，即便遵照，赶紧会同营员督饬兵役团民，在于该县属之菩萨杠等处，实力巡查，严密防捕，务将小路先行设法疏通，勿任该夷复出滋扰，以通行旅而速文报。倘敢泄玩从事，以致小路一带又复酿成劫杀重案，或将紧急公文阻隔贻误，恐该县亦难当此重咎也。仍将查办缘由，限奉文三日内禀复查夺，均勿片刻稽延，切速。特札。

右札冕宁县准此

【咸丰六年八月二十五日冕宁县札】

为札饬堵查事。照行靖远一带现有野夷大伙出巢，焚扰各处，杀掳居民。查县属之长乡一、二、三甲堡后，有马么山马鞍山，均可通靖远之路，诚恐该夷匪乘间窜扰，为害地方。合行札知。为此札仰该处地保、团首、耆宿、伙头人等知悉，尔等速派精壮团勇前赴该处，协同在于要隘处所，昼夜巡防，不准生熟夷人从此往来。并查看此处有悬崖难行之处，即行挖断，使夷匪无从窜入。如有生熟夷人敢由此处行走，立即擒拿送究。此系尔等保卫身家，勿得懈息干咎，是为至要。切切。特札。

右札仰长乡一、二、三甲

地保 　江遇明

伙头 　噜叽

【咸丰六年八月二十六日冕宁县告示】

为晓谕勿擅搬迁，实行团练守□□□□身家事。照得野夷滋扰横行，原为民间之害，如尔等同仇敌忾，即可众意成城。且事宜镇静，切忌妄动。如道光十三年富林营被夷围攻七日，该处居民各各戒严，互相厮守，致夷精疲力倦，一战成功。今泸沽地方，较之富林营团众人多，防堵尤易，是在尔等齐心协力，各相戒勉，方能有济。合行出示晓谕。为此示仰该处居民人等知悉，尔等幸勿惑于浮言，任意迁徙，先示柔弱，致夷匪等得以窥伺，乘间窜扰，免不临事张惶。务各守望相助，同心保护，实力齐集团练，备制枪炮军械，在于大冲口及野夷出没之处严行堵截，万勿轻举妄动，自贻伊戚，实为至切要务。本县现赴郡城，面请镇宪赶紧添兵同来剿办，尔居民等，不必惊惶，各宜禀遵毋违。特示。

【咸丰六年九月十七日宁远府札】

〈上略〉为此札仰该司等即便飞速转饬川滇交界各州县，会同营员，在于关津要隘一体严密盘查，如有回民欲赴云南，形迹可疑者，即行截回，勿稍疏忽，致于参究，毋违。此札。〈下略〉

【咸丰十一年正月二十九日土百户马兴贵禀】

具禀中村土百户马兴贵。为禀明事。情东路一带地方，自咸丰七年夷兵日列、各角承保路径，兹因野夷扰害，地方夷兵日列、各角禀恳恩案，掘挖灵山寺背后山路，沐恩签唤，土职应遵毋渎。但灵山寺背后山路系越西地界，山宽路多，难以掘挖，为此禀明。

【咸丰十一年正月二十九日地保周元和禀】

具禀福乡五甲地保周元和。为禀明事。情东路一带地方，自咸丰七年夷兵日列、各角承保路径，蚁甲捐给钱文，作伊保路之资。兹因野夷扰害地方，夷兵日列、各角禀恳恩案，掘挖灵山寺背后山路，沐恩签唤，地保应遵毋渎。但灵山寺背后系越西地界，山宽路多，难以掘挖。为此禀明。

附：马兴贵等供状

问据。马兴贵供：土职是中村百户，今年正月二十三日蒙恩签传土职同地保周元和们，派拨汉夷团众前往灵山寺背后挖断野夷出入路径，以免夷匪过来抢劫，土职们恐其山高路多，难以挖断，来案具禀。前蒙审讯，夷兵日列们承保土职回家，商同周元和们约就日子，派齐团众，一同去挖。不料夷匪出巢，土职带领土练各处防堵去了，才误公件，沐把土职唤案掌责。土职自愿限三日内，同周保长们去把野夷出入路径尽行挖断，回辕禀复就是。

问据。周元和供：小的在福乡五甲充当地保，今年正月间，蒙恩签传，饬令传齐花户，去把灵山寺背后野夷出入路径挖断，小的回家就向头人刘成富商议挖路的话，过后刘成富所管三堡花户抗不去挖，小的才来案具禀。今蒙汛究，沐将他掌责，限三日内同小的们派齐花户去把野夷出入路径概行挖断，同来禀复就是。

问据。卢征雄供：小的是枧槽沟团首，今年正月二十三日蒙恩签传小的派齐团众，前同马百户、周保长们往灵山寺背后把野夷往来道路挖断，小的遵传就派有四十多人前去同挖。但路多人少，（下残）

【咸事十一年二月十二日夷兵汉家结状】

保守路径切实甘结。夷兵汉家，今于老爷台前为甘结事。实结得夷兵承认看守路径，上至长乡五甲呷斯，与自列承认看守路径交界，下至长乡又三甲，高枧槽、年瓦热咱、浸水坝、桃园后山一带，不致再有野夷复出滋扰。兹夷承认保守之后，若有生熟夷匪在境滋事，一概惟夷是问，夷自认割首之咎。中间不虚，出具切实甘结是实。

县正堂批：准保结，如再有抢劫之事，定惟尔等是责。

甘结夷兵汉家

【咸丰十一年二月十二日夷兵别租等结状】

为甘结事。实结得夷兵等承认保守路径，上至沙鸡厂，与越西军粮府所管地方交界，下至野鸡坪、李子坪、纸厂、勒丫，与约租保守路径交界，不致再有生熟夷匪在境妄为滋扰情事。兹夷承认保守之后，如有生熟夷匪仍行在境滋事，夷兵等自愿割首之咎，再无反悔，夷心悦服。中间不虚，出具切实甘结备案是实。

县正堂批：准保结，如再有抢劫之事，定惟尔等是责。

具切实甘结夷兵别租
曲列

约租等控案

（1）【咸丰十一年二月十四日夷兵约租等禀】

具禀夷兵：约租、月列、合都、挖达、月拉、别租、各角、捏着、谢兹、曲列、拉界等。为禀恳提唤事。情有凉山各处野夷出巢，掳抢汉民，难以休息。沐恩赏示冕邑各界路趾，夷兵十人奉示保守挡息。惟有金百户所属曹姑、热即瓦堡后有大路一条，惯通夷匪，往往入内地掳劫夺，其界路口应该金百户所管猓夷七堡、番夷五堡外，有汉民数十余户承当均派，将路挖断，经守拦挡。夷兵十人在案，并无一人在该甲当办夷务，夷兵等若不将金百户禀提到案，经理匪夷路道，夷等胆敢越界混渎，夷只得为此禀究。

附：月列等供状

问据。月列、拉租同供：小的们都在案下充当夷兵，因凉山野夷不时出巢到处抢劫，蒙恩饬令小的们保守路径，不准夷匪过境滋扰。见有通夷道路，小的们即会同百户团头挖断，免使夷匪出没。所有通夷路径均已挖断，只有金得禄管的曹姑、热即瓦两处抗不去挖，小的们才赴案具禀的。今蒙审讯，金得禄限三月初三日把通夷路径挖除，到案具结就是。

问据。金得禄供：土职是热即瓦百产，今年正月间夷兵月列们来说，他们蒙恩饬令，凡有通夷道路概行挖断，免使夷匪滋扰的话，叫土职把热即瓦、曹姑两处挖除。是土职公事懈弛，没有去挖，月列们才来案具禀的。今蒙审讯，土职限至三月初三日把两处路径挖除，到案具结就是。

（2）【咸丰十一年二月三十日百户金得禄甘结】

为甘结事。实结得夷兵拉租等具禀职抗不挖路一案，缘职甲内热即瓦、曹姑等处地方近与越西凉山接壤，时有野夷出没滋害。拉租等称职路未挖断，将职禀案。沐讯职因公事迟误，免予深究，职限二月二十八日起，至三月初三日止，速派人夫将夷匪潜行出入荒山小路查明，全行挖断，不致岩〔捱〕延。中间不虚，甘结是实。

禁私卖酒与夷人案

（1）【咸丰十一年三月十七日土职姜文富等禀】

为禀恳示禁，以靖地方事。情酥州坝地方周围山高，尽系夷巢，与场比邻。凡逢场期，各处夷匪入场滋扰事端，胜不可言。甚至午后伙入酒肆食酒，乘酒醉后，挟持长刀弓箭，抓拿猖獗，更难枚举。他如截取商财，估抢居民，俱为酒过放纵无忌。土职等职斯守土，累受凶夷欺侮，不受约束，原情度势，实为酒之生害。今与场首合众筹商，禀请示禁街乡酒肆，不许卖酒，严禁夷民，不许身带刀箭，庶事不烦而盗可息，民可安而路可通。土职等感恩无涯。

（2）【咸丰十一年三十一日冕宁县告示】

为严禁事。案据土民姜文富，武生王廷清，甲长李盛业，客长甘思霖、马朝元，团首邓光宗禀称：酥州坝一带地方逼近夷巢，常有猓夷勾结凉山夷匪，携带刀矛弓箭混入境内，凶〔酗〕酒横行滋事，稍不遂意，辄敢藉故生端，骗赖不休。每有窃劫不法等事，皆由卖酒之家希图渔利，奸贪窝留，实为地方之害。禀请严禁等情前来。据此，除禀批示外，合行严禁。为此示仰铺户居民□酒人等知悉，自示之后，不许卖酒与夷匪等饮食。倘有不遵，私行发卖，定即提案究办；并不准夷人途次携带刀矛弓箭，横行入场。倘敢故违，许该场团首人等拿获禀送来案，定行从严惩治，决不稍为宽贷，各宜禀遵，毋违。特示。

2. 案例

【乾隆四年三月十九日怀远营都间府移会】

为贼赃俱获，拿贼放贼事。本年三月十七日，据松林三道营夷民坐根、别喳告前事词称，情因蚁喂养耕牛二条，俱怀有儿，不意于雍正十三年九月二十日夜分被贼偷盗，比即报明衙门并地方保甲，今经四年，蚁放报信银八两，方始查实的系西昌县麻柳住夷脚落偷盗不虚。蚁恐不确，亲至贼家看实，果是原牛，随即告经在案。蒙移土妇岭氏，以〔已〕经捉获，即应移解以凭审究，不卜是何情弊，仍将贼首脚落释放。窃思麻柳与汉境相连，系改土之夷，何得越县偷盗？况蚁春作冬成，全家性命靠牛资生，若不具告，释放者使贼越加殃民，为盗者盗风日炽，告乞青天祖老爷怜准行员拘提锁拿到案，追给耕牛，除盗安良，庶外县之贼不致越境为盗矣。为此迫切哀鸣上告。计开：被告贼首脚落，坐建昌麻柳岭氏地方等情。据此，为查原告夷民坐根、别喳虽住居三通营地方，系贵县所属之民，其具告是否实情，敝营不便越俎。兹据前情，拟合移咨，为此合移贵县，请烦查照，希即饬差拘提审结施行。须至移会者。

右移

四川宁远府冕宁县正堂徐

【乾隆五十年九月初八日夷民刻宜呷报状】

为飞冤陷害，颁天救命事。情因蚁夷等堡内沙咱买明夷仆沙格，于本年八月内，沙格不遵王法，窃盗主母衣服银两，报明沙格胞兄三故，追问情由。沙格情虚，于八月十八日二更时分现同伊兄三故歇宿，不知何时出外园内，自缢身故。沙格胞兄三故督令安埋，并无半言，目今将来一月。冤遭久经不法之猓夷蒋着刁唆三故，翻控百户印文选衙门，被遭汉奸主令诬骗沙格自缢，栽害蚁等二女串通苟合有奸风流自缢，并非盗窃身故。百户不按情理，签差恶夷数名，黑夜捕捉蚁等二女，捆绑百户家内，飞刑挟打，要钱抵命，方得沾生，倘若无钱，女命难保。若不具报急救女命，可怜见实刑法，情切伤惨，只得报乞太老爷台前赏准严究。

【咸丰年六月十一日田永魁等恳状】

为蛮夷作乱，焚掳杀害，吁恳安良事。情民等住居波罗两河口，买田纳粮，数十余载素守本分，耕种营生。殊本年五月二十七日，被跑马坪凹者一支黑夷铁户，统领伊弟兄父子以及本支夷匪倡首作乱，并聚罗烘、竹落、巴谦、落密、戈告、喷克、奢噜7支夷匪肆行掳杀。民等集团堵敌，被夷匪杀毙田应仲，掳去田应堂、程星寿、岳满元等。次日首匪铁户复统夷匪约千余入围扑两河口地，妇女悲号，哀声震野，幸营主游府霍令署守府谢带领兵团往救，民等方得脱逃。然粮食尽行被抢，房屋尽行被烧，禾笛〔苗〕尽行被伤，牛马尽行被夺，百里之间烟火忽断。三汛之地防兵已空，夷兵虎距不前，千户勾串抢劫，若不吁恳垂援，不但民等数十年之服畴一旦被伊夺占，而生路难归，即靖远营数十里之屏壁，亦恐被伊倾空而孤城莫保。似此无法无天，实属可伤可惨，哀痛中迫，只得告乞爷台前赏准作主施行。

> 被告　作乱首匪凹者黑夷
> 　　　　　　铁户、烘撤
> 凹者支夷伙匪　罗烘、竹落、巴慊、
> 　　　　　落密、戈吉、喷克、
> 　　　　　奢噜等土人。

县正堂批：据呈跑马坪地方凹者罗烘等支黑夷，迭次出巢肆行劫杀，千户夷兵等复敢朋比为奸，实属胆大恶极，杀之尚有余辜。前准靖远营以密坡等汛被夷蹂躏移知，本县禀请道镇两转禀各宪，调兵剿援在案。兹据呈报，候再移会越西厅营，查传新千户吸呼等到案讯究明确，再行禀报。该原呈等着先行回靖集团堵击，准予擒杀勿论。俟本县公务稍暇，即行来靖与尔等共商堵击之法，以安我民也。此谕。

【咸丰九年四月初三日姜洪山等告状】

（年三十五岁，住大树堡，距城三百二十里）

为庇贼陷害，恳究作主事。情本年二月十六日民雇请梁廷龙帮民背钱二十千文路过手巴岩，被约租支使贼夷四人各执刀矛，将梁廷龙殴伤，劫去钱文，梁廷龙以串弊估劫等由报明在案，蒙批伤已验明，候会营严缉凶夷究办。票差缉贼未获，梁廷龙以陷害情惨等由呈诉在案，沐批候勒差严缉。原差杨彪、戴陞等奉票缉贼。但手巴岩原系叶百户所管，有姜千户指明地界，缘估劫贼夷系居叶百户地方，原差缉贼，叶百户承认完案赔赃，突被甘二娃于中作弊，而叶百户庇贼抗估，悬案陷害，为此呈叩恳究作主。

【咸丰十一年十月二十五日役徐坤禀】

为查明禀复事。情民人陈洪显具报被夷掳去伊妻彭氏，蒙饬役往查，役遵即前往，三大枝印百户家，见印百户屋侧有猓夷十数人在彼听百户团首点团，该处团首穆老五称彭氏被掳之处系谢姓公山地界，并非三大枝所管，伊等不便齐团往查。役查明禀复。

县正堂批：谢姓公山究归何处管辖，该役并不查明，竟听从穆老五一面之词辄行禀复，殊属糊涂已极。着限三日内将彭氏查获，如违定行严比不贷。

凹者支夷滋扰案

（1）【咸丰十一年三月二十五日邓焕章等恳状】

为掳抢抄杀，叩天作主事。情民居阜乡二甲邓家湾，数百余年，毫未与伊夷接构。至咸丰六年八月二十五日伊夷合股出巢，民堡房屋寸草未留，杀掳人口三十有余。后蒙青天作主，得复已业，认纳差粮。至七年七月初一日，又被伊夷掳去人口二个。于十一年正月二十二日又掳去人口一个，突于三月十二日，又将民使牛送饭人与耕牛等掳抢。即时惊团追赶，民等好言劝说，伊反恶言回答。忽至山岗屡次交战，将民练勇邓启寿杀毙，启志、姜氏受伤。民等无奈，将伊夷头首取下二个。至今风闻有凹者、落红、箸噜三支人等，聚众复仇，民等寡弱，甚是难敌。只得叩恳仁天，饬令各支千户夷兵未出，为此伏乞青天大老爷台前赏准作主救命施行。

被告 着落千户凹者铁呼

落红克依

县正堂批：据禀已悉，本县业已札饬就近各团齐集练丁，力为堵剿。倘凹者一支胆敢滋事，本县定将在县管押之波罗老二、老三斩首。其铁呼、落红、克依三支头目，现在靖远营食粮，如敢出巢，亦即移会照办。尔等万勿畏惧，各宜奋勇严密防范，毋致疏虞，是为至要。此谕。

（2）【咸丰十一年八月十七日阜乡一甲冕山团正胡攀魁禀】

敬禀者。窃因本年三月内，夷匪出巢，前至邓家湾地方抢掳，经该处团民击退，跟追杀毙夷匪二名，夷匪亦将该处团民杀毙一名，带伤一名，曾经该地赴县呈报在案。突于八月初五日，有凹者一支黑夷千户铁户放信，不日纠众大股出巢，至邓家湾报复前仇，业已约期数次，未见到来。团正等已传知邓家湾居民，如遇夷警，立即飞报，以便带领团练往救。随查凹者铁户，现属靖远投诚充当千户，担〔胆〕敢纠众出巢滋事，团正等业已具禀靖远营主，转饬守府令千户夷兵阻挡在巢〔案〕。又于十五日据舍噜一支黑夷六加报称，挖者支夷定于本月十八日大股出巢，仍至邓家湾复仇，是以公差来翼传唤团正等赴县面谕公件。本应赴辕听候，何敢迟误，诚恐该夷出没靡定，一旦奔临，有误事机。团正等再三思维，未敢擅离，只得逐日带领团练昼夜严密稽防，设法御敌。理合仍将夷匪出巢缘由具实禀乞慈鉴。

（3）【咸丰十一年九月冕山阜安团团正胡攀魁、团副沙忠玉等禀】

窃本年八月初七日奉檄饬差调赴进城面谕公件，缘因邓家湾于本年三月内将凹者支夷杀毙三名，该夷放言出巢抄烧等语，团正等未敢擅离，只得具禀在案。嗣于八月十一日，该夷纠众齐集亲眷出巢，至邓家湾报复前仇，蒙冕山陈汛主闻报具禀，靖远守府饬委洗密窝彭署弁带领千户克依等，于八月二十六日赴冕说话，又新营总府马饬委邓领哨，带领兵练四十名至冕山弹压，协同团正等驾驭该夷，从中说合。各地捐给以酒布钱文，仍照夷理用牛献插，永不向邓家湾靖属地方滋扰。于本月初三日，二比各出具汉夷相安了息甘结，存冕山文武衙署并团局，转禀县衙备案了息。兹合仍将该夷与邓湾生非抄烧办理完结缘由，禀明备查。又前奉冕增派冕山各地鸦烟厘金一节，团正速传各地首人赴局摊派，该伊等回地旋云，今已收罢田地，概行耕转另种，各种场无凭饬办，该各种户并不认允。后蒙饬差执票赴局，叠次催收，团正无奈，会同来差将各地首人唤押至局，再四熟商，共摊派银四两，以便收缴。团正非不丰摊派，奈近时冕山地方夷氛不靖，大道梗塞，而庄务贸易人等迭遭夷害，亦难一数，诚恐过摊酿出巨祸，有负委用。团正等除来差盘费口岸外，只派出此银四两，如数呈缴县署分局，恳祈转团查收。团正等不揣冒昧，理合缕悉具禀，伏乞宪鉴。

【咸丰十一年十二月十五日泸沽仓丁书等禀】

〈上残〉夷匪二十余人在泸沽三里许抢劫，而四街及沙沟营仍齐集团众二百多人追袭，殊夷匪分□□□□□深入重地，四面困住，伤毙汉人五六十人，带伤者甚众。街邻纷赴姚汛主衙中哄闹，欲将伊殴杀之语，又赴定大老爷店内喊冤，徐太爷等皆束手缄口，无策施设。四街荒〔慌〕恐，一夜数惊。且闻夷匪尚蚁聚未散，不知欲何作为，只得禀乞大老爷台前赏察施行。

【同治元年七月十六日土千户王应元禀】

越西松林地土千户王应元谨禀大老爷台前金安。敬禀者。案奉宪台行提文监生宋敦厚呈控估索哨钱之被告王孙巴等，行饬即传解等因。奉此，卑职查王孙巴系王乡约之侄，素性愚朴，采樵过活。喜乐场地方有河一道，水势汹涌，每多阻运铜斤，回龙厂官房因知王乡约诚实，按年给其桥工钱六串，构木搭桥。以致一心堂游棍雷老四，纠集党羽在桥头藉名估取文监生宋敦厚桥钱，不赏所致。前据具报被告止有雷老四之名，并无王孙巴其人。卑职随即伤差查拿雷老四，于未票之先潜逃无踪。至王孙巴查无估取桥钱情事，诚恐宋敦厚误听人传，牵控无辜，是以未经传解，以省拖累。兹奉行提复又添差协同公役查拿雷老四无获远飏情形，理合禀复。

【同治二年五月十五日宁远府札】

〈上略〉为明火焚掳，叩恳严究事。情于本年三月初八日夜二更后，被不知何方夷匪名支，将奉等响河坝住堡概行烧尽，牛马不计其数，掳去人口汉夷男女八十四人。〈中略〉妻离子散，情实伤惨，只得哀伏乞赏准严究作主施行。计开被告，明火焚掳坐都巴切一支统领使娃数百余人等情。据此，除呈批示外，合就札行。为此仰县官吏查照札内事理，即便立速会营查办，毋违。此札。

右札冕宁县准此

【同治二年八月初五日团首王泽富等报状】

为报明作主事。情本月初二日，民堡牲畜与浸水坝夷人牲畜同山牧放，突被野夷百十多人拥至，将牲畜概行抢去，并掳去吴启伦一女。初三日民来案呈控，有浸水坝夷人称云伊等去说，叫民堡出钱去取，不料至晚伊等将夷人牲畜逐一清查赶回，民堡牲畜四十七条竟被抢去。窃浸水坝熟夷明系串弊显然，况值秋收在迩，野夷不时滋扰，惨民堡人畜均不敢出入。若不恳恩作主，田中稻谷难以收获，为此迫切恳乞大老爷台前赏准施行。

县正堂批：据呈已悉，候移营会缉，并签唤浸水坝夷人到案讯夺。尔等务须齐集丁壮，整顿器械，扼要堵截，以保秋收。如有大股野夷出巢焚抢，许尔等立即飞禀，自当调团抢救，酌发火药铅弹，以资攻守。此谕。

【同治二年八月十四日总团头吴清兴等报状】

为夷害难休，禀恳作主事。情今本月十二日夜一更时，突出猓夷数百余人，各执刀杆，放火欲烧民等住房，幸得人多急救，险遭夷等焚毁。民等将何天贵住房救出，即放枪炮追逐，夷等跑逃。钜料夷众胆恶割去曾加贵、王建刚二人田禾谷穗约种两石之多，外搬包谷十石有余。蒙天保护，大施雨泽，夷等尽逃。民等今见情惨，目睹心伤，只得赴辕报明。

蒋国玺等采办军米案

(1)【同治四年四月初五日地保卢文光等禀】

具禀福乡五甲地保卢文光、团首卢征雄、中村百户马兴贵、团头吴杜枝、长命保，为禀恳作主事。情县属东门外灵山寺一带，原系老林，有小路一条可通越西，因夷匪出没，不时扰害地方，咸丰十年奉往任李主伤令汉夷人等，公同前去将小路挖毁，以杜夷患，后无行走。追今三月初旬，有数百人暗行小路，民等盘诘，伊等声称奉越西县主伤令，来冕买米，现有路票可凭。嗣至本月初三日，又来汉夷数百人，多半客商，挑有货物。民等询诘，伊等云称请有保头。窃思灵山寺离城不远，并非大道，伊等不应私自行走，若不禀明作主，诚恐祸生不测，贻害地方。不敢容隐，只得叩乞老爷台前作主施行。

(2)【同治四年五月初一日地保卢文光等禀】

为恳禁运贩，以清地方而利民生事。情近年以来，冕邑地方迭遭夷害，难以枚举。今三月内有奸民陈团头等，不知在越如何舞弊，恳请移文来冕采买兵米，希图抱货来城，运米过境，于中取利。而周主果系采买兵米，理应委员来城，上有移文为凭，下宜印封示众。且采买兵米，大小路现有兵勇保卫，何得听凭陈团头等串通猓夷，由灵山寺、打麻窝二处私开毛路，听其往来。现今夷匪逼近城垣数里，勒要哨钱，兼在枧槽沟一带恶估民间要吃要宿，伊等希图肥己，祸移冕邑。民等无奈，只得禀恳赏示禁止，并札饬团头地保各百户等，并赏派兵差协同阻止，以除夷匪之害。倘蒙赏准，民等合邑均沾。

（3）【同治四年四月十二日约团张富顺等禀】

具禀越西厅中所坝约团蒋国玺、张富顺、郑德明，为禀明受累误公，以备查核事。情今三月初七日，民等遵奉越西军粮府周札委，带同保头夷人到治，采办军米，前经移文在案。当由枧槽沟运解一次，兹于本月初三日，复率揹夫由该处抵治，因厅哨刘马二署是夜不知何情，责斥枧槽沟夷人，释放后该夷遂藉此生端，云称伊等保民到此，民等不能保伊。民等以公事为重，而枧槽沟又运米必由之路，停留数日，脚夫一百余名，帮补去钱四十余串。该夫等以与枧槽沟夷人有隙，又生惧怕，走逃数十名，延于初十日止，有三十一名运来七石，前往大路。窃思民等奉札办公，俱皆节省体贴干办，不敢耽误。兹遭枧槽沟夷人阻挡，民等与脚夫钱文四十余串，均系公款，今又耽延数日，运米无多，实增咎过。但事源有自，均非民等所致，不得不具禀仁天，以资考核，为此具禀存验。

县正堂批：据禀已悉，候传简〔枧〕槽沟夷人到案，饬令仍由原路妥为护送前进。该团约等速将军米采办齐全，雇定驼〔驮〕夫，赶紧起运回越，勿误军食为要。此谕。

（4）【同治四年四月十六日冕宁县告示】

为据禀示禁事。案据福乡五甲地保卢文光、团首卢征雄，中村百户马兴贵，团头吴杜枝、长命保禀称，情县属东门外灵山寺一带，原系老林云云，诚恐祸生不测，贻害地方，禀恳作主前来。据此，除禀批示外，合行出示严禁。为此示仰客商汉夷人等知悉，尔等如有贩运货物，须由大道行走，不可绕行此处小路，免使野夷由彼出没，扰害地方。自示之后，倘再有仍前偷越行走，许该百户保甲等阻止扭禀，以凭究治，决不宽贷。各宜禀遵，毋违。特示。

（5）【同治四年五月初八日冕宁县牒】

为牒知事。本年五月初一日据敝县福乡五甲地保卢文光、团头卢征雄、邓文智等县禀，恳禁运贩以清地方而利民生事，禀称情近年以来云云，为此伏乞等情。据此，除禀批示外，拟合备文牒知。为此合牒贵府。请烦查照来牒事理，以后如有采办军米之事，仍由大路行走，不可绕行小路，免使野夷由彼出没，贻害地方，望切望切。须至牒者。

右　牒

越西抚夷府周

【同治五年四月二十二日靖远营副府移】

为移知事。本年四月二十日据署波罗汛鲁千总禀称，本年四月二十日据汛属两河口中伙房团首龙奇志等禀称，为禀明恳究事。情勒莫支夷在于本月十八日回龙寺下首拦路抢劫人口九人去讫，受伤者亦多。不意于二十日早饭后伙串凶夷数百来河口抢劫牛只，以致团众跟追，惨遭凶夷等四面围来，焚烧房屋，将两河口居民捆掳杀伤，始而抢牛，继而掳人砍杀，焚烧房屋，似此凶恶，何以聊生。今春耕之日难以下种，日食何得？只得禀恳作主，以全生命，等情前来。世职未敢擅专，理合据情具禀，伏祈俯赐衡夺施行，等情。据此，敝府当即拣派兵丁五十名，交该千总飞速往援去后，复传集营中绅粮团练，倘有惊报，迅急救应。兹于二十一日申刻接据鲁千户禀称，本月二十日据汛属两河口中伙房团首龙奇志等禀称，于本月二十日早饭后，被野夷数百人将两河口民房烧毁，劫抢牛只，并将男妇人口抢去一半，该民等忙迫之间，并未清数，当即投报在汛。世职刻即带领兵丁星夜赴汛防守，查抢去民人共四十四人，抢去牛马共十六匹，猪一百五十条，焚毁房屋共二十间，银钱谷米家具等项，抄抢一空。世职尚〔上〕紧饬追夷兵查办，俟查实民等抢入何地，再为呈报。兹将抢去人口、牛马，并焚毁房屋等项，理合先为具禀。〈下略〉

【同治十一年三月初十日越西理民抚夷军粮府移】

为移请查办事。本年二月十四日据阿合阿路兹各支千户双普拉兹、曲乃等呈称，为冤遭累害叩恳移究事。情加落一支白夷噜鸡阿落屡次不法，掳抢汉夷人口牲畜，众人皆知，于同治七年投入萝卜地落巫支黑夷克衣家下，偷去千户长加马二匹，阿呆马三匹，阿呆放报查实，克衣退还马三匹，长加之马二匹未退，才具控前任府李案下，将克衣拘押在案四月之久。有阿时兹一支黑夷曲兹、白夷从加来辕具报所言阿落害麻症身死，日后查实阿落若在，自干坐罪。不料伊等将阿落送至冕宁县枧槽沟伊舅父孙鸡阿鱼子家，阿落复来王家楎子，将宿合兹之娃子拐去五个，在黑夷克不堡内。但宿合兹查实追问阿落，伊向克不退人，克不未退，阿落才该处汉民邓姓抢去五人，孙鸡阿鱼子追来，退回一女，阿落抢去四人，千户等办出二人缴案。所有未能退出之汉民二个，伊遵认办外，阿落同支白夷四个刁至萝卜地锅基布兹刷助堡内，刷助拿去寄在冕宁县枧槽沟，有落巫石租可知。千户等窃思，伊等跪〔诡〕诈异常，意图分肥，扰害百姓，连累千户等遭此冤害，将田地娃子作压〔押〕掉出汉人二个。千户等恳恩赐移，追退宿合兹娃子五个，以免生事，并签唤曲兹等到案讯究，除害安良，千户等沾恩。〈下略〉

【光绪七年六月二十八日松林汛夷兵陈有春、姜子，耳子山黑夷二铁，巫兹白夷药百，大冲口黑夷双租等禀】

为据实禀明事。情因六月初十之夜，缘有两河口黑夷租一支夷匪啊孤子、白夷车胡伙共九人等，在至阜乡三甲镇夷堡下首，拦路抢去公文，杳无踪迹。于十八日即有二铁、兹立二支人等，禀明泸沽汛主，今沐恩主提调夷兵、黑夷、各处白夷人等前来访查前劫公文，伊之九人丢在路旁，十八日长胜营捡获是实。为此禀明。

【光绪十九年四月杨文魁供状】

问据。杨文魁供：杨陈氏是母亲，在石包塘住坐，平日下苦营生。光绪十九年四月十三日夜，夷匪数十各执刀棒毁门入室，比时小的惊觉，喊捕齐团跟追，枪伤抢匪哩子，当时毙命，余外抢跑逃未获。第二日有下丫口猓夷兹牛哩普们统领百十夷匪，前来认尸，把小的房子围困，又抢去银钱衣服货物等项，团上往救，殴伤黄金才们。比时猓夷凶恶，田团头才叫小的们出钱九十千文，与猓夷们说和，小的们应允，猓夷退散，小的们才来案呈报的。今蒙审讯，小的们已经与山主步东山、步春山、刘明远们书立退土和息，小的与步东山租佃山场水田退明，他把小的压银楚给。小的被猓夷抢去衣服货物银钱未曾赔还，沐令小的等候，至二十六日八地猓夷吃血酒阅牛皮时，小的们拢场，大众议赔小的，不必心深。小的遵断具结了案就是。

勒摹支夷滋扰案

(1)【光绪二十四年四月二十一日贡生李赞元等禀状】

为据实禀明〔事〕。情于又三月初七日，着名惯匪哪喷、伊达拦路劫抢，与团上争战抢毙，伊子姑哈同呵唆老三肆行抄杀，将邓九元分尸作祭哪喷、伊达，复杀龙双保、龙贵生，抢去龙国祥、富有生、陈文方等。本靖无有救援，数十里人掳屋烧。势〔事〕出无奈，大堡子、高老于县两河口、中伙房、波罗汛等处，各出牛一条，酒一百斤，限于三十日说话，暂为退却。复将龙奇水房屋烧毁。十二〔日〕抢去田贯之、田良方、田席子匠、张长生等，田贯之以说话放回。十八〔日〕马老五杀伤、抢去，与钱五千、猪一只、酒一百斤取出。马长生无钱赎取，现在夷巢。二十六〔日〕追至营城外边，将严二皮耕牛杀毙。延至初二说话，姑哈同呵唆老三要金银各三千三百两、牛马布匹各三千三百样，团上见说不好，各退。姑哈等率众斫刘小春秧苗，百姓伤心，上前抵敌，奈人少团稀，夷兵千户预先遁走，本靖亦无救援，复将龙保分尸投河，龙志海杀毙，田喜喜枪伤，田喜元杀伤，小春秧苗复遭践踏，抄抢更甚。百姓难于安居，兼耕不能耕，请夷兵千户保出，搬移殆尽，伤心惨目，莫甚于此。如有虚捏妄呈，自甘诳报之咎，为此伏乞大老爷台前作主施行。

被禀	督令抄杀	呵唆老三
	勒索劫杀	姑哈
		哈披
		鸡克子
		彼摹呷迷
		黎胡铁打
	惯抢使娃	沙马利落
		沙马呵落
		呵姑克曲
		呵和黎黎子
	着落	岭安氏

县正堂批：查夷匪呵唆老三等捆掳滋事，现经府宪及本县亲诣移会靖远营，严行查办在案，着俟查办明晰，接准移复，再行示遵。

(2)【光绪二十四年四月二十七日李赞元等禀状】

为禀明恳救事。情姑哈等前日抄杀情由禀明在案，蒙大人雷亲身到营办理，共饬勇丁随同李守府到两河口一带地方防卫速办，各支夷人于李守府处牵羊送礼，非不畏威戴德。但夷兵千户暗通姑哈等泄漏军情，使其推延不面，李守府复于二十一日已刻预先回营。至二十三日姑哈等始来说话，杀毙人命五条概不任〔认〕赔，捆去百姓七人要银赎取外，惯匪哪啧、伊达人命金银布匹，复贪索无厌，百姓难于措办，兼畏抄杀，痛哭哀号。罗管夷及哨官说话人等，代为划策，给伊等酒食，限于五月十八再行说话，暂免目前之厄。若不禀恳调兵惩创，至五月十八日银钱不能偿给其愿，日期难于再限，伊等挟忿残暴，数十里老少居民，必遭抢夺抄杀，房屋田地亦必烧毁荒芜。富者难于复业，贫者散离四方，诛杀不已，骚扰日甚，靖远地方，谅难守矣。

被禀	督令违抗	呵唆老三
	统众勒索	伊达姑哈
		伊达哈拔
		呵唆鸡克
		彼摩了迷
		黎和铁打
	惯抢使娃	沙马利落
		河马呵落
		呵姑克曲
		阿何黎黎

(3)【光绪二十四年李赞元等禀状】

为再叩救援以免死亡事。情姑哈等劫杀抄抢，生首等具禀在案。金批朗明，曷敢再渎。但本月初二日说话，姑哈、呵唆老三要金银各三千三百两，布匹、牛马各三千三百样，以偿哪啧、伊达之命，所有杀毙抢去百姓概不置论，团上见说不好各退。殊伊等暗伏夷匪数百，拦路截杀，将龙保保分尸投河，龙治海顿时杀毙，田喜喜枪伤，田喜元杀伤，小春牛马尽行斫坏劫夺，而夷兵千户预先遁走，并无阻止弹压之情。且勒摩出没必经各支夷兵千户地界，不无串弊等情。百姓之害，何由至此。兹高老大堡子、甘县等处，被勒摩阻塞隘口，搬不准搬，前月严二皮搬逃，勒摩追至营城外边，将严姓耕牛杀毙挡回，意俟稍不如愿，一网打尽。两河口中火房波罗必给夷兵钱文，始保出入，甚至数百家生民昼夜惊惶号泣，不知死所。连日求救，夷兵千户袖手如故，土司亦未见追办，寇贼日甚一日。百姓耕不能耕，逃不能逃，或遭抢夺，或经杀毙，不止数十。吁叩仁廉转禀府、镇调兵救援。数十里之地尽为夷有，数百家之命难免死亡，夷氛日炽，失地毙命，何止于斯。如虚甘坐。

	被禀		
	督令劫杀	呵唆老三	
	勒索劫杀	姑哈	
	统娃劫杀	别马阿吽鸡克铁达	
		使娃数千不知姓名	
		着落该管土司	

(4)【光绪二十四年六月初一日李赞元等禀状】

情靖远波罗汛于三月初七伊达据抢被团上枪毙，此支夷匪虽属凶暴，近来与靖远夷兵千户或开亲，或讲和，时常往来。事出时，营主令夷兵千户劝说阻止，杀伤抢劫未至十余人之多，岂难和息。奈营主历任久，与夷兵千户酬酢多情，势难责遣，兼百姓临危呼号触犯，荣升又复在迩，连次报乞，置之不论，所以酿成边患。生等恳禀各宪，蒙大人雷亲身到营，军门□委员协同办理外，并饬李守府赶紧办理。殊李守府视为具文，四月廿一未说话预先回营，无有弹压，事因未了。委员商确〔榷〕，限五月十八说话。守府于五月初十下建，十七日二更回营，百姓望如云霓，殊守府言行更异，闭门不出，复委世职彭帮办，夷氛愈见猖獗。伊达人命金银布匹货物，贪索无厌，杀死汉人概不赔偿，抢去百姓要银赎取。聚众勒逼。幸保哨后哨在波罗镇压，不然数十里之地百姓必致死亡，田产眼见荒芜。兼此时反者姑哈等其所以负固不服、逗留藐抗者，实由靖远夷兵千户素知地方情由，暗通消息，划策刁狡，本靖无有弹压所至耳。若不缕晰恳恩转禀调兵惩创，将来反者不止伊等，受害者亦不止波罗一汛。生等非敢妄讪，但事关切要，情出无奈，冒昧呈恳。所呈有虚，自甘诳报之咎。

	被禀		
	督令掳抢首逆	呵唆老三	
	负固率叛	姑哈等	
	使娃	沙马利落等	

县正堂批：查此案昨准靖远营李守府移称，姑哈等系归西昌县安土妇管辖，现据定期七月三十日再行理说，业经本县据情转禀府、镇宪，札饬安土妇届期派令得力管夷驰至两河口协同理说在案。着俟奉批至日，饬遵可也。

(5)【光绪二十四年六月十日建昌总镇移】

为移请饬办事。案查前据靖远营马游击禀称。勒摩支夷姑哈等于前月十八日至两河口理说，该支夷等有贪婪之意，自行限期七月三十日再行理说等情。敝镇查该夷狡展异常，若待七月三十谷豆已收，岂容施此伎俩，当即饬委署该营把总蒋占魁亲驰岭安氏土署守催，速派得力头目往办完结，以免迁延贻害地方在案。兹据土妇岭安氏禀称：敬禀者。为禀复事。情靖远哪啧伊达案件月前未具禀复者，以叠专原办头目祁文清赴郡各宪辕面陈办理情形，兹奉札饬并恩委蒋总爷来署，卑土妇以系故夫旧交，否则未敢面商，已会商一切当即饬派军功彭国儒带领头目王兴荣、祁文清等八人，直赴呵唆老三夷寨，力饬该夷以各宪断难容准限期遥远，多方设法开导，务期了息，将被捆汉民退出，始不负各宪保卫边隅及悯恤卑土妇女流之至意。倘难为完结，亦不准该军功头目撤退，再为添派多人直入伊寨扎办，容俟该军功头目等如何办理，再为禀复。伏乞俯赐查核电鉴施行。等情。据此，除移知宁远府外，合就移请。为此合移贵县，请烦查照，希仍饬令该地绅团会商李守备妥善办理完结施行。须至移者。

（6）【光绪二十四年九月初五日靖远营李守府移】

为移知事。窃前因勒摩支夷出巢滋扰，汉夷互相仇杀，酿成巨患，前经移知在案，已蒙饬令岭安氏严加约束，务须办理了息，不惟合境民人实沾德泽，敝府亦叨分外之光。旋于本年九月初二日，岭安氏专土目祁文清等三名到营，并执土署房书寄函内称，此案了息赔银一百二十两，钱布各一百，内扣汉民人命银二十两、钱二十五串、布二十五匹，设法齐全，限期闸牛皮，插〔歃〕血盟心，互相和好，并不滋事。忽于九月初五日，该夷黉夜渡河，暗藏竹翁山，适至收获在急，尚未防备，于辰刻下坝夷人约有三百之多，将竹翁汛耕牛抢去二十四条，马二匹，羊六十二条，登时民人对敌，将徐世高等五名各受枪矛重伤，生死未卜。据民人及竹翁汛来营陈报，敝府当即饬蒋领哨带兵前往救援，跟追至么塘沟，林箐深密，兵单团少，不敢深入冒险。又饬外班夷人前往阻退，不知能否。查此案系属重件，岭安氏办理不善，致使民人受害，伏请转禀仍饬岭安氏加意办理妥协，以安闾阎，合境民人同沾再造，共颂二天。敝府今将被抢缘由除禀本营游宪外，相应备文移知。

（7）【光绪二十四年九月十三日宁远府札】

为据情札饬事。九月初十日据土妇岭安氏禀称，情今岭镇荣被汉夷奸串争袭，非蒙恩宪派委保哨营勇一言〔员〕驱逐，卑土妇安得清平无事，叩谢之至，再冒罪陈恳者。靖远逆夷呵唆老三前奉恩宪迭札饬办，卑土妇已派调头目扎寨理说，遵前镇委蒋占魁和议，以布三百件之谱合息，兹头目等已说银一百，布钱各七十五了息，约于本月初十给布十件，认退汉民二人，始专差至靖会商，蒋汛如何设款了息，再为禀复。奈头目等回署销差办理一切，突被夷民孙龙得、池化青串团正王荣高，不思先年周军门奉办夷务，伊系被控汉奸，幸逃法网，今同溪龙胡开贤串反汉团，欲与镇荣酿衅，谅已洞鉴。并串逆夷已克子、阻租列且，打具木刻与呵唆老三及兹呢支夷，命各起衅，不由土署理说，以是于此一二日之内，一并出巢起事，否则靖远夷务已派头目理说头绪，又复被串起衅。溪龙夷务前已禀息在案，虽兹呢所毙一夷娃应多寡给予钱布，有前土署巡捕池光华与兹呢支夷同宗，雷宪将此事专责伊办，因在建未回岩〔捱〕延，非被串弊，何以同为翻冀起衅。卑土妇深思恩宪荣任，实欲汉夷相安，边境清平，是以办理一切夷务，卑土妇亦惟仰体恩宪厚惠，不敢稍为吝惜，务期了息。若该逆夷等竟欲被串起衅，虽上春剿办糯米逆夷，被汉奸舞弊未获妥善，被其效尤，兹复为已克子等逆串，若不尽力挑办，将来冬令更难清平。卑土妇此刻何敢稍惜兵费，已调聚千百户头目人等，并多调番土兵丁数百名由溪龙之兹呢逆夷进剿，直抵呵唆夷寨，以期一劳永逸。惟恳赏札靖远专城蒋，伊属夷务能员，会商田总团等多选团练，由靖选进剿，使该夷等腹背受敌，侵〔倾〕心归务，始不负恩宪威镇斯土，宁靖边患之至意。查该土妇既知奋勉，力图振作，情尚可原。除禀批示并移营外，合行札饬。为此札仰该县，即行转饬田总团等，多派团丁，随营择要扼守，以杜窜扰而壮声威。但须小心防范，不得冒昧贪功，损威遗误，切速毋违。特礼。

右札冕宁县准此

（8）【光绪二十四年十月初十日靖远营移】

为移知事。前因勒摩支夷不法，已蒙转饬岭安氏办理在案。但岭安氏虽经承办，其中旷日持久，本营地方多遭蹂躏，惨不可言。竹翁邀去牛羊，杀毙民人，似有得益惯便之处。于本月二十八日有大厂住居民人胡保兹，三更时分有夷人挖墙入室，明火劫抢，挪去耕牛一条，该失主一人赤身跟追至河边，被夷杀毙河内。团众知觉，跟追至离城三十里之大堡子地界，黎明时与夷人对敌，比即枪毙一夷，不知黑白。时至天明，团众来营呈报，敝府当即饬令署领哨彭世职带领选择小队五十名前往救围，幸蒙福庇，兵民等幸无损伤。旋据波罗汛沈外委专丁呈报，亦由是言。查勒摩支夷不归约束，似此猖獗，敝府亦束手无策，合无仰邀再造之殊恩。仍冀转饬岭安氏，速即将此案办理妥息，地方民人感恩戴德，敝府亦沾无量之福矣。除饬河外夷人前往阻止及札饬兵团严防，除禀本营游府外，相应备文移知。

（9）【光绪二十四年十月二十三日宁远府札】

为札饬事。案据土妇岭安氏禀称，情于本月十五日据千户沈国勋等报称，沐恩等于本初十日由署带兵起程宿泸，次早路经冕山于分署禀到，当传言伊有民情重件，碍难同商，令与蒋总爷进山商酌，沐恩等闻谕，直抵靖远赴守备署禀到，面陈主母奉府镇宪剿办呵唆老三支夷等由，李大老爷面云，本营未奉札谕，兼与绅团不睦，碍难从商。幸镇委蒋总爷代传本地绅团，婉为开导，令同协商办理，以期一劳永逸。该绅团当云，前冕宁县已札饬田邓总团，责有攸归，闻此语言似有支推之意，沐恩士兵已扎大堡子，俟田邓总团至日，如何办理，再为禀报，等情前来。卑土妇当即谕知该千户等，以该地营团支推，惟恳恩宪驾驭，其该千户等务当竭尽心办理，以体恩宪地方之保卫至意，若稍存畏缩，贻误非轻，等谕前去，理合据情禀乞施行。等情。据此，查该土妇饬目带兵剿办呵唆老三支夷，诚恐夷情叵测，兵力单薄，内地营团自应遥作声援，以助军威，俾期及早藏事。除移营外，合行札饬。为此札仰该县分饬各团协力办理，以期一劳永逸，切速毋违。特札。

（10）【光绪二十四年冬月十三日贡生李赞元等禀】

为恳饬进剿以杜复叛事。情呵唆老三叛，蒙府、镇宪札饬岭安氏剿办，曷敢屡渎但士兵于十月初十日，靖远进屯大堡子，呵唆老三欺以说话，藉故老师，将近一月，并未见面，暗聚惯战夷匪，串弊近营各支日夜偷抢，东西两门以及乡村，无不受害。延至本月初四，始至大堡子说话，伊达人命，银钱布匹强索无厌；杀毙百姓，抢丢牛羊，概不赔偿。且扬兵索战，幸土兵退居大堡子，民家未行出战，始保无虞。当下土兵举止失措，进退两难，与呵唆老三限于本月二十八日说话，以免日前之危。呵唆老三等见此情形，毫无畏惧，聚众骚扰，较前尤甚。城市惊惶莫定，乡里防守维难。且声言二十八日说话，银钱布匹，稍不如意，必将数十里地方，一网打尽。老少居民一闻斯语，昼夜悲号，欲搬则田产尽失，就食无从；欲守恐如所言，全家莫保。若不恳禀札饬岭安氏报国卫民，进兵剿办，徒以说和塞责，意非不善。第呵唆老三等，一不进衙供差，二不请夷兵千户承担，竭尽膏血，朝和夕反，银钱既费，祸患如常。生民等身家念切，首昧呈恳，所有呵唆老三等非岭安氏固无从剿办，非叩府、镇宪大人随调武安保哨协力弹压，亦难成功。生民等死生决于斯，去留系于斯。事关地方，情出无奈，为此禀乞台前赏准施行。

被禀　　负固督叛呵唆老

三率从抢劫姑哈

别母哈密

惯战抢劫使娃哈黑兹姑

沙马列罗

列曲

勒利喷都

井兹那达

罗博哈罗

哈喋噜虎等

县正堂批：候据情转禀府、镇宪严饬岭安氏筹备口粮，由县添调团丁，协同从严剿办。一俟奉批至日饬遵。

(11)【光绪二十五年二月宁远府札】

为札发事。照得本府会镇拟就示谕各支夷人，不准听信勒摹支叛夷助逆为乱告示，合行札发。为此札仰该县即将发下告示二十张，立派妥差分路实贴，以期周知。案关夷务，毋稍延缓，致误军机。仍将张贴处所造册具禀察考，切速。特札。

计发告示二十张〈无〉

右札冕宁县准此

3. 用兵、军粮

【雍正四年十二月十一日建昌监理府移】

〈上略〉奉巡抚部院法批本司呈详，查得剿抚冕山贼蛮汉土官兵口粮一案，先经本司以士兵系各居住牧，自为力食，议给口粮。汉兵照松潘戍守兵丁之例，准其支给口粮，于应领米折银内陆续扣除还项，详蒙批允移行管粮各官支给在案。惟查建属各营，每年关支口〔粮〕折色少而本色多，本司总理钱粮，因念扣收之法，如无折色可扣之营，似应于各兵季饷内扣除还项，原系预为计议咨查，以凭管粮官造册申赍。今建昌镇照会该厅等以布政司欲于兵饷内扣除，不愿借支，自行设法籴买接济等语，则是各营兵丁支过口粮，藩司不得过问矣。且建昌镇系统领大兵进剿贼蛮之将帅运筹决胜，固属素优，似不便自为分心籴买米石之事。再查东川营有出师马步兵丁一百五十名在冕驻扎支过口粮，前准请领冬季米折银两，虽该营改归滇省，本司念各兵现在进剿用命，未遽遵照原题即行扣除，则自无独扣建属兵丁之理。是出师冕山汉兵口粮，久经遵奉议详题明事理移行备支，本司似无迳庭之举。且本司于冕山进剿兵丁，事关军务，理宜加意留心，内地虽无摘给驮马之例，而本司访查冕山地处极边，兵行遥远，经违例交给驮马鞍屉银两，以备驮载之需。嗣虽经提督周题明不便照出口之例摘给驮马，领银买补，行令作速变价还库。本司伏念进剿兵丁驮马正在需用，若即令变缴，未免掣肘，业经折奏，于雍正五年春夏二季陆续扣除还库，荷蒙圣主谕允，钦遵详咨在案。是恤兵爱民之心，文武原无二理，而建昌镇文内反称岂堪剥削字样，毋乃过当耶。今奉批查议，相应仍严檄管粮各官，照例运备供支者也。

至运夫脚价一项，前奉宪台批，据建昌道详，据署监理厅成都府升任通判杨道宗详称，各卫所运粮至冕山越西二处，程途有三日内外，及五六日不等，按各卫所交界处所，拨夫接运，每粮一石给运夫口粮四升，因山路崎岖，口粮不敷，会同邛州李牧议给仓粮六升，可以往回食用等情。札司查议。经本司议照松炉两路雇运之例，计程途远近，按石按日议给脚

249

价，详蒙宪台批允，转移建昌道饬行监理厅遵照在案。今冕山越西卫二处，雇觅蛮夫背运粮米至普雄行营，供支官兵口粮，应如该厅州所请，并将汉土官兵口粮一例按程途支给脚价，速行背运，无致迟误。仍将支过脚价银两，按程造册申报总理粮务建昌道查核移司转报可也。再照汉兵口粮照松潘戍守之例，准其支给，于应领米折银内，陆续扣除还项。〈中略〉合咨贵镇，请烦查照移内详奉宪批事理，希将驻扎普雄官兵口粮，照例关领，俟事竣之日，另行清扣施行，等因到本镇。准此，为查汉兵口粮，照松潘戍守之例准其支给，业经抚部院题明，自应按日支放。现今驻扎普雄汉土官兵二千六百余名，每日需食米二十余石，今查贵州所运之米为数无几，每至十余日始行运到四五十石不等，尚不敷各兵二三日之口粮。况今又以多日并无颗粒运到，汉土兵丁现今缺食，且后调之汉土兵丁不日将到，似此迟慢军糈，必致贻误机宜，关系匪轻。拟合照会。为此照会贵州烦为查照，希将汉土兵丁口粮星速挽运来营，以资接济，幸勿迟缓，火速火速。〈下略〉

【雍正五年六月十八日渠县移】

为移催军粮事。案准提标游府许前移内开，带领汉土官兵渡河进剿，应需口粮挽运前来接济，久因无夫，不曾专运，虽已移问需粮的信，然现今渡河出师官兵亲丁二百六十九员名，恐军机莫定，偶尔催粮，未免迟误，合先准备。为此合移贵所，请烦查照来移事理，星即拨夫运仓斗米二十四石，除十石直送瓦尾仓内外，其余十四石押送土司安承裔院内，敝县添差请令拨夫协运至水墨岩河口存贮，以备河西接济。事关军务，幸勿迟延。

【雍正五年六月十四日建昌监理府信牌】

为飞催军粮事。照得大兵进剿木罗，所有官兵口粮亟待挽运，今窝卜已无存贮，为此牌仰该所，除已经起运不算外，文到星速雇夫各拨运粮五十石，即差干役协同头人限二日内押赴窝卜，务须夫米齐到，不得陆续趱运。事关军务，倘有迟延，定行揭报，飞速火速。须至牌者。

右牌仰冕山所准此

【雍正八年十二月初四日宁远府信牌】

为饬委事。本年十一月初五日，奉巡抚都察院宪牌开，照得乌彝蠢动，界连川省，现今川滇黔三省调遣汉土官兵直抵贼巢，分路进剿，到处军粮需用孔急。近因筠连一带粮运需员料理，将先经委署宁远府同知马丞调回本任，就近协办，所有建昌一路粮务办运事宜，素为该牧谙练熟悉，合行饬委。为此牌仰该署同知遵照作速束装，前往建昌代理宁远府同知事务，即将彼处一切军需粮石，悉心筹划，加意董理，率同各粮务人员上紧备办，挽运供支。无论本省与滇黔入川汉土官兵应用粮米，务必支放有余，切勿缺少迟误，以副本都院委用之意。事关军务，稍有迟误，干咎未便，慎之毋违，等因。奉此，拟合行知。为此行县该吏即便知照毋违。〈下略〉

马兵十名

弓箭战兵八名

守兵七名

鸟枪战兵十五名

守兵五十九名

双手带刀守兵三名

炮手战兵一名

守兵二名

以上会川营二次奉调出师奉弁兵一百零七员名于嘉庆元年二月十一日自营起程前往，相应声明。

【嘉庆元年会盐营奉派官兵名册】

会盐营奉派出师黔楚官兵九十四员名。内：

游府	一员
千总	一员
外委	一员
在军营拨补本营马兵	一名
马兵	九名
弓箭战兵	四名
守兵	六名
鸟枪战兵	十名
守兵	五十三名
炮手战兵	四名
守兵	四名

前件查本营官兵于本年二月十一日自营起程前进，相应声明。

【嘉庆元年建昌怀远营奉派官兵名册】

怀远营奉文原派出师黔楚马步官兵六十二员名。内：

右哨千总	一员
额外马兵	一员
马兵	三名
步兵	五十七名

以上头次原派出师黔楚马步官兵六十二员名□□□□二月二十一日自营起程，理合登明。

二次续调马步官兵四十六员名。内：

署左哨千总	一员
步兵	四十五名

以上二次续调出师黔楚马步官兵四十六员名□□□□□月初十彐自营起程，理合登明。

【嘉庆十九年八月十七日宁选府移】

为移知事。本年八月十二日奉建昌道曹札开，案准布政司咨，嘉庆十九年六月初九日奉总督部堂常札开，照得咽噜岩夷匪办竣，据建昌曹道将在事出力文员开送前来，除具奉恳恩外，尚有应予委署调剂各员，自应如禀办理，以示奖励，合行札知。为此札仰该司即便存记核办可也。计粘单一纸，等因。奉此，拟合移知。〈下略〉

附：粘单

谨将在事出力文员，分别开呈，仰恳宪恩饬司存记，分别办理，以示鼓励。

夹江县典史黄之澜

以上一员本有俸满保举，应恳饬司存记于盐大使、府经、县丞等项缺内，酌量调剂，即行委署。仍俟应升缺出予以升补。

候补从九品李国钧

候补从九品盛善沈

以上二员恳请饬司存记，照前办夷务出力人员之例，先尽委署一次，交卸满一年再委一次，以示鼓励。

峨边厅经历鄂明安

以上一员恳请饬司存记，遇有相当缺出酌量调剂调署，以示鼓励。

【道光二十七年六月二十日宁远府札】

〈上略〉准布政使司王移开，案照贵镇属宁越营道光二十七年全年兵米二千一百四十七石七斗五升内，除本营当年征收各土司认纳本色仓斗米二百二十三石六斗五升，又拨支冕宁县道光二十六年征收本色仓斗米四百六十九石九斗三升一合二勺七抄，又拨支归并盐源县之盐中道光二十六年征收本色仓斗米四百四十三石八斗五升八合五抄，以上共拨支仓斗米一千一百二十八石四斗三升九合三勺二抄，实该折色仓斗米一千一十九石三斗一升六勺八抄。每斗折银一钱二分四厘，该米折银一千二百六十二两九钱四分五厘二毫四丝三忽二微。所有贵镇及所属各营拨支米数，除行宁远府分别转饬遵照外，拟合移咨。为此合移，请烦查照来移事理，希即转饬施行等因。准此，合就札行。为此札仰该都司遵照毋违特礼。等因。奉此，相应备移。为此合移，请烦查照希惟饬知冕宁、盐源二县，将拨支米石如数给发来差承领回营，以资兵食施行等由。准此，合就札行。为此仰县官吏查照来札事理，即将应拨该营道光二十七年份供支兵米，如数给发来差承领回营，以资兵食，毋违。此札。

【道光二十七年九月初十日冕宁县移】

为给发移知事。本年八月十七日准贵府移前事，除原文有案不录外，后开请烦查照希将拨支道光二十七年份仓斗米四百六十石九斗三升一合二勺，给发来差朱正礼承领回放散，计移印领一张，等由。准此，敝县当即开仓，将应交米石如数给发来兵朱正礼一并全数承领讫，理合备文移知。

【咸丰十一年二月二十四日宁远府札】

为据禀札饬事。案据松林地土千户王应元禀称，敬禀者。本月初五日夷匪出巢，将铁宰宰、擦罗一带民室焚烧抢杀掳绑一切情形，当即禀恳救援在案。至十九日接奉越宪礼开，饬即亲身率带士兵团练实力防剿，相机筹办等因。卑土职查得越西匪夷，由冕属之拖乌背后羊落沟翻入，串伙鲁坝熟夷落五、果鸡、鸡墨等家，约有二千余众，自铁宰宰至土坎子地方共有一百二十余里之遥，概行滋扰罄尽。第匪夷犬羊成性，出入无凭，尚在四路流言，不日大股绞〔纠〕众出巢，较前更加数倍，决将西成、回龙二厂，以及新场、紫打地等处蹂躏。煽惑民心，扶老携幼，搬盘什物，近来部落有屋无人者，十有八九，情迫可怜。客秋岁歉，今遭滋扰，际此春耕播种在迩，而该民等不惟艰于堵击，抑且畏于返家，固恳如何设法将羊落沟之匪路毁滞，毋使匪夷窜入，并请多派精兵，赏给药铅口食，迅急到来，附同土民协同剿洗，以靖地方。不然即如去夏厂保卢丙力被戕之件，已遵恩札从善办理，贻今滋蔓难图，足见夷情鸱张，畏威真不怀德。卑土职云霓是望，祈解倒悬外，宁越营主拨派弁兵二十一员名前来救援，于月十九日已抵住牧，合并禀明，伏乞施行等情到府。据此，查该夷匪胆敢勾串冕属之熟夷，肆行滋扰，不法已极，极应剿洗示惩。惟现值会理军务正在攻剿得手之际，未能分拨兵办，除禀批示外，合就札行。为此仰县官吏即便会营相机设法办理，务将该夷匪大加惩创，使其震慑回巢，不敢复出为患，以靖地方，弗稍懈忽。速速特札。

堵截"发匪"案

（1）【同治二年二月洪锡毆禀】

古路桥团总文生洪锡毆、乡约刘兴朝、地保邓国兴、军功邓元贞合□绅粮人等敬请恩宪李大父师大人台座钧安。敬禀者。窃敝邑兵单团少，地瘠民贫，因夷人替虎自分衙回家，扰害地方，合汛惊惶，曾禀在案。生恐变生不测，相机安抚，正说话间，突闻发匪上窜，畏内外受害，从权议和，许给铜钱三十千，限期过付，现费猪酒锅盐米布共钱二十千，夷始解围。

本月初一日，发匪信急，闻抵泸沽，生统本团汉夷四十人，至大栗树堵探，且助勇威。初二日，湘勇撤守冕山，生统团众在擦耳岩要隘堵截。初三日晓，贼至冕山大石头札营，湘勇接仗，人民见贼猖獗，各逃回境，尽将家口送避深山。猓夷乘空蚁聚来境，势欲生变，现抢去周兴隆皮箱二口，高长春耕牛一条，货物钱米被劫者多。生见势危，安抚夷兵加莫等，赠送衣服酒食，夷仍不退。事正危急，幸军功田定邦带勇数百，由热水越山而至，称说守府杨廷萱、巡检杨三胜带勇数百，枵腹在后，相继即至，连夫及随行难民共千余人，夷闻畏避，地方稍安。生同约保连夜招回团众，派令量力造饭供勇，不足用者借贷钱米支应。五更时，生率团众同田杨军功带勇出队，行至擦耳岩，正遇发匪渡河，势欲进攻。靖远勇团奋力堵御打仗，斩杀贼首四颗，活捉贼四人，夺获大炮二尊，枪五杆，马二匹，俱同田杨二军功转送冕山，交秦、萧二大人营内。值大队贼至，勇团力困，势不可支，幸靖远马专成领兵数十接应，大获全胜，贼退向过路坎而去。团民一半同田军功札擦耳岩堵贼，一半同杨巡检回古路桥防夷，生命人以贼首至靖远，号召人民，汉夷见闻胆壮。

初四日，生率团众各夷兵、难民，及勇丁有二千余人数，同至冕山对门河边堵御，贼亦扎营对敌，大队绕冕山城过，日将午刻，贼中队欲行，生同田杨二军功督令勇团攻截其尾，伤贼无数，斩首活捉者多，夺获枪炮马旗器械不少。

初五日，贼后队人众彼此对敌，勇团带伤者十余人，生同田杨军功督追至老冕山贼，贼沿途扎下连营，勇团势孤，不敢深追。

初六日，贼过完，杨守府奉文回县，田军功归家省亲，生同约保又备办行粮夫差等项。

自初一至初六，连日堵探，出队助阵，勇丁、团练、熟夷、难民一切酒食钱米费用等项，概系生同约保摊派借贷支应。幸叼福庇，地方保全，一营戴德，数汛沾恩。目下下逃者青跌已竭，死者白骨未收，难民数百在境待食，猓匪盈千向汛苛求借贷，支应之钱米追讨甚急，远近被害之人民冻馁堪怜。生等忠公破产，报国倾家，固属应分，无如生家贫亲老，妻病子多，内有号寒啼饥之惨，外添追账索债之忧。现靖远前奉恩札，摊派军需钱米，缴交营上客约保团之手者已有十分之九，生迫向借贷办公，奈避难未归，故急无所济，受逼难当。伏祈札饬支给拯救，则是恩施格外，计出万全，既奖慰乎已往，自鼓励于将来，不且泽被靡涯，德垂不朽。〈下略〉

（2）【同治二年三月初六日团首何元甫等保状】

为保结事。实保得约租回家调办戈鸡、落洪、谢家三支黑夷，赴县办理夷务，限至本月初十日传唤齐全赴案，不致逾限有误，并借保脱逃。倘逾期不到，借保脱逃情事，惟蚁等是咎。中间不虚，保结是实。

具保结客民　何元甫　曾长久

(3)【同治二年四月十九日百户金得禄等保状】

为保状事。实保得约租回家，将伊落洪支夷调集使娃千余名，至青岗坪听候查点，交职等统带前赴紫打地一带剿贼，俟凯旋回家，职等仍将约租送赴来案当差，不得违误。倘有藉保脱逃情事，职等自甘罪咎。中间不虚，保状是实。

具保状　土职金得禄　军功　李华山

(4)【同治二年七月初一日曾小坝王即曾临丰等甘结】

为甘结事。实结得陈永盛具控蚁等伙劫吞肥一案，缘今春发匪上窜，占据泸沽，蚁等均各避躲，匪退回归，见陈永盛之子陈老大，身背棉花约有二三十斤，在街与过客魏洪兴争论。陈汛主向前拦阻，饬令伊等二比不得争论，将棉花出卖，以作发匪戮毙尸骸埋葬之资。陈永盛请蚁等帮伊哀恳陈汛主将伊棉花给伊，蚁等未允，伊乘陈汛主晋省赴案呈控。沐讯陈汛主晋省，无有对证，俟伊回汛查明。蚁等有伙劫吞肥情事，自甘坐罪，蚁等预具结是实。

【同治五年四月十九日宁远府札】

为饬查事。案准署建昌镇滕移开，窃照敝署镇属之左营外委朱占魁前准贵府移营指派管带勇丁，堵击夷匪，护送往来行商。敝署镇自到冕山办理登相营大道夷匪，该外委虽经扎营二座，只任送虫商，不惮劳苦。敝署镇所带官兵仅一百余，预借越西厅口食，仅止一月，不日将满，无从起支饷糈，拟即暂为撤回面商，再作妥办之计，随事并未差遣该外委官弁兵勇，不乏人知。旋于本月十一日巳刻，探报回称，昨夜四更密派队伍不知多寡，暗往距冕山三十余里之古路桥进沟石门坎，抄烧夷堡，杀毙夷匪数名，夺获牛羊数十只。该外委一介勇夫，全无计谋，不识进退，且该处路险，撤队时被截后尾，寡不敌众，勇丁溃败，该外委不知下落等语。

查该弁既有密攻夷匪，自应先为禀知，敝署镇饬令兵勇援助，方能取胜。因何私行孟浪，恃勇冒险，希图贪功，深入被害，错失军机。究竟没于王事，情殊可悯，拟应会同贵府联衔具禀请，以慰忠魂。不料本月十六日，自冕管带官兵起程，行抵泸沽关，两街沿及巷内突出男妇，系该外委亲母弟兄妻妾亲谊数十，手执刀棒，及民房楼上击石如雨。揪扭敝署镇卧地，经随侍兵丁多方救护，当受石伤伴当李光荣等四名，并将轿子概行打毁，随带吊刀眼镜等类估抢。幸遇队伍围救，显〔险〕遭毒手，众目可视。似此恃凶把恶，殴辱官长，藐法已极，非移请转饬拿究。

乃敝署镇职司专阃，从来只字驱使，该外委尚复如此，在各营员设有调遣属下官兵，倘稍不测，惟有偿命。当此办理夷务，正用官兵之际，若不彻底严拿究治，势必纷纷效尤，夫何以肃营制而昭统率。除照会冕宁县外，拟合移请。为此合移，请烦查照，希即转饬冕宁县按名弋获，尽法惩治，幸勿轻纵施行。须至移者。等由。准此，查该县现在届门考试，不遑查办，除札饬冕山县丞就近查明复夺外，合行札饬。为此札仰该县即便转移冕山县丞，就近先行逐一确查究竟滕镇军有无被辱情事，据实具复，以凭核夺，切速。特札。

右礼冕宁县准此

【光绪七年宁远府禀】

〈上略〉案准护理建昌镇定镇军移，据署靖远营游击张锡乡禀称，窃游击仰蒙大宪委署斯职，于光绪七年二月初九日到营接印任事，随闻各支夷人有出巢抢劫之谣，游击逐日督率哨弁兵丁，严密防范。本月九日初更时，忽闻四山夷匪吼声震动，知系大股出巢，随饬弁兵登城防御，该夷匪约有一千余众，蜂拥而来，直攻营城。我兵奋力轰击，迨是日午间，来城换班啥噜一支黑夷石仟及夷娃十数人，并城内各夷一齐由内接应，拥入哨署，打毁碉门，看碉兵丁俱被杀伤，并杀毙把守碉门兵丁李枝茂一名，随将夷卡上班夷人全行劫出，伙同抢杀。我兵分头截击，该夷匪打开城门，争相拥出，游击率同领哨千总傅荣魁、额外杨有明，及兵丁等奋勇追杀。城内夷匪与城外夷匪会合抗拒，短兵相接，矢石如雨，正在寡不敌众，适有防守大路哨弁闻得营城炮声不绝，带勇赶至，夷匪稍退。幸赖士卒用命，奋不顾身，登时夺回兹衣夷人三名，杀毙夷匪四名，生擒夷匪一名，夺获刀矛十余件。夷匪败退海河山梁，因夜深路险，兵力单弱，未敢穷追。

随查额外杨有明于接仗之时，奋勇当先，杀伤数匪，旋被夷匪用矛戳伤胸膛，当时阵亡。游击与千总傅荣魁身受石伤，兵丁受伤者二十余名。回营查点，劫去上班夷人布耳等十六名，哨署衣物等件抢掠一空，梁姓店内布匹亦被抢去。

随提获夷讯问，据供是锅儿娃子克拉，伙同竹落支夷〈中略〉纠众前来劫卡是实，当将夺回生擒各夷，暂禁夷卡，派兵看守。并将阵亡之杨额外妥为棺殓，其受伤兵丁亦即分别医调。

游击到任，甫经十日，该夷匪狡焉思逞，酿此重件，实属咎无可辞。惟卑营地接夷疆，兵单民少，一经有事，首尾实难相顾。查该夷匪现尚臗聚山梁，势甚猖獗，游击已调靖远老营兵丁40名，并知会保哨营哨弁李春山拨勇来营，会同设法缉剿。尚乞调派弁兵星驰来靖，以资接应等情。并据哨弁李春山禀同前由，卑府查靖远营上班夷人原以羁縻夷众，使其不敢妄滋事端。兹该夷匪聚集千人，明目张胆，强劫而去，并杀毙弁兵，抢掠什物，殊属悖逆不法，若不示以兵威，恐不足以震慑群夷。当经会商定护镇在于中左两营，调派弁兵一百零二员名，交署中营黄游击耀龙，星夜驰往，俾壮威声而资弹压。其各弁兵所需口食，与定护镇商议，拟由保哨厘金项下动支，事竣核实报销。并会商分别札移冕宁营县，及保哨营哨弁，一体妥为防范。且瞬虫会在迩，定护镇商传调办事得力之锅儿噜舒一支总千户阿达、阿支一支百户拉达等来建，妥为驾驭，责以虫会保哨一切事宜。兹幸该千百户俱已带领夷人喇拉、尔徒、滋徒等八〔名到〕郡，随将百户拉达、喇拉、尔徒等四名，暂交西昌县禁押，示以羁縻。饬令总千户拉达、滋徒等赶紧赴巢，将卡内劫去上班夷人，明白开导，示以恩威，按名诱出，照常换班，免干剿办。并缴献为首滋事凶夷，明正典刑，以昭炯戒去后，一俟该千户等入巢，如何办理情形再为陆续禀报外，所有靖远夷匪，大股出巢，攻扑营城，乘间打毁夷卡，劫去上班夷人，杀毙弁兵，抢掳什物大概情形禀请宪台俯赐察核批示饬遵。

【光绪二十五年二月初九日冕宁县禀】

〈上略〉卑职遵即调集得力精壮团丁八十名带同亲诣靖远，查得该支夷匪仅止五房，约计千数百夷。正月二十五日该夷匪等围攻城工时，与团民接仗，将瓦者家熟夷杀毙二人，维时经保哨营勇奋力前往接应，当将该夷匪等枪毙十余人，该夷匪等因见营勇奋勇难敌，又畏洋枪利〔厉〕害，即各逃避回巢，城工之围立解。

确查被扰居民共计二百余家，避居营城，卑职当即捐廉施赈米十石，并劝谕该地富绅共捐助米三十余石，当即分别被害轻重，悉数给发该居民等承领，尚无失所。并谕春耕在迩，各宜早为回家耕作，免误农时。一面传邻近各支熟夷，当面赏以酒布银牌，谕令均各安分住牧，毋许与该支夷匪等助阵滋事，致干剿办。并各与白旗一面，令与团众吃血酒，汉夷相保。该居民等因见兵勇陆续至彼,保卫地方,均各欣然回家安业,所有保哨一军于前月二十三日已开至城工。〈中残〉卑职当即会商请制兵与武安营勇,分扎披罗汛大堡子两地面,为掎角之势,上可以援保哨军,中可以通粮道,下可以保护居民,现均将营扎妥防御矣。

各营日需粮草,亦经卑职传集绅团明白晓谕,令其转谕居民,毋许高抬。已据该绅团郭成栋等具认,先行代购军米一百石,每石照前土兵所购价值银二两五钱,由营给发,一俟食完,即仍陆续代购,以资接济。现在该夷匪等均各逃避回巢,地方尚属安静。第夷情叵测,难保其日后不复出滋扰,兹据该绅团郭成栋等禀求转恳宪恩,饬令营勇迅速开至齿格梁子上驻扎,内则可以保卫居民,外则俯视夷巢。时值该夷匪等春耕之际,该夷匪等虑失耕作,自易就抚,倘敢负固抗拒,自当从严剿办。现在已蒙宪恩添招营勇,厚兵力以全民生,该绅民等无不感戴鸿慈。但岭安氏士兵过于无用,不但不能御夷,并恐有误事机,前次大堡子等处各被焚掳,即士兵先时逃溃所致。刻间如再用该土协剿,不过空糜该土妇饷项,可否仰邀宪恩饬令岭安氏帮给饷项,另由宪台添招营勇一同进剿,其不敷之饷,该绅团等均愿于该地蜡虫项下筹添,是否有当,理合具情禀请宪台俯赐案核批示饬遵。为此具禀。

(四)彝汉关系

【康熙六十一年六月初四日陈士位等告状】

为富豪纳叛,越界偷牛,养贼分赃,恳恩严究照例赔还事。情因蚁住建昌卫吉耳村,应当春秋祭祀走马差役,三人租纳□之牛三条,同圈一处。忽于四月二十五日农务正殷,至夜被贼将门砍开,耕牛三条偷去,及至天明方知。此时一面报官,一面呼亲追踪。竟追至宁番地方长山嘴普咱门首,方见蚁等之牛在贼首普咱圈中关槛,随将原牛拿获,贼彝情亏入山,即报本处驻防袁把总。孰知驻防罔贪国禄,养奸灭汉,毫不理究。当有彼处富豪陈廷用前来担承,原是伊家安插庄民,不知有此作孽之弊,情愿将大小牛三条权作赔礼服罪之资,至于结尾大事,容期至建自是加倍赔还。蚁等因农务未毕,遂允□□□□年偷盗,止以本处彝目屡控本处土司,虽严行查追,竟未追还一件。孰知贼出隔卫,纵是神仙亦难必矣。即如五十九年冬月二十三夜,被贼将本处住民段华牛二条偷去,□□□□湾,至晚无凭,查踪亦莫伊何。嗟屡盗成风,寒民之身家能有几何,不得不具告府太爷台前蒙批卫主查报,告乞卫主老爷严提究拟,按律治罪,照例赔偿,庶士豪不致惯便,建卫之民不遭意外之患矣。

被告　陈廷用

普咱

干证　叶现清

【雍正三年十一月二十三日会理府监理府牌】

为纵奴掳绑,坐地分赃,祈天急救民难事。本年十月初一日,蒙本道批,据宁番卫百姓陆化徐告前事词称,情有雍正二年正月十一日蚁义男一口名唤陆二娃,往山砍柴,被把守王登鳌家奴长寿加、耳车咱绞裹三渡水獏狻与哈哈近番绑去,比即告经各衙在案。无奈驻防官不行追究,无可奈何。王登鳌反行奸计,叫蚁出备银货二十两赎取,又竟钱去人无,乏人耕纳。蚁竟气坏双眼,一时难赴台前申诉。其有长寿加等原系惯贼,王登鳌以把守之势,霸夺为奴,得夫图妻,以致变生意外,合卫遭殃,一经掳绑,贫者束手无措,富者卖田变产。幸今云开日现,福星降临,只得匍匐负痛奔诉宪天大老爷台前,为民作主,大施恻隐之心,广行拯溺之仁,着落地方驻防不追之咎,严拿贼主到案,重究套哄赎价之尤,移营追缉贼首,逐一正法，庶地方不致受害，掳子得出陷阱矣。世祝金紫公侯万代。〈中略〉等情。蒙批，仰监理厅照案查追报。蒙批，拟合檄行。为此仰卫官吏查照牌内蒙宪批查事理，文到即便移营，速将被绑陆二娃勒追献出给领，严拿贼蛮，务获审拟，详报本府，以凭转报，毋违。速速。须至牌者。

生员胡金俊等私入夷地案

（1）【雍正十二年二月靖远营中军守府申册】

〈上略〉查胡金俊现住冕邑，于雍正二年学院任案下科取第五名，拨入县庠。该生因值家贫，贩布觅利。上年十月间，有县属归流洗果脚夷民沙业，凭伙夷兴呷咱，赊取该生布匹三十件，原议猪羊兑换。时值该地营汛严禁猪羊出境，而沙业随寄信于兴呷咱，约令该生于十一月二十八日亲至波罗汛城接取，该生思欲再买猪羊，顺携纹银五两七钱，如期前往。适沙业乏货换布，只以猪四只、羊五只，并前取之布退还二十二件交明该生，行抵波罗汛城，为门兵盘诘，角口被获。先经该营蔡署备以该生装扮猓猡，冒衿辱官等事，连同银布人畜移县讯究。续奉宪台接准该游府移明行县，正在提审详复，又蒙宪台承准镇台照会饬审，遵即提取该生，当堂研讯。据供：实系生员因沙业欠有布价，回明蔡备进讨，后因门兵勒买猪只，角口到官，但受过营官监禁踢打，并无冒衿入夷，装猓辱官之事。反复推求，矢口如一。及经卑职提讯夷民沙业等，供亦相符。

伏查该生既于雍正二年科取入学，已据该学认明，其为生员，自无疑义。洗果脚地方久已归流，入版向化。该生因该地夷民赊去布匹，许有猪羊，前往取回，似非私入夷地。至其身披毡衫，装扮猓猡，查冕邑地方汉夷杂处，毡衫乃避雨之衣，户户皆有，未便只该生带有毡衫，而即坐以装猓之据。惟是该生身列青衿，不遵用平时帽顶，自甘贱亵，殊属违例，应请发学戒饬。兴呷咱讯与沙业同系归流熟夷，因洗果脚地方鲜有米布，系出外兑换，指引赊货，应与沙业概请免究。靖远营系分压要汛，盘查宜严，虽据金俊坚供该营锁禁踢打，但既无帽顶昭别，谁知实属青衿？即使是实，应无庸议。至金俊所供被褥等物留营之处，既经该营复称子虚，亦请免究。所有移存银布猪羊，仍请给主照领。再查靖远营地方，原系拨隶县辖，久成内地，查该地畜有猪羊，少产米谷，各堡夷民，多藉外来兑换。因该营严禁牲畜出口，民情未便，可否仰邀宪恩咨明镇台，转饬靖远地方牲畜一体出入，贸迁有无，庶夷民便利。是否允协，军职未敢擅便，理合录供详报，伏乞宪台俯赐衡夺，批示遵行。为此备由另册申乞照详施行。须至申者。

（2）【雍正十二年宁远府信牌】

为贪弁悖旨，妄议夷巢，官道劫抢财物，大辱学校事。雍正十二年九月二十九日奉四川等处承宣布政使司布使纪录二次刘、四川等处提刑按察使司按察使纪录九次高，四川分巡建昌上南道按察使司副使马宪牌，雍正十二年九月十一日奉总督四川部院纪录十七次又军功纪录二次黄批，本两司道呈详，会查看得，建昌镇移报冕宁县贾生胡其萦控告蔡把总等妄入夷巢，宁远府禀提营弁一案。缘其萦居住冕宁县胡家嘴地方，与改流输课之洗果脚夷人沙业等接壤为邻，素相往来交易，历无阻难。雍正十一年十一月内，沙业至其萦家还谷，其萦与子生员胡今西交给各色布匹托换猪羊，沙业允带回巢，只换得猪四只、羊五只、鸡二只，因惧营汛是拦买，不敢送交，通知今西，令其接取。十二月初一日，沙业将猪羊赶至波罗汛水沟地方，今西接到交收猪羊鸡只及余剩布匹，仍烦沙业同赶。前至波罗汛城内，该汛兵丁张治国、王进臣等见而阻拦，今西不服，该兵等即以今西身披毡衫、头包青帕，汉夷同行，情有可疑禀报外委刘宗海拦解，代理守备事把总蔡华玉指为汉奸私入夷地，拘留三日，始交冕宁县收审。而胡今西已因辱不堪，所带银两虽未尽失，已被兵丁王掌标取用二钱买食酒肉，其父胡其綦心不能甘，具控学院，批府行县，有移提词内一干官犯之语，是以建昌镇谓其违例勾问，移报提台转咨两宪，奉檄本两司道另委贤员，从公确审胡今西是否私入夷巢，刘宗海等有无官道抢劫，务得各实情，妥拟详报等因。

蒙饬委中营杨游击会同宁远府确审，联衔由司、道通详会夺去后，今准据杨游击会同该府审拟移详前来，本司、道公同会核。文内称胡今西于汛外水沟地方接换猪羊，未入夷地，则不得谓之私入夷地明矣；况定例所禁者系私通土苗，交结借骗夷民，沙业等住牧地方已皆纳粮向化，既非不服管束之生苗可比，而换易猪羊并非借骗，毡衫青帕，皆御寒冬雨雪之具，有何违犯？则胡今西之被拿实冤。该府等又以其有玷宫墙，发该学严加戒责，亦虽苛求，应毋庸议。猪羊银布等物，饬县给还收领。胡其綦控告有因，并请免议。兵丁张治国、王进臣、王掌标等原非官道抢劫，但因勒买猪羊不遂，借端扰害是实；外委刘宗海、把总蔡华玉不能戢兵安民，扶同生事，均属不合，应作何处分发落，请咨提台转移建昌镇酌量定夺，仍于王掌标名下追银二钱给今西领回。至于该府杜守先不详请候示，擅提职官，实属不谙，应请申饬。是否允协，本司、道未敢擅便，相应详请宪台核夺，批示遵行等因，呈详。

奉批：胡今西既未私入夷地，则外委兵丁等之借端生事可知，如详速饬将猪羊银布等物给还取领具报，并候移咨提督转饬分别戒饬责惩追银给领，仍将擅提职官之宁远府杜守严行申饬，并候抚都院批示。缴。奉此，又奉抚都院批：详同前由，奉批仰候督部院批示录报。缴。奉此，拟合会檄。为此仰府官吏查照牌内详奉宪批事理，文到即便转饬迅将猪羊银布等物给还取领，其王掌标名下银二钱俟提督转饬追银给领，仍取具领银物领状具报，以凭转报。至于该府先不具详请示，擅提职官，殊属违例不谙，并饬毋违。等因。奉此，除行西昌县知照外，拟合就行。为此仰县官吏查照牌内奉宪批事理，文到迅将猪羊银布等物给还取领，其王掌标名下银二钱，俟提宪转饬追银俟营移到，亦并给领，仍取具各领状六张具文申报本府，以凭转报毋违。须至牌者。

【雍正十二年十二月初九日宁远府信牌】

为报明事。本年十月十九日奉按察使司纪录九次高批，据前府申详，查得冕宁县详报吏员严瑞凤家奴脚落，串同吏员严儒家奴约他哑巴偷窃夷民阿别济呼羊只，讯出严瑞凤、严儒均属知情，以自认罚银修补县城，恳免革究等情，具详到府。先经卑府据情详奉宪批，罚罪修城，有无违例，饬府查明详报。今转据该县米令详复前来，卑府复查，罚罪修城原属违例，应请将本案偷窃知情之吏员严瑞凤，严儒详请咨革究拟。至该县米令违例妄请罚罪修城，亦属不合，似应并请议处，但查该县米令已经告病离任，所罚银两修补城垣工程现今告竣，可否姑念边末官吏冒昧妄行，从宽免拟，姑准销案之处，此饬又宪台格外之洪恩，非卑府所敢擅专者也。缘奉批查理事，理合具文详请宪台俯赐批示擅遵等因。奉批，据详工程已竣，该令告病离任，姑免深究如详销案。缴。奉此，拟合就行。为此仰县官吏，查照牌内详奉宪批事理，文到即便知照，毋违。须至牌者。

【乾隆二十五年十月初四日土女安世英禀】

为捕役苛钱，累及赔偿，恳追银两事。情妇奉文追拿贼夷别斯一案，于八月二十五日，有捕役张茂良将得补沟无干之租加拿至三关，凭夷人罗阿什索银十两、杀羊一只，遂将租加放回。兹妇奉拿密访，央租加同缉，伊云张茂良食过银十两，要妇赔还，方同拿交。妇只得将银五两、骡马一匹、□银十两〔予〕租加，使同查拿别斯到家。切捕既得有影，当严跟查缉，何无故索财，不论累及妇上下盘费，又去银两，实属不合，为此具禀宪天大老爷台前俯准追赏，颂恩不休。

县正堂批：租加果系无干之人，何以贿出银十两，且尔前在营供称费银八两，经本县吩咐结案之日，另追俟领，亦与此案不相干涉。至张茂良不法，本县业经察出严处，无庸尔今渎诉也。

【乾隆二十九年十一月二十三日团总宋文华等禀状】

（住清乡又四甲，距城五十里）

为禀明讯完事。情首甲有袁铁匠子袁登榜，父子素不守分，前月杨春发以黑夜搂杀报伊父子，首已具禀在案。今冬宋开文报首，称伊擅造火枪，出售野夷。于九月初六日，伙夷赶猪夜过长乡三甲马腰山之路，被三甲团丁拿获，送高山讯。伊央宋开文担保，愿罚钱二十四千文，以作汛署培修之资，并长乡三甲团丁费用。今宋开文向伊催讨，反捏词蒙控。似此怙恶不悛，有一于此，闾里靡宁。首等不敢徇隐，为此粘报。

县正堂批：袁登榜私造枪械济匪，情节重大。且伙夷同赶猪只，若非同窃，即系汉奸，其罪尤属非轻，岂能拿获罚即了事，贻害乡里。该团总办事不慎，咎有难辞，仰候集证质讯明理，必予重办，以示惩儆。此谕。

【乾隆三十二年八月二十三日百户宝福保告状】

为虎恶霸道，行凶打落牙齿，祈天法究事。窃闻蟊贼不除，佳禾难生，毒恶不锄，良善遭害。情因土职所当使男一口落他圈牧看牲口，祸于闰七月十三日命伊往园摘取瓜菜，不料有凶恶王藤辉偷盗夷妇尔车妈之箕祟，夷妇知觉，跟踪追赶拿获，二比争闹。其时使男在园，并不知凶恶偷盗情弊，殊意凶恶抬冤嫁祸。栽骗使男与夷妇报信，不询情由，不分皂白。逞恃虎威，将使男扭跌在地，即下毒手拳打脚踢，〈中略〉比即报明地保文炳验明伤痕，向恶理说。殊恶仗依兵房小书之势，恶如虎狼，声言即将使男打死亦无妨害，赌职衙门任告，其奈我何。不思霸盗行凶，律有明条，打落人牙，法所难宽。其情其理，土职曾报明袁老爷，并不惩究，纵虎还山，致使哑冤难伸，岂肯甘休。兹逢天星正照，忿冤得伸，只得奔投青天大老爷台前赏准作主，按律严究，锄恶安良，万代沾恩，哀天上告。

计开

被告　王藤辉

见证　呷妈切

巫弘位

【乾隆四十一年十月初一日冕山营分驻泸沽汛司厅移】

为移解盘获奸拐事。本年九月三十日酉刻时分据队目张世荣回称，有一汉男领一年少夷妇，仓忙适行街过等情。据此，敝厅随差目兵紧赶锁赴来营审讯。

问据。男汉王玺供称：小的今年三十二岁，系西昌县人，在北门外王家坡住坐。父已死了，母亲林氏现在，并无弟兄，又未娶亲。原是开酒店生理，因对面西河高堡子右营所管夷人名叫麻窝，常来打酒，赊欠酒钱，彼往此来结交熟识。小的见麻窝媳妇生得伶俐，就调戏她，她就允了，通奸从今年四月间起的。因此情浓，恐怕败露，我们商量停当，于九月二十八日夜间偷走，想要逃走过越西地方住坐，不料到这的就被盘获，真正该死，只求开恩。

问据。夷妇呼加供称：小的今年二十四岁，住坐西河高堡子，父母早年死了，止有一个兄弟，幼小无知。小的婆婆家也是同一堡子住坐，小的过门三四年了，男人名叫麻窝，是个跛脚，自到他家，我们多不和气。只因男人麻窝常往对面堡子王家坡王家酒店内赊酒吃，这姓王的早晚来讨酒钱，调戏小的，一时无知，就允从了他，同睡通奸，也记不得日子了。小的因见汉人爱我这样舍不得，又见我的男人脚跛，兼且素不和好，所以怄气计议，姓王的约定九月二十八日晚上，同他偷走，止想逃脱，不想到这的被盘住了。小的是夷妇，不知事，望乞开恩，等供。

据此，事关奸拐，法难疏宥。除呈报本总宪外，拟合备移。为此合移贵正堂，请烦查照，希将移解来犯收禁审讯，仍将收禁审讯缘由赐移过厅，以便查考。伫切伫望。

【乾隆四十八年二月二十日夷民加黎告状】

为诬良为盗，私刑吊打，号天哭救事。情因蚁住坐头役余炳地土，素守王法，毫无敢犯。兹于本年二月十四日，冤遭恶保潘绍宗将蚁子噜丫私行锁在伊家下，私造非刑吊打拷问，遍体受伤，要银三十六两，幸得冤山伙头吴租保护，方得活命。意欲投天申诉，奈蚁子伤重，无人服侍，且家下穷苦，不敢远离诉控，比即报明马五甲汛主在案。今子养伤将愈，服罪冒渎。窃思地方私动非刑，律例何存；惯行搕索，良民难安；借上罔下，情实可惨。若不具控，恶胆猖狂，渐次橐虐，何得聊生。只能号泣青天大老爷赏准舆情，大施西伯救民水火之中，剪除枭贼，庶免一方受害，蚁等沾恩无暨矣。

【乾隆四十八年三月二十四日怀远营驻防马五甲汛副司厅移】

为贼赃两获，祈恩拘追事。本年三月二十日准贵正堂来移，除原文有案不录外，后开请烦查照来移事理，希即添拔目兵协同敝役前往□□沟，务获贼夷噜呀甲连等四名，锁押护送过县，以凭审讯，伫切等因。准此，敝厅惟查此案于本月初一日申时分，有兵丁陈诗前来回报，有人在城门前喊叫差打死人，快些救命，小的跑去看见一人把哪拘拴锁，拉在城门前。小的问他姓甚么，他说姓谷，是冕宁县差，为潘绍宗具告偷马才来拴他。小的又问可有牌票，他说牌票在县里。敝厅瞵思，既是差役办事，必有牌票在身，又云牌票在县，恐是外境棍徒假充官差，苛索夷民，均有未定。是以唤至敝衙讯问，谷在礼果无单张片纸在身，随同哪拘押令在衙。至酉刻时分，据查街队目满玉回称，谷在礼实是县差，为潘绍宗具告偷马一案，前日到此投牌，副爷往省还未回讯等语。敝厅当即放差回潘绍宗家去，仍将哪拘拘禁在衙。至初二日，有差持票赴汛看验，敝厅曾将哪拘眼同绍宗邻人刘永茂，当堂交代差役谷在礼，亲手易换绳肘，拉出城外。行至中途，不知是何情弊，使哪拘脱逃，反来回报走到长路湾，被蛮打抢。敝厅又星夜带领目兵器械四路跟追，找寻无踪，三更时分方才转回，复饬令目兵同耆宿瓦吉擢加尚紧查拿。切思差役不知自罪，胆敢捏禀汛官坐视不理，似此欺官卖法，以致文武参商，胆玩已极，未便疏纵。兹准来移，敝厅当差目兵协同差役，现在四路密捕，俟捉获之期，另为备移护送。为此合移贵正堂，请烦查照施行。

【嘉庆十六年十一月初九日陈玉堂告状】

（年三十八岁，住冕宁大垭口，距城五里）

为窝逃诬窃乞恩赏究事。情民有使男帕拉呷于去岁腊月逃走，找寻无踪。本年四月有卖主那拿向民要人，比即买约给还方休。五月内陡见帕拉呷来城，民即报经营主罗，着令那拿另写卖约，将人交民锁回。八月初九日夜帕拉呷同使女勺八马复行逃走，拐带衣物等件，已报千户代查。讵料赵世耀将逃人隐藏，民已访真，本月初四日民往面问，伊即次日将人送回。讵伊无计掩饰，听从周兴茂拨唆，反指民之仆婢为贼，民当不肯收人，现有方田儒说话可凭。情出无奈，只得哀叩大老爷台前赏究施行。

【嘉庆□年猓夷约友等告状】

（年三十四岁，住冕宁县清宁乡，距城八十里，地名湾子）

为诬良为盗，吊打搕索，乞究不法事。情夷兄约沙素守本分，耕种糊口，毫无过犯。本月初五日，突被豪恶宋朝谟诬骗夷兄约沙偷伊耕牛，串同冕差戴升等，将约沙拴往河边堡，□锁拘禁，非刑吊打，要银20两，未遂奸心，以致约沙身受重伤，现在将店作卡，□锁吓搪。窃思贼凭赃据，如此无赃无据，串差吊打搪索，良夷受害，法律奚容，为此哀叩大老爷台前作主赏究施行。

王元春、牦牛互控案

（1）【咸丰二年四月十三日土百户金得禄禀】

为禀明事。情本月初三日，汉民沈皮与土职甲夷牦牛等为摘荞菜口角，投职劝说，两造出字和息。职出未家，至十一日始回。查知甲长王元春串厅差周头、宋头，于初六日将牦牛等锁押，搪要钱二十千，凭捏曲、徐学贵过钱五千，外宰羊一只，请王元春等吃酒，支沈皮出字注钱一千二百文，捏曲保限至二十日定给钱十五千。今牦牛等控案，沐准未唤，而王元春等串沈皮呈控厅汛两案，厅汛纷唤，牦牛等畏搪，向职□□□夷穷苦，赖杂粮度日，王元春屡串滋搪，土职只得禀恳作主。

（2）【咸丰二年四月二十日牦牛等供状】

问据。牦牛、衣加同供：小的们是猓夷，在大麻窝居住，与沈皮住隔不远。令年四月初三日，小的牦牛幼女往沈皮地内摘取荞菜，被沈皮看见不依，投知金百户前母亲理论，令小的们赔他一石荞子了息。后来王元春领同厅差周洪们来说小的幼女摘沈皮地内荞菜，沈皮投知他们，叫小的又给沈皮一吊二百钱，周洪们向小的们搪要钱二十千文，小的们当凭捏曲们在金百户土寨过给钱五千文，余钱限二十日楚给，小的才赴案呈控的。今蒙审讯，沐将周洪们责革具结就是。

问据。王元春供：小的是大麻窝甲长，今年四月初三日牦牛幼女往摘沈皮地内荞菜，被沈皮看见，在金百户土寨具投，经金百户的母亲与他们了息。后来沈皮不依，又向小的投知，小的向厅差周洪们商串，小的领他们把牦牛唤到金百户土寨锁押，令牦牛们人赔给沈皮一吊二百钱，周洪们向牦牛要钱二十千文，牦牛们凭捏曲们过给钱五千文，余钱限二十日楚给，牦牛们才赴案呈控的。今蒙审讯，小的不应串差锁搪，沐将小的责惩，不准小的充当甲长，小的把委牌缴出具结就是。

问据。周洪，宋顺同供，小的们是厅役，今年四月初六日，蒋致和在厅具控么呷一案，票差小的们往唤，小的们往王甲长家投牌，王甲长向小的们说牦牛幼女摘沈皮荞菜被沈皮看见，投知金百户的母亲与他们了息。如今沈皮又不依投他，小的们商串，就叫王甲长领小的们去把牦牛们唤到金百户土寨锁押。搪要二十二千文，牦牛凭捏曲们过给钱五千，不料牦牛们赴案呈控。今蒙审讯，小的们不应串同搪索，沐将小的们责革，小的们错了，只求施恩就是。

〔下略〕

（3）【咸丰二年四月二十日王元春缴状】

为缴结事。实结得猓夷牦牛等具控蚁奸串吓搪一案，蒙恩审讯，因沈皮诬骗猓夷牦牛等往摘荞菜口角，已凭金百户理息，蚁事后串同厅役搪索钱文，被牦牛等控案。沐讯蚁不应串搪，将蚁责惩，饬令呈缴甲长委牌，蚁遵断呈缴，出结备案，再不滋事。中间不虚，缴结是实。

（4）【咸丰二年四月二十日猓夷牦牛、衣加甘结】

为甘结事。实结得蚁等具控王元春等奸串吓搪一案，蒙恩审讯，因沈皮诬骗蚁等摘伊地内荞菜，向蚁口角，已凭金百户理息。迨后甲长王元春闻知，串同厅役周洪等锁搪钱5千文，以致蚁等呈控。沐汛王元春同厅役周洪等。不应串搪，均各责革，饬令王元春将委牌呈缴，蚁等具结，再不滋事。中间不虚，甘结是实。

【咸丰二年九月二十五日番夷巴必卡等告状】

（年六十三岁，住打药，距城二百里）

为纵捂害良，叩天作主事。情夷承粮住耕，毫不滋非。祸因道光三十年，有吴铜匠引进王代书之子王昌龄，在夷堡教读蒙童四人，夷等供给饭食，教读一载。殊王昌龄不守安分，好吸鸦烟，藉酒撒刁，惹是生非，种种过端。夷等恐事出意外，专人赶吴铜匠至堡退学，比给盘缠。经众理说，令吴铜匠将王昌龄送回冕城。今年二月，夷等另请刘香泉在庙设馆，教读十数人。陡至九月，吴铜匠未至，突遭王昌龄挟忿搜捂闹馆不遂，凶扑夷室估索，乘夷山坡背包谷未家，牵去家犬一条，夷幼子阻拦，伊刁肆恶，持石打伤夷子头顶，血流不止，昏倒在地。夷回知觉，报经首人向理，伊反吓称索要钱十二串，横行霸道。倘夷不允，伊扬言定要告夷等语。似此纵捂，受害难当。

【咸丰四年十二月十八日猓夷孀妇依兹告状】

（年四十九岁，住福乡沙拉三甲，距城四十里）

为已息唆控，恳究欺孀事。情氏子罗升莘去岁与何苟儿之子何春元同学攻书，氏子今岁未读，至二月十四日挨晚牧牛回家，路遇何苟儿之子，氏子向问所读书籍，被何春元出言不善，抓扭氏子口角。因何苟儿未家，伊妻恃横护庇伊子，辱骂氏家蛮根。经邻人徐老大并木呷等理论，各散归家无异。至十七日，复遭伊亲李独眼串唆何苟儿之妻，妄控氏在厅署案下。氏思幼子口角已息，控害明系李独眼倚汉欺夷，氏孀子孤，难以在彼居耕，情不得已，为此告乞大老爷台前赏准施行。

【咸丰六年十一月十三日周凤岐禀状】

（住城内南街）

为掣银暗害，串保抗估事。情民子周春生因刘牌首派往新堡子地方，被贼夷掳去，民子周春生带信回家办银取赎，民在刘松茂铺内掉厂银十两，被曹老五套掣银两，帮民取赎，民交曹老五厂银十两、广布十五件、套头布十二打、铜钱一千文。讵曹老五用假银哄夷，并未取回民子，布匹钱文被猓夷夺去。民投经查差，有张超、段老五在金领班名下保去曹老五，止交过民银六两五钱，余未楚给。陷民难以取赎，惨遭伊等串保抗估，受害莫何，为此禀乞大老爷台前赏准施行。

袁伟人家

（1）【咸丰七年十一月二十日冕宁县禀】

敬禀者。窃卑县冕山职员袁伟人即袁世杰，去岁夷务滋扰之时，胆敢率众逞凶，殴打落波老三，复于县城妄杀无辜良夷捏哺等三名，以致拖乌等处夷匪不服，出巢焚掠，涂毒生灵，皆该职员之激酿而成。去岁经李前县缉捕未获，久在大人洞鉴之中。今因卑县民人杨育富控伊少拨田粮，续据良夷捏哺之妻角角与■节亲属那租，及团民等控告前来，当经卑职唤获，交差管押，听候质审。讵该职员并不安分候讯，辄敢在押脱逃，潜赴省城上控，并闻有人京呈告之语，业经卑职通禀督、臬两宪，恳求饬县缉拿在案。恳求大人于会晤各宪时，鼎言转达，饬县严缉，解交卑县讯办，俾该职员不至幸逃法网，以除地方之害，实于苍生有幸，则感戴鸿慈，实无涯矣。专肃芜禀，恭请崇安。

（2）【咸丰八年正月十七日宁远府札】

〈上残〉卑职随卷查该职员袁伟人即袁世杰，前于道光二十九年十月内，因同卑县县丞衙门郭升等拷打窃贼苏俸洸身死提省审办案内，审依诬窃为盗，拷打致死者，照故杀律拟斩监候例上为从减一等律，拟杖一百流三千里。嗣于道光三十年恭逢恩诏，援免释放。旋即更名异籍，报捐从九职衔。讵该职员曾经犯罪援免，并不改过自新，安分守己，辄敢怙恶不悛，叠酿事端。访闻去岁八月，该职员尚住冕山之时，胆将镇宪调出安抚之熟夷落波老三等，率众凶殴，曾经李前县随同镇宪前往弹压，该职员尤敢督众鼓噪，乘间逃逸，以致该处各支夷人不服招安，焚掠冕山等处。至九月初一日，该职员等潜藏入城，复行恃众妄杀来城之良夷三名，致激拖乌各夷滋扰。时值李前县与冕山营都司均已公出，经卑县典史会同专诚向其开导，该职员竟敢邀集难民哄堂塞署，抗拒不服。随即禀知李前县饬差侦缉，该职员已潜逃无踪。当欲拿其家属审实治罪，时因夷务孔急，难民众多，尤恐别生变异，未能实力踩缉。兹该职员因杨育富控案具诉来城，即被汉夷纷纷控告，卑职当将该职员交差管押，听候集证分案讯办，讵袁伟人不候质审，即于十一月十五日在押脱逃，风闻该职员潜赴省城，欲行上控。

　　查该职员种种不法，集案如鳞，今复在押逃逸，起意上控，若不严拿究办，不特夷众难安，且恐为害地方，至起奸民效尤之端。是以卑职不揣冒昧，谨将该职员恶迹陈明，合无仰恳宪台恩施予该职员袁伟人上控之时，即行饬知两首县严行缉拿，派拨干役押解卑县收审，实沾恩便。是否有当，理合禀请察核批示饬遵等情。

　　据此，当经本督部堂批，据禀已悉，该犯袁伟人即袁世杰，惹起边衅，恶宗多端，该县既经弋获，即应收禁严办，乃仅予管押，致令脱逃，殊属不知轻重。现经饬令成华两县密速掩捕无获，恐其未必来省，仰即设法□拿，务获讯办，飞速禀报。倘纵容差役贿纵，定将该县严参不贷，等因。批示在案，合就札行。为此札仰该司即便密饬各属，不动声色，一体协缉，务获归案审办，毋违，等因。奉此，除分移并行成都府密饬严拿处，合就札行。为此仰府官吏，查照札内奉行事理，即便转饬遵行。

　　〈下略〉

【咸丰八年正月二十五日番夷那加叱，猓夷捻咱等告状】

　　（住曹姑，距城三十里）

　　为诈搕滋害，恳赏提究事。情夷等住耕曹姑堡，纳粮应役，毫不非为。成丰六年因野夷滋扰，夷堡房物被毁掳掠，汉夷均各奔逃。至本堡住民何铁匠逃往何地，夷概不知。沐蒙前任李县主示谕复业，夷等苦耕度日，不敢妄为。今因青冈坪住民何老大，勾串何小狗隔甲搕事，藉何铁匠人影无踪，伊问夷堡要人，诈称夷堡龙洪一支猓夷等伤害情弊，惟夷等地主是问；如若人尸两无，搕要夷堡猓番人等给伊铜钱六十千文，方不滋非。夷等平白遭冤，不甘出钱，伊恶诈搕滋害，为患匪轻。若不叩恳提究，强食弱肉，夷命难生。

【咸丰九年正月三十日猓夷木芝告状】

　　（年27岁，住泸宁营拉姑擦，距城三百里）

　　为锁搕夷良，受害难甘事。情夷岳父聋呷嗣乏无子，住居拉姑擦，耕种为业，毫不非为。今本年正月二十七日突有庙顶汛邢老将一同五人，未卜何故，将夷岳父聋呷锁往汛衙。俟夷知觉，二十八日夷央伙头二娃向问情由，邢老将云称聋呷私和贼盗。并无原告事主抵质，邢老将不分皂白，搕要聋呷铜钱二十四千文，方允释放，有伙头二娃话证可质。夷岳父聋呷无辜被害，不甘出钱，遭伊等飞冤诬骗，锁搕夷良，只得奔叩提究。

勇丁曹兴发私刑吊打夷人案

（1）【同治九年正月二十二日黑夷夷兵谢双保告状】

　　（年三十六岁，住热咱，距城五十里）

为图财谋害，人尸两无事。情夷同使娃等住居热咱，投诚守分，不敢滋非。本月二十一日夷使娃谢玉顺之兄谢双作背豆子一斗，赴马房沟出卖，并带碎银八两二钱五分，换钱使用。突遭游勇曹兴发仗伊身穿勇褂，见财起意，抬冤栽骗，平空逞刁，将谢双作捆吊殴打，比遇高山堡汛贾汛主，见视拦阻。殊伊口出大言，横不依理，至贾汛主即凭杨客长等，将谢双作交伊手内，不知伊谋害何方，人尸未见，生死难卜，夷已四处寻找，杳无踪迹。似此图财势谋，心血难甘。幸沐汛主移送恩案，只得呈叩仁天，赏究刁风。

(2)【同治九年正月二十二日冕山营分防高山堡汛司移】

为移明作主事。窃本月二十一日敝厅前往马房沟查场，据客民杨明德、团首胡正坤禀称，有武字营勇丁数名在米市拿获夷人一名，捆绑拉入街后，私刑吊打等语。据此，敝厅即饬目兵看实，果是情真，即传集伊等，问及原由。伊系清乡四甲魏关营民人曹三官之子名曹兴发，投入武字营食勇。伊仗势勇丁，胡言搪塞。敝厅即饬该处地保理说，曹兴发恶不由理，估将夷人拉往，不知去向。但查夷人住长乡一甲热咱山，名双租，系是白夷。曹兴发身穿武字营号褂，敝厅未敢深究。若不移明作主，恐地方日后受害，拟合备文移知。

【光绪四年十一月二十二日怀远营分防卡汛部厅移】

为移请究办事。情于本年冬月十八日，据平安场客长傅恩才专人报称，昨夜落乌一支黑夷黑卜，督率猓夷100余人黉夜抄抢一案等语报称前来。据此，敝厅亲带兵团连夜到场弹压查看，实系黑卜在街藉酒放疯，与李培志之妻口角，但李培志仗差胡行，不分皂白，同差将夷民3人捆绑在伊家，私刑拷打。该夷脱逃一名回堡报信，传夷一百余人在街，将伊动用家具掳去。敝厅到场，饬夷仍退各物，即刻安抚，由二十一日转汛，惟有李培志胆敢私刑捆扎，实属玩法，拟合相应备文将安息情由专差移知。为此合移贵正堂，请烦查照，希惟签差提究，致使汉夷相安，而免害累地方，实沾公便。

计移开

串差捆扎	李培志
私刑打拷	牟贵三人
挟念复仇	落乌黑卜
	双租等
着落	首人耆宿

【光绪十一年二月二十日文生吴其志等诉状】

(年四十八岁，住长乡三甲，距城五十里)

为恳查事。情生三、四甲历有粮夷纳粮当差，咸丰六年野夷出巢，熟夷迁居，生两甲屡被掳抢。同治五年吕主察情，饬高山堡郭汛弁招熟夷达二等复业，汉夷相保，夷少力弱，生两甲未宁，有抢案可查。今张儒桂被抢，牵控熟夷双喜，沐差着落首等唤质，伊未〔在〕家，为此联恳察卷，俟伊旋回，札高山堡汛随唤即到。但伊无辜受累，恐伊迁居，生甲受害匪轻。

【光绪十八年闰六月十五日文生钟声骏禀状】

(年四十岁，住皁乡五甲，距城一百二十里)

为禀明事。情生等地方，本年五月落翁、两河二处拿获马依租、瓦啄二夷，被领哨张联芳要衙百般搕索，意欲释放，团众不服，护送府宪。马依租之母承认将地方掳去汉民子女请黑夷一律查办出巢，限至七月缴出。于前六月十七，五沟夷人入牛皮，甘愿投诚，永不反悔滋事，邀请生等禀恳发给腰牌，以便攸分泾渭。生等不敢擅专，为此禀明。

（五）人口买卖

1. 奴主掠卖

【雍正元年十月二十五日陈天辅告状】

为殃及池鱼破费家产事。情因本年三月初十日，三渡水夷人掳绑蚁一案，蒙易爷追取责令夷耆招弟过三渡水，有而斯蛮子言及小打夷人将喳、二喁别等有他人命，因绑蚁是实，无资决不容赎，遂凭招弟剪立木刻。蚁苦不得已，蚁兄只得将蚁粮田耕牛变卖，骒一头、布十件、寄腰十条、盐十个、细衣一件、烟十包、马一匹赎取。嗟嗟边夷纵事，贻害良民，夷害汉偿，汉命何辜。追诉仁天俯准严追重究，全蚁家产，世祝公侯万代矣。上告卫主老爷台前。

计开　　被告　　小村夷人将喳

二喁别

干证　　夷耆招弟

威志控案

（1）【雍正十二年二月二十日彝民威志诉状】

为土酋仗倚营兵，叠害无休事。情因蚁主母米氏所生之长女，嫁与普雄纳脚为妻，叫蚁权去伺候姑娘。蚁随姑娘半年，有姑娘叫蚁回去当差，迄今二十年矣。及后蚁幼主骂车、脚呼二人，与建昌安家厮杀，抄绑一女子来，卖与蚁为妻，去过财礼牛马金银等物，前后共约一百有余。不意蚁幼主普雄身死，遭被三他起不良之心，伙党桤子来搕害，将我儿子搕去，卖与千户，得银三十两。狼心不足，于去年八月内，蚁主姑之女来宁看亲回去，蚁妻送她到白鹿，及至白鹿又叫送越西，扯住半年，于□□□□八日走回，行至盐井沟，撞遇泸泸，将蚁妻绑入贼穴，蚁妻幸获逃走回家，群蛮又来搕害。窃思目今改土归流，中外俱入版图，虎蛮目无王法，任意横行，莫此为甚。

〈下略〉

（2）【雍正十二年二月二十日彝民阿羊、千户三他告状】

为恶棍明欺孤弱，诓骗人口，反行诬告，祈天追究事。情因蚁于康熙四十三年胞兄哪交娶妻时，去过财礼无数，遂陪嫁使唤男妇四口，住有四年，一名易者，一母所生一女，一名七哩，一母所生二子，一子病故。至康熙四十七年避乱，遂带领六人移居宁番地方，居住二十五载，易者又生一女，七哩又生一子，共大小八人。至今取讨，并不肯与回。于雍正十一年十月内，屡遣人至安家要人，与过老妇二名，来到家中，住居三月有余。忽于本年正月十一□□□有人赶至小哨，粮饭俱无，偶遇哂叱哩哩，蚁托付哩哩，我有使妇二人，逃往宁番，尔可赶去拿回。有哩哩赶至泸沽，遂拿获二人。至甘县，夜仍走去一妇，始得一妇归来。蚁思七人，实系财礼买明，今安家无故诓哄七人，不肯与蚁。窃思古语曾道泼水难归，不惟蚁乃为然，乃汉礼亦同然也。〈下略〉

（3）【雍正十二年二月越西营驻防小哨领哨部厅移会】

为截绑彝妇事。本年正月二十六日准四川宁远府冕宁县正堂米移会，本年正月二十日据县属彝民威志、清儿告前事词称：去年八月内，被普雄阿依、三他将蚁妻约卜、清儿之妻铁铁，哄至白鹿绑去。本年正月十八日蚁等之妻回至泸沽盐井沟，又被阿依等纠同观音岩住居官受之弟泸泸绑去等情。据此，除分关外；查泸泸系贵营所辖彝民，合就差关。为此合关贵厅，烦为查照，希即差拘泸泸到案，追出被绑彝妇二口，连同正犯一并当堂给役领回，仍祈拨兵护解过县，以凭询究。伫切伫速。计开泸泸，并被绑彝妇二口等因到厅。

准此，敝厅当即差目拘唤泸泸严追，你为何纠同三他擅敢截绑彝妇呢？据泸泸供称：正月十七日原有阿羊、三他打发人追赶逃走彝妇二口，央小的前去，行至铁厂沟恰遇彝妇二口，随即拿获转回太平桥，将一口又脱逃去讫，止获一口。小的与三他家赶回逃走彝妇一口是实，并不敢纠同截绑人口。现有三他在河东，小的前去与他面质等语。吐供到厅。

据此，为查三他系本营河东汛地所辖，不便越拘，拟合备录情词连泸泸并彝妇一口，一并移解河东汛，希即差拘三他到案，严追被绑情节，并泸泸质对果否真伪，仍祈一并见复。差目押解过汛，以凭转移询究施行去后。今准本营驻防河东汛副司厅张移复，为查此案，于本年正月二十七日先据三他告称，为彝棍明欺孤弱，诓哄人口，祈天追给事。情因蚁于康熙四十三年胞兄哪交娶妻安氏，去过财礼无数，遂赔嫁使唤男妇八口，一名易者，一母二女，一名七哩，一母二子。至康熙四十七年移居宁番安氏地方居住，二十五载至今取讨，并不肯与回。于雍正十一年十月内，屡遣人至安氏家中要人，与过老妇二人，来到家坐居三月有余，于本月十六日逃回。着人赶至小沽，粮饭俱无，偶遇哂吡哩哩，托付我有老妇二人逃回宁番路途，倘遇可以拿获。有哩哩行至泸沽，恰遇逃妇2人，遂拿至甘县，夜仍走回一妇，始得一妇归来。蚁思七人乃系财礼买明人口，安氏无故唆哄七人不肯与蚁，明欺孤弱，藐视法律，伏乞恩主老爷台前俯准下情，赏恩追究给还原人，主仆团圆，举家顶恩不浅矣。计开被告安土司。

据此，今准大移，敝厅即将三他拘唤到案，询问情由，据三他供吐与词无异，并问泸泸与三他质对，委系央赶逃妇二口，拿获又脱逃一口，将一口交明三他，不与泸泸相涉。今三他差唤前来，相应连人一并移送，希即移复，以凭询究等因。准此，敝部厅拟合移复，为此连人一并合移前诣贵县，请烦查照收审询究，则泾渭攸分矣。

【雍正十二年五月初五日彝民哩加报状】

为报明事。情因蚁系木根堡看山熟彝，于康熙五十六年十月内，有蚁使女一口，随带子女一双，长女名阿唧，年十七岁，次子名他姑，年八岁，母子赴山砍柴，途中迷失，不知被何方贼彝绑去子女，四处缉查无踪，迄今多载。忽于本月初三日有绑去之他姑逃回认实，言及系靖远营所管下老虎地方贼彝哟别等，于山中将伊姊妹绑去，伊姐阿唧配合哟别家奴。有哟别身死，伊子格支现存。窃思白昼掳绑，王法难容，报乞大老爷台前，赏准移营，追出使女阿唧，严究掳绑之罪。迫切具报。

【乾隆十年二月十四日夷人那路报状】

为寅夜掳绑人口，吁天移究事。情因有阿叱娶到蚁之姐为妻，同在越西居住，阿叱无有后嗣，将家人刻咱、鹅奈勺等六人交与蚁使用。乾隆六年，将刻咱等移居马房沟，坐了一年，不料九年又搬至哈哈住坐。忽于本年二月初八日，惨遭普雄补果、架子三人无辜统领二十余人，黑夜将人六口，黄牛一条，家具粮食尽行抄抢去。幸有捐根惊觉，初九日领人追赶，至猓猡关，将掳去六人牛一条〔追〕回，其余家具粮食夺去。若不具报，事关抢夺，情惨莫极。为此报乞大老爷台前赏准作主，移提恶夷到案，审讯惩治掳绑之罪，庶恶知有王法而良民免遭受害矣。迫切上报。

【乾隆二十七年闰五月二十三日西昌县移】

为严究掳抢事。案据土妇安氏咩禀报，牛哟等具控呷呷、观音保等刁拐家奴一案，经敝县移请添差拘提呷呷、观音保到案，讯据供噜车、长六保等果系牛哟家奴，尚有余车、吾加已经价卖等语。随押令将余车、吾加赎交牛哟服役结案。查呷呷、观音保系贵治夷民，拟合移交。为此合移贵县，请烦查照，希即查收，饬令该土司严加管束，毋致再生〔事〕端，仍祈见复施行。

老牛掠卖脚姑案

(1)【乾隆二十八年十月二十日夷民长寿告状】

为惯贼认赃吊赔，祈天严究事。情于乾隆十一年夷父存日，与二什村老牛同居之时，买明使男一口，名唤脚姑，年方十六岁。于五月栽秧，鸡鸣脚姑起来放牛出外吃草，被贼老牛濯力主仆二人偷绑，交夷人募啰卖进凉山，又转卖阿都地方，经今十八载，费过报信银二十两，查明的确，募啰认赔骗马1匹，作报信银十两。比即报明溪龙汛主，其老牛曾于本年七月初七日杀猪一只，泡大瓮酒一个，央请夷人等于中说和，认赔报信银十两外，取原人交还，稍期完结，凭中木刻炳据。孰料虎夷奸计百出，恃财支吾，悬赃不赔，欺夷孤弱。况老牛屡纵子奴偷窃，案积如鳞，一经发觉，私和私赔，不服提调，藐法欺公，刁恶已极。若不具告，盗风日炽，地方受害，民不聊生。

被告	老牛
	子撒姑
家奴濯力	住溪龙二什村
转卖人口	募啰
说话干证	沙业
	别撒
坐庚	系松林夷兵
伙头	噜兹
	哟果
	噜更咱

县正堂批：着该乡保耆宿知证人等，限三日内秉公查明实复，如延干究。

(2)【乾隆二十八年十一月十六日阜宁乡杨屯地保伍世贵、松林伙头噜志、镇夷堡耆宿阿别等禀】

为禀明事。本月初九日奉批着查夷民长寿控二什村夷民老牛偷绑使男脚姑一案，地保查明的确，委系牛老父子偷绑情真，交募啰转卖。老牛已曾央请夷人于中说和，认赔报信银十两，取原人交还是实。地保等今遵批前往伊家，处令赔还结案。殊期老牛委属刁恶，反道伊乃西昌之民，溪龙汛管辖，各有父母，冕宁提调不着，硬然不理。地保等无奈，只得据实具禀。

县正堂批：候关移拿究

【乾隆四十年十月夷民噜租告状】

（年三十五岁，住冕宁县福宁乡坝显沟，距城四十里）

为惯贼串野叠害，白昼拦截掳绑事。情蚁祖居白鹿，于乾隆三十八年遭被恶哈列串诱靖远野夷阿西，绑去蚁仆结呢。蚁出报信银三十两，查获实据，阿西无言，将结呢掉换母子二口抵还蚁仆现存外，认还报信银三十两，只给马一匹，准过银十两，尚该银二十两未给。蚁汉语不熟，恶屡谋欺灭，蚁悬心吊胆。于昨岁冬月内，蚁逃避于坝显沟，借土养生，庶免祸患，至今食用不充。于本月初五日，蚁请邻人协同家仆格咱往祖居搬取荞子，恶贼闻风，聚邀野夷数十埋伏于坝显半山茂林之中，蚁仆同邻负重及至中途，呼哨群贼蜂拥，幸邻人脱逃滚入林内，实见哈列窜出，比即对言，哈列绑人，邻人认实奔回，切〔却〕不知将格咱绑于何方，蚁查访无踪。若不投天拷追，蚁一家性命难保，只得告祈大老爷台前赏准作主缉盗严追施行。

【乾隆四十八年十二月二十一日建昌怀远营嘉顺汛部厅移】

为据禀行查事。案奉本营署都阃府张札开，因雪波罗夷人呢哪、张伊等被右营热水汛水口夷人结别等，具控抄抢人口牛只等物未还，经结别等将本营兵丁邓逢春之子邓天佑抢拉作当，等因。奉札拘提质讯。随据招夷住种之民人曹纪、曹世忠回称，查该夷呢哪、张伊等，滋扰地方，现奉署正堂梁饬差勒限十日内尽行驱逐。其时因邓逢春之子尚未追出，是以敝厅备录原案，移请暂缓起发，俟此案办竣再为移请驱逐在案。嗣奉本营都阃府饬委，于十一月初五日，在黄土坡会同代防热水汛副司厅张带领两造夷人会审，已将邓逢春之子追出给领外，其有该夷等互争人口一事，因质证未到，改期于十二月初四会审，至期敝厅带领呢哪等前往。又接热水汛来字改于初十日会审，及至是日，热水夷人结别等并未到案，其中有无别情，自难叵测。查野夷散处，滋扰地方，应行驱逐，未便任其迁延，致滋别衅。除将前情具禀本营都阃府外，所有雪波罗应逐夷人呢哪、张伊，并招留之曹纪，曹世忠相应填用预印空白备文移知。为此合移贵正堂，请烦查照，希即严究饬差驱逐施行。

王有贵控案

（1）【嘉庆十八年二月十五日粮夷王有贵等报状】

为白昼劫抢，报明存案事。情正月二十七日夷等牧童三人，牧羊于巴姑山场，至未时分，陡被野夷十余人剥去羊皮二十张、大羊二只、绑去牧童三个，立即追寻未获。窃白昼劫抢，律有明条，掳掠人畜，例有攸归。兹于人烟凑积之处，胆敢如此猖狂，则抢夺之罪不小，藐视法之罪尤深。王章何在，律法奚容。事关劫抢，只得报乞老爷台前准报追究，夷等顶祝不朽矣。

县正堂批：候差缉。尔于正月二十七日被野夷抢掳人畜，迄今事隔两旬，始行具报，殊属违例。此饬。

（2）【嘉庆十八年七月十二日夷民王有贵等告状】

为虎夷藐法绑抢，叩天作主究追事。情蚁等各有子王学龙、克萨、别鸡三人，本年正月二十七日牧羊巴姑山草场，此处泸沽、高山堡、白鹿三汛交界，四围人烟凑积，被野夷十余人绑丁劫畜，活剥羊羔皮二十张，是晚追寻弗获，报明各汛在案。四路访查，知一半贼名，建标中右营北山、马平坝二汛管安土司辖服属之夷，书名控经中右营在案；不知名一半，蚁等典当田地费银五十余两另查，实是靖远营波罗汛属，六月内控靖远大老爷暨波罗汛恳追在案。该贼东抢有犯，具控劫西填东，南掳重犯绑掠，北塞专行抢劫，蚁等有二独子不知转卖何方。祖来承粮水田百姓，与贼无债无隙，来法地绑抢，总由该管汛主法宽贼狂，小民虽控县主蔡，蒙出差移提，至今未拿一贼，视为寻常。今幸天星降临，小民匍匐仰恳雷霆之威，勒限饬追分卖三子，迟缓难追。该贼纵是有翼之虎，谅难逃于天恩法外。恶夷不剿，三子不得，寸心难甘，情迫如火，告恳大人台前赏幸恩施小民，追给孤子，三家老幼团圆，顶祝公侯万代不朽矣。

双叽控案

（1）【道光十六年九月十八日猓夷双叽告状】

（年七十一岁，住樟木沟，离城二十里，地名白需落）

为掳绑奴女，殴伤情惨事。情蚁女舒别，先年嫁配都嚷为婚，当日赔奁荞子十石、猪七只，又代还铜钱三十串。道光九年舒别染患，蚁出羊五只、牛二条禳送不愈，舒别病故。道光十四年八月初十日，蚁将使娃所生丫头布列许与利铁，去年二月二十二日，利铁接过伊门，十月初八日送回布列，被都嚷六人等绑去布列，跟追复回。不意本年八月初三日，利铁又送布列回至殴家，十二日夜都嚷、摸都统伊弟兄叔侄十余人，复绑去孕妇布列，反行殴伤蚁左耳轮右脚腕，调养搁延，至今能步。叠次遭害，情实可惨，为此乞叩大老爷台前赏准作主施行。

（2）【道光十六年二月初八日双叽等供状】

问据。双叽供：小的女儿舒别早年嫁配都嚷为妻，赔奁猪七条、荞子十石、钱三十千文，后来女儿在都嚷家患病死了。这利铁是小的奴女布列女婿，道光十四年八月初十才配与利铁为妻，到十五年十月初八日女婿利铁送女儿到半路，被都嚷抢了，女婿撵到平坝，把女儿追回。又到今年八月初三日，利铁复送女儿回家又被都嚷、摸都、兹呼们拦路把女儿布列抢去，小的才来案呈控的。今蒙审讯，将都嚷掌责押候，限十日内将奴女布列交出，小的呈缴钱一千文，遵断具结就是。

问据。利铁供：双叽是小的岳父，小的妻子是他的奴女，道光十四年才接过门，十五年十月初八日小的送妻子回她娘家，走到半路就被都嚷抢去，小的请人赶到平坝，把妻子撵回。今年八月初三日又送妻子回家，复被都嚷拦路抢去，岳父双叽才赴案呈控的。今蒙审讯，将都嚷掌责，勒限十日内将妻子交出，小的再行具结承领管束就是。

问据。都嚷供：从前双叽的女儿舒别嫁配小的为妻，小的去财礼牛九条、羊九只、猪只九条、鸡七只，后来妻子病故。因小的听闻双叽的奴女布列配与利铁为妻，小的向双叽退要前费财礼牛羊马匹猪鸡，双叽不肯退出，小的才起意抢布列扣除财礼牲畜。去年十月初八日小的去把布列抢去，被利铁撵回，到今年八月初三日利铁送他妻子布列回家，小的复又把布列抢在小的家藏匿。兹沐审讯，将小的掌责，小的限十日内将布列交出复讯就是。求施恩。

【咸丰八年二月十四日猓夷布叽呻告状】

（年六十一岁，住小盐井，距城四十里）

为掳掠凶害，受伤叩究事。情夷子牳芝住居红岩子地方，系是糯白瓦李百户所管地界。本月初八日夜，突被越西居住骆鸟一支猓夷足则、足加领四十余人，掳掠芝物、人口，将芝偏左手足砍伤，捆去娃子骆坡、妇女捻别等共十三人，拿去畜羊一百八十三只，牛七只，衣物粮食搜掠一空。被捆男女跑回四人。初九日足则等从柯子落黑夷约租门首路过，伊娃子并不阻挡，即晚足则等歇在凹耳加黑夷力著堡内，宰羊煮食。初十日有猓夷阿叽、窝黑拦说，保回被掳娃子妇女九人，退羊三十只。殊足则等搪要银钱不遂，逼勒保人定要交人还羊，滋害不休。但足则等系是约租之佃，遭恶掳掠凶害，只得告乞大老爷台前赏准施行。

【咸丰十一年十月二十三日陈洪显告状】

（年三十二岁，住南门外）

为窝贼害良，报恳缉究事。情民篾货生理。本月二十日，民妻彭氏去印百户所管地方搂取松毛，突被印百户窝留夷贼四人，来将民妻彭氏掳去。民闻往查，民妻现在阁里果夷家中。奔案喊冤，著令补纸，只得迫切据实告乞大老爷台前赏准施行。

【同治七年六月夷民罗角角等供状】

问据。罗角角供：年四十二岁，在摆占凹住坐，同治五年正月十九日小的们堡内被夷抢劫，把侄女屈丫抢去没回。去年八月十八日小的查实侄女现在锅底荡，小的们前往查问，才知是扯羊住的租科一支的牛别们捆去，卖与阿路杀租家中。小的就报知金百户，说把小的侄女查出对质，看是何人抢的，随后金百户估住不管，今年六月初十日小的来城赶集，在西街才把牛别抓案鸣冤的。今蒙审讯，小的侄女既在锅底荡，系是王千户所管地方，断令金百户的首人吴保受领同小的及牛别前去把侄女屈丫查出送案就是。

问据。牛别供：年五十八岁，在扯羊住坐，平日耕种生理。去年八月间有罗角角们在金百户土寨具报说，小的同嗫牛们把他侄女屈丫抢去卖与罗洪曲租，转卖与锅底荡杀租家中的话。金百户就把小的叫到土寨，叫罗角角到锅底荡把他侄女屈丫叫来对质，不料罗角角情虚逃回，也不把他侄女唤来对质。今年六月间，他又把小的抓案鸣冤的。今蒙审讯。屈丫既在锅底荡，系王千户所管地方，断令金百户知会王千户，小的同吴保受、罗角角前往协同把屈丫查出送案就是。

问据。吴保受供：是金百户所管团首，去年七月间罗角角们在金百户土寨具报，说他侄女屈丫被牛别们抢去，卖与锅底荡杀租家，有金百户管的力别噜祖同抢的话。金百户令罗角角把他侄女叫来对质，他也不去叫，他侄女就逃回去了。如今又把牛别抓案鸣冤，小的才赴案对质的。今蒙审讯，令小的同罗角角、牛别前去叫金百户知会王千户，协同去锅底荡把屈丫查获送案就是。

戴大宽等控案

(1)【光绪十八年五月三十日宁远府札】

为札饬事。案据该县阜乡七屯团首戴大宽、副司白玉海、粮民张鸿儒等禀称，为叠抢受杀，恳恩除害以安民业事。缘四月二十四日，突来租祖支夷哪子等数十人，将团首幼子抢去，登时集团追赶夺回。复于二十六日，夷等又截路将民人邓文高捆去，次日团首路遇保哨营马哨主登云带领勇丁搜山，即将邓姓之事投说，彼此合同团勇深入蛮巢，又将邓文高夺回。但夷等素行为恶，憨不恩德，又于本月初三日午后，搂抢民人魏兴发家，并杀伤一家四人，俱命在旦夕。团首当即鸣金追赶，兜获凶夷六名，亲身押送泸沽汛主衙门。殊王汛主不以抢夺受杀为理，而反言夷等为讨债取衅，明以地方劫案推诿掩过，而实暗纵。夷匪为恶不悛，民等情实难甘，只得上叩讯究施行。计开匪夷哪子、卢达、哟租六名，词外受杀魏兴发祖父、父母、乳子等情。据此，当经本府批，夷匪哪子等迭次捆掳人丁，并抢魏兴发家，杀伤四人，既经拿获哪子等六名，亟应从严惩办，以彰法纪，候移建昌镇，转饬泸沽汛保哨营后哨马登云，协团移解冕宁县，并由府札饬冕宁县，选派得力干役，迎提到案究讯拟办，毋稍轻纵，并饬医调治魏兴发家受伤四人务痊，此谕。除批榜示并移建昌镇协解外，合行札饬。为此札仰该县，速即选派得力干役，前往迎提到案。究讯拟办，勿稍轻纵，并饬医调治魏兴发家受伤四人务痊。切速。特札。

右札冕宁县准此

(2)【光绪十八年六月十三日总团戴大宽等报状】

为复仇抄掳事。情今五月初三有罗洪、租初、那兹率领猓夷抢劫魏兴发家，比时齐团捉获夷匪六名，送汛移至恩案。猓夷等不时砍毁禾苗等情。忽于本月十三日早，复又统领猓夷数百，围堡劫抢，捆去九人，受伤四人，只得奔案报乞大老爷台前赏准施行。

【宁远府札】

为札饬事。案据靖远营陈守备牍称，署备于去岁到任，查民人邓启柱告称，〔伊子邓三〕于十二年腊月二十一日，上山取薪被抢，系实额铁一支抢去，当经饬令千户沈长贵等，于去岁十二月二十九日已将伊子邓三追退出巢，伊父具结承领矣。又据两河口民人何庆元告称，于去岁十月三十日黑夜将伊侄何闰怀抢去一案，查实凹者一支抢入夷巢，饬令千户沈长贵等于本年正月二十日将何闰怀追办出巢，伊叔具结承领矣。惟西门外民人袁士祥告称，于去岁八月□□日黑夜抄抢一案，饬令夷兵噜租、吾租等查复，系勒暮固牛接租一支黑夷沙卜舒达等带领使姓抄抢，又据两河口民人田忠相告称，于去岁十月初四晨早在田佣工，被夷将民子孙巴抢去一案，饬令千户凹曲查复，系勒暮一支黑夷色呼色都带领夷人抢去。又据泸沽汛民人廖双贵告称，于去岁正月初八日，在小白古解桥功板被夷抢去一案，当饬千户和觉俄立查明，系勒暮固牛一支黑夷窝曲捏徒带领使娃掳枪。又据冕山汛把总王育贤禀称，新田厘金勇丁张玉发等告称，于正月初二日为黑夜焚抢一案，饬令千户摸撒凹曲查复，系勒暮之夷列胡因使女逃至东山寺新营夷兵姑黑家下，报服〔复〕未遂，因之抢厘金房与姑黑是咎，此系勒暮之夷列胡焚抢。又据黑林子民人李长荣告称，于正月二十三日为黑夜抄抢一案，当饬千户沈长贵查明，系勒暮白夷吗黑叽叽、吗黑窝曲、吗黑窝牛等，带领夷匪抄抢。除办获外，惟查勒暮支夷系岭承恩管辖，营中无有投诚供差，不时越界掳抢，难以着追，恳祈转饬岭土司严加着追，以靖地方。又冕山汛吴应起、黄世伦被抢之案，现在饬令千百户〈下残〉

【建昌怀远营移】

为移复事。本年七月初六日准贵正堂大移，除原文有案不录外，后开请烦查照来移事理，希即将兵丁金廷章等点交来役领押过县，以凭质讯，望切望速。须至移者。计移关兵丁金廷章、邓文明。等因。准此，敝厅随查此案，前于本年五月初七日夜，有沙坝街守夜团甲曾兴发等，盘获汉民孙光海同妻李氏，送赴来营，随据孙光海具呈告称，为买汉为奴，叩恳作主事。情民原籍云南深沟住坐，不料于八岁时被野夷掳抢，卖与坛镩窑里呼为奴，于光绪元年里呼搬至课猓猡，投该地黑夷马沙罗作为各投娃子，将民夫妇百般磕磨，日则苦做，夜则毒打，民实难过终朝。今岁正月二十三日夜逃走，被沈百户拦路劫回。又掳里呼一夷。沈百户堂讯，酷刑拷打，民受刑不过，将如何被抢情由□□沈百户饬令夷差将民主子唤讯，勒搕钱32千文，民主子如数与百户过足，将民等放回。陡有沈百户予沈得盛带领汉人李老五、田有祥赶至大桥，复将民抢回，又督令田李二人执棒周身毒打，沈得盛亦严加拷打，锁〔索〕要银钱，民主子无奈，被伊又搕银二十两、钱五千，过去银十两、钱五千，下缴之银限初七日呈缴。民听沈百户同伊子商议，俟里呼将银缴足，依然将民退回。民思此番若回里呼家中，必定有死无生，是夜逃奔，赴辕贼控。孰〔孰〕知走错路径，至沙坝街被查夜甲团盘获，民恐难分具呈，哀恳仁恩施好生之德，救民于水火之中，正如拨云雾而见青天。若不据实具告，冤沉海底，只得告乞赏准作主施行，民则生生世世顶焚不朽矣。被告买汉为奴里呼，纵奴刻薄马沙罗，酷刑搕索沈百户，督抢掳回父子叠搕沈得盛，同搕凶殴李老五、田有祥，过复呷都，着落客甲团地主伙头等情，告称前来。

据此，当蒙余营宪饬差目兵票唤被告里呼、马沙罗等齐集来营，当场质讯。民人孙光海实系云南深沟住民，令伊买主里呼出备铜钱五千文给民人孙光海夫妇收执，以作路费，并发给票专差兵丁押解过境，谕令回云南深沟原籍去讫，并取有该被告等里呼息案甘结附卷存查。另抄电阅外，兹准移关亟应将兵丁金廷章等饬令赴案听候质讯，以息讼端。奈民人孙光海业经回籍，无从质对，复查土舍沈得盛，既为土舍，夷情归伊父子管理，不能判断明晰，反咨胸意，擅作威势，恣性磨搕，致使民人孙光海夫妇控告来营，既蒙营宪判明，谕令回籍，该土舍沈得盛复敢捏词妄控，实属以搕索为奇货，视官法如弁髦，藐玩已极，敝厅相应摘录原呈词备文移复。为此合移贵正堂，请烦查照，希请究治土舍沈得盛不应之咎，以示警惕而戒藐玩。仍翼赐复，沾荷公便施行。须至移者。

计移照抄原甘结三张

四川宁远府冕宁县正堂叶

2. 汉夷串卖

周元宏控案

(1)【乾隆三十年六月十八日周元宏等报状】

为夷汉通同，偷卖良女，吁天严究事。情因蚁族侄系之撰妻陈氏所生三男一女，之撰去岁病故，陈氏改嫁，长子玉龙闻不知引至何方。本年五月十二日，玉龙串同惯贼结别、呷知等，将幼女压死埋名偷卖入凉山。蚁等寻访查实，报明地保，至六月初二日方得追回。蚁等原系洪武世居马房沟，因城西獏猓不时造反，于万历十七年蚁祖招象岭血呷志看守山口，稍得清宁。血呷志子孙孤弱，冤遭吃食虎夷锅施、呷密咱、结别等不遵王化，勾引野夷，协同伊奴日偷夜盗，掳绑人口，卷案如山。若不投天缉盗安民，不致汉卖夷巢，地方清宁。蚁将惯贼无奈，只得报乞青天太老爷台前赏准作主除盗施行。

(2)【乾隆三十年六月十九日周元宏等悔状】

为恳恩准情愿具悔事。情因蚁等县报夷汉通同偷卖良女一案，蒙恩准究，有众亲不忍，于中劝解，系属公孙，不忍参商，处结别出银五两，以为女日后出姓赔奁之资。又处周世龙备猪酒一付，祭祀宗祖。蚁等悦服无词，情愿领女回家，日后再无异言，为此恳乞大老爷台前赏准施恩释放批示施行。

县正堂批：据控卖人，自应按律究治，姑念边民无知，尔愿具悔，从宽准悔，仍饬具明白切实甘结呈核。

【乾隆三十四年四月二十三日冕宁县分驻冕山抚番左堂牒呈】

为白昼捆绑人口，祈天追查事。本年四月二十一日准靖远营游府杨移前事，本年四月十三日据民人康之奇报称，情因小的家中孩孙名唤大满，于乾隆二十九年十二月初九日往山砍柴，被贼绑去，比即具报查追在者〔案〕，迄今五月未蒙追献，事关白昼护绑，只得诉乞赏准究追施行等情。

据此，当即批饬代防冕山汛外委周启速为严查追给去后，兹于本月十八日据该外委禀称，据夷目双姑铺果夷兵阿的回称，查得民人之孙大满系古路桥汛所属借磨住坐夷人别租绑去，层次转卖与脚曲夷人撒姑，小的等亲眼看见，只得回明等语。据此，随移明何外委严拿贼夷别租查询追给外，理合禀明。复于二十一日据外委何珍将贼夷别租拿获呈解前来，敝府随即诘讯，据供不是小的绑的，原是去年腊月初九日有冕山汛坐的汉人龙七、刘朝进拿在擦耳岩下边五里牌卖与小的，同迭迭撒牛买的。又问去过多少银子呢？供至腊月二十八日交大猪七只，作银十三两五钱，黄牸牛一条，作银四两，赤骟马一匹，作银十三两，羊一对，作银四两，共筹银三十四两五钱。后小的又将原人卖与脚曲地方撒姑，分过赤骟马一匹，作银七两，羊一对，作银三两，猪一对，作银五两，共得过银十五两是实等供。

据此，敝府查此案事关汉奸白昼绑卖民人，未便干预，除将拿获之夷人别租专差护解外，相应叙录移明等因。准此，随差役密拿龙七等去后，旋据役禀龙七早已闻风逃走。据此，敝厅查龙七系此案紧要人犯，今被逃匿，除差役严缉外，拟合将夷人别租、汉民刘朝进牒解堂台亲审，并遴捕侦缉龙七施行。

县正堂批：大满原姓陈，其父陈国林系越西土城人，在营食粮，因伊祖母亡故，将身卖给康之奇之二子康茂荣为义子，事在乾隆二十七年。二十八年陈国林亦故，母胡氏改嫁泸沽刘姓。二十九年十二月大满上山背柴，被龙七等同蛮别租等绑卖至马边营阿知地方，距靖远

营五日。〈下残〉

呷什等控案

（1）【乾隆四十一年二月初一日夷民呷什等诉状】

为黑夜纵奴掳卖良民事。情因蚁等历居热咱良民，时逢军务，家贫无力，只得将呷什于三十九年二月出当邓直家下作工，取银垫办军务。因呷什力弱，伊家不要，又将长子么着替父呷什，同么子在伊堡牧牛看马，以度寒日。祸于四十年七月初一日夜，陡遭邓直家奴三他哄么着至碾，而三他反旋呷什回睡。殊料恶奴预伏邓江风家奴周从、四意，连路套哄到碾，硬□细绑，口内塞木，连夜卖交凉山猓猓拉八窠穴，一毫无踪。忽然天眼昭彰，三他又凭擢彼所言么着卖去以远，蚁等闻言追迹，果系三奴掳卖，具控署主责。蒙拘三奴讯问，三奴互推，有奴主江风当堂承认，如此子回家，果系伊奴绑卖，一体同罪，所费去一赔二，卷案凿炳。蚁等只得变产，又将呷什父子三人作当，取得六十两，共费百金请凭猓夷取回。现今活口凿凿，衿棍自知纵奴情责难卸，反捏妄控，蒙差拘提。一切清平盛世，汉夷粮民岂容衿棍纵奴陷害，良民何生，为此悬乞青天大老爷台前赏准究恶净良，穷民得生矣。

（2）【乾隆四十一年十二月初三日乡约姜德奇禀】

为请追赏以结悬案事。缘因夷民糯姑咱等具控武生邓江风等纵奴掳绑一案，蒙差拘究。江风自知纵奴之责难卸，出具请结，令约等于中排解，江风自愿出银四十四两，邓直出银二十六两，二共七十两，以作帮夷赎子之资。比交银二十两，下欠银五十两，当日江风等出具结限请息在案。忽恩宪因公会理，限期未旋，江风借推高搁。后夷民具投，复蒙差拘江风，又复当堂悬限，于初一日申缴承领。殊料江风心起悬案之意，推日延月，硬然坐视。约至伊家，闭户不彩〔睬〕，约实无奈，且夷民望案难守，只得将前二家情愿请结二张，一并申禀。伏乞大老爷台前赏准追给，以免累案，迫切上禀。

赵天富控案

（1）【乾隆四十四年二月二十日赵天富诉状】

（年二十八岁，住白鹿加坝堡，距城一百四十里）

情因蚁系贵州人氏，至马蹄苦力营生，于乾隆四十一年□□邓北方视蚁朴实，匡蚁与伊伙开山场，搬蚁同居。蚁实有菜子四石，谷子、猪羊、家具、鸡牲尽搬伊家。孰忆〔臆〕伊心存不良，暗与地方赵文升，还勾引夷人长寿、依呼同至北方家内，将蚁绑卖与凉山。蚁亲陈文元等控经在案。赵文升复计谋将蚁串卖与普雄地方，蚁有死无生，恶等受银分肥。蒙移追缉，幸汛主马老爷差递普雄，将蚁搜获，上天开眼，蚁又得重生。今蒙差唤回家，蚁冤不得不伸。

（2）【乾隆四十四年四月十八日邓北方诉状】

为叩天雪冤，悬恩察夺事。情因赵天富雇蚁开挖荒山，同居共爨。冤于乾隆四十三年正月，被匪夷黉夜入室，将赵天富掳绑，并劫破旧衣物等件。蚁即奔报伊之同乡陈文元等，设法追截，救护还乡。殊恶将人不救，反以设计谋治，人尸无踪等情，诬控蚁名在案。深蒙赵主察情原罪，未赏拘禁，着蚁出外探听赵天富下落。适有夷人佳沙，称若有银二十两，即有实信。蚁思欲伸此冤，须用被绑之人到案质对，始得清白，蚁只得将外甥何招弟当银十三两，陈文元等捐助四两，天差金居德捨助三两，合凑给予夷人报信之资。今蒙仁天将赵天富关移到案，陈文元等诚恐有犯误告之罪，伙串赵天富朋口咬冤，骗蚁勾引匪夷掳绑等情。况蚁备银买信，指翼人出冤伸，谁料复施计害，竟使财散祸存。似此沉冤莫伸，为此迫情哀诉，冤网得脱。

刘贵控案

(1)【乾隆四十四年四月十三日靖远营中军守府移会】

为恳天赏□事。本年三月初一日准冕宁县正堂辛移会前事，除原文有案不录外，后开烦查收移银钱发给祝加等收领，即将周二娃交付来役并伊亲属承领回县，计移送银十一两五钱，钱三十五千五百文，银钱二项统共四十七两等因。准此，敝府随将移来银钱如数发交密波汛杨外委，带领管夷赴夷巢赎取去后，兹据该外委呈称，外委遵即专差汉夷目兵王耀宗等前赴夷巢，查追赎取去后，兹据差目拘唤夷人脚哽前来，随据脚哽为诉明事词称，情因奉追赎取原人周二娃一案，前因王彦、催元、兹处将娃领来，托祝加卖在蚁家，蚁出过价银四十七两，交王彦、催元、兹处三人，继蚁转卖凉山。〈中略〉周二娃已经转卖十三处，年月日久，夷人等次转卖，价值比原卖之价加增。且原先王彦拿周二娃来卖时等，蚁等恐怕是汉人娃娃，不肯买，王彦等说并不是汉人娃娃，如日后查出是汉，将得过你的价银四十七两，甘愿加倍赔还，所有蚁卖进凉山之时亦说过。今众夷不肯退取，若要退取，要将原价四十七两加倍九十四两一并追回，方才层次取来交还，沾恩不朽矣等情。外委复令夷兵伙头沙咱等人〔对〕脚哽再四压服，令其暂借垫出银十八两，共足六十五两之数，前往赎取。〈下略〉

(2)【乾隆四十四年四月十九日刘贵、王氏诉状】

为恳天终恩事。情因蚁具控恶贼夷人兹处、王彦等，伙党掳绑蚁子二娃，业蒙恩将银钱四十七两整，天恩赏发银文至靖远营，蚁协同公差呈缴在案。蒙营主饬行管夷李爷、杨老爷带领街丁等，往凉山赎取蚁子二娃。于本月初十日，蚁忽见儿饥饿不堪，情惨伤心。蚁夫妇不与敌贼干羞〔甘休〕。营主刘副爷解二娃回，恩主天台不之〔知〕。汛官杨爷、李爷分示，说夷人诉明原王彦、兹处卖了，今要银六十五两，至可解人回恩主天台。窃思害蚁夫妇倾家三年，方见此子勒掯，青天大老爷台前敏验〔悯念〕赏文催回蚁子，万代顶祝不朽，迫乞具诉。①

【乾隆四十八年五月初三建昌镇标右营驻防热水汛部厅移会】

为牒明讯追事。本年五月初二日接准贵正堂移，据汉妇江氏被汉人向文贵、杨世新串同夷人罗木咱掳绑母女一案，除原文有案不录外，后开请烦查照来移事理，希即选拨目兵，前往夷巢，务获江氏之女，并贼夷吁嗟等到案，移解过县，以凭质讯。伫切伫望。〈中略〉准此，敝厅惟查前查获之汉妇江氏，送交礼州分县亦在案。随审问江氏，供出伊母女二人被向文贵、杨世新、罗木咱绑卖凉山夷人伙什吁嗟家中，获钱三十八吊，江氏黑夜逃出，女儿尚未领回，只求差拿杨世新、罗木咱到案审讯，就沾恩了等语。敝厅睽思，事属汉妇，未便疏纵，比传夷兵伙头，吩咐查访该处夷伙什吁嗟住坐何处，并江氏女儿下落，缉拿移送审理。随有夷兵伙头回称，并无此项夷人之名，亦无住址支亲，实难访查各等语。

据此，今来差唐得顺持文回称，添差妥目协同前往凉山缉拿伙什吁蹉解究。敝厅惟查此案事由，杨世新、罗木咱拐卖起见，应移文关提该二犯到案研讯确实，供出或卖何处，指出地名，层次着追，方知虚实。今文内未叙坐落住址，无凭拿解。倘若强免〔勉〕添差，深入夷巢，或向某处寻追，况凉山地方宽大，相连越西、靖远、中左四营，犹恐该夷闻风远扬。且夷性犬羊，滋出他衅，反为不便。随吩咐来差赴西昌县投文，关提杨世新、罗木咱外，理合备文移复。

【乾隆四十九年十月十七日德昌巡检司移】

为哀天怜悯，追给人口事。本年十月初八日奉宪札内开，本年正月二十八日据民人金自乐前事投称，情因蚁于乾隆四十二年，凭媒娶到江省之女为妻，今经数年，所生一女，年方

---

① 此件错误讹较多，原文如此。

五岁，夫妻鱼水，并无过犯。陡于乾隆四十六年九月内在屯堡出入，遭被一干流棍向文贵等结党掳出境外，私卖梁〔凉〕山夷地为奴。蚁东西南北，不分昼夜，四方寻找，使用盘缠三十余两。不料去岁四月内，江氏私逃回家，来至礼州分县主拿获，蚁得知投报天台在案。今将一干有名人犯拘提到案，现有一幼女迄今并无踪迹，伏望天星复临，大施浩生之德，即将案内有名掳绑人口追给蚁女现出。蚁岂容干〔甘〕心骨肉分别，心伤莫极，只得哀泣怜悯，投乞衡夺施行。计开被投向文贵、杨世新、罗木咱、池加等情。

据此，敝县随即当堂研讯。问据。罗木咱供：小的是德昌凹马郎监生赵文范家的娃子，四十六年九月内主人赵监生带小的同他到礼州池加家讨账，住了几日，池加的父亲杨四保说墟郎向文贵欠他的账，叫小的问池加〔文贵〕去取讨，十月里到向文贵家，遇着杨世新在向家，他们说有一女人是峡口金家的媳妇，因被公婆打骂逃在向文贵家。十七日向文贵着工人杨世新把江氏送在池加的，他们才把江氏卖与小孤山夷兵加士家，赵监生现在跟前，一同作价，得过水牛一条、马二匹、猪二只，共算钱三十六吊，杨四保还了赵监生的账是实。小的实系奴听主差，并非拐卖，只求赏文关提赵监生到案质对。如小的有虚，自干坐罪等供。据此，敝县查监生赵文范住居德昌凹马郎，系贵治人民，未便越提，相应移关。为此合移，请烦查照来移事理，希即选差干役，协同来差，前往凹马郎，务获该生赵文范，锁押迅移过县，以凭讯详。〈下略〉

黑皮、长寿互控案

(1)【乾隆五十一年八月初十日夷民黑皮存状】

（年45岁，住冕宁县清宁高坡，距城三十里）

为哀天存案除患事。情因蚁等外甥八吗，住居新堡子，父痴兄愚，今岁二月内被猓夷拐至凉山，八吗逃出黄土坡，复被深沟猓夷八叶糯格诓八吗在家站工，于又七月内，八吗寄音回家，央蚁等凑钱赎取伊身。蚁等闻知，随带钱文往彼赎取，猓夷喜悦。冤有年二瓦素不守之番夷咱哪呷，擅熟猓猡之言，唆拨猓夷勒价揩取，蚁等只得费钱二十余千，本月初九日取回八吗。咱哪呷奸谋不遂，随即追赶蚁等。似此无法无天，恐难免将来之患，为此哀叩青天大老爷台前恩准存案施行。

(2)【乾隆五十一年八月十二日夷民长寿等报状】

（年六十三岁，住冕宁县新堡子，距城二十里）

为掳绑盗卖，人赃据实事。情因家寒无计，所生一子名唤八吗七，出当与曾新儒佣工做活，经今四载。不料蚁妻染病，于本年二月内命子城内找钱调病，孰知撞遇恶贼黑皮、长命诓哄食酒，是晚捆绑送至松林，出卖凉山。可怜四路放信，并无踪诓，用尽报信盘费数十余两。蒙天护庇；于四月内自行脱逃西昌地界深沟猓夷家内，救护数月，幸猓夷放信前来，于本月初六日前去认查处实，情真无虚，将子领至中途沙沟营，遭恶贼得信，反将蚁婿咱哪呷捆绑吊打，仍将蚁子复行抢去。窃恩清平盛世，岂容恶夷掳拐盗卖，律法难容，不得不报青天大老爷台前恩准施行。

【乾隆六十年三月杨洪景诉状】

为拐贩分肥，汉夷伙嚼事。缘蚁实系贵州大定府民籍，于四十四年贸易昭通养马坝，路遭恶蛮掳绑，叠卖三次至租格家，又转卖至靖远营辖下阿里家为奴，屡所使至营内应役。被营兵陈师明甜言套蚁至伊家立耕给资，蚁以为实，即偷逃随伊至家，与胡仕朝同所使用，将近月余。伊毒父陈灿华私通恶蛮哪吗保、土棍陈保长之子陈大，将蚁捆送至伊亲管夷李芝衙内，云伊恶党盘获阿黑家奴，务要牛羊赎取。阿里将蚁取回，出报口〔信〕钱十二千与哪吗保。陈保长父子得羊一只，钱二千。陈灿华父子得黄牛一只、羊七只。蚁至家两月有余，遇原主租格转卖河西，幸世朝控经具主蒙准差提，禁候天断。试思商通天下，觅利营家，今遭群虎刁贩嚼髓，陷蚁久外不归，父母存亡，妻子生没，彼此两旋，惨切莫暨。〈下略〉

【咸丰九年五月初一日严国学恳状】

为恳恩终恩事。情民具控李得昌等串抢掳卖一案，蒙恩签差将捆民猓夷克叽并唤李得昌到案，当堂审讯，问具各供在案。蒙恩将伊等锁押卡房，限十天内取回民妻谢氏。将有一月，渺无影信，民只得以投天靠天等由，复投克叽等，又蒙金批严明，曷敢再渎。但姜千户原系着落，串弊夷兵十人，贿差计放，不惟不取民妻，反将真贼克叽保出放回，票内人证被伊支藏，民妻何得出巢。只得再叩仁天大彰法律，严伤姜千户并着叶百户将约租、阿树壳、加足天家等一并到案，使民妻出巢，俾民得沾孔迹之恩，终再造之仁，庶民自此而活生矣。为此奉批，伏乞老爷台前赏准施行。

被投　弊放支逃姜千户

坐视叶百户

卖出卡犯猓夷克叽

贿保夷兵十人

隐藏猓夷约租、阿树壳、

加足天家

逃保番夷吴长命

主谋串抢李得昌

县正堂批：候提克叽到案，勒令查办。

【同治三年 7 月 17 日余凤祥告状】

（年五十岁，住清乡三甲，距城三十里）

为刁拐略卖叩究吞抗事。情民长子娶媳金氏，经四五载，去岁七月二十一日，突被王二娃欺藐朴弱，私通子媳，设计套哄，将子媳拐至越西地分，卖与夷人。得布一捆零七件外，将子媳偷去民银十两、钱六串，并银耳环二双、围腰二个、衣服三件，背负潜回，隐匿鲸吞。迄今五月，子媳逃回，民未在家，今来讯诘，始识奸诡。子媳去寻王二娃讨取各物，突被伊兄王复受从旁刁抗，估不退出，惯逞豪强，反行捏控。若不叩究刁拐略卖，情法难容，有伤风化，只得据实恳提作主。

3．出卖与出当

【余文进卖约】

立约出卖子人余文进。情因自身作孽，盗卖西番家奴，以致被蛮捆绑，报经营所二主，出差追回，缺少赎身之资。夫妻族亲商议，无从出办，当日凭公差营兵乡耆练总众亲，情愿将长子出卖与单家堡李上品为仆。当日三面得受价银二十四两整，银契两相交讫。自卖之后，任凭李宅呼唤，生平使事、教育、婚配。所买所卖，乃系二家情愿，并非谋买勒逼准折等情。余处日后不得反复异论，妄生情弊。如有本族及亲戚人等前来生事出笔〔逼〕，本人一并承管背罪，不得干及李宅。今恐无凭，立此卖约存照。

实计价银二十四两整，酒食外。

雍正二年十一月初六日　立约出卖子人余文进

凭　　中　　同族叔父余辉先

过钱人　　许玉鳌

宋廷试

凭众亲　　许受卿

许　相

乡　者　　施殿臣

【千户沈国印卖约】

立卖约人千户沈国印。情因家中要银用度，无从出办，主仆商议，将家生女一口，情愿出卖与生王廷扬名下。比即三面言定，作价足色纹银三十五两整，打散划利二两，酒食在外。其家生女名唤哟姐，年方十三岁。自卖之后，任从王宅配合家生，千户家奴不得妄言。若有走东去西，来路不明，余千户一面承认。若有天灾厄运，不与卖主干涉。自出卖之后，再无异言。倘日后别人争竞，系卖主一面承担。空口无凭，立卖约一纸永远为凭为据。

实计家生女一口名唤哟姐，年十三岁，价银三十五两，打散划利二两，酒食外。

乾隆二十四年八月初六日　　立卖约沈国印

同家奴　　纳哟

余居

莺歌

凭中　　王文廷

俞康臣

邓君仲

依口代书　　李崇辉保正

【乾隆二十四年十月初十日夷人那扯别、别列呷告状】

为赶逼冤命，叩天赏究事。情缘乾隆十九年，蚁子撒咱别将身出当与平坝王姓，得受当价谷子一石、算银二钱五分，银二两。继后蚁子贸易失本，于二十三年又加银六两五钱、米一石、算银一两五钱，共银十两零二钱五分，长在伊家做工无异。后因蚁堡妇女大力妈亦至伊家做工，故撒咱别与大力妈苟合，蚁等知觉，即令大力妈回家，不许再行往来。陡于本月初七日有陆姓至蚁家云，大力妈同蚁子欲往苟合，是伊等拿获，叫蚁等下来排解。殊料蚁至伊家，已经投河毙命。蚁等探问，打列云系王学升、王铁匠等见伊往山苟合，数人赶逼投河，若不是伊等追逼不〔能〕淹毙等语。〈下略〉

【乾隆二十七年闰五月初一日书办方有成诉状】

为恶棍套银，屡行脱逃，恳恩赏追银两事。窃以下情不诉，上天何知，理天明诉，天必从之。情因书办身充泸宁差办粮米，在冕所有粮田，乏人耕种，于去岁二月十七日，有猓夷喇嘛七同伊父虎夷二耶呷至办家，甜言蜜语〔说〕伊子负债无措抵垫，情愿请凭汉夷硬保中证，出当亦家为奴，作当价纹银三十二两，当交银二十七两一钱。比日言明，如有走东去西，滋生事端，有误工夫，任随处责，立写合同文约炳据。岂知恶棍套银入手，延至月余方才上工，每月多则二三日，少则一日，无奈恶何。于去岁七月内，书办具控捕主，蒙追当价，恶棍父子奸计百出，分文不给，推延日久。捕主仍令书办具领回家，令伊出具，不致东逃西走甘结在案。孰知领回来及十日，仍依脱逃越西。书办官身难脱，延至本年二月十七日唤回，至二十七日复行逃走酥州。书办无奈，投明该管土百户喇妈保谷扒呷唤回，恶夷口蜜腹刀，再无他意。本年三月内，复取肥猪一只作银二两三钱，布四件作银一两三钱六分，套哄入手，随唤即走。现今农忙，恶夷屡次另行别人□工，竟唤不回。于五月二十八日清早唤回，实无奈何，办将皮条头打数下，只翼改悔前非，孰知恶夷奸计，反行捏词妄控书办。〈下略〉

赵德宣控案

(1)【乾隆四十一年十月三十日冕宁县移】

为恳恩移追人口，以靖地方事。本年十月初八日准贵府移前事，除来移有案不录外，后开希即饬查沙坝居住之赵姓弟兄等，因何刁拐番夷男妇二口，速即严行着追吐退移解过府，以凭给领，足荷舟谊矣，伫切伫切，等由。准此，敝县随即差唤生员赵德宣、长命呷、墨那妈等到案。据该生员赵德宣诉称，为飞冤架害事。〈中略〉

据此敝县当堂查讯。问据。赵德宣供：乾隆三十二年有拖乌住夷吧宿呷，将伊子长命呷出当与生，收过当价银四十两，现限立有当约中证可凭。后因吧宿呷少人钱债紧迫，再三哀求，把他女儿七尔妈与生家作当，前后取银米并黄牝牛一条，共银四十三两八钱。四十年收过吧宿呷棺木板三付，算银六两，尚少三十七两八钱。三十六年吧宿呷对生员说，他妻子病得很，叫他儿子长命呷、伊女七耳妈回去几日就来，不想他同子女三人逃回耳科去了不来。生报明北山关汛主苏，移文到宁越营府副爷台前究追，后回文没有来，苏爷又出兵去了，以至延搁到今。本年七月里，长命呷领着墨那妈到生员家说，是他妻子，不负生价，暂填银利，银到赎身。到八月十四日有耳科夷人牛马叱们到生员家说，他是王珠的头人，长命呷刁拐墨那妈来的，生员并不知情，长命说是他妻子，生以为实，当将吧宿呷将长命呷七尔妈当身情由，说与牛马叱们听，牛马叱说回耳科叫吧宿呷备银赎取。今牛马叱们说生员刁拐长命呷，这是当明，现有中约可凭。墨那妈说耳科饥荒没有吃的，适遇长命呷，同路逃荒就食。今沙冷别们诬控刁拐，只求赏文移追长命呷七尔妈当价银两，墨那妈当堂交解就沾恩了。

问据。墨那妈供：小妇人是董匹叶女儿，嫁与许耶之子，过门九年了。因这二年粮食没有收成，家道穷苦，没有得吃的。今年七月十四日，小妇人在地锄豆，见长命呷路过，小妇人问他要往那里去，他说家里吃食艰难得很，要往汉人家去做工。小妇人一时想起，就同他一路到汉人家佣工度日，赵家也不晓得是逃走来的。八月里父亲董匹叶、牛吗叱们到赵家寻找，小妇人害怕藏躲了。这长命呷同小妇人是一堡子住，平素没有相约，小妇人逃走是小妇人情愿同他到汉人家庭度日的。今有文来关，回去就是。

问据。长命呷供：小的父亲吧宿呷早年拖乌地方住，乾隆三十二年十一月把小的当与赵德宣家，收过当价银四十两，立有当约。后因钱帐没有得还，父亲又把小的妹子拿与赵德宣家作当，前后取过银钱米粮等物，共银四十三两八钱。三十六年父亲到赵家说小的母亲病得很，叫小的们去看，小的同父亲妹子就逃回耳科去，赵家银子也没有还，只还过棺木板三付。小的在耳科，今年饥荒，没有得吃的，小的来赵家做工，暂填银利度日。不想走到路边，遇见墨那妈在地内锄豆子，问小的到那里去，小的对他说要往沙坝赵家去，她说年岁饥荒，吃的都没有，不晓得路径，要同小的一路到汉人家庸工。小的一时无知，领到赵家，哄赵德宣说是小的媳妇，赵家肯信以为是，并非赵家刁拐。墨那妈是自己情愿跟着来的，也没有约他。

〈下残〉

(2)【乾隆四十二年六月二十日赵德宣报状】

为惯行刁拐，颁恩严究事。情于乾隆三十二年，有耳科猹夷吧宿呷，带领伊子长命前来将身出当与生，比时受过当价银四十两整，当约炳据。不料于三十六年将长命仍复刁回，至四十一年七月内，带领夷妇一名出来。蒙恩审断，将夷妇墨腊妈解回，其长命令生当堂领回，俟身价到日发回。至今身价未给，陡于本月十六日夜分又复潜逃，生比即跟踪前去访查，原系猹夷吧宿呷暗藏拖乌，觅行刁拐。目今现在拖乌，若不具报，事关刁拐，为此报明。

计开：

被报　刁拐吧宿呷

逃奴长命

【乾隆四十三年七月二十六日建昌冕山营分驻高山堡汛移】

为叩天急究，赏准释生事。本年七月二十二日准贵正堂移前事，除来移有案不录外，后请烦查照来移事理，希即查明绑卖觉作之夷贼别佐之子束各押送贵厅锁禁。又据后山猓夷□里保出是否情实，将束各迅移过县，以凭讯究，伫切伫速等由。准此，于本月初七日又据束各报称，情因小的有使男一口觉作，于去岁卖与凉山沙呷家为奴，孰知伊背主脱逃，今查在马房沟拿获，不敢隐绑，理合报明台前，赏准作主，将人交汛领回，被报觉作等情。据此，敝厅将觉作询其缘由，据觉作供：小的是束各娃娃是实，因去岁将小的卖进凉山，已取过身价银两，是小的奋命逃去，不愿再与束各为奴，小的现有两个舅子卑萨、莫咱在外保救小的等语。据此，敝厅惟查卑萨、莫咱是城西和尚堡夷民，安土司所管，束各、觉作系靖远营所辖，二比夷民均与敝厅无干，未便深究，只得将觉作交明卑萨领回。今复控案下，赐移敝厅将束各移解贵县之语，恐难应酬，拟合移知。

〔嘉庆五年八月十八日监生卢元芝告状〕

（年四十岁。住冕宁长宁高山堡一甲，距城四十里）

一计两害，代奴申冤事。缘嘉庆二年，有糯姑咱凭中立约将伊血侄马着出卖与生，后又复补，俱有约据。自马着至生家二载，忠心听用，绝无二心。至本年又四月糯姑咱亲至生门叫回，限期回来，日久未见，生亲往叫，伊又限期。殊伊刁唆，意欲另卖，后生得知，于六月控汛是问，伊云无人，情愿还银。至七月，保人必巴呷亲拉小小母牛一条，切磋别亲拉骡马一匹，凭营主限八月十六日交人取牛马回家。不料本月十一日夜，伊等捆绑马着至结果猓寡妇门首，一人擒住，糯姑咱持刀刎喉。寡妇具报，猹夷复具拦词，私搕钱三吊，前搕两次共得钱十吊。伙杀家奴毙命，一则搕骗寡妇，二则害生人银两空。生之实心家奴被伊害命，生不甘心，只得告乞大父师台前赏准作主法究施行。

县正堂批：典买夷人，大干例禁，呈内所买马着价银若干，并不声明数目，殊属含混。查马着死后，据糯姑咱报称，系尔家刻苦逼毙。兹据呈称必巴呷拉水母牛一条，切磋别拉骡马一匹，限日交人等语，尔系汉人，竟与猓夷之拉当无异，更为见利忘害。马着既惧身至尔家，必遭磨折；不至尔家，则必巴呷等之牛马无还，是该夷之死于逼，十有六七矣。仰原差即吊买约呈验，以凭讯究。

二、经 济

（一）农 业

1. 农业生产

【雍正十三年正月二十九日铁厂猓民毕咱报状】

为活活打死耕牛事。情因本年正月初二日，小的喂养水母牛一条，怀胎将下，放至草场，走至高炉，被湖广李麻子、杨遇光、王缺牙无辜将牛打折腰梁，打断左肋三根，至二十八日死。请凭客长龙以理向说，说是到他菜园去的才打是实，硬然不耳。此系耕牛，春耕播种之时，有误粮差，陷害一家性命。牛价值纹银六两。小的奉差儿斯堡修路做夫。事关耕牛，理合报明大老爷台前施行。

【乾隆七年十一月三他弼等供状】

问：三他弼，你家本年十月初一日失去耕牛，并未到县报明，如今你妻子沙西骂缢死，是否因取牛价起衅，你要据实说。供：小的妻子沙西骂嫁了小的十二年，夫妇并没有不合的事。昨十五日，小的妻子自缢身死，实在是因寄租儿十月初一日偷了小的家的牛去，十三日被小的查获，他就黑夜把牛杀了，有保儿一个、雪列列一个，沈郭家一个，三儿一个四个人从中议定，叫寄租儿赔牛价银十二两。那知屡讨不还，本月十五日，小的夫妇同去要牛价，余三猴儿同寄租儿百般辱骂，小的妻子受气不过，回家才自缢死的。小的晚上到家，见他用皮条自缢在梁上，连忙解下来，已救不活了，妻兄二叶呷、骗勒呷不去寻寄租儿讲话，倒把小的家竹篱拆了，酒坛也打破了，可怜小的人财两空，求申冤。

问：二叶呷、骗勒呷，你们为何到三他弼家去抄抢呢？同供：死的沙西骂是小的妹子，今年三月内，三他弼不在家，小的妹子把牛租与寄租儿犁田，言定一年给米一石。十月内牛病死了，三他弼说牛是小的妹子租与人的，逼着小的妹子向赵家要十二两牛价银，小的妹子被他逼得紧才自缢的。小的们并没有抄抢他，不过拆了几根竹篱烘火，酒坛是他自己打破的。

问：三锅七耳，你怎么同二叶呷们去抄抢三他弼呢？供：小的是三他弼的邻右，二叶呷们到三他弼家吵闹，小的在那里劝解，并没有帮同抄抢的事。

问：保儿、雪列列、沈郭家、三儿，你们四个人都是三他弼告的干证，那寄租儿盗杀耕牛逼死沙西骂的事可是实么？同供：寄租儿并没有盗杀耕牛的事。本年三月内寄租儿原租了三他弼的牛去犁田，十月内见牛有病送回，到十月十三日死了。三他弼因牛原是寄租儿租去病了的，逼着他妻子沙西骂去讨牛价银十二两，他妻子不肯去，才自缢的，寄租儿并没有辱骂他。昨沙西骂死了，小的们众人劝赵邦琏出一半牛价罢，赵邦琏已备银六两在小的们手内，无奈三他弼定要十二两才罢，小的们也调处不得了。

问：赵敬宗，你就是寄租儿吗？怎敢盗杀耕牛，逼死沙西骂呢？供：寄租儿是小的乳名，小的本年三月内租了沙西骂的水牛一条犁田，给了他米一石。到十月初一日，三他弼来把牛牵回，说要用几日，小的交牛与他，并没有病。不知怎样在他家死了，他反图赖小的要赔牛价 12 两。有他堂弟保儿同沈郭家们说牛原是租与小的家的，虽是他牵回去死了，叫小的出一半牛价，小的因手中不便，正在那凑，那知他把妻子逼死了。十二月十六日保儿、沈郭家们来告知小的，说沙西骂缢死了，小的随将牛价银六两付与保儿们拿去。他如今诬告小的，求作主。

【乾隆八年八月二十日孙必成诉状】

为飞冤骗害，捏词诬告事。情缘蚁零丁孤苦，时际农忙，无人栽秧，以谷雇工，有本处夷人牯雪别树知蚁雇工，前来取谷四斗以作载秧工夫。于四月二十一日牯雪别树带领夷人男妇六口前至蚁家完工，于辰时分，汉夷同船，一齐过渡。过渡之时，蚁在犁田，不在河边，何人威逼船沉水溺汉夷落河，蚁尚未见。及蚁跑至，两岸之人急忙援捞，比日捞获汉人尸身一名，夷人尸身二名，比即报经天台，蒙恩亲临相验，责处渡子，恩赏烧埋。尚有呷枯咱二人尸身，蚁等沿河两岸寻至西昌地方，已合大江大河，更加天雨连绵，河水渐涨，水冲沙压，不知流□何方，淌至何地。连寻数日，并无踪影，为之奈何。讵料枭夷牯雪、二加借端生事，捏词妄控，诬蚁威逼，计在索财骗害。窃思蚁为栽秧，以谷雇工，伊为工钱，行船过渡，船沉水溺，天命使然。生死有数，与蚁何干；两相情愿，有何威逼！似此诬告，良善何安，诉乞大老爷台前布弘恩予边愚，散至仁于穷民，严息诬告，以全良善，以免诬赖，阴德齐天，迫切上诉。

【乾隆九年二月十二日夷民白尾诉状】

为设计图骗事。情因乾隆七年有朱国良托咱磨买牛，咱磨探问于蚁，蚁言道牛有一条，未满一岁。咱磨言道，不妨，年小朱家也要。蚁允其言，于三月初二日遂同咱磨到朱国良家作成牛价四两整，现收过米一石四斗零四升，算明时价一两八钱，银一两五钱，共算三两三钱整，限至七月尽交牛补足下欠。不料朱国良鬼计百出，于七年先将咱磨之牯牛租耕，明系见牛贪骗，故设此计。未至七月，遂将咱磨之牯牛卖银十二两，与蚁所买之小牛凭人交过几次，朱国良硬然不收，无奈伊何。实系以少图多，吞骗夷民。窃思三两三钱，吞骗十二两之牯牛，律法岂容。若不具诉，堕入奸计，倍苦难当。

【乾隆四十八年十二月初一日邓维元告状】

（年三十五岁，住冕宁阜宁邓家湾，距城一百里）

为冒名套拐，祈天拘追事。情役去岁九月二十一日买冕山马姓黑色黄牯牛一条，牵至新桥，突被阿西落之贼夷七别呷昌称伊系热咱耆宿，小名长寿，的名三姑，与役赊牛，作价铜钱六千。二十二日将牛牵至役家歇宿，又赊烟布、牛肉等项。二十三日牵回，限二十七日与役送钱来家。临限不面，役往热咱向问，长寿、三姑系二人之名，身充耆宿，始知恶系阿曲西落之贼夷奸计套拐，屡找无踪。今恶犯案拘禁，役面问贼夷套拐情真，似此无法无天，情同劫夺，若不颁恩究追，懦民何以安生。

【乾隆五十五年六月冕宁县造报麦地沟开挖火山户口花名清册】

为特饬首报匪徒以靖地方，以正风化事。卑职遵将奉札饬查开挖麦地沟火山户口造具花名清册呈赍察核转报，分别申请递籍安插，须至册者。

计开：

一户，周世朋，五十一岁，瓜面，系贵州石阡府龙泉县人民，妻何氏，男二丁。

一户，杨必逵，年五十二岁，瓜面，系湖广沅州府芷江县人民，妻袁氏，男一丁，女一口。

一户，周世先，年五十三岁，团面，系贵州石阡府龙泉县人民，妻安氏，男三丁。

一户，张维龙，年三十五岁，瓜面，系贵州遵义府遵义县人氏，妻姚氏。

一户，周仕贵，年五十四岁，紫面，系湖广宝庆府武冈州人氏，男二丁。

一户，谢玉林，年五十一岁，团面，系贵州贵阳府开州人民，妻王氏，男一丁，女二口。

一户，田宏学，年五十一岁，白面微须，系贵州遵义府绥阳县人氏，妻赵氏，男一丁。

一户，田永年，年五十一岁，瓜面，系湖广沅州府麻阳县人民，男一丁。

一户，王周远，年四十二岁，紫面，系贵州平越府湄潭县人氏，伙计刘昭辅，年五十二岁。

一户，谭子何，年四十九岁，面黑，系重庆府垫江县人氏，男一丁。

一户，吴登仲，年三十五岁，面白，系贵州遵义府遵义县人氏，妻陈氏。

一户，张朝凤，年四十二岁，面黑，有须，系成都府新津县人氏。

一户，孙成良，年三十六岁，瓜面，系成都府资阳县人氏，伙计姜世华，年二十八岁。

一户，萧登荣，年三十七岁，面白，系富顺县人氏，伙计廖文魁，年五十一岁，男一丁。

一户，刘国士，年四十三岁，面黑，系陕西宕昌府文县人氏，伙计孙贵，年四十五岁。

一户，陈一元，年五十四岁，面黑，系湖广衡州府衡山县人氏，妻邓氏。

一户，邓曾山，年六十八岁，面黑有须，系湖广武昌府大冶县人氏，妻赵氏，男二丁，女一口。

一户，张英辅，年六十三岁，面黑，系冕宁县人氏，妻方氏，男一丁，女二口。

一户，李子荣，年三十八岁，瓜面，系贵州平越府湄潭县人氏。

一户，罗贵，年四十岁，面团，系成都府双流县人氏，妻瞿氏。

一户，万支洪，年三十岁，面白，系重庆府巴县人氏，妻瞿氏，男二丁。

一户，瞿登荣，年二十八岁，瓜面，系冕宁县人氏，妻邓氏。

一户，单耀，年五十五岁，面黑，系冕宁县人氏，妻邓氏。

一户，莫朝诊，年四十四岁，面团，系湖广宝庆府绥宁县人氏，伙计晏贵，年四十六岁。

一户，罗文笔，年三十六岁，面白，系湖广宝庆府会同县人氏，伙计吴天富，年三六岁。

一户，伍其德，年三十六岁，瓜面，系成都府金堂县人氏，伙计吴世才，年四十岁。

一户，邓于进，年四十九岁，面团，系冕宁县人氏，妻李氏，男二丁。

一户，谢明德，年三十八岁，面白，系冕宁县人氏，妻陈氏，男三丁。

一户，傅少贵，年三十四岁，面黑，系贵州平越府黄平州人氏。

【乾隆□年七月王姜氏等供状】

问据。孀妇王姜氏供：蒙恩复讯，小妇人的碾磨实系与李发春田界相连，令他与小妇人当凭议价与小妇人接买，他不肯接买，将他掌责锁押，饬令什么大协同原差与小妇人议定价值，书立契约，小妇人沾恩就是。

问据。番夷李发春供：蒙恩复讯，王姜氏的碾磨系与小番夷的田相连，令小番夷当凭议价与他接买，小番夷无力接买，将小番夷掌责锁押。饬令什么大协同原差议定价值，与他书立契约，小番夷遵断就是。

问据。什么大供：蒙恩复讯，王姜氏的碾磨实系与李发春的田相连，令他与王姜氏议价接买，他不肯应允，将他掌责锁押。饬令小的协同原差与他们议定价值，书立契约，小的只求天断。

【嘉庆五年五月十三日宁远府分驻越西抚民水利管粮府移】

为夺买偷卖等事。案据刘大儒、刘文举呈称，民等去年七月内来魁沙三登地方，凭中徐曰文等买得百户坤候等蜡虫种，议定每包价银三钱，书立合约炳据。约本年四月摘虫，先已交价银一百多两。讵坤候等见虫价渐长〔涨〕，现被王儒彦等添价夺买，将民等早定之虫尽行收摘，禀乞讯究。随即差唤一干人证到案。问据。刘文儒供：小的们去年七月间在三登魁沙地方买百户坤候蜡虫，每包价银三钱，立有合约，先交过虫价三十余两。今年四月内，虫价渐长〔涨〕，怕虫客王儒彦、徐连、张万金添价夺买，就拿徐连、张万金们虫种一百多包作抵，小的只交坤候定虫种银三十余两，词内报一百多两是混报的。查刘文儒等恐买虫之王儒彦、徐连、张万金等添价争买伊早定之虫，藉端夺取徐连、张万金等蜡虫作抵，反捏情混控王儒彦等夺摘，殊属不法，兹准移明徐连现控刘文举等抢虫等由，拟合专差移关。为此合移贵县，请烦查照，将唤案刘文举、原告徐连一并移解过厅，以便归案讯办，仔切仔速。须至移者。

【道光十六年正月二十日陈盛敏告状】

为毁碾搕赔，丢课害累事。情蚁有水碾一座，蚁祖陈连科卖给杨躲躲在早，后杨躲躲复卖梅子银管理，叠未赴房拨课，认蚁名输纳。梅子银又于碾傍另修一磨。道光十四年冬月，蚁背谷去碾，有伊妻梅唐氏在碾房看碾，蚁碾米回归，不晓唐氏在碾因何失火毁碾。梅子银生骗，串弊周矮子勒搕蚁银四十两，米三石，经赵殿明、李茂祥过给，现北山关汛有案可查。岂恶搕赔得味，丢课不纳，恩差叠催，蚁今凭王占鳌理说，恶称系蚁课名，佸不认课，伊未报磨课，并要蚁纳。惨思碾毁搕赔，今复丢课害累，只得叩恩提究。

【道光二十三年二月十三日冕山营泸沽汛司厅移】

为赃真贼实，恳恩追究事。本年二月十二日据汛属夷人哟撒摸加报称，情因本月初十日夜婶母年老目昏，被贼挖洞入室，将家中西谷白谷偷去六口袋，炒谷米六斗，豆子二斗，酒米一斗，荞子二斗，巴山子一斗，盐蛋一坛，腊肉三块，衫子一件，白裙一条，又口八根，毡□1领等件。报明后，请凭地保官甫眼同夷堡沿家搜查，讵意周有元家搜出口袋二条，毡□一领，豆子、酒米、炒谷各无几，其余分散。复到周有山家搜出白谷西谷数斗，俱系实在，不敢诬骗。似此惯贼不除，受害难当，为此报乞台前追究。沾恩不朽。被报惯贼周有元、周有山，招主张长生。等情。

据此，复据孀妇范张氏报称，赃贼两现，恳恩追究事。情氏夫亡子幼，住居瓦窑坡堡内，实被贼人欺寡，偷窃数次，今在周有元家搜出门扇，其余未见，恳祈台前赏准追究，沾恩不朽。被报正贼周有元。等情。

复据此，敝厅查看等样虽系不多，比对俱系无虚，当将被告正贼周有元、有山弟兄二人拿获讯问。据该贼周有元供称：小人素不敢妄为，因夷人小母鸡六甲皮、甲加等招赌输钱，乘伊婶母不在家，小人等到伊家中偷出谷米暗地均分，等供。

据此，敝厅复查周有元等虽系外籍，已在夷堡居住多年，早闻不法，未见破露。今则破案，供出夷人裙子、衣衫现在六甲皮家中，是否可疑，但未识真伪，未便深究。除禀明敝署总府外，相应备移。为此合移贵正堂烦请查照来移事理，希惟查收审讯虚实追究，以靖地方，深沾公便。仔切仔切。须至移者。

【道光二十五年正月二十九日贺仁富等报状】

（年四十三岁，住斯依罗，距城一百六十里）

为拦路截杀，叩验凶伤事。情民去腊所招钱洪顺、钱万才弟兄打亲身，与民同办合伙，开垦荒坡，撒种火山，伊弟兄素守本分无过。今本月二十八日午后，突被凶棍熊文俸、何谋拦路持刀，胆将钱万才戳伤左胯三刀，倒卧火山地内。民等惊觉，齐赴往看，钱万才实系受伤难防，生死未卜。民等不敢隐匿，只得奔叩报乞。

【道光二十九年九月十九日冕宁县清册】

为奏销事。遵将卑县经管道光二十八年分田地顷亩科则及各项银米，分析存留文解，理合备造清册，呈赍察核。必至册者。

计开：

道光二十八年分

旧管

一、本色屯秋田六十一顷二分五厘，每亩载粮二斗七升二合七勺二抄七撮二圭七粒二粟，共载荞粮一千六百六十三石七斗零五合二勺，每粮一石折净仓斗米八斗，共应征仓斗净米一千三百三十石九斗六升四合一勺。

一、征收冕山营拨归卑县管输各土司认纳杂粮，折净仓斗米五十三石八□□□□。

一、征收三大枝阿得桥凹夷等认纳荞粮，折净仓斗米二十四石七斗□□□。

一、征收泸宁厅拨归卑县管输各土司认纳仓斗米二百六十五石□□□□。

共应征仓斗净米一千六百七十五石三斗零四合一勺。

新收

一、嘉庆十九年各土千百户补报升粮，折净仓斗米十九石八斗四升五合。

前件粮米，经卑县征收全完，奉文拨供靖远、冕山二营道光二十九年兵食，按月支放，理合登明。

一、下田五顷八十八亩六分，比照荥经县下田科则之例，每亩征丁条粮银三分七厘五毛。

共应征丁条粮银二十二两一钱一分二厘五毛。

一、下地十二顷四十六亩六分七厘，比照荥经县下地科则之例，每亩征丁条粮银一分二厘五毛，共应征丁条粮银十六两二钱三分七厘五毛。

一、招垦番夷凹述等下地四十五顷〔亩〕二分，比照荥经县下地科则之例，每亩征丁条粮银一分二厘五毛，共应征丁条粮银五钱六分五厘九毛。

一、招垦泸宁厅民董天爵等下田二顷五分，比照河东西番民袁相等下田科则之例，每亩征丁条粮银三分七厘五毛，共应征丁条粮银七两七钱五分七厘五毛。

一、招垦民熊在位等下田二顷六十四亩八分，比照河东河西番民袁相等下田科则之例，每亩征丁条粮银三分七厘五毛，共应征丁条粮银九两九钱四分七厘八毛。

一、招垦土著民王宪等下田一顷五十亩五分，比照河东河西下田科则之例，每亩征丁条粮银三分七厘五毛，共应征丁条粮银五两六钱五分二厘八毛。

一、招垦民董天爵、熊在位等下地十顷十亩二分，比照下地科则之例，每亩征丁条粮银一分二厘五毛，共应征丁条粮银十二两六钱五分。

一、续垦民王宪等下地一顷七十三亩，比照下地科则之例，每亩征丁条粮银一分二厘五毛，共应征丁条粮银二两一钱六分八厘三毛。

一、续垦民陶文焕等下田二顷八十二亩六分，比照荥经县下田科则之例，每亩征丁条粮银三分七厘五毛，共应征丁条粮银十二零六钱一分八厘。

一、续垦民王松荫等下田五十六亩，比照荥经县下田科则之例，每亩征丁条粮银三分七厘五毛，共应征丁条粮银二两一钱零二厘二毛。

以上共应征丁条粮银八十九两八钱一分三厘。

前件银两，经卑县征收全完，照例留支道光二十八年春秋祭祀银三十二两，各役工食银五十七两八钱一分三厘，按季给发讫，理合登明。

一、丁条项下应征加十五火耗银十三两四钱七分一厘九毛五丝。

前件银两，经卑县征收全完，于上年十月内具文专差批解掣取回批在案，理合登明。

新收

嘉庆十九年奉文清查续垦补首升科：

一、续垦民孙子凤等下田二十三顷五十九亩七厘，比照荣经县下田科则之例，亩征丁条粮银三分七厘五毛，共应征丁条粮银八十八两四钱六分五厘三毛。

一、续垦民卢中德等下地十六顷九十三亩，比照荣经县下地科则之例，每亩征丁条粮银一分二厘五毛，共应征丁条粮银二十一两一钱五分零二毛。

一、土千百户所管夷人模模等自行首报田地，照例免丈升科，共升丁条粮银十四两零二分五厘。

以上共应征丁条粮银一百二十三两六钱四分零七毛。

前件银两，经卑县征收全完，于上年十月内具文专差批解掣取回批在案，理合登明。

一、丁条项下应征加一五火耗银十八两五钱四分六厘一毛零五忽。

前件银两，经卑县征收全完，于上年十月内具文专差批解掣取回批在案，理合登明。

一、征收碾榨磨课银四十九两。

前件银两，经卑县征收全完，于上年十月内具文专差批解掣取回批在案，理合登明。

一、征收田房税契银六十二两零二分五厘。

前件银两，经卑县征收全完，于上年十月内具文专差批解掣取回批在案，理合登明。

为奏销丁条课税银两事。窃查卑县经管道光二十八年分额征丁条正银八十九两八钱一分三厘，除扣留祭祀役食外，应解老条加一五火耗银十三两四钱七分一厘九毛五丝，新条正银一百二十三两六钱四分零七毛，加一五火耗银十八两五钱四分六厘一毛零五忽，碾榨磨课银四十九两，田房税契银六十二两零二分五厘，共应解新条正耗课税并老条火耗共银二百六十六两六钱八分三厘七毛五丝五忽，已于道光二十八年十月内，具文专差批解掣取回批在案。所有税契花名姓名价值数目造具清茅各册，出具印结，理合一并具文申赍宪台俯赐查考。再查道光二十七年春季存剩契尾五张，是年冬季分请领契尾二百张，业已尽数填用，所有二十八年冬季分请领契尾二百张业经填用过四十五张，尚存剩契尾一百五十五张，共填用过契尾二百四十五，里民现在陆续填用，合并声明。为此备由申乞照验施行。须至申者。

今于与印结为奏销丁条课税银两事。遵奉结得卑县经管道光二十八年分征收老条加一五火耗银十三两四钱七分一厘九毛五丝，新条正银一百二十三两六钱四分零七毛，加一五火耗银十八两五钱四分六厘一毛零五忽，碾榨磨课银四十九两，田房税契银六十二两零二分五厘，已于道光二十八年十月内尽数批解在案。中间并无侵蚀等弊，印结是实。

为通饬遵照事。遵将卑县经管道光二十八年份征收田房税契银两数目，理合分晰造具清茅册呈赍察核。须至册者。

计开：

道光二十八年份

一、春季分征收税银二十三两一钱。

一、夏季分征收税银九两三钱六分九厘。

一、秋季分征收税银八两四钱九分六厘。

一、冬季分征收税银二十一两零六分。

以上四季分征收税银六十二两零二分五厘，已于上年十月内尽数批解掣取库收在案，理合登明。

为奏销事。道光二十九年正月二十九日奉本府正堂余札开，道光二十九年正月十一日奉布政使司张札开云云，毋违此札。等因。奉此，卑职遵将经管道光二十八年份征收丁条税课银两，屯秋粮米，遵照新例，删除尾数，查明存留支解，分晰备造清册，并征收新升条银数目截存票根，另造花名总册，理合一并具文申赍宪赐条核请销。除迳赍藩宪外，为此备由申乞照验施行。须至申者。

今于与印结为奏销事。遵奉结得卑县经管道光二十八年分额征屯秋粮米一千六百九十五石一斗四升四合一勺，俱系扫数全完，奉文拨供靖远、冕山二营兵食。中间并无亏短，印结是实。

为奏销事。遵将卑县衙门领过道光二十八年春夏秋冬四季分仓夫斗级工食银两造具清册，呈赍察核。须至册者。

计开：

一、卑县衙门额设仓夫斗级三名，每名每季给工食银一两五钱，春夏秋冬四季分共领过工食银十八两。

前件仓夫斗级工食银十八两，俱系赴宪库请领支给讫，并无截旷，理合登明。

【道光三十年二月十三日刘天福报状】

（年四十三岁，住沙坝营盘，距城一百三十里）

为黑夜被盗，报验凶毙事。情民兄刘天本、伊子刘文勘父子二十八年租到俞文佑白宿湾山场一座，烧炭营业。不卜本月初七日夜，陡遭贼匪无名猓夷数人打门入室，点起松亮，将民兄刘天本父子打伤，衣服脱去不遂，双手背绑拖出门外，扯落发辫。至次日有邻人郑永口、李洪才跑来向说，民方始知。初九日，民往查看民兄天本受伤毙命干沟之内，民侄文勘现受重伤，命在旦夕，情实可惨，奔辕报乞大老爷台前赏准施行。

【道光□年冕宁县白路土百户汉夷户口册】

一户鲁佐，男二丁，女一口。

〈中缺〉

一户约佐，男三丁，女二口。

一户斯古，男四丁，女二口。

一户别呼，男二丁，女三口。

一户勺果，男二丁。

一户普兹，男一丁，女二口。

一户噜兹，男二丁，女一口。

一户别牛，男一丁，女一口。

一户别募，男二丁，女三口。

一户别丫，男二丁，女二口。

一户阿迫，男二丁，女一口。

一户噜古，男二丁，女一口。

一户格牛，男一丁，女一口。
〈中缺〉
一户加作，　男二丁，女二口。
一户噜舒，　男一丁，女一口。
一佃户刘文彩，男二丁，女二口。
一佃户杨四，男三丁，女一口。
一当户建杨，男二丁，女一口。
一买户邓成铣，男二丁，女一口。
一佃户曾启友，男一丁，女一口。
一户郭子龙，男一丁，女一口。
一佃户谢瑞祥，男一丁，女一口。
一佃户任玉贵，男一丁，女一口。
一佃户李仕瑞，男二丁，女一口。
一佃户刘国贤，男一丁。
一佃户车万才，男一丁，女一口。
〈中缺〉
一佃户杨世泰，男二丁，女一口。
一佃户李孔传，男一丁，女一口。
一佃户汪如新，男二丁，女一口。
一佃户刘文彩，男二丁，女一口。
一户棲作，　男二丁，女一口。
一户布阿，　男一丁，女一口。
一户噜牛，　男三丁，女一口。
一买户邓成敬，男二丁，女一口。
一买户邓成信，男二丁，
一买户余郑氏，男三丁，女一口。
一买户罗钟山，男二丁，女一口。
一买户许荣贵，男二丁，女二口。
一买户肖光彩，男四丁，女二口。
一买户邓成荣，男二丁，女一日。
〈中缺〉
一佃户□春贵，男一丁，女一口。
一佃户敖廷彰，男二丁，女一口。
一佃户周明廷，男一丁，女一口。
一佃户张开学，男一丁，女一口。
一佃户李朝元，男二丁，女一口。
一佃户丁万林，男一丁，女一口。
一佃户陈万贵，男一丁，女一口。
一户克妈，　女一口。
一户泽作，　男二丁，女二口。

一户果作，　　男二丁，女一口。

一佃户宋恒山，　男三丁，女二口。

一买户宋泰极，　男四丁，女三口。

一买户吴怀明，　男三丁，女三口。

一佃户周兴位，　男一丁，女一口。

〈中缺〉

一当户蒋文明，男二丁，女二口。

一当户袁世龙，男一丁，女一口。

一佃户郭成义，男二丁，女二口。

一佃户张曰贵，男一丁，女一口。

一佃户陈怀玉，男四丁，女一口。

一佃户周全训，男四丁，女一口。

一户别募作，　男四丁，女一口。

一户三姑，　　男四丁，女二口。

一户噜鸡，　　男四丁，女二口。

一户阿都，　　男一丁，女二口。

一户约作，　　男二丁，女三口。

一户里哀，　　男二丁，女三口。

一户颇作，　　男一丁，女一口。

一户噜丫，　　男一丁，女二口。

〈中缺〉

一户别别，　　男一丁，女一口。

一户么甲，　　男一丁，女二口。

一户咱栖，　　男二丁，女一口。

一户王保，　　男一丁，女二口。

一户阿保，　　男一丁，女二口。

一户阿根，　　男二丁，女一口。

一户萨打，　　男二丁，女二口。

一买户邓连绅，男二丁，女二口。

一买户邓连景，男二丁，女一口。

一买户贾应瑞，男二丁，女一口。

一买户吴正川，男三丁，女二口。

一买户陈诗，　男三丁，女一口。

一买户周兴福，男一丁，女一口。

一买户吴其祥，男一丁，女一口。

〈中缺〉

一户你吗叱，　男三丁，女一口。

一户磨别，　男一丁。

一户丫九，　男一丁。

一户三姑，　男四丁，女一口。

一户乌木，　　男二丁，女二口。

一户马郎，　　男三丁，女二口。

一户丫少，　　男二丁，女一口。

一户哑吧，　　男一丁，女一口。

一户黑郎，　　男一丁。

一买户胡朋飞，男五丁，女一口。

一买户陈绰，　男一丁，女一口。

一买户柳昌林，男一丁，女一口。

一当户周全镒，男二丁，女二口。

一当户周全贵，男二丁，女一口。

〈中缺〉

一当户周贵林，男一丁，女一口。

一户杨昌镒，　男二丁。

一当户杨情万，男一丁，女一口。

一当户李全明，男一丁，女一口。

一当户王玉忠，男三丁，女一口。

一当户宛洪万，男二丁，女一口。

一当户卢德，　男二丁，女二口。

一当户罗先升，男三丁，女一口。

一当户张大成，男二丁，女一口。

一当户郑万秀，男二丁，女一口。

一当户商文秀，男一丁，女一口。

一佃户刘学仁，男一丁，女一口。

一佃户周崇照，男二丁，女一口。

一佃户彭朝乾，男一丁，女一口。

〈中缺〉

一佃户刘起才，男二丁，女二口。

一佃户刘绍禹，男二丁，女二口。

一佃户贾廷万，男一丁，女一口。

一佃户蒋大文，　男二丁，女一口。

一佃户郭万富，　男一丁，女一口。

一佃户张云贵，　男一丁，女一口。

一佃户商易，　　男二丁，女二口。

【道光□年五月三十日黄望生供状】

问据。黄望生供：我是广东人，今年二十七岁，道光元年才进来治下普耳塘地方叔子黄敬忠家里，帮同经理毛菇厂。本年五月二十一日，有无名贼人七八个来在龙行沟我家伙房对门山上估捡毛菇，叔子黄敬孝看见，叫他们不要捡摘，他们仍然估捡，叔子黄敬孝就叫工人一齐撵去，他们各自跑了，叔子才带叫我来在这龙行沟帮同看守。不料到了二十三日，我同工人刘钦忠去周元明家里讨要欠钱，十二个认识不得的人在周元明火炉边闲坐，我们二个没有理他，他们就说他们前日在我家山上捡摘毛菇，我的叔子黄敬孝不该领起工人赶拿他们，定要把我打死的话，周元明也在场听见的。工人刘钦忠害怕，各自先走，我在随后赶出周元明家的门，行至坎下，他们十二个贼人赶来，就用木棒乱打，有一个用刀把我右脚戳伤，有一个用石把我脊背打伤，我就昏死了。工人们才来把我抬回，忙去报明营主移送。今蒙差验，只求禀呈就是。

【道光□年二月二十三日殷正仕供状】

问据。殷正仕供：小的重庆人，早年搬到案下落石沟地方佃租火山度日。去年十月间，泸沽街居住姓姚的到小的家下讨要钱文，说他存有鸦片烟子一升，叫小的把地佃一块与他撒种，每年认给租荞子五斗的话，小的应允。〈下略〉

【咸丰四年七月十日邓启琛报状】

（年五十四岁，住汉蛟龙，距城一百里）

为报明事，情本年六月十三日，民雇请王长生帮民佣工，每月身工钱四百文。本月十二日，王长生因出外割草，路过汉蛟龙大河，溺毙河内。有孀妇李鳌氏见视王长生过河溺毙，向民所说，民投明卢团头、邓头人，即往河内，已将王长生尸身捞获，摊放河坎。但王长生系是茂州人氏，此处并无亲人，民只得赴案报明，恳恩作主。

【咸丰五年四月十九日刘乾泰等供状】

问据。刘乾泰供：小的在波罗汛管的大堡子居住，有腊虫一园。今年三月二十二日，小的雇工二十人下摘虫子，下午收工回家，波罗汛兵冯掌标子把小的唤到汛衙，杨汛官说小的养贼害良，搕要小的钱数十千文方免无事的话。小的没钱过给，凭客长李发林给何兴贤、冯掌标子钱飞一张，注数铜钱十三千文，小的才来案呈控的是实。

问据。冯掌标子、赵掌标子同供：小的系是波罗汛兵。今年三月二十二日龙在田在汛具控刘乾泰，差小的们把刘乾泰唤讯，后来刘乾泰凭李发林给钱飞一张，注数钱十三千文，把案了息，不料刘乾泰赴案呈控的。今蒙审讯，钱飞现在何兴贤手内是实。

【咸丰六年五月二十二日汪启俸告状】

（年31岁，住羊房子，距城四十里）

为估骗行凶，受伤叩验事。情本年三月间，有民人张么耳买民坟山树木二株，砍截柴薪，每柴一码，作价钱七百文，共砍柴薪五码，应给价钱三千五百文。殊张么耳与刘格么将柴分运回家，抗不给钱，屡讨屡推。本月二十一日，民向张么耳讨要钱文，伊恶不偿，反行持石行凶，将民揪扭殴打，民两乳旁、脊背受伤可验。伊恶凶横不休，害民性命，幸遇罗三耳拖救解劝。若不叩恳验究，遭恶估骗行凶，殴害良弱，只得告乞大老爷台前赏准施行。

袁匡国控案

(1)【咸丰八年三月二十一日袁匡国告状】

（年四十五岁，住马房沟，距城五十里）

为夯骗逞凶，受伤叩究事。情咸丰六年，民一人向许荣盛买腊虫四挑，伊无腊虫，已合价钱五十千文，外有卖明腊虫两挑，尚未合价，均有约据可凭。殊伊套买掣财，并未楚给。今年许荣盛仍卖腊虫，本月十八日，民与许荣盛收讨腊虫，已投明许保长、张团头、孙客长民等将许荣盛腊虫拿去二背兜共数五十一包，有孙客长见证。殊伊串弊易成名挺身夯骗，率伊子壻易万受、王长受逞强行凶，将民袁匡国左额颏、胸膛殴伤可验，并扯落发辫一绺，勒要民退还腊虫，民即投明许保长。民遭恶夯骗逞凶，欺害良弱，只得叩究。

(2)【咸丰八年九月二十三日袁匡国等诉状】

（年四十五岁，住蜡拉白，距城四十五里）

　　为据情诉明，恳察究追事。情民等以夯骗逞凶等由具控易成名、许荣盛等一案，缘民二人借贷银两，伙买蜡虫生理。咸丰六年，被许荣盛套民二人买伊蜡虫八挑，收去虫价，止给蜡虫四挑，下欠四挑，无有过给，合价钱五十千文，立有约据，伊认行息。借约审呈。本年三月十八日，民等在虫市处将许荣盛蜡虫拿有二背兜，共数五十一包，突被易成名挺身夯骗，逞强行凶，将民袁匡国殴伤，民投知许保长，伊不赴理，逞刁兴讼。民始控案。民等实拿许荣盛蜡虫，原与易成名无干，遭伊扛夯凶骗，只得诉恳察究。

【咸丰八年八月二十六日高山堡兵丁李光成告状】

　　为恃横估买，恳究逞凶事。情今本月二十三日，小的有水牛一条出卖，王老三向小的赊买，不允，另卖宋大眼睛去讫，有张洪仁在中，作价铜钱八千三百文。比时牛钱两交，备办酒食，王老三亦同吃酒。殊伊乘酒之势，云称小的见伊家贫，不卖与伊，另卖宋姓。讵恶说毕，手持木棒逞凶，幸得张洪仁等在旁力救，小的脱身，躲藏不面，不然小的险遭毒手。回思若不叩究，恐遭伊恶暗害，情不得已，为此告乞总老爷台前赏准施行。

【咸丰十年十二月二十八日刘基兴等人供状】

　　问据。刘基兴供：小的在吴海住坐，平日下苦生理，蒋冬狗租小的房屋住坐，并没偷窃情事，小的是知道的。今年九月初七日，廖海平来说蒋冬狗偷宋长生水牛一条，在马房沟场发卖，被宋长生查识，投知他们理说，是小的招主，要罚蒋冬狗钱二十一千文。蒋冬狗无处措办，他们叫小的帮抬，小的没钱，才向杨万发抬借钱二十一千文，以作关帝庙香灯的话，不然廖海平们要来案具禀。小的无奈，把钱抬出，当凭廖海平、谢国太、谢之容如数过结与廖海平、刘头人。小的听闻廖海平们私吞，小的才来案呈控的。今蒙审讯，小的不应听蒋冬狗行贿买法，廖海平们亦不应借罚私吞，沐将他们押候，断令廖海平、刘头人把小的名下钱二十一千文缴出，各罚他们钱五十千文充入夷兵口食，小的遵断就是。

　　问据。宋洛修、谢国太、谢之容同供：小的们都在吴海住坐，今年九月初七日，宋长生喂有水牛一条，在草场牧放，蒋冬狗偷到马房沟场发卖，被宋长生查识，投知廖海平们理说，是刘基兴招主，要罚蒋冬狗二十一千文。蒋冬狗无处措办，才叫刘基兴帮抬，刘基兴没钱，向杨万发抬出钱二十一千文，当凭小的们如数过结与廖海平们。廖海平们要想私吞，刘基兴才来案呈控的。今蒙审讯，将廖海平们押候，断令廖海平、刘头人把刘基兴名下钱二十一千文缴出，各罚他们钱五十千文充入夷兵口食，小的们具结就是。

　　问据。蒋冬狗供：小的在吴海佃刘基兴房屋住坐，贩卖牛马生理。今年九月初七日小的赶牛到场发卖，在路遇有牯牛一只，跟随小的牛只走到场上，被宋长生看见，说小的偷窃他的牛只，小的不服，宋长生投廖海平与刘头人向小的理说，廖海平们叫小的出钱二十一千文，充入庙内。小的没钱措出，廖海平们叫小的请刘基兴帮借，刘基兴不允，他们要赴案具禀小的同刘基兴的话。小的无法，才请刘基兴向杨万发抬出钱二十一千文，当凭宋洛修们如数过结与廖海平、刘头人二人手内。过后刘基兴查出廖海平们把小的的罚项钱二十一千文他们二人私吞，又遇杨万发向刘基兴讨要，小的无有措还，刘基兴才来案具控的。今蒙审讯，刘基兴不应听小的措钱行贿，廖海平们亦不应藉小的罚项私吞，沐将廖海平们押候，断令他们二人将刘基兴帮小的措出钱二十一千文缴出，另行充罚，廖海平与刘头人们各罚钱五十千文，令小的具结安分就是。

【咸丰十一年三月二十四日冕宁县清册】

　　为详委盘查事。遵将卑县经管咸丰十一年分一切正杂钱粮米石，并仓厫间数，造册呈核。须至册者。

计开：

咸丰十一年分

旧管

一、额征丁条粮银八十九两八钱一分三厘。

前件银两业经卑县征收全完，遵照新章，按五成具文专差批解在案，理合登明。

一、丁条项下应征加一五火耗银十三两四钱七分一厘九毫五丝。

前件银两业经卑县征收全完，具文专差批解在案，理合登明。

一、奉文清查续垦补首升科，共应征丁条粮银一百二十三两六钱四分零七毫。

前件银两业经卑县征收全完，具文专差批解在案，理合登明。

一、丁条项下应征加一五火耗银十八两五钱四分六厘一毫零五忽。

前件银两业经卑县征收全完，具文专差批解在案，理合登明。

一、征收碾榨磨课银四十九两。

前件银两业经卑县征收全完，具文专差批解在案，理合登明。

一、征收田房税契银两，原无定额。

前件银两，卑县现在陆续征收，容俟十月内具文专差批解，理合登明。

一、粮米仓县仓三厫六问，冕仓一厫三间。

一、征收本色屯秋粮米一千四百零九石五斗一升四合一勺，又仓斗米二百六十五石七斗九升。

一、奉文清查夷地，各土千百户补报升粮折净仓斗米十九石八斗四升五合。

前件粮米，卑县尚未征收，理合登明。

今于与印结，为详委盘查事。遵奉结得卑县经管咸丰十一年分丁条粮银及碾榨磨课银两，旧管县冕米仓四厫八间，收存屯秋粮米，并无亏短，印结是实。

为详委盘查事。遵将卑县经管咸丰十一年分存储常监各案谷石并仓厫间数，造册呈核。须至册者。

计开：

咸丰十一年分

旧管

常平仓六厫十间

一、积贮天下本计等事案内捐储谷四百石。

一、请停松潘等事案内捐储谷四百石。

一、遵旨详议事案内买存谷四千石。

一、重农积粟等事案内捐储谷四十九石。

一、详请咨明将酌定善后等事案内泸宁厅裁缺，拨归县仓米五百石，易谷一千石。

一、循例等事案内，土司申光先、沈元贵罚俸谷三百二十九石二斗三升四合四勺。

共存常平谷六千一百七十八石二斗三升四合四勺。

监仓谷：监仓九厫十八间

一、钦奉上谕事案内俊秀捐纳仓斗谷五千一百八十三石九斗九升九合九勺六抄。

新收无。

开除

一、咸丰三年，奉文出粜谷五千五百石，变价银三千零二十五两，经前县宋恒山尽数具文专差批解掣取回批在案。除出粜外，余谷五千四百六十二斗三升四合二勺六抄。

一、咸丰六年分，前署县李任奉文动碾越西军米谷四百石，禀奉藩宪批示，俟前署越西厅汇领造销后，再行领价买补还仓，除出粜动碾外，余谷五千四百六十二石二斗三升四合二勺六抄。

一、咸丰七年分，奉文出粜谷三千五百一十七石，除前署县李令任内查办靖远冕宁夷务接济兵勇口食动碾谷二千四百石，照部价合银一千三百二十两，遵奉藩宪饬知，详奉批准划抵，现由前署县李令补具文批申请批回备案外，尚应粜谷一千一百一十七石，合银六百一十四两三钱五分，经前署县尽数具文专差批解掣取回批在案。除先后粜卖及动碾外，余谷一千九百四十五石二斗三升四合二勺六抄，俱系实存在仓，并无亏短，理合登明。

今于与印结，为详委盘查事。遵奉结得卑县经管咸丰十一年分，旧管常平仓六厫十间，监仓九厫一十八间，存储常监各案共谷一万一千三百六十二石二斗三升四合二勺六抄，除咸丰三年、七年先后粜卖过谷九千零一十七石，动碾越西军米谷四百石外，余谷一千九百四十五石二斗三升四合二勺六抄，俱系实储在仓，并无霉湿亏短，印结是实。

为详委盘查事。遵将卑县经管咸丰十一年分社仓间数，并存储社仓谷石数目，造册呈核。

须至册者。

计开：

咸丰十一年分

旧管社仓一间

一、捐输社仓仓斗谷二十四石。

一、特檄实力量捐等事案内捐储谷四石。

一、特饬清厘等事案内捐储谷三十石。

一、平粜盈余采买拨入社仓谷一百七十二石四斗一升零一勺。

新收无。

开除无。

实在存储社仓谷共二百三十石四斗一升零一勺，因为数无多，向未出借，奉文更立社长一名常盈经管，俱系实储在仓，并无霉湿亏短，理合登明。

今于与印结，为详委盘查事。遵奉结得卑县经管咸丰十一年分社仓一间，在储社仓谷共二百三十石四斗一升零一勺，存储县城，奉文更立社长一名常盈经管。因为数无多，向未出借，俱系实储在仓，并无霉湿亏短，印结是实。

为详委盘查事。咸丰十一年三月十九日，奉宪台札开，饬令云云，毋违，此札。等因。奉此，遵查卑县经管咸丰十一年分一切正杂钱粮及常监社仓各案谷石，俱系实存在仓，并无亏短；所有铜铅两厂存储银两，已于月报内注明，按月申报，亦无亏短，邀免造入，理合具文申赍宪台府赐转。为此备由申乞照验施行。须至申者。

【同治八年十一月初八日易万发告状】

（年五十三岁，住马房沟，距城三十里）

为抗租不偿，恳提追究事。情赵开辅佃民田碾耕着，每年纳租米十二石，有约可凭。同治六七两年，伊只给过民米六石，下欠十八石，抗不携出。去岁冬月，民向理讨，伊限出雅州发卖洋药，归来如数楚给。讵伊居心估骗，捱延至今，屡讨屡推，任意估抗。惨民军米遇追，难以完纳。若不叩恳作主，遭伊恶佃抗租，情理难容，为此告乞大老爷台前赏准施行。

【光绪元年七月二十八日土职叶廷耀禀状】

为随案禀明，恳恩电察事。情职有柴山一所，租佃与高义兴等砍伐河柴。突六月有猓夷汪加和尚投职言高义兴等雇工丁启才将伊使女阿落吗拐逃。职比未查明，不敢妄禀。兹有汪加和尚屡至柴棚，与高义兴等吵闹，将河柴等物阻挡，追索要人。高义兴等复投职言伊等至城清查，反被丁启才将伊控厅，伊等无奈，始将丁启才呈控在案，沐准唤讯。今职若不随案禀恳严究，恐夷性犬羊，酿成大患，不惟高义兴等工本两失，职地方亦受深累。

原禀　土职叶廷耀

被禀　拐逃累害丁启才

　　　被拐阿落吗

词照　原投汪加和尚、高义兴等

宋登厚、陈志祥互控案

（1）【光绪三年三月二十五日宋登厚等告状】

（年二十岁，住清乡一甲，距城五十里）

为率众凶夺，叩恳验究事。情民与邓姓买蜡虫一园，本月二十五日，民同伙周大兴雇工往摘，突出陈鱼贩子等爬上虫树估摘。民等好言阻止，殊伊等踞地如虎，不由分说，率领数十余人举拳扑殴，将民子宋玉山头额胸膛周身殴伤，夺去蜡虫三箩，白银十二两。民等见势凶勇，只得奔案鸣冤。似此乘时估夺，若不叩验究治，惨民等告贷营谋，反遭毒害，生死未卜。

（2）【光绪三年三月二十六日陈志祥告状】

（年四十八岁，住窝普路，距城十里）

为督众明凶，叩恳验究事。情本月二十五日，有宋腊猪油父子同夫子数十人在民堡摘腊虫，伊夫子摘完下树，民七岁幼子陈有受至树下搜树，被伊父子手持竹杆，并拳脚殴伤子头额背膀肚腹两肋等处，子昏沉倒地。民闻往问，宋腊猪油伊恃人众，督令周大兴与宋老二等夫子数十人，将民揪按朋殴，凶伤额门背膀等处。幸宋占彪力救，始得活命。今伊复肆狂言，颇银数百，与民控状，害民父子性命。若不叩恳验究，惨民父子遭此朋凶，受伤冗重，好歹未卜，只得告乞大老爷台前赏准施行。

2. 土地关系

【雍正元年四月十七日刘仕英诉状】

为平地风波，欲占成锦事。书云可欺以其方，难罔以非其道。蚁祖自□□□□来宁落业，地名中屯，其田业各有分定，轮流夫役取派之□□□□苦于吴逆叛乱之时，是时也，蛮彝四起，乘风变乱，三空四尽，九死一生，真所谓痛哭流离之际，田地荒芜，有业不敢承主。时有凌文进官田一分，计种四石，而文进绝嗣，其田交给与女婿杨承瑞，而承瑞住居宁城内，与王三有郎舅之雅，将田代与王三，而王三人少力微，差役浩繁，难已顶当，合同杨承瑞、王宝生、戴文贵、王赠玉、张老官等具诉孔太爷台前，将田移给予蚁父刘先魁管理，承认差役。蚁父虽生蚁兄弟二人，兄名刘仕俊，因家贫难度，搬居德昌，其田凭众立写，土退与蚁管理，当顶门户差役。蚁因贫苦，只得将田出当与戴王谢，取价以充使费之资。况豪恶严自惺原住前所，于康熙八年内系戴姓等招来吴海住坐，惯肆横行，欺占产业，嚼吮乡愚，因以富盖五卫，恶盖建南，款积如山，罄竹难书。虽蚁侄刘贵负恶债未周，岂不闻父子须〔虽〕亲财产各别，何得以盗卖盗买之虚词而为之诳耸乎不已。诉乞仁天老爷台前，电察黎情，剿除惯恶，则地方宁清而鸡犬亦安生也。为此顶祝投天上诉。

【噜贺当约】

立当田文约人噜贺。情因手事空乏，情愿今将自己名下水田八斗出当与咱莫名下耕种，比即三面言定，当价银十三两六钱整。其田坐落漫水湾，不拘远近赎取之日，银到田回，二家不得刁难。空口无凭，立当约为据。

牡牛一条，作银十二两；大票布四件，作银一两六钱。

雍正十年冬月初十日　立约人噜贺

【雍正十二年四月二十二日打呀别告状】

（年二十四岁，住鹿巴瓦，离城二十里，现寓北街）

为殴占田地事。情因蚁父早丧，遗业田四斗、地三斗耕种不够，蚁只得雇工度日，老母在家栽种。陡遭同支林虎、姜喳呷欺凌蚁母，于三月二十三日将蚁母殴打重伤，左乳旁一伤，左背肋一伤，右胯一伤，用脚踢伤，命在悬丝。凶恶目无王法，害绝霸占，哭告天台，赏准作主，大彰王法，剿虎安良，不遭强占，黎民幸甚矣。

计开：被告　姜喳呷，住鹿巴瓦，离城二十里；呷别咖，住鹿巴瓦，离城二十里。

干证：百户别儿，住鹿巴瓦，离城二十里；耆宿果即，住鹿巴瓦，离城二十里。

【价市卖约】

（1）

立卖约人价市。今因手事不便，情愿将己水田四斗出卖与嗟假帕名下为业，当日得受价银二十四两整，是时银契两相交讫，并无短少分文。所买所卖，二比情愿。其田坐落蝉牛古，大小六丘，东至沙嗟田，西至沟下，北至沟下，南至周家田，四至界址明白，并无包占他〔人〕寸土在内。民粮四升，自纳当差。自今卖后，买主子孙永远管业耕种，卖主无得异言。空口无凭。立卖契存据。

中　　证　小八马

依口代笔　一璞

乾隆四十七年九月十二日　立契价市

（2）

立卖契文约人价市。今因手事急迫，无从出办，将己手所置水田五斗出卖与嗟假帕名下为业，当日得受价银二十三两五钱整，是时银契两相交讫，并无短少。所卖所买，二比情愿。其田坐落上山坡。民粮五升，自纳当差。自今卖后，买主永远子孙耕种管业，无得异言。空口无凭，立永远存据。

经证　克宜

乾隆四十七年九月十二日　立卖契价市

卜宿、哑巴互控案

（1）【乾隆四十八年二月二十八日夷民卜宿告状】

为逞凶抗公，得业骗粮，祈天法究事。情蚁有水田五斗，载粮五升，自乾隆九年卖与同堡之富夷哑巴，不纳升合之粮，苦蚁垫赔多年。又因蚁堡内公议，每月派花户二家听差，凡有一切公项，值月之花户传各堡耆宿商办。今遇公差查铜，值月之哑巴坐视不理，蚁向理说，被恶行凶扭打，衣服扯破，身带暗伤，无奈恶何，只得告乞大老爷台前赏准施行。

被告　哑巴

中证　哪吗七

（2）【乾隆四十八年二月夷民哑巴告状】

（年三十七岁，住冕宁中村）

为行凶负骗，叩天法究事，情于本月十三日午候〔后〕，冤被凶夷卜宿无辜将蚁扭打，身带重伤，比即报明百户，现有救证哪吗七可质。即欲奔辕报究，恶知情亏，央堡内保儿、七耳姜磋等劝阻，着令卜宿出钱十二千请医调理，俟伤愈之日，外给蚁被伤命价钱文。殊恶套蚁自请医调治，伤愈分文不给，请中向说，恶犹无端凶辱，可怜蚁家贫如洗，被殴残疾，无力谢医。若不颁究，殊难灰心。

被告　卜宿

救证　哪吗七、保儿、七耳姜嗟、别咧呷剌吗保

（3）【乾隆四十八年二月二十八日冕宁县牌】

为逞凶抗公，得业骗粮事。本年二月二十八日，据夷民卜宿具告哑巴得业骗粮一案，等情到县。据此，合行提讯。为此牌差本役前去看落该处百户耆宿即将案内有名原被人证一并唤齐，依期随票赴县，以凭审讯。去役毋得借票滋事迟延，如违重究不贷。速速。须牌。

计开：被告　哑巴

　　　中证　哪吗七、保儿、七耳姜磋、别哪呷、百户喇吗保

　　　原告　卜宿

（4）【乾隆四十八年三月初八日夷民哑巴诉状】

为鸠夺鹊巢，祈天法究事。□□分明水田五斗，世代世守，毫无混争。于二月十三日蒙天差查铜票□□□清查，冤遭虎恶卜宿口骂，假差无故领入境内骚扰，将蚁扭打，当时昏死在地，重伤下阴。伊恶自知情亏，忙请医生调理，□□柄据，谢银七两。至今蚁伤未好，得染重疾，家口难养，医药之资，分文不给。孰知伊恶浚井未遂，烧廪复蒙〔萌〕，陡占蚁田，顽恶至极，明明依兄总嗜□势霸夺。窃思山水各有攸分，地土各有管业，蚁子孙相传，世代管守，现有年老百户青佳布作证。嗟乎！鹏不剪翅，百鸟何生？似此虎夷，王法难容？为此哭前赏准提究，除害安良，夷民得沐仁政，万代沾恩不朽矣。

计开：被诉虎夷　卜宿

　　　见证　喇吗保　说话　博二、七耳姜磋

　　　医生　刘安学

（5）【乾隆四十八年三月二十三日哑巴结状】

实结得卜宿具控夷得业骗粮一案，蒙恩提究，有百户于中排解，处卜宿出钱一千文给夷养伤，处夷将田退还与卜宿耕种。夷心悦服，日后再不兴词滋事。中间不虚，结状是实。

（6）【乾隆四十八年三月二十三日卜宿结状】

实结得夷具控哑巴得业骗粮一案，蒙恩提讯，有百户于中排解，处夷出钱一千文与哑巴，令伊将田退还与夷管业。夷悦服无词，再不滋事。中间不虚，甘结是实。

（7）【乾隆四十八年三月二十三日喇吗保等息状】

为恳恩赏准息□事。情因卜宿具告哑巴得业骗粮一案，蒙恩提讯，百户等不忍二家参商，于中排解，处令卜宿出钱一千文与哑巴以之资金作养伤，令哑巴将田退还卜宿管业，二比俱各悦服无词，愿递甘结销案。百户不敢擅专，理合恳乞太老爷台前赏准批示遵行。

具请息

民　七耳姜磋

百户喇吗保

奢宿　哪吗七

【腊月保限约】

立马限守文约人腊月保、八夫噜。情因呷保不守夷规，将世长乌曲漫水湾汉［旱］地一块出卖在外，有三人说和，令呷保将汉［旱］地取回，交世长执长［掌］，杀牛，骑马，杀羊二条。其马限至本年冬月内，将马骑一匹交世长骑。倘有限期失误，一面有三人承当。空口无凭，立约为据。

说话人　噜果

别丫

乾隆六十年十月初十日　立约

【窝曲当约】

立写出当水田文约人窝曲。情缘年事空乏，无处出办，今将自己民田出与嗟列名下耕种，比即三面定合，共总前后契约于至乾隆五十五年当价折算白锭银八两整。其田六斗，坐落漫水湾大河边，约种六斗，东至齐吧户田属界，南至齐寿长田，西至本宅田为界，北至齐左右吧户田属界，四至清白分明，并无包占他人田地在内。凭中出与当主耕种栽插，不拘年限赎取，银无利，田无租，银到田回，二比不刁证，异言措勒。恐口无凭，立换当约，日后以为执照为据。

实计水田六斗，大小九垅，当价白银八两整，割食在外，猪一个。

当约存照

凭中　经理

噜更

窝曲

嘉庆三年五月十五日

【么别堡等卖约】

立写永杜后患绝卖水田文约夷人么别堡泥姑。今因家道穷贫，寡母无养，甘心自请凭中再三哀托，将祖遗水田五斗，坐落杀牛沟共一段，东至齐路，西至齐路，南北至其沟，四至分明，并未包占他人寸土在内。母子商议，情愿绝卖到与周国珠名下子孙永远为业。比即三面议定，作卖价纹银二十两整，即日银田两交入手明白，并无扭强牵合以及货物折算等弊。此系二比愿买愿卖，于中无有逼迫之情。日后倘有弟兄子侄以及异族人等前来妄言生枝，一面有卖主承当。自今凭中绝卖之后，其田价已属高昂，原系一卖永休，斩断割绝，永无后患，再无加添复补启齿骗□之说。今恐人心不古，立此绝卖文约为据。

实计卖价纹银二十两整，田五斗，随带秋粮五升，酒食划利一并在外。

子孙世守　同母察鸡妈划利银一两整

堂兄　窝家叱

叔岳　穆正川

三教保

凭中　喇呷□

长命保

嘉庆六年八月立

【嘉庆十年二月二十一日夷民罗开文等诉状】

为捏造假约，陷害良民，□□□天作主除患以免后害事。情因公山一座，地名沙那，

297

原给汉夷薪水，并无一人开砍火山，议约为凭，嘉庆五年，罗任图霸，控经前任许主，已蒙断作公山，铁案柄据。于去岁正月，有汉恶邓宏才挺身率众包揽四外来人租到蚁熟地撒种，议定租子十七石四斗，租约为凭。殊知恶等贪心不足，以熟霸荒，复唆罗任以霸占租情词捏控蚁等，蒙周主审讯，将邓宏才责打，饬令定限三日概搬无存，伊等出结在案，永不开砍。周主离任，伊等藐法违断，依然估砍，捏偷蚁之名姓具控邓建兴等，蒙恩票差唤讯，恶等藐法不遵，竟不赴案。私造假约，诬害良民，于正月内邓宏才统领数十余人回至山中，依然持刀估砍。蚁等无奈伊恶之何，只得具报土司、保长、头人，议期于正月十六日汉夷至山中劝议。恶等不由分说，各执凶器，势不可当，将保长刺伤，众等只得剖命，将恶等捉拿七人送辕，至忽路途，走托〔脱〕苏燕然，归回山中，将窝棚烧焚骗害。蚁等不诉，上天难知，只得诉乞青天大老爷台前赏准作主，除恶安良，万代沾恩不朽矣。

【窝出当约】

立出当水田夷人窝出。今因官事逼迫，要银使用，无处出办，愿将自己名下水田 1 石，计大小十丘，坐落地名漫水湾门首，其田界〔东〕至本人田，南至李姓，西至齐坎，北至齐坎，四至分明。比日凭中出当与杨芝福先生名下承当，比即三面议定当价银十两正。其田租回，脚犁栽种，每年言明租米二石五斗，其米秋收一并粮足。倘有短少升合，其田任租别人栽种，窝出、脚犁二人不得异言。空口无凭，立当字为据。

中证人　李官保

罗把市　同在

嘉庆十三年四月二十日收本银十两，收利米三石七斗，下欠利米三石三斗，限后五月内相还。如至期无米，照市价相还，每年每月每石加利米四斗。

嘉庆十年六月初六日　立当约人　窝出

代笔人　刘裕丰

【伙头窝曲当约】

立写出当水田文约夷伙头窝曲。情因祖遗山水田七斗，坐落下坝，其田东处底腊月保，西处底九月保田为界，南至齐旱地，北至鹅咱田，四至清白分明，并无包占别田在内。要行出当与姚智华名下承当耕种栽插，比即三面变当价银十两整，二家过眼，银白系银九八，袁姓戥子过赴入手，亦无折算。即日三面踏明，银约两手受清明白，恁随当主栽割其田大小九丘耕种。银到约回，二比不得异言，□□□□揹田勒约，年成丰歉，二家不得另耕别主。有言在先，一愿二比情愿，于中并无逼迫等语，今恐无凭，立当约一纸日后为据。

实计当水田七斗，当银十两正

田禾茂盛　见人夷　耕月保

九月保　同在

嘉庆十二年十月初二日　前名伙头田主

【乌曲当约】

立出当水田文约人乌曲。今因要银费用，无从出办，只得将祖置水田六丘，约种五斗，坐落漫水湾大路走沙坝下边，东至齐窝租咱田界，南至齐铁匠保田界，西至齐本宅田界，北至齐沟，四至分明，并未包占别人寸土在内。情愿请凭中出当与鲁儿名下子孙耕种为业。比即□身接受当价银十一两整，当凭议□，银约两交讫明。自当之后，恁从银主耕种，照纸管理，再不得紊乱。倘有日后本族弟男子侄以及异姓人等前来妄言生事多端，一力有田主承担，不得拖累银主。日后赎取之日，银到田回，二比不得揢勒，立此当约为据。

凭中　鲁格

窝嗟　同在

嘉庆十二年十月十七日　乌曲

【道光元年五月初三日夷民哪吗耳辙告状】

为贼夷屡累，叩恳放逐以靖地方事。情嘉庆十八年，黑夷双哒再三央恳佃夷山地住种，当议压佃钱六千文，每年收租四石，外酒食一筵。夷以伊属黑夷一支，谅不夷害，当即应允。殊伊带领娃子数十人至彼住坐，至今地租以及酒食等项，一概恃强瞒骗不给。又复纵令娃子等屡行偷窃，以致去年偷窃拖乌姚姓羊只，夷等受累，费钱十余千文，借贷变卖，债尚未还。本年正月初五日，又窃百户李仰春羊只，又被拖累，害夷春耕在迩，工作难兴。且偷窃原为民害，而双哒娃众等凶勇强横，一乡莫敌。恩治道行化洽，岂容惯贼强项梗化，若不恳恩放逐，必致滋蔓难图。今蒙票唤，并伊娃子碌喀候案。为此告诉恳大老爷台前赏准放逐施行。

【丫卡等卖约】

立绝卖水田文约人丫卡、三呷同祖母嘶噜布。情因祖父亡故，缺少殡葬之资，无处调办，奶孙商议，情愿将祖遗水田约种九斗、大小二十一丘，坐落杀牛沟路上首，东至大石头及呷撒葩田埂交界，南西二至俱齐买主田交界，北至大沟，四至分明，并无包占旁人寸土在内。问过本家亲邻，无人承买。随带大粮一斗，自请凭中作证，踩踏分明，甘心绝卖与巫秀樟名下永远为业。比即三面议定，作卖价纹银四十两零五钱整，即日对众亲收入手，并未拖欠分厘，亦无货物折算。自绝卖之后，恁随买主子孙管业，再无反复异言，一卖永休。日后再无不〔补〕敷之说，斩断割绝，永远并无加找之论。一卖一买，实系二比甘心悦服，于中并无逼迫等情。倘日后有本支弟男子侄以及异姓人等前来妄生事端者，系有我奶孙三人一面承当，不甘〔干〕买主之事。今恐人心不古，特立绝卖水田文约永远存据。

实计水田九斗，大小二十一丘，价银四十两零五钱，随带大粮一斗，坐落杀牛沟路上首。

孙世守　凭中门壻亲房

切加布

双保

魏开文

依口代字　姜遇文

道光十五年二月二十二日

立绝卖水田文约人

丫卡、三呷同祖母嘶噜布

【道光十六年十月二十八日叽作等供状】

问据。叽作供：小的弟兄二人，拉租是小的哥子，都有妻室，父亲已故，母亲现在。与双合住隔有四里路远，素来熟识。他是越西搬来的夷人，住居王茂明房屋。今年九月二十八日，双合种小的地土一块撒豆子，原说平分，不料他私自扯起豆子，把小的名下分给太少，小的不依，投凭脚脚们理论，说叫双合同小的将豆子拿出打了平分的话。十月初三日夜，小的同哥子拉租帮王家看管的有十三只羊关在圈内，那夜被贼挖洞来偷，羊子吼叫，小的同哥子惊觉攩散。初四日夜，小的弟兄二人坐守看羊，贼人又要来偷，哥子赶拢黑影里认，系双合用石掷打，将哥子打伤。小的投明地保头人脚脚们理说，脚脚们处令双合拿两坛酒、两只羊与小的弟兄服礼，双合不肯，小的才来具报的。今蒙审讯，双合实无偷窃的事，小的挟慊诬控，沐将小的掌责，实是错了，出结备案，日后不敢再滋事端就是。

问据。拉租供：叽作是小的兄弟，今年七月分居，挨连居住。十月初三日夜，小的兄弟帮王家看管有十三只羊子，那夜被贼挖洞偷窃，兄弟惊觉，起来攩散。初四日夜，小的又怕贼来偷窃，叫小的同他坐守看羊，又有贼来，小的攩去，黑暗中认系双合，不料用石掷打，把小的打伤。次日，小的兄弟投知脚脚同地保头人们理论，脚脚处令双合拿羊酒与小的同兄弟服礼，双合不肯，就在青山嘴汛具报，小的兄弟才来案具控的。今蒙审讯，小的兄弟实系挟慊妄报，已沐掌责，小的同具结备案，日后不敢再滋事端就是。

问据。脚脚赊芝同供：小的们与叽作、双合们都住隔不远，双合是越西搬来夷人，租住王茂明房屋，喂有牛马羊只，已经六年，小的们是知道的。今年九月二十八日，双合种叽作的地土撒豆子，原说平分，因扯豆子分不均匀，叽作不依，向小的们投说，小的叫他二家把豆子拿出打了再分的话，大家各散。十月初五日，叽作又投小的说，初三日夜被贼挖洞，要偷他看管的羊子，惊觉攩散。初四日夜，他同他哥子坐守看羊，贼人又来，他哥子追攩，黑影里认系双合用石把他哥子拉租打伤，小的就同地保头人查问，处令双合拿羊酒与叽作弟兄服礼，双合不肯，小的们也就没管，叽作才来具控的是实。

问据。王怀熹供：小的是大石头的头人。今年十月初十日，这夷人叽作向小的投说，初三日夜被贼挖洞，要偷他看管的羊子，他惊觉攩散。初四日他哥子拉租帮同看守，贼人那夜又来，他哥子追攩，黑暗中认系双合用石把他哥子拉租打伤的话。小的同夷人脚脚们查问，双合说并没偷窃的事，脚脚处令双合拿羊酒与叽作服礼，双合不肯，才来具控的是实。

问据。王茂明供：这双合是越西的夷人，道光十年搬来租住小的房屋，又与别人写地方耕种，喂有牛马羊只。他是弟兄四人，止有双合没娶妻室，平素都是种地下苦，并没偷窃的事，小的是知道的。今蒙审讯，小的情愿保双合回家，日后如有不法的事，小的认罪就是。

问据，双合供：小的弟兄四人，止有小的没娶妻室，哥子兄弟都娶有妻子。道光十年，在越西搬来案下大石头租住王茂明房屋居住，佃租汉人地土耕种，喂有牛马羊只，平素下苦做活，与叽作住隔不远，素来熟识。今年九月二十八日，小的种叽作地土一块撒豆子，扯分不匀，叽作投凭脚脚理论，叫小的们两家把豆子拿出打了再分各散。至十月初五日下晚，脚脚同地保头人们向小的查问，说初三日夜叽作家被挖洞，要偷羊只，警觉攩散，初四日夜贼人又去，想要偷羊。叽作的哥子拉租追赶，贼人用石把拉租打伤，黑影中认系小的的话，叫小的拿两坛酒、两只羊与叽作弟兄服礼。小的不肯，在青山嘴汛具报，不想叽作就赴案把小的具控。今蒙审讯，小的并没偷窃殴伤拉租的事情，愿取保具结备案，日后不敢滋生事端就是。

石奇玉控案

(1)【道光十七年二月初三日石奇玉报状】

(年二十七岁，住女儿凹，距城一百八十里)

为兄溺无尸，报恩作主事。情蚁同兄石奇秀佃中堡、百户堡、小堡三处夷人地种，每年纳地租包谷五石五斗。旧年冬月，算合钱三千五百文，凭万山给过猪一只，作钱二千文，欠钱一千五百文。殊牛吗叽等生恨，本年正月三十日率李老十等多夷来家逼要租欠，蚁贫无给，触恶牛吗叱等将蚁兄石奇秀抛丢金江河内，蚁请包老二等捞无尸影，蚁只得报恳作主。

（2）【道光十七年二月初三日番夷咱朗别等报状】

（住窝卜，距城一百里）

为佃栽禁物，落河毙命事。情夷等女儿凹众人地一段，汉民沈老二〔石奇秀〕夫妇租佃耕种，每年与夷等认纳地租五石五斗，今经三载，共欠地租十六石五斗。前月三十日，听闻沈老二〔石奇秀〕将地妄栽禁物，夷等往彼查看，遍地禁物开花，夷等云系欠租事小，务将禁物拔净，致沈老二〔石奇秀〕又言包三和尚数人与伊伙种之物。本月初一日，伊向包三和尚对叙拔净等语。不卜何情，是日午刻，沈老二〔石奇秀〕之妻站立河边，口称沈老二〔石奇秀〕落河身死。夷等问及对河住坐杨老三之妻，见视落河，夷等不敢隐匿，报恳作主。

（3）【道光十七年二月石何氏等供状】

问据。石何氏供：死的石奇秀是小妇人的儿予，今年四十一岁，娶了妻室，生有四子。石奇玉供：石何氏是小的母亲，死的石奇秀是小的哥子。又据同供：小妇人同儿子们早年来到治下租写西番咱即别们众人地土耕种，小妇人住隔儿子们有十里路远，死的儿子石奇秀同次子石奇玉挨近居住，两人每年各纳包谷租子五石五斗，小妇人是知道的。今年正月二十九日，番夷咱即别们众人到女儿凹去向儿予们收租，小妇人长子石奇秀尚欠租子折算钱一千五百文没处出办，央求宽缓。咱郎别们众人不肯，儿子又把地土栽种罂粟，咱郎别们看见，说是犯禁，恐怕连累，要儿子拔扯丢弃。不料儿子去找同伙栽种的人，到了河边失脚滚跌落河，尸身不见，小妇人次子石奇玉才赴案具板的。今蒙审讯，小妇人儿子尸身已沐恔差打捞不获，委系自行落河，与人无涉，蒙断令番夷咱郎别们结小妇人同儿子钱四千文，以作起度儿予经功之费。小妇人同儿子石奇玉甘愿将钱具领出结备案，日后不敢滋事就是。

问据。处拉呷、咱郎别同供：小的们女儿凹地土是众堡夷人的，离小的们住处有八十里路远，隔大河一道，早年招这石奇玉、石奇秀在那里耕种，每人名下纳苞谷五石五斗。今年正月二十九日，小的咱郎别们众人至女儿凹，向石奇玉弟兄收租。石奇秀折租钱一千五百文，央小的们众人宽缓。小的们因见地内栽种罂粟，知是犯禁，要石奇秀拔扯丢弃，免得受累。不想石奇秀说是去找同伙栽种的人一同拔扯，哪知他走到河边滚跌落河，尸身不见。今蒙审讯，石奇秀自行落河，与小的们无涉，至他欠租钱一千五百文沐恔免要，断令小的们再给钱四千文与石奇玉母子超度，小的们遵断呈缴就是。

问据。杨李氏供：小妇人在金江河边开设腰店营业。今年正月三十日早饭过后，听得有人喊叫救命，小妇人连忙往看，见死的石奇秀在河内喊叫，小妇人叫他往那边转去，不想河宽水深，石奇秀沉下水去，尸身不见。那时并没看见有人，也不见西番咱郎们，小妇人具得结的是实。

曹应儒控案

（1）【道光二十一年八月初七日曹应儒告状】

（年二十二岁，住魏官营，距城四十里）

为绝嗣遗粮，支抗累窘事。情民同曾祖之故叔曹德义绝嗣无后，仅有水田二石，被水冲浣无踪，遗粮二斗有余，空今八载未完。讵至本月内，恩役奉票查追民为亲房，饬蚁代纳。民贫无措，只得跟究德义先年另卖有田一石二斗与曹德昭，伊又转卖与魏文林为业。因冕俗有转契之取，民投胡地保理说，劝伊给钱三千八百文，与民买米上粮，殊出族叔曹德灏唆支文林捏民隔岸吞舟，估抗任讼，累良赤措莫何，告乞大老爷台前赏准施行。

（2）【道光二十一年九月初三日魏文林等供状】

问据。魏文林供：小的住居曹家沟，有曹德昭先年买明曹德义水田一石。去年三月间，曹德昭凭中将此田转卖与小的。不料今年有曹应儒向小的说转契，小的向卖主曹德昭说曹应儒来讨转契，曹德昭说他是五服之外，应归曹德义之侄子长寿取。小的无奈，才来案下具控。今蒙审讯，断令小的帮曹应儒米一石上粮，以作转契，日后曹姓不得向小的妄取转契。小的遵断沾恩具结就是。

问据。曹应儒供：小的曾祖曹现章原住詹家坎，因绝嗣无后，抚继房侄曹德义为子，照管家业，当差纳粮。后曹德义又乏嗣，将水田二石当给宋万顺耕种，不料被水冲坏。小的住居窎远，丢粮数年，无人上纳。因去岁票催甚紧，本年七月初四日有曹德昭送来老约二纸，向小的说曹德义先年出卖水田一石与他，去年三月他又转卖与魏文林，叫小的同他去向魏文林讨取转契上粮，他就来案下具控。今蒙审讯，断令魏文林帮米一石，以作转契之资，帮小的完纳大粮，日后永无转契之说。小的沾恩具结就是。

周成功、巫秀樟互控案

（1）【道光二十二年七月十八日周成功诉状】

（年二十五岁，住邻里乡，距城三十里）

为知卖谋夺，清业归耕捏害事。情巫秀樟以串霸估耕等由控民在案，缘民曾祖于嘉庆六年买明么别堡夷人水田五斗，坐落杀牛沟，四至分明，随带秋粮五升，印契审呈。其田流传三代，买明之后，系卡之丫祖租佃栽种，后因年深久远，伊孙丫卡变卖伊田，并将民田五斗挨连偷卖。道光十九年父故，分居清出此田自行栽种，当时投知地保，具有存报，今已耕种三载。巫秀樟冷灰复燃，控民估耕，况伊父巫文品昔知民祖当买在前，既系恃富谋夺，即巫秀樟亦知民查买归耕，何又片言不吐。此情此理，诉恳电契泾渭攸分。

（2）【道光二十二年八月巫秀樟等供状】

问据。巫秀樟供：武生道光九年当明丫卡弟兄水田九斗，至十五年才买，共去价银四十两零五钱，耕种多年，并无异说。不料二十年武生之母将武生具首入府，周成功不知何情，将武生买明之田一并估耕，当下即投报地方，随后下府去了，事息。在府得染瘴病，坐轿回家，一连两年，病体未愈，不能理说。今年武生病好，复请地方与周成功理论，连候几次，周成功硬估不理，武生才赴案下具控。沐蒙审讯，饬令书差勘明，问其情由，买系丫卡之祖牛吗叱与周成功之父光年掉过今有地方，劝屈武生既离窎远，不如将武生所买田业照原价一并卖与周成功管业，两下悦服，二比具结销案就是。

问据。周成功供：小的今年二十五岁，道光十九年小的父亲亡故，小的家下抄出有老契一张，始知么别堡门首有水田五斗，小的才去耕种。后巫秀樟投明地方理论，小的未去，巫秀樟他就案下具控小的。沐蒙审讯，饬令书差勘明，问其原由，买系小的父亲在日，与丫卡之祖牛吗叱掉过，未立掉约，兹今地保周成谟于中相劝，巫姓将他买明田业一并让卖与小的管业，小的悦服，具结就是。

问据。丫卡供：小的道光九年将祖遗水田九斗出当与巫秀樟，至十五年小的祖父亡故，才立卖约，至今多年，未能异言。至二十年，周成功□耕此田栽种，今年巫姓才赴案呈控。沐蒙审讯，饬令勘明，查问情由，始知小的祖人牛吗叱与周成功之父掉过，未见掉约，今有地保周成谟叫小的与周成功两人另补立掉约，各存一纸，小的遵立。

【道光二十三年三月初一日夏启文甘结】

为甘结事。实结得萧如惠具控蚁弊骗朋凶一案，蒙恩审讯，缘王显章该欠萧如惠田租米未给，因蚁在中引进担承，萧如惠向蚁催讨王显章租米，口角抓扭控案。今沐断令王显章租米伊自行讨要，蚁牙齿自己碰落滋闹，沐免究惩，蚁具结日后再不滋事。中间不虚，甘结是实。

【道光二十三年三月二十八日夷民长命保诉状】

（年三十二岁，住我瓦，距城五十里）

为诬控无涉，诉究违约事。情夷父母早故，遗夷年幼无着，将夷荒山熟地已归勒几堡众管业，支应差徭。夷往我瓦地方，过继异姓，永不归宗。道光十四年内，吧拉呷等当议诸事，永不累派夷良等情，立有约据，原纸粘呈恩电。讵今伊处复出命案，妄派夷钱五千文，夷以无涉未允，伊等刁串夷约无名沙呷叽等诬捏禀夷在案。为此诉明。

内计粘呈原约一纸：

立出写永不累系以房〔防〕后患文约人勒几野勒二堡众堡人等。至今启者无别，有吧哪呷、聋子、姜葱别、叽咱哪、牛马叱、吒殷保七人等。今因堡内长命保以至〔自〕先辈以来执下勒几荒山草地承报速〔数〕十余年，各户每年完纳文武衙门差事。长命保父亡故，早年年少，无人抚养，各自逃生，成顶外人。顶族宗支更名患信〔换姓〕，众堡人等商议，将长命保荒山草地，将地土自愿干〔甘〕心归与勒几堡子人等今〔经〕管，以作每年夫差完纳。长命保寸草不占，并吾〔无〕永不归宗。众堡人等情愿干〔甘〕心，日后有永不累系后患。诸〔租〕烦〔顶〕等项，永不累派分厘，众堡人等自出，并无反毁〔悔〕。子孙日后以凭拆〔斩〕段〔断〕割藤，长命保再不得入宗均分，犹如高山让〔滚〕石，永不归族，众堡人等子孙不得催尾〔推诿〕。长命保出宗更名之后，再不言复吞二家敢有此情。[①]恐友〔有〕人心不古，固〔故〕此立出永不累派后患一纸文约，归长命保子孙永远为照。

立出永不累派后患文约人　　吧哪呷

吒殷保

牛马叱

千户姜复兴所管勒几众堡人等立字

永不改悔

凭中　本足

哪妈

叱啀他　　同在

【道光二十七年十月二十八日马行疆告状】

（年五十八岁，住前所，距城五十里）

为图贪贱买，揹勒阻卖事。情民有水田三石。于道光十七年出当王用明管耕，俟后民累债，迫借有王辉士铜钱十千，将水田三斗与伊抵当。民因接办大站，拖欠梁万受银两，累债亦多，难以偿给，被伊控民在案。沐提堂讯，限民今冬承缴，无处借贷，民今请中王用才

---

① 原文如此。

等，愿将民先年出当王用明之田，变卖偿债。议价已妥，书立卖字，被监生王辉士夺抗。声称民之田亩伊买在前，王用明系伊佃客，不准伊买，而用明畏恶阻退。民思前田出卖与伊，想必成全，复央原中向辉士照价立约，讵恶伏衿欺贪，贪图贱买，揩勒至今，无人向前承买。致民拖欠账目，限期临迹，无处措办，为此叩恳作主，当堂立约。

【道光二十七年十二月二十八日李文英等恳状】

为哀恳作主事。情民弟将田一坵出当与张宗迻，得当银三十五两；又当与马文英，价银五十两；后当与李建槐，价银一百五十两。但民弟一业三典，误遭回禄，罪由自取，曷敢妄渎。已沐恩断李廷槐就当承买，作价银二百二十五两，除当价外，只补银七十五两。惨民弟零星借账，尚有八十余两，现在民弟家中坐讨，未能分偿，兼之田园扫尽，民弟母年迈八旬，苦寡无依。因蒙众议，所该马文英银五十两议让银三十两已允，惟张宗迻名下银三十五两，众议还银二十两，殊伊恶抗不允，督妻揪扭塞闹。窃思民家业扫尽，无从措还，只得恳乞大老爷前赏准作主施行。

印保呷控案

(1)【道光二十八年十月初二日夷民印保呷告状】

（年二十五岁，住接果罗，距城二十里）

为捏单骗害，勒赎图霸，叩天提究事。情民父谷兹呷昔年当身鲁姓佣工，外有山水田四斗，出当马成龙之父，价银七两，铜钱一千。不料道光十二年，民父物故，马成龙之父已殁，鲁姓将民父当身文约捨入桥功。因民年贸帮工，苦积白银十两，二十二年凭桥功会首沈□长等取回民父当身文约存据，其田无力未赎。今本年九月初十日，民同姑母接处吗备银向马成龙赎取田业，比即马姓应允，令民次早看银认取，民回。次日复到伊家，陡遭马姓吓诈，云伊存有单据，民父在日欠伊负债等语。窃思民父在日，二家并未言及此情，今民赎取，捏单图骗，恶不由理，将民堂厅领哨三控，勒陷搪抵，欺死骗生、上天难知。〈下略〉

(2)【道光二十八年十月十六日马成龙领状】

实领结得番夷具控印保呷顶批再叩一案，蒙恩讯明，番夷与伊取身负债银两无据可凭，令夷让去所有水田三斗，饬伊备当价银七两、钱一千文向夷赎取，如数当堂承缴，令夷给领，夷悦服无词。中间不虚，领状是实。

【刘沛然等卖约】

立出杜卖水田文昌宫圣人会首事刘沛然、谌昌文、陈绍典。今凭中将袁姓捨明扈成贵房后水田二段，约种一石二斗，东至齐张袁二姓田埂为界，南至小水沟为界，西齐扈姓田埂为界，北齐陈姓田为界，四至逐一踩踏分明，并未抱占他人寸土在内。因河永淹淤，学中难以开垦，公同商议杜卖与游洪兴名下子孙永远耕种管业，作卖价纹银三十六两整，比即银约两交入手，各领明白，于中并无货债准拆及逼迫等情。自卖之后，永远断绝，凡学中首事及外人前来妄言生事，一力有卖主承当，毫不与买主干涉。恐后无凭，立杜卖文字为据。

实计水田二段，约种一石二斗，价银三十六两，随秋粮米一斗〔石〕五斗整。

永远管业	客长	陈耀宗
		扈成贵
	地保	张志义
	凭中	黄玉顺
		陈定国

道光二十八年十月十六日立卖首事　刘沛然、陈绍典、谌昌文亲笔

【道光□年二月十八日钱洪顺等供状】

问据。钱洪顺供：小的垫江县人，道光二十年来到案下斯依罗地方，帮人佣工度日。去年十月间，贺仁富叫小的同兄弟钱万才打清身开垦荒山，俟种出粮食平分的活。今年正月二十八日下午，贺仁富叫兄弟去放水泡烟苗子，走到堰沟坎，兄弟弯身掏沟，被熊文俸戳伤。小的忙拢向兄弟查问情由，兄弟说熊文俸走来说他先与熊家租佃，如今贺仁富又向熊家租耕，他要向贺仁富寻衅，兄弟弯身掏沟，就被熊文俸戳伤。小的同贺仁富赴案具报，今蒙审讯，兄弟伤已平复，这熊文俸业已潜逃无踪，令小的具结回家，俟拿获熊文俸，再行复讯就是。

问据。包国安供：小的是斯依罗牌头。今年正月二十八日下午，钱洪顺投说他兄弟在堰坎掏水，被熊文俸戳伤。小的忙拢查问，钱万才说熊文俸因贺仁富租佃争角，如今贺仁富又招他帮同开垦，定要寻衅的话，他正在弯身掏水，就被熊文俸戳伤。小的查找熊文俸业已跑逃，才协同钱洪顺们赴案具报的是实。

【道光□年陈必洪告状】

（年三十七岁，住福乡又三甲，地名凹姑脚，距城四十里）

为酿骗寻凶，叩提劈究事。情道光三年，蚁父陈添才去银二十五两，典明邓建庭水田八斗，后又加去当价钱五千文。不幸蚁父物故，旧年十月建庭同子邓惊儒将前典之田卖蚁，知恶难惹，未允□买。有邓惊衡等立出包管惊儒永不滋酿字约，蚁就当找买，去银五十两，价契两讫，叠据可质。殊惊儒套买滋痞，因惊衡等服□字据，叠索不遂。本年十月二十八日，向蚁肆滋，蚁经邓客长向惊衡等理说，否惊衡故□不理，任惊儒寻蚁滋酿，搨要银二十五两，揭回服字，蚁未声允。惊儒激恨，本月初十日，来家寻蚁诛命，蚁畏躲藏，向邓客长投知。似此酿骗寻凶，明系惊衡等套纵。恐祸不虞，只得奔叩。

【咸丰元年二月十五日冕宁县详册】

为详办事。案查前任县沈崧曾任内奉本宪台批，据监生王大犹、抱告王大发以串衿扛讼等情呈称：缘道光二十四年，生堂弟王大朋承佃龚德才荒地一段耕种，去压租三十千文，每年认纳包谷租二十八石，立有约据。嗣田业内栽蓄蜡树长盛，龚得才欲图均分，并历年尾欠伊包谷共积有十余石。二十九年正月间，龚得才因王大朋远出贸易，向身王人发争分腊树，并索租吵闹，互控沈县主案下审讯。因地亩原系王大朋承佃，饬俟王大朋回归，再行唤集审断，致案悬未结。讵三十年七月间，龚得才将出佃王大朋名下地土连尾欠租项，一并捐施文昌会，串令首事文生陈绍典向身王大发索租，并欲将地土取回另佃，不遂，陈绍典即挺身赴县禀追，显系龚得才藉捐施挟制，串衿扛讼，是以情追叩请提究，伏乞等情。计开被告龚得才、陈绍典，批行讯详复夺。等因。沈令旋即交卸，卑职到任，接准移交，差传集讯，并查文生陈绍典前于沈令兼摄儒学教谕任内，因该生盗卖学田，查明入学年分，申请学宪将衣顶先行褫革，牒县讯明属实，将该生依盗卖官田律，计亩加等，拟以杖一百斥革，所得杖罪，免其发落等情，详结在案。

兹于咸丰元年二月二十一日，据差役等将原被〔告〕人证及陈绍典唤获到案，经卑职提讯，究出陈绍典曾经教唆雷春发、陈经正、包珍捏控各案，并为代作呈词，复经饬差查唤雷春发等赴质，并查取陈绍典所作词稿去后。随卷查道光二十八年十二月初十日前县沈令任内，据民人雷春发以设计支逃等情具控净慈寺僧昌海因修理庙宇乏钱，遣令其徒僧中智向伊赊取白布四筒，共合价银五十一两，另零布十五件，共钱十四千文，以为开销工匠之用，经

伊向索，僧昌海支令僧中智逃匿一案。经沈令准理差唤，集证讯明，僧中智并非僧昌海之徒，僧昌海委无主令向赊布匹情事，系雷春发捏控。唯僧中智曾凭僧广静赊欠雷春发银钱属实，饬令唤获僧中智再行究追给领。

又二十九年八月初二日，据县民施云伍具控陈经正借欠钱文一案，经沈令批准差唤，旋据陈经正以唆翁控父等情具诉，内称伊女陈氏嫁与施云伍之子施报忠为妻，因伊女与婿从中搬弄是非，致施云伍捏欠呈控，其实伊并未欠有钱文等语。嗣经沈令汛明，陈经正实曾陆续借欠施云伍钱二十四千文未还，伊女及婿并无从中挑拨情事，断令陈经正将钱照数措缴给领完案。

又三十年七月十五日，准卑县署冕山营都司詹移开，本月初十日，据西昌县民包珍喊禀敝营专诚千总包祥系伊堂兄，包祥从前未入营时，向伊祖母包杨氏借贷银十五两，二分行息，历年本利未偿。兹伊祖母身故，来向索取，包祥昧骗不认，明系恃弁负义，并据投递呈词前来。当经敝营札饬该千总禀复，先年委无借银情事，包珍因家贫向求赞助属实。查事关词讼，相应移请查讯等由。沈令因查阅词内所列族证均系西昌县民人，未便移关拖累，当经备录原词，连原告包珍一并移解西昌县就近传讯各在卷。

并查二十九年正月二十四、二十五等日，据民人龚得才与王大发先后互控到案，经沈令准理讯，缘王大发之胞兄王大朋于道光二十四年间，以压租钱三十千文承佃龚得才地土耕种，每年认给苞谷租二十八石，立有约据。嗣因业内栽蓄蜡树长盛，龚得才欲与均分，并历年王大朋尾欠苞谷，共积有十余石，至本月间，龚得才因王大朋远出贸易，往向王大发争分腊树，并索讨欠租，致相吵闹，互控到县。讯悉前情，沈令当以地亩原系王大朋承佃，饬俟王大朋回归再予唤集审断。

又三十年八月间，据文昌会首事陈绍典具禀龚得才将伊出佃王大朋名下地土一段，并历年积欠租石，立约捐施会内，作为公项，任由首事经理。伊往向王大朋之弟王大发索租，并欲将地土取回另佃。讵王大发反称龚得才不应藉捐施挟制，禀请究追等情，经沈令批准差唤亦在案。旋据该役等具禀，查唤听唆捏控之雷春发等或已病故，或因远出，一时未能唤案，现于陈绍典家中起获词稿三纸呈缴前来，当经查阅，均核与各案原词无异，并饬令陈绍典当堂比对笔迹，亦属相符，随提集人证研讯。

问据。王大猷供：王大朋、王大发都是监生堂弟。王大发供：王大朋是胞兄。又据同供：道光二十四年间，王大朋用压租钱三十千文，承佃龚得才地土一段耕种，每年认给苞谷租二十八石，立有约据。后因业内栽蓄蜡树长盛，龚得才想要均分，并历年王大朋尾欠苞谷共积有十多石。二十九年正月间，王大朋外出贸易，龚得才来向小的王大发争分蜡树，并索讨欠租，两下吵闹，互控前县主案下审讯。因地亩原是王大朋承佃，饬俟王大朋回归，再行唤集审断，致案尚未结。三十年七月间，有文昌会首事陈绍典来家说，龚得才已把出佃王大朋名下地亩连尾欠租项，一并捐施会内，向小的王大发索租，并要把地土取回另佃。小的王大发原说龚得才不该藉捐施挟制，陈绍典不依，赴县禀请究追。小的王大发情急，就邀同堂兄王大猷以串衿扛讼等情赴府上控的。至王大朋还没回归是实。

问据。龚得才供：道光二十四年间，王大发的胞兄王大朋用压租钱三十千文，承佃小的地土一段耕种，每年认给苞谷租二十八石，立有约据。后因业内栽蓄腊树长盛，小的想要均分，并历年王大朋尾欠苞谷，共积有十多石。二十九年正月间，小的因王大朋远出贸易，去向王大发争分腊树，并讨要欠租，两下吵闹，互控前县主案下审讯。因地亩原是王大朋承佃，饬俟王大朋回归，再行唤集审断，致案尚未结。三十年七月间，小的撞遇认识的陈绍典，告知控追地租及争分腊树，因王大朋外贸未回，不能断结的话。陈绍典就说他现充文昌会首事，不如把地土连欠租施入会内，即属公项，伊具禀请追，自立能缴出，也可替小的出气。小的允从，就书立文约，写明愿把出佃王大朋名下地土连尾欠租项，一并捐施，任由首事经理等情，交陈绍典收执各散。后来陈绍典去向王大发索租，并要把地土取回另佃，因王大发说小的不该藉捐施挟制，陈绍典不依，赴案禀追。王大发情急，就邀同他堂兄王大猷赴府上控了是实。

问据。陈绍典供：冕宁县人，年五十六岁，父亲陈九德，现年七十五岁，母亲已故，并没弟兄，娶妻马氏，没生子女。道光九年取进县学文生，后因盗卖学田，被学师查知，申请褫革，并牒县讯明详结，与雷春发、陈经正、包珍并龚得才都平素认识交好。二十八年十二月间，革生与雷春发会遇闲淡，雷春发说起灵山寺僧中智凭僧广静向他赊取白布四筒，共合价银五十一两，另零布十五件，共钱十四千文，因他向讨，僧中智逃匿，怕一时难以收取。革生就起意唆令控官讯追，当说僧中智现既在逃，不如捏称僧中智是净慈寺僧昌海的徒弟，僧昌海因修理庙宇乏钱，遣令僧中智向赊布匹，以为开销工匠之用。革生知道净慈寺富足，僧昌海又做人老实，闻被控告必定畏累还钱，雷春发允从。革生当为代做呈词，捏以设计支逃等情，交给雷春发赴县报准差唤，随蒙前任沈县主讯明，僧中智并非僧昌海之徒，僧昌海委没主令向赊布匹情事，因僧中智赊久雷春发布匹属实，饬俟唤获僧中智再行讯追给领。

二十九年八月间，革生到陈经正家闲要，陈经正告知他陆续借欠施云伍钱二十四千文，施云伍因屡向索讨没还，现被报准差唤，革生就说施云伍与陈经正是儿女亲家，因债账细故率行涉讼，甚是薄情。革生代为不平，许以替做呈词，捏说是他女儿施陈氏与女婿施报忠从中播弄是非致施云伍捏欠呈控，其实陈经正并没欠有钱文，捏以唆翁控父等情，叫陈经正递词呈诉。革生想以女唆控系是干名犯义，并归罪婿女二人，施云伍心存袒护，必不敢质审。后来沈县主讯明，陈经正实曾陆续欠钱没还，他女儿同女婿并没从中调唆的事，断令陈经正把钱文照数措缴给领完案。

三十年七月间，革生在茶铺与西昌县居住的包珍会遇，包珍说他堂兄包祥现署冕山营专城千总，他来探望，因家里穷苦，要求资助，包千总留住署内，说等从缓措帮。包珍又说包千总如不为帮助，将来他怎样设法回归的话，向革生商量。革生说包祥是现任官弁，如果捏称先曾给有银两，现被昧骗，赴该管营员控告，伊必害怕资助，包珍应允。就央革生书写词状，捏以包祥未入营时，向包珍的祖母包杨氏借贷银十五两，二分行息，历年本利没还，如今包珍的祖母身故，来向讨要，包祥昧骗不认，捏以恃弁负义等情，令包珍赴冕山营都司衙门喊控。随后听说都司札饬千总禀复，先年委没借银情事，包珍因家贫向求资助属实，都司以事关词讼，移县把包珍解回原籍西昌去了。以上革生代做呈词，雷春发们事后各送给钱数百文及数千文不等，革生都已记不清楚。

又那月间，革生与龚得才撞遇，龚得才说二十四年间，王大发的胞兄王大朋用压租钱三十千文承佃他地土一段耕种，每年认给苞谷租二十八石，立有约据。后因业内栽蓄腊树长盛，他想要均分，并历年王大朋尾欠苞谷共积有十多石，二十九年正月间，他因王大朋远出贸易，去向王大发争分腊树，并索讨欠租，两下吵闹互控。沈县主集讯，因地亩原是王大朋承佃，饬俟王大朋回归，再行唤集审断，致案尚未结。如今王大朋还没回来，不能断结的话。革生就说自己现充文昌会首事，不如把地土连欠租施入会内，即属公项，革生具禀请追，自立能缴出，也可替他出气。龚得才允从，就书立文约，写明原把出佃王大朋名下地土连尾欠租项一并捐施，任由首事经理等情，交革生收执。革生随往向王大发索租，并要把土地取回另佃。王大发当说龚得才不该藉捐施挟制，革生不依，赴案禀追，不料王大发情急，就邀同他堂兄王大猷赴府上控，蒙批行案下差唤，因究出革生从前唆讼各案，并起获词稿审讯，实止教唆捏控，并代作词状这数次，此外再没唆讼扛帮不法别案是实。

各等供。据此，除将犯证分别禁保，再行研审议该革生陈绍典如何起意迭次教唆雷春发等捏控，并为代作词状，究明此外再有无唆讼扛帮不法别案，务得实情。按拟详解外，所有获办缘由，理合录供具文详请宪台俯赐察核批示饬遵。除径报总督部堂暨臬、道宪外，为此备由另文册申乞照详施行。

【咸丰二年五月二十四日张兴隆甘结】

为甘结事。实结得张万氏具控蚁一案，蒙恩审讯，缘邓元浚将水田先以五斗当与张万氏，价银三十二两，后伊将当与张万氏之五斗同下三斗并当与蚁，价银七十四两。张万氏往田经理被阻，争角呈控，沐断张万氏所当五斗大小五丘，令蚁与张万氏暂各平种田二丘半，俟邓元浚秋收另觅买主接买，还银赎田，蚁等遵断具结备案。中间不虚，甘结是实。

【咸丰二年七月初一日土百户叶廷耀禀】

为禀明下情，恳恩察究事。情朱文炳具报无名猓夷凶掳人口一案，蒙批候验缉，并札饬该管土百户严拿务获究办。缘朱文炳被害报案，土职因缴军需，在城未家，所有掳毙人口地界土职未查虚实，妄禀介落沟番帕乌他等招主在案。沐准添唤，应不妄渎。兹土职查明凶掳之处地名黄草梁，系与苗出交界，原系大盐井地方。至介落沟与大盐井两堡地业，以老鹰岩分界，自道光二年，朱文炳之故祖佃砍毛茹树，原限三十年退还山树，并无杂树在内。近被朱文炳霸砍杂树，招佃高姓开垦种地，利己害夷。今六月初二日，被掳之王解匠业已逃回，土职同耆宿甘启龙向问凶掳情由，伊言凉山野夷六人扰害情真，并无熟夷在内。为此禀明下情，恳追朱文炳佃约字据，祈恩做主。

【咸丰二年十月初一日邓文礼恳状】

（年二十一岁，住河边，距城九十里）

为夺霸揩害，恳恩做主事。情张兴隆以欺良弊害等由控民在案，民以恃豪害良情词诉明案下，蒙恩讯断，曷敢冒渎。缘张兴隆约当民父田垰，殊伊夺霸民湾子坎水田一石五斗耕种，但此田丘，民父在日，押当数主，共该银二百零五两。因民家贫无偿，民已央凭周地保等理说，各当主均各拢前，令民出卖此田，摊还银两，如无买主接留，甘愿分种此田。惟张兴隆并不向前，夺霸卡揩，贪耕不吐。民被伊恶恃豪霸业，贪种粮田，惨遭陷害，民出无奈，只得衰恳仁天赏究作主，饬伊接买立契，俾民深沾大德，顶祝不朽。

计开：各当主银数姓名粘单一纸

王朱氏银二十一两，此田实当。

陈联魁银四十八两，此田实当。

邓士院银二十两，此田实当。

张顺银二十两，此田押当。

邓士锦银十两，此田押当。

刘朝选银十五两，此田实当。

单朝相银十两，此田押当。

葛芳春银四十两，此田押当。

邓士扬银十一两，此田实当。

邓建喜银十两，此田押当。

以上十人，共该银二百零五两。

黄开举控案

（1）【成丰二年十月初八日梁昌兴诉状】

（年三十二岁，住河边，距城九十里）

为牵诬控累，诉明恩电事。情道光二十三年，民父梁基林佃耕黄开举之父黄文章水田三石，每年田中分收谷把，收去民压租银三十两。不幸民父梁基林亡故，致黄文章亦亡，民租耕此田，黄开举父子当有教主，分耕各种，民只得田三斗栽种确实。所收民家压租银两，分厘未给。民被伊害，举家难生。今黄开举具控邓士纲在案，将民牵连案下，诬民串弊抗租等情。是民约佃伊田，斗数载明，注清压租银两，惨民银去田空，遭伊控累，只得赴案诉明，恳恩察究。

（2）【成丰二年十月十三日邓士纲诉状】

（年六十五岁，住河边，距城九十里）

为套当套，租量老欺弱事。情道光二十四年，黄开举将伊水田三石当民管耕，价银一百六十两，当约为凭。因被黄开举支父黄文章串同梁基林套租栽种，每年均分田谷，租约为凭。套租入手，民未得分田谷，竟被黄开举欺弱估霸，分佃数主，瞒心昧骗，民止得种小田七丘。民前控沈县主案下，断令黄开举缴给当价，伊抗未缴。去岁伊复刁控，沐洪县主审讯，仍断黄开举给还当价等情，伊恶欺藐违抗。今又支使伊母阻民分谷，恃妇撒骗。似此套当套租，量老欺弱，民遭陷害，银租两悬，举家性命难生，己业惨被耗散。今伊控良在案，为此诉乞大老爷台前赏准施行。

（3）【咸丰二年十月二十六日黄开举恳状】

（年五十岁，住河边堡，距城九十里）

为恳恩做主，赏卖偿债事。情民自采挖白牛、西成二厂，花费油米，负债共一千余金，致各账主纷纷催讨。民无奈，向民迈母商议，将祖田三石、住房一院，业请凭客保头人在家治酒，理说两次，俟民急觅买主变卖此田若干，凭众摊还。比蒙各账主见民实无出办，个个允诺，惟邓士纲不遵众议，恃强阻霸，以致延业未变。窃民欠士纲本银只有五十七两一钱七分，还过银十两，钱四千文，簿据可凭。嗣哄民夜至伊家，重利堆算，威逼民出立借约，令伊长工立字。况民所该账主不止邓姓一人，粘单呈阅，昨蒙讯断，曷敢妄渎。民今若不叩恩恩台做主，卖变田房，凭地方首人摊还，民命受逼无聊，只得冒恩垂怜。

计开民欠债单：

欠邓元林本银一百两，有约。

欠邓元粹本利银九十六两，还过白米十一石五斗，还过钱十三千文、广布五件，外银六两。

欠宋万受本银七十四两、利银八十四两，还过银三十一两，借去被盖一床、被套一个。

欠曾二哥铜钱四十千文。

欠邓许氏本银五十两。

欠周黄氏本银五十两，还过银九两七钱。

欠蒋黄氏本银五十两，还过银二十两。

欠张二哥本银三十两，还过银二十一两。

欠宁大爷本银二十两，还过银五两。

欠邓武先生本银三十二两。

欠罗广发布银十七两，还过铅六百斤。

欠杨先生铅银一百两，还过银二十六两，钱四千文，外白皮褂一件。

欠邓士纲本银五十七两一钱七分，还过银十两，钱四千文。

欠叶银匠本银六十两。

欠刘天成号货银二百一十六两。

欠杨万顺号货钱四十五千三百文。

欠张客长本银八十两。

欠余盛隆本银一百五十两，还过三十四两五钱。

欠周德和本银八十两，又借钱一百串，外欠货钱三十六串。

欠陈米客米银四十两，还过钱十一千文。

欠罗乡约铅银四十两。

欠曾掌柜铜钱七千文。

欠世昌店铜钱六千文。

欠正兴号铜钱四千文。

欠黄四哥本银二十两，还过银八两，外去硃红小泥马肉子一个。

欠邓米客银六两。

欠陆客人银六两。

欠陆先生银七两。

欠李长子银八两。

欠李水客银十一两。

欠高水客银八两。

欠梁、李、唐、张四姓共押租银八十两，钱二十串。

【咸丰二年十二月初二日猓夷呢兹告状】

（年二十八岁，住靖远营波罗汛山水沟，距城一百八十里）

为叠害夷良，诬骗不休，受累难甘事。情夷胞兄曰曲苦种度话，夷同业产守分聊生。去岁五月间，忽被汉民刘狗儿飞骗夷兄曰曲捆去伊子刘添呷，控经波罗汛传问抵实，并无此情，伊子现在伊家，已沐了结。今岁冬月十八日，夷兄曰曲去往杨老大家下收讨猪钱，因杨老大与刘狗儿同房居住，时遇婚娶，夷兄因酒醉卧，是夜刘狗儿邀同数人将夷兄曰曲捆绑，诬称打毁伊物，交波罗汛转送靖远营秦哨主衙内，未沐省释。致〔至〕刘狗儿之弟刘老四因租种民弟兄地业，欠包谷租子三石八斗，冬月二十二日刘老四搬移，夷妻曰列往收租谷，拉伊猪畜一只，殊刘老四诬称抄夺等情复控哨衙，勒索不遂，惨夷兄曰曲被责枷示，受累遭害，情不得已，泣叩呈恳大老爷台前赏准施行。

【咸丰三年十一月三日番夷沙甲等诉状】

为诉恳做主事。情朱必成买番夷沙甲水田三斗五升，旱地一斗，价银九两八钱，夷又田地共七斗，卖与伊胞姐谢朱氏，价银十五两，伊又买番夷英杯呮、姚受保水田三斗五升，价银八两，并买有番夷撒拉别旱地二斗，价银三两六钱，均立有卖业文约，价足契明。不料朱必成于本年九月二十八日夜被贼偷窃，失去文约，十初一日，朱必成以被窃失物等由具存在案。缘朱必成被盗失约，情真确实，因伊无凭管业，向夷等所说。夷等甘愿当凭引进中证长命保等另立卖约与朱必成存执，恳恩施恩赏准做主，以便朱必成永远管业。

【咸丰三年十一月十八日杨学浩结状】

为结状事。实结得杨学璋具控民霸业逼约一案，缘杨学璋有水田五斗，伊兄杨学珍私自串同民出当与穆如楷，作当价银三十两，嗣后又从民转拨与毕有功，杨学璋才来案下具控。蒙恩审讯，民不应朦混转拨，将民掌责，毕有功甘愿让去银六两七钱，今杨学璋措办银二十两五钱，当堂呈缴给毕有功承领。所有先前约据，概行附卷，其田归杨学璋管理。中间不虚，结状是实。

【咸丰三年十二月二十三日李如玉诉状】

（年五十九岁，住石庄，距城六十里）

为招认不给，移害累良，诉恳添唤事。情夏光荣具控民揹勒压银一案，缘咸丰元年十月初二日，夏光荣租民水田三石一斗耕种，每年租米七石，民收伊押租银六十两。因民子李攀桂该欠王仕彪债账，争竞控案。本年九月间，民子李攀桂将夏光荣租种之田提出一石二斗当与王仕彪，当价钱八十千文，白银十七两，其银当面招兑与夏光荣，扣还租田一石二斗压银，下有水田一石九斗仍归夏光荣耕种，民算收伊押租银四十三两。殊王仕彪招认押银，抗不给与夏光荣，屡讨屡推，民又同夏光荣亲向理讨，王仕彪不惟不给，反行逞凶恶估。今夏光荣不得银两，惟民是问，控民在案。民被王仕彪当田揹银，招认不给，移害累民，情实难甘，诉恳添唤王仕彪到案质讯。

【咸丰七年闰五月二十五日番夷阿布等诉状】

（年三十岁，住打药堡，距城一百八十里）

为藉案拖累，诉明下情事。情王久顺具控李奇彩刁逃伊妻郑氏一案，诬控夷阿布知藏地主在案，着落番夷□□。缘王久顺所娶郑氏系是萧遇龙之妻，萧遇龙住耕夷地，度活终朝。萧遇龙亡故，有伊亲人李忠焕将郑氏领回盐源县三道水地方去讫，王久顺娶配郑氏为婚，又在南安沟地界住坐。至李奇彩有无刁逃郑氏，夷隔弯远，毫不知情。夷招李奇彩之舅父徐文相住耕夷地，并来招佃李奇彩。伊等控经庙顶汛完息之后，李奇彩远扬无踪。今王久顺藉案拖累，只得诉明下情。

【秦绪纲当约】

立出当水田文约人秦绪纲。情因需钱使用，无处出办，父子商议，愿将自己祖遗水田二段，坐落酒密窝踏水桥，东至水沟，南至碾沟，西至滩泡，北至齐秦姓田上；一段坐落关帝庙门首，东至齐王姓田，南至齐墙垣，西至齐水沟大路，北至齐庙墙，四至分明，并无包占别人寸土在内。其田共十五丘，请凭中证，出当与陈六保名下耕稀，即日当凭言明当价铜钱共九十千文整。比即钱约两交，并无下欠分文，亦无货物债账折算。自当之后，任随陈姓耕佃管理，秦姓家门予侄不得异言。倘有重皮夹当界址不清之处，一力有秦姓承当，不与陈姓相干。赎取之日，钱到田回，二比不得揹勒，日后永无当加估卖之说。空口无凭，立约为据。

五谷丰收	凭中人	曾必焕
		潘文通
	代字人　张巨源	同在
成丰七年九月初八日	立出当约人秦绪纲	

【咸丰十年四月四日余登洲等告状】

（年二十七岁，住河边，距城九十里）

为奸贪揩赎，恳提作主事。情民弟兄先将祖遗水田一石五斗当与猓夷卢维举耕种，当价钱一百六十千文。当后数载，咸丰八年，民弟兄事务紧迫，将此田出卖与民人殷洪川，价已议成。殊卢维举奸贪田业，不准另卖，愿加民弟兄银二十两，比止给钱六千文，套民弟兄出约付伊。讵伊心怀狡诈，套约入手，躲匿不面，□经二载，银约两悬。无奈，去岁十月，将田仍卖与殷洪川为业，立约过契，即请中证还伊当价。殊伊居意揩勒，不收当价，抗延及今，估霸栽插。似此设计套约，揩赎估霸，良弱受欺，只得告乞大老爷台前赏准施行。

【咸丰十一年十一月十八日番夷王兆纯告状】

（年二十六岁，住那加凹，距城三十里）

为折当卡揩，贪业陷害事。情咸丰八年，夷借邓启凤白银二十两，夷以水田十三块约种五斗抵借压当，每年行利无抗。今岁九月间，夷还伊本银十两，下欠本利一时无银楚给。邓启凤勒夷将田出当，不要压借水田，逼夷另当上段水田十四块约种七斗，实当与伊管业，以该欠本银十两、利钱二十千文作为当价，套立当约，比云随当接买。殊邓启凤折当入手，延抗不契，兹夷负债莫偿，止冀变业售田，夷央中证董长太等向邓启凤言说，将此田业杜卖与伊，就当承买，讵伊推揩不契，恃富欺贫。似此折当卡揩，贪业陷害，情迫不已，叩恳提究。

【咸丰□年李开富诉状】

（年三十二岁，住河边，距城一百里）

为诉明诬骗事。情民叔李仕俸因夺占民分管水田，栽种灯草，民凭刘大朋向说，伊言李仕俸承认收割灯草均分后，将田退民管业。殊李仕俸收去灯草，民未得分。本年六月三十日，民挖田埂，经管田业，民叔李仕俸向前阻挡，出言不善，民各回家。讵李仕俸恃尊压卑，将民具控分主案下。民被控害，本月初四日，民从凹古脚山路来城控案，并未与李仕俸同路。因遇邓士钦将民拦劝，民未兴讼。初五日，民同邓士钦一路回家，并未见视李仕俸，原无同路行走等情。今李仕俸溺毙性命，伊子李开贵（后缺）。

【咸丰□年王邓氏告状】

（年六十岁，住挂卜，距城七十里）

为骗欠诬害，恳赏提究事。情民侄王金才该欠氏豆子二石，有文约可凭，愿将伊旱地一块抵压作当，自借未还，屡讨屡抗。今岁二月二十五日，氏着子王金亮秒犁压借旱地，殊王金才纵妻高氏向前阻挡，将氏家犁头打毁，氏闻争竞，氏往询问，讵侄媳高氏恃恶泼骂，将氏揪殴，氏心难甘。王金才央凭王洪林劝说，伊与氏赔礼，氏已容忍。事隔数日，王金才抬冤诈害，诬骗王金亮殴落高氏胎孕，伊捏情栽害，将王金义、王金亮呈控厅案，票唤未讯。伊恶健讼滋端，诬赖不休，遭伊骗欠叠害，受累莫何，只得恳叩提究。

擦耳呷等控案

(1)【光绪十三年八月初五日团首擦耳呷等恳状】

（年四十五岁，住扯羊堡，距城四十里）

为恳究移害事。情沙咱一支里结等先年住民等扯羊堡，在夷兵房换班当差。俟因换班莫牛老毙夷兵房，伊等迁居数年无异。目今里结复搬居民堡山顶，隔民等十里之路，伊霸种山地，惹是生非，贻害地主。今有王姓指控里结使娃窃马等情，但里结与阿合子一家，足呼系阿合子之侄，其有兹切住五里牌，未在民堡，若不诉恳做主，饬夷兵唤里结等到案，受累难当。

（2）【光绪十三年九月初七日土职金国仲禀】

为据情恳恩赏除害累，以安民生事。情职管属扯羊堡住居沙咱一支黑夷里结等，自周军门剿办投诚，换班当差，均听管束。俟因换班莫牛毙命夷兵房，伊等估不当差，乘势迁居。兹复搬回扯羊，并又勾结普雄夷人，估搬数十家来至扯羊，不由地主招佃，又不抅租，反将扯羊粮户十余家所有熟田熟地竟被霸耕。兼之不守国法，恐酿祸端，贻害地主。职因土差团练稀少，寡不敌众，难以教服，而扯羊地主现遭伊等害无所归，棲身无地，大粮站米无业耕种，不能完纳。兹夷等在王千户地界捆李洪顺子女，并窃王姓马匹，事主报知土职。为此呈禀仁恩做主，以除害累，以安民生。伏乞赏准施行。被禀肆霸移害黑夷里结、足呼、达别等使娃数十人。理合呈恳宪台俯赐察核。须至禀者。

【光绪十八年六月初八日番民康应才告状】

（年三十五岁，住寨子，距城六十里，歇户恒昌店。）

为遵批恳提事。情民控合且等掳抢贻害一案，沐批曷渎。缘民等羊橙沟地方先年已卖与黑夷曲呼，伊招合且等住耕。冤由汛兵陈正伦不查来历，估派民等联团捉夷，贻害民叔康何咱等三人被夷掳捆，抢羊二百头。民等请步万春等保上加保，抢匪合且向民四户要银四百两，金子九两，限十一日不过金银，仍将人羊交还凉山。民等家寒，难措金银，人人夷巢，害累难归。为此恳提质究，虚甘倍咎，迫切告乞大老爷台前赏准施行。

（二）开矿

【雍正四年十月十八日宁番卫守御冕山所事建昌卫中前所牒】

〈上略〉据宁番汛千总杨泽厚呈称，军职屡奉宪谕，查拿私挖子古别矿厂铜头，前安抚司土妇米氏将彭见仁等六名拿获，拘在刻妈木，经署宁番卫锁究枷号讫。军职查得子古别厂仍有流棍在彼私挖，是以责令安抚司、通事谢天德前往复逐，拿获客棍五名，湖广人二名：唐思贤，张广先，江右人一名：梁成，云南人一名：李兴堂，本地人一名：徐召吉，解报到职。据此，理合添差呈解，伏乞转报究夺，等情到职。据此，卑职查得私开矿厂，久奉严禁，又经责令汛弁会同有司差役不时稽逐，无如不法流棍藏匿深山，私开私挖，贻害地方，兹据千总呈解私挖子古别矿厂客棍唐思贤等五名前来，除收禁外，相应具文呈报。〈中略〉

问：唐思贤，你是哪里人？为何违禁私挖矿厂？从实供来。供：小的是湖广长沙府静州人，小的由云南到建，又到宁番两年，做工糊口。去年三月里，听得子古别厂上有人，小的穷人图利，是真就到厂上。这蛮子丫巴鸟济容赊油米与小的做工本，不料五月里前任崔太爷趓厂走散了，小的欠下蛮子油米账，就被蛮子拉住作当，不得出来，替蛮子家砍柴背粪。九月二十三日，安抚司家二百余蛮到子古别蛮村，把小的们五个人拿出来的。今在法堂上，不敢相哄。又问：你同伙多少人私挖矿厂？供：去年厂上有四五十人，如今没有人了。诘问：还有偷挖的人，你不实说，就要夹了。供：有人，土司家就拿出来了。子古别原是蛮地，每月给山钱3两银子，从趓厂散了就没人给了。又问：这蛮子那个土司管他？供：这是摩梭，没有土司管他。总是小的们该死，穷苦无奈，望老爷超释。

问：张广先，你是哪里人？你到子古别厂上去挖矿，从实供来。据供：小的是湖广永州府祈阳县人，遵母命来寻哥子。去年三月十八日到宁番，四月二十八日到子古别厂上，不想哥子五月初十日死了，欠下阿子别银子，五月里就趓了厂，蛮子把小的拉住作当。又问：你不是挖厂，蛮子为什么拉你作当？你不实供，夹起来，夹。供：小的哥张吉光同张胜先合打槽子，欠下阿子别蛮家银子，哥子死了，伙计走了，蛮子说你哥少我们的账，拉住湖广人作当，小的不得出来。九月二十三日，土司家蛮子到子古别把小的拿来是真。

问：梁成，你是哪里人？你为什么到子古别厂上私挖矿厂呢？供：小的原是江西吉安府永新县人，在宁番五年，做些小生意，他们湖广人欠小的些酒账，小的去年四月到厂上去讨，又带些盐菜去卖，讨不得账，何公亮叫小的在他火房照看，每月给银六钱，做火头煮饭。听得趱厂，他们都走了。他们欠了蛮家的账，蛮家把小的拉住，小的出来不得。问：他们都走出来，你为什么不走？供：小的老了，走不动，没奈何。老爷问现在的人，小的讲虚话就领死罪。

问：李兴堂，你是哪里人？几时到子古别私挖矿厂呢？供：小的是云南楚雄府镇南州人，到宁番四年，熬酒度日。兰富卿吃了30多斤酒，去年三月小的到厂上要酒钱要不得银子，又没本钱，兰富卿叫小的同他合伙打磕子，打着矿还你银子，小的在他家火房是真。又问：你们都是偷挖厂的，你还不实说，就要夹了。供：小的在兰富卿家做干分子，每月一两银子是真，欠下蛮账把小的拉住作当，八月里土司家蛮子到子古别拿了小的们来的。

问：徐召吉，你是哪里人？从那一年到子古别私挖矿厂呢？供：小的原是客籍，住居宁番胡家嘴，因家贫少吃没穿，做些豆豉盐菜，于三月十九日上厂去卖，还没有到厂，在蛮家害疟疾九个月，欠下蛮家的饭账不得还，到彭见仁家火房寄饭，小的又会做铁匠，打斧子，在那里想多得几文钱。不想趱了厂没生意，还不得账，蛮子拉住小的作当。又问：你既在厂上，明是挖矿的人，你说这些话解脱你的恶吗？夹起来。供：夹死小的也是这话，不得打哄。〈下略〉

【雍正十一年六月十二日成都县等详文】

〈上略〉缘雍正五年建昌一带番蛮不法，大兵进剿时，有先存后阵斩之儿斯总耆宿董不呷额鲁，并先存后阵〔斩〕之案不阿布，各有父母潜匿打约地方，暗助为虐，经大兵进攻剿平，而董不呷额鲁，案不阿布之父母已被官兵剿戮。雍正十年有紫古别厂民罗奇山等，蹁得本厂山后得有铜矿，开采煎试，当被先存后斩之儿斯堡蛮不木哈咱加经过看见，告知先在官取供后病故之哈布转嘱先在官后病故之审各咱之女瓦密，及先存后阵〔斩〕之大加那阿布之女阿纳，往报儿斯各堡耆宿。而董不呷额鲁顿起凶心，首先为恶，商同案不阿布并先在官后病故之哈树阿兹等，纠约今在官之卜路呷，及今在官之年希并哈布等一百余人，各不合于雍正十年三月初三日乘厂商翻山挖矿之时，过河肆凶。董不呷额鲁以箭射倒一人，年希又不合以石击死，卜路呷又不合持枪戳死一人，哈不〔布〕又不合持棍打死一人，各入河，尸身漂没。时天尚未明，众商奔窜，多半逃回，余俱落河。复有同行先存后阵斩喳凹堡蛮加呷娘自尔等跳入河内，捉起矿夫段贤文等五人，帮掳一同而回时，先存官后病故之紫古别堡蛮撒加别同儿斯过河杀厂，思欲乘机劫夺，亦不合纠约先在官后病故之长毛约等二十余人前至古布紫布地方，撞遇逃回之商夫，复加凶杀。经该地方文武衙门禀报，蒙督部院委员带兵相机办理，而逆蛮董不呷额鲁复不合愈肆其逆，强挟各堡番蛮分路堵河，有今在官之窝言别更不合放枪惊营，又今在官之李不即即李不济更不合潜越河东，纠约今在官之阿喳麻子，劫杀字识王弘一玉，射伤客民苏有龙、胡兰支，以至白宿凹、麦地沟等处逆蛮各不合于大兵渡河进剿之后，乘机劫夺，射伤营马。种种不法，蒙督部院节次奏请，遣发官兵进剿荡平，除拒敌逆蛮当阵斩杀并擒获正凶，即于军前正法外，将应讯对质各犯先后解省。〈中略〉卑职等随即会查案内册报解省有名番犯，除狼卡加卜等十四名于冕宁县未解之先已经病故外，其懒坎七儿等二十二名俱系中途病故。又首犯一名独溜溜因中途在逃，经拿获受伤，在冕宁县监身故，其哈树阿兹等七十六名，卑职等遵即带至，当堂逐一隔别研讯。

问：哈布，你是哪一堡人？今年多少年纪？那厂上挖铜商人是你起意去杀的吗？从实供来。

译供：我原是窝卜堡人，今年三十七岁，因讨了儿斯堡的老婆，她不肯过河来住，我就在儿斯住了三年。那一日我在河边看羊，有两个丫头也在河边看羊，是不木哈咱加过河回来对我说，他看见有商人又在那边山挖铜，我叫两个丫头去告诉儿斯七堡，他们就生起事来，过河去杀汉人的。〈中略〉又问：你说去过，必定晓得是哪一个为首起意去杀人的。又是谁去约各堡的人同去的？一共杀有多少人？你动手杀了几个呢？

译供：是秃别爵古堡内董不呷额鲁同案不阿布两个起意要去杀人。哈树阿兹同年普拉是商量约人，都是那九个耆宿打发人去约的，共去有一百多人，杀有十多个汉人，天黑看不明白。还绑了五个来，别的也有走了，也有落在河里淹死了。有一个拿刀子来戳我，我一棍把他打下河去了，我只打得这一个人。〈中略〉

又供：从前听见有商人开厂时节，这董不呷额鲁、案不阿布就要报仇，过河去杀。那紫古别们听见有这话，去年正月里有紫古别耆宿莫喷拿一根红腰带、一匹布到儿斯来说，有商人到我们地方开厂，又有两位官府同来，恐怕你们儿斯人去杀商人，故拿这匹布〔和〕带子来对你们说，不要过去杀人，杀了商人，我们同你都不好了的话，那董不呷额鲁们也就止了。后来听见商人又过这边山挖厂〔矿〕，那董不呷额鲁又要过去杀了。〈下略〉

【乾隆元年刘永成等供状】

问：刘永成，你是哪里人？于何年到冕宁？作何生理？你同王国瑾、谢才炳三人怎么商量去偷挖砂基厂？在外纠合汉番有多少人？叫何名字？从几时挖起？共挖了多少矿？又在何处煎了几次？共煎得多少斤数？怎样分了？谁人运送米粮？二十九日营兵带了你到厂上实在看见多少人？有多少炉火器具？逐一从实供来，免得动刑。供：小的是湖广长沙府人，在冕宁南街做小买卖，有十二个年头了，并不敢做犯法的事。雍正十三年，小的把一石茶赊给雪坡喇嘛，没来还账。去年四月里，小的去讨，二十七日到处歇在七今姑家，二十八日被孙管带队了七个兵，就把小的拴了。那王国瑾、谢才炳是先在那里的，小的素日原不认识，据他说也是讨账的，营兵把谢才炳也拴了。小的当时说我是来讨茶账的，若是偷厂，这里离厂上有一天的路，他们不依。到二十九日早，要小的三个同他们到厂上去，王国瑾、谢才炳不肯去。小的没奈何，替他背上炒面，同到厂上，只见有一二十个蛮子都走散了，把小的拴在河沟里一间竹棚子内，并没见什么炉房器具。诘问：查你的初供说见有五座小厂，又见把厂烧了，如今又供一间竹棚子，并不说烧了的话，你们伙同蛮人偷挖，听见来拿你们，先走开了。那厂上既有蛮子，又有五座竹棚，定有器具火炉，你如何推没有看见？如不实供，就动刑了。供：小的实是去取苓账的，并没有伙同他们偷挖。三十日带小的到厂，天色晚了，就把小的拉进口里拴住，原见有四五间竹棚子，拴小的一间棚子里只有一口小锅，余外实没有器具火炉，三十日把小的带起来，营兵把厂烧了是实。又问：你们到糯白瓦桥头，有□□□□□人犯，你们看见没有呢？供：小的在糯自瓦桥头，只见有个蛮子拉住他儿子，是拿石头□□，□□攉他，又去解蛮子要牛索予拴他，那个蛮子又不肯，闹是有的，没有见抢人是实。

问：杨松、周君旺、刘仲义、胡方仁、罗绍武、左新安、王文盛、刘松如、高玉连、肖尚忠，你们是那里人？在冕宁作何生理？为何私入夷地？都到勒丫地方去，分明是伙同人去偷挖沙基厂，把矿砂搬到勒丫，你们在哪里煎烧的了？你们把偷挖煎烧的□□，及到糯白瓦桥看见西番们用擂石要打抢人犯的事情，各从实供来。据杨松供：小的是陕西人，在县里做买卖，因有些盐布赊给勒丫堡子番人没有完账，小的于去年四月二十三日到那里取账，二十五日单把总到堡子来，差兵叫小的们去说，我来查拿偷厂的你们在此做什么，小的们说取账的，单把总说，既是取账的，限你三日讨清随我出去。小的们遵依取了三天账，就要辞回，单把总又不肯，说再住两天，等厂上拿了人，一同回去。到五月初二日，才起身回来。五月初四日进城，就叫人押住送到黄副爷衙门，就送在□县周厅主衙门收管了。后来蒙陈县主会同黄副爷审明，不是偷厂的，取保在外，只求超释，小的实在不是偷厂的人。去年回来，从糯白瓦桥头经过，原有个蛮子拉住他儿子不肯放手，营兵要解犁田的蛮子牛索拴他，那蛮予不肯争闹，旁边有几个蛮子来看热闹，兵又把他们撺开了，并没有看见什么擂石是实。又问：那勒丫地方在开炉煎烧，若不是你们又是那些人呢？你在勒丫住了八九日，定然知道，从实供来。供：小的在那里并没有见烧炉的，实在不知道。〈中略〉

胡方仁供：小的是江西人，在这县城里做的多年买卖。因雍正九年上，奉□□□□□□开厂，小的把些盐米烟布赊出在勒丫的番人，后来厂闭了，就讨不上账来，坑陷住了，去年四月里去取讨，并不是偷厂的。二十六日单把爷吩咐，三日内取了去，到初二日把小的押出解在县里来的。余供与杨松、周君旺供同。

罗绍武供：小的是江西人，做剃头生意，在县城南街开铺子，又卖些盐烟，有西番赊去了些，赴他们收菽子时候去讨，故此去年四月二十四日到勒丫，二十六日在单爷上回明了的，叫快些讨了出去，到五月初四日，送到县里来，详了私入夷地的。余供与杨松、周君旺供同。

左新安供：小的是江西人，在冕宁做些小生意。雍正九年开官厂，小的盐米烟布赊给土番们了，不期后来封闭，就拖欠下来。账总讨不上，只得去年四月内到勒丫去，寻他们要是实，并不是偷厂的。余供与杨松、周君旺同供。

王文盛供：小的是江西人，在这县里做买卖久了，去年收拾要回□□□□□□□□□拖久了不还，四月内收菽子的时候只得去讨，在勒丫堡子遇着单把爷去查偷厂，□□□□□□同他们一齐出来，谁知就把小的详了私入夷地。余供与杨松、周君旺供同。

刘松如供：小的是江西人，在城里开铺子，因蛮子取了些货去，不见还，去年四月二十三日，身去要账。〈中略〉

高玉连供：小的是江西人，在冕宁开个小铺子多年了，有些烟布盐米于雍正八年开官厂的时节，赊给蛮子们了，后来封了厂，账就取不起，拖了这几年不得回家，去年四月在勒丫取讨。〈中略〉

肃尚忠供：小的是江西人，雍正十三年上来的，有叔子在这里做生意，小的在帮他，因西番欠了些盐帐，去年四月内叔子对小的说，如今菽子收成了，你去把他们的帐收了回来，小的二十四日起身，二十五日到勒丫。〈下略〉

李金山等控案

(1)【道光二十四年五月二十日李金山等告状】

（住洪雅县，距冕城三百六十里）

为招佃掠佃，恳究串害事。情民等家贫无业，本年四月初八日，前往拉牯山经凭臧裁缝佃明小□呷等夷地，作挖金船营生，当议每月共给佃金三厘。讵伊惑招，民等负贷工钱食用，置修伙房家具，今将月余，收租不遂，另支伊夷约撒等，并串不知名目多人，掠去民存金衣物，复将伙房并毁一空，害民赤惨迫叩。

计呈被毁伙房家具财物粘单

一、买伙房一间，买瓦板去布三件，雇人工修理去金八厘，米二斗，包谷面三斗，尺八锅一口，锄一把。

一、张升名下被掠去金二分八厘，毛蓝衫子一件，马褂一件，汗衣一件，小衣一条，荒钯二把，挖挖子二个，快发财二根。

一、李金山名下被掠去金三分二厘，毛蓝布衫一件，小衣一条，大刀一把，小刀一把，㦬锯三连，平锄一把，推鉋三个，凿子五把，铜罐一个。

沈兴隆名下被掠去金三分六厘，毛蓝布衫二件，马褂一件，小衣一条，大刀一把，小刀一把，平锄一把，锯子二连，推鉋四个，船子三十架。

县正堂批：查尔系洪雅县民籍，并非土著，官民越境，擅入夷疆，违禁私挖，亦未赴县具禀有案，在尔已有应得之罪，被掠之后，具控何益？姑候移查唤讯夺。

(2)【道光二十四年六月二十八日张升等甘结】

为甘结事。实结得蚁等具控小□呷等招佃掠佃一案，蒙恩宣讯，缘蚁在拉姑山淘挖沙金，因蚁李金山、沈兴隆往砍番夷小□呷等坟山树木，被伊等将蚁等木匠器具估拿，复将蚁张升旧火房烧毁，以致呈控。今沐确讯，蚁张升私淘沙金，并无被抢金物情事，不应妄控，已沐免究。至蚁李金山等木匠器具，断令小□呷等还给，蚁等一并领讫，再不滋事。中间不虚，甘结是实。

谢长益控案

(1)【谢长益等合约】

立写合伙同办磹硐人谢长益、黄飞贵。二人商议采挖宁远府所辖地方烧鸡湾日来号新草皮，采有吉地，更名紫金，离此十五丈，采一穴更名天仓硐，二硐合伙同挖。二人情同意合，各名下愿出本银五十两，以作挖矿之费。如银不敷，二人照股再派，添银作本。倘神天赏赐矿发连塘，内除各名下本银油米零用支费等项，磹硐滋事生非用费概行二人同任。矿发之日，二人均分，不得谁强谁弱。倘有二意，神天鉴察。如私将磹矿私顶私卖，查出实情，自甘认罪，将油米言硐概行付公，二家不得异言。此系二人情甘意悦，特立合伙约为据。

神天赏赐　　　　　　　　　　　　　　　　凭证人　周万寿

矿发连塘　　　　　　　　　　　　　　　　　　　　周运世

　　　　　　　　　　　　　　　　　　　　　　　　舒焕然笔

道光二十八年四月十六日　立约

(2)【李洪贵等佃约】

立出佃磹硐文约人李洪贵、曾万兴二人。佃到谢长益、黄飞贵二人名下紫金、天仓二硐，即日三面议定，日后砍发连塘，谢、黄不得异言，仍抽硐分，李、曾二姓不得吞谋。倘有吞谋硐分，自甘认罪，仍将砍硐退还，外有账目不与李姓相涉，原有厢分任归邓国良名下经收五斗。恐后无凭，立佃约为据。

砍发连塘　　　　　　　　　　　　　　　　凭证人　周万寿

　　　　　　　　　　　　　　　　　　　　　　　　黄世学　同在

　　　　　　　　　　　　　　　　　　　　代字　李朝喜笔

道光二十九年正月二十日　立约

（3）【咸丰元年三月二十八日谢长益告状】

（年四十一岁，住西成厂，距城一百八十里）

为霸尖殴逼，人影无着事。清道光二十八年，民表弟曾万兴同民来西成厂生理，有黄飞贵同民采挖紫金、天仓硐二口，立有合约，民去油米银四百余金，已获硃硃。黄飞贵染病回建，民因父故要归，曾万兴、李洪贵立约租民紫金天仓两硐，每硃一百斤，民抽硃二十斤，俟民来厂清算。民归母病，在籍羁留，曾万兴之母控民在遂宁县，勒民要曾万兴。今来厂清理硐硐，已被雷军犯、谢蛮头人等霸挖，抽去硐分银一千余金，有孙老八、吕潮贵向说，伊见雷军犯等殴打曾万兴、李洪贵，推下荒坡，民投唐硐长等，恶不赴理。霸硐殴逼，人影无着，民只得奔叩。

（4）【咸丰五年谢长益告状】

为霸硐殴逐事。缘民籍遂宁，道光二十八年，民表弟曾万兴同民来西成厂邀黄飞贵办紫金、天仓、地库硐三口，费银数百获矿。黄飞贵病回，曾万兴、李洪贵与民租紫金、天仓硐，每矿百斤民抽分二十斤。民母病回籍，被谢蛮头人等霸硐估挖，将曾万兴等殴逐荒坡，吕潮贵眼见，藉抽硐银一千余金，概窃民名搪抵厂务。去三月，民来厂经理，硬估不退。民控冕宁县李主，沐准勘讯，硐断还民，谢蛮头人比立退硐约据粘卷。民办齐油米赴厂，硐夷阻路难进，今正进厂接硐，谢蛮头人违断，支伊弟谢满五等硬估霸挖，民叠投县十三词，貌抗塌悬，累今二载，民人卖衣供食，惨民佃硐曾万兴等被殴无踪，民难回籍，硐遭恶霸，无奈上叩。

（5）【咸丰五年五月十六日谢长益等供状】

问据。谢长益供：遂宁县人，道光二十八年来在两成厂与黄飞贵采挖紫金、天仓硐硐共二口，立有合约。后来黄飞贵害病回建，小的表弟曾万兴同李洪贵立约租小的硐硐挖办，每硃一百斤小的抽二十斤，存积在厂，俟小的回籍来厂过给。今年小的到厂清查，硐硐已被雷军犯、谢蛮头人霸挖，清问表弟曾万兴去向，吕潮贵说他见雷军犯把曾万兴、李洪贵殴打推下荒坡，不知下落的话。小的投唐硐长们理说，雷军犯抗不赴理，小的才赴案呈控的，求讯究。

问据。谢蛮头人、刘面人同供：咸丰元年，小的们同雷春发、郑忠在西成厂采挖紫金硐硐一口，承办上课。今年二月间，谢长益到厂说紫金硐是他与黄飞贵开挖，曾万兴、李洪贵租去挖办，每百斤他抽二十斤硐分，如今小的们采办，把曾万兴、李洪贵殴打推下荒坡，不知下落，投唐硐长理论，才来呈控的是实。

问据。吕潮贵供：小的先前在西成厂帮谢长益、黄飞贵们看紫金、天仓硐当砂丁，后来黄飞贵、谢长益先后要回籍，把硐硐租与曾万兴、李洪贵挖办，被雷军犯们说紫金、天仓是废硐，他们估去挖办，小的就没有管是实。

（6）【咸丰七年五月十八日谢长益等供状】

问据。谢长益供：小的遂宁县人，道光二十八年来西成厂同黄飞贵与杨开泰、代永发顶挖紫金硐，采办立有合同为据。后来黄飞贵与小的都要回籍，才雇曾万兴帮小的看挖办理。到咸丰五年，小的又来厂上经理，已被谢蛮头人们估将此硐采挖，小的才赴案呈控。今蒙票差查勘，实系小的与黄飞贵们顶挖，已沐客约厂保们具禀。府宪批示：三月不挖，作为废硐，今蒙审讯断令，小的们遵照府批具结就是。

问据。谢蛮头人供：咸丰元年，小的同雷军犯们在西成厂采挖紫金硐，谢长益与小的说过是他采办的话。到六年二月间，谢长益来厂说他与黄飞贵们顶挖的话，小的不允，他来案具控的。前蒙票差查勘，现有厂保们具禀，府宪批示：三月不挖，作为废硐，断令谢长益遵照府批，小的具结就是。

问据。马以德供：小的在西成厂挖办礁硐生理。咸丰五年二月间，谢长益来厂投说他的礁硐已袱谢蛮头人们估挖的话，小的没有与他们理论，谢长益赴案具控，小的来案候讯的是实。

问据。杨开泰、代永发同供：道光二十八年，小的们来西成厂采办紫金硐一口，因没钱开办，又要回籍省亲，才将比硐佃与谢长益采挖。到咸丰六年二月间，小的们来厂查看，谢长益怎样被谢蛮头人把此硐估挖，小的们并不知道是实。

(7)【咸丰七年十一月西成厂丁书赵清等禀】

窃丁书等蒙府主派管斯厂，屡奉示谕，厂中一切事件，遵照向定章程办理。凡礁炉各户争砂夺矿事件，轻则在厂了结，重则由厂禀官解究。至开挖礁硐，停歇三月不挖，作为废硐，任听他人采办，向定章程，各厂皆然，前经历任府主示谕在案。兹于十一月十六日，奉恩役陈林、王荣奉票到厂，赴廨投验，提唤渊长益具控谢蛮头人等霸硐殴逐一案，等因。奉此，查此案谢蛮头人即礁户谢长伸，此案已于七月十二日奉前县主票差提唤，于十六日业经具禀禀复在案。兹奉提唤，旋令厂首复将此硐原尾〔委〕开办情形逐一确查明白，即将全案人证唤齐，以便交差解讯。今据厂保首人等禀称，紫金硐实系谢长伸于咸丰元年来厂自备油米集丁开办之硐，前已报明在廨，有案可稽。后被邓文斗、戴老大、杨老三等先后叠次控争，均未批准。令谢长益已在邓、戴、杨三人之后，尚敢公然藉故混争，希图朦霸，叠经府县批饬未准。今复叠控，蒙前县主提讯，实系谢长益藉控朦霸，业经将硐断归谢长伸开挖，今已七年之久，仍复屡次捏控，痴心图霸，扰乱厂规，陷害硐民，以此效尤，嗣后谁敢办厂。再查谢长伸实乃厂中良民礁户，非只办紫金硐一口，现办礁硐数口，已有引导，现获微矿。兹值冬令水涸之际，现在饬令各礁户尚紧攻采，以期丰旺，未便分身赴案，致将礁硐停歇，废弛厂地。查此案人证，现据厂保各首人屡晰禀明，现已涣散回籍，亦有物故，谢长益亦未在厂，无从提唤，理合肃具芜禀，恳祈恩台俯赐详察，据案详复，邀免提讯，庶几厂务清宁，合厂幸甚，实为公便。恭请金安。

县正堂批：据禀已悉，仰候如禀转详销案。此缴。

(8)【咸丰七年十二月初二日厂保卢丙力等禀状】

为禀明事。情十一月十六日，有恩役陈林、王荣等奉票来厂，提唤谢长益具控谢蛮头人一案，原被人证，着令首等协同提唤。首等即同来役向各炭山礁砂炉房逐一清查，奈此案人证雷军犯业已亡故，席满五、郑忠、李老人等均各回籍，谢长益亦未来厂，实无从提唤，只有谢长伸一人在厂，现在办理礁硐数口，独办紫金硐、吉发硐，伙办长兴硐、四美礁、天元硐，均有引导，可以采办，现有三口已接微矿，势有成效。各礁人役甚众，日食浩繁，油米各项均是谢长伸一人兼理支应，难以分身。且只谢长伸一人到案，亦无从讯结。再查紫金硐实系谢长伸于咸丰元年来厂自办油米各项，独力开挖之硐，挖至咸丰四年，有邓文斗来厂，见之眼热，冒称硐主，具控在县，未准。后有戴老大、杨老三二人伙串，屡次府县具控，均未批准。于去岁二月，有谢干鱼鳅即谢长益来厂与谢长伸往来，否识挟何仇忿，突又冒称硐主，捏控混争，蒙前县主提讯，究出实情，系谢长益藉故生非，将此硐已断与谢长伸名下开挖，具结备案，谕令回厂尚紧攻采。今未数月，否识是何弊窦，又赴府捏控，业已官廨禀复在案。今奉恩主票差提唤，只得将先后实在情节据实禀明，祈恳恩阅恳免提讯，以肃厂规。为此具禀。

【咸丰四年四月初六日张咕噜等供状】

问据。张咕噜供：小的在青岗坪开店生理，与夷人当有山场一分，因何聋子、黎老五、周管事、朱瓜瓢、陈宗文、任聋子们先后与小的说知，大家在小的地内掏挖沙金，不料恩主访闻，将小的们唤案的。今蒙审讯，小的不应招留何聋子们掏挖沙金，将小的们责惩，取保回家，日后不敢招留淘挖就是。

问据。何聋子、陈宗文、任聋子同供，小的们都在青岗坪开店生理，黎老五卖瓢生理。又据同供：小的们先后与张咕噜说知，大家在他地内淘挖沙金，不料恩主访闻，将小的们唤案的。今蒙审讯，小的们不应淘挖砂金，均沐责惩。小的们央叶百户保回安分，如日后再有淘挖沙金的事，准叶百户是问就是。

问据。叶百户供：张咕噜们都是在土职所管地方居住，因何聋子们邀允在张咕噜的地内淘挖砂金，不料恩主访闻，将他们唤案责惩的。如今土职愿保他们回家安分，若日后他们再有淘挖的事，土职把他们捆缚送究就是。

【咸丰五年十月二十五日陈兴盛告状】

（年五十岁，住灌县，歇家永禄店，住三角地街）

为群痞期搕，上叩提究，以肃厂规事。缘民在恩属西成厂采办朝阳硐，去岁至今，始获微矿。在厂流痞，各生嫉心，或平空栽骗，或藉事生方，或诳控越西吓诈分赃，或架讼禀宁指撞串搕，痞则窥民鱼肉，差则视民奇货。民已将受害各情投明官廨场保，层层可质。缘今本月，民硐内出石滚运坡下，偶伤朱三儿脚皮，朱三儿行走如常，毫无妄言。旁出痞恶朱复山冒认为侄，串控冕宁，希图讹索。票差、刑仵来厂，差勒要银二十四两，指官要银四十两，刑仵要银六十两。民凭黄义顺、卢丙力劝说，总共过付钱五十一千零。差役陈林等犹不允许，估将民伙陈德盛拘县，补足方释。民无力措办，尚受折磨。岂料一害未了，二害又生。突有屡犯厂匪马顺彪平日与民毫无辗轕，商串县署家丁赖二捏写词状一张，诬民欠伊银一百两，赖二声称纸已递上，系伊挡下，因此同来厂地，劝民给还。民投官廨集理，实无欠账情事，众阅词状，又无格式戳记，明系朋比作奸。伊等谋骗败露，复欲串窦图害。惨民远来孤旅，负本办厂，无非上丰国课，下裕民财，今遭平白滋扰，仁天若不究正，流痞日炽，厂规废弛，匪特民难安居，恐有采办之人亦无锐志。为此恩天分别提究，以肃厂规，以安客旅，如仍批回冕宁，伊等朋害，势有难生。

曾世华控案

（1）【咸丰十年二月初八日曾世华等诉状】

（住沙鸡厂，距城三百里）

为诉明事。情去岁二月，民等采得沙鸡厂废硐一口，当邀陈铁匠等四人伙办，今已数月，花费油米数十余金。至冬月，突出王文新前来妄争，当投官廨理说，伊并无实据。况现有明诏，停歇三年，作为废硐办理。况且亦非伊硐。殊王文新不遵示禁，于腊月二十九日夜督率周么大等十余人，抢霸硐尖，劫去什物，粘单呈电。殊伊肆横，不遵厂规，捏词妄控，似此猖狂，惨民等费去油米工资，负债莫偿，一旦被伊劫霸，情实惨伤。厂有坏人滋扰，众皆畏害不前，无人采办，国课短绌。今蒙提讯，只得据实诉明。

（2）【咸丰十年二月二十八日硐长吴德元禀状】

为据实禀明事。情道光三十年，有王文新之胞弟王文仁同陈铁匠在三班二五地方采办硐尖一口，因油米不敷，暂且停锤未办，二比商等，拉借油米，仍复排班招丁采办，故延年。余今有文新来厂，伊弟文仁回籍，今伊胞兄文新同陈铁匠采办。至去腊二十九日，陈铁匠不令文新得知，私串曾硐长即曾世华估霸承办。后王文新知觉，即凭炉户与民等理剖，陈铁匠自愿均分股分与王文新。殊曾硐长、吴永成在中估霸不依，以致王文新赴辕叩究。蒙恩准究，票唤二比随役赴辕候讯。民不敢护庇隐匿，只得据实禀乞。

【光绪七年正月二十三日周保受诉状】

（年三十九岁，住坎到底，距城十百三十里）

为挟伤裁害，诉恳电察事。情去岁六月内，周赵氏招集金匪在民住处挖金，因阴雨连绵，粮食不熟，众姓相商，将金匪撵散，有民在场。不料十月十六日，伊家被抢，殊伊挟民撵厂仇忿，将民诬累在案。蒙赏票差，将民唤获，拘禁在卡，应候发落，曷敢妄渎。但伊被抢之日，刘老七身故埋葬，民在伊家相帮，民不知悉，如此挟仇裁诬，害民冤遭不白，情实不甘，为此诉恳察究。

【光绪七年七月初八日任仕朝诉状】

为串夷冤害，叩恩唤添事。情有王白禄与番夷张正顺等租山挖金，议取租息钱40千文，布19件，开垦将近6载。陡于去岁十月十六日，伊串同夷匪哈都马、瞿租老二统领数百夷匪，以碾〔撵〕山为由，将民堡内22户肆行追杀，居家老幼逃散在外。俟后平靖归回，家有老母八旬有余，民逐日佣工养馆。殊有张正顺被王白禄具控伊有通夷等情，民慨不知晓。讵伊官事费用，伊无端勒派民帮银15两，民被夷抢害，现口无粮，未认给分厘。伊陡起不良，以坐视不理将民词控在案，沐恩赏准唤讯。伊系堡内惯行搕诈，无恶不作，只得据实拦舆诉恳仁天做主。

【百户达永章等禀】

为督弊捏害，酷刑勒搕，禀恳作主事。情土职叠奉冕宁县札，抄粘炳照，自接札谕，职弱势孤，聚同职属粮民李星亭等时行往查金厂痞匪及进山油米等件，未敢疏懈。忽于九月初二日，获得金匪四人，不敢擅行私盘姓名，比速送交怀远哨署，殊料张领哨见财昧心，将金匪等鲸吞饱囊，竟行私放。一时放后，畏过难饰，又恐职禀究，始受伊兵刁谋，串买土棍杨启明于初七日以窝匪害良护匪渔利等语捏控职并李星亭在伊案下。伊即行暴灭理，口称伊系军门谊势，便作无虑，故率兵十余于十二日突将职并李星亭殴锁至营。否识何弊，不进衙署，竟寓关帝庙改设王法堂，身背圣牌，虎坐惊天，不由分说，百般酷刑，后又肘锁押署，逼索钱银。职无奈，始于十八日夜静带刑脱逃。李星亭难脱，无奈始从话证屈说，承认铜钱三十五千文，托周万兴出飞保放。职思世受恩职，遵体办公，今被张哨弁酷刑搕害，李星亭世代清白粮民，亦被无端刑搕，均实心血难甘。似此狼毒欺诬，飞冤搕害，若不叩恳天恩做主，职办公维艰，地方粮良多累，冤屈无底，是以无奈肃县芜禀，哀乞天鉴。

（三）借贷商业

1. 高利借贷

【乾隆十一年二月十七日余长受供状】

讯据余长受供：小的住在打鱼村，因兄弟进保在冕宁落石地方住，与那里夷人达居相识。乾隆八年内，他同达居到打鱼村来与阿呷对亲家，达居就与小的打了弟兄。他见小的有两匹马，就说他有一个丫头要卖，叫小的与他买，小的把1匹枣骝骟马、1匹黑骒马与他去了，他丫头也不与小的。欠到去年七月里，才拿1条牸牛来抵小的马钱。小的问过达居怕是短头牛，他说是冕宁鹦沟结子与他还人钱的，小的凭着夷人牛迫们留下的，原不知道是短头牛。小的在七月就卖与李朝贵，作价银十两，止现收过一匹马，算银五两，下欠五两，至今不与。到本年正月，李朝贵到小的家，说牛被西番认着拉去了的话。那时小的也不在家，至后回家，才听见这话。〈下略〉

【嘉庆五年一月三十日夷民莫莫告状】

（年三十二岁，住冕宁阜宁乡，太平塘二甲，距城一百里）

为套借衣项，反行搕害事。缘去岁八月，有邓逢耀着伊子长寿保至夷家中，借去缎马褂一件，面云暂用一时，次日给夷。后过日久，未见交还，夷向伊取，伊总支离。至本月十七日，夷又问伊理取其衣，执意伊恶顿起骗心，说未借夷衣服一事，反诬夷身赖伊借衣，定要索夷银三十两与伊赔礼，如银不便，逼夷立写田房押当。然夷切思借衣不给，反且搕夷，谁不伤心。明系伊恶惯行不法，往往搕人，过犯多端，真堪发指。以此具控，恳恩追究，虚实攸分。为此告乞青天大老爷台前赏准做主法究除蠹施行。

【嘉庆十年三月夷民烟庄告状】

（年三十四岁，住冕宁县夺鸟，距城三十里）

为盗宰耕牛，报恳严究事。情有小盐井夷人者答该欠江西王正立之账，无银还给，将黄牛只折算与正立，因正立未曾耕种田土，将此牛出卖与夷，作价银六两五钱。夷因无银，原许到沙鸡厂交价，今牛价尚未交还。夷因得染烟病，殊料此牛仍回者答家中，二次俱即找回。不料冬月初七日复回伊家，被恶者答父子二人乘机将夷耕牛偷宰吃讫。至十二日，夷病略好，亲往伊家拿获牛索1根，皮毛柄据，即欲赴辕具报，奈夷烟病复发，至今方愈，曾报明头役袁松柏等。只得叩乞青天大爷台前做主施行。

【道光二十年七月十五日胡合顺诉状】

（年五十三岁，住冕山，距城一百二十里）

为串害捏控，诉提质究事。情蚁兑欠张恒顺钱六千三百文，已还钱三千文，下欠钱三千三百文，限去年九月楚给。蚁因出外，至去腊月始回，伊叔张洪兴言蚁逾限，勒加利钱九百文，蚁共还过伊钱六千二百文，止欠伊利钱一千，蚁已抵面兑招与袁姓还偿。本年五月二十六日，张恒顺向蚁复索争嚷，有文开凤等扭蚁子胡正安朋殴。蚁投毛客长等理说，蚁将前欠伊利钱交毛客长手还给，殊张恒顺、文开凤等串控捏禀。切蚁兑欠之项加利偿还，蚁予胡正安又被殴伤，遭串捏害，只得诉提文开凤等到案质究。

高京才控案

(1)【道光二十三年十月高京才诉状】

（年三十七岁，住城内西街）

为忘抚昧骗，串亲扛帮凶伤事。情沈德华以兄殴弟妇等由控民在案，缘民父亡母故，遗弟高京德无人抚持，是民教习手艺，与伊婚配。因伊手事空乏，托民代伊拉借王姓白银十两，至今数载，累民垫还本利银二十六两七钱。因伊在前帮民作活，屡次支用费项，已于道光十八年凭堂兄高京品当面算明，民弟高京德共该民钱十三千零八十五文，簿据可凭。去年七月内，伊复托民拉借本钱，至今尚欠钱四百二十文，民被钱主催逼，向伊收讨，殊伊负骗昧良，串伊内兄沈德华手执木棒殴民周身受伤，反行捏词妄控，蒙恩唤讯，为此缕情诉乞大老爷台前赏准施行。

(2)【道光二十三年十月二十日高京才等供状】

问据。高京才供：高京德是小的胞弟，道光六年父亲亡故。兄弟年幼，小的抚他长大，与他婚配沈氏，又教他手艺，开设皮铺生理。十八年分居各住。今年二月间，小的替兄弟与王老么赊十三条羊子，合钱十四千六百文，兄弟还过十吊，下欠四千六百文未给。九月二十六日，王老么来门逼讨，小的去向兄弟索要，兄弟推缓，小的说他久不给还，累及受逼，弟妇说小的骂他，就与小的抓扭，小的正在分辩，沈德华走来就拿木棒把小的打伤，反来县控的。今蒙审讯，小的弟兄为账争角，沈氏无知抓扭，沈德华不应凶殴，沐将伊等分别责惩，令兄弟将所欠羊钱如数呈缴，给与完欠，小的具结承领就是。

问据。高京德供：小的今年三十二岁，父母亡早，是胞兄高京才抚教手艺完配，分居各住。今年二月间，胞兄替小的与王老么赊买十三条羊，合钱十六千六百文，还过钱十吊，下欠四千六百文。小的因到厂害病，回家没钱还给。九月二十六日，胞兄向要羊钱，小的推缓，他不依逼讨，妻子沈氏说胞兄骂她，向她抓扭，妻兄沈德华走来才拿木棒把胞兄打伤的。今蒙审讯，小的不能管束其妻与兄揪扭，本应枷责，念小的患病免究，将沈德华、沈氏分别责斥。小的具结，将所欠羊钱缴出给还胞兄完欠，日后敬兄和睦，再不生事了。

【道光二十五年李在仕等清单】

道光二十四年七月初四日，有李在仕邀民合伙当宝利，伊出银九两五钱，李满大、郑老五出钱九千七百文。李在仕三人收过数目：

缝衫子三件，去钱三千九百文。

缝汗衣三件，小衣二条，去钱二千二百文。

买顺毛皮褂一件，皮领褂一件，去钱四千五百文。

买枣马一匹，去钱六千五百文。

取广布十一件，去钱八千七百文。

收花生三十斤，合钱六百文。

收过钱二次，共十千零二百文。

收过烧酒七百五十斤，合钱十七千七百文。

李在仕三人共收过钱五十四千三百文。

李在仕三人在民家住，七月初四日起至十二月止共食饭四百五十餐，酒肉零星，共算明该欠民钱十一千文，伊三人分文未得〔给〕。

【李曾氏借约】

立出借银文约人李门曾氏同子复龙。今请凭中借到何合泰名下白银五十六两整，比日三面言明，每两每月行利一分，其银借至腊月内一并相还，不得短少分厘。空口无凭，立借字为据。

不误信行

凭中　邓怀元

何曰有

代字　李华荣笔

道光二十八年八月初八日　立约人前名

【李华国借约】

立出借银文约人李华国。因为与何姓所欠鸦片烟银，何姓所要，无处出办，只得请凭证说明，借到李洪才名下银二十三两，垫还何姓。比日三面言明，每两每月行息分半，其银借至来年收冬，本利相还，不得短少分厘。空口无凭，立字为据。

不误信行

凭中　马成良

向运贵　同在

道光三十年六月十一日　立约人李华国

【李华璿借约】

立出借银文约人李华璿。因为与何姓所卖鸦片烟银十两，何姓所要，无处出办，只得请凭中马么爷讳成良借到李洪才名下白银十两，垫还何姓。比日当面言明，每两每月行利息一分半，其银借至不拘远近相还，不得短少分厘。空口无凭，立字为据。限至来年收冬相还，不得短少。

不误信行

凭中　马成良
向运贵　同在

遭光三十年六月十一日　立约人亲笔

【道光□年十二月十九日陈源坤等供状】

问据。陈源坤供：〈上缺〉初九日陈益元就令他侄子陈荣受同姚士华们到小的家塞闹，揪扭小的，把儿子陈海清按伤，隔两日死了，来案具控的。前蒙验讯，沐把小的一并带案确讯。今蒙审讯，陈益元不应以红飞钱六千文本利折算银四十两，显系大利盘剥，小的业已给清，亦不应复行索要，酿出祸端，实有不合，饬令他将银四十两赶紧押缴来案，以便充公，再行讯结就是。

问据。陈益元供：陈源坤具控小的纵踏毙命一案，前蒙验讯，小的业已据实供明在案，沐把小的带案确讯的。今蒙审讯，小的不应以红飞钱六千文本利折算银四十两，显系大利盘剥，陈源坤既经楚给，小的亦不应复行索要，酿出祸端，实有不合，饬押小的将银四十两赶紧垦缴来案，以凭充公，再行讯结就是。

【兹果慕借约】

立出借钱文约人兹果慕。今因一时不便，要钱使用，无处出办，情愿请凭中借到胡宽怀名下铜钱五千文整。比即凭中三面言定，每月行利三分，限至十月内本利一并相还，不得短少分文。若有短少，愿将自己祖遗山水田三坵，约种三斗，坐落龙厂侧边，任随钱主耕种，田主不得异言。恐后无凭，立借约为据。

信行不误

凭中　代字王承贤

咸丰元年七月二十七日　立约前名

【咸丰二年十月初一日王仕彪诉状】

（年三十八岁，住后所，距城五十里）

为支使泼骗，诉恳添唤事。情道光二十七年，有俞文万借去民银二十两，至三十年利息不清，民向收讨，俞文万说出伊胞兄俞文耀分使银十五两，伊止使银五两，二比抵实，各立借约为据，认给利息，俞文耀以当明王守先旱地一块作押，利未少欠。今岁正月，俞文耀凭俞文万借去民钱六千文，有约为凭。不料俞文耀亡故，殊俞文万奸心骗债，支使俞文耀之妻俞王氏乘夫亡故，违约昧骗，不认借银。本月十二日，民投知首人，至二十四日，民种伊押借旱地，讵俞文万奸计百出，唆拨俞王氏撒泼肆害，具控民霸耕殴媚在案，是以赴案诉明。恳准添唤俞文万到案讯究，为此抄粘呈诉。

计粘抄约三张。

立写借银文约人余文耀。今请凭中借到王仕彪名下白银十五两整，比即当凭议定，每一两每年悬〔认〕约利息苞谷一斗五升，其立秋之日市斗过携，不得少欠升合。其银自借之后，不拘远近，本利如数清还，不得少欠分厘。倘有本利不清，愿将自己当明王守先之旱地一块作当，到期无本无利，任随王姓耕种转拨，余姓不得异言。今恐人心不古，立字为据。

凭中 刘玉文

余文万 同在

代字 周升荣

咸丰元年正月初八日 立约前名

立字借钱文约人余文耀。今请凭中借到王仕彪名下铜钱六千文整，即日当凭议定，每千每年行利息钱二百五十文，借至冬成，本利如数相还，不得少欠分文。倘有拖欠不清，愿将自己当明旱地一段任随钱主耕种，借主不得异言。恐后无凭，立约为据。

凭中 余文万

代字 魏有章

咸丰二年正月三十日 立约

立字借银文约人余文万。今请凭中借到王仕彪名下白银五两整，比即当凭议定，每两每年共行利息攦豆子六斗。其银自借之后，不拘远近，本利如数一概相还，不得短少分厘。今恐人心不古，立字存据。

凭中 刘玉文

余文耀 同在

代字 周升荣

咸丰元年三月初一日 立约前名

【咸丰八年二月十五日胡宽怀诉状】

（年三十岁，住胡家嘴，距城八十里）

为据情申诉，恳察作主事。情道光二十九年，有猓夷王阿雀之父勺果借生故父胡象彩铜钱六千文，咸丰元年王阿雀之母兹果慕借生铜钱五千文，按月三分行利，均有借约为凭。自借未偿，屡讨屡推。今岁乡试之期，生赴省考试，因备办路费，生于三月二十八日去往王阿雀家下收讨借项，止有伊一人在家，伊抗债不偿，伊与生口角揪扭，扯落生腰带一根，生呈明白鹿汛周汛主。殊王阿雀赴汛捏控，抬奸诈害，已凭邻亲说和，原系口角相争，二比出有合同文约，两均具结完息。生在汛衙共费用钱十千文，有唐头人等过证。事息月余，周汛主使着令唐头人、胡世魁言说，向生额外要鸦烟十两，生未应允，因诈索不遂，复移恩案。王阿雀捏词呈控，生被害遭冤，为此呈诉。

【咸丰八年八月二十六日宋维新告状】

（年三十八岁，住长乡二甲，距城五十里）

为抗骗捏诬，恳提察究事。情本年七月内，有余廷耀向民父赊去菜油四斤，共该钱三百六十文，继后民父催讨，伊无钱给，套哄民父再补伊钱主百四十文，凑成七百，愿帮民父收获，以作一月工资。民父信实，如数找补。迄今本月二十二日早，民父着民喊伊搭〔打〕谷，殊伊横言抗估，与民吵闹。民即归家，讵料伊心怀狡诈，不顾廉耻，平白诬民与伊妻有奸，捏词具报高山堡汛，居心搯诈，伤兵唤民，始知恶害。似此套骗抗估，白肉栽钉，诬奸丧耻，理法难容，只得奔案，恳提察究。

【咸丰八年八月二十七日尹杨氏诉状】

（年四十岁，住西街）

为欺媚蒙骗，诉恳追究事。情咸丰五年三月，樊宗魁串弊伊叔樊文德硬保借民铜钱十五千文，四分行息，将王体祯红契押抵，借约昭然。四月间，又借氏米一石五斗，至七月合钱五千，嗣后在王二娃手兑还米钱，借项未偿。去岁冬月，氏向讨取，遭伊凶辱，即欲呈控，伊觉情亏，现还氏利钱六千文，余限今春本利归楚。至限抗给。六月间将氏叠殴，具控在案，验明伤痕。本月二十四日，蒙提讯究，殊伊捏以还过米钱挪抵借项骗说，註经借约，一味朦哄。兹沐复讯，氏除收伊利钱六千外，伊应该氏本利共钱三十千文，屡遭凶害，只得恩赏究追。

【同治十二年十二月初八日蔡学忠告状】

（年三十岁，住窝堡，距城一百二十里）

为卖业骗债，恳提察追事。情同治八年，邹永清胞兄邹永富借用民母养老银十五两，每两岁认苞谷利二斗五升。九年邹永清又借民母养老银十两，岁认包谷利二石六斗。〈下略〉

【光绪二十六年六月初三日谢阮氏告状】

（年三十岁，住长乡五甲，距城四十里）

为串抢劫楼，顶批再叩事。情氏以率抢窝赃等词拦控，沐批：候查案核夺。但曾占虎邀氏夫同伙又借银二百两，氏夫误中奸谋，拉借资本一千余金，共出毛铁二万有余，曾占虎贪串劫抢，将毛铁各物概匿戴朝会家。氏夫控准勘实，伊等反行凶殴，氏夫因伤毙命，迫氏控经各宪，批回严缉。曾元品拒捕伤差，戴朝会笞押贿放。窃伊等所恃不恐者，谓氏女流无力伸理，设能控准，即氏赃物，亦能贿弊弥缝，兹值仁恩荣任，不啻拨云见日，伏乞大老爷台前赏准施行。

2. 商业贸易

【乾隆元年十一月初一日夷民三兰诉状】

情因蚁喂养银合骗马一匹。于雍正十三年十二月幸阿咱与蚁赊马，当凭中证言明，作价纹银十二两，还过银四两，下欠八两。蚁屡次取讨，无奈只得将原马转卖必架，当面招对银两，蚁上门取讨无银，将车璩一串抵还银两。孰料必架偷来之物，原主控经冕宁县主，出差陈刚前来追取车璩，蚁不敢抗拗，只得退还原差。虎差借名勒诈必架追赔赤骗马一匹，银七钱，双连布二匹2，细布六匹，硬然一股鲸吞，竟不与蚁知道。〈下略〉

【道光二年二月二十四日何国荣供状】

问据。何国荣供：小的邛州人，何遇春是小的儿子。本年正月间，小的同儿子由家乡起身走打箭炉，在泸定桥买得麝香二个，重三两二钱，去价银八两，每两合钱七百文。小的们由小路进来，要到会理州去。儿子何遇春是个医生，带有丸药连香，装在褡裢内。本月二十二日拢案下城内歇，二十三日要去歇泸沽，挨黑时候路过沙沟营，儿子前走，小的落后，不料被猓猡四人、汉贼三人拦路用木器把儿子头上脊背打伤，抢去褡裢、麝香、衣服、丸药、钱文等项。小的走拢，儿子已经受伤睡地，贼匪跑逃，小的挽扶儿子到沙沟营邓家去，才请人把小的们送到泸沽喊报汛上，小的才赴案具报的，只求缉究。

【道光十四年十一月二十九日冕宁县告示】

照得田房税契，国课攸关，例应随时投纳，毋得积压隐漏，致干究办。查自本县莅任以来，民间买卖颇多，而投税者竟属寥寥，推原其故，必有无赖之徒包揽积压及该房等格外需索等弊，殊堪痛恨。俟一经察出，定即从严惩办，现在立等批解。为此示仰□差、乡约、客保、土职、耆宿、军民一切人等，自腊月初一日起，至封印日止，凡民间买卖成交，立有定约，许即赴县报明，其首先报信与自行投税者，按契价之多寡，酌予奖赏，以资鼓励。各宜凛遵，毋违。特示。

严禁使用小钱案

(1)【道光二十四年三月二十一日冕宁县告示】

为严禁行使小钱事。照得本县莅任方新，亟宜整饬地方，以禁私铸。近有一等贪利之徒，行用小钱，以致制钱拥挤，现奉大宪札饬各厅州县，严行查禁。近日以来，街坊市境仍然以小钱掺和行使，细加查访，皆由外来奸商于深山密菁，私铸铜铅小钱，带入境内，掺和用行，任意兑换金银，以致银价增贵，钱价贱落，私钱充斥日甚一日，实为地方之害。除饬差查拿务获究办外，合行示谕。为此示仰县属客商军民人等知悉，嗣后务须行用制钱，不得违示搀用小钱，如有铺户掺和使用者，许受钱之人指明禀究。其存积私钱之家，限一月内各自首缴，不加以罪。倘有奸徒以私钱夹带使用，一经查出，或被告发，定即从严究办。乡约地保如敢得贿包庇，或以查钱为名扰累无辜；差役人等，藉此搕索滋事者，查出重惩，绝不宽贷，慎勿以身试法也。凛之慎之，毋违。特示。

(2)【道光二十四年四月十二日冕宁县告示】

为严禁苛择钱文，以通行用事。照得铜钱由于官铸，行用须当随时，向有一等贪利之徒行使小钱，以致制钱拥挤，是以严行查禁。近日以来，街坊市境，有等无知之徒，凡遇交通贸易，竟将可以行用之钱，任意挑剔，故为选择，以致贫民有钱不能使用，被害不堪，殊可痛恨。况县属一带，上通滇南，商贾往来，杂用更与他邑不同，何得故为拣择？除将可用局钱另悬木牌以作示样外，合行示谕。为此示仰县属客商军民人等知悉，嗣后除实系破烂不堪使用之钱，不准行用，其余一切时行铜钱，毋得故为挑剔。本县不时严密差查，倘敢不遵，一经查出，定即从重究处，决不宽贷。凛之慎之，毋违。特示。

【道光二十九年冕宁县秋冬二季分银易钱文数目清册】

为专案行催事。遵将道光二十九年秋冬二季分卑县所属银两易钱市价数目，理合造具清册呈察赉核。须至册者。

计开：

一、秋季分，每银一两，换钱一千五百五十文，理合登明。

二、冬季分，每银一两，换钱一千四百五十文，理合登明。

【道光三十年五月二十日宁远府行】

为行催事。案查前奉宪檄，饬令各属将道光二十九年夏秋冬季分，市间银两易换钱文价值按季造报等因，当经前府转行，复又行催各在案。迄今日久，未据申赉前来，合再行催。为此行县官吏查照行催事理，希将道光二十九年夏秋冬三季分银两换钱市价，按季分起造册申赉来府，以凭分别转申，勿再迟延。此行。

【道光□年十二月杨关受等供状】

问据。杨关受供：小的在靖远密坡地方居住，去年七月间小的凭人买猓夷黑列马一匹，价银五两，布二件、盐五斤，当时交银一两，布二件。今年二月，小的把欠的马银四两凭原中魏元礼过交猓夷黑列去了。到九月里，这夷人噜租在冕山衙门具控，说小的买的马匹是他交与黑列卖的，冕山分主断令小的再给银四两与噜租，小的当就措办钱六千二百文，凭张客长过交汤全代缴给领。不料汤全把钱收下，又要小的再措钱文，小的无奈，才来呈控的。今蒙审讯，断令汤全将小的缴的一千二百文钱缴出给噜租承领，与小的无涉。小的出结备案，日后不致滋事就是。

问据。魏元礼、张永寿同供：去年七月间，杨关受与夷人黑列买马一匹，是小的魏元礼作成，价银五两、布二件、盐五斤。当时杨关受交过夷人黑列银一两，布二件。到今年二月，杨关受又凭小的把欠的马价银四两，也交与黑列。至九月里，这夷人噜租说杨关受买的马匹是他交与黑列卖的，未收马价，就赴冕山衙门具控。分主审讯，把杨关受押缴马价银四两。那时杨关受央请小的张永寿担保，缴钱六千二百文，凭小的过交与汤全代缴结领，那知汤全又要多索杨关受钱文，杨关受不允，才赴案量控的是实。

问据。汤全供：小的是冕山衙门差役，今年九月间，夷人噜租在冕山衙门具控杨关受马价未清，票差赵标、宋升承办送审。后来小的本官审讯，断令杨关受缴银四两给噜租承领，杨关受央请客长张永寿担保，把钱六千二百文交与小的代缴给领。小的叫杨关受多办钱文，不料杨关受不允，就来案下将小的具控。今蒙审讯，小的不应多索钱文，实是错了，沐断令小的将杨关受缴的钱六千二百文缴出给夷人噜租承领。小的遵断如数呈缴出结备案，日后不敢妄为滋事就是。

问据。噜租供：小的是猓夷，向在挨近越西凉山居住，因小的得了癞疾，众夷人给小的花马一匹，羊皮六张，把小的逐出。小的才到密坡地方，托猓夷黑列帮小的卖马，不想黑列把马卖与这杨关受，没有给小的钱文。今年九月里，小的才到冕山分县衙门具控杨关受，哪知杨关受又来案下呈控的。今蒙审讯，断令汤全将杨关受缴的钱六千二百文呈缴给小的承领，日后不敢再滋事端就是。

【咸丰六年五月二十二日宁远府札】

为札饬严查事。照得该县登相营等处安设猓夷巡防看哨，护送行旅，原为保卫行人起见。今本府风闻该猓夷等每遇商贾经过，必任意需索，稍不满意，即肆行阻难〔拦〕，甚至孤身客旅亦须索要钱百余文，迨至给与钱文，仍不护送同行，似此任意刁难，是卫民反以扰民，尚复成何事体？无怪近来该县境内过往客商被夷匪抢劫之案层见叠出，其为该猓夷等只图需索钱文，不为护送，以致失事，显而易见，言之实堪愤懑。合行札饬。为此仰该县查照来札事理，立即亲往确查，将为首需索之猓夷重责示惩，仍严饬该猓夷等以后若遇商贾经过该处，必须小心护送，不准需索钱文。倘敢不遵，即行严加惩究，以除积弊而免扰累行旅。〈下略〉

【咸丰六年六月二十四日冕宁县告示】

照得现在靖远一带地方夷氛不靖，每每大伙出巢抢劫商贩，大路梗塞难行，改由小路行走。讵料菩萨岗等处奸夷仍复勾结野匪肆行劫掠，殊堪痛恨。兹据该管土百户金得禄等来县承认，情愿统率土差夷兵团练等，在于小路各该管地面分段梭织巡逻，保护往来客商、驮运货物，使各奸夷等不致勾串野夷，窥伺劫掠。是该百户等已属好义急公，其巡哨之土差夷兵等自应准其查照货物多寡，酌取口食，以免枵腹从公，难期久远。乃访闻近日各处客商及远来之驮脚等，均皆乐于资助，以保客货，惟本处附近运脚人等，于受雇之时，即向雇主索取哨钱，图饱私囊，并不散给看哨之人，倘有不虞，仍归咎於哨兵，愚弄客商，情殊可恶，合行示谕。为此示仰进出商贩及驮脚人等知悉：嗣后尔等如由小路行走，经过土差巡哨之处，除由县运米赴西成等厂之驮脚不取外，其余出入商贩布卷货物，自须按照每驮酌给该土差夷兵等保路口食钱二十文，每挑酌给钱六文。在尔客商等所费无几，伊等积少成多，日用有资，保护更期得力，道路即可肃清。尔客商等，幸勿吝惜小费，即该驮脚等，亦幸勿贪图微利，致误雇主大事，是为至要。本县为尔等保卫财物，以利行旅起见，切勿视为具文，恣意吝啬，自贻后悔，本县实有厚望焉。致该百户等亦当严束土差团练等，严密巡逻，实力保护，不准格外需索，致酿事端，亦不得阳奉阴违，始勤终怠，致干查究，负尔初心。各宜凛遵，毋违。特示。

右示菩萨岗、青岗坪、拖乌等处交各该百户，用篾席粘好，早张晚收勿损。

【咸丰十一年三月二十一日宁远府札】

照得本府风闻蒋关山、三叉河等处近因大路时复梗塞，该客商等每由彼处进建，奈夷哨过多，至于空手过客，每人每哨俱要出哨钱一百文，有货者更要加倍，并无定数。按铜厂至冕总计哨钱一二千之数，并闻尚有不时抢劫等情，是以客商心存畏惧，因之裹足不前。似此再任多设夷哨，滥索钱文，必至商贾绝迹，除本府拟定设哨并抽取哨钱章程。由府出示晓谕随发张贴外，合行札发。为此札仰该县遵照，即将发来告示查收遍贴竹马至冕宁一带地方晓谕，并由该县斟酌何处应设哨之处妥为安设，遵照示谕章程，每驮准取哨钱六十文，每挑准取哨钱三十文，其空手过客不准向索哨钱。倘有夷人抢劫客货，该县务须认真严拿究治，并不时派差按哨稽查，不准多索哨钱，□□准格外私设野哨，以安行旅而免滋扰。仍将遵办缘由及张贴告示处所报查，毋违。此札。

【同治二年六月十二日土千户姜文富禀状】

为焚毁掳掠、凶害准甘事。情咸丰十一年五月内，客商徐合顺、江裕源、胡福本等运物至三岔河地方，被夷抢劫，伊等县报余老五等在前任李县主案下，蒙恩札饬土职查拿贼匪。土职于去岁五月间捉获抢匪挖大送案，沐讯拘押。讵料百户拿得禄受贿私保，恃势串害，贼夷挖大挟仇滋事，肆行抢劫。今岁正月挖大督率夷匪放火焚室，土职住房土衙烧毁无遗，并将土职捆入普雄。土职闻知毁掠惠安场等处系挖大率领扰害，良民受累，惨遭贼夷挖大泄忿凶害，焚毁掳掠。土职受害难甘，只得禀明仁天赏究做主，深沾大德。

李永聚源控案

（1）【同治二年七月冕宁县移】

为移请协缉事。案据民人汪洪顺等具控无名猓夷估劫〔李〕永聚源布匹，并抢去伊等骡马八匹一案呈称，情今七月初六，民同李学元等共邀骡马十九匹云云伏乞。后开被告弊串套保陈□头、周双应，脱逃保驼猓夷二人；凶劫估夺无名猓夷百有余人不识姓名；着落阿普落、过路马两地地保头人等情。据此，除皇批示并饬差查勘外，拟合备文移请协缉。为此合移贵官，请烦查照来移事理，希即转饬该管汛弁，督饬百户夷兵耆宿等，严密查缉此案正贼真赃，务获移解过县，以凭究办，望切望速。须至移者。

右移

冕山营都阃官王

（2）【同治二年十月初三日李永聚源告状】

（年三十岁，住寓南街）

为串贼吞赃，查获叩究事。情今七月，民被夷贼拦劫布匹，已报在案。九月初一，又在菩萨岗，殊夷贼吃惯甜头，叠抢去民棉花五十四包，连脚夫一并掳去。民比请人四路踩访，二十九日，有冯、王二人同王能子来说在白鸡甘姓家内，查获被贼抢去棉花四包，布十余件，尚藏匿广布十余卷，凭杨团头看明，仍交甘姓，□□比去看。殊杨团头伙弊陈老三串贼吞赃，复□□棉花二包，民上获二包，送赴来案。冤遭汉奸串贼吞赃，只得据实恳提究追，为此告乞大老爷台前赏准施行。

（3）【同治三年六月二十七日李永聚源领结】

为领结事。实领结得蚁具控杨团头等串夷吞赃一案，缘蚁贩卖棉花，在途失去四包，杨开生等赴山砍柴，看见猓夷背负棉花，往向杨团头报信，杨团头带领团丁追获二包，背回家中，被蚁查知，蚁疑伊等放贼吞赃，赴案呈控。沐恩审讯，伊等获赃报迟，致贼远扬，断令伊等垫赔二包，连追获二包，共四包，蚁当堂如数承领讫。中间不虚，领结是实。

【同治三年四月二十三日客民贾恒泰禀状】

为禀恳追究以苏民生事。缘民开设布店生理，原由雅发布来建售卖，以作生计。第于小象岭一路，屡屡被夷匪劫抢，不下数十余次，比即声报，未蒙追获，实有案之可稽。兹三月内雇脚户陈贵林由雅运建中布二十八卷，苦布二十九连，川烟四担，于二十四日行至冕邑杉木岭，被夷匪如数尽行抢去。夫杉木岭乃王千户所管之地界，况王千户现于每驮货抽钱二千文以作保哨之资。于沿途一路，又有看哨夷人，陆续收取哨钱，虽多寡不一，总计二三千之谱。且冕宁县又抽取厘金，于每驮货收钱三千二百文养勇接哨。既有属哨□□□，□□□哨之熟夷、接哨之练勇，责有攸关，岂容抢掠，或保哨之串弊，情节可知。况数年来迭遭掳抢，资本大折，脂膏殆尽，民心难甘。惟有衷恳宪天赏施仁慈，严提保哨看哨之熟夷追究，则行商沾恩无暨矣。

宁远府正堂批：夷匪拦路抢掠，大为商民之害，亟须设法查拿，方足以安行旅。仰冕宁县速即多派差团严拿此案夷匪，务获提同保哨熟夷等到案，按照控词确切讯明，追缴赃物，尽法惩办，勿稍纵延。词发仍缴。

【同治三年八月十五日陆廷兴告状】

（年二十五岁，住西街）

为串抢分肥，恳提察追事。情今春民等与建昌噜鸡河住居之服兄陆廷斌合伙贩卖黄风药材九百八十七斤，烟坭四千一百八十七两，含约可凭。服兄将货发出雅州，买回广布二十捆，棉花六百八十斤，线子五百二十五斤。三月二十四路过杪木林，被汉奸古保保等勾串夷匪八人将各物抢劫一空，掳去服兄，未卜生死，比有邹天喜、徐木匠眼见可质，又系喻儿子等接买赃物。四月二十三，民等往投首人，均未在。当凭地邻杨货郎等在李满大家抄出广布一捆零十九件，内有五件系民布匹，脚印可据。伊知情亏，认承如数替民清出，民留五件，余布退伊。讵伊刁狡，延不清查，反诬搕骗，民无奈拦舆具控，金批：遵式另呈。民即赴噜鸡河与嫂说知被抢根由，今始得归，只得遵批据实叩乞大老爷台前赏准施行。

卢福元控案

（1）【同治三年十二月十三日卢福元报状】

（年三十岁，住西街）

为拦路估抢，报恳缉究事。情本月初十日，民发广布棉花等货，已刻路过北三关垭口，突被无名猓夷三十余人拦路将民广布抢去三捆，丝蒙布抢去三百二十件，棉花抢去十五包，每包约重八十一、八十二斤，所有随带零碎物件以及行李，概被抢完，其被抢地方系李百户所管，只得迫切恳恩做主，缉贼追赃，戴德不浅。

（2）【同治四年四月十六日卢福元恳状】

为恳恩超释，以利民生事。情去岁腊月初十日，民被夷匪拦路抢去棉花布捆等货，报明前任潘主，当将猓夷合曲等七人拿获，押卡讯追。合曲等请人来说，愿帮钱四百串，但民常在小路来往贸易，若不恳恩作主，将合曲等超释，日后贸易，民难以行走，只得恳乞大老爷台前赏准施行。

【宁远府札】

为据呈札饬事。案据西昌县在民谢天增公呈称，为野夷复抢再恳作主事。缘民与张恒顺益前以拦路凶抢具报无名夷菲抢去布卷并戮毙脚夫情由在案，批：仰冕宁县会营勘验，督饬该管土司严拿正贼真赃，务获从重惩办。恩批甚明，焉敢再投。但民与张恒顺益□□□□抢去布卷尚无归着，今本月初七日，民伙在大树堡发广布四十一卷、苦布十六连，交马脚宋洪兴驮运来建。十一日，行至小哨上来山坡水精湾地方，离小象岭上有十里之远，陡被凶夷数百各执刀矛将民广布抢去七卷。苦布一连，马脚宋洪兴因见夷多，将马邀转站歇小哨，宋洪兴往越西喊报镇、道宪越西厅主，并报参府。十三日，马脚宋洪兴见同路人多，将布驮至小相岭过来龙潭沟下首，被夷数千杨旗呐喊，各执蛮刀，凶将民布抢去七卷、苦布四连，只剩布二十七卷、苦布□连未抢。木但凶夷抢去民布，砍毙货客三十多名，又□□□客捆去三十多人。蒙松潘领兵刘主见夷人多凶恶，随禀镇宪派兵二百名前后护送马脚，始将所剩之布驮来交民。况小相岭安有兵丁，龙潭沟派有夷兵，象鼻营冕宁县安有团练，均不追赶。野夷如此凶抢，若不恳赏做主，客商难以行走。此等野夷名〔明〕系该管土司护纵，惯行拦路凶伤肆抢，将来商贾难以聊生，为此投乞台前赏准施行。被投知情看哨夷人不知姓名，着落该管土司追要凶抢夷匪等情。据此，查前据该客民等以本年二月初四日贩运布匹，行至龙潭沟地方被夷匪抢去多卷，等情来辕呈报，当□□令□□会营督饬该管土司严拿正贼真赃，务获从重惩办。兹据呈称，十一、十三等日该客民等布匹复被夷匪在三水精湾、龙潭沟下首各地方先后抢去布卷，各该处看哨巡防之兵团勇不为追赶等情，如果属实，是团防皆成虚设。除呈批示并移越西厅外，为此札仰该县查照来札事理，立即会同越西厅并各营汛严查防捕怠玩之练勇人等，从重究惩，并将勘验缘由具报。一面会差兵役督饬该管土司严拿正贼真赃，务获从重惩办。仍严饬看哨兵练此后小心□□行旅，毋再仍前疏虞，毋违。此札。

右札冕宁县准此

三、习俗、家庭

（一）宗族家庭

【乾隆元年十月初五日宁远府札】

〈上略〉缘周朝举先年当身于武世贵之父武建功，约载以子侄相待，时武建功以亲生二子武世贵、武世荣幼小，将周朝举视如己子，更名武洪举，为之娶妻完配。迨武建功物故，武世贵不遵父命，将田产当卖殆尽，惟令武洪举同居耕种，称当身之人以奴雇相视，武洪举不幸复姓归宗，仍名周朝举，而犹在武世贵之家力作糊口。雍正十二年三月初九日，周朝举进拦取烟叶打碎鸡蛋，武世贵见而怒骂，并责其日前不与送还熊姓木头。周朝举不服，两相争骂，并伤犯武世贵之母，辄取木棍掷击武世贵脚上，武世贵随手接棍，又被周朝举掀翻倒地，武世贵拾棍还殴周朝举左肩胛，复因周朝举赶夺情急，连殴两棍，适中周朝举顶心偏右及耳窍等处，医治不痊，越七日殒命。屡审供认不讳，将武世贵依律拟绞，误报之梅忠馥、写结错误自行抹脖之刘芳拟杖，等因。援具题前来。查例载义子过房，恩养年久，分有财产，配有室家，若于义父母有犯，即同子孙取问如律。若恩养未久，不曾分有财产，配有室家，及于义父母之期亲有违犯者，并以雇工人论。又律内家长及家长之期亲殴雇工人致死者，杖一百徒三年等语。武世贵殴伤周朝举身死一案，查武世贵之父武建功先将周朝举立约当身，恩养多年，则武世贵实系周朝举家长之期亲，虽据该县详称周朝举因田产未分给，已经照凡人斗杀之条拟绞，与律不符，应将武世贵改依家长殴雇工人致死律，杖一百徒三年。〈中略〉但武世贵等事犯在雍正十三年九月初三日恩赦以前，均应免罪，仍照例于武世贵名下，追埋葬银二十两，给付死者之家。〈下略〉

【乾隆二十五年五月二日陆忠等诉状】

为恳恩苏释无知事。情缘蚁等火烧陆士边一案，在蚁等以为族中子侄不遵教训，累犯法纪，有辱先人，一时无知，用火燎烧。在蚁等蠢见不过做戒陆士边，望其改邪归正，孰知擅用非刑，罪恶难逃。蒙恩化导，愚民始知王章，痛悔莫及，虽立毙杖下，实蚁等自致之罪，无敢怨也。但蚁等生居边末，条例不知，恳乞仁天大老爷台前姑念愚民，格外施仁，恩同西伯，蚁等情愿认罚修理三峡桥路以赎罪愆，则蚁等有生之日，皆戴德之年矣，为此哀哀上诉。

县正堂批：尔等既知悔罪，姑予自新。刻即立限将三峡桥石崖绝壁凿开一条平路，以二尺为度，其外悬空处，在水沟底另下一排石柱，上安横梁，接搭浮桥，再宽五尺，连开出石路，共以八尺为度，桥边仍用栏杠。务须刻速修理完固，工竣报查。倘敢粉饰率混，察出二罪并发，断不能为尔等姑宽也。

【嘉庆五年正月二十六日夷民鲁加别告状】

（年六十八岁，住冕宁县中村，距城十里）

为贪谋无厌，逐子霸业事。情蚁父保寿生蚁弟兄三人，蚁名鲁加别，次名撒加，季名别列呷。殊伊二人乏嗣，于五十八年凭合堡亲族，抚蚁次子库保过继为子，承役当差，生养死葬，立约柄据。今别列呷夫妇亡故，蚁予依礼安葬，追修超度，众所尽见。陡遇狼心弟媳三以妈串同异姓人等，捏词诬控蚁子数次在案，蒙青天审结金批：今其各守一半，断伊自耕自食，门户库保承当，俟后再行定夺。蚁子谨遵。天所不收，违背争竞，兹有唆棍剪处、布恩呷、呷什别三人，系三以妈之弟兄、外甥，偷名暗控。窃思血侄承业，律所必载，女戚霸产，例无可凭。只得泣告青天太老爷台前赏准施行。

【咸丰三年六月二十八日夷孀巴者妈首状】

（年六十三岁，住五宿，距城十里）

为忤逆不孝，首恳作主事。情夷夫沙甲于道光十九年亡故，夷守孀抚子，不料夷子三姑叱不务正业，耗散家产，忤逆不孝，灭伦行凶。因伊当去住房与王老五，害夷借房栖身。今岁夷兄长生保给钱六千文，令三姑叱取赎当房，便夷住坐，伊将钱耗散，仍不赎取。六月二十一日夷问赎房情事，殊逆子三姑叱忤逆殴母，夷兄长生保向前抢救，而三姑叱灭伦行凶，现有夷妇申柯见证。如此逆子叠行妄为，忤逆不孝，实系情法难容，为此首乞大老爷台前赏准施行。

【同治三年十二月十五日族长陆志学、祠差陆启春、陆启华禀状】

为据情实禀事。情本年二月，有民等伯祖母陆步氏具首长房之孙陆关佑往任徐主案下，讯责民叔关佑在禁。至六月内，恩主荣任，徐主交卸，民等窥见不忍，伊又屡令伊妻再三央求，民等念伊家寒子幼，民见不忍，着令祠差陆启春等出名承保，蒙徐主赏释，民叔回家。殊叔不改前非，仍然荡游，不学正业。民思逆叔不但前月拆卖祖母正房墙壁砖瓦隐卖与人，亦不跟究；伊今腊月初四日，复窃祖母膳谷，伊反扭殴，喊叫邻人，将伊捉获，投知民等祠族，即将陆关佑扭送恩案。今蒙唤讯，民等不敢隐匿，为此禀恳法究。

被禀 仍性不改陆关佑

【光绪二年十月十一日族长李廷佐、祠长李廷模告状】

为贪业督霸，叩究横估事。情民族兄李廷辉乏嗣无后，先年抚民族弟李小娃为子，因被李廷彦夫妇刁唆不和，李廷辉投知民合族，将李小娃退回。比凭合族面言，日后李廷辉归民族安埋，所有业产入祠经理，数载无异。今李廷辉身故，突被李廷彦贪业，独霸主埋，横估偷当园地与谭代照。若不叩究，情理难容。

附：

【李廷辉舍约】

立舍园地方房屋文约人廷辉。情因年老乏嗣，凭族抚明象士为子，因伊不听教训，请凭族间将伊退回，自行生理，日后不得沾染。甘愿将祖遗园地房屋，周围树木，一并舍入本族祠内，以作祖宗祭需之资。但予在日，一切少衣缺食均由祠内支给，日后身故，凭族安埋，所有余积归入祠内，春秋化帛，他人不得侵吞。恐后无凭，立舍约为据。

祖宗默佑

凭族长　廷槐

祠长　　廷贾

房长　　廷芳

族侄　　廷模　同在

　　　　廷佐

　　　　象乾

代字　　象鲲

同治十年三月十五日　立舍约人廷辉

【高兴田兄弟永杜后患约】

立出永杜后患文约人高兴田、高永增、高相臣。情因弟兄为先前家屋账目捏故生非，先有合同，今又生非酿祸，弟兄鸣冤，沐饶县主吩谕五省首人查街等至庙理剖，弟兄各捏各言，难以分理。弟兄甘愿凭神发咒，从此先前家屋账目，高兴田、高永增二人心甘愿意，永远再不向高相臣生事，倘若后日再藉故向高相臣滋事，自愿认选之罪。自今当凭首人查街等了事之后，弟兄仍敦和睦，以后再不得妄言，日后弟兄再以大压小，如与小欺大难以担承。特立永敦和睦杜出后患文约合同与五省客会首人等庙内存据。倘后若言不复初，各来庙将合同揭出，照据治究禀办。空口无凭，立合同为据。

仍敦和睦

凭中　客长　周鸣岐

团头　张静波

石安邦

查街鄢　友

周林

代字　高湛廷笔

光绪二十六年四月初一日　甘愿出合同人

高兴田

高永增

高相臣

（二）婚姻

【嘉庆十三年五月二十三日护理四川靖远营游府移】

为汉刁夷奴，主悔霸吞事。本年五月十七日准贵正堂移开，本年四月二十九日据乌租告称情乾隆五十九年十月内夷凭媒娶得牛牛之女史卑与弟加士为婚一案后开，请烦查照来移事理，希将该丁杨老将并夷人资嘿等，及现拘押加士一并传唤到案，点交来役押解回县，以凭讯办。事关搕索，幸勿稽延，伫切伫速。〈中略〉等因。准此，敝护府随即转行，迅将兵丁杨福寿并夷人资嘿等，按名提唤到案，严讯确实呈解，以凭移覆质讯去后，兹于本年五月二十三日，据护中军陈守备呈，据署密坡汛外委李芬禀称，本年三月二十八日据汛属五马山住募西枝夷嚕呀诉称，为刁夷套哄，诉恳赏追事。情于嘉庆七年内，有拖柯磨住老虎枝夷加士，将伊丫头一口配蚁为妻，蚁费过大母猪一只、米三斗、酒八坛，成亲四载。于嘉庆十年内，加士将蚁妻叫回伊家做活，暗行卖至越西中所坝夷人□□为妻。蚁查实请竹翁夷人天保向说，加士自知礼亏，杀猪二只与蚁赔礼，承认赔还母猪一个，费过米酒折羊一对，限期交还。不料加士口是心非，延搁至今，无奈恶何，只得诉乞台前赏准追究，顶祝不朽等情。据诉，随唤夷人加士到案质询，当据加士供称，先前是蚁亏礼，错将丫头叫回另卖，前日接过嚕呀母猪米酒果真，后凭天保议还嚕呀之账，至今未给情实。询供无异，随将夷人加士着追问，适奉宪札内开为汉刁夷奴主悔霸吞事一案后开，为此札仰该署外委遵照，即便查明杨老将系何兵丁，并夷人资嘿等，传唤到案讯究。文内情节如果属实，一并呈解来营，以凭转移讯办，切切等因。奉此，署外委随唤集县差，眼同讯问。据夷人加士供称：杨老将唤案于中并无搕索，是蚁兄乌租在县太爷处诬告情真。今蒙审讯，只求施恩等供。查夷人乌租远住异地，既未查有虚实，胆敢无故捏诬，实属罪不容姑，但兵丁杨福寿应送质审而夷人乌租得有反坐，兹又奉派堵御，以致案无送质。其夷人资嘿等远住凉山，差拘未获，俟获日再为呈解，移请讯办外，兹奉札查，该署外委理合禀复，伏乞转移施行等情具禀前来。理合具文呈复，伏祈转移施行等情。据此，相应备文移复。为此合移贵正堂，请烦查照施行。须至移会者。

【道光三年九月二十二日夷韩绍修告状】

（年三十五岁，住瓦尾，距城五十里）

为窝奸寡婢，乞恩赏究事。情夷昔年聘娶三古之女为妻，亲嫁使女一口，名曰烟卓蜜，经夷买仆丫波配合成婚。不料前岁丫波病故，抛遗烟卓蜜居孀，夷在择奴复配。殊烟卓蜜之母阿姐迷于去岁年终，再四强行逼勒接女回家，延至今年二月始行送归，不防烟卓蜜肚腹大，今将临盆。夷妻盘问寡婢，供招伊于正月十八夜，遭被木渣使奴呷濯行奸，因此怀孕。夷即邀请黑即、独珠说话，有木渣、呷濯同称，若要理究奸情，定以性命骗害等语。明系蓄谋贪婢配奴，事关窝奸寡婢，丧良犯法，为此哀叩大老爷台前做主赏究施行。

	贪谋	木渣
	奸夫	呷濯
	说话	黑即
		独珠
照出		三古 烟卓蜜

暮都、双几互控案

（1）【道光十七年二月靖远营游府移】

为据诉移请讯究事。本年正月二十三日，据凹彝一支黑夷暮都诉称，为一女两嫁，反行诬控，冤曲莫白，叩恩察究事。情蚁住居属下，纳粮应差。夷民有胞弟都嚷，凭媒阿足聘到冕宁县属樟木沟谢家一支黑夷双儿之女名熟别为妻。嗣于嘉庆二十三年内，按照夷理行聘，出备马十四匹、牛八条、羊九条、猪九只、鸡九只、布十件以作聘礼，于道光五年内迎接过门。有双儿陪嫁使女一口名布列，蚁弟都嚷照夷理与使女布列之父名依啧银二两、布三件。不料蚁弟媳过门生一女，母女一并亡故，蚁弟随将陪嫁使女配给自之使娃兹牛为妻，亦生一女天亡。有使女布列回到樟木沟看望娘家，岂料恶夷硬将此使女私行嫁卖在冕宁哈哈阿路一支黑夷阿儿之使娃利铁为妻。似此拆夫改嫁，蚁弟心血难甘，于去岁三月内具诉冕宁县主，未蒙剖结。嗣后蚁弟带信将此使女领回，以归前夫兹牛。今有双儿、利铁反行捏控冕宁县，拘禁追办，蚁弟冤曲莫白，只得诉恳台前赏准察救，沾恩万代。被诉恶夷双儿，系谢家一支黑夷，住樟木沟；阿儿使娃和铁，系阿路一支，住哈哈等情。据此，查双儿之使女布列，既经陪嫁都嚷，业已配合使娃为妻，究系都嚷家奴，双儿何得私行嫁卖。今既领回，妻归前夫，是其正理。而双儿、利铁反行捏控，致使都嚷受冤莫白，兹据前情，相应备移。为此合移贵正堂，请烦查照。希惟讯究，仍将讯结缘由见复施行。须至移者。

（2）【道光十七年四月二十三日双儿等供状】

问据。双儿供：小的是黑夷，在樟木沟居住，并没儿子，只有一女舒别，许配与这都嚷为妻，就在小的家内半子半婿。小的家有使女布列，原说赔嫁女儿，不料小的女儿至道光九年病故，都嚷也就回到靖远营地方去了。后来都嚷向小的说要把使女布列拿与他为妻，宰食羊只，小的不肯。十四年八月间，才把使女布列许配与哈哈住的利铁为妻，十五年二月里接娶过门，小的得利铁马四匹、牛二条、鸡二只。那知都嚷屡次估抢布列，小的才赴案具控的。今布列自行逃回，沐蒙审讯，断令利铁出马一匹、小的出羊一只，给予暮都、都嚷弟兄承领，小的遵断呈缴就是。

问据。利铁供：小的是阿儿的使娃，在哈哈住居。道光十四年八月间，小的凭媒聘定双儿使女布列为妻，十五年二月里接娶过门，给双儿马四匹、牛二条、鸡二只，以作财礼。小的妻子布列回到双儿屋内，屡被都嚷弟兄强抢，双儿才赴案呈控的。今小的妻子布列自行逃回，蒙恩审讯，断令小的出马一匹、双儿出羊一只给都嚷、暮都承领，小的遵断呈缴具结就是。

问据。布列供：双儿是夷妇的世长，十五年二月间，利铁将夷妇接娶过门为妻，到十月间夷妇至双儿家看望，被都嚷、暮都夜里把夷妇抢走到沙湾地方余保长家歇气，被世长双儿领人追撵回去。去年八月初二日，夷妇又到双儿家看望，至十三日夜，都嚷、暮都领人把夷妇抢到靖远去，在都嚷家住站，世长双儿赴案具控，将都嚷唤案押候，夷妇是知道的。今年三月二十一日夜里，暮都夫妻睡熟，夷妇才一人乘间逃回的是实。

问据。暮都供：小的是靖远营凹夷一支黑夷，都嚷是小的胞弟。道光五年小的兄弟凭媒接娶双儿的女儿舒别为妻，去有马匹牛羊猪鸡做财礼，双儿将使女布列陪嫁与兄弟。不料九年舒别亡故，兄弟也就回到靖远去了。小的兄弟因想把陪嫁的使女布列接回改配，不想双儿不允，将布列嫁与哈哈住的利铁为妻，小的同兄弟心里不服。去年八月十三日夜里，探知布列回到双儿屋内，小的才同兄弟带领数人把布列抢到靖远去的。双儿赴案呈控，将小的兄弟都嚷唤案押候，小的一时无知，才砌捏情词赴镇府宪辕门呈控的。今蒙审讯，小的不赴案候讯，辄行上控，已沐责惩，实是错了。蒙断令利铁出马一匹，双儿出羊一只，给小的兄弟承领。小的遵断，协同具领，日后再不敢滋生事端就是。

问据。都嚷供：暮都是小的哥子，道光五年小的凭媒接娶双儿的女儿舒别为妻，给有马匹牛羊猪鸡做财礼，半予半婿。双几原说将使女布列陪嫁与小的，不料九年小的妻子舒别亡故，小的也就回到靖远去了。后来小的因想把布列接回，双几不允，将布列改嫁与利铁为妻，小的心里不服，才同哥子商量强抢的。今蒙把哥子暮都关唤到案，断令利铁、双几出马一匹、羊一只，给小的承领。小的遵断具领，日后不取再滋事端就是。

（3）【道光十七年四月二十七日宁远府禀】

案奉宪台批，据卑县夷民暮都上控双几等，一女两嫁，冤屈莫白各情，饬令集证讯复等因。奉此，遵即分别关传被控各夷到案，逐一查讯。缘暮都系靖远营叫爽一支黑夷，都嚷系暮都胞弟，道光五年都嚷媒聘黑夷双几之女舒别为妻，旋即入赘成婚，去有财礼，折给牛羊马匹。双几另将使女布列陪嫁舒别。迨至九年舒别病故，都嚷随即只身回家，自此两无音问〔信〕。十五年二月间，双几因布列年长，亦凭媒证将布列嫁与阿路支夷阿兹使姓利铁为妻，都嚷事后闻知，以布列系双几从前陪嫁奴女，应由伊做主择配，双几何得为之混嫁。商同伊兄暮都，欲夺布列归家，另给自己使姓，暮都应允。适布列于上年八月十三日回转双几家探望，暮都等即将布列抢至靖远，藏匿在家。双几闻信，赴县具控，□关都嚷押令缴出布列。其时暮都潜逃，辄敢捏砌情词，越赴宪台行辕呈渎，兹将人证关唤到案，布列亦自乘间逃出，□案讯悉前情，恐其中有唆讼之人，及另有别项情节，研诘不移，似无遁饰。查暮都始因都嚷欲抢布列另配，并不力为阻止，又复听从同行，已属不合，继为伊弟被押，追缴布列，尤敢捏情率行上渎，实属逞刁。第所抢奴女，本属双几曾经陪嫁伊弟之人，究非平民可比，亦无奸占图卖情事，暮都系都嚷胞兄，应依一家共犯，并未侵损于人，止坐尊长之律，酌量科罪。但仅照越诉拟笞，似属轻纵，暮都应请照不应重律杖八十，照例折责发落。都嚷抢回布列，并未另配，业已罪坐伊兄，请免置议。双几因使女年长遣嫁，并无不合，惟前将此女陪嫁，不得独受财礼，令其分马一匹、羊一头给予都嚷具领，免其置议。词称使娃兹牛，讯审系捏造，实无其人。奴女布列仍令其夫利铁领回完聚，无干省释。是否允协，理合将审讯缘由，禀请宪台俯赐察核销案，批示饬遵。为此具禀。

曲黑、应加互控案

（1）【咸丰四年二月十三日猓夷曲黑告状】

（年三十六岁，住羊落，距城一百里）

为受害难甘，恳提究追事。情猓夷曲黑娶配爽兹呼之女斤呷为婚，因兹呼买明夷应加之妹牛格，陪嫁过门，道光三十年牛格亡故，迄今数年，并无异言。但牛格配过夷曲黑之使娃合租为婚，本月初八日凭猓夷别列、助加、吁曲说明，应加给马一匹与合租，至合租给钱四千文与应加，二比甘愿，永不生事。因猓夷应加又卖有小妹一人与猓夷莫兹，陪嫁在什达家下，今因应加卖与莫兹之妇亡故，系在什达宅内，夷隔窎远，未卜何名，并不知身故日期，原与夷无相干涉。本月十二日，应加、介达等，将夷曲黑之幼子木石作，并使娃四人一同捆去，又赶去夷畜羊一百条。夷遭伊等率领估夺，受害难甘。〈下略〉

（2）【咸丰四年二月十四日猓夷应加告状】

（年四十九岁，住介落沟，距城八十里）

为害命情惨，叩恳作主事。情夷弟兄有堂妹二人，名唤牛格、添咱，至牛格配与曲黑之使娃合租为婚，添咱配与什达之使娃三保为婚。因合租父子苦刻牛格，去岁七月间牛格缢毙，猓夷曲黑不与夷知，硬估烧埋。夷投人向说，被伊套哄推缓。今本月十一日当凭吁曲、别列、助加理说，殊曲黑弟兄将添咱抓殴，扯烂添咱包头帕布裙，夷妇添咱被殴气忿，缢毙在大盐井三打交界路边树上。十二日夷等找获添咱尸身，即行下吊，投明叶百户，因添咱之姊妹等赶有曲黑家下畜羊二十条，夷已当凭安叽、窝施将畜羊仍退与曲黑。十二日夜，曲黑等至夷家下行凶肆闹，将番夷八妈叽寄与夷家畜羊六条硬估赶去。害命情惨，告乞大老爷台前赏准施行。

（3）【咸丰四年二月十九日猓夷曲黑等诉状】

为抬冤诈害，诉恳电察事。情夷应加具控猓夷等凶殴伊妹添咱缢毙一案，缘猓夷应加之堂妹牛格配夷使娃合租为婚，至牛格亡故数载，并无异论。今因应加以牛格毙命情事，滋闹争竞。本月初八日当凭猓夷别列、助加、吁曲理论，照夷礼说息，应加给马一匹与合租，至合租给钱四千文与应加，二比甘愿，永不滋非。夷弟兄在场理说，并未争角吵闹。不卜猓夷三保之妻添咱如何缢毙，民隔弯远，并不知情。惨被应加等捆去夷子木石作并夷使娃四人，赶去夷畜羊，现有十五条未还。诬骗夷凶殴缢毙，夷受累被害，为此诉乞大老爷台前赏准施行。

（4）【咸丰四年二月十九日应加等供状】

问据。应加供：小的是猓夷，添咱、牛格都是堂妹，牛格许配曲黑的娃子合租为妻，去年七月间牛格吊死，合租们没有与小的们知道。今年二月十一日堂妹添咱投人与曲黑们理息，后添咱自缢身死，小的把曲黑的羊只拉两条宰食，赴案具控的。今蒙验讯，添咱实系自缢身死，并无别故，小的不应拉他羊只宰食，已沐掌责，羊只免追，再不滋事。具结就是。

问据。曲黑、拉足、助丫同供：小的们是弟兄，牛格是添咱的姐姐，牛格许配小的们娃子合租为妻，因去年七月间牛格自缢身死，没有与他们知道。今年二月十一日，添咱投人与小的们理息后自缢身死，他哥子应加把小的羊只拉两条宰食，赴案具控的。今蒙验讯，添咱实系自缢身死，并无别故，应加不应拉小的羊只宰食，已沐掌责，羊只免追。小的们具结就是。

问据。和尚窝加冬姑叽同供：小的们是番夷，今年二月十一日添咱怎样与曲黑们理息后自缢身死，小的们并不知道，应加赴案具控说小的们是邻佑，小的们才赴案候讯的是实。

【李忠焕主嫁杜患约】

立出红绿婚书主嫁杜患文约人李忠焕。因缘胞兄忠玉因病身故，遗嫂郑氏不守妇道，大犯7出，因被刁拐，听信失节，逃走远飏。愚央请人证四路寻找，往返多期，费用钱帛十有余千，来至营城寻觅得获，接回守制。愚嫂不归，赌愿改嫁，以度生活。是愚无奈，只得央托媒证，愚嫂自吐年庚系生于癸巳年正月初二日亥时健生，甘心意愿出嫁与王久顺足下为妻。即日当凭三面言明，议定婚价铜钱十二千文整，即日婚钱两交入手，并无紊乱。自嫁之后，斩断割绝，永无后患，一嫁已出，驷马难追。倘有亲谊娘婆二家、外家人等前□□□□□籍□□□系之□□持约鸣公，自于认其指婚套哄之咎，不得异言。此系二比心甘意愿，其中并无逼勒强为等弊。恐后无凭，立约出杜绝婚约为据。

凭媒证　赵鸣凤

杨洪贵

代字　罗运泰笔

再有嫁出郑氏，吾兄病故身怀有孕，异日产生是男是女，均归王门抚育承宗，李姓宗族亲谊人等不得妄言生端，恐后无据，执此注明。

咸丰五年十一月三十日　立主嫁叔弟李忠焕。

【咸丰六年五月二十七日越西理民抚夷军粮府移】

为移请讯追给领事。案据土城夷民租都呈称，〔为〕指物套财反行串抢事。情夷娃子拉格，凭媒花孃娶冕宁县属磨子山住老洪挖喳利普之娃子萝卜花之女吾租木为婚，已接过门七年。不料于去岁七月内，带领七人到夷家下，而拉格宰猪一只，打酒一笼与伊食非一日，伊将女吾租木刁拐去，夷知觉同媒人赶至伊堡，只得父女二人，当即交给。于本年二月初八日哈租迭迭、阿谷丫、阿迷、邓加木等去接吾租木，被伊闻风支匿不面，暂数日无奈，十四哈租五人回家，同谢加汉、加落过马鞍山，被伊串同堡住阿洛项加等数十人，拦路将哈租五人捆去，夷已在冕宁县李主台前呈控，方将萝卜花及布都拘获追吐，夷无奈只得奔辕上叩，伏乞等情。据此，查此案被告萝卜花等均系贵县管辖熟夷，且现经贵县唤获到案，自应移请就近讯追给领，拟合备文移追。为此合移贵县请烦查照来移事理，希即讯饬萝卜花等，即将被抢之哈租等五人退出给领完案，实为公便。伫切伫切。须虽移者。

【咸丰九年十一月十六日程显忠等甘结】

实结得蚁等具控潘云腾等听刁殴毙等情一案，缘蚁女程氏，幼嫁潘云腾为妻，和睦无嫌。今年八月民女程氏出外，遇邪回家，自行缢毙，蚁等往问查看无异。潘云腾当凭邓头人等给蚁等孝布五十四件，先后过给超荐蚁女经功钱七十二千文，书立合同约据。迨后蚁等捏称潘云腾等殴毙情词呈控，沐讯蚁女程氏出外遇邪自行缢毙，与人无尤，蚁等不应藉尸搂搨，沐念蚁等乡愚无知，恳免深究。蚁婿潘云腾念蚁女青年丧命，复给蚁等经功钱十千文，蚁等如数当堂承领讫，日后不致翻异滋事。中间不虚，甘结是实。

【同治七年四月初四日地保鲁洪禀】

情地保领押当官嫁卖之妇穆氏在家，今有民人王世珍愿娶为妻，随带一女招招，呈缴身价钱十二千文，地保不敢擅专，为此禀乞大老爷台前施行。

县正堂批：准改嫁，身价除口岸一千，余作尸场经费可也。

【同治九年十一月墟郎土百户沈应龙呈】

为据情呈送事。本年又十月，夷民沙马名克兹为嫌贫爱富，刁拨欺夷事。情夷住居热水跑马坪，娶妻羊家沟匿曲名噜哈之女名撒伙，将来十载，并无别故。谁知今岁二月，被伊岳父噜哈将女接回，听伊主子叔普刁拨，私卖别人。比即克兹向伊岳父接妻回家，伊岳辱骂，反问要人。克兹无奈，四下找寻几月，见得伊妻实系伊岳卖与别人，住居大老虎家，地名井卢果。心中痛憾，始又十月初四方向土职具控。比时土职令差唤其词内人等，问其是非，差往地主达朝恩要人质讯，殊伊达朝恩限初十现人来讯，不料伊有护庇，支得噜哈向本营吵主反控沙马名克兹，吵主将伊锁押。伊父沙马名耳耳见得痛心难忍，复来土职复控，为嫌贫爱富私刁另卖事。土职得见词情，难以唤讯，亦无伊何，只得备录呈词，将原告呈送，伏乞宪台俯赐照验查考。至送来原告，恳祈收审，余名任恩所为。

呈开：

被告　刁拨私卖主子　叔普

嫌贫爱寓匿曲名噜哈

支逃混告地主达朝恩

【光绪元年四月初一日夷妇叭耳吗首状】

（年四十岁，住拉姑擦，距城二百四十里）

为霸奸生子，首究乱伦事。情夷幼配唐哑吧血叔唐老五为婚，因犬病故，夷招马老三赘门。兹因夷子黎吗呲娶妻博杜乜，不料夷子身故，夷媳博杜乜陡被唐哑吧紊乱伦理，兄占弟媳，估霸夷媳通奸。突于今二月，夷媳陡生一女，夷比投明张黑骨头等追问，夷媳已认系伊勾奸所生，伊估不承认。夷控在汛，沐刘汛弁讯问，伊反恶估遽，暗支人反将夷夫马老三等预控厅衙。似此乱伦奸媚，若不首恳作主，不惟目无法纪，且伦风奚存。为此首乞。

【光绪四年六月客长李启明等禀】

实禀得周顺伦与唐文魁妇罗氏，在学堂苟合，被唐文魁双双拿获。将周顺伦毛盖子一根割下，鞋子一支，毡帽一顶。比时投客民，即速送汛。有伊之子周天德自知情虚，因请杨客长、王公定二人拦留，在头山说和，二比甘愿了息，周姓出银二十五两以唐文魁，与作羞脸之银。日后周唐二姓不敢妄言生端，出有和息为凭。二十七未满，二比赴汛呈控生非，民是无私，中间不虚，照实禀明是实。

原禀民	李启明
	王贵章
被禀　周顺伦同子	天才
	天德
	唐文魁

（三）习俗

夷礼——和解

【乾隆九年八月二十八日生员凌位百等呈状】

为聚众霸占，财命两伤事。情因生等住基〔居〕水城，自洪武安插，前有面山一座，此系风水有关，合堡人丁数百余载从无拙〔掘〕挖之例。先年遭王洪昌葬犁一次，合堡损坏人丁牛马，控经分府卫所，压〔严〕令迁移，合堡得宁。于去岁遭棍姜德齐串同伙党，硬将生等面山伙犁，伤生风化，陷害合屯人丁，牲畜倒弊〔毙〕，老幼男妇可惨，控经在案。蒙准未讯，伏乞赏准差拘严究伙党，使伊等知有王章。

【乾隆十三年九月夷民别暑甘结】

为甘结事。情因兹披灌子先盗别暑耕牛，复索报信银两，尚未现赃，于乾隆七年与兹披等问论，二比口角斗殴，有兹披回家二十余日身死，有糯姑灌子等抄彼谷子五十石、荞子三石、伯〔霸〕占庄田十三石，揹勒耕种数载。于本年七月初九夜，又被抄护，控经在案，蒙恩严饬究追。今有伙头并亲族人等，念系同支，不忍参商，照夷俗之例，将揹勒水旱田地十三石并抄家俱什物等项，一例退回别暑管业外，所有兹披身死，议处别暑出备水田一石，家人男妇二口，马二匹，给予兹披之子，以作超度经功之资，了息明白。自今说和之后，任随别暑并家人上下往来，路途逢遇，而糯姑灌子等不得隙仇借事生端。日后如有不遵妄为，系有三羊、阿铁、错铁并伙头一面承认。此系愿和，于中并无逼迫等情。恐后无凭，故立甘结是实。

凭中说和　伙头	哇喎
	阿路
	别遮
亲长	三羊
	阿铁
	错铁
夷妇婶母里的	
	姑娘济歪

【王呵雀永无后患约】

立出永无后患文约人阿雀。情咸丰八年三月二十八日与本堡邻人胡宽怀口角相争，二家兴词，有邻人亲戚念其二家同堡住居，父子来往□接多年，不忍二家参商，只得苦口相劝，以凭头取和，不得再记前言。自今凭众取和之后，异日再不得倚仇挟害，藉事生非。此系王姓自愿出约取和，并无逼迫情弊。如其后日言不依纸，任胡姓执约禀官，王呵雀自甘认罪。后恐无凭，立出永无后患文约为据。

凭中　唐头人

王成开　同在

代字　刘敬业

咸丰三年三月二十九日　　立约人王呵雀

【咸丰四年九月十五日猓夷铁牛诉状】

（年四十八岁，住约落，距城一百四十里）

为诉明下情，恳赏察究事。情去岁八月间，有竹路一支猓夷窝别之使女噜切，因在靖远营赶场，失落麻布口袋一根，有猓夷铁呼之妹铁妈冒认伊物，叫夷使娃双租之妻雪都捡起口袋交伊去讫。至噜切为失口袋，缢毙在大沟山上。猓夷窝别向夷所说，伊使女噜切缢毙，系为失落口袋，夷使姓雪都捡起口袋，交与铁妈，害毙噜切等语。夷与铁妈之家长添呷所说，伊套民承认说和，伊帮认费项，夷与窝别说明，另买使女一人赔还，伊已应允。殊添呷事后悔骗，推延不理，夷被窝别催逼无奈，本月初五日凭猓夷黑租说话，猓夷添呷同使娃铁呼买猪一只宰食，止认出畜马二匹，夷未应允，猓夷添呷同铁妈之兄铁呼，言将夷使娃双克之母乌丫抛江等语，夷只得具控伊等在靖远营哨衙，哨主讯问，令铁呼帮钱八千文、布一件，伊抗不遵，恶支猓夷日兹赴案呈叩。为此诉乞大老爷台前赏准施行。

金怀玺控案

（1）【咸丰八年十一月初十日唐大富等供状】

问据。唐大富供：小的在沙坝两河口租金怀玺烧房住坐，平日煮酒生理。咸丰七年二月二十二日两河口夷人来小的烧房内吃酒，夷人们把酒吃醉吵闹，团上众人将夷人拿获送汛。次早小的煮过米三斗外，用小菜钱三百文与团上众人吃。金怀玺拦息，夷人们酒后闹事罚钱十千文，交与团上公用，当时团上买药用过钱二千文，下存钱八千文交金怀玺手内收存。六月间，小的去与金怀玺讨要米钱，金怀玺不允，小的说他受贿私和来案呈控的。今蒙审讯，小的不应妄控，把小的掌责，断令伊缴出罚项钱八千文入公，小的遵断具结就是。

问据。金怀玺供：小的在沙坝住坐，唐大富租小的烧房煮酒。去年二月间，两河口夷人来唐大富烧房内吃酒，夷人们把酒吃醉吵闹，团上众人将夷人拿获送汛，小的知觉才去与他们说息，夷人们酒后闹事，惩罚钱十千文，交与小的收存。过后团上买药用钱二千文，下存钱八千文在小的手内。唐大富说他煮过米三斗，小菜钱三百文，六月间他来向小的讨要，小的不允，唐大富赴案呈控。今蒙审讯，小的并无受贿私和情事，唐大富不应妄控，将伊掌责，令小的将钱八千文缴出，小的遵断具结呈缴就是。

【咸丰八年十一月十一日金怀玺甘结】

为甘结事。实结得唐大富具控蚁受贿私和一案，缘唐大富租蚁烧房住坐，两河口夷人在伊家吃酒肆闹，团上将夷人拿获送汛，蚁拦息罚夷人出钱十千文，以作团上公用。今伊向蚁讨要米钱，蚁不允，伊捏称蚁受贿私和具控。沐讯伊不应妄控，将伊掌责，蚁业已交过团上买药钱二千文，断令蚁缴出钱八千文入公具缴结备案。中间不虚，缴结是实。

【同治三年正月十五日陈志虞告状】

为奸谋暗害，叩恳提究事。情典吏李忠义、文生李宗颜弟兄，惯以绅势欺侮乡愚。去岁腊月，将民抚子陈双福刁去伊家帮伊佣，民畏豪强，含忿隐忍。迨今年本月初二日，伊家失遗衣服一件，伊等设计，意图诬子，害民受累，昂然假设公堂，安置油锅。李宗义望空祷告，伤者是贼，李宗颜下手先捞，已被油烫，次逼民子伸手下锅，将钱捞起，毫没损伤。伊等计谋不遂，甜言慰子，不准声张，将米三升折作挂红。民知投明头人地保，讵伊弟兄以强压弱，恶言横估。窃思公堂油锅，岂容伊等图陷平民，貌法滥设，若不叩究，法纪何存，后患难知，只得告乞大老爷台前赏准施行。

县正堂批：捞油设誓系属乡愚恶俗，例应严禁。李宗义弟兄如果擅设公堂，更为不法，候唤讯查究。

严天禄控案

（1）【光绪十一年十二月糯白瓦土职李正芳禀】

为缕晰禀明，恳恩作主事。情本月二十日有严天禄报称不知何时民地内伤毙猓夷一人，职比即会同该处地邻等看实无虚，随派土差一同夷兵各处踩缉，至申刻始有柯别山什都来云伤毙之夷系伊使娃，定要赴县鸣冤。职令团首耆宿赴县具禀，严天禄自知情虚，眼赶到城，央请夷兵恳恩拦控，伊愿请中人及夷兵由该地了息。职念及丫口一路居民鲜少，恐猓夷借端猖獗，不惟民难居处，且道路间亦多生事。职同汛主竭力开导，不避艰苦，无非体承宪台以杜后患而靖地方也，幸夷人遵依搬尸了息。殊严姓阴怀险贼，妄将搕索控职在案。职自念事属地方，关系非浅，倘夷人首肯，即为地方息祸，而严姓狡诈生心，反欲借此一控，以逃情虚之实。似此恩将仇报，情理难容，为此具禀。须至禀者。

（2）【光绪十二年二月初九日严天禄供状】

问据。严天禄供：在糯白瓦住坐。去年腊月十九日，有不知姓名猓夷路毙糖梨坝大路侧首，不与小的地相连。百户李正芳说是小的知夷死的情由，就把小的拴锁，搕要钱文，随后母知认识死的是他兄弟，名叫母牛，他们就要向小的打冤家。李百户又令小的与他们照夷理息和，帮给他们钱八十六千，口岸钱四千，小的当下现过钱五十千文，下余限期楚给。小的回家，无处措办，才赴案呈控。今蒙提讯，死的猓夷既不与小的地界相连，先不应与他们说给钱文息和，既不应妄控，本应责惩，姑念乡愚，断令小的仍照以前息和，小的遵断就是。

格作控案

（1）【光绪十三年二月十七日黑夷格作告状】

（年五十六岁，住吾落，距城三十里）

为拦路掳夺事。情去岁腊月十八日，夷命使女呷牛、呷角二人背钱十二千以偿借账，路过哈哈河坝，被呷卢一支黑夷噜租、耻胡、什雀父子弟兄率领使娃牛三等，拦路行劫，将夷使女与钱一并掳夺。夷比闻跟追，认识伊等，奈寡不敌众，竟被抢去。夷报嘉顺汛，恳拘移究，不料噜租、耻胡等各居一地，此拿匿彼，情迫不已，只得奔案叩究。

（2）【光绪十三年四月初五日格作等供状】

问据。格作供：小的具控噜租们一案，前蒙审讯，小的与噜租们供词支杂，令夷兵母鸡们理明禀复。今蒙复讯，有夷兵等于中劝说，使女归噜租领回，令他给小的银十两，钱七千文，酒肉各二十斤，照夷理了息，小的不允。今断噜租们着加银二两，照前理妥了息，各具结完案，小的们遵断就是。

问据。噜租、什雀供：格作具控小的们一案，前蒙审讯，小的们与格作在案混供，无凭确据，令夷兵母鸡们把事理明禀复再讯。今蒙复讯，有夷兵们从中劝说，照夷理了息，小的们二比不允。今断格作再加银二两，使女归他领回，各结完案就是。

(3)【光绪十三年四月二十七日格作诉状】

为诉明朦蔽事。情夷控噜租等一案，伊等朦蔽搪混，令夷出银十两，赎回夷使女呷牛，照夷礼理息，应遵曷渎。缘去腊夷使女呷牛、呷角被伊等人钱两掳，夷控嘉顺汛，呷角逃回，伊央老么等拦说，认退呷牛与钱赔礼，已宰羊一只，因呷牛未退，夷始控案。兹噜租等隐匿抢匪耻胡、牛三，仅伊等到堂，反贿差搪混仁天，诬夷愿出银赎取，是何凭据？冤遭掳夺朦蔽，心血难甘，只得诉乞大老爷台前赏准施行。

【光绪十四年四月初三日靖远营中军副府移】

为移知事。窃照敝营前因虫会临迩，有勒摹支夷聚众来营，在于波罗汛属途次劫抢，已被龙华华将那兹依达枪毙，其时汉民亦遭该支夷人杀毙二名，捆去数名，又将龙姓房子烧毁一间。敝府当即饬令外班夷人捏租、施列等，前往阻止，限日照夷礼说和，前经移知在案。汉夷等同声限至四月初二日，在两河口兰家坝理说。至日正盘旋之间，有龙姓私约十数人，乘夷人防其不备，前往报复，与夷人对敌，登时将龙志海、龙小苟二人杀毙。据夷兵及波罗汛来营呈报，敝府复饬管夷夷兵前往阻止，又限四月十五日再行理说。但敝府樗蒲之材，自愧学肤，恐至日不能弥缝其事，有负上宪抚绥地方之至意，一俟限日如何理说，可否了息之处，再为移知。敝府将此次理说并杀毙龙姓缘由，除禀本营游府外，相应备文移知。

【光绪十八年六月二十九日土职申志仁禀】

沐恩世袭白路土职申志仁谨禀呈。敬禀者。为恳恩施恩，禀明免究事。缘本年六月据番民康应才等报称，为奉派受害冤遭嘉顺汛主陶总爷督令捉拿哈且、牛牛、鸡鸡等，民等遵派业已拿获。殊该夷等不识情由，聚众夺回，反行捆人夺畜，土职曾经申禀在案，沐恩赏准票差谢领班等唤案质讯，曷敢妄渎。但该夷等情虚畏审，央请土百户卢启荣、夷民乐仆呵落、番民步老二、康和尚等从中拦息，所有汛主一同劝和，三面对质，同吃血酒，誓闻牛皮，永不滋事，各请保人互相保护。一再向职哀恳免究，土职未敢擅专。窃该夷等虽属庸愚，自知痛改悔过认罪，所有一切案资差费如数楚给，若不恳禀恩宪，有负锄莠救良之念。为此禀恳恩宪恩施格外，念系庸劣，彻〔撤〕票销案，俾官民相安，汉夷戴德。

四、"西番"

【雍正元年四月十二日番民贾呷七告状】

为土豪劣衿，窝藏贼彝，偷绑掳卖人口事。情因康熙六十一年十二月二十四日陡遭劣衿王登高窝贼三人，系劣衿家人三月呷、咩那呷、郎卡，将蚁予密即呷偷绑掳卖入三渡水，卖人价牛二条、银四两、长刀一把，系窝贼劣衿王登高收卖蚁子之钱。今蚁各处查访，的系劣衿王登高伙同紫古、别哈哈二处惯贼咩那呷、郎卡，并劣衿家人三月呷，串同三贼掳绑蚁子密即呷，于去年十二月二十四日绑去。若不具告，岂容劣衿窝贼养贼，掳绑人口害民，情理难容。告乞青天卫主老爷台前俯准下情，做主剿除贼彝，赏准差提劣衿，追给蚁子归家团圆，举家沾恩。

【雍正六年七月酥州土千户姜喳呈报】

为报明顽彝势重，劫路围打，灭法欺上，扰害边民，请法详究事。本年七月初六日，据侄子乌沙呷、苗卡别、里哥报告千户，苗出上堡顽彝喇骂、巴酌七、他呷、那将别、夫将别、答达邀领雄蛮二十余人，往结尾、猛古瓦二处地面〔借〕割青草之名，约领各家扭开锁钥，擅入屋内，搜酒索茶泡食。番民回尾，不敢回言向理，款带〔待〕不允，仍要猪猜泡酒，只得前来投奔。有乌沙呷弟兄三人即去劝解不允，打破番民锅坛，自称大老爷，哽〔硬〕强辱骂，侄子劝说不依，出至路大人〔声〕呼叫，二十余蛮周围拦住拱打，三人昏死在地，抬回家内，众目观问，叫人扯得驮草骡子十七匹。千户回家查问细情，有苗出着番前来哀求，还去十三匹，下存四匹，以存〔作〕服药调治之资。千户想看〔着〕差人捉虎凶犯一干，奈顽彝不遵约束，虽是一脉之人，而且不听良言，不时麦乌上下地方往来。强巴众番，勒索酒食可恕，奈侄子里哥病加沉重，起卧不能，饮食不佳，难以活命。纵有千户侄子万般不是之处，理宜投送于我，必要全我之面，尚且合〔和〕热即瓦小事争论，千户曾以劝解，竟而不允，必要合〔和〕热即瓦厮杀，未见本事高强，反叫热即瓦番杀死数人，披〔丢〕盔败甲，羞愧而回。千户费了多少机谋，以替填补明白，目今一旦忘却，反来欺负于我，不时强巴众民。① 千户若不具报详情，一〔异〕日终有大患，恳恩衡夺究治，详移赏员查验伤瘕。搪害众民真实，千户亦非诬育虚报，而且明明藐视朝纲，目无上司，想着谋反杀主之意，势重如山，理宜请法诛究。理合具报，伏乞恩鉴，为此具报。须至报者。

【乾隆十七年三月一日怀远营都阃府移会】

为虎恶吞天，绝害全家生命，颁天赏准急究事。本年二月二十九日据西番夷民三姑、牙姑等告前事词称，情因蚁等先年父母亡故，因家寒无奈，未能超荐，已于乾隆十六年上仓丰收，各家追荐。今西番之里杀马杀牛，葬埋以为坟山，历年拜扫。不料遭被恶虎谢金贵前来偷盗，硬将埋葬之马尽行偷去。比即查访，伊等报信，蚁等出备报信银二两，酒菜在外，现有木刻为凭。今查实系谢金贵偷来，今绝人坟所，杀死全家，随即请凭地保向说，恶虎吞天，男妇各带光棍齐拥，含冤无路。况今坟所葬埋，岂容擅绝，汉夷一理，无法无天，只得冒死投乞青天总老爷台前，大彰法纪，拘提恶虎到案，按律惩究，坟所而恶虎之有律例，② 夷人得生，以保全家生命，顶焚万代，迫切上告。计开：恶虎谢金贵父子，坐户保。等情。据此，敝府随即拘唤谢金贵到案研询，据供情实。惟查民人谢金贵既将夷人埋葬牛马擅行刮剥，乃敢假捏报信，诓骗夷人银两，及至夷人查实系伊私行刮剥，夷人请凭乡保向伊理论，而民人谢金贵辄聚本族人众与夷人堵斗。敝府又即询据乡保，据供情词相符，但夷人乃逆性犬羊，与伊等横行斗殴，致滋命件，则有关于文武，拟合差解移会。为此合移前诣贵正堂，请烦查照，希将移解民人谢金贵收管剖结，仍将收管剖结缘由赐复，备查施行。须至移会者。

县正堂批：于三月二十日当堂审讯，夷人三姑埋葬马证实系谢金贵偷食，即将谢金贵责打二十板，以惩盗风，随取日后不致生事甘结各在案。理应移知贵府销案。

【乾隆年四月步布氏等供状】

问据。步布氏供：是孀妇，今年二月初八日刘明远与小妇人借去众人存寄公银九两五钱，到三月初二日，小妇人向他讨要，硬估不还，反把小妇人殴伤，又赴怀远营控害，小妇

---

① 原文如此。

② 原文如此。

人才赴案呈控的。今蒙审讯，刘明远因借小妇人所管公银九两五钱，至期讨要没给，起衅争角，刘明远不应把小妇人殴伤，又赴营妄控，实有不合。本应重惩，姑念无知乡愚，兼又亲谊，从宽掌责。刘明远家贫，无措还给银两，令堡众及小妇人毋庸讨要。断令各结完案回家安分，以后仍敦亲谊和好，不致再滋事端，遵断就是。

问据。刘明远供：是番民，小的与步春山及堡众七家有公共山场数处，每年收租均分，自前年步春山就把小的租石霸收，到今年三月初间小的向他问及清算，被他家的人把小的殴伤，反来案捏控，随就藉与他母亲赔礼为名，把小的牛只宰食，才在怀远营及来案呈控的。今蒙审讯，小的因借步布氏所管公银九两五分，讨要没给，以致争角，小的不应把步布氏殴伤，赴营呈控，实有不合。本应重惩，姑念乡愚无知，从宽掌责。所借银九两五钱小的实系贫难措偿，断令堡众及步布氏勿庸讨要。小的供称宰食牛只既为赔礼之说，亦勿庸议。令其具结回家安分，以后不致再滋事端，遵断具结就是。

【嘉庆五年正月二十一日夷民撒加夫妇诉状】

为得业藐断，硬估不养事。情因蚁夫妇招到枯保为子，因伊忤逆不孝，蚁于去岁三月案控天台，蒙恩天断，饬追枯保招子文约以及器物经书。枯保贪业揹约，硬然不给。至于五月，马成朋、耆宿喇嘛七言及恩批，要将蚁之家业分给一半枯保，使枯保每年给米二石、柴二码，以及油盐，令蚁出酒七十斤，大猪一只凭众列写合同，又处枯保将招子文约退出洗去。殊恶勒约揹养，得业不遂，升合未见，只得诉乞青天大老爷台前怜情严究施行。

被诉　枯保

处断　马成朋

耆宿　喇嘛七等

【嘉庆□年叭哈告状】

（年二十五岁，住冕宁县沙子坝，距城十五里）

为设谋局赌，率众凶殴事。情去岁四月，叭哈到田扒水，遭棍王怀玉预先设谋，将陈老么、熊绍周伙串在家，再三叫叭哈到家坐耍，比不知弊，遂到怀玉家中，怀玉即杀鹅置酒，将叭哈灌醉，设局捆赌。叭哈比云乃系夷人，不认得骰子，怀玉云有伊当宝利二人平摇，输赢同认。至次早，称云叭哈输钱五千，遂将衫子一件、马褂一件、茧细小衣一条剥去。叭哈贸易沙鸡转回，昨初一下晚，被怀玉率领陈老么、熊绍周等来家，皂白不分，将叭哈拳打脚踢，身受暗伤，惟左眼角被怀玉卵石凶伤血出。如此设谋局赌，率众逞凶，情理难容，为此告乞大老爷台前做主赏准施行。

韩三姑么、三姑叱互控案

（1）【韩三姑么退婚约】

立出退婚文约人韩三姑么。情因遭光二十六年有父韩烹磋凭媒接娶长命保之女窝加着吗为妻，自接过门，不幸双亲均故，殡葬以后，家业凋零。更兼债账难偿，逼讨无奈，自将房基一所出卖与人，偿给外账，无处棲身。将妻送交娘家活日，迄今数年，实无依靠，欲得接回妻身，无地居住，若得任妻在岳家中，奈岳父已故，难以替予抚持。不期予又得眼目之灾，更兼无钱调治，无处生计，将先年所寄有细微家具，藉情呈控魏厅署下，已蒙审讯，令予将妻领回。予思无力抚妻，祈恩决断，饬令词证人等理说，照夷礼凭神理说，予不愿。缘妻甘愿出嫁，无人上前敢娶，自请媒证余开文、穆登魁二人于中劝说叔父韩长命保向叔岳父三姑叱，当凭亲谊等，在中理说叠次，予愿将妻着吗退回叔岳父另行选配豪门，俟后再不得异言反悔。亲谊等不忍予得眼目之疾，劝叔岳父出备铜钱三十千文，以作请医调治，及先年费用酒水。俟后如三姑么发达之日，另娶读弦，叔岳一族人等不得前来异言，并无拆婿选婿情事。倘叔岳将侄女着吗另配与人，三姑么亦不得向前，勿外生枝，毫无嫌贫爱富之理。倘后日若有异言生端，自认套哄之咎。话备情合，并无勒逼估退情弊。恐后无凭，立约为据，付交叔岳三姑叱永远执存。

话证		余开文
		韩定先
		穆登魁
亲族凭中人		韩定保
		长命保
		二　娃
依口代笔		程富顺

右手印　拇指食指间书恩义两绝，食指中指间书出约人韩三姑么，四指么指间书心甘情愿。

咸丰元年六月初四日　立约人前名

（2）【咸丰二年六月初六日番夷三姑叱告状】

（年三十岁，住和尚冲，距城十里）

为退后刁害，叩究作主事。情夷胞兄长命保之女窝加着妈先年嫁配长受保为婚，因长受保亡故，伊胞弟韩三姑么于道光三十六年夏与窝加着吗婚配。不料韩三姑么耗尽产业，无处栖身，兼得眼目之疾，难以供给。是夷兄长命保已故，致窝加着吗累夷养活。去岁四月间，韩三姑么央请穆登魁向说退婚，夷未应允，伊将夷具控厅案。沐讯审断，饬令词证照夷礼理说，伊复请伊叔韩长命保凭证劝说，将伊妻窝加着吗退回夷家另行选配，出有退婚文约，伊收夷钱三十千文。目现夷侄女窝加着吗尚未另配，今韩三姑么退婚翻异，滋端刁害，为此告乞大老爷台前赏准施行。

（3）【咸丰二年六月十九日番夷韩三姑么甘结】

实结得夷具控三姑〔叱〕等吞串勒退一案，蒙恩审讯，缘三姑兄故，伊与嫂成婚，将侄女窝加着吗嫁与夷兄，未娶过门，夷兄病故，夷复凭媒沙甲说娶窝加着吗为妻。迨后夷因贫苦，三姑凭穆登魁给夷钱三十千文以作家具之资，夷将窝加着吗退回，即以吞串勒退呈控。沐断夷等均不应与嫂为婚，均令拆配，窝加着吗三姑领回另嫁，夷得钱文免追。遵断具结，再不滋事。中间不虚，甘结是实。

（4）【咸丰二年六月十九日番夷三姑叱甘结】

实结得韩三姑么具控夷等吞串勒退一案，蒙恩审讯，缘夷胞兄长命保故后，夷与嫂为婚，将侄女许与长受保，伊因病故，伊弟韩三姑么凭媒沙甲复将侄女窝加着吗另婚配。迨后韩三姑么央穆登魁等理论，将窝加着吗退与夷家另嫁，当给韩三姑么钱三十千文，伊将钱得后，滋讼复控，沐断夷等均不应与嫂为婚，饬令拆配，窝加着吗令夷领回另嫁，韩三姑么得钱免追。遵断具结，再不滋事。中间不虚，甘结是实。

【咸丰二年八月三十日番夷兰阿呷告状】

（年二十五岁，住拉姑山，距城二百四十里）

为串搕欺良，叩天作主事。情夷住耕拉姑山，世代承粮，毫不滋非。祸因昔年招佃李边花耕种夷地，妻故乏嗣，年迈傭工。陡于今岁三月内，突遭赵金鸡保藉嫂栽骗李边花刁逃，意欲赴控，当被地方拦息，在庙理处，累夷地主耗费铜钱十二千七百文。至五月十六日，不卜赵金鸡保私将伊嫂嫁与魏简巴夥，隐藏不面，反串伊叔赵地保控厅。票差周俸等锁搤夷钱二十二千文，口岸钱六千四百文在外，赵金鸡保名下两次索夷钱五千七百文，凭雷一明、舒甲初等过付可质。今七月二十八日，夷等来城候案，复遭赵地保又搤夷钱二千四百文，伊云不令夷过堂审讯。夷等细思，平白冤诬，搤害难甘，只得告乞大老爷台前赏准施行。

双受保控案

（1）【咸丰三年十二月二十七日番夷双受保告状】

（年二十二岁，住中村，距城十里）

为估赘霸业，唆使行凶事。情夷叔父撒他于本年四月初五日身故，乏嗣无后，夷弟兄经理安埋，承接产业，夷姑祖母三受姐、乔受姐将文约契纸揭交夷弟兄存执管业。今被番夷六荣为媒，有番夷长命保估要与夷婶母观因姐上门赘配，估占产业，现夷婶母观因姐套去夷等契约三张。殊长命保叠次向说赘配不休，夷等未允，实系长命保贪霸估赘之心，屡说不止。本月二十五日，夷只得请夷姑祖母三受姐向前所说，讵长命保唆使观因姐行凶，将夷姑祖母三受姐右乳房、背脊殴伤。但三受姐年已六十，被殴受伤，恐遭不测，伊恶估赘霸业，情实难甘。

（2）【咸丰三年十二月二十九日夷妇观因姐甘结】

为甘结事。实结得双受保等具控长命保等估赘霸业一案，缘氏夫撒他病故，遗氏生有一女，并无子嗣，兹夫侄双受保等疑长命保与氏赘门，向氏查问口角，致伊等控案。沐讯将氏夫买约三张断归双受保等领回管业，余当借各约三张给予氏拿回母家，以作度用，其幼女令氏带去抚养二年，双受保等每年给氏抚养钱三千文，若有不测，不与氏相涉。具甘结是实。

【咸丰五年七月初五日番妇帕支吗悔状】

（年六十三岁，住福乡五宿，距城十里）

为无知妄首，悔恳释宥事。情今六月二十七日氏首长子三姑叱在案，蒙恩法究，斥责押禁。今有故夫叔弟应保呷、添受保、姜磋他等不忍坐视，再三劝氏止有二子，念子三姑叱夷性犬羊，目不识丁，自幼丧父，未得教训，居住荒山草野，只知傭工度日，未听琴堂森严。氏系夷妇，眼目不明，误听谗事，一时无知，将氏子被首在案。氏思现年六十余岁，虽有次子福受保，更兼痴愚，恐氏一时不测，无人送葬。只得赴辕昌罪悔恳，祈恩开汤纲一线之恩，大施西伯之仁，省释氏子得归，以全终养，合家沾感，唧环当报，为此悔恳。

县正堂批：准如恳开释，仍饬应保呷等严加管束教训，奉养该氏。

【咸丰五年十月二十九日龚德才告状】

（年五十六岁，住羊房子，距城一百六十里）

为明允暗骗，恳提究追事。情道光二十九年三月初十日，番夷阿呷央张朝珠并三姑叱等在中，借民钱二十千文，约内注限是年八月，每年按月照算三分行息。逾期未给。不料阿呷已故，所遗伊妻木莫，民向索讨，伊妻称说无倚，勇赘清还。俟唐伍双贵娶配木莫为妻，抚子过门，民知向问已故阿呷该民钱文，有约可凭，伍双贵应认承还，当时缓限去岁，不拘远近，如数楚给。殊伊哄陷，推延至今，硬估抗骗，势仗耆宿，赌控莫何。似此面允背抗，若不叩究，民钱无着，情不得已，为此告乞大老爷台前赏准施行。

县正堂批：重利盘剥，且系孤儿寡妇，俟他儿子长成，还本不付利，且系残废儿子，年甫七岁，利已从重盘剥，此账只可承让不算就是。

【咸丰八年三月二十八日夷妇印吴氏告状】

（年二十四岁，住本城东街）

为估卖欺害，恳赏提究事。情氏配夫番夷么耳为婚，因咸丰六年冬月二十四日，氏夫当勇出队往大桥地方，并未转归，存亡未卜。去岁七月初六日，氏夫族兄窝加烹磋将氏估嫁，氏不允从，氏喊控厅案，沐讯断结。伊霸氏夫产业揹勒不退，即七月十六日氏子二娃因病亡故，殊窝加烹磋将氏嫁卖，氏不愿再醮，伊滋事诈害，本年二月十八日氏以恳赏存案情词，呈明在案。今本月二十六日窝加烹磋将氏套哄出城，串同三姑么等将氏捆绑，卖与金河摸梭为婚，卖银三十两。氏不情愿。二十七日歇在九堡地方，诅恶窝加烹磋估卖不遂，反行估奸欺辱，氏不允从，奔辕呈叩。惨遭伊等串同弊害，为此告乞大老爷台前赏准施行。

县正堂批：据呈如实，殊干法纪，候唤案查讯。

【同治二年七月十七月番夷谢么呷、穆沙甲等诉状】

为栽害无辜，诉恳作主事。情夷等住居严耳挖，周京远住居长乡五甲，路隔大山一座，约二十里。咸丰六年猓夷出巢，将夷等男妇掳去五六十人，以后时被掳抢，频来扰害。今五月二十日夷匪将周京远家掳抢，与夷等何陟，报案勘验，并无夷名。殊伊听人刁唆，叠逞奸狡，平空诬骗夷等招贼害良，捏词添唤。窃夷等在马鞍山招过夷兵噜鸡，咸丰九年业已物故，夷等历来并没招贼害良情由，冤遭栽害；累及无辜，蒙差签唤，只得赴案据实诉乞大老爷台前赏准施行。

【光绪七年正月三十八日番民▉大都、张萨皮等诉状】

（住课猓猡，距城二百四十里）

为控累无辜，诉恳电察事。情去岁十月十六日，有瓦尾营水墨岩、麦地沟、冉心沟、割草沟一带汉夷协同汉奸周保受等前至谍猓猡地方，假藉撵厂为名，抢劫人户。因将彭王氏、方赵氏之房屋烧毁，并杀毙彭玉林，焚毁尸身，民等并不知情。殊彭主氏等未知来历，平空妄控民等在案。若不诉恳作主，赏提周保受到案惩究，民等无辜，遭伊贻害难当。

唐开洪、李阿呷鸡互控案

(1)【光绪十三年八月初五日番民李阿呷鸡告状】

（年四十岁，住长脚堡，距城一百六十里）

为凶夺事。情光绪二年，唐开洪请蓝长贵为媒，愿将伊女许与民嫂李唐氏之子阿斯呷为婚，已照番礼办备银两布酒礼物，凭堡众聘定，姊妹开亲无异。殊唐开洪兹嫌民嫂孀孀贫，卡揹阻娶。今岁王三皮仗伊富足，奸串蓝三达为媒，将民侄媳唐氏买下，意欲霸夺童婚。七月十八，民嫂李唐氏投亲族理说，被唐文明率众登门打落门牙一颗，扯伤右耳，民叩验告乞大老爷台前赏准施行。

(2)【光绪十三年八月初五日番民唐开洪告状】

（年五十六岁，住长脚堡，距城一百六十里）

为藉婚娶毁事。情民育有一女，年十二岁，凭蓝三达为媒，配王三皮之子为婚。今七月二十九日，陡出李阿呷鸡父子勾串王呼喳等，统率七堡数十人执刀矛棍棒，凶至民家，估要民将女许伊为婚，如民不从，搔要银数十方休。但民夷礼许亲，以财礼定酒媒证为凭，民女已配王娃。兹伊等聚众逞刁，毁民禾苗，若不叩究，婚为伦首，理无估配。似此伙党串扰，欺搔善良，后害难当。伏乞大老爷台前赏准施行。

（3）【光绪十三年十二月二十日番民唐开洪诉状】

为未乱尊卑，恳准媒质，泾渭攸分事。情民光绪二年二月十九日生育一女，甫过三天，民即凭蓝三达为媒，将女许配王三皮之子为婚，比照夷礼，给庚聘定。许婚之后，往来无异。光绪三年八月，有李阿呷鸡央蓝孔作之子蓝长贵，以布酒说娶民女配伊子，民即与媒面言，民女已许王娃，民不敢再许，民未收伊聘礼，交媒退还，十余载未闻异言。今岁王三皮择送完婚日期，殊李阿呷鸡统率七堡番民指媒估娶，毁民禾苗并门窗户壁，将民殴伤，民控沐验明。目今蓝长贵虽故，现有伊父蓝孔作及原媒蓝三达均在案候质，民如有一女二配，民甘重咎。况民与王娃古亲在前，并未有乱尊卑，遭恶聚众抄毁，估娶行凶，只得诉恳仁天电察朦混，伏乞大老爷台前赏准施行。

被诉　率凶估娶李阿呷鸡父子

候质媒证蓝三达

蓝孔作

（4）【光绪十四年二月二十八日耳挖沟土目达朝恩禀状】

为据实禀明事。情唐开洪、李阿呷鸡均住职管地界，二比为说婚之事，来案呈控。沐汛，李阿呷鸡供称交过聘婚银钱，唐开洪云称未收聘礼，致未结案。今职上纳先农坛祭羊来城，见二比缠讼不息，职访确二比控情，蓝长贵亡故，伊父蓝孔作面质说婚是实，因唐开洪之女凭媒蓝三达许配王三皮之子，唐开洪并未收过聘礼，去岁李阿呷鸡聚七堡抄毁唐姓，职土衙现存刀矛。兹以交聘礼朦混骗挡。目届春耕，职不忍二比讼累，只得据实禀乞大老爷台前赏准施行。

（5）【光绪十四年四月十九日李阿呷鸡等供状】

问据。李阿呷鸡供：小的具控唐开洪一案，前蒙审讯，小的不应因婚细故纠众滋闹，沐把小的责押的。今蒙复讯，光绪二年小的同嫂唐氏央媒蓝孔作的儿子蓝长贵说配唐开洪幼女与侄子为婚，如今兄嫂家寒，唐开洪嫌贫另许，蓝长贵死了，唐开洪更不认许。查小的们两造均无庚书，希图狡赖，无凭酌断，令小的两造自行隍庙理息，以免拖累就是。

问据。唐开洪供：李阿呷鸡具控小的一案，前蒙审讯，沐把小的两造分别责押。今蒙复讯，小的幼女于光绪二年凭蓝三达许配王姓去了，到次年有李唐氏又请蓝长贵来说，小的当即回说幼女业已许配王姓各散。因去岁王三皮家择期过婚，就被李阿呷鸡率众凭空凶阻，如今蓝长贵死了，两造空言无据，希图狡赖，小的二比是否许配，自行赴隍庙理息，遵断就是。

问据。蓝孔作供：光绪二年，小的听闻李阿呷鸡央小的儿子蓝长贵为婚，说娶唐开洪幼女，随后又听说唐开洪幼女已许配王婚的话。因去岁他们两造因婚争讼，蓝长贵也就病故，他们二比是否许婚，小的也不知道是实。

【光绪十八年二月初八日番民蓝洪德告状】

（年四十岁，住纳窝堡，距城一百四十里）

为统匪凶抢事。情今正初十夜，民家突遭夷匪双角、流加统匪一百余夷，持械火把，越入堡内，将民同弟蓝老三共使娃八家围房毁入，银钱、衣物、骡马牲畜，挨户抢尽，家如水洗，并砍伤民弟男女九人，生死未卜。惊团护救，民家得生。匪势猖獗，跟追莫何。兹民访贼等确住居西昌县地界，报知岭土司。但民弟兄系恩治粮民，冤遭越界凶抢，叩天怜究做主，关提贼等，除害安良。沾感。伏乞大老爷台前赏准施行。

安松山案

（1）【光绪二十八年瓜别安抚司已廷梁禀】

为恳请唤解归案事。情本年闰五月二十二日据土属手巴堡子番民阿呷鸡、刘保保、杨伙头暨普丝罗番夷众堡村纷纷来寨报称，今四月十二日，有冕宁县属牙骨台子住夷安松山、安呷二、安兹立、安拉达、安呷达统娃数十，将村民申哥皮之牧童系罗铁匠之子及草场骡子三匹、马并四匹一搂去，民等跟追至冕属木落汛大川号投报，幸蒙团首高成云等齐团截隘，将匪拦获。匪等畏罪，始请严百户船夫刘四开挽挡说和，所搂人畜认为清还。民等筹思该处夷强，不愿与彼结怨，若能清还人口畜牲，甘愿了息。但严百户等勒民与伊谢敬，民等未允，伊即挟忿。突于又五月二十日该匪安松山等率娃百余吼声震地，将申哥皮罗铁匠之子马黑夷并大川号皮落住之赵寡母舒姓之女，共捆去男女五人，乘将草场牛马羊只一扫而空，该匪等称报复前仇，恳乞做主。后开越界捆搂夷匪安松山、安呷二、安兹立、安拉达、安呷达达外，家娃百余人不知名；通匪分肥严百户、船夫刘四开；着落被捆申哥皮罗铁匠之子马黑夷，赵寡母舒娃之女，搂去牛马羊支数口尚未清还。等情。续据大川号团保高成云、戴福寿，头人赵登洪，伙头罗叶尔及众团等报同前由，并请亲往剿办，伊等愿备粮草，否则势难安居。各等情。据此，土职窃思剿办不易，查安呷二等与前任土属之夷安贵乃系一家，而安贵因前拦搂干海子曹兴绪羊只，破案卡禁，未知何人保释，后即搬逃别境，有案可稽。然土属百姓与该匪等虎穴相近，欲避不能，朝难保夕，现已饬目往探。除禀请地方文、武宪会衔移究外，只得专目禀恳宪台做主，俯赐赏准，严饬该管速为先将人口清还，将此夷压安松山等按名缉获，解交盐源县收审归案。如沐俯允，深沾德便，夷民幸甚，地方幸甚，感激高厚于无涯矣。为此具禀。须至禀者。

（2）【光绪三十一年正月二十二日盐源县移】

为据情移请，转饬拿解事。案查敝前县任内据瓜别安抚司已廷梁禀究安松山等草场捆搂一案，当经敝前县会衔移请贵前县唤解在案。兹据该土司已廷梁禀称〈中略〉去腊月二十八日，今正月初二日，据手巴堡、姑舒堡暨四十二地团民等联名公禀，为夷匪刻即出巢，请兵救难，免遭抢杀，等情。据此，土职窃思仓猝发兵，恐惹边衅，但土职与夷匪安松山等无仇，何得屡次越界抢搂属下汉番人口畜牲，不惟欺土职良弱，实在目无法纪，理应禀候宪天批示，然后发兵，恐该夷出巢围抢洼里，土职难以辞责。又据该各团叠次飞文告急，土职再三思维，不得已一面先派头目汪正元带兵二百名，于本正月十三日由寨起程前往防堵，如该夷畏罪，退还人赃，后不再抢属下汉番夷民等，即行撤兵。倘该夷抗拒不还人赃，土职再亲带兵丁飞速前往，相机剿办，以杜后患。俟如何之处，再为禀闻。谨将发兵缘由理合禀明，为此具禀。须至禀者。除此印回外，拟合据情移请贵县，请烦查照先今来移事理，希即转饬该管土司不得任前袒纵，致结深怨，速将安松山等按名拿获，赐交派差移解过县归案审办，实为公便。望切盼切。须至移者。

（3）【光绪三十一年正月二十八日宁远府札】

为札饬严拿事。光绪三十一年正月二十五日准瓜别、麻哈矿务总局赵、刘移开，案据瓜别安抚司已廷染禀称：〈中略〉等情前来。除批饬该土司再派目兵二百名保护洼里金厂外，相应移请贵局一体防范。等情。据此，查安姓支夷向归冕宁管辖，不特出巢肆行抢搂，该夷距厂甚近，又敢布散谣言，煽惑厂众。洼厂当畅办业务之时，商丁云集，粮物尚多，局存本金银数千两，防范稍疏，自必有碍厂务。除札饬该厂员弁商丁一律严加防范外，相应移请贵府飞札冕宁县妥派勇役前往弹压，保护厂局，绥静地方，并即拿首匪，解散胁从，是为至要。为此合移，请烦查照转札施行。祷切盼切。等由。准此，合行札饬，札到该县即便遵照，迅速选派干练勇役前往防缉，勿稍疏忽，致令扰害地方。切切。特札。

（4）【光绪三十一年三月十一日瓦尾土目卢启荣禀】

本月初八日，据属下民人步春山报称，伊家历居白宿瓦，在宪辕当差纳粮，屡被罗洪、嗌呢两支夷匪搂抢烧杀，居民迁逃不少，去岁又搂掠瓜别地面，瓜别土司委头目至木里庄办理，迄今课猓猡、纳窝堡等八堡汉番民人概造男丁女口花名册投诚瓜别土司，尽归管辖，如再剿办夷匪，八堡居民愿给粮米牛只猪酒。瓜别土司现已发兵住札木里庄，距城一百四十里。又接得传报，初十定到白宿瓦要各户支给粮米，惟步姓尚未投诚，念伊历住冕宁地面，纳粮甚多，照常当差，况八堡尽系恩属，若不禀恳做主，并乞委人往查，不然一旦酿成不测，八堡竟归他属，居民受害无极，职不忍坐视。〈下略〉

县正堂批：为签传事。案据土目户启荣禀称，瓜别土司派人至木里庄办理夷务一案，合亟签传。为此签仰该役前往，即将课猓猡、纳窝堡八堡汉番首人及据呈之步春山一并传齐，依限随签带县，以凭查讯。去役毋得藉签需索，滋延干咎。火速。须签。

（5）【光绪三十一年三月十九日瓜别安抚司已廷梁禀】

案缘光绪二十九年又五月二十二日，据属下手巴堡番民阿呷鸡、刘保保、杨伙头暨普丝罗番夷民等报称：〈下略〉除前土职据情禀请前任盐源县崇、会盐营游府马转移辕下并由土职禀明辕下有案可查外，今正该凶夷尤扬言大股出巢，先围抢洼里台子，后搂一带村堡等语。土职闻之，惊骇已极。复据情禀请盐源县王、会盐营游府马暨矿务局总办赵转禀镇、府宪，并移辕下，蒙批：候移冕宁县速派兵役前往会同办理。等因。奉此，土职复具禀宪台在案。甫派头目带兵驻扎金河边以御夷匪，突于正月二十六日，该嗌呢凶夷统匪数百围杀木里庄，该团民等过河喊救，头目等推以不能越界，恐惹边衅，该团民等命在旦夕，哭泣请救，再三推之不能，始前往护救，施放数炮，将夷等骇退。嗣后该夷央中求和土职之案，愿退还人口牲畜，缴出凶夷，但该夷未敢至木里庄议案，央中转请土职头目等到麦地沟议说各节。头目等于本月十五日到十九日有哟铁纳、妈朗哽、黑白夷约数十人投诚说案，只认退所抢人口牲畜，而凶夷等似有不肯缴出之势。土职窃思，似此凶夷屡次越界搂抢，若不饬缴究治，效尤地方。但该夷系宪台所属，土职又未便深为逼迫，恐事出于外。再四思维，是以禀请宪台作主，拨发勇丁二十名前来会办，并赏札该管瓦尾卢百户协力同办，饬缴凶夷，庶使该夷惧怯，不难办理，并祈赏示如何办法，俾土职有所遵循。但土职原为芟除凶夷安靖地方起见，谨将办理原由理合禀明。为此具禀。须至禀者。

县正堂吴批：据禀各节仰候转禀镇、府，一俟奉批至日，再行核夺。

（6）【光绪三十一年四月二十三日署理四川建量等处地方总镇都督府八旗蒙古协领复】

据禀已悉，瓜别土司藉口办案，遂直统众越境，扬言进剿，其借申公愤以济私欲之情显露矣。况十二地之番汉复以利诱之外，乃为因势利导，消边患于无形，其目的之卓，令人钦佩无暨，即应如禀办理，是所耽切之至。既经径禀宁远府，希候批示遵办。此复冕宁县。

（7）【光绪三十一年四月宁远府札】

为札饬查办事。案准建昌镇何移开，案据会盐营马游击禀报，为据情禀恳作主事，案据瓜别安抚司已廷梁禀称：〈中略〉于本正月十三日派头目汪正元带兵二百名，自备口食，前往手巴堡驻扎防堵。按手巴堡距洼里六十里，该匪朝来夕至，洼里距土职之寨一百六十里，远难顾近，当再三严嘱该目不准轻举妄动，只期堵御夷匪，不准过河搂抢洼里，静候各宪批示。本正月十八、二十六等日，据汪正元专差禀称，该目带兵住扎手巴堡，该夷匪安松山等统匪数百隔河放枪，幸未伤人，有估欲渡河接仗之势。目谨遵住防，不敢迎敌，恐一旦该匪渡河斗杀，目等寡不敌众，舍命事小，倘估去围抢，洼量祸出非常。等情请告。土职不分星夜，亲身带兵堵御救急。若迟数日，不惟该目及各村人民等性命难堡，即洼里一带商人亦难安枕席。等情。据此，是以据情禀恳转禀大宪请示办理，事关紧急，恐稍迟延，万有不测之处，土职无可如何。闻夷匪安松山不受该管土职所辖，现投帮办宁番安抚司安登继，恳移冕宁县饬安登继先缴安松山等，后会同办理完善，以杜后患。谨将夷匪猖獗祸在旦夕情由理合申明，伏祈转禀。等情。据此，游击伏查些案子光绪二十九年六月内据该土司已廷梁具禀前来，当由前盐源县知县崇令禧会移冕宁县文武缉拿，究竟如何办理，未准移复。兹叠据该土司禀称夷匪安松山等复越界搂抢，游击批饬多派士兵留心防堵，勿得越缉，恐开边衅，听候转禀示遵。但阅该土司所禀，一切似甚危急，游击恐有不实藉事铺张之处，即委五品军功传号夏廷芳不动声色前往该地密查。现该传号回营陈称，该夷匪等聚集冕属，毫无惧怯，若非已土司派士兵防堵得力，难免窜入盐属，边氓受害非轻。等情。除委住厂署额外李抢元就便督饬防范外，理合禀请转移宁远府会饬冕宁县文武迅派兵役前往遣散胁从各夷，务将夷匪安松山等按名尚紧截缉归案惩办，以遏贼氛而靖边地，深沾德便。为此具禀。须至禀者。等情。据此，除批饬该管营汛留心防范，妥为弹压，作速遣散从夷，务获首凶惩办，以期地方安静〔外〕，拟合移请速饬该管文员妥为弹压，作速遣散从夷，务获首凶惩办，以期地方安静为要。等由。准此，查此案前据矿务局移，已饬该县防缉在案，今已两月，是否安静，合行札饬。为此札仰该县即便妥为弹压，作速遣散从夷，务获首凶惩办，以期地方安静为要。切速。特札。

附录：清代巴县案档有关马边彝民资料

【道光十二年六月初五日重庆府札】为札饬事。

道光十二年五月初六日奉布政使司尹、按察使司花宪札：照得本司等会详核议，查办越西夷务章程案内酌添赏号一条，查内地缉捕，地方官出有赏格，是以□□踊跃。至缉拿夷犯责在土司，兵役无赏可图，即有口夷匪所□□素所以识者无所获利，亦不出力指拿。宜明立赏号奖励，晓谕军民人等，如有拿获夷匪送官究办及知其窝藏之处指名具报拿获，分别所获夷匪、汉奸罪名之轻重给赏号之□□。查道光九年分有府、厅、州、县捐存藩库缉捕□□□□□□□□四十两为通省缉捕匪犯赏号之需，由臬司□□□。道光十一年臬司衙门已移领一千两，除据酉阳、綦江等州县请领八百两外，所存尚多，因各州县应缉之贼各自出有赏格而请领赏号者甚少。应将前存银两拨出一万两发商生息，按年收息银一千二百两为缉捕夷匪赏号。无论兵役、口兵、管夷、一切约保、军民人等，有能拿获掳掠、捆人案内汉奸、夷匪到□□系斩绞立决者，每一名赏银二十两；遣军、流、迁徙者，每一名赏银十两。或一案犯数众多，同时拿获，按名给赏计数，过多不得过一百两，以之限制。如有知匪犯藏匿报官，指拿到案讯明属实者，各照前数酌给一半赏号，倘系焚掠新基□汛案内之首犯，加倍给号，均需案犯究定罪名，由地方官备具文领赴臬司衙门请领，以凭核发。未经收有生息银两以前，设有请领者，即于缉捕经费余存项内先行拨支，俟收回息银财归款。至此项银两既经发商生息，以作夷务赏需，则内地各厅州县拿获匪犯即应由该厅州县自行酌赏，无庸由司给领。其雷波、马边、峨边等厅但有夷务，惟越西现当吃紧之时，经费有限，不能兼顾各厅。俟越西查办完竣，再行一体分别给赏，以昭平允，等情。奉批，详议各条已悉，候饬行建昌镇道，率同署宁远府吕守等相度机宜，确核办理。此缴。

奉此，除分移并通饬各属遵照外，合就札行。为此，札仰该府官吏查照来札奉行事理，即便转饬遵照，嗣后内地州县拿获匪犯，即由该厅州县自行给赏，毋庸由司请领给发，毋违。〈下略〉

右札巴县准此

【道光十四年六月十五日重庆府札】为飞咨行调事。

道光十四年六月十四日准重庆镇马移开：道光十四年六月十四日未刻，准爵督军门扬限行六百里咨开：照得峨边赤夷，因年岁歉收，勾结生番出巢焚掳一案。前已派拨省标及阜和、永宁、普安、马边等营官兵一千七百余员名前往剿办，并致知贵镇，在于重属预备就近营分兵丁五百名听候调用。叠据樊参将等禀报，带兵到彼，该夷等自知罪大恶极，俱已逃遁归巢。所有未经滋事者，虽已各差夷目来营投诚，而曾经出巢滋事者，尚未全行投顺。此等顽梗不化之徒，未便久稽显戮。现已会商成都将军，总督部堂，拟定本爵军门亲往督饬赶办，以期迅速完事。合就移咨。为此合咨，烦为查照，文到即将派就重属兵五百名，饬令挑就都、守、千、把等，迅速管带，取道捷径兼程行走。军火等项，照例裹带。务于本月二十二日赶抵峨边，听候本爵军门督率进剿，幸勿迟缓，有误机宜。飞速、火速。仍希将各兵于何日起程，由何路行走，先为见复。切切施行。等因。到本镇。准此，除分别飞饬各营遵照迅速挑派起程外，合即开单移咨。为此合咨，请烦查照。希惟转饬官兵经过各州县照例应付口粮、夫马，俾资前进而利军行。仍希见复施行。须至移者。〈下略〉

计粘单一纸

右札巴县准此

计开：

重庆镇属十五营，除夔州协左右、巫山、大昌、盐厂五营界连楚陕，地方紧要，毋庸派调外，今在于镇标三营，忠州、梁万二营，绥宁协属五营挑派兵五百名内：

重庆中营派兵八十名

重庆左营派兵六十名

重庆右营派兵八十名

忠州营派兵四十名

梁万营派兵四十名

绥宁左营派兵四十名

绥宁右营派兵四十名

邑梅营派兵三十名

西阳营派兵五十名

黔彭营派兵四十名

　　　　以上共派兵五百名

挑派带兵官弁内

梁万营都司彭荣

重庆中营守备吴世泰

署邑梅营守备虎嵩林

署酉阳营守备杨泽

重庆中营千总王明福

重庆右营千总何世龙

重庆左营把总张本成

重庆右营把总王用中

邑梅营把总杨连科

黔彭营把总李逢春

重庆中营外委余贵

重庆左营外委吴国桂

重庆右营外委郭成林   胡尚炳

绥宁左营外委张连申

绥宁右营外委曾廷松

黔彭营外委杨荣坠

忠州营额外外委邱仕超

梁万营额外外委王正明

酉阳营额外外委萧品高

黔彭营额外外委邓贵

以上挑派带兵都、守、千、把、外委、额外，共二十一员。

【道光十四年六月十五日重庆镇标中军游府移】 为移咨减派事。

本年六月十五日奉本镇宪马札开：道光十四年六月十四日戌刻接准爵督军门杨限行六百里咨开：照得峨边赤夷勾结凉山生番出巢滋事一案。拟调重属兵五百名，昨于移咨冰案后看阅，贵镇暗为预备兵数单内有绥宁五营兵二百名，查绥宁五营相距峨边甚远，实属缓不济急，合就移咨。为此合咨。烦为查照。希惟只在镇标及忠州梁万五营挑派精壮得力兵丁共四百名，遣令迅速赶赴峨边听候遣用。所有绥宁五营之兵二百名，应当停止毋庸派令前来。至各兵于起程时，照出师本省之例，在于就近文员衙门每名支银二两散给，以利遄行。军火等项务须照例配带齐全，仍将各兵起程日期，饬令各该营通报，以凭查考。切切施行。等因。到本镇。准此，除另分别拣派外，合再开单札行。为此，札仰该中军查照，移行三营遵照即在于中营挑派兵一百名，左营挑派兵九十名，右营挑派兵一百一十名，交前所派之中营守备吴世泰等管带迅速起程。并照例在于就近文员衙门，每兵支银二两散给，以利遄行。仍将各兵起程日期先为通报查考。切切。计粘单一纸。等由。奉此，相应备移。为此，合移贵正堂，请烦查照来移事理施行。须奎移者。计粘单一纸

右移四川重庆府巴县正堂

计开：

重庆镇属各营派调兵四百名内

重庆中营派兵一百名

重庆左营派兵九十名

重庆右营派兵一百一十名

忠州营派兵五十名

梁万营派兵五十名

挑派带兵官弁十四员内

梁万营都司彭荣

重庆中营守备吴世泰

重庆中营千总王明福

暑酉阳营守备重左千总杨泽

重庆右营千总何仕龙

重庆左营把总张本成

重庆右营把总王用中

重庆中营外委余贵

重庆左营外委吴国桂

重庆右营外委郭成林胡尚炳

忠州营额外外委邱仕超

黔彭营额外外委邓贵

梁万营额外外委王正明

【道光十四年六月二十五日巴县禀】

敬禀者

窃卑职奉本府、转奉两司奉宪檄，调重庆镇属就近营分，派调官兵四百名，赴峨边剿办赤夷生番，饬令地方官遵照出师本省之例，各按员名，千把外委每员给发口食银四两，额外每员发给口食银三两，马步守兵每名给发口食银二两，取具营员印领，备文赴司领回归款。仍将官兵起程过境日期，禀报查考。等因。奉此，兹于六月十六日准重庆中营守备一员吴世泰带领千总三员，把总二员、外委四员，额外外委二员，马战守兵三百名到县。卑职遵即支给口粮，应付夫马。于十七日护送至璧山县属来凤驿交替讫，取具营员印领在卷。所有重庆三营官兵起行，护送出境日期，除经禀督、提宪暨将军、藩、臬、道宪外，理合察报宪台俯赐查考。为此具禀。须至禀者。

右禀督、提、军宪、藩、臬、道、府

【道光十四年六月二十八日马县禀】

敬禀者。

窃卑职案奉本府，转奉两司奉宪檄，调梁万忠州二营官兵共一百名，赴峨边剿办赤夷生番。饬令经过沿途地方官预备应付夫马，催趱前进。仍将官兵入境出境日期，禀报查考。等因。奉此，兹于六月三十五日，准梁万营都司一员彭荣带领马战守兵五十名，又忠州营额外外委一员邱世超带领马战守兵五十名到县。卑职遵即应付口食夫马。于二十六日护送至璧山县属来凤驿交替讫。所有梁万忠州二营，共官兵一百零二员名，入境出境日期除径禀提宪、督宪、将军暨藩、臬、道宪外，理合禀报宪台俯赐查考。为此具禀。须至禀者。

右禀提宪、督宪、将军暨藩、臬道府

【道光十五年闰六月初五日重庆府札】为移知事。

〈上略〉奉总督部堂鄂札开，道光十五年五月二十五日准吏部咨，文造司案呈：内阁抄出，钦奉上谕一道，相应抄单知照可也。计〔粘〕单一纸。道光十五年四月十六日内阁抄出，四月十四日奉硃批：所见是，不得不然也。钦此。同日，内阁奉上谕：鄂奏官兵进剿峨边厅属雅札等十三支夷匪，全境肃清一折。四川峨边厅属雅札等十三支赤夷频年勾结滋事，罪在不赦。此次经该督调兵进剿，连次克捷。节据委署提督马腾龙、藩司李羲文等陆续禀报，分路攻克。于二月二十八、九至三月十九等日，焚毁贼巢，杀毙夷匪多名，巨魁悉数歼擒。其夷贼年儿等二名，格租一名，黑夷阿租等八名，巨凶马日等六名，月立等八名，雅札首凶我我蛮和尚等八名，均已生擒。自衣巫哈曲杀蛮溪，至大小木瓜等处十三支夷地已尽。□月以来无险不克，并附和夷匪之小乌抛悉已荡平，其奔逃零星余匪及该夷家属等现在投诚乞命。已据马腾龙等查看，真诚传具木刻永不滋事。又另片奏，马边厅属之大乌抛及阿车家、越西厅属之沈查家，均与十三支毗连，应乘得胜之师，示以兵威，俾附近各夷咸知震叠（慑）。所见是，所办可嘉之。至鄂山，著加恩晋加太子太保衔，赏戴双眼花翎，发去双限花翎1枝，白玉翎管一个，交鄂山祇领。马腾龙，著赏加提督衔。李羲文著赏戴花翎。马腾龙、李羲文，仍均著交部从优议叙。所有擒获凶夷，著即就地正法，以儆凶顽。其在事尤为出力员弁，著仍遵前首酌量保奏，毋许冒滥。伤亡兵丁查明照例办理。该部知道。钦此。等因。准此，合就札行。为此，札仰该司等即便钦遵查照毋违。〈下略〉

右札巴县准此

【道光十七年六月十三日重庆府札】为札饬查办事。

道光十七年六月初八日奉布政使司苏、按察使司多宪札，案奉总督部堂鄂札开：照得马边夷匪出巢滋事，前经檄调各营官兵前往剿办。今本督部堂访闻所调官兵经过处所购买什物概不付钱，动辄凌辱，并有将碗具、衣物公行携去者。沿途强捉背夫，不分男女。地方官预备马夫，均须折价。强横之势莫可言状，以致居民怨仇，行旅不安，而峨边兵为尤甚。如屏山之五胜场为各路军兵赴马边总汇之区，现在该场客民人等已有赴本任叙州府谢守处具呈指控。本督部堂先后调兵札内业经明白声明，各兵经过沿途，每兵一名每站赏给饭钱一百文，由地方文员支发。每兵十名给夫八名，不准多索折价。并令带兵员弁督率各兵等途中务须宁静行走，不得骚扰民人。何等谆切诚谕，该弁兵等宜乎共知共闻。兹乃不守纪律，不遵札文，竟敢如此横行纷扰，肆无忌惮！是以卫民御乱之举，转成害民累官之事。所派带兵各弁究竟所司何事，胡为如聩如聋不行约束，任其恣肆若此？若不从严查办，何以惩骄悍而肃戎行！除飞札署峨边营参将唐协会同本任叙州谢守将各该兵等何故不遵宪檄，辄敢骚扰地方；峨边各兵因何更无顾忌，究系何姓何名？带兵员弁又系何人？五胜场客民如何呈控？逐一查明。兵则先行革除名粮，插箭游营示众，俟凯撤后再行按律治罪；官则重责一百棍，摘去顶戴留营效力，以观后效。倘各兵行抵马边后，如有不守军规敢蹈前项恶习者，亦即照此办理外，合行札饬。为此，札仰该司等即便飞饬过兵各州县，确查前项滋扰兵丁隶何营分？何员管带？据实开单禀报，以便核办。如此，后续过官兵再有不安本分者，亦饬各该州县立速禀明，听候从严惩治毋违。〈下略〉

右札巴县准此

【道光十七年五月二十二日重庆府札】为札知事。

道光十七年五月二十日准重庆中军游府马移开，本年五月十九日奉本镇宪马札开，道光十七年五月十九日准布政使司苏、按察使司多咨开，案奉总督部堂鄂札开：照得马边夷匪出巢焚抢，业经本督部堂会同将军、提督调派永宁等营兵丁五百名，俟又续调普安、安阜两营兵丁二百名，先后饬赴马边，檄委署峨边营参将唐协前往统领查办，并即行知该司等在案。兹恐兵力尚单，复在重庆镇标三营调兵三百名，交署重庆右营都司王明福、署左营守备万承禄管带，黎雅营兵一百五十名，交该营守备杨占春管带，泸州营兵五十名饬派曾经出师得力千把总一员管带，飞赴马边，听候唐协遣用，相机妥办。若该夷匪抗拒官兵，即行痛加剿洗，以彰国法而靖边陲。所有该兵等应支行装银两，饬令就近在于文员衙门先行垫支，再行

355

赴司请领。至续调官兵沿途饭食及到后盐粮，该司等均即查照前调各兵章程，分饬支发。合就札行。札到该司等即便分别移饬遵办毋违。等因。

奉此，除饬就近文员垫借行装银两，并饬沿途州县应付口粮人夫外，拟合移咨。为此，合咨贵镇请烦查照来移事理，希即挑选精壮兵丁三百名，照配带军装、器械、药铅等项，饬交都司王明福、守备万承禄管带，迅速起行。其派调兵丁所需行装银两，按每名酌借银二两，具备文领，赴同城就近文员衙门借领散给，以利遄行。至经过沿途州县兵丁，每名每站只给饭食钱一百文，每兵十名，给背运军装行李夫八名，务须安静行走，毋得折价多索。仍将离营起程日期及官兵营分花名并借支行装银两，分别造册移司，以凭发审坐扣施行。计移粘单一纸，内开：一、重庆镇调兵三百名，每名应借行装银二两，由重庆府督同巴县垫支。等因。由镇转行下营。奉此，除移三营遵奉栋派官兵，并饬带兵员弁自行赴贵府衙门承领行装银两刻即起程外，合就移知。为此合移。请烦查照来移奉行事理，希将该官兵应借行装银两，并酌给背运军装、行李人夫，迅即照例预备齐全，以便该官兵承领，迅速起程。实为公便，仃切施行。等由。〈下略〉

右札巴县准此

〔道光十七年六月十九日重庆府札〕为奉批移知事。

道光十七年六月十三日奉川东兵备道嵩宪札，道光十七年六月初二日准布政司苏咨，案奉总督部堂鄂批，本司具禀：案查道光十三年越西等处夷匪不法，奉调各营官兵前往剿办，每兵于起程时酌给口食银二两，沿途每兵十名给背运军装行李夫四名。十五年剿办峨边夷匪，兵丁应领口食及需用人夫，俱照十三年出师之例支应，各在案。此次马边夷匪出巢焚掠，奉调派各营官兵一千余名，前议于起程时每兵借给行装银一两，沿途每站每日给饭食钱一百文，每兵十名给夫八名。虽比之向例似觉从优，但既谓之行装即应照例扣还。本司前于奉到札后，曾移行调兵营分一体查照，俟后兵丁回营时听候坐扣亦在案。惟此项行装将来若仍扣回，则此时沿途只给饭食钱文核计，该兵等领项转少，殊不足以昭激励。本司再三思维，应请将各兵起程时借支银二两，仍然本省出师旧案作为口食之费毋庸坐扣。其沿途所给饭食钱文，因念时当炎天暑热，大雨时行，该兵丁等远道出征，不无倍觉艰辛，应即作为加赏之需，以示格外体恤而期奋力从事其极。若州县垫用钱文，俟后按照易银时价准其核计请领，由司酌量支给归款。各州县亦不得混派里下，免致扰累。如有不遵，查出参处。至每兵十名虽给夫四名，该兵丁等只令背运军械、行李，其锅帐、药铅等物，仍于沿途多方索夫运送，徒滋纷扰。此次议以给夫八名，凡背运一切军火，器械、锅帐、药铅、行李，均应在给夫八名之内，此外不准再行多索，亦不许折给夫价，用昭限制。将来若调屯兵，所需口食一项，除照旧支给外，亦一律给予饭食钱文，以示公允。如沿途州县地处偏僻，一时乏钱支应，即按每钱百文以银六分给发。所有此次加赏饭食之钱及多给人夫，原为该兵丁等触暑遄行格外优恤起见，嗣后均不得援以为例。是否有当，理合禀请俯赐察核批示，以便转行各属遵办。并请咨明提台饬知各调兵营分一体查照。再，此次奉讽将备各员，如有借领行装银两，应请照例仍于养廉银内坐扣还款。其千总、外委，查照旧案，每员酌给口食银四两，额外酌给口食银三两。此外另有多借，应仍照数坐扣，合并声明。等因。

奉批：仰即如禀办理。一面转行各属遵照，并候咨明将军、提督饬知调兵各营分一体查照。余并悉。此缴。〈下略〉

右札巴县准此

【道光十七年七月二十一日重庆府札】

道光十七年七月十六日奉川东兵备道嵩宪札，道光十七年六月二十八日准布政使司苏、按察使司多咨，道光十七年六月初四日奉总督部堂鄂札开：照得本督部堂于道光十年五月二十八日，会同将军、提督联衔具奏，为查办马边夷案一折，除俟奉到硃批另行恭录札知外，所有折稿合先抄录札知。为此，札仰词司等即便查照，分别移行该管文武一体遵照毋违。〈下略〉

右札巴县准此

【附】 【川督鄂山等奏折】

奏。为查办马边夷案恭折具奏，仰祈圣鉴事。

窃臣等接据马边厅文武员弁禀报，本年五月初三、四等日，□夷匪纠众至附近夷巢之大鱼孔、小沟等处抢掠财物、人口，经□弁率领兵勇堵御，先后枪毙夷匪二十余人，等情。臣等查马边夷人比年以来尚称安静，此次该夷等忽出抢掠究系何支何夷，因何肇衅，必须确切查明惩办。当经派委署峨边营参将督标中军副将唐永清酌带兵丁，并派署成都府本任叙州府知府谢兴晓驰往查办去后。兹据该副将等查禀，因阿什子家黑夷三和之女，嫁与大乌抛家黑夷熟果为妻，自缢身死。熟果许给三和盐、布等物未曾变清，三和因此挟嫌勾聚夷众与熟果打冤家，路过大鱼孔等处顺便抢扰，并有上年夷地歉收乏食，窃夷乘机附和抢夺。该副将等现在督率文武相机办理，等情。具复前来。臣等查川省毗连夷骚州县多至数十处，夷类众多。每因细故，辄互相仇杀，扰及汉人。或因收成偶歉，无以资生，出抢汉地民财，原属事所常有。地方官随时查办，责令缚献凶夷，并追还被掳人口完案。此次该夷匪胆敢连日四散掳掠，凶恶较甚，若照常就案完案，势亦不难完结。但该夷等犬羊成性，转恐益肆鸱张，自应从严惩办，以靖边防。

查建昌镇总兵张必禄人最勇敢，素为夷众畏服。虽马边非该镇所辖，若令驰赴剿办，并可使该夷人同震声威。臣凯、臣鄂，臣余熟商，即行飞饬该镇酌带汉屯官兵迅往，督同唐永清等相机剿办，尤为得力。并令确查究系何支何夷有无起衅别故，务当实力惩创，俾知震慑，以仰副绥靖边疆之至意。

再，提臣余闻信即□□往督办。臣凯、臣鄂因此等抢掳夷案，若提臣亲往查办，转涉张皇，是以未令前往。合并声明。谨将现在查办马边厅夷案缘由，合词恭折具奏。伏乞皇上圣鉴。谨奏。

【道光十七年八月初四日重庆镇标中军游府移】 为照知事。

本年八月初四日奉本镇宪张札开，道光十七年八月初三日承准总督部堂鄂照会：照得马边夷匪窜逸滋扰，狡狯异常，必须大加剿洗，方足以靖边境。兹拟在渝局拨火药一万斤，枪子二十万颗，运赴马边军营应用。合行由六百里照知。为此，照会该镇即便遵照，速将火药、枪子如数筹拨齐全，派委委员星夜驰赴马边军营，交粮台吕守收支，勿稍迟误。仍将委员起程日期报查毋违。等因。由镇札行下营。奉此，除将敝标局贮火药已秤足一万斤，铅枪子二十万颗，子药共匀装三百八十桶，委千总虎嵩林带兵二十名，由水路押运至宜宾、犍为，由陆路运赴马边军营应用外，兹已定期八月初六日自重庆起程。拟合移请贵正堂，请烦查照来移事理，希先传知前途水陆拨给大船十支，陆路预备夫马。军情紧急，子药要件务须随到随即应付前进，以利迅速。并请贵正堂派役护送前进，传知一体接替护解。须至移者。

右移四川重庆府巴县正堂缪

357

【道光十七年八月初十日重庆府札】为札知事。

道光十七年八月初五日奉川东兵备道嵩宪札，道光十七年七月二十二日准布政司苏、按察司多咨，案奉总督部堂鄂札开：照得本督部堂于道光十七年六月二十五日，会同成都将军凯、提督军门余具奏，官兵连日搜剿夷匪情形，并前调建昌镇总兵张必禄业已到省筹商，催往督办一折。并附奏将游击王殿元、千总赵映从革职一片。除俟奉到殊批另外恭录札知外，所有奏稿，合光抄录札知。为此，札仰该司等即便知照毋违。计奏稿片稿一本。等因。〈下略〉

右札巴县准此

【附】【川督鄂山奏折】

奏。为官兵连日搜剿夷匪情形，并前调建昌镇总兵张必禄业已到省筹商，催往督办，恭折奏祈圣鉴事。

窃臣等前因马边厅属大乌抛家黑夷熟果等，因事挟嫌，至打冤家，扰及汉地，并有乏食穷夷乘机焚抢一案。当派督标中军副将唐永清酌带兵丁，并委署成都府知县谢兴岷同往查办。一面檄调建昌镇总兵张必禄驰赴督剿具折奏闻在案。旋据唐永清、谢兴岷节次禀报，该夷匪一商官兵到彼，渐次逃散。间有偷匿老林，突出捆抢，并潜往屏山县连地方掳掠滋扰。经该员等派拨千总张勇等督率兵勇直前迎击，枪炮齐发，先后歼毙夷匪多名，夺回被掳汉民，并牲畜、贼械甚多，各匪震慑兵威，奔藏巢穴及隐蔽山岩。该员等连日分兵搜剿，杀戮极多，擒获夷贼小蛮年纳银力三名。谢兴岷亲督弁兵乡勇进入夷地，该匪等遥见官兵全行远遁，当将于田坝、牯牛背、红椿湾等处夷房田地全行烧毁践蹋。唐永清在中嘴地方分遣弁兵三面击贼，杀毙十余名，滚岩落水者不少。外委徐沛霖生擒夷匪窗兹月支两名。都司长瑞等于六月十一日搜捕夷匪，该匪等恃众抗拒，官兵奋勇直前，施放连环枪炮，毙贼数十名。我兵亦间有伤亡。十三日该员等复兴都司姚鹏程在磨子岩杀贼二十余名。现在该夷匪穷蹙奔逃，均入深山躲匿。

臣等从马边、屏山地界处处毗连夷地，此剿彼窜，是其惯技。批饬唐永清等派兵分守要隘，俟汉屯兵丁到齐深入痛剿，并先将生擒各匪正法示众。一面赶催张必禄于本月二十三日到省，当谕以此次夷匪扰害地方。现据马边士民程景川等来省呈诉，该夷出巢焚抢兼有将人口裹胁杀伤，其情形较寻常夷案为甚。且闻奸顽异常，间有熟夷从中勾串，必须痛加惩创。而该夷平素伎俩以深藏密箐，恃难穷搜为得计。该镇务当破其诡谲，预设伏兵诱使出敌，即可首尾夹攻，悉行歼灾。或以重兵围困老林绝其粮食，亦足致其死命，若该夷匪势迫奔窜，则以枪炮轰击，更可杀尽无遗，然后洗其巢穴，毁其窖藏食米，铲其地种秋粮，一鼓荡平，庶足以伸天讨而快人心。该镇领略机宜，即日兼程驰往督剿。除俟该镇到彼剿办如何情形再行奏报外，谨将官兵连日搜剿夷匪及张必禄到省面筹往办各缘由，合讹恭折具奏。伏乞皇上圣鉴训示。谨奏。

再，查署三河口汛守备马边营左哨千总赵映从专司防汛，当夷匪初在该处附近地方抢掳，该千总不能督率官兵奋勇迎击，以致夷匪窜扰多处；马边营游击王殿元为统辖大员，事前既漫无觉察，事后又未能迅往督剿，均属无能。相应据实参奏请旨，将游击王殿元、千总赵映从革职。该员等俱系本营武弁，未便置身事外，仍饬随营效力，以示惩儆。马边厅同知祥善于所属夷匪出巢滋事，不能事先防范，咎无可辞，应先摘去顶戴，责令随营差遣，以观后效。理合附片具奏。伏乞皇上圣鉴训示。谨奏。

【道光十七年九月巴县详】

〈前略〉总督部堂鄂札开：照得马边夷匪出巢焚掠，势其猖獗。前经本督部堂会同成都将军、提督调派省标各营官兵几及六千，先后驰赴马边，听候建昌张镇统领剿办在案。兹恐兵力尚单，不敷剿洗，复在督标三营派兵二百名，军标两营派兵一百名，提标三营派兵二百名，城守左右二营派兵一百二十名，青云营派兵五十名，交署提标中营守备刘占春、城守左营守备钱玉春管带。又，川北镇标三营派兵二百名，重庆营派兵一百二十名，绥定左右二营派兵二百名，一通江营派兵六十名，广元营派兵一百五十名，巴州营派兵五十名，交署巴州营守备马龙管带，越西营参将马度彪统领，并派巴州营把总刘炳同往。又，重庆镇标三营派兵一百五十名，忠州营派兵五十名，酉阳营派兵八十名，黔彭营派兵五十名，夔协左右二营派兵一百五十名，巫山营派兵四十名，渠万营派兵六十名，大昌营派兵四十名，永宁营派兵二十名，交大昌营守备周永福管带，署永宁营参将唐璬统领，并派重中千总王凯、重左千总杨泽夔、右千总刘德胜、黔彭营千总余允秀、忠州营把总刘良超同往。又，松潘镇标三营派兵二百名，南坪营派兵八十名，小河一营派兵四十名，龙安营派兵四十名，叠溪营派兵四十名，漳腊营派兵八十名，维州左营派兵三十名，茂州营派兵三十名，维州右营派兵二十名，归南坪营都司毛万里、小河营守备达腾昭管带，并派南坪营千总王廷刚同往。又，阜和右营派兵四十名，自行拣派久经出师得力千把一员管带；泰宁营派兵六十名，自行拣派久经出师得力千把一员管带；黎雅营派兵五十名，自行拣派久经出师得力千把一员管带；懋功营派兵五十名，自行拣派久经出师得力千把一员管带；绥靖营派兵五十名，自行拣派久经出师得力千把一员管带，崇化营派〔兵〕五十名，自行拣派久经出师得力千把一员管带；抚边营派兵三十名，自行拣派久经出师得力千把一员管带；庆宁营派兵二十名，自行拣派久经出师得力千把一员管带，驰赴马边，听候遣用。每兵一百名由营拣派得力千把，外委不得过二员，照例配带军火、器械齐全。

再，各营存贮步兵绵甲，无论新旧，每兵行令裹带一件。马兵只带上装，以备冲敌，并御寒冷。每兵一名就近在文官衙门关领口食银二两，各兵到后，应食盐菜口粮，遵照议定章程具领，其经〈中缺〉

除移营拣派，并饬该州县照例应付□□钱文□□□□□□□□□□□。一俟各营借领兵丁口食银两，不拘在于何项银内先行查照单开分例等款垫□□□，并取具营分花名印领清册，备具文领，赴司请领归款。并按每兵每站只给饭食钱一百文，每十名给背运军装行李夫八名，仍飞移前途州县一体遵照，按站给予饭食钱文、人夫，应付前进，不得折价多索，亦不得稍有贻误。并将应付起程过境日期，飞报查考。速速。特札。计开，重庆镇标三营派兵一百五十名，每名应领日食银二两。等因。

奉此，卑职遵即筹款垫支库平银三百两，饭食钱十五千文，备文移交重庆镇标中营马游击查收分散在案。当经垫支官兵一百五十名口食银两及饭食钱文，并起程日期禀报在案。理合查造该兵丁花名清册，具文详赍宪台俯赐查核。为此备由，另册申乞，照详施行。须至申者。

【道光十九年八月初八日置庆府札】为移会事。

道光十九年七月二十三日奉川东兵备道嵩宪札，道光十九年七月初七日准盐茶道周、布政使司刘、按察苏、成绵龙茂道王会咨，道光十九年六月二十九日奉总督部堂宝札开，道光十九年六月二十六日准兵部火票递到，准户部咨，四川司案呈：军机大臣会同本部议复川省奏筹议防边经费一折，道光十九年六月初五日奏，本日奉上谕一道，于初八日抄出到部，相应抄录原奏，恭录钦奉上谕，行文四川总督遵照。至此案系防边经费紧要之需，应由马上飞递可也。计单一纸，内开：谨奏。为遵旨会议具奏，仰祈圣鉴事：内阁抄出，四川总督宝奏筹议按粮津贴防边经费及征收需用各银数一折。道光十九年五月二十八日奉硃批。军机大臣会同该部议奏。钦此。钦遵。抄出到部。

查该督原奏内称：查川省田赋之轻，甲于天下。每田一亩，征地丁银不及二分，较他省少至十数倍及数十倍不等；是以从前办理金川、廓尔喀及达州教匪，节次军务，除动帑之外，亦常藉资民力。每条粮一两，有津贴奎三两以上者，民间不以办累。迨道光十五年峨边厅夷务，亦系绅民按粮津贴，踊跃输将。自十三年以后，夷匪屡次不靖，扰害边氓。在通省士民，无不眷念桑梓，且节次征兵防剿，过兵州县间阎，亦不胜应付之烦。今拟按粮一两津贴银二两，核计有田百亩之家，不过出银三两余，为数无多。体度情形，自当乐输，断不至于病民。至四川通省每年额征地丁正银六十六万余两，前次峨边夷务津贴，共收银七十八万六千有奇。尚未收之户，因军务告竣，即饬停止。兹以条粮每两津贴二两计之，除畸零小户暨苦瘠州县概免津贴外，约计可收银一百万两内外。臣前折奏请马边等五厅县共移添兵勇三千六百名各条，除初设之年应支用修筑汛署、兵房、碉堡、炮台，并置办军装、器械、锅帐、旗帜、枪炮、药铅，及练勇粮饷、公费、红白赏需等，约需银三十余万两，以后每年练勇粮饷，一切约需银四万余两。即办防所剩之银设法生息，或分发各州县置田，每岁租息，供支已足敷用，毋庸另行筹划。若逐年尚有盈余，以及数年后夷情真心向化，边患永息，即可将练勇渐次裁撤，其各项经费均另款存贮司库，留作备边专用之需。所有此项津贴，自本年七月起至年底止，乘征收不（夏）忙地丁之时一并上纳，由地方官选择公正诚实绅耆，设局经收，不准书役涉手。等语。

臣等伏思，经邦之道，防边原所以卫民，筹备之方，厚生乃可以利用。即便因时制直，量为变通，必须有裨于实用，无扰于民生，方为久经无弊之计。现在川省夷匪滋扰，该督臣原案奏请按粮津贴以资边费，系以地方之财力办地方之公事，所奏原为慎重帑项起见。惟查该省地丁额征共银六十六万余两，现议加津贴银一百万两，核其征添银数较之原课几加至两倍。虽该省额赋最轻，小民久沐厚泽深恩，输将可期踊跃，而揆之国家藏富于民之义，既有珠协。且办理军需藉资民力，尤不可率以为常，我皇上予惠元元，有如无已，偶遇地方不靖，无不征兵发饷，立沛恩施。凡以保卫民生者，至忧极渥，岂以边防细故，藉助间阎。臣等公同商酌，与其按亩加课为补救之方，曷若借帑生息为经久之计。拟请于备省私拨应报项下，借拨银一百两，发交川省，以三十余万两为初设防兵经费之需，其六十余万两责令该督臣或发商生息，或置田收租，察看情形，核实办理。所获息银，以四万两作为常年经费，其余三万余两，按年提解司库归还原借款项。俟收有成数，即行报部，听候拨解。数年后夷情向化，练勇渐次裁撤，应将此项经费银两，另款存贮报部，再行办理。如此借帑筹济，于防边恤民两有裨益。如蒙谕允，请于本年秋拨应报项下，拨山东地丁银二十万两、山西地丁银三十万两、河东盐课银二十万两、安徽地丁银十五万两、江西地丁银十万两、湖南地丁银五万两，以上共拨银一百万两。应令各该抚于文到之日，迅委妥员解往四川，以备应用。所拨银两未到以前，其现年经费为紧要之需，即令在于该省封贮及春拨留备项下，先行借动银三十余万两以备支发，俟借拨银两到川，概行照数归还。原款所有添设练勇经费，经此次通盘筹划，设法借拨，自可办理裕如。应责成该督臣认真操防，妥为经理，并严饬承办各员，樽节估计，毋稍浮冒。总期功归实用，帑不虚糜，以期仰副我皇上惠爱黎元，整饬边防之意。所有臣等遵旨会议缘由，理合恭折具奏。是否有当，伏乞皇上圣鉴。再，此折系部主稿，合并声明。谨奏。请旨。

道光十九年六月初五日奉上谕：昨据宝奏筹议按粮津贴防边经费一折，当降旨令军机大臣会同该部议奏。兹据奏称：川省地丁共征银六十余万两，现拟加津贴银几至两倍。办理军需藉资民力，不可率队为常，等语。著照所请，即在各省本年秋拨应报项下，拨银一百万两解赴四川交宝。以三十余万两为初设防兵经费之需，其余六十余万两著酌量生息，所获息银以四万两作为常年经费，其余三万余两按年提解司库，归还原款。所拨银两未到以前，现需经费，着即在该省封贮及春拨留备项下先行支发，俟拨银到川即照数归还原款。经此次筹拨之后，该督务当督率文武员弁，认真操防，保卫黎庶，一俟边境靖谧，即将练勇裁撤，并着严饬承办各员，稍节支销，毋稍浮冒。倘恃有此项银两，迁延岁月以致虚糜帑项，迄无成效，朕必将该督等严加惩处，恐不能当此重咎也。凛之。钦此。等因。

准此，查此案前奉谕旨，当经恭录，移行在案。此项奉拨银□，除将来办防支用外，余剩之银究应如何设法生息，是否分发各州县交商取息供用，抑或置户收租。如果发商，究竟何州何县应发若干，通共可发若干，每年共可收息若干？设应置买田业，则何属田价较贱，何处租息较多，何处田地可无水旱之虞，其租谷变价应如何酌定。额解之数，以及经手人等冀图从中渔利，或恐不免，应如何立法考察，杜其弊端。并所获息银谷价，日后解库弹收支放，书吏人等应如何禁其需索克扣。以及此外有无别有生息良法。而拨银未到以前，现年经费应先借动何项支发。现既奉准前因，亟应先事调□，除咨将军、提督外，合就行知。希即移知盐茶、成绵龙茂两道，合同悉心查察妥议，详候核夺。钦关国帑，且为防边长远之计，生息章程固当尽美尽善，以期事可经久。而杜弊防奸，尤为切要之务，必须丝毫悉归实用，不致稍有虚糜，方为妥协。务宜通盘区划，详细筹计为要。仍一面分别移饬。一体钦遵查照可也。〈下略〉

右札巴县准此

【道光十九年三月初三日重庆府太善坊余周氏供结状】

实结得右营奉派出师战兵余天喜系氏夫。于道光十七年七月二十五日在马边地名小淘阵亡。沐恩赏给岬银五十两。是以邀同邻佑赴案呈具供甘绪，恳赏移营请领。中间并无假冒等弊，供结是实。

坊长杨正洪保领

【道光十九年三月初七日重庆府神仙坊周衰氏供结状】

实供得奉派出师重庆镇标右营守兵周光跃，系氏亲生之子。于道光十七年七月二十五日在马边属小鱼孔小沟阵亡。蒙部议给岬赏银五十两。沐恩差唤，查取邻佑供甘结状移营请领，是以协同邻佑胡廷跃等虽明。其中并无假冒捏饰情弊，供给是实。

坊长夏开泰保领

【道光十九年三月二十五日重庆南纪坊侯应魁供结状】

实供得奉派出师重庆镇标右营守兵侯天禄，系蚁亲生之子。于道光十七年七月二十五日在马边属小鱼孔小沟阵亡。蒙部议给岬赏银五十两。沐恩差唤，查取邻佑供甘结状移营请领。是以协同邻佑秦国光等呈明。其中并无假冒捏饰情弊，供结是实。

坊长严□□保领

【道光十九年四月二十日重庆太善坊马世贵供结状】

情实供得奉派出师重庆镇标中营马兵马占彪系蚁亲生之子。道光十七年五月内出师马边，于是年七月初五日攻打雪口山观慈寺，打仗立功。后于十二月初八日在兰河口病故。蒙部议给岬赏银十六两。沐差传唤，遵赴案下皇具供给，并恳移营请领。中间并无假冒等弊，供结是实。

坊长杨万顺保领

【道光十九年九月初一日重庆镇标中军游府移】 为移请会散恤赏银两事。

窃照敝标三营道光十七年出师马边阵伤亡故兵丁应领恤赏银两，前经备具文册结领赴司请领。现已管解回营分发三营包封，订期于本月初五日放散，相应备文移请。为此合移贵正堂，请烦查照，是期按临会同监散施行。须至移者。

计移册三本。（无）

右移署四川重庆府巴县正堂钱

【道光十九年十二月初八日重庆府札】 为札饬事。

道光十九年十二月初二日奉布政使司刘宪札：照得此次筹议边防案内奉旨拨解银一百万两，应以六十余万两发商生息，作为岁支经费及拨还原款。等因。前经饬令各属查明妥议，旋据各府厅州叠复，所属当商应领银数自一千两至数千两不等。惟内中竟有不定确数，请由司酌发者，又有认领银四五百两者。以十余万帑项而畸零散发商生息，于事何济。此系奉旨饬办之件，叠经函札频商。乃该地方官并不认真筹划妥办，而徒取便商人，一味因循迁就，更以领银之数诿诸上司，实属无能。今本司视地方之大小，量发银之多寡，于各属禀明认领银数较少之处，分别酌加至一两千两为率。所有各商领银数目，自应及时发领生息，以备支用。本司现定年内一律支发齐全，不许再涉延宕，合即开单札饬。为此，札仰该府即使遵照并转饬所属，按照单开应领及加增银两数目，迅速具备文领，或专差赴司请领，或令各商协同差役赴领。文批一到，本司立即当堂监视弹兑发给，不稍延累。其银以当铺收领之日起息，均照省城当商长年一分之例办理，用昭公允。仍俟领银后取具领状，由县出具印结，申府加结，汇送备案。至应解生息银两，限定夏、冬二季由各商足色库平纹银，或呈请地方官备文批解，或各商自行解司交纳，悉听其便。经收人等均不准勒索丝毫使费，违则严行究惩，以杜弊端。一面再行确查，如有行盐商人愿领银两，或单开各商内有再愿多领者，亦即开明确数，随案禀请给发。再，此次由司酌加银两，如商人不愿承领，应查明因何不愿增领实在情形，详晰具复察夺。毋稍违延。速速。〈下略〉

计粘单一纸

右札巴县准此

重庆府属：

一、巴县：十三当，每当认领银一千两，应各增银五百两，共银一万九千五百两。

一、合州：二当，每当认领银一千两，应各增银一千两，共银四千两。

一、涪州：二当，每当认领银一千两，应各增银一千两，共银四千两。

一、江津：一当，认领银四百两，应增银六百两，共银一千两。

一、永川县：二当，每当认领银四百两，应各增银六百两，共银二千两。

一、綦江县：一当，认领银四百两，应增银六百两，共银一千两。

一、荣昌县：一当，认领银四百两，应增银六百两，共银一千两。

【道光二十年正月二十二日巴县申】 为札饬事。

道光二十年正月初八日前署县钱令移交册开，奉宪台札开：道光十九年十二月初二日奉布政使司刘宪札：照得此次筹议边防案内，奉旨拨解银一百万两，应以六十余万发商生息云云。速速。等因。奉此，遵查卑县奉发防边经费生息银两，经前署县钱令饬领去后。旋据卑县当商刘广泰、乔惠川、韦恒信、张元泰、李大有、张大川、解长兴、王福川、房长丰、刘天佑、温泰来、何宏升、秦永兴等禀称，奉发防边经费生息银两，共计商等十三家会同酌议，各愿领银一千五百四十六两一钱五分四厘，共领本银二万零一百两，禀恳申请给发。等情。前来。据此，当经钱令将奉发二万零一百两，于本年正月初四日传集各商刘广泰等到案，饬令均匀分领，每当应承领银一千五百四十六两一钱五分四厘，共银二万零一百两。以新颁新砝码比兑，每银百两短平银二两，核与原平不符。前署县钱令面饬该商典等，仍按照原发库平银数目承领，并较准铜砝码二个，以一个交商存执，以一个贮库，于解息时比兑呈缴，庶与原平相符。并遵照宪札，每银一百两长年一分行息，以道光二十年正月初一日起息，每年共应纳息银一千零一十两，按夏、冬二季申解弹收。除取具各典商领结备案外，所有前署县钱令转发承领防边经费生息本银二万零一百两日期，及较准铜砝码缘由，理合具文申报宪台，俯赐查核转报。为此备由，申乞照验施行。须至申者。

计申赍领印结二套。

右申本府正堂徐

【附一】渝城典商刘广泰等领结

商等遵依实领得奉发防边经费生息本银二万零一百两，遵照每年每两长年一分行息，每年共应纳利银二万零一百两。以道光二十年正月初一日起息，所获息银按夏、冬二季如数呈缴批解，并无迟逾。中间不虚，领结是实。

【附二】巴县印结

遵奉实结得奉发防边经费生息本银二万零一百两到县，转发商典生息。遵照札内一分行息，以道光二十年正月初一日起息，每年共应纳利银二万零一百两。该商等按夏、冬二季呈缴批解，并无迟逾。中间不虚，印结是实。

【道光二十年六月二十八日重庆府札】为行知事。

〈上略〉道光二十年五月十八日奉总督部堂宝札开：道光二十年五月十三日具奏，奉拨防边经费酌量发商生息，及办防支用各数目，并将余剩银两请旨勒部拨用一折，除俟奉到硃批另行恭录行知外，所有奏稿合先抄录行知。希即分别移行，遵照办理。仍造具各商领银细数及商店名号清册，详请送部可也。计抄发奏稿一纸。等因。

〈下略〉

计抄奏稿一纸

右札巴县准此

【附】川督宝兴奏折

为奉拨边防经费酌量发商生息，及办防支用各数目恭折奏闻，并将余剩银两请旨勒部拨用，仰祈圣鉴事。

窃臣前奏筹议边防经费一折，钦奉上谕着于各省拨银一百万两解川，以三十余万两为初设防兵之需，六十余万两酌量生息，以四万两为常年经费，三万两按年提解司库归还原款。务当严饬承办各员樽节支销，毋稍浮□□□。钦此。

旋准山东等省将奉拨饷银陆续委员解到川弹收司库。臣随督同藩司刘先司檄行马边筹厅县并各委员，将边防各工赶紧修举，核实樽节办理，不准稍涉浮冒。复详加酌定移添兵丁练勇，每名修给住房一间。营署汛房只须结实坚固，足敷居住，无许图饰外观，多修靡费。只旧有署房者，亦令拆移修造。臣两次亲往督办，复面为谆切教诲。各该员等均知费关国帑，丝毫为□，靡不认真将事。至生息一层，至□□田租与在省司道，详细体访，川省仅附近省垣一带地方多膏腴，惟价贵租轻，每年计息不过五六厘。外属则山多田少，出息更微，且全赖天时，丰欠难别，设遇收成减薄，办理更行竭蹶。自不若择其殷实商人，酌发取息，较为可靠。随饬各府、厅、州、县，集各商妥为酌议。嗣据当、典、盐、茶各商公同量力商筹，请以成本之多寡定领银之数目，每商自一千至三四千两不等，长年一分行息。仍由地方官查明该商均系资本充裕，无虞亏缺，开具商□名号，请领银数清单，禀司查核。复饬劝渝再请增领，各该商均以历来领过别案公项生息，为数已属不资，势难再行增领，致有贻误。等情。具复。臣与刘确查，委系实在情形。其领过别项生息本已不少，此时自当于郑重之中，更寓体恤之意，未便强以所难责成多领，致贻日后亏累。随由司行。据各该地方官转令领银各商出具领结亲身赴司，经刘逐一当堂发给。自道光二十年正月初一日为始，长年一分起息，按夏、冬二季呈缴息银，交地方官解司收贮，不经书役之手，以免勒措需索之弊。计共发银三十七万三千两，每年可获息银三万七千三百两，足敷新添练勇一千六百名常年粮饷、火药、铅丸、公费等项之用。并据马边等厅县将经修碉堡、炮台、官署、兵房，一切工程承办完竣，详开工料银数禀报前来；应需兵勇军装、器械、锅帐、旗帜等项，亦饬经各该营员分别制给。统计各项用银数目，切实删减，约共需银二十二万两有奇。核与原办边防需银三十余方两之数，实属大有节省。共奉拨饷银一百万两，除设防所需并发商之外，尚余剩银四十万两，置田既有桎碍力，亦不能再领。此外，又别无另可筹计，虽生息之银，每年仅敷练勇常年之用，并无余息堪以归还原款。第现在所设练勇，本非长此定额，如将来夷情安贴，即当裁撤。所遗息银自可按平旧补办防旧款，一俟补足，再将发商本银提缴予帑项，仍不致有悬缺之虞。所有现在存剩银四十万两，相应请旨勒部查核，另行拨用以重帑饷。

兹据□司等会详到臣，除将练勇经费每年收支数目专案造报，并再确核，现用防费照例分别题销。如此内复有余剩，再行奏缴。一面□□领银商典名号细数清册咨部外，理合恭折具奏。伏乞皇上圣鉴。谨奏。

附记：

清代马边彝民斗争是从四川大学历史系和四川省档案馆共同整理的清代巴县档案资料中选编的。

（家支谱系表见后面诸表）

后　　记

本集材料来源主要是两大部分。

一部分是取材于《凉山西昌地区彝族历史调查资料选辑》、《凉山西昌彝族地区土司历史及土司统治区社会概况》和《四川彝族近现代史调查资料选集》等三本资料。这三本资料是四川省少数民族社会历史调查组彝族分组于1956年至1960年调查整理的。参加调查的同志很多，根据记录可查者有如下同志（以姓氏笔画为序）：

马德真、瓦渣木基，王若琴、王景阳、王淑惠、王晓义、文达遵、玉文华、孙代生、冉光荣、刘炎、张光显、李仲舒、李志纯、李绍明、汤约夫、吴觉非、吴延才、吴世泰、陈永龄、陈汝聪、陈能坚、肖远煜、肖秀梧、郑观卫、罗运达、周锡银、胡宜柔、洪涛、姚立信、钱安靖、夏康农、郭孝儒。

担任翻译的同志有：王诚汉、龙正秀、张学安、陈万全、胡志全、惹尼呷呷、蒋汉超。

参加整理材料的同志有：王晓义、玉文华、刘炎、李绍明、吴世泰、张光显、陈汝聪、陈永龄、周锡银、洪涛、胡宜柔、钱安靖。

另一部分材料是四川省档案馆提供的，即由四川省民族研究所和四川省档案馆共同整理的《清代冕宁彝族档案选编》。

本书照片由四川省民族研究所提供。

此次出版时，由四川省民族研究所周锡银、冉光荣负责编选、校正。编辑中缺点错误在所难免，敬请读者批评指正。

四川省编辑组
1986年6月10日

修订后记

　　《四川彝族历史调查资料、档案资料选编》由四川省编辑组编，四川省社会科学院出版社1987年出版的，是了解和研究凉山彝族的重要参考资料。

　　本书的修订由中央民族大学张焰、凉山大学王晔负责。修订工作主要针对书中历史资料的语言文字进行核对，对书中的数字、数据的计算进行核查，对专有名词术语进行注释，同时新增补了地方行政沿革变化和人口数据增长情况。

　　修订工作的不足在所难免，敬请读者批评指正。

《中国少数民族社会历史调查资料丛刊》修订编辑委员会

2009年3月